Paolo Ronchetti

3 Diritto ed economia politica

Quarta edizione

W0411503

PER IL COMPUTER E PER IL TABLET

L'eBook multimediale

1 REGÌSTRATI A MYZANICHELLI

Vai su **my.zanichelli.it** e regìstrati come studente

2 SCARICA BOOKTAB

- Scarica **Booktab** e installalo
- Lancia l'applicazione e fai login

3 ATTIVA IL TUO LIBRO

- Clicca su **Attiva il tuo libro**
- Inserisci il **codice di attivazione** che trovi sul **bollino argentato adesivo** in questa pagina

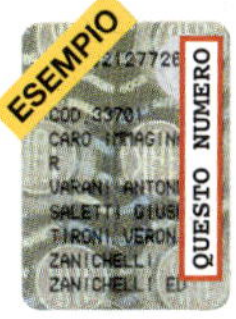

4 CLICCA SULLA COPERTINA

Scarica il tuo libro per usarlo offline

ZANICHELLI

Realizzazione editoriale:
- Coordinamento editoriale: Marina Di Simone
- Coordinamento redazionale: App&Ars srl, Bologna
- Redazione: App&Ars srl e Stilgraf, Bologna
- Progetto grafico: Studio 8vo, Bologna
- Impaginazione: Stilgraf, Bologna
- Segreteria di redazione: Deborah Lorenzini, Rossella Frezzato
- Ricerca iconografica: Stilgraf, Bologna e App&Ars srl
- Stesura delle schede *CLIL Laws, Rights and Economics*: Gianandrea Lanzara
- Stesura dei progetti multidisciplinari: Carlotta Fiumara
- Stesura delle schede infografiche: Carlotta Fiumara
- Stesura delle *Idee a confronto* e di *A te la parola!*: Carlotta Fiumara
- Impaginazione delle schede infografiche: Notorius srl

Realizzazione delle risorse digitali:
- Coordinamento redazionale: Sebastiano Bisson
- Progettazione esecutiva e sviluppo software: duDAT srl
- Realizzazione *Ultim'ora*: App&Ars srl
- Esercizi interattivi ZTE: Simona Sgrizzi
- Speakeraggio delle schede in lingua inglese a cura di Marco Versari Produzioni audio-video
- Progettazione esecutiva e sviluppo software *Guarda!*: Yoomee Technologies, Bologna / Ravenna

Copertina:
- Progetto grafico: Miguel Sal & C., Bologna
- Ideazione: Studio 8vo, Bologna
- Realizzazione: Francesca Ponti e Chiara Maccaferri
- Immagine di copertina: **Nazioni Unite**. New York City, USA. palinchakjr/iStock

Prima edizione: 2012
Seconda edizione: 2015
Terza edizione: 2017
Quarta edizione: febbraio 2020

Ristampa:
5 4 3 2 2022 2023 2024 2025

Garanzie relative alle risorse digitali
Le risorse digitali di questo volume sono riservate a chi acquista un volume nuovo. Zanichelli garantisce direttamente all'acquirente la piena funzionalità di tali risorse. In caso di malfunzionamento rivolgersi a www.zanichelli.it/contatti/assistenza
La garanzia di aggiornamento è limitata alla correzione degli errori e alla eliminazione di malfunzionamenti presenti al momento della creazione dell'opera. Zanichelli garantisce inoltre che le risorse digitali di questo volume sotto il suo controllo saranno accessibili, a partire dall'acquisto, per tutta la durata della normale utilizzazione didattica dell'opera. Passato questo periodo, alcune o tutte le risorse potrebbero non essere più accessibili o disponibili: per maggiori informazioni, leggi my.zanichelli.it/fuoricatalogo

File per sintesi vocale
L'editore mette a disposizione degli studenti non vedenti, ipovedenti, disabili motori o con disturbi specifici di apprendimento i file pdf in cui sono memorizzate le pagine di questo libro. Il formato del file permette l'ingrandimento dei caratteri del testo e la lettura mediante software screen reader.
Le informazioni su come ottenere i file sono su www.zanichelli.it/scuola/bisogni-educativi-speciali

Grazie a chi ci segnala gli errori
Segnalate gli errori e le proposte di correzione su **www.zanichelli.it/correzioni**.
Controlleremo e inseriremo le eventuali correzioni nelle ristampe del libro.
Nello stesso sito troverete anche l'errata corrige, con l'elenco degli errori e delle correzioni.

Zanichelli editore S.p.A. opera con sistema qualità
certificato CertiCarGraf n. 477
secondo la norma UNI EN ISO 9001:2015

Questo libro è stampato su carta che rispetta le foreste
www.zanichelli.it/chi-siamo/sostenibilita

Stampa: Grafiche Zanini
Via Emilia, 41/E - Anzola Emilia (Bologna)
per conto di Zanichelli editore S.p.A.
Via Irnerio 34, 40126 Bologna

INDICE

UNITÀ **A**

Lo Stato e l'ordinamento internazionale

GUARDA!
Scarica la app
e inquadrami

Ultim'ora
• Libro sempre aggiornato

A1 Lo Stato: da sudditi a cittadini

A2 La Costituzione repubblicana

A3 L'ordinamento internazionale

UNITÀ B La persona fra diritti e doveri

GUARDA!
Ultim'ora
• Libro sempre aggiornato

B1 La dignità

B2 La libertà

B3 L'uguaglianza e la solidarietà

UNITÀ C

Le nostre istituzioni

GUARDA!

Ultim'ora

• Libro sempre aggiornato

C1 Il Parlamento

C2 Il Governo

C3 Il Presidente della Repubblica e la Corte costituzionale

C4 La Magistratura

UNITÀ D La Pubblica Amministrazione

GUARDA!

Ultim'ora

• Libro sempre aggiornato

D1 L'ordinamento amministrativo

D2 Le autonomie locali

E2 La contabilità dello Stato

E3 Il sistema tributario italiano

UNITÀ F Il mondo globale

GUARDA!

Ultim'ora

- Libro sempre aggiornato

F1 L'internazionalizzazione

UNITÀ G L'Unione europea

GUARDA!

Ultim'ora

• Libro sempre aggiornato

G1 L'integrazione europea

G2 Le istituzioni e gli atti dell'Unione europea

G3 L'Unione economica e monetaria e l'euro

L'EDUCAZIONE CIVICA E L'AGENDA 2030 DELL'ONU IN QUESTO LIBRO

Educazione civica		Nel libro
Tematiche	**Goal dell'Agenda 2030 dell'ONU**	
Costituzione e istituzioni dello Stato italiano, dell'Unione europea e degli organismi internazionali	1. Sconfiggere la povertà 2. Sconfiggere la fame nel mondo 5. Parità di genere 10. Ridurre le disuguaglianze 16. Pace, giustizia e istituzioni solide 17. Partnership per gli obiettivi	• **A te la parola!**: pagg. 30, 44, 62, 80, 98, 122, 160, 176 • **Idee a confronto**: pagg. 43, 55, 117, 145, 159, 417 • **CLIL**: pag. 96 • **Verso l'esame di Stato**: pag. 59 • **Progetto multidisciplinare**: pagg. 60, 120
Agenda 2030 dell'ONU	Tutti i goal in generale	• **A te la parola!**: pag. 370 • **Testo, cap. F3**: pagg. 376 e ss. • **Verso l'esame di Stato**: pag. 403
Educazione alla cittadinanza digitale	4. Istruzione di qualità	• **A te la parola!**: pagg. 196, 420
Elementi fondamentali di diritto del lavoro	5. Parità di genere 8. Buona occupazione e crescita economica	• **A te la parola!**: pag. 264 • **Idee a confronto**: pag. 283
Educazione ambientale e sviluppo ecosostenibile	8. Buona occupazione e crescita economica 9. Innovazione e infrastrutture 11. Città e comunità sostenibili 12. Consumo responsabile 13. Lotta contro il cambiamento climatico 15. Flora e fauna terrestre	• **Infografica**: pag. 372 • **Testo, cap F3**: pagg. 385 e ss. • **Progetto multidisciplinare**: pagg. 194, 404 • **Idee a confronto**: pag. 433
Tutela del patrimonio ambientale, delle produzioni e delle eccellenze territoriali e agroalimentari	8. Buona occupazione e crescita economica 9. Innovazione e infrastrutture 11. Città e comunità sostenibili 12. Consumo responsabile	• **Idee a confronto**: pag. 389
Educazione alla legalità e al contrasto delle mafie	4. Istruzione di qualità 11. Città e comunità sostenibili 16. Pace e giustizia	• **A te la parola!**: pag. 236 • **Idee a confronto**: pagg. 191, 251 • **Progetto multidisciplinare**: pag. 262
Educazione al rispetto e alla valorizzazione del patrimonio culturale e dei beni pubblici comuni	4. Istruzione di qualità 5. Parità di genere 8. Buona occupazione e crescita economica 11. Città e comunità sostenibili	• **Idee a confronto**: pag. 117
Educazione al volontariato e alla cittadinanza attiva	4. Istruzione di qualità 7. Energia rinnovabile 11. Città e comunità sostenibili 15. Flora e fauna terrestre	• **Idee a confronto**: pag. 233 • **Progetto multidisciplinare**: pag. 320
Educazione finanziaria	4. Istruzione di qualità	• **A te la parola!**: pag. 286 • **Idee a confronto**: pag. 445 • **Verso l'esame di Stato**: pagg. 319, 447 • **CLIL**: pag. 350
Educazione alla multiculturalità	10. Ridurre le disuguaglianze	• **A te la parola!**: pag. 2 • **Verso l'esame di Stato**: pag. 119

COME È FATTO QUESTO LIBRO

UN LIBRO SEMPRE AGGIORNATO

Il corso, sempre aggiornato grazie al servizio **Ultim'ora**, è diviso in **unità** e **capitoli** in cui il diritto e l'economia sono spiegati con **esempi**, **schemi** e **glosse** laterali che aiutano a fissare i concetti più importanti.

LE UNITÀ E I CAPITOLI

Ogni capitolo si apre con l'indicazione dei **nuclei essenziali** e uno **spunto** per iniziare la lezione su aspetti concreti che anticipano gli argomenti studiati in classe (**A te la parola!**). Il capitolo si chiude con un esercizio (**Idee a confronto**) che allena le **competenze civiche, digitali e finanziarie**, come il parlare in pubblico o ricercare un approfondimento online, per farsi un'opinione in vista di un dibattito in classe.

LE SCHEDE

Le schede (**Per saperne di più, Un articolo, Un film**...) mettono in relazione il diritto e l'economia con approfondimenti di attualità e di cultura generale per spunti e collegamenti.

IDEE A CONFRONTO

Alla fine di ogni capitolo, esercizi su tematiche di attualità e spunti concreti di cultura giuridica e d'impresa che, attraverso casi e articoli, invitano all'analisi, all'argomentazione e all'esposizione orale anche in vista dell'esame di Stato.

LE INFOGRAFICHE

Le infografiche di diritto ed economia contengono **dati** e **temi di grande attualità**, legati ad argomenti giuridici ed economici appena studiati.

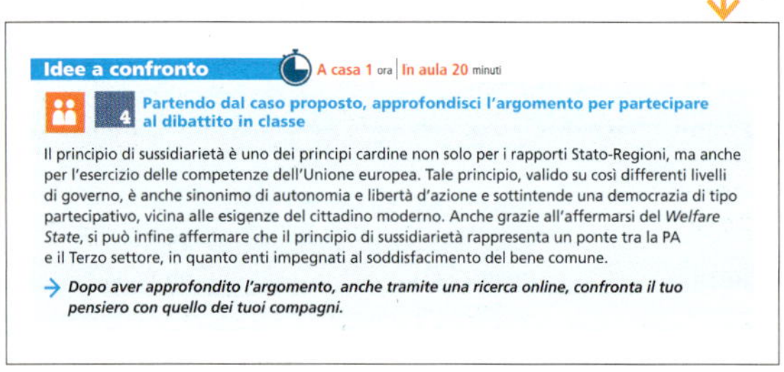

I CLIL

I casi esemplari e famosi trattati dalle schede CLIL aiutano a conoscere il mondo anglosassone e a esercitare le **quattro abilità linguistiche fondamentali**: lettura, ascolto, scrittura e parlato.

VERSO L'ESAME DI STATO

Una doppia pagina che contiene due brani legati a uno stesso argomento e che propongono una tesi e un'antitesi, con domande per esercitare l'**analisi critica** e le **abilità argomentative**, anche in vista dell'esame di Stato.

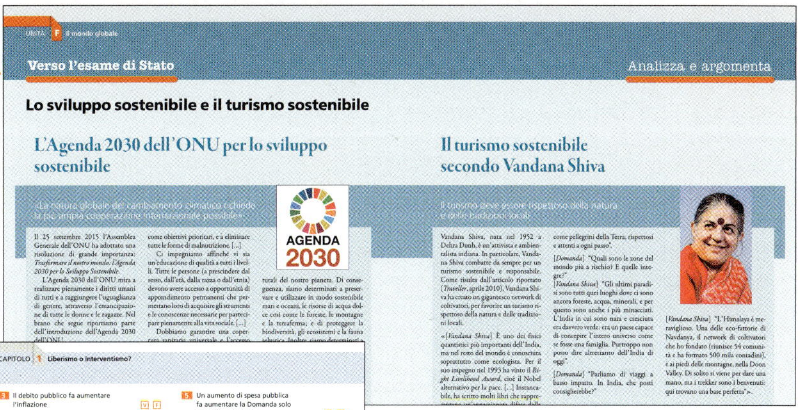

LA DIDATTICA

Alla fine di ogni capitolo due pagine di **esercizi** fissano le conoscenze e mettono alla prova abilità e competenze. Questi esercizi allenano il lessico, la capacità di analisi e di argomentazione grazie alla soluzione di **casi pratici** e ricerche online.

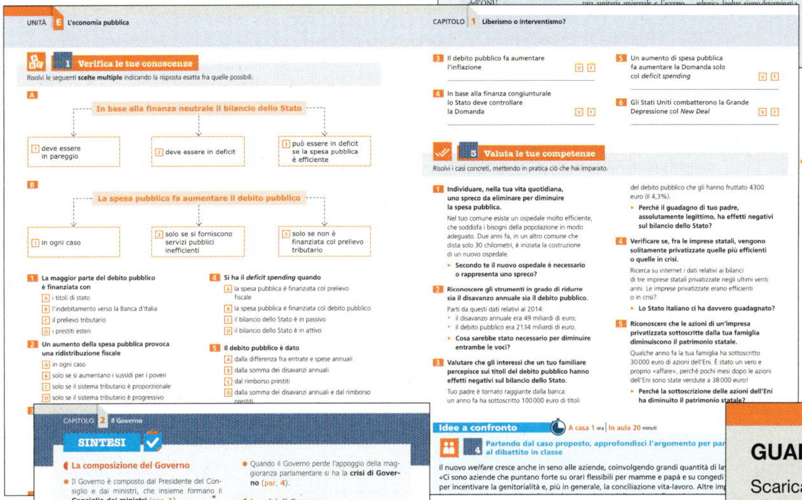

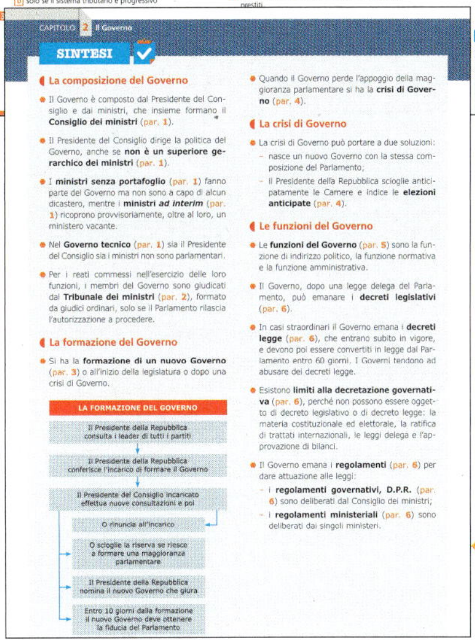

IN DIGITALE

Il servizio **Ultim'ora** (accessibile attraverso il vumark **Guarda!** all'inizio di ogni unità) consente agli insegnanti di essere informati attraverso una newsletter, di avere a disposizione aggiornamenti legislativi e giurisprudenziali lungo tutto l'arco dell'anno e di poter usare in classe un libro sempre attuale.

LE SINTESI

Alla fine di ogni capitolo le sintesi in carattere Verdana, **chiare** e **inclusive**, aiutano a fissare i concetti più importanti, anche con l'aiuto di schemi, e a ripassare gli argomenti studiati.

PROGETTI MULTIDISCIPLINARI

Alla fine di ogni unità sono proposte attività pratiche che consentono di misurare le **competenze** in un contesto realistico, in relazione agli argomenti studiati e ai goal dell'**Agenda 2030** dell'ONU. Le attività sono strutturate per essere svolte in classe e a casa, grazie alle fasi di lavoro che indicano le consegne operative e le risorse da utilizzare.

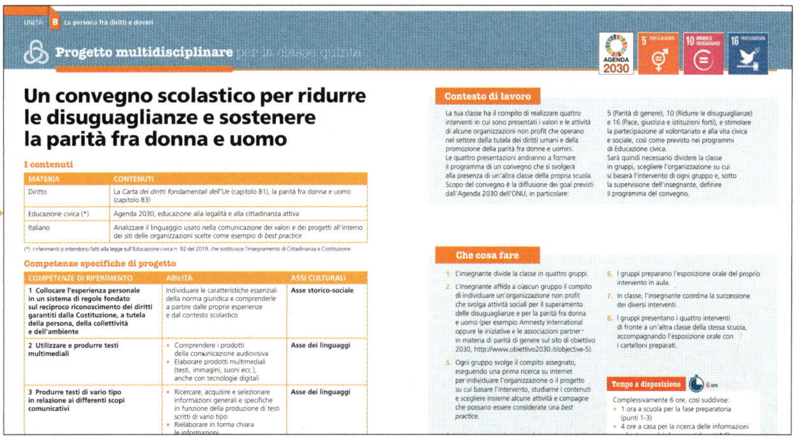

MENU DELLE COMPETENZE

UNITÀ A

Asse storico-sociale	Competenze chiave per l'apprendimento permanente	Nel libro
• Comprendere il cambiamento e la diversità dei tempi storici in una dimensione diacronica attraverso il confronto fra epoche e in una dimensione sincronica attraverso il confronto fra aree geografiche e culturali • Collocare l'esperienza personale in un sistema di regole fondato sul reciproco riconoscimento dei diritti garantiti dalla Costituzione, a tutela della persona, della collettività e dell'ambiente	• Competenza alfabetica funzionale • Competenza multilinguistica • Competenza digitale • Competenza personale, sociale e capacità di imparare a imparare • Competenza in materia di cittadinanza • Competenza in materia di consapevolezza ed espressioni culturali	**A te la parola!** (per esempio pagg. 2, 44) **Idee a confronto** (per esempio pagg. 27, 55) **CLIL** – *Citizens Have Also Rights* (pagg. 28-29); *The United Nations Fight for Safe Water* (pagg. 56-57) **Verso l'esame di Stato** (pagg. 58-59) **Progetto multidisciplinare** (pagg. 60-61)

UNITÀ B

Asse storico-sociale	Competenze chiave per l'apprendimento permanente	Nel libro
• Comprendere il cambiamento e la diversità dei tempi storici in una dimensione diacronica attraverso il confronto fra epoche e in una dimensione sincronica attraverso il confronto fra aree geografiche e culturali • Collocare l'esperienza personale in un sistema di regole fondato sul reciproco riconoscimento dei diritti garantiti dalla Costituzione, a tutela della persona, della collettività e dell'ambiente	• Competenza alfabetica funzionale • Competenza multilinguistica • Competenza digitale • Competenza personale, sociale e capacità di imparare a imparare • Competenza in materia di cittadinanza • Competenza in materia di consapevolezza ed espressioni culturali	**A te la parola!** (pagg. 62, 80, 98) **CLIL** – *F.D. Roosevelt's «Four Freedoms» Speech* (pagg. 96-97) **Idee a confronto** (per esempio pagg. 79, 117) **Progetto multidisciplinare** (pagg. 120-121)

UNITÀ C

Asse storico-sociale	Competenze chiave per l'apprendimento permanente	Nel libro
• Collocare l'esperienza personale in un sistema di regole fondato sul reciproco riconoscimento dei diritti garantiti dalla Costituzione, a tutela della persona, della collettività e dell'ambiente	• Competenza alfabetica funzionale • Competenza multilinguistica • Competenza digitale • Competenza in materia di cittadinanza • Competenza in materia di consapevolezza ed espressione culturale	**A te la parola!** (pagg. 122, 146, 160, 176) **Idee a confronto** (per esempio pagg. 145, 173) **CLIL** – *A President Under Trial* (pagg. 174-175) **Progetto multidisciplinare** (pagg. 194-195)

UNITÀ D

Asse storico-sociale	Competenze chiave per l'apprendimento permanente	Nel libro
• Collocare l'esperienza personale in un sistema di regole fondato sul reciproco riconoscimento dei diritti garantiti dalla Costituzione, a tutela della persona, della collettività e dell'ambiente	• Competenza alfabetica funzionale • Competenza multilinguistica • Competenza digitale • Competenza personale, sociale e capacità di imparare a imparare	**A te la parola!** (per esempio pagg. 196, 218) **Idee a confronto** (per esempio pagg. 233, 251) **CLIL** – *State and Local Government in the United States* (pagg. 234-235)

UNITÀ E

Asse storico-sociale	Competenze chiave per l'apprendimento permanente	Nel libro
• Riconoscere le caratteristiche essenziali del sistema socioeconomico per orientarsi nel tessuto produttivo del proprio territorio • Comprendere il cambiamento e la diversità dei tempi storici in una dimensione diacronica attraverso il confronto fra epoche e in una dimensione sincronica attraverso il confronto fra aree geografiche e culturali	• Competenza alfabetica funzionale • Competenza multilinguistica • Competenza digitale • Competenza personale, sociale e capacità di imparare a imparare • Competenza in materia di consapevolezza ed espressioni culturali	**A te la parola!** (per esempio pagg. 264, 286) **Idee a confronto** (per esempio pagg. 283, 315) **CLIL** – *Margaret Thatcher and the Dawn of Thatcherism* (pagg. 284-285) **Verso l'esame di Stato** (pagg. 318-319) **Progetto multidisciplinare** (pagg. 320-321)

MENU DELLE COMPETENZE

UNITÀ F

Asse storico-sociale	Competenze chiave per l'apprendimento permanente	Nel libro
• Collocare l'esperienza personale in un sistema di regole fondato sul reciproco riconoscimento dei diritti garantiti dalla Costituzione, a tutela della persona, della collettività e dell'ambiente	• Competenza alfabetica funzionale • Competenza multilinguistica • Competenza digitale • Competenza personale, sociale e capacità di imparare a imparare	**A te la parola!** (per esempio pagg. 352, 370, 390) **Idee a confronto** (per esempio pagg. 369, 389, 399) **CLIL** – *Ellis Island and the Immigration to the U.S.* (pagg. 400-401) **Verso l'esame di Stato** (pagg. 402-403) **Progetto multidisciplinare** (pagg. 404-405)

UNITÀ G

Asse storico-sociale	Competenze chiave per l'apprendimento permanente	Nel libro
• Comprendere il cambiamento e la diversità dei tempi storici in una dimensione diacronica attraverso il confronto fra epoche e in una dimensione sincronica attraverso il confronto fra aree geografiche e culturali	• Competenza alfabetico funzionale • Competenza multilinguistica • Competenza digitale • Competenza personale, sociale e capacità di imparare a imparare • Competenza imprenditoriale	**A te la parola!** (per esempio pag. 420) **Idee a confronto** (pagg. 417, 433, 445) **CLIL** – *When Europe Was Divided by an Iron Curtain* (pagg. 418-419) **Verso l'esame di Stato** (pagg. 446-447) **Progetto multidisciplinare** (pagg. 448- 449)

PER ESERCITARSI SULLE COMPETENZE

A TE LA PAROLA!

Spunti di inizio capitolo che invitano a riflettere sulla concretezza del diritto e dell'economia, e con cui aprire la lezione per introdurre gli argomenti che si affronteranno in classe.

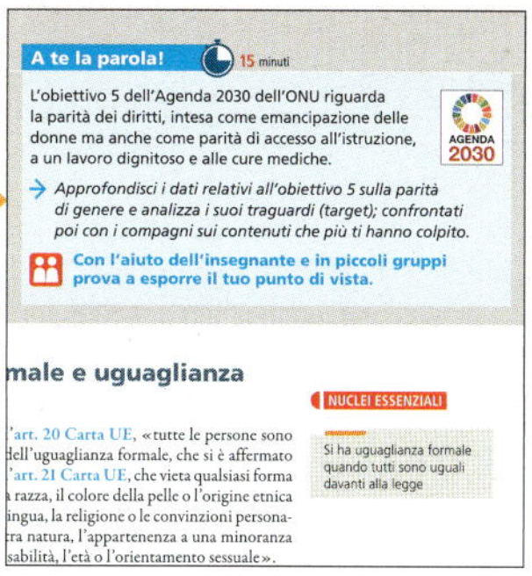

IDEE A CONFRONTO

Esercizi a fine capitolo su casi concreti e attuali che insegnano ad analizzare un tema, ricerche per approfondire un argomento e preparare la propria opinione per partecipare a un dibattito in classe.

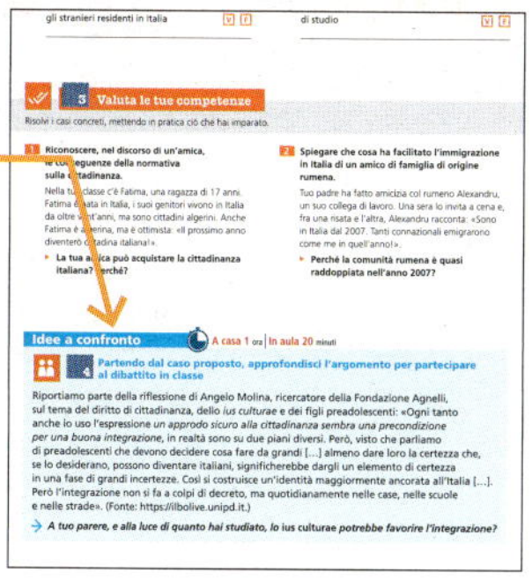

VALUTA LE TUE COMPETENZE

Risolvere casi pratici che riguardano gli argomenti studiati nel capitolo e applicare le competenze chiave di cittadinanza come per esempio:

- competenza alfabetica funzionale;
- competenza personale, sociale e capacità di imparare a imparare;
- competenza in materia di cittadinanza;
- competenza matematica e competenza in scienze, tecnologie e ingegneria.

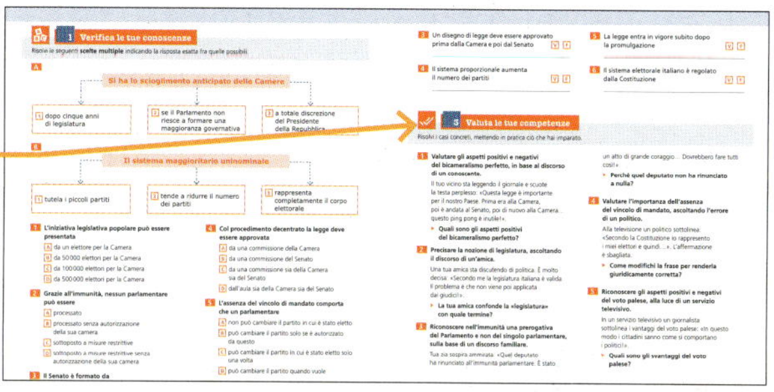

METTIAMOLO IN AGENDA

Ogni unità si chiude con un progetto multidisciplinare, dal taglio realistico e con riferimenti agli obiettivi dell'Agenda 2030 delle Nazioni Unite. Un progetto da svolgere in gruppo per esercitare le competenze chiave di apprendimento permanente, come per esempio:

- competenza alfabetica funzionale;
- competenza digitale;
- competenza personale, sociale e capacità di imparare a imparare;
- competenza in materia di cittadinanza;
- competenza imprenditoriale.

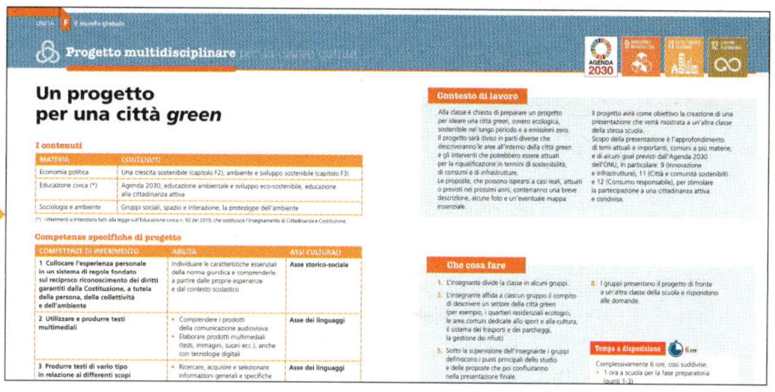

CLIL

Esercitare la competenza chiave multilinguistica e conoscere il mondo anglosassone e l'universo giuridico-economico attraverso esercizi di lettura, ascolto, scrittura e conversazione.

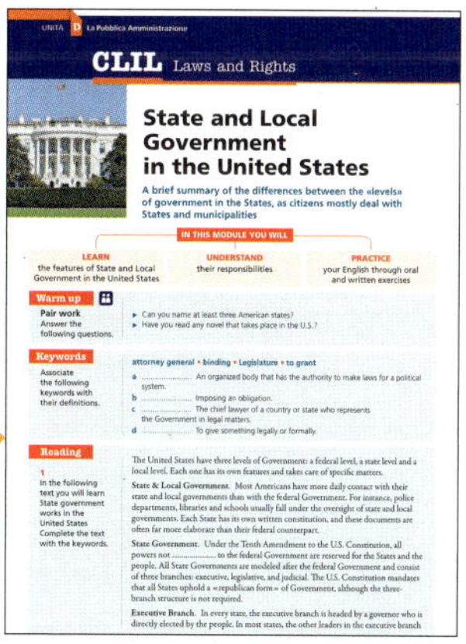

VERSO L'ESAME DI STATO

Imparare a esprimere il proprio punto di vista partendo dall'analisi di due testi antitetici, che propongono spunti di riflessione autorevoli e che allenano sia la competenza in materia di consapevolezza ed espressione culturale sia la capacità di argomentare.

UNITÀ

A Lo Stato e l'ordinamento internazionale

CAPITOLO

A1 Lo Stato: da sudditi a cittadini

NUCLEI ESSENZIALI

- Lo Stato e i suoi elementi costitutivi
- La cittadinanza italiana ed europea
- Le forme di Stato e le forme di governo
- Dallo Stato assoluto allo Stato democratico
- La democrazia diretta e indiretta

A te la parola! 15 minuti

Qual è la differenza tra Stato e nazione? Quale ruolo svolge la multiculturalità nelle nazioni moderne?

→ *Fai una ricerca online e individua alcuni Paesi che secondo te sono caratterizzati fortemente dal multiculturalismo.*

Con l'aiuto dell'insegnante e in piccoli gruppi prova a esporre il tuo punto di vista.

1 Dalla società allo Stato

NUCLEI ESSENZIALI

Lo Stato è un'organizzazione politica che esercita la propria sovranità sui soggetti che si trovano sul suo territorio

Perché esiste lo Stato? La società nasce dal bisogno di associarsi che, da sempre, le persone sentono, per vivere meglio. Come si è visto nel Volume primo, ogni società ha bisogno di norme, per darsi un'organizzazione civile: non può esistere una società senza regole, dove si avrebbe «la legge del più forte».

Le regole, una volta stabilite, devono essere rispettate. Sorgono, quindi, tre domande:

- *Chi decide quali norme devono governare la società?*
- *Chi garantisce che le norme siano poi attuate?*
- *Chi decide se, e come, punire chi non rispetta le norme?*

Per rispondere a queste e ad altre domande (Chi difende la società da un'aggressione esterna? Chi quantifica i tributi da pagare? Chi decide come spendere il denaro di tutti?) è necessaria un'organizzazione superiore; questa organizzazione è lo Stato.

Lo *Stato* si può definire come un'organizzazione politica che esercita la propria sovranità sui soggetti che si trovano sul suo territorio.

La nascita dello Stato non è istantanea; nel corso dei secoli, la società si organizza in modo sempre più complesso: si passa dalla *polis* greca («città stato») alla *res publica* romana («cosa pubblica»), fino ad arrivare, durante il Medioevo, ai Comuni e alle Signorie. È fra il XIV e il XV secolo che si formano i primi Stati nazionali.

I fini dello Stato. Quali sono le finalità di uno Stato? Non è possibile fare un elenco di tutti gli obiettivi che lo Stato vuole raggiungere, e deve raggiungere, perché questi cambiano nel corso dei secoli; è comunque indubbio che ogni Stato deve mantenere l'ordine interno e difendere il territorio da aggressioni esterne.

I singoli cittadini rinunciano a parte della loro libertà, e si sottopongono alla sovranità statale, perché solo lo Stato è in grado di conseguire fini di interesse generale, e non particolare. Per esempio, Mario Rossi paga 5000 euro all'anno di tributi allo Stato, che utilizza quei 5000 euro, insieme a quelli degli altri cittadini, per costruire un ospedale: Rossi non potrebbe mai costruirsi un ospedale da solo!

La nazione. Chiariamo la differenza fra Stato e nazione, perché nel linguaggio corrente i due termini vengono spesso confusi.

La *nazione* è un'unità etnico-culturale, e fa quindi riferimento a un gruppo di persone che parlano la stessa lingua, hanno le stesse tradizioni, professano la stessa religione e così via.

La nazione è costituita da persone che hanno in comune razza, lingua, cultura, religione, tradizioni e costumi

Una persona si identifica sempre in una nazione, mentre, a volte, può non sentirsi cittadino di un certo Stato («io non mi sento italiano!»). In particolare esistono Stati multinazionali, Stati uninazionali e «nazioni senza Stato».

Negli *Stati multinazionali* i cittadini appartengono a più nazioni (in Svizzera convivono gruppi etnici tedeschi, francesi e italiani); in questi Stati sorgono frequentemente contrasti fra le diverse etnie, che possono degenerare in sanguinose guerre civili come quelle vissute dalla ex-Iugoslavia negli anni Novanta del secolo scorso. A seguito dei flussi migratori in atto, in futuro saranno sempre più numerosi gli Stati multinazionali: persone appartenenti a razze diverse dovranno sforzarsi di convivere pacificamente, nel rispetto delle varie culture.

L'Italia è uno *Stato uninazionale*, perché la maggioranza dei cittadini appartiene a una sola nazione; negli Stati uninazionali sono solitamente presenti minoranze etniche; in particolare, il nostro Paese «tutela con apposite norme le minoranze linguistiche» (articolo 6 della Costituzione della Repubblica italiana, d'ora in poi art. 6 Cost.).

Negli Stati multinazionali i contrasti fra le diverse etnie possono sfociare in sanguinose lotte civili come è accaduto nella ex-Iugoslavia dopo la morte di Tito (1980).

Si ha una *nazione senza Stato* quando un gruppo etnico si trova a far parte di Stati diversi. Per esempio, la nazione curda (Kurdistan) è divisa fra Iran, Turchia, Iraq, Siria e Armenia: i curdi non hanno un proprio Stato, nonostante siano una nazione di 50 milioni di persone.

Lo Stato non sempre coincide con la nazione perché esistono

- Stati multinazionali
- Stati uninazionali
- Nazioni senza Stato

2 Cittadino italiano e cittadino europeo

NUCLEI ESSENZIALI

Gli elementi costitutivi dello Stato. Come vedremo, esistono Stati molto diversi fra di loro, ma tutti devono essere costituiti dal popolo, dal territorio e dalla sovranità.

Senza questi elementi costitutivi non si avrebbe Stato: com'è possibile immaginare l'Italia senza italiani? Senza lo «stivale» che ne simboleggia il territorio? Senza nessuno che faccia rispettare le leggi?

Gli elementi costitutivi dello Stato sono

- Il popolo
- Il territorio
- La sovranità

Il popolo. I cittadini formano il popolo. Chi appartiene a un altro Stato è *straniero*, mentre è *apolide* chi non ha alcuna cittadinanza.

La popolazione. Esiste una differenza sostanziale fra il *popolo* e la *popolazione*. La popolazione è formata dalle persone presenti in un certo momento sul territorio di

Un articolo

Concesso lo *ius soli* ai figli dei rifugiati politici

Lo *ius soli* non si applica ai figli di genitori stranieri, anche se questi vivono da anni nel nostro Paese.

Come risulta dall'articolo riprodotto (Marco Ludovico, *Il Sole-24 Ore*, 20 luglio 2014), una circolare ministeriale ha fatto un'eccezione per i figli dei rifugiati politici. Si tratta però solo di qualche centinaio di bambini: il vero dibattito è ancora aperto!

Il Sole 24 ORE

«Ius soli» per i figli dei rifugiati in Italia

Marco Ludovico
ROMA

I figli nati in Italia di immigrati rifugiati avranno più diritti. Due giorni fa una circolare del ministero dell'Interno ha disposto c **1** loro spettano «gli stessi diritti» dei genitori ai quali è stata riconosciuta lo *status* nelle due forme previste: asilo politico o protezione sussidiaria. È stata la commissione nazionale per il diritto d'asilo presso il Viminale a elaborare la circolare d'intesa con il sottosegretario Domenico Manzione.

Oltre un mese fa a un convegno dell'Anfaci, l'associazione nazionale dei funzionari civili dell'Interno (si veda Il Sole 24 Ore del 4 giug **2** si parlò di un provvedimento per estendere lo *ius soli* ai figli dei rifugiati, in analogia al meccanismo già in vigore per chi è nato da genitori apolidi. «In realtà così rischiavamo di applicare la novità solo a una parte di questi immigrati escludendo quelli con *status* di protezione». Una strada complicata sul piano tecnico, insomma, senza nascondersi però anche le difficoltà an-

La circolare appena pubblicata è dunque un segnale, la prima possibile risposta. Risolve intanto l'impedimento – pronunciato **3** na posizione ministeriale risalente al 2010 – secondo cui non sussisteva l'estensione del riconoscimento della protezione internazionale ai familiari. In pratica, mentre per lo Stato italiano il genitore aveva lo *status* di "protetto", al figlio veniva rilasciato invece un permesso di soggiorno per motivi familiari, fino a 18 anni. Anche alla luce del decreto legislativo n.

La circolare è stata trasmessa a tutte le prefetture d'Italia e al Dipartimento di pubblica sicurezza: la direzione centrale dell'immigrazione e della polizia di frontiera dovrà dare istruzioni alle questure per l'iscrizione dei figli minori nati in Italia nei documenti rilasciati ai titolari di protezione internazionale. La platea interessata a que **4** novità non è così estesa – dovrebbe riguardare alcune centinaia di bambini – ma è un segnale chiaro al Parlamento.

1 ROMA – I figli nati in Italia di immigrati rifugiati avranno più diritti. Due giorni fa una circolare del ministero dell'Interno ha disposto che a loro spettano gli «stessi diritti» dei genitori ai quali è stato riconosciuto lo *status* nelle due forme previste: asilo politico o protezione sussidiaria. È stata la commissione nazionale per il diritto d'asilo presso il Viminale a elaborare la circolare [...].

2 Oltre un mese fa a un convegno [...] si parlò di un provvedimento per estendere lo *ius soli* ai figli dei rifugiati, in analogia al meccanismo già in vigore per chi è nato da genitori apolidi.

3 La circolare appena pubblicata è dunque un segnale, la prima possibile risposta. Risolve intanto l'impedimento [...] secondo cui non sussisteva l'estensione del riconoscimento della protezione internazionale ai familiari. In pratica, mentre per lo Stato italiano il genitore aveva lo *status* di «protetto», al figlio veniva rilasciato invece un permesso di soggiorno per motivi familiari, fino a 18 anni.

4 La platea interessata a questa novità non è così estesa – dovrebbe riguardare alcune centinaia di bambini – ma è un chiaro segnale al Parlamento.

uno Stato, siano esse cittadini, stranieri o apolidi; per esempio l'inglese George Wilson, che visita Venezia, fa parte della popolazione italiana ma non del popolo italiano.

Lo Stato, a volte, non può fare distinzioni fra popolo e popolazione; per esempio, in caso di terremoto, deve essere soccorsa tutta la popolazione, senza fare distinzioni fra italiani e stranieri.

La cittadinanza. Quando una persona fa parte di uno Stato, si dice che ne ha la *cittadinanza*; l'essere cittadini comporta una serie di diritti e di doveri.

La cittadinanza è l'appartenenza di una persona a uno Stato

Il cittadino può godere sia dei diritti civili sia dei diritti politici, mentre allo straniero sono riconosciuti solo i diritti civili; per esempio, il diritto alla libertà personale (diritto civile) è tutelato sia per l'italiano Mario Rossi sia per l'inglese George Wilson, ma solo Rossi può votare per eleggere i membri del Parlamento italiano (diritto politico).

La cittadinanza comporta una serie di doveri, fra cui ricordiamo l'obbligo di pagare i tributi per contribuire alle spese dello Stato.

L'acquisto della cittadinanza italiana. In base alla legge 5 febbraio 1992, n. 91, *Nuove norme sulla cittadinanza* (d'ora in poi legge n. 91 del 1992), l'acquisto della cittadinanza italiana può avvenire per nascita, per adozione, per matrimonio o per naturalizzazione.

Il popolo è formato da chi ha la cittadinanza che si acquista
- Per nascita
- Per adozione
- Per matrimonio
- Per naturalizzazione

L'acquisto per nascita. La cittadinanza italiana del padre, o della madre, determina la cittadinanza del figlio (dal latino *ius sanguinis* = per diritto di sangue): è italiano il figlio di padre italiano, o di madre italiana, ovunque sia nato; per esempio, il figlio di Mario Rossi acquista la cittadinanza italiana anche se nasce a Parigi.

È cittadino italiano chi nasce nel territorio italiano (dal latino *ius soli* = per diritto di luogo) solo nel caso che i genitori siano ignoti (o apolidi); il tipico esempio è un neonato abbandonato.

Secondo la legge n. 91 del 1992 non è invece italiano chi nasce in Italia da genitori stranieri, anche se questi risiedono regolarmente in Italia. Sono in molti a pensare che questa norma andrebbe sostituita con lo *ius soli*, come avviene in alcuni Paesi dell'Unione europea; sono ormai tanti gli immigrati che vivono e lavorano regolarmente nel nostro Paese: perché, se nascono in Italia, i loro figli non sono cittadini italiani?

È italiano il figlio di padre o madre italiani, ovunque sia nato

A questo proposito, va ricordato che la legge n. 91 del 1992 afferma che «lo straniero nato in Italia, che vi abbia risieduto legalmente senza interruzioni fino al raggiungimento della maggiore età, diviene cittadino se dichiara di voler acquistare la cittadinanza italiana entro un anno dalla suddetta data».

L'acquisto per adozione. Diventa italiano il minore straniero che è stato adottato da un cittadino italiano. Si tratta di un caso abbastanza frequente perché le adozioni internazionali sono in aumento, anche a causa della lentezza burocratica che ostacola l'adozione di bambini italiani.

Chi nasce in Italia da genitori stranieri non ha la cittadinanza italiana, mentre è cittadino italiano («per diritto di luogo») chi nasce da genitori ignoti o apolidi, oppure («per diritto di sangue») chi ha uno dei genitori di cittadinanza italiana.

L'acquisto per matrimonio. Una persona straniera, o apolide, che contrae matrimonio con un cittadino italiano acquista la cittadinanza italiana, una volta trascorsi:

- due anni dal matrimonio se risiede nel territorio italiano;
- tre anni dal matrimonio se risiede all'estero.

L'acquisto per naturalizzazione. In alcuni casi, si diventa cittadini italiani facendo richiesta al Presidente della Repubblica che, dopo il parere positivo del Consiglio di Stato, emana il decreto di «naturalizzazione». Possono essere naturalizzati gli stranieri (o gli apolidi) che risiedono in Italia da almeno dieci anni, o che hanno «reso eminenti servizi all'Italia»; un esempio può essere l'aver prestato il servizio militare come volontario. Si è naturalizzati anche «quando ricorra un eccezionale interesse dello Stato»: si tratta di un caso molto raro.

La doppia cittadinanza. Le normative sulla cittadinanza sono differenti fra Stato e Stato; può quindi accadere che una persona sia contemporaneamente cittadino di due Stati e si abbia la *doppia cittadinanza*; per esempio, se nasce in Brasile, il figlio dell'italiano Marco Bianchi è sia cittadino italiano (*ius sanguinis*) sia cittadino brasiliano (*ius soli*).

La perdita della cittadinanza italiana. Il caso più frequente di perdita della cittadinanza è la rinuncia spontanea; per esempio, Mario Rossi rinuncia alla cittadinanza italiana, perché si è trasferito a New York ed è diventato cittadino statunitense.

In base all'art. 22 Cost. nessuno può essere privato «per motivi politici» della cittadinanza, per evitare quanto avvenne nel 1938 quando il regime fascista, con le leggi razziali, tolse la cittadinanza italiana agli ebrei che la avevano acquistata dopo il 1919.

La cittadinanza dell'Unione. Nel 1992 il Trattato di Maastricht (Olanda) ha istituito la cittadinanza dell'Unione, specificando che è cittadino dell'Unione europea «chiunque abbia la cittadinanza di uno Stato membro». Ogni cittadino di uno dei 27 Paesi dell'Unione (dopo l'uscita della Gran Bretagna) è anche cittadino europeo.

È cittadino dell'Unione chiunque abbia la cittadinanza di uno Stato membro

Va chiarito che la cittadinanza dell'Unione si aggiunge alla cittadinanza nazionale, ma non la sostituisce: l'italiano Mario Rossi diventa cittadino europeo, ma resta cittadino italiano.

La cittadinanza dell'Unione si aggiunge alla cittadinanza nazionale, ma non la sostituisce

Fra i diritti di cui godono i cittadini dell'Unione, ricordiamo:

- il diritto di circolare e di soggiornare liberamente nel territorio degli Stati membri (Mario Rossi può tranquillamente fermarsi ad Amsterdam, per visitarla), come previsto dalla Convenzione di Schengen (di cui ci occupiamo nel capitolo B2);
- l'elettorato attivo e passivo al Parlamento europeo, garantito dall'articolo 39 della *Carta dei diritti fondamentali dell'Unione europea* (d'ora in poi art. 39 Carta UE), per cui Mario Rossi può votare alle elezioni europee e può essere eletto deputato europeo;

- l'elettorato attivo e passivo alle elezioni municipali del comune di residenza, anche se questo si trova in uno Stato diverso; in conseguenza di ciò Mario Rossi, che risiede a Marsiglia, può diventarne il Sindaco, mentre Torino potrebbe avere come Sindaco il tedesco Axel Schmidt;
- in qualsiasi Paese si trovi, il cittadino europeo può godere della tutela da parte delle autorità diplomatiche e consolari di uno Stato dell'Unione; per esempio, se Mario Rossi si trova a Kampala, in Uganda, può rivolgersi all'ambasciata della Francia per avere l'assistenza adeguata.

3 Il territorio

Il territorio. Il *territorio* è lo spazio su cui lo Stato esercita la propria sovranità.

Il territorio è lo spazio su cui lo Stato esercita la propria sovranità

Si potrebbe pensare che il nostro territorio sia formato soltanto dalla penisola (più la Sicilia, la Sardegna e le isole minori). In realtà, per il diritto, il territorio è formato non solo dalla terraferma, ma anche dal mare territoriale, dallo spazio aereo, dal sottosuolo e dal territorio mobile.

Terraferma. La maggior parte del territorio è costituita dalla terra emersa, che è delimitata da confini, che possono essere naturali (un fiume), artificiali (un reticolato o un muro) e geografici (un parallelo).

Un confine artificiale di grande importanza storica è stato il «Muro di Berlino» che, dal 1961 al 1989, rappresentò il simbolo della separazione fra la Germania est e la Germania ovest.

Ecco che cosa resta del Muro di Berlino, un confine artificiale che, per 28 anni, rappresentò il simbolo della separazione delle due Germanie.

Mare territoriale. Il territorio statale comprende anche il *mare territoriale*, cioè la fascia di mare adiacente alla costa.

Come si misura il mare territoriale? Purtroppo non esiste una regolamentazione internazionale del mare territoriale, applicabile a tutti gli Stati sempre e ovunque. In conseguenza di ciò, ogni Stato fissa in modo arbitrario l'ampiezza del proprio mare territoriale; per esempio, il nostro Paese ha stabilito l'estensione del mare territoriale italiano in 12 miglia marine (circa 22 chilometri), a partire dalla linea di costa.

Oltre la fascia del mare territoriale si estende il *mare libero*, che può essere utilizzato da tutti gli Stati.

Questa incertezza sulla misurazione del mare territoriale è per la comunità internazionale un grave problema, che spesso causa dei contrasti, che possono degenerare in veri e propri conflitti. Per esempio, nel 1986 due aerei militari degli Stati Uniti, considerandolo mare libero, sorvolarono il Golfo della Sirte, che la Libia considera invece mare territoriale libico: il contrasto portò a una guerra fra Stati Uniti e Libia, fortunatamente breve e con limitate conseguenze.

Il mare territoriale è la fascia di mare adiacente alla costa

Spazio aereo. Il territorio statale comprende lo *spazio aereo* sopra la terraferma e il mare territoriale, per questo motivo la navigazione aerea è regolamentata in modo rigoroso.

La sovranità sullo spazio aereo è comunque limitata, perché uno Stato può denunciare una violazione del suo spazio aereo solo se questa minaccia la sua sicurezza (uno Stato non può impedire a un'astronave di sorvolare il suo territorio). A questo proposito, è assolutamente necessario regolare l'uso dei satelliti artificiali, che trasmettono informazione e spettacolo in tutto il mondo.

Sottosuolo. Il territorio statale comprende anche il *sottosuolo*. La sovranità sul sottosuolo permette ai singoli Stati di godere delle risorse presenti in esso (giacimenti minerari e petroliferi). Anche in questo caso, la sovranità può estendersi solo entro limiti giustificati dall'interesse statale, in particolare non può superare la profondità massima raggiungibile dalla tecnologia dell'uomo.

Territorio mobile. Del territorio statale fa parte anche il *territorio mobile*, che è costituito dalle navi da guerra (e dagli aerei militari) ovunque si trovino, mentre le navi mercantili (e gli aerei civili) fanno parte del territorio mobile solo quando navigano nel mare libero (e nello spazio sovrastante). Per esempio:

- se una nave da guerra italiana si trova nel mare territoriale degli Stati Uniti, fa parte del territorio mobile dello Stato italiano;
- se una nave mercantile italiana si trova in mare libero, fa parte del territorio mobile dello Stato italiano;
- se una nave mercantile italiana si sta avvicinando alla baia di San Francisco (California), si trova nel mare territoriale degli Stati Uniti.

Riprendiamo questi tre esempi, e supponiamo che sulla nave avvenga un omicidio (Mario Rossi uccide Marco Bianchi). Le conseguenze sono diverse, perché nei primi due casi sulla nave si applica il diritto italiano (Rossi può essere condannato al massimo all'ergastolo); invece nel terzo caso si applica il diritto degli Stati Uniti, in particolare quello dello Stato della California (Rossi rischia la pena di morte).

Il territorio mobile fa parte del territorio statale

Il territorio è costituito da

- Terraferma
- Mare territoriale
- Spazio aereo
- Sottosuolo
- Territorio mobile

L'extraterritorialità e l'immunità. L'extraterritorialità e l'immunità rappresentano due eccezioni al principio della territorialità del diritto.

Si ha l'*extraterritorialità* quando una cosa si trova fisicamente sul territorio di uno Stato ma, per il diritto, è come se si trovasse nel territorio di un altro Stato. Riprendiamo il caso della nave da guerra italiana che si trova nel mare territoriale degli Stati Uniti: la nave è fisicamente nel territorio degli Stati Uniti, ma su di essa, come si è visto, si applicano le norme dell'ordinamento giuridico italiano (in nessun caso si può emettere una condanna a morte, perché il Codice penale italiano non lo prevede).

Si ha l'*immunità* quando uno Stato limita la sua sovranità su cose o persone che si trovano sul suo territorio. L'*ambasciata* rappresenta il tipico caso di immunità: le autorità dello Stato in cui è situata l'ambasciata non possono entrarvi, senza l'autorizzazione del corpo diplomatico che vi soggiorna. Va però chiarito che, a differenza di quanto visto per l'extraterritorialità, qualsiasi fatto avvenga all'interno dell'ambasciata viene regolato dal diritto dello Stato che la ospita. Per esempio nessun funzionario italiano può entrare, senza autorizzazione, nel palazzo dell'ambasciata degli Stati Uniti a Roma, ma deve essere applicato il diritto penale italiano se viene commesso un reato nell'ambasciata.

L'Antartide: un territorio senza Stato. Può esistere un territorio senza Stato? No.

Esiste però un'eccezione, rappresentata dall'Antartide che, in base ad accordi internazionali, non fa parte di alcuno Stato. L'Antartide può essere utilizzato esclusivamente per ricerche scientifiche, che devono avvenire in base a princìpi stabiliti dai Paesi più importanti.

L'Antartide, pur essendo una regione continentale di vaste proporzioni (oltre 14 milioni di km^2) non appartiene formalmente ad alcuno Stato, in quanto a sud del 60° parallelo, in base ad accordi internazionali, non è riconosciuta la sovranità di alcun Paese.

4 La sovranità

La sovranità. Lo Stato è «sovrano» perché è in una posizione di supremazia, che gli permette di imporre ai cittadini il rispetto delle norme. La sovranità dello Stato deve manifestarsi non solo verso l'interno, ma anche verso l'esterno: lo Stato deve essere in grado di rendersi indipendente dagli altri Stati utilizzando, se necessario, anche la forza; si pensi a un'invasione da parte di uno Stato nemico.

La sovranità è il potere che ha lo Stato di darsi un'organizzazione politica autonoma

La sovranità statale è originaria perché nasce assieme allo Stato: non esiste Stato senza sovranità, nessuno «concede» allo Stato la sovranità, perché questa ha origine solo dalla volontà dello Stato stesso.

La sovranità si manifesta quando lo Stato esercita le sue funzioni, tradizionalmente indicate come i tre poteri dello Stato: il potere legislativo, il potere esecutivo e il potere giudiziario. Nell'esercitare i tre poteri, lo Stato risponde alle tre domande iniziali (paragrafo 1).

La sovranità si manifesta con l'esercizio del
- Potere legislativo
- Potere esecutivo
- Potere giudiziario

Il potere legislativo. Il potere legislativo risponde alla domanda *Chi decide quali norme devono governare la società?*, perché crea l'ordinamento giuridico dello Stato e approva le norme che devono essere rispettate da tutti i cittadini.

Il potere esecutivo. Alla domanda *Chi garantisce che le norme siano poi attuate?* risponde il potere esecutivo, che applica le norme in modo che lo Stato possa raggiungere i propri fini.

Il potere giudiziario. È il potere giudiziario a rispondere alla domanda *Chi decide se, e come, punire chi non rispetta le norme?*, quando stabilisce chi ha infranto le norme e quali sanzioni deve subire.

Come vedremo, gli Stati applicano in modo diverso i tre poteri.

La personalità giuridica dello Stato. Lo Stato è la persona giuridica per eccellenza, e stabilisce quali altre organizzazioni possano essere riconosciute come soggetti di diritto (per esempio le società per azioni).

Lo Stato diventa persona giuridica nei rapporti interni quando si costituisce e nei rapporti internazionali quando è riconosciuto dagli altri Stati

L'acquisto della personalità giuridica da parte dello Stato avviene in modo diverso, a seconda che si tratti di rapporti interni o di rapporti internazionali.

All'interno del suo territorio, lo Stato è già persona giuridica alla nascita.

Più complesso è il caso delle relazioni internazionali, dove la personalità giuridica dipende dal riconoscimento della comunità internazionale. Per esempio la Cina popolare si è costituita nel 1948, ma ha acquisito personalità giuridica nei rapporti internazionali solo nel 1970, quando è entrata a far parte dell'Organizzazione delle Nazioni Unite (ONU). Può verificarsi il caso di Stati riconosciuti solo da una parte della comunità internazionale, come per esempio Israele.

Negli anni Novanta in Europa si sono avuti profondi mutamenti politici, che hanno portato alla nascita di nuovi Stati. Basti pensare alla dissoluzione dell'ex-Unione Sovietica (da cui sono nati Russia, Ucraina, Bielorussia, Estonia, Lettonia, Lituania, Moldavia, Armenia, Azerbaigian, Georgia, Kazakistan, Kirghisistan, Tagikistan, Turkmenistan e Uzbekistan), e dell'ex-Iugoslavia (da cui sono nati Croazia, Slovenia, Serbia, Montenegro, Macedonia, Bosnia ed Erzegovina, Kosovo).

Come agisce lo Stato? Lo Stato, come ogni persona giuridica, è perfettamente capace di agire attraverso i suoi organi.

Nello Stato italiano gli organi che svolgono le più importanti funzioni sono quelli previsti dalla Costituzione: gli organi costituzionali (di cui ci occupiamo nell'unità C).

5 Le forme di Stato

NUCLEI ESSENZIALI

La nozione di forma di Stato. Esistono diversi modi di interpretare l'espressione *forma di Stato*; noi definiamo forma di Stato quel rapporto che si crea fra lo Stato e i suoi elementi costitutivi.

La forma di Stato è il rapporto che si crea fra lo Stato e i suoi elementi costitutivi

In base alla forma di Stato, si distingue fra Stato unitario (l'Italia) e Stato federale (Stati Uniti, Brasile, Svizzera, Canada, Germania).

Lo Stato unitario. L'art. 5 Cost. stabilisce che la Repubblica è «una e indivisibile»: l'Italia è uno Stato unitario.

Nello Stato unitario si ha una centralizzazione dei poteri

Nello *Stato unitario* la sovranità è unica, e abbraccia tutto il popolo e l'intero territorio; in particolare, le funzioni principali sono esercitate dagli organi costituzionali, che decidono a livello centrale. Lo Stato unitario garantisce uniformità all'azione statale, ma tiene in scarsa considerazione le diversità esistenti nel territorio; nel nostro Paese questo problema viene attenuato dall'importanza assunta dalle Regioni.

Stato unitario non significa «Stato totalitario», perché non esiste alcuna relazione fra la forma di Stato e l'ideologia più o meno democratica di uno Stato: gli Stati unitari possono essere o democratici o totalitari.

Lo Stato federale. Lo *Stato federale* è composto da diversi Stati, chiamati *Stati federati*. Lo Stato federale è quindi uno «Stato di Stati», che non devono essere considerati una pura aggregazione numerica, perché ognuno conserva i propri elementi costitutivi.

Lo Stato federale è composto da diversi Stati federati, ciascuno dei quali conserva i propri elementi costitutivi

Gli Stati federati hanno un proprio popolo e un proprio territorio; più complesso è il problema della sovranità, perché i singoli Stati federati hanno solo una «sovranità interna», e non possono stabilire alcun rapporto con gli Stati esteri: solo lo Stato federale ha la personalità giuridica nei rapporti internazionali (per esempio, ha una competenza esclusiva su difesa e politica internazionale).

Pensiamo agli Stati Uniti, che rappresentano il tipico esempio di Stato federale (composto da 50 Stati federati); il Texas (Stato federato degli Stati Uniti) esercita sul suo territorio i tre poteri, ma solo gli Stati Uniti possono stipulare un trattato internazionale, anche se questo interessa lo Stato del Texas (per esempio, una ridefinizione dei confini col Messico).

L'Italia è uno Stato regionale. Abbiamo detto che l'Italia è uno Stato unitario. Come vedremo nel capitolo D2, la Costituzione prevede che le Regioni, oltre a quella amministrativa, possano esercitare anche la funzione legislativa; questo fatto non modifica comunque la forma di Stato unitaria, perché il potere legislativo delle Regioni «deriva» dallo Stato italiano, ed è rigorosamente limitato dalla Costituzione. L'Italia resta quindi uno Stato unitario, che assume la forma di «Stato regionale» per i poteri che hanno le Regioni.

L'Italia è uno Stato unitario che, per l'importanza delle Regioni, diventa Stato regionale

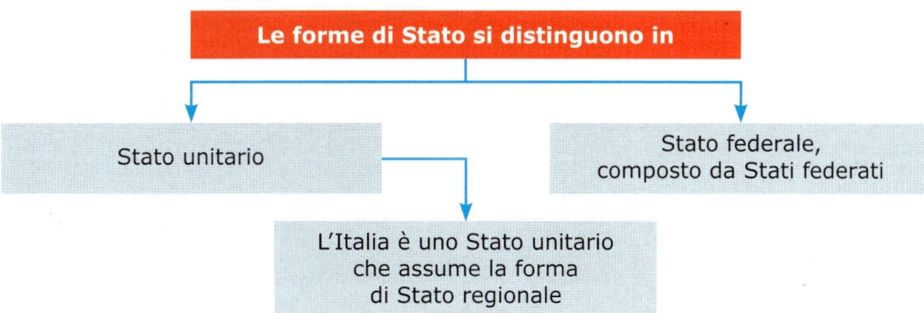

6 Le forme di governo

NUCLEI ESSENZIALI

La nozione di forma di governo. Il termine «governo» può essere usato con un diverso significato. Può riferirsi all'organo che esercita il potere esecutivo, e quando ce ne occuperemo nel capitolo C2 lo scriveremo con la maiuscola («Governo»), oppure può indicare il funzionamento degli organi costituzionali: è questo secondo significato che ora prendiamo in esame.

La forma di governo è il modo in cui lo Stato esercita i suoi tre poteri

Abbiamo visto che lo Stato è sovrano quando esercita le tre funzioni (legislativa, esecutiva e giudiziaria): la forma di governo indica il diverso modo con cui lo Stato esercita i suoi tre poteri. La forma di governo è, quindi, l'organizzazione di cui si serve lo Stato per esercitare la propria sovranità.

Monarchie e repubbliche. Come si distinguono le forme di governo? La principale distinzione è quella fra monarchia (dall'unione dei termini latini *monos* =

Una lettura

Il Principe di Niccolò Machiavelli

Tutti gli Stati o sono repubbliche o sono monarchie

Il fiorentino Niccolò Machiavelli (1469-1527) è da sempre associato allo stereotipo «il fine giustifica i mezzi». In realtà Machiavelli fu un grande scienziato della politica: il primo a distinguere nettamente fra morale e politica, il primo a non indietreggiare di fronte alle conseguenze logiche del suo ragionamento. *Il Principe*, pubblicato nel 1513, è un trattato scritto con forma nuda e ferma nelle enunciazioni, come quella che riportiamo relativa alle classificazioni delle forme di governo: tutti gli Stati o sono repubbliche o sono monarchie.

«Tutti gli stati, tutti e dominii che hanno avuto e hanno imperio sopra li uomini, sono stati e sono o repubbliche o principati. E principati sono o ereditarii, de' quali el sangue del loro signore ne sia suto lungo tempo principe, o e' sono nuovi. E nuovi, o e' sono nuovi tutti, come fu Milano a Francesco Sforza, o e' sono come membri aggiunti allo stato ereditario del principe che li acquista, come è el regno di Napoli al re di Spagna. Sono questi dominii così acquistati, o consueti a vivere sotto un principe, o usi ad essere liberi; e acquìstonsi o con le armi d'altri o con le proprie, o per fortuna o per virtù. [...]

Io voglio all'uno e all'altro di questi modi detti circa el diventare principe per virtù o per fortuna, addurre due esempli stati ne' dì memoria nostra: e questi sono Francesco Sforza e Cesare Borgia. [...]»

[N. Machiavelli, *Il Principe*, Rizzoli, Milano, 1950, p. 121.]

Niccolò Machiavelli.

solo e *arché* = regno) e repubblica (dal latino *res publica* = cosa pubblica), che fu enunciata per la prima volta da Niccolò Machiavelli (1469-1527) nella sua celebre opera *Il Principe* (1513).

Qual è la differenza fra monarchia e repubblica? È difficile, per il diritto, rispondere a questa domanda.

La prima risposta che viene in mente è che le monarchie sono ereditarie, mentre le repubbliche sono elettive; in realtà, è vero che quasi sempre le monarchie sono ereditarie e le repubbliche sono elettive, ma esistono anche monarchie elettive (come il Papato, che è la forma di governo dello Stato della Città del Vaticano), monarchie a rotazione (come in Malaysia, dove il sovrano cambia ogni cinque anni) e repubbliche a vita (come avveniva nella Repubblica marinara di Venezia, dove il Doge era eletto a vita).

Il Doge sul Bucintoro dipinto nel 1766 dal pittore veneziano Francesco Lazzaro Guardi (1712-1793) e conservato al Musée du Louvre, Parigi. Per oltre un millennio il doge è stato il supremo magistrato della Repubblica di Venezia. La carica, pur essendo a vita, fu sempre elettiva, in quanto l'aristocrazia veneta temeva che la formazione di una dinastia avrebbe portato a una monarchia di tipo assoluto.

I giuristi preferiscono distinguere le forme di governo dal modo in cui viene attuato il principio della separazione dei poteri. Ci occuperemo approfonditamente di questo principio; per ora ci basta sapere che si ha la separazione dei poteri quando le tre funzioni (legislativa, esecutiva e giudiziaria) sono esercitate da organi diversi e indipendenti. In particolare:

- il Parlamento esercita il potere legislativo;
- il Governo esercita il potere esecutivo;
- la Magistratura esercita il potere giudiziario.

In conseguenza di ciò, distinguiamo le seguenti forme di governo: la monarchia assoluta, la monarchia costituzionale, la monarchia parlamentare, la repubblica presidenziale e la repubblica parlamentare.

La monarchia assoluta. Nella *monarchia assoluta* non esiste il principio della separazione dei poteri. La sovranità è completamente nelle mani del Re che esercita tutti

Nella monarchia assoluta non esiste il principio della separazione dei poteri

i poteri dello Stato, senza avere al fianco nessun altro organo costituzionale: il Re è legislatore, amministratore e giudice.

La monarchia costituzionale. Il principio della separazione dei poteri si inizia ad affermare con la *monarchia costituzionale*, in cui la sovranità viene ripartita fra diversi organi costituzionali.

Il monarca non è più sovrano assoluto, perché nasce un Governo che esercita il potere esecutivo; va però precisato che è sempre il Re che decide quale Governo nominare (e revocare): il Governo è responsabile solo nei confronti del sovrano.

La monarchia parlamentare. È con la *monarchia parlamentare* che il principio della separazione dei poteri si realizza pienamente: il Governo è sempre nominato dal Re, ma diventa responsabile verso il Parlamento. In particolare il Parlamento, eletto da un corpo elettorale all'inizio molto ristretto, ha il potere di concedere, e togliere, la fiducia al Governo.

La monarchia parlamentare si basa sulla separazione dei poteri

Il tipico esempio di monarchia parlamentare è rappresentato dall'Inghilterra, dove il passaggio dalla monarchia assoluta alla monarchia parlamentare è avvenuto dopo lunghi e tormentati eventi storici.

La repubblica presidenziale. Esistono molte *repubbliche presidenziali*, ma noi prendiamo in esame quella degli Stati Uniti, nata dalla Costituzione americana del 1787.

Nella repubblica presidenziale il popolo elegge direttamente il Presidente

Ogni quattro anni viene eletto il Presidente degli Stati Uniti, con una procedura che si articola in varie fasi:

- in ogni Stato federato, gli elettori votano un candidato;
- all'interno di ogni Stato federato, il candidato più votato si aggiudica i «Grandi elettori» di quello Stato (sono fedelissimi del candidato, scelti fra familiari e membri del suo partito);
- i Grandi elettori di tutti gli Stati federati, complessivamente 538, eleggono il Presidente; i Grandi elettori sono liberi di votare «secondo coscienza», ma è praticamente impossibile che tradiscano il volere del popolo (di fatto il loro voto è vincolato).

In conseguenza di ciò, anche se formalmente viene eletto dai Grandi elettori, i giuristi concordano sul fatto che il Presidente degli Stati Uniti viene eletto direttamente dal popolo.

John Fitzgerald Kennedy è stato eletto Presidente degli Stati Uniti l'8 novembre 1960. Democratico e primo Presidente cattolico di questo Paese, è stato ucciso il 22 novembre 1963 a Dallas, in Texas, in circostanze mai del tutto chiarite.

Elettori degli Stati Uniti → Votano liberamente i 538 Grandi elettori → I Grandi elettori eleggono formalmente il Presidente (in realtà sono vincolati nel voto)

Nella repubblica presidenziale degli Stati Uniti, il Presidente è a capo del Governo e ha il potere di nominare e revocare i ministri, che sono responsabili solo nei suoi confronti (come vedremo nel capitolo C3).

La repubblica parlamentare. Nella *repubblica parlamentare*, l'unico organo eletto dal popolo è il Parlamento.

Il Presidente della Repubblica è eletto dal Parlamento; mentre il Governo entra in carica solo dopo aver ottenuto la fiducia del Parlamento, di fronte al quale è responsabile.

Nella repubblica parlamentare il popolo elegge solo il Parlamento

La repubblica parlamentare è la forma di governo prevista dalla Costituzione italiana del 1948.

Le forme di governo si dividono in

Monarchie:	Repubbliche:
› monarchia assoluta	› repubblica presidenziale
› monarchia costituzionale	› repubblica parlamentare
› monarchia parlamentare	

7 Lo Stato assoluto: il suddito

NUCLEI ESSENZIALI

L'assolutismo. Lo Stato nasce in Europa, a partire dal XV secolo, come Stato nazionale; i sovrani stabilirono il loro potere sopra territori, dove vivevano popoli che costituivano una nazione avendo in comune razza, lingua, religione e cultura.

I primi Stati nazionali che si formarono furono la Francia, la Spagna e l'Inghilterra; il processo proseguì tanto che, alla fine del XVI secolo, gran parte dell'Europa era divisa in Stati nazionali.

Lo *Stato nazionale* nasce come *Stato assoluto* (dal latino *ab-solutus* = sciolto da ogni vincolo), in cui il sovrano esercita un potere illimitato, senza alcuna separazione dei poteri: il Re fa le leggi, le esegue, decide chi (e a quale pena) deve essere condannato.

Il Re, che necessita anche di un esercito stabile, non può seguire da solo tutti gli affari del regno, ma deve dotarsi di un'organizzazione fortemente centralizzata, formata dai funzionari di corte, che eseguono le direttive del sovrano.

Il tipico modello di Stato assoluto è rappresentato dalla Francia, che raggiunge il suo apice con Luigi XIV (1638-1715), passato alla Storia come il «Re Sole», e con la sua celebre frase *L'état c'est moi* («Lo Stato sono io»).

Il Re Sole, monarca assoluto per antonomasia.

Un popolo suddito. Nello Stato assoluto il popolo non è formato da cittadini ma da *sudditi*, che sono sottoposti a una serie di doveri e sono privi di qualsiasi diritto.

Nel rapporto col popolo, lo Stato assoluto assume dapprima la forma dello Stato patrimoniale, e poi dello Stato di polizia.

Lo Stato patrimoniale. Nello *Stato patrimoniale* il Re era padrone del territorio e del popolo, così come lo era dei suoi beni: non c'era alcuna differenza fra il patrimonio statale e il patrimonio personale del monarca. Il Re non si curava minimamente dei bisogni dei sudditi; di questo compito si occupavano istituzioni non statali, in primo luogo la Chiesa, che cercava di garantire un minimo di assistenza e di istruzione al popolo.

Nello Stato patrimoniale il territorio e il popolo sono proprietà privata del Re

La sudditanza era tale che il popolo, essendo solo una parte del patrimonio del Re, passava da un sovrano all'altro (a seguito di guerre, matrimoni o altre vicende), senza che si tenesse conto delle diverse identità nazionali. I sudditi non erano titolari di alcun diritto e finanziavano direttamente le spese del monarca, che erano soprattutto destinate al settore militare.

Lo Stato di polizia. Con lo Stato di polizia il sovrano inizia a farsi carico dei problemi del popolo.

Nello Stato di polizia si ha il «sovrano illuminato», che esercita il suo potere senza limiti ma si occupa dei sudditi

Lo *Stato di polizia* si afferma, fra il XVII e il XVIII secolo, in alcune regioni dell'Europa; in particolare, nella Prussia di Federico II e nell'Austria di Giuseppe II. Va precisato che la parola «polizia» non ha un significato repressivo, ma va intesa nel suo significato etimologico di «cura della città».

Il popolo è ancora suddito: sono sempre negati i diritti civili e politici, ma il monarca comincia a occuparsi dell'istruzione, della sanità e della giustizia.

Con lo Stato di polizia si ha la separazione del patrimonio del sovrano da quello statale: i sudditi pagano i tributi allo Stato, e non direttamente al Re.

8 Verso lo Stato liberale

La crisi dell'assolutismo. Dalla crisi dello Stato assoluto nasce lo Stato liberale che si sviluppa prima in Inghilterra, poi negli Stati Uniti e in Francia.

Il *Bill of Rights*. Mentre in altri Paesi dominava ancora lo Stato assoluto, in Inghilterra già nel XVII secolo nasceva uno Stato liberale in cui iniziava a delinearsi il principio della divisione dei poteri.

Col *Bill of Rights* del 1689 l'Inghilterra diventa la prima monarchia costituzionale della storia

La nascita dello Stato di diritto fu preceduta da avvenimenti politici che, nel 1689, portarono il Re Guglielmo III d'Orange a emanare il *Bill of Rights* (Dichiarazione dei diritti). In particolare, il *Bill of Rights* prevedeva:

- la libertà di parola e di discussione in Parlamento;
- il divieto per il Re, senza il consenso del Parlamento, di sospendere l'efficacia delle leggi, di imporre tributi e di mantenere armate stabili;
- libere elezioni per il Parlamento, che aveva il diritto esclusivo di controllarne la regolarità;
- l'affermazione del principio che il Parlamento doveva essere riunito con frequenza.

Il *Bill of Rights*, rafforzando il ruolo del Parlamento, fece dell'Inghilterra la prima monarchia costituzionale della storia. L'esperienza inglese aprì la strada a due grandi eventi storici: la nascita degli Stati Uniti e la Rivoluzione francese.

Il dipinto, del pittore americano John Trumbull, mostra la presentazione al Congresso della *Dichiarazione di indipendenza*, redatta dalla cosiddetta Commissione dei Cinque (da sinistra a destra, John Adams, Roger Sherman, Robert Livingston, Thomas Jefferson e Benjamin Franklin).

La nascita degli Stati Uniti. In America, nella seconda metà del XVIII secolo, le colonie inglesi si ribellarono alla madrepatria, e diedero inizio alla guerra di indipendenza americana, che si concluse con la vittoria delle ex-colonie.

CLIL **LAWS AND RIGHTS**
Citizens Have Also Rights

Nel 1776 a Filadelfia fu approvata la *Dichiarazione di indipendenza* basata sul principio che tutte le persone possiedono diritti innati, come il diritto alla vita e alla libertà.

Con la Pace di Versailles (Francia) del 1783 fu ufficialmente riconosciuta l'indipendenza degli Stati Uniti d'America, che acquistarono così personalità giuridica nei rapporti internazionali.

La Costituzione americana, approvata nel 1787 a Filadelfia e tuttora in vigore, prevede una forma di Stato federale, mentre la forma di governo è una repubblica presidenziale, che si basa su una rigorosa separazione dei poteri:

- il potere legislativo spetta al Congresso, composto dalla Camera (che rappresenta il popolo) e dal Senato (in cui ogni Stato federato ha due senatori, in modo da trovarsi su un piano di parità con gli altri);
- il potere esecutivo è esercitato dal Presidente della Repubblica, eletto direttamente dal popolo attraverso i Grandi elettori;
- il potere giudiziario è affidato alla Corte Suprema, organo di grande prestigio che, con le sue sentenze, ha inciso in modo profondo sulla vita degli Stati Uniti.

Per ricordare meglio...	**La nascita degli Stati Uniti**
1776 *a Filadelfia*	Dichiarazione di indipendenza americana
1783 *a Versailles*	Riconoscimento degli Stati Uniti d'America
1787 *a Filadelfia*	Approvazione della Costituzione americana

La Rivoluzione francese. Dopo aver rappresentato il tipico modello di assolutismo, la Francia vive uno degli eventi più importanti della storia: la Rivoluzione francese.

Con la Rivoluzione francese il «suddito» diventa «cittadino»

Il 1° maggio 1789 Luigi XVI apre gli Stati Generali e poco dopo (9 luglio 1789) i rappresentanti del Terzo Stato, la borghesia, si autoproclamano Assemblea Costituente.

Il 14 luglio 1789 si ha la «presa della Bastiglia», evento simbolo della Rivoluzione francese: una grande folla di parigini assedia la fortezza, in cui erano incarcerati i prigionieri politici, e la espugna.

Il 26 agosto 1789 l'Assemblea Costituente approva la *Dichiarazione dei diritti dell'uomo e del cittadino*, dove si afferma che «gli uomini nascono e rimangono liberi e uguali nei diritti», e che la legge è «l'espressione della volontà generale»: il popolo è formato da cittadini e non più da sudditi.

La Costituzione del 3 settembre 1791 assegna al Re solo il potere esecutivo, e sancisce il principio della separazione dei poteri: la Francia si trasforma da monarchia assoluta in monarchia costituzionale.

Anche la forma di governo viene cambiata quando, il 21 settembre 1792, la repubblica prende il posto della monarchia.

Dopo la decapitazione di Luigi XVI (21 gennaio 1793) viene approvata la Costituzione democratica giacobina, che introduce il suffragio universale e riafferma alcune libertà fondamentali. La Repubblica giacobina si trasformò poi in una cruenta dittatura, e la Costituzione restò in gran parte inattuata; ma la strada era ormai aperta.

L'Uguaglianza sostiene la Dichiarazione dei diritti dell'uomo in un'allegoria francese del XVIII secolo.

Per ricordare meglio...	**La Rivoluzione francese**
1° maggio 1789	Apertura degli Stati Generali
9 luglio 1789	Il Terzo Stato si autoproclama Assemblea Costituente
14 luglio 1789	Presa della Bastiglia
26 agosto 1789	Dichiarazione dei diritti dell'uomo e del cittadino
3 settembre 1791	La Francia è una monarchia costituzionale
21 settembre 1792	Nasce la Repubblica francese
21 gennaio 1793	Decapitazione di Luigi XVI

L'avvento dello Stato liberale. L'idea di Stato che, ispirata dal modello inglese, si affermò negli Stati Uniti e in Francia, si diffuse poi in tutta l'Europa nel XIX secolo, portando alla nascita dello Stato liberale.

La Rivoluzione francese è la rivoluzione borghese per eccellenza: con lo Stato liberale la borghesia, che già da secoli era l'asse portante dell'economia, iniziò a rivendicare, e a ottenere, un ruolo di primo piano anche in campo politico: l'avvento della borghesia portò al declino della nobiltà e del clero.

9 Lo Stato liberale: il cittadino

Lo Stato liberale. Lo *Stato liberale* (o *Stato di diritto*) deve essere uno *Stato costituzionale*. Deve cioè essere presente una costituzione, che è l'insieme delle norme fondamentali che caratterizzano uno Stato in un dato momento storico.

Lo Stato liberale deve basarsi su una costituzione

In uno Stato di diritto la costituzione deve comprendere il principio della divisione dei poteri e della pluralità degli organi costituzionali, il riconoscimento dei diritti innati (civili e politici), il principio dell'uguaglianza formale e il principio della rappresentanza politica.

La divisione dei poteri e la pluralità degli organi. Con lo Stato di diritto si afferma il principio della divisione dei poteri, che viene teorizzato da Charles de Secondat de Montesquieu (1689-1755) nella sua celebre opera *L'esprit des lois* (Lo spirito delle leggi) del 1748, che prende a modello la monarchia inglese.

Montesquieu sostiene che in uno Stato può esistere libertà solo con la divisione dei tre poteri, a cui deve affiancarsi la pluralità degli organi costituzionali: nell'ordinamento devono trovarsi diversi organi, posti su un piano di parità, fra cui vengono suddivise le tre funzioni. Come sappiamo, tali organi sono:

- il Parlamento, che esercita il potere legislativo;
- il Governo, che esercita il potere esecutivo;
- la Magistratura, che esercita il potere giudiziario.

Parlamento, Governo e Magistratura hanno come compito principale l'esercizio della loro funzione, ma sono inevitabili sovrapposizioni fra le diverse sfere di competenza. È impossibile realizzare una completa separazione dei poteri; in tutti gli ordinamenti giuridici esistono interferenze fra le funzioni, senza che questo pre-

La divisione dei poteri

- Il Parlamento esercita il potere legislativo
- Il Governo esercita il potere esecutivo
- La Magistratura esercita il potere giudiziario

giudichi l'attuazione del principio (a volte, il Governo interviene nel legislativo, il Parlamento nel giudiziario e così via).

I diritti innati: i diritti civili. Il cittadino dello Stato di diritto, per il solo fatto di essere nato, possiede dei diritti, appunto *innati*, che comprendono sia i diritti civili sia i diritti politici.

Nello Stato liberale tutti i cittadini possiedono diritti innati (civili e politici) che devono essere garantiti

Lo Stato liberale non può reprimere la libertà individuale, che deve essere intesa sia come libertà fisica sia come libertà di manifestazione del pensiero. I diritti civili non riguardano solo il singolo, ma devono estendersi alle organizzazioni di cui il cittadino fa parte (per esempio le associazioni politiche).

I diritti politici e la sovranità popolare. Con l'acquisto dei diritti politici si inizia ad affermare il principio della sovranità popolare, che si realizzerà completamente solo nello Stato democratico. Comincia a farsi strada l'idea che ogni cittadino ha il diritto di decidere sulle scelte dello Stato, o direttamente o indirettamente (per mezzo di rappresentanti). Va comunque precisato che, all'inizio, la sovranità popolare è limitata, anche perché il corpo elettorale è ristretto.

L'uguaglianza formale. Nello Stato assoluto si aveva un rapporto di sudditanza fra popolo e Stato, a cui si accompagnavano profonde disuguaglianze fra le persone. Invece, nello Stato liberale le norme devono rivolgersi indistintamente a tutti i cittadini, che diventano così «uguali», almeno per il diritto.

Nello Stato liberale tutte le persone sono uguali davanti alla legge (uguaglianza formale)

Si afferma quindi un'*uguaglianza formale* ma non sostanziale, perché gli strati più poveri si trovano di fronte a ostacoli economici, che impediscono l'effettivo esercizio dei diritti loro riconosciuti. L'uguaglianza formale rappresenta il primo gradino verso l'attuazione di una vera e propria uguaglianza sostanziale: se i cittadini non sono uguali davanti alla legge, non lo saranno mai nella realtà.

La rappresentanza politica. Lo Stato liberale è Stato rappresentativo, perché i suoi organi devono essere espressione dei cittadini. La rappresentanza politica può essere esercitata sia direttamente (da organi eletti dal popolo) sia indirettamente (da organi eletti da organi, a loro volta votati dal popolo).

Gli organi rappresentativi devono esprimere in piena autonomia la loro volontà, e i cittadini, dopo averli eletti, non possono limitarne la libertà.

Anche il principio della rappresentanza politica viene attenuato dalla ristrettezza del corpo elettorale: gli eletti, nella realtà, rappresentano solo una minoranza dei cittadini.

Dallo Stato liberale allo Stato democratico. Lo Stato liberale entra in crisi alla fine del XIX secolo, quando le masse contadine e operaie iniziano a rivendicare con forza il loro diritto di partecipare realmente alla vita politica, e non solo formalmente. Dopo aver ottenuto i diritti civili, i cittadini lottano per conquistare i diritti politici, fino ad allora esercitati solo da una minoranza; è in questo momento che si afferma lo Stato democratico.

Con l'esercizio dei diritti politici si passa dallo Stato liberale allo Stato democratico

Nello Stato liberale venivano riconosciuti ai cittadini i diritti civili, mentre quelli politici restavano su un piano puramente formale: il reale esercizio dei diritti politici segna il passaggio dallo Stato liberale allo Stato democratico.

10 Lo Stato democratico

NUCLEI ESSENZIALI

Cos'è la democrazia? Democrazia significa «governo del popolo» (dall'unione dei termini di origine greca *dèmos* = popolo e *kràtos* = potere): in uno Stato democratico la sovranità deve essere espressione della volontà popolare. Ne consegue che uno Stato è democratico quando il popolo decide «cosa fare», «come fare» e «cosa non fare».

Lo Stato democratico si basa sulla sovranità popolare

Lo Stato democratico può essere a democrazia diretta o a democrazia indiretta.

La democrazia diretta. Nella democrazia diretta gli atti di governo sono compiuti direttamente dal popolo, senza alcun rappresentante.

Nella democrazia diretta il popolo esercita direttamente la sovranità

Per manifestare direttamente la loro volontà, i cittadini dovrebbero continuamente riunirsi in assemblea, e votare su tutte le decisioni (per approvare una legge, per realizzare un ponte, per introdurre un tributo, per processare un imputato). È un'idea molto bella, ma quasi impossibile da realizzare, se non in piccole comunità. Alcune città dell'antica Grecia si basavano sulla democrazia diretta; il popolo, senza alcun rappresentante, amministrava la città, ed esercitava anche il potere giudiziario; per esempio, la condanna di Socrate (470 a.C.-399 a.C.) fu decisa da cinquecento cittadini ateniesi.

La democrazia indiretta. Nella democrazia indiretta (o rappresentativa) i cittadini partecipano alla gestione del potere attraverso rappresentanti, votati liberamente dai cittadini: è l'unica forma di democrazia attuabile negli Stati contemporanei.

Nella democrazia indiretta gli atti di governo sono compiuti da organi eletti dal popolo

La sovranità popolare si manifesta anche nel momento in cui i rappresentati (elettori) controllano i rappresentanti (eletti); se non sono soddisfatti dell'operato dei loro delegati, i cittadini esprimono il loro dissenso non votandoli alle elezioni successive.

L'uguaglianza sostanziale. Lo Stato liberale si limitava a garantire l'uguaglianza formale, invece lo Stato democratico deve assicurare l'*uguaglianza sostanziale*: tutti devono avere le stesse opportunità ed esercitare gli stessi diritti. Per esempio, non basta affermare che «tutti hanno il diritto di studiare» (uguaglianza formale), ma lo Stato deve fare in modo che tutti, anche i più poveri, possano realmente studiare (uguaglianza sostanziale).

Si ha uguaglianza sostanziale quando tutte le persone esercitano i diritti civili e politici

La Repubblica democratica. La Costituzione delinea uno Stato democratico, perché inizia affermando che «l'Italia è una Repubblica democratica» e che la «sovranità appartiene al popolo» (art. 1 Cost.). Lo stesso articolo precisa poi che il popolo deve esercitare la sovranità «nelle forme e nei limiti» previsti dalla Costituzione, in modo da evitare eccessi che potrebbero mettere in crisi la democrazia stessa.

Lo Stato italiano è democratico

La Costituzione ha previsto una democrazia indiretta, in cui le decisioni sono prese da rappresentanti che sono stati eletti, segretamente e liberamente, da tutti i cittadini. Come vedremo, esistono anche due istituti di democrazia diretta: il referendum e l'iniziativa legislativa popolare.

L'Italia è uno Stato democratico, perché la sovranità popolare si manifesta nel momento in cui la Costituzione riconosce a ogni cittadino l'elettorato attivo e passivo, tutela la minoranza, attua il pluralismo e stabilisce il primato della persona sullo Stato.

L'elettorato attivo e passivo. In uno Stato democratico i cittadini devono «poter votare» e «poter essere votati».

Con l'*elettorato attivo* i cittadini possono votare, in modo libero e segreto, per effettuare le loro scelte politiche (per esempio, eleggere i rappresentanti in Parlamento).

Ai cittadini deve essere riconosciuto anche l'*elettorato passivo*, cioè il diritto di ricoprire cariche elettive (nell'esempio, l'essere eletti in Parlamento): i rappresentanti devono essere eletti fra il popolo.

Approfondiremo l'argomento nel prossimo paragrafo.

La tutela della minoranza. La tutela della minoranza è un cardine della democrazia. Ognuno ha le proprie idee; è quindi inevitabile che i cittadini abbiano opinioni diverse su questioni fondamentali. Come fare? In democrazia «ci si conta», e si creano perciò una maggioranza e una minoranza (o opposizione).

La minoranza deve avere la possibilità di diventare maggioranza

La maggioranza esprime il volere dell'intera comunità, e anche i contrari devono adeguarsi alle sue decisioni: la maggioranza vince! Il governo della maggioranza non deve però diventare «dittatura della maggioranza», perché l'opposizione ha il diritto di esprimere liberamente le proprie idee, per convincere il popolo a votarla alle future elezioni, e diventare così maggioranza.

Il pluralismo. Lo Stato democratico tutela ogni forma di *pluralismo*: delle opinioni, degli interessi, dei gruppi e delle associazioni.

Oltre al pluralismo «delle» istituzioni, la Costituzione tutela il pluralismo «nelle» istituzioni; cioè ogni organizzazione deve essere aperta a tutti i cittadini, e al suo interno si deve decidere in base a regole democratiche.

Il pluralismo trova la sua massima espressione nel *pluripartitismo*, cioè nella presenza di diversi partiti politici, che rappresentano le varie ideologie presenti nella società; il fatto che i cittadini possano raggrupparsi liberamente in organizzazioni politiche è alla base dello Stato democratico contemporaneo.

Il primato della persona. Come vedremo, nello Stato totalitario l'individuo è subordinato ai superiori interessi dello Stato; è un principio che può essere strumentalizzato per giustificare ingiustizie e abusi: si limitano i diritti ai cittadini, perché così si tutela lo Stato!

In democrazia la persona prevale sullo Stato

La Repubblica, invece, «riconosce e garantisce i diritti inviolabili dell'uomo» (art. 2 Cost.), e stabilisce che è lo Stato che deve agire nell'interesse dei cittadini: la persona prevale sullo Stato.

A differenza di quanto avviene nei regimi totalitari, lo Stato italiano non vuole imporre alcuna ideologia politica. Non deve essere tutelato solo il cittadino come singolo, ma devono essere garantite anche le «formazioni sociali ove si svolge la sua personalità». Famiglie, partiti politici, sindacati, associazioni culturali e religiose, questi gruppi possono operare liberamente, purché agiscano nella legalità. Ogni persona ha il diritto di associarsi, per meglio esprimere le proprie opinioni, per coltivare i propri affetti e per realizzare le proprie aspirazioni.

Diritti inviolabili e doveri inderogabili. La Costituzione non si limita a garantire questi diritti, ma li dichiara «inviolabili», in modo che non possano essere soppressi, o limitati, neppure con una legge costituzionale. Va ribadito che non è lo Stato democratico a «creare» questi diritti inviolabili, perché si tratta di diritti innati, che esistono comunque, anche se non vengono riconosciuti da tutti gli Stati.

Nello Stato democratico i cittadini hanno sia diritti inviolabili sia doveri inderogabili

A fronte dei diritti esistono «doveri inderogabili di solidarietà politica, economica e sociale» (art. 2 Cost.) a cui nessuno può sottrarsi: in democrazia, bisogna adempiere quei doveri che nascono dal vivere in società (per esempio pagare i tributi).

Lo Stato totalitario. Il totalitarismo è il contrario della democrazia. Lo Stato totalitario, a differenza di quello democratico, cerca di controllare ogni aspetto della vita dell'individuo; per fare questo restringe le libertà personali, impedisce la libera manifestazione del pensiero, limita il diritto di voto, reprime i partiti e i sindacati.

Lo *Stato totalitario* può assumere diverse forme (regime militare, regime a partito unico, dittatura personale), che tendono comunque a sovrapporsi; per esempio, una dittatura personale si appoggia sempre a un partito unico e a un forte apparato militare.

Nel periodo fra le due guerre mondiali, in Europa si ebbero dittature violente e spietate, fra queste ricordiamo la Germania nazista di Hitler e l'Unione Sovietica di Stalin; nello stesso periodo, anche il nostro Paese conobbe il totalitarismo col regime fascista.

A volte, si tende a identificare lo Stato democratico con la repubblica e lo Stato totalitario con la monarchia; in realtà, non esiste alcuna relazione fra la forma di governo e l'ideologia di uno Stato: esistono monarchie democratiche (per esempio la Gran Bretagna) e repubbliche totalitarie (per esempio quelle di alcuni Paesi africani).

Ritratto di Adolf Hitler, dipinto nel 1941 dal tedesco Otto von Kursell (1884-1967).

Una lettura

La casa degli spiriti di Isabel Allende

Un esempio di totalitarismo: in Cile la dittatura di Pinochet riservò tortura e morte agli oppositori

Isabel Allende è nata in Perú nel 1942, ma ha vissuto in Cile fino all'11 settembre 1973, quando prese il potere con la forza una giunta militare guidata dal generale Augusto Pinochet. Nel 1982 Isabel Allende scrive *La casa degli spiriti*, in cui racconta la storia di una famiglia cilena dal 1920 fino al *golpe* (colpo di stato) militare. *La casa degli spiriti* è un meraviglioso affresco del mondo sudamericano del XX secolo, in cui si mescolano fantasia e realtà.

La fine del romanzo è drammatica, perché racconta le ultime ore del Presidente Salvador Allende, e «quello che avvenne dopo»: tortura e morte, che il regime di Pinochet riservò a chi aveva simpatizzato per Salvador Allende. La repressione di Pinochet fu spietata: la sua «magistratura» agì con sevizie, uccisioni, sparizioni. Questo orrore durò per più di vent'anni sotto gli occhi della comunità internazionale, che non fece nulla per fermare questa vergogna.

«Il giorno del golpe militare spuntò un sole splendente. [...] La guardia privata del Presidente [*Salvador Allende*] stava ammassando i mobili contro le finestre e distribuendo pistole fra i più vicini. [...]

Ma alle nove e mezzo del mattino le unità armate del Paese erano al comando dei militari golpisti. Nelle caserme era cominciata la purga di quanti restavano fedeli alla costituzione. [...]

Si udì la voce del Presidente che parlava per radio al Paese. Era il suo commiato.

"Mi rivolgo a quelli che saranno perseguitati per dire loro che io non rinuncerò: pagherò con la mia vita la fedeltà al popolo. Starò sempre con voi. Ho fiducia nella patria e nel suo destino. Altri uomini supereranno questo momento e più presto che tardi si apriranno i grandi viali attraverso i quali passerà l'uomo libero, per costruire una società migliore. Viva il popolo! Viva i lavoratori! Queste saranno le mie ultime parole. Ho la certezza che il mio sacrificio non sarà vano."

Il cielo cominciò a rannuvolarsi. Si udivano alcuni spari isolati e lontani. In quel momento il Presidente stava parlando al telefono col capo dei rivoltosi, che gli offrì un aereo militare per uscire dal Paese con tutta la sua famiglia. [...]

"Vi siete sbagliati sul mio conto, traditori. Qui mi ha messo il popolo e ne uscirò soltanto morto" rispose serenamente. Allora si udì il ruggito degli aeroplani e cominciò il bombardamento. [...]»

[I. Allende, *La casa degli spiriti*, Feltrinelli, Milano, 2003, pp. 309-311.]

Il Presidente del Cile Salvador Allende (a sinistra), la scrittrice Isabel Allende (al centro) e il generale Augusto Pinochet (a destra).

11 La democrazia indiretta: il diritto di voto

NUCLEI ESSENZIALI

> Il corpo elettorale è formato da tutti i cittadini maggiorenni

L'elettorato attivo: il corpo elettorale. La democrazia indiretta si basa sul diritto di voto.

L'elettorato attivo è il diritto dei cittadini di votare i propri rappresentanti, che si manifesta soprattutto nell'elezione del Parlamento, composto dalla Camera dei deputati e dal Senato della Repubblica.

Secondo l'art. 48 Cost. «sono elettori tutti i cittadini, uomini e donne, che hanno raggiunto la maggiore età» che, dal 1975, è fissata al compimento dei 18 anni.

Nessuno può essere escluso dal diritto di voto, a parte casi particolari (per esempio non possono votare i condannati a determinate pene).

Chi possiede l'elettorato attivo costituisce il *corpo elettorale*, che è quindi formato da tutti i cittadini maggiorenni.

Per esprimere questo concetto, possiamo anche dire che in Italia si ha il suffragio universale. «Suffragio» è un termine di origine latina che, in questo caso, significa «manifestazione della volontà dei cittadini mediante un voto». Nel nostro Paese il suffragio universale è stato introdotto solo nel 1946, dopo un lungo tragitto di cui ripercorriamo le tappe principali.

Il voto all'Unità d'Italia. Nel 1861 il Regno d'Italia aveva ereditato dallo Statuto albertino i requisiti per fare parte del corpo elettorale della Camera, mentre il Senato era di nomina regia.

La Camera era composta da 508 deputati, eletti a suffragio ristretto in base ai seguenti criteri: le donne erano escluse dal diritto di voto, mentre gli uomini potevano votare solo se avevano compiuto i 25 anni, se non erano analfabeti e se pagavano almeno 40 lire annuali alle imposte (una cifra molto alta per l'epoca). Erano condizioni molto rigide, che limitavano notevolmente la consistenza del corpo elettorale italiano tanto che, nel 1861, gli aventi diritti al voto erano appena l'1,9% degli abitanti. Come in ogni Stato liberale, la maggioranza degli italiani non poteva influire sulla scelta dei rappresentanti del Paese; era esclusa non solo la classe contadina, ma anche la piccola borghesia.

La riforma Depretis. Nel 1882 il Presidente del Consiglio Agostino Depretis (1813-1887) varò una riforma elettorale, che si proponeva di superare il profondo divario esistente fra «Paese legale» e «Paese reale»: le donne erano sempre escluse dal voto, mentre gli uomini potevano votare solo se, avendo compiuto i 21 anni, avevano superato la seconda elementare o pagavano almeno 19,80 lire annuali alle imposte. Gli effetti furono sensibili, perché il corpo elettorale si triplicò, superando i 2 milioni di elettori, che rappresentavano il 6,9% della popolazione. La riforma Depretis, pur ampliando il corpo elettorale, era ancora ben lontana dal suffragio universale.

Il suffragio universale maschile. All'inizio del XX secolo il Presidente del Consiglio Giovanni Giolitti (1842-1918) si rese conto, da abile statista, che era necessario abbracciare con decisione la causa della riforma elettorale, per togliere questo strumento propagandistico ai socialisti.

Il suffragio universale maschile fu introdotto da Giolitti nel 1912

La riforma di Giolitti del 1912 escludeva sempre le donne dal corpo elettorale, ma introduceva il *suffragio universale maschile*: potevano votare tutti gli uomini che avevano compiuto i 30 anni, nonché tutti coloro che avevano superato i 21 anni e prestato il servizio militare. A seguito del suffragio universale maschile, alle elezioni del 1913 gli aventi diritto al voto erano quasi 9 milioni, pari al 23% della popolazione.

Il suffragio universale. Il suffragio universale si realizza solo nel 1946, quando anche le donne entrano finalmente a far parte del corpo elettorale: gli aventi diritto al voto toccano il 61,4% della popolazione.

Il suffragio universale si realizza nel 1946

L'ultimo allargamento si ha nel 1975, quando il corpo elettorale raggiunge il 72,2% della popolazione, grazie all'estensione del diritto di voto ai diciottenni (come risulta dalla figura 1, pagina successiva).

Il suffragismo. La conquista del diritto di voto rappresenta un traguardo fondamentale nella storia del movimento per l'emancipazione della donna.

Dall'inizio del XX secolo, soprattutto negli Stati Uniti e in Inghilterra, si formarono organizzazioni di donne per il diritto al suffragio, da qui il nome di *suffragette* dato alle sostenitrici di questo movimento.

In molti Paesi le donne conquistarono il diritto al voto già alla fine della Prima guerra mondiale (in Inghilterra e in Germania nel 1918, negli Stati Uniti nel 1920); invece in Italia le donne votarono per la prima volta nella primavera del 1946, quando si tennero le prime elezioni amministrative dopo la fine del fascismo. Alcuni Stati hanno riconosciuto il diritto di voto alle donne molto più tardi; si pensi che in Svizzera le donne votano solo dal 1971.

Il diritto di voto è un traguardo fondamentale per l'emancipazione della donna.

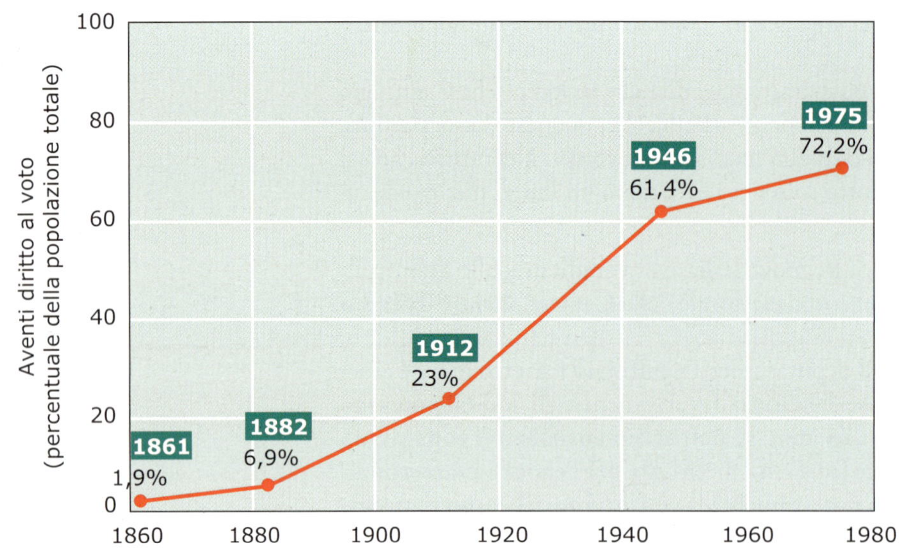

Figura 1
Gli aventi diritto al voto in Italia dal 1861 al 1975.

Il voto. Il diritto di voto può essere esercitato solo dai cittadini italiani.

A questo proposito, va ricordata l'eccezione dei cittadini dell'Unione europea che, in base all'art. 40 Carta UE, possono votare anche «alle elezioni comunali nello Stato membro in cui risiedono, alle stesse condizioni dei cittadini di detto Stato».

Il diritto di voto può essere esercitato solo dai cittadini italiani

L'art. 48 Cost. stabilisce che «il voto è personale ed eguale, libero e segreto».

Il voto è personale. Il voto deve essere esercitato solo da chi ne ha diritto, e non sono ammesse procure o deleghe. Questo principio non esclude che, in casi particolari, una persona gravemente ammalata possa essere accompagnata dentro alla cabina da un familiare, che deve però solo assisterla mentre vota.

Il voto è
- Personale
- Uguale
- Libero e segreto
- Un dovere civico

Il voto è uguale. Ogni elettore ha diritto a un solo voto, e, quindi, tutti i voti devono avere la stessa importanza. Si tratta di un principio apparentemente ovvio ma, analizzando i sistemi elettorali, vedremo come non sempre la distribuzione dei seggi avviene in modo tale da garantire lo stesso «peso» a tutti i voti.

Il voto è libero e segreto. Non basta «votare», bisogna anche analizzare «come si vota». Per esempio, come vedremo, fino al 1929 il regime fascista diede agli italiani la possibilità di votare, ma le elezioni si tennero in un clima di intimidazione che, di fatto, privò gli elettori del diritto di voto.

In uno Stato democratico il cittadino deve poter scegliere il partito che preferisce, per manifestare liberamente il proprio pensiero. Solo la segretezza del voto garantisce l'elettore da qualsiasi condizionamento; le schede sono tutte uguali, l'elettore vota chiuso in una cabina e qualunque segno sulla scheda, tale da identificarlo, porta all'annullamento del voto. Dentro al seggio, la segretezza deve essere mantenuta anche dall'elettore, che non può mostrare la scheda aperta o dichiarare ad alta voce il partito prescelto. Va ricordato che, nelle sezioni elettorali, è vietato qualsiasi tipo di propaganda.

Il voto è un dovere civico. Il voto è obbligatorio? Esistono molti equivoci su questo punto, in parte causati dall'art. 48 Cost. secondo cui votare è un «dovere civico».

Votare non è un obbligo giuridico

In realtà il voto non è obbligatorio e non esiste alcuna sanzione per chi non vota. Anche se non esiste alcun obbligo, i cittadini devono comunque votare per esercitare la sovranità popolare. In Italia la partecipazione del corpo elettorale è tradizionalmente alta, tanto che alle elezioni politiche ha sempre votato più del 72% degli aventi diritto.

Il voto degli italiani all'estero. Nel 2001 il diritto di voto è stato esteso agli italiani all'estero, che oggi possono eleggere 18 parlamentari (12 deputati e 6 senatori). Si tratta di una decisione lungamente attesa; basta pensare che il primo progetto per consentire il voto degli italiani all'estero risale al 1955.

Nel 2001 il diritto di voto è stato esteso agli italiani all'estero

Sono quasi 4 milioni gli italiani all'estero che hanno acquisito il diritto di voto. In particolare, la *circoscrizione Estero* è divisa in quattro parti:

- l'Europa, che elegge 4 deputati e 2 senatori;
- il Sudamerica, che elegge 4 deputati e 2 senatori;
- l'America settentrionale e centrale, che elegge 2 deputati e 1 senatore;
- l'Africa, l'Asia, l'Oceania e l'Antartide, che eleggono 2 deputati e 1 senatore.

Le elezioni. Il corpo elettorale si esprime in diverse occasioni:
- alle *elezioni politiche* vota per eleggere i membri del Parlamento italiano;
- alle *elezioni europee* vota per eleggere i rappresentanti italiani al Parlamento europeo;
- alle *elezioni amministrative* vota per eleggere gli organi degli enti autonomi territoriali (Regione e Comune);
- ai *referendum* vota per esprimere la propria opinione su un argomento specifico.

Il carro allestito dalla comunità italiana di New York partecipa alla parata del Columbus Day, il 12 ottobre 2014. Secondo i dati raccolti nel 2012 dall'Anagrafe degli italiani residenti all'estero (AIRE) sono più di 400 000 gli italiani che vivono negli Stati Uniti.

L'elettorato passivo. L'elettorato passivo è il diritto di essere eletti. Con l'elettorato passivo un cittadino può diventare un rappresentante del popolo.

«Tutti i cittadini dell'uno o dell'altro sesso possono accedere agli uffici pubblici e alle cariche elettive in condizioni di uguaglianza, secondo i requisiti stabiliti dalla legge» (art. 51 Cost.). Esistono delle limitazioni per l'elettorato passivo (simili a quelle per l'elettorato attivo), mentre l'età minima per esercitarlo varia a seconda del tipo di elezione; per esempio, bastano 25 anni per essere eletti deputati, ma ne occorrono 40 per essere eletti senatori.

L'elettorato passivo è il diritto di essere eletti

Si pensi all'operaio Mario Rossi, eletto alla Camera, che deve assentarsi continuamente dal lavoro per svolgere le sue mansioni di parlamentare: Rossi rischia il licenziamento? No. La Costituzione stabilisce che «chi è chiamato a funzioni pubbliche elettive ha diritto di disporre del tempo necessario al loro adempimento, e di conservare il suo posto di lavoro»: Rossi ha quindi diritto a usufruire di tutti i permessi necessari per la sua attività parlamentare, e può mantenere il posto di lavoro fino alla fine del suo mandato.

Le candidature. Chi può essere eletto deputato? Chi senatore? Chi sindaco? Non è possibile votare per tutte le persone che hanno l'elettorato passivo: può essere eletto solo chi ha presentato la propria candidatura. In particolare, nessuno può sperare di essere eletto senza l'appoggio di un partito politico: gli elettori sono «liberi» di votare solo fra i candidati scelti dai partiti.

Alle elezioni possono essere votati solo i candidati

Negli Stati Uniti esistono le *elezioni primarie*, in cui i partiti votano pubblicamente al loro interno per scegliere i candidati da presentare alle elezioni. Da alcuni anni anche nel nostro Paese qualche partito effettua delle elezioni primarie, ma siamo ancora lontani dall'efficienza del sistema americano.

E le donne? La donna ha raggiunto l'uguaglianza formale in materia di elettorato passivo, ma le donne che occupano cariche pubbliche sono meno degli uomini. Come rimuovere questa disuguaglianza sostanziale? Analizzeremo questo problema nel capitolo B2 quando ci occuperemo della parità fra donna e uomo.

12 La democrazia diretta: il referendum

NUCLEI ESSENZIALI

La Costituzione prevede due istituti di democrazia diretta: il referendum e l'iniziativa legislativa popolare.

Il referendum. Il referendum è il principale strumento di democrazia diretta; i cittadini, votando al referendum, hanno la possibilità di esprimersi direttamente su una singola norma.

La Costituzione prevede il referendum costituzionale (capitolo A2), il referendum regionale (capitolo D2) e il referendum abrogativo, che è il più utilizzato.

La Costituzione prevede
- Il referendum costituzionale
- Il referendum regionale
- Il referendum abrogativo

Il referendum abrogativo. In base all'art. 75 Cost., viene «indetto un referendum popolare per deliberare l'abrogazione, totale o parziale, di una legge o di un atto avente valore di legge». Il referendum abrogativo può cancellare una norma, ma non può né modificarla né introdurre una nuova norma.

> Il referendum abrogativo può cancellare una norma, ma non può modificarla o introdurre una nuova norma

Analizziamo il procedimento con cui, partendo dalla richiesta di referendum, si arriva all'abrogazione della norma.

La richiesta. La richiesta di referendum deve essere presentata:
- o da 5 Consigli regionali, ipotesi che si è verificata raramente;
- o da 500 000 elettori della Camera; è questo il caso più frequente e lo prendiamo in esame.

Il giudizio di conformità della Corte di cassazione. Le firme devono essere depositate presso la Corte di cassazione, che ne controlla la regolarità formale.

> La Corte di cassazione controlla la regolarità formale del referendum

La Corte di cassazione deve anche annullare il referendum se, prima della consultazione, il Parlamento ha modificato la legge che si vuole abrogare; tali modifiche devono essere reali e non solo apparenti: il referendum deve essere annullato solo se è diventato inutile.

Il giudizio di ammissibilità della Corte costituzionale. In seguito la proposta passa alla Corte costituzionale, che controlla l'ammissibilità del referendum. L'art. 75 Cost. esclude la possibilità di effettuare referendum su:
- leggi tributarie e di bilancio;
- leggi di amnistia e di indulto;
- leggi di autorizzazione a ratificare trattati internazionali.

> La Corte costituzionale controlla l'ammissibilità del referendum

La Corte costituzionale deve accertare che il referendum non riguardi queste materie. Si tratta di casi che la Costituzione vuole sottrarre al diretto giudizio popolare, per la delicatezza delle materie. Per esempio, è facile prevedere il successo di un referendum che cancella un aumento delle imposte, ma questo fatto avrebbe gravi conseguenze per l'economia nazionale.

La Corte costituzionale può anche vietare il referendum quando ritiene che non sia chiaro il *quesito*, cioè la domanda a cui i cittadini devono rispondere «sì» o «no».

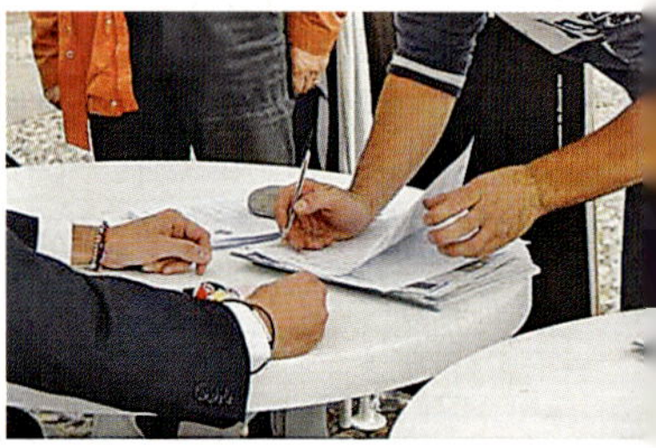

Il referendum abrogativo è soggetto a un doppio quorum: si deve presentare la maggioranza degli elettori e più della metà di essi deve essere a favore del «sì».

La consultazione referendaria. Se la Corte costituzionale giudica ammissibile il referendum, il Presidente della Repubblica indice la consultazione referendaria e ne fissa la data. Esistono alcune norme per distanziare il referendum dalle elezioni politiche; per esempio, in caso di elezioni anticipate, il referendum deve essere rinviato di un anno, anche se è già stato indetto.

L'abrogazione della legge. Va premesso che chi vota «sì» è a favore dell'abrogazione della norma, mentre chi vota «no» è contrario all'abrogazione e vuole che la norma resti in vigore.

> Chi vota «sì» è a favore dell'abrogazione della norma, mentre chi vota «no» è contrario

Secondo la Costituzione per abrogare una norma occorre:
- che voti la maggioranza degli aventi diritto (sono gli elettori della Camera) per raggiungere il *quorum*;
- che i «sì» (a favore dell'abrogazione della norma) siano «la maggioranza dei voti validamente espressi».

Il referendum in Italia

La nostra Costituzione prevede due istituti di democrazia diretta: l'*iniziativa legislativa popolare* e il *referendum*. Nel nostro Paese sono previsti tre tipi di referendum: *costituzionale, abrogativo* e *regionale*, con netta prevalenza dell'utilizzo dei primi due.

La natura dei referendum in Italia

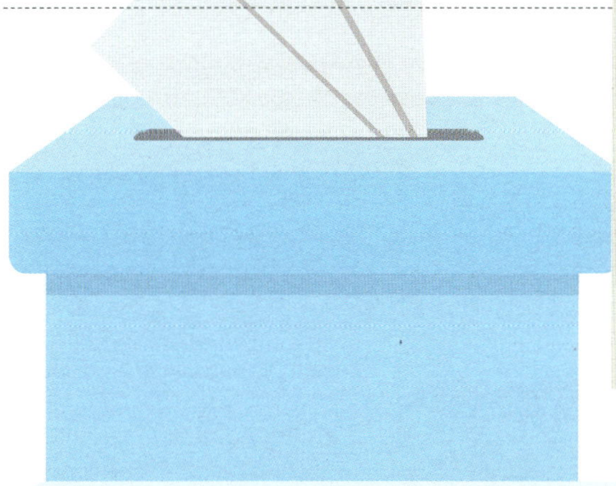

Su 70 referendum votati,
- **67** sono stati di natura **abrogativa**;
- **3** sono stati di natura **confermativa**.

Nei casi dei referendum abrogativi:
- Il quorum è stato raggiunto il 58,2% delle volte;
- Il quorum NON è stato raggiunto nel 41,8% dei casi.

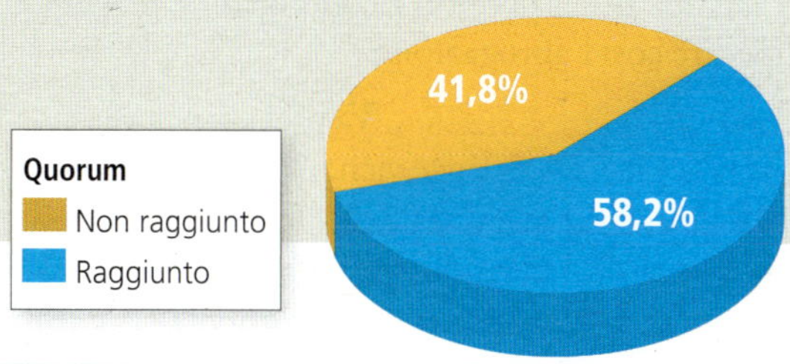

L'affluenza degli aventi diritto

Dagli anni Novanta in Italia si è registrato un calo verticale dell'afflusso dei votanti, molto evidente se si considerano i referendum abrogativi dal 1993 in poi.

DATA	LEGGE DA ABROGARE	VOTANTI (%)
18.4.1993	Normativa sul sistema elettorale del Senato, finanziamento pubblico ai partiti, normativa sul consumo di droga e altri quesiti	Da 76,9 a 77,0
11.6.1995	Autorizzazione al commercio, concessioni tv nazionali, contrattazione pubblico impiego, interruzioni pubblicitarie, legge elettorale Comuni, orari esercizi commerciali, privatizzazione RAI, rappresentanze sindacali, soggiorno cautelare e altri quesiti	Da 56,7 a 57,8
15.6.1997	Accesso dei cacciatori ai fondi privati, carriere dei magistrati, incarichi extragiudiziari dei magistrati, Ministero delle risorse agricole, alimentari e forestali, obiezione di coscienza, privatizzazioni	Da 30,1 a 30,3
18.4.1999	Abolizione della quota proporzionale alla Camera	49,6
21.5.2000	Rimborsi elettorali ai partiti, abolizione della quota proporzionale alla Camera, elezione del Consiglio Superiore della Magistratura, carriera dei magistrati, incarichi extragiudiziali dei magistrati, obbligo della riassunzione di dipendenti licenziati, trattenuta dei contributi sindacali	Da 31,9 a 32,5
15.6.2003	Abolizione delle servitù coattive sugli elettrodotti, estensione dello Statuto dei lavoratori alle piccole imprese	25,7
12.6.2005	Limite della ricerca sulle cellule staminali embrionali, limite massimo di embrioni da creare e impiantare, equiparazione dei diritti fra embrione e persona, divieto della fecondazione eterologa	25,9
21.6.2009	Premio di maggioranza alla Camera e al Senato, candidature alla Camera e al Senato	Da 23,3 a 23,8
12.6.2011	Privatizzazione dei servizi idrici, tariffa sui servizi idrici, norme sul nucleare, legge sul legittimo impedimento	54,8
17.4.2016	Concessioni per le trivellazioni in mare	31,2

Fonte: rielaborazione dati apparsi su *wired.it*

Per spiegare l'importanza di questa «doppia maggioranza» facciamo due esempi:

Aventi diritto		*Quorum*	Votanti	Sì	No
Caso I	45 milioni	22,5 milioni	22 milioni	12 milioni	10 milioni
Caso II	45 milioni	22,5 milioni	23 milioni	12 milioni	11 milioni

Riflettiamo su questi dati:
- nel caso I la norma resta in vigore perché non è stato raggiunto il *quorum* di 22,5 milioni (i votanti sono solo 22 milioni);
- nel caso II la norma viene abrogata perché è stato raggiunto il *quorum* di 22,5 milioni (i votanti sono 23 milioni) e i «sì» (12 milioni) superano i «no» (11 milioni).

Accade spesso che i referendum non raggiungano il *quorum*, perché il numero dei votanti è solitamente inferiore a quello delle elezioni politiche. A questo proposito va ricordato che spesso i favorevoli al «no» suggeriscono agli elettori di non recarsi alle urne, per non raggiungere il *quorum* e impedire così l'abrogazione.

Gli effetti del referendum. Va precisato che:
- se vince il «sì» la legge viene cancellata, a partire dal giorno successivo a quello della pubblicazione dell'esito del referendum sulla Gazzetta Ufficiale;
- se vince il «no» la legge resta in vigore, e non è possibile proporre un altro referendum per abrogarla prima di cinque anni.

L'iniziativa legislativa popolare. L'altro istituto di democrazia diretta è l'iniziativa legislativa popolare, anche se la sua importanza è inferiore rispetto al referendum.

L'art. 71 Cost. prevede che 50 000 cittadini maggiorenni possono presentare alle Camere un progetto di legge, che deve essere «redatto in articoli». L'iniziativa popolare vuole dare ai cittadini l'opportunità di far arrivare direttamente in Parlamento le loro richieste, senza dover passare attraverso i partiti politici.

Il popolo può proporre una legge al Parlamento

Due articoli

Il referendum sul divorzio

Il 30 novembre 1970, dopo anni di discussioni e polemiche, viene approvata la legge che introduce il divorzio.

L'articolo riprodotto (Alberto Sensini, *Corriere della Sera*, 1 dicembre 1970) riporta la storica notizia.

CORRIERE DELLA SERA

APPROVATO IL DIVORZIO

E' stato varato definitivamente dalla Camera con 319 «sì» contro 286 «no» - A favore socialisti del PSI e del PSU, liberali, repubblicani, socialproletari, indipendenti di sinistra, comunisti e deputati del «Manifesto» - Contrari la DC, i monarchici e i missini - Il margine divorzista aumentato - Contemporanea votazione del decretone-bis con le misure economiche anticongiunturali: 359 «sì», 246 «no»

CONCLUSIONE POSITIVA

Il duplice voto sul divorzio e sul decretone economico non ha concluso soltanto la più lunga seduta della storia par- contraddizione di fondo: aver voluto applicare in Parlamento un oltranzismo da forza extra-parlamentare, tanto ra- piano due nodi strettamente collegati: la situazione economica, con la necessità di evitare un «inverno freddo» do-

I primi commenti sui due fronti

Roma, 30 novembre. I primi commenti degli esponenti dei partiti laici — posizione che oltrepassano lo episodio odierno. Innanzitutto, è da rilevare il loro tono pacato e disteso: bilità democratica. E' soprattutto su questi temi che si sono accentrate le valutazioni, proiettate in gran parte ver- tito che ininterrottamente ha governato l'Italia per oltre 25 anni non può non considerare le implicazioni che il

Il 12 maggio 1974 si svolge il referendum per cancellare la legge sul divorzio: si tratta del primo referendum abrogativo nella storia della Repubblica.

Il Paese è diviso, ma alla fine vince il «no» (59,1%), e la legge sul divorzio resta in vigore, come risulta dall'articolo riprodotto (*Il Resto del Carlino*, 14 maggio 1974).

Il Resto del Carlino

RISULTATO A VALANGA NEL REFERENDUM POPOLARE

19 milioni al NO 13 milioni al SI'

Il divorzio non viene abrogato

Secondo coscienza

La vittoria dello schieramento divorzista si è delineata fin dalle prime ore del pomeriggio e si è fatta sempre più netta con il progressivo fluire dei dati degli scrutini effettuati a tempo di record in tutta Italia - Marcata maggioranza di «no» al Nord e al Centro; leggera supremazia dei «sì» al Sud - La percentuale dei votanti ha superato appena l'88 per cento - Rilevante numero di schede bianche o nulle - Lo svolgimento del referendum è stato del tutto regolare

SINTESI

Lo Stato e i suoi elementi costitutivi

- Lo **Stato** (par. **1**) è un'organizzazione politica che esercita la propria sovranità sui soggetti che si trovano sul suo territorio.
- La **nazione** (par. **1**) è costituita da persone che hanno in comune razza, lingua, cultura, religione, tradizioni e costumi.
- Gli **elementi costitutivi dello Stato** (par. **3**) sono il popolo, il territorio e la sovranità.

La cittadinanza italiana ed europea

- Il **popolo** (par. **2**) è costituito dalle persone che hanno la **cittadinanza italiana** (par. **2**), che si può acquistare per nascita, per adozione, per matrimonio e per naturalizzazione.
- La **cittadinanza dell'Unione** (par. **2**) si aggiunge alla cittadinanza nazionale ma non la sostituisce.
- Il **territorio** (par. **3**) è lo spazio su cui lo Stato esercita la propria sovranità e comprende la terraferma, il mare territoriale, lo spazio aereo, il sottosuolo e il territorio mobile.
- La **sovranità** (par. **4**) è il potere che ha lo Stato di darsi un'organizzazione politica autonoma.
- La sovranità si manifesta quando lo Stato esercita i suoi tre poteri:
  - il **potere legislativo** (par. **4**);
  - il **potere esecutivo** (par. **4**);
  - il **potere giudiziario** (par. **4**).

Le forme di Stato e le forme di governo

- La **forma di Stato** (par. **5**) è il rapporto che si crea fra lo Stato e i suoi elementi costitutivi.

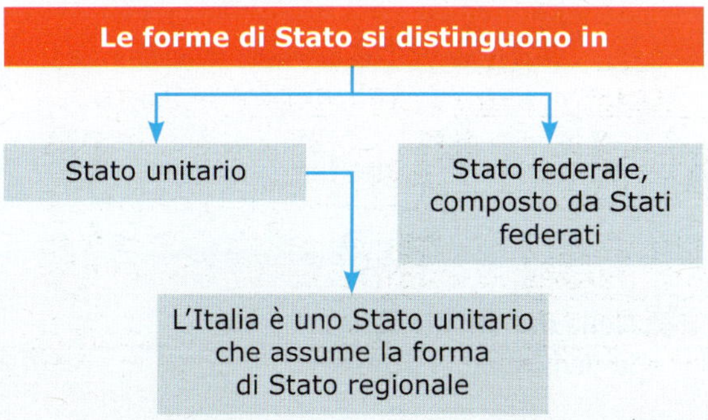

- Le **forme di governo** (par. **6**) si distinguono dal modo in cui viene attuato il principio della separazione dei poteri: monarchia assoluta, monarchia costituzionale, monarchia parlamentare, repubblica presidenziale e repubblica parlamentare.

Dallo Stato assoluto allo Stato democratico

- Nello **Stato assoluto** (par. **7**) il sovrano esercita tutti i poteri e il popolo è formato da sudditi.
- Lo **Stato liberale** o **Stato di diritto** (par. **8**) si afferma dapprima in Inghilterra, poi con la nascita degli Stati Uniti e, infine, con la Rivoluzione francese.
- La costituzione dello Stato liberale deve contenere il **principio della divisione dei poteri e della pluralità degli organi costituzionali** (par. **9**).
- Nello Stato liberale si afferma l'**uguaglianza formale** (par. **9**) perché le persone devono essere uguali davanti alla legge.
- Lo **Stato democratico** (par. **10**) si basa sulla sovranità popolare e deve assicurare l'**uguaglianza sostanziale** (par. **10**): tutti devono esercitare gli stessi diritti.
- L'Italia è una **Repubblica democratica** (par. **10**) in cui la sovranità appartiene al popolo.

La democrazia diretta e indiretta

- Si ha la **democrazia diretta** (par. **12**) quando gli atti di governo sono compiuti direttamente dal popolo; mentre nella **democrazia indiretta** (par. **11**) gli atti di governo sono compiuti da organi eletti dal popolo.
- Il **voto** (par. **11**) deve essere personale, uguale, libero e segreto. Votare è un dovere civico e non un obbligo.
- La Costituzione prevede due istituti di democrazia diretta: il referendum e l'**iniziativa legislativa popolare** (par. **12**).
- Il referendum è una votazione in cui ogni cittadino si esprime direttamente su una norma. Il più utilizzato è il **referendum abrogativo** (par. **12**) che può solo cancellare una norma, in tutto o in parte, ma non può né modificarla né introdurre una nuova norma.

1 Verifica le tue conoscenze

Risolvi le seguenti **scelte multiple** indicando la risposta esatta fra quelle possibili.

A

Si ha uguaglianza formale quando le persone

1 esercitano gli stessi diritti

2 sono uguali davanti alla legge

3 si trovano nelle stesse condizioni sociali

B

L'Italia è

1 uno Stato regionale

2 uno Stato federale

3 uno Stato decentrato

1 Lo Stato federale

A si basa su un decentramento delle funzioni

B si basa su una centralizzazione degli organi costituzionali

C è formato dall'unione di più Stati federati

D è un insieme di Stati sovrani

2 Un referendum abrogativo può essere richiesto

A da 50 000 elettori della Camera

B da 500 000 elettori della Camera

C da 50 000 elettori del Senato

D da 500 000 elettori del Senato

3 La Costituzione americana del 1787 affida il potere giudiziario

A al Presidente della Repubblica

B alla Camera

C al Senato

D alla Corte Suprema

4 L'elettorato passivo è

A il diritto di eleggere

B il diritto di essere eletti

C un corpo elettorale che partecipa raramente alle elezioni politiche

D un corpo elettorale che non ha il diritto di votare

5 Se in uno Stato si ha la pluralità degli organi costituzionali significa che

A siamo in un regime democratico

B esiste una costituzione

C nell'ordinamento sono presenti Parlamento, Governo e Magistratura

D i tre poteri sono esercitati da organi diversi e indipendenti

6 Una nave mercantile italiana non fa parte del territorio mobile se si trova

A nel mare territoriale italiano

B nel mare territoriale degli Stati Uniti

C nel mare libero

D in un porto italiano

2 Misura le tue abilità

Rispondi e motiva la tua risposta in ogni caso proposto.

1 Il voto è obbligatorio V F

____

2 Nella monarchia assoluta si ha la divisione dei poteri V F

____

3 Sono apolidi coloro che non hanno alcuna cittadinanza V F

4 Il suffragio universale maschile fu introdotto nel 1912 V F

5 La divisione dei poteri venne teorizzata da Montesquieu V F

6 La cittadinanza europea sostituisce quella italiana V F

3 Valuta le tue competenze

Risolvi i casi concreti, mettendo in pratica ciò che hai imparato.

1 Riconoscere, nell'esperienza di un conoscente, le conseguenze della normativa sulla cittadinanza.

Un collega sudafricano di tuo padre si è sposato con una connazionale due anni fa. Adesso è raggiante: «Mia moglie è incinta! Io voglio che il bambino nasca in Italia così diventa cittadino italiano!».

▸ **Purtroppo il futuro papà si sbaglia. Perché?**

2 Sottolineare l'assenza di relazione fra la forma di governo e l'ideologia dello Stato, ascoltando un amico.

Un tuo amico afferma convinto: «Per fortuna che al referendum del 1946 ha vinto la repubblica. In questo modo abbiamo salvato la democrazia!».

▸ **Perché la «democrazia» non dipende dalla «repubblica»?**

3 Valutare l'importanza dell'uguaglianza formale nel racconto di un'amica.

Una tua amica sta ragionando a voce alta davanti al libro di diritto: «Realizzare l'uguaglianza formale è assolutamente inutile. A che cosa serve essere uguali davanti alla legge se poi, di fatto, abbiamo diritti diversi?».

▸ **Perché è importante l'uguaglianza formale?**

4 Riconoscere, nell'esperienza di un amico, il vero significato di democrazia.

Un tuo amico è consigliere comunale e fa parte della minoranza. È indignato: «Tutte le decisioni vengono prese dalla maggioranza. Questa non è democrazia!».

▸ **Invece «questa è democrazia». Perché?**

5 Valutare gli effetti del referendum abrogativo, sulla base dell'errore di un politico.

Un politico in televisione afferma: «Il divorzio è stato istituito con un referendum dalla maggioranza degli italiani!». L'affermazione è sbagliata.

▸ **Come modifichi la frase per renderla giuridicamente corretta?**

Idee a confronto

A casa 1 ora | In aula 20 minuti

4 Partendo dal caso proposto, approfondisci l'argomento per partecipare al dibattito in classe

Il voto è stato protagonista di tante battaglie per la sua affermazione e il suo libero esercizio, e lo è stato ancora di più per le donne che hanno dovuto attendere a lungo. In molti Paesi è stato il Novecento il secolo che ha visto la diffusione del suffragio universale; in altri Stati, come l'Arabia Saudita, è una conquista dei nostri giorni (2011).

→ ***Cerca online le date del riconoscimento del diritto di voto alle donne in almeno 10 Paesi europei e in 10 Paesi extraeuropei, e confronta i dati trovati con quelli dei tuoi compagni di classe.***

CLIL Laws and Rights

Citizens Have Also Rights

The Constitution and the Bill of Rights: the basic and yet very strong framework set up to guarantee the independence of the United States of America

IN THIS MODULE YOU WILL

LEARN	UNDERSTAND	PRACTICE
the history of the Bill of Rights	how the Constitution of the United States can be amended	your English through oral and written exercises

Warm up

Pair work
Answer the following questions.

- Have you ever been to the U.S.?
- Say one thing you like and one thing you don't like about the U.S.A.

Keywords

Associate the following keywords with their definitions.

amendment • Congress • Grand Jury • warrant

a .... A change or addition in words or meaning devised to improve or correct a document or a law.

b .... A document legally issued by a court that gives the power to do something.

c .... A group of qualified citizens convened by a federal or state court to decide whether it is appropriated to proceed against the suspect of a crime.

d .... The bicameral legislature of the federal government of the United States of America.

Reading

1
In the following text you will learn the history of the Bill of Rights and its importance for the U.S. Constitution. Complete the text with the keywords.

The Constitution of the United States was the outcome of the Federal Convention held in Philadelphia from May to September 1787, in order to provide a new government for the United States of America following independence from Great Britain. It was ratified in 1788. With just seven articles, it is the shortest written Constitution in the world. Between 1789 and 1791, a group of .... was introduced in .... and discussed. Ten among them were finally ratified and they became known as the Bill of Rights, as they guarantee protection of individual freedoms and limit the powers of government.

Amendment I. Congress shall make no law respecting an establishment of religion, or prohibiting the free exercise thereof; or abridging the freedom of speech, or of the press; or the right of the people peaceably to assemble, and to petition the government for a redress of grievances.

Amendment II. A well regulated militia, being necessary to the security of a free state, the right of the people to keep and bear arms, shall not be infringed. [...]

Amendment IV. The right of the people to be secure in their persons, houses, papers, and effects, against unreasonable searches and seizures, shall not be violated, and no .... shall issue, but upon probable cause, supported by oath or affirmation, and particularly describing the place to be searched, and the persons or things to be seized.

Amendment V. No person shall be held to answer for a capital, or otherwise infamous crime, unless on a presentment or indictment of a ...., [...] nor be deprived of life, liberty, or property, without due process of law; nor shall private property be taken for public use, without just compensation.

Amendment VI. In all criminal prosecutions, the accused shall enjoy the right to a speedy and public trial by an impartial jury, [...] and to be informed of the nature and cause of the accusation; to be confronted with the witnesses against him; to have compulsory process for obtaining witnesses in his favor, and to have the Assistance of Counsel for his defence. [...]

Amendment VIII. Excessive bail shall not be required, nor excessive fines imposed, nor cruel and unusual punishments inflicted. [...]

2
Mark the following sentences as true or false.

- **a** The II amendment gives Americans the right to keep guns.
- **b** With the Bill of Rights, the United States affirmed its independence from Great Britain.
- **c** Several amendments protect private property.
- **d** According to the VI amendments, defendants have the right to ask questions to their accusers.

Listening

Track 1
In the following audio file, you will understand the principles of the American Constitution (Preamble) and the process for amending it (Article V). Listen to the file and then complete the following sentences.

- **a** The Constitution will promote general .... for the framers and their posterity.
- **b** The Congress can propose amendments whenever .... of both Houses shall .... it necessary.
- **c** To ratifiy an amendment, the Constitution requires a majority of three fourths of all States or of a single .... of all States.
- **d** No State, without its consent, shall be .... of its equal .... in the Senate.

Speaking

Pair work
Answer the following questions.

- **a** What was the purpose of the Federal Convention held in Philadelphia in 1787?
- **b** Was the Bill of Rights written at the same time of the Constitution of the United States?
- **c** What was the purpose of the Bill of Rights?
- **d** The Bill of Rights contains ten amendments to the Constitution: in which way do they improve it? An hint: the Constitution of the United States is very short and maybe it missed something very important to individuals…
- **e** You have read the Bill of Rights: which amendment looks more interesting to you?

INTERESTING FACT

In 1982, Gregory Watson, a young student, was reading about the Bill of Rights for an exam. Accidentally, he realised that one of the amendments proposed in 1789 was still pending for State ratification. According to this amendment, congressmen could not increase or decrease their own salary: any such law would take effect from the following term onwards. Gregory Watson started a campaign and the XXVII amendment finally came in force in 1992 ... about 200 year late!

CAPITOLO

A2 La Costituzione repubblicana

NUCLEI ESSENZIALI

- Lo Statuto albertino
- Il fascismo
- L'Assemblea costituente e la Costituzione
- La revisione della Costituzione

A te la parola! 15 minuti

All'inizio della Costituzione troviamo i dodici principi fondamentali su cui essa si basa.

→ *Secondo te qual è il più importante fra questi principi, alla luce del mondo in cui vivi e dei rapporti che si creano tra le persone nelle società moderne?*

Con l'aiuto dell'insegnante e in piccoli gruppi prova a esporre il tuo punto di vista.

1 Lo Statuto albertino

NUCLEI ESSENZIALI

La concessione dello Statuto. Nel 1848 l'Europa venne travolta da rivolte e tumulti, che ebbero ripercussioni anche sul territorio italiano che, all'epoca, non era ancora stato riunificato.

Sulla scia di questi moti popolari, il 4 marzo 1848, il Re Carlo Alberto di Savoia concesse lo *Statuto albertino* agli abitanti del Regno di Sardegna.

> Il 4 marzo 1848 il Re Carlo Alberto di Savoia concesse agli abitanti del Regno di Sardegna lo Statuto albertino

Lo Statuto del Regno. Nel 1861 lo Statuto albertino divenne la costituzione del neonato Regno d'Italia, e rimase in vigore fino al 1° gennaio 1948, quando fu sostituito dalla Costituzione repubblicana.

Lo Statuto albertino era scritto, elargito, breve e flessibile.

Lo Statuto era scritto. Lo Statuto era stato *scritto* dai funzionari di Carlo Alberto. Come vedremo, non tutte le costituzioni devono essere scritte, perché possono basarsi anche su norme consuetudinarie.

Lo Statuto era elargito. Carlo Alberto aveva *elargito* (concesso) lo Statuto «ai suoi amatissimi sudditi»; non si trattava, quindi, di una costituzione nata dalla volontà del popolo che, come visto, veniva ancora chiamato «suddito».

Lo Statuto era breve. Lo Statuto era una costituzione *breve*, non perché fosse corta (era composta da 84 articoli), ma perché si limitava a indicare principi generali in materia di libertà individuali e di funzioni degli organi costituzionali, senza specificarli in modo dettagliato.

Lo Statuto era flessibile. Lo Statuto era una costituzione *flessibile* e poteva quindi essere modificato con una legge ordinaria: qualsiasi legge in contrasto con lo Statuto era formalmente legittima. Nella gerarchia delle fonti, lo Statuto era collocato sullo stesso gradino delle leggi (e degli atti aventi la stessa efficacia).

La flessibilità dello Statuto portò poi il regime fascista ad approvare una serie di atti, che erano in grave contrasto con lo Statuto stesso: durante il ventennio fascista lo Statuto albertino fu completamente snaturato.

Lo Statuto albertino era
- → Scritto
- → Elargito
- → Breve
- → Flessibile

La monarchia costituzionale. Nel 1861 la forma di governo del Regno d'Italia era la *monarchia costituzionale*. Va però sottolineato che i tre poteri, pur essendo formalmente separati, venivano esercitati sotto l'influenza del sovrano, considerato «capo supremo dello Stato».

Il Regno d'Italia nasce come monarchia costituzionale perché le tre funzioni sono separate, anche se sono condizionate dal sovrano

Secondo l'articolo 3 dello Statuto albertino (d'ora in poi **art. 3 Statuto alb.**), il Parlamento, formato da Camera dei deputati e Senato del Regno, esercitava il «potere legislativo» insieme al Re, che assumeva un ruolo predominante perché aveva sia il diritto di nominare i senatori (mentre la Camera era eletta da un ristretto corpo elettorale), sia il diritto di sanzione, con cui poteva impedire l'entrata in vigore di qualsiasi legge approvata dal Parlamento.

L'**art. 5 Statuto alb.** affermava che «al Re solo appartiene il potere esecutivo»; il sovrano delegava tale potere al Governo, responsabile solo nei confronti del Re, che nominava, e revocava, i ministri.

Secondo l'**art. 68 Statuto alb.** «la giustizia emana dal Re»; anche il potere giudiziario era saldamente nelle mani del sovrano. Era il Re a nominare i magistrati, che amministravano la giustizia in suo nome.

Il popolo godeva dei diritti tipici delle costituzioni ottocentesche, basati sul riconoscimento dell'uguaglianza formale.

La monarchia parlamentare. All'inizio del XX secolo cambiò la forma di governo; si ebbero modifiche costituzionali, agevolate dalla flessibilità dello Statuto, che diminuirono i poteri del Re e trasformarono il Regno d'Italia in una *monarchia parlamentare*. In particolare:

All'inizio del XX secolo il Regno d'Italia diventa una monarchia parlamentare

- si modificò la composizione del Parlamento, perché venne ampliato il corpo elettorale della Camera: gli aventi diritto al voto passarono dall'1,9% del 1861 al 23% del 1912;
- per il Re diventò un atto dovuto controfirmare le leggi approvate dal Parlamento: il sovrano perse il diritto di sanzione;
- si affermò il principio che il Governo dovesse avere la fiducia del Parlamento, accanto a quella del Re: il Governo diventò politicamente responsabile nei confronti del Parlamento, soprattutto della Camera elettiva.

2 Il fascismo

NUCLEI ESSENZIALI

L'avvento del fascismo. La grave crisi economica successiva alla Prima guerra mondiale, favorì il successo del Partito socialista e del Partito popolare di Don Sturzo alle elezioni del 1919, e diede inizio a due anni di forti tensioni sociali, passati alla storia come «biennio rosso».

Il «biennio rosso» spaventò la borghesia industriale e agraria che, per fronteggiarlo, appoggiò le aggressioni degli squadristi fascisti contro sindacalisti e socialisti: saccheggi, incendi, pestaggi e, in qualche caso, omicidi.

Il movimento fascista divenne poi un vero e proprio partito che, nel 1921, entrò in Parlamento con una modesta rappresentanza (35 deputati su 535).

La marcia su Roma. Nell'ottobre 1922 i fascisti attuarono la «marcia su Roma» e il Re Vittorio Emanuele III, intimorito, non solo si rifiutò di fare intervenire l'esercito contro gli squadristi ma, il 28 ottobre 1922, nominò alla Presidenza del Consiglio Benito Mussolini (1883-1945), che era a capo del Partito nazionale fascista.

Dopo la marcia su Roma (ottobre 1922) il Re Vittorio Emanuele III nomina Benito Mussolini alla Presidenza del Consiglio

La legge Acerbo. Alle elezioni del 1924 fu applicato un nuovo sistema elettorale, la «legge Acerbo», che attribuiva i 2/3 dei seggi della Camera al partito che avesse ottenuto il maggior numero di voti (maggioranza relativa).

Grazie alla legge Acerbo, il Partito nazionale fascista ottenne i 2/3 dei deputati (va precisato che aveva comunque raggiunto il 64% dei voti).

28 ottobre 1922: marcia su Roma. L'evento è celebrato in questo dipinto di Giacomo Balla (di cui è mostrato un particolare), che ritrae in primo piano, assieme a Benito Mussolini (al centro), i quattro gerarchi fascisti (quadrumviri) che organizzarono la marcia: da sinistra, Michele Bianchi, Emilio De Bono, Cesare Maria De Vecchi e Italo Balbo. Va ricordato che Mussolini diede l'ordine di organizzare la marcia, ma non vi partecipò direttamente. Il dipinto di Balla vuole enfatizzare il ruolo del duce.

Il delitto Matteotti. Alle elezioni del 1924 il Partito fascista ottenne quindi una netta maggioranza parlamentare, anche perché il voto fu turbato dalle intimidazioni dei fascisti.

Pochi giorni dopo, il 10 giugno 1924, il deputato socialista Giacomo Matteotti, che aveva denunciato alla Camera le violenze squadriste durante le elezioni, fu assassinato da sicari fascisti. Il gravissimo episodio suscitò una forte protesta dei deputati dell'opposizione, che decisero di non partecipare ai lavori parlamentari; in conseguenza di ciò, nel novembre 1926, furono dichiarati decaduti da parlamentari: il Partito fascista aveva il dominio assoluto del Parlamento.

Dopo aver denunciato alla Camera le violenze fasciste, il deputato socialista Giacomo Matteotti viene assassinato

Verso la dittatura. Il 3 gennaio 1925, in un celebre discorso alla Camera, Mussolini si assunse la responsabilità politica, morale e storica (non penale!) del delitto Matteotti: fu l'inizio del regime totalitario.

In seguito, nel 1926, furono approvate le *leggi fascistissime*, che dilatavano i poteri del Governo; in particolare:

- Mussolini diventò Capo del Governo («duce del fascismo»), col potere di proporre al Re sia la nomina sia la revoca dei ministri;

Un film

Una giornata particolare

Mentre Hitler visita Roma, si incontrano due persone destinate all'infelicità

Regia: Ettore Scola, Italia, 1977

Attori: Sophia Loren, Marcello Mastroianni, John Vernon

Durata: 105 minuti

Una giornata particolare è il 6 maggio 1938, data della storica visita di Hitler a Roma.

In un caseggiato popolare si incontrano due persone: Antonietta (Sophia Loren), casalinga spenta e madre di sei figli e Gabriele (Marcello Mastroianni), annunciatore radiofonico, appena licenziato perché omosessuale e destinato al confino dal regime fascista.

Antonietta e Gabriele si conoscono mentre l'intero caseggiato è deserto, perché tutti sono andati alla parata in onore del Führer (la radiocronaca della cerimonia costituisce un'ossessionante colonna sonora del film).

Antonietta tenta di conquistare Gabriele, che le confessa la sua omosessualità. Superato l'iniziale imbarazzo, i due si ritrovano l'uno nell'infelicità dell'altro, fino ad avere un rapporto sessuale.

Per Gabriele è «una giornata particolare» anche perché viene condotto al confino. Antonietta lo guarda attonita, mentre viene portato via da due miliziani fascisti.

- il Governo divenne responsabile solo nei confronti del Re, e il Parlamento perse quindi ogni controllo sull'esecutivo;
- fu esteso l'uso del decreto legge, in modo da spogliare il Parlamento del potere legislativo a vantaggio del Governo;
- la Magistratura venne, di fatto, sottoposta al controllo dell'esecutivo. Fu istituito un «Tribunale speciale per la difesa dello Stato», nominato dal Governo, che condannò molti oppositori del regime per le loro opinioni politiche.

Nello Stato fascista il principio della divisione dei poteri era ormai inesistente.

Lo Stato totalitario. Sempre nel 1926 furono sciolti tutti i partiti politici, a eccezione del Partito fascista, che diventò il *partito unico*.

Nello stesso anno, la polizia e la Magistratura ampliarono i loro poteri per reprimere gli oppositori del regime; basta pensare alla soppressione del diritto di sciopero e all'introduzione del «confino» (molti antifascisti furono costretti a soggiornare all'estero o in sperduti paesini).

Nel 1928 il *Gran consiglio del fascismo*, organo supremo del partito, fu trasformato in organo costituzionale dello Stato italiano, con il compito di svolgere funzioni consultive nei confronti del Governo: il Partito fascista diventava organo dello Stato.

Nelle elezioni del 1929 gli elettori potevano usare due schede: una tricolore, se accettavano in blocco i candidati fascisti, oppure una scheda grigia se li rifiutavano.

L'abolizione del diritto di voto. Con l'imposizione del partito unico, le elezioni perdono ogni valore. Si votò per l'ultima volta il 25 marzo 1929, con un sistema che non aveva alcun rispetto della volontà popolare, infatti:

- alle elezioni fu presentata una lista unica che comprendeva un numero di candidati fascisti pari ai seggi disponibili (400), che gli elettori potevano solo accettare (votando «sì») o rifiutare (votando «no»);
- il voto era riconoscibile perché gli elettori usavano schede di colore diverso nel caso votassero «sì» o «no».

Il successo dei fascisti fu schiacciante (99% di voti favorevoli), anche perché le votazioni si svolsero, al solito, in un clima di violenza.

Il diritto di voto fu poi ufficialmente soppresso nel 1938, e fu il Governo a nominare i membri della Camera dei deputati, trasformata in *Camera dei fasci e delle corporazioni*: la sovranità popolare era completamente calpestata.

I diritti soppressi. Alla fine degli anni Venti furono approvati altri provvedimenti, che colpirono i più elementari diritti civili, e misero fine allo Stato di diritto. Fra essi, vanno ricordati:

- nel 1926 l'introduzione della pena di morte per i reati «contro la sicurezza dello Stato», che fu poi estesa ai reati comuni nel 1931 con l'approvazione del nuovo Codice penale (il Codice Rocco);
- la soppressione della libertà di stampa e l'introduzione di una rigidissima censura, che impediva la libera manifestazione del pensiero;
- l'abolizione della libertà sindacale, che fu accompagnata dalla nascita del sindacato unico fascista;
- la fine della libertà di associazione, che portò al già citato scioglimento dei partiti antifascisti.

Le leggi razziali. Sulla scia di quanto stava avvenendo nella Germania nazista di Hitler, nel 1938 furono approvate le leggi antisemite «per la difesa della razza italiana». Le *leggi razziali* tolsero agli ebrei il diritto di accedere ai pubblici impieghi (quasi 5000 ebrei furono allontanati dall'insegnamento), di frequentare le scuole pubbliche, di godere pienamente delle loro proprietà, di contrarre matrimoni misti.

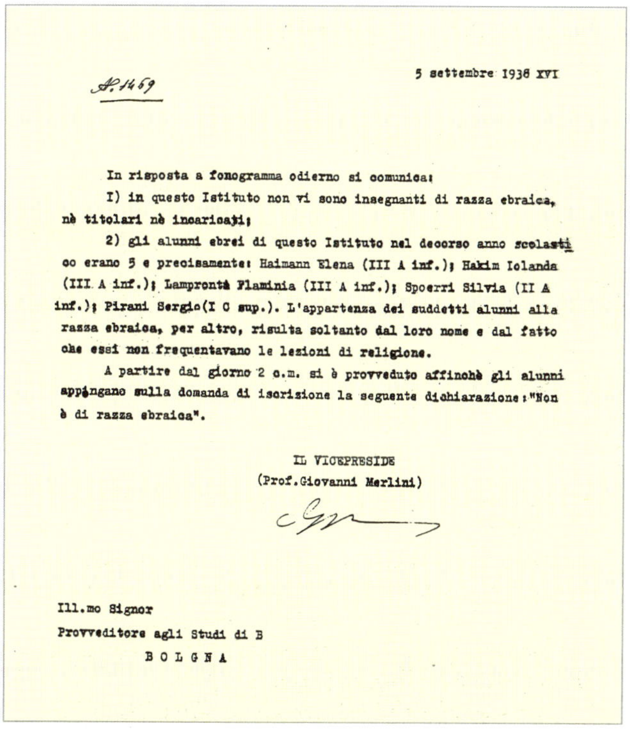

N. 1469

5 settembre 1938 XVI

In risposta a fonogramma odierno si comunica:

I) in questo Istituto non vi sono insegnanti di razza ebraica, nè titolari nè incaricati;

2) gli alunni ebrei di questo Istituto nel decorso anno scolastico erano 5 e precisamente: Haimann Elena (III A inf.); Hakim Iolanda (III A inf.); Lampronti Flaminia (III A inf.); Spoerri Silvia (II A inf.); Pirani Sergio (I C sup.). L'appartenza dei suddetti alunni alla razza ebraica, per altro, risulta soltanto dal loro nome e dal fatto che essi non frequentavano le lezioni di religione.

A partire dal giorno 2 c.m. si è provveduto affinchè gli alunni appongano sulla domanda di iscrizione la seguente dichiarazione: "Non è di razza ebraica".

IL VICEPRESIDE
(Prof. Giovanni Merlini)

Ill.mo Signor
Provveditore agli Studi di B
BOLOGNA

Un documento che testimonia la rigorosa applicazione delle leggi razziali del 1938 nella scuola.

Fascismo e Statuto albertino. Va ribadito che qualsiasi legge in contrasto con lo Statuto albertino era formalmente legittima, perché lo Statuto era flessibile. Di questo fatto approfittò il fascismo: lo Statuto restò in vigore «sulla carta», ma il regime creò un ordinamento giuridico completamente diverso.

Per ricordare meglio...	**Il fascismo**
1922	Marcia su Roma
1924	Delitto Matteotti
1925	Discorso di Mussolini alla Camera
1926	Leggi fascistissime
1928	Gran consiglio del fascismo diventa organo costituzionale
1938	Abolizione del diritto di voto e istituzione della Camera dei fasci e delle corporazioni
1938	Leggi razziali

3 Dalla guerra alla Repubblica

La guerra. Il 1° settembre 1939 la Germania nazista invade la Polonia; pochi giorni dopo, il 3 settembre 1939, Francia e Inghilterra reagiscono e dichiarano guerra alla Germania: è l'inizio della *Seconda guerra mondiale*.

Il 10 giugno 1940 l'Italia entra in guerra

L'Italia restò neutrale fino al 10 giugno 1940, quando Mussolini decise di entrare in guerra a fianco della Germania, perché la vittoria di Hitler sembrava vicina, e il duce voleva partecipare da vincitore ai negoziati che avrebbero seguito il conflitto.

La prevista «guerra lampo» si rivelò un'illusione; la guerra durò sei lunghissimi anni, e assunse dimensioni mondiali con il coinvolgimento di Giappone e Stati Uniti.

Anche la popolazione italiana subì gli orrori del conflitto (bombardamenti, famiglie distrutte, fame, disperazione); l'opposizione al regime si rafforzò, e portò alla fine della dittatura fascista.

La fine del fascismo. Il 10 luglio 1943 gli anglo-americani sbarcarono in Sicilia: per l'Italia cominciava a delinearsi la sconfitta.

Il 25 luglio 1943 segna la fine del regime fascista e nasce il Governo Badoglio

Il 25 luglio 1943 il Gran consiglio del fascismo si schierò contro Mussolini, e approvò una mozione in cui si chiedeva al Re di ripristinare lo Statuto e di assumere il comando delle forze armate. Va sottolineato che il Gran consiglio del fascismo era formato da gerarchi fascisti che, fino a quel momento, erano stati fedelissimi al duce.

Vittorio Emanuele III destituì e fece arrestare Mussolini, in base a quei poteri che lo Statuto gli attribuiva ma che il Re non esercitava da più di vent'anni; il maresciallo Pietro Badoglio fu nominato a capo del Governo.

Il *Governo Badoglio* sciolse il Partito nazionale fascista, la Camera dei fasci e delle corporazioni e il Gran consiglio del fascismo: era la fine di un ventennio di dittatura fascista (dal 1922 al 1943).

L'armistizio. Il primo atto del Governo Badoglio fu quello di iniziare le trattative con gli anglo-americani per arrivare a un *armistizio*, che fu firmato il 3 settembre 1943 a Cassibile (Siracusa) e reso noto l'8 settembre 1943: dopo l'armistizio gli anglo-americani, dapprima nemici, diventarono «gli Alleati». L'annuncio dell'armistizio fu improvviso; né il Re né i vertici militari furono in grado di dare ordini precisi all'esercito, che si trovò completamente disorientato: i tedeschi erano adesso nemici.

A seguito dell'armistizio, l'Italia si trovò divisa in due.

Vittorio Emanuele III, rifugiatosi prima a Brindisi e poi a Salerno, era a capo del «Regno del sud» sotto la tutela degli Alleati, che stavano avanzando dal sud al nord della penisola.

Nel resto del Paese la situazione era estremamente complessa: le truppe tedesche, già presenti come alleati in Italia, si trasformarono in truppe di occupazione, e rafforzarono la loro presenza nel centro-nord dove, nel frattempo, era nata la Repubblica Sociale Italiana e si stava organizzando la Resistenza.

8 settembre 1943: l'Italia divisa dopo l'armistizio

Al centro-nord vi erano:
- i tedeschi
- la Repubblica Sociale Italiana
- la Resistenza

Al sud vi era il Regno del sud sotto la tutela degli Alleati

La Repubblica Sociale Italiana. Il 12 settembre 1943 Mussolini, prigioniero al Gran Sasso, venne liberato dai tedeschi e, sotto la protezione di Hitler, fondò la Repubblica Sociale Italiana con sede a Salò, sul lago di Garda. La Repubblica Sociale, chiamata anche *Repubblica di Salò*, si proclamò l'unica vera erede dello Stato italiano, e proseguì la guerra al fianco dei tedeschi.

Durante la Repubblica di Salò, furono condannati a morte quei gerarchi del Gran consiglio del fascismo che avevano votato contro Mussolini il 25 luglio 1943.

Il CLN e la Resistenza. Dopo l'armistizio, al nord i partiti antifascisti (Partito liberale, Democrazia del lavoro, Democrazia cristiana, Partito d'azione, Partito socialista e Partito comunista) formarono il Comitato di Liberazione Nazionale (CLN).

Il CLN rappresentò il punto di riferimento politico e militare per i partigiani, che praticarono una «Resistenza» armata contro tedeschi e fascisti.

Nel settentrione la contemporanea presenza della Resistenza e della Repubblica Sociale sfociò in una sanguinosa *guerra civile*. Alcuni italiani combattevano per la Resistenza, altri italiani erano invece a fianco dei nazi-fascisti: fu uno dei periodi più drammatici della nostra storia.

Al nord, dal 1943 al 1945, si ebbe una drammatica guerra civile

Il Patto di Salerno. I rapporti fra la monarchia e il CLN erano difficili, perché i partiti antifascisti non potevano ignorare l'appoggio dato da Vittorio Emanuele III a Mussolini, durante il ventennio. Un compromesso era assolutamente necessario. Il 24 aprile 1944, col *Patto di Salerno*, il Re e il CLN si accordarono su alcuni punti:
- nel Regno del sud si formò un nuovo Governo, formato dai partiti del CLN;
- ogni decisione sulla forma di governo (monarchia o repubblica) che avrebbe assunto lo Stato italiano era rinviata alla fine della guerra;
- al termine del conflitto sarebbe stata eletta a suffragio universale un'assemblea, che avrebbe scritto e approvato la nuova costituzione.

La Liberazione. Il 25 aprile 1945 l'Italia settentrionale venne liberata dalla contemporanea azione degli Alleati e del CLN.

Dopo la Liberazione del 25 aprile 1945 Mussolini fu condannato a morte

Mussolini fu condannato a morte dal CLN. Il 28 aprile 1945, a Dongo sul lago di Como, un gruppo di partigiani uccise sia il duce sia la sua convivente, Claretta Petacci; i due cadaveri vennero poi esposti a Milano, in Piazzale Loreto.

Questo evento provoca tuttora polemiche: Mussolini aveva diritto a un regolare processo? Quali erano le colpe di Claretta Petacci? I loro corpi avrebbero meritato più rispetto?

A queste domande, altri rispondono che Mussolini era responsabile di vent'anni di dittatura e di soprusi, e di aver trascinato l'Italia in una guerra scellerata piena di morti e di miseria.

Una cosa è sicura: è difficile rileggere, con gli occhi di oggi, un periodo così tragico della nostra storia.

Il referendum istituzionale. La scelta fra monarchia e repubblica fu affidata a un referendum popolare, che si svolse il 2 giugno 1946.

L'Italia diventa una repubblica col referendum del 2 giugno 1946

Pochi giorni prima della votazione, Vittorio Emanuele III abdicò in favore del figlio Umberto II, per arrivare al referendum con un Re non compromesso con la dittatura fascista; a questo proposito, non va dimenticato che la fuga di Vittorio Emanuele III a Brindisi, dopo l'armistizio, era stata considerata da molti italiani come un vero e proprio tradimento.

Il 2 giugno 1946 si votò sia per il referendum istituzionale sia per l'elezione dell'Assemblea costituente. Per la prima volta le donne italiane furono ammesse a

Referendum del 2 giugno 1946: le prime pagine dei giornali annunciano la vittoria della «repubblica».

Tabella 1 Il referendum istituzionale del 2 giugno 1946

Regione	Repubblica	Monarchia
Piemonte	1.250.070	938.945
Liguria	633.130	254.692
Lombardia	2.270.335	1.275.183
Venezia Tridentina (escluso Bolzano)	191.450	33.728
Veneto	1.403.441	954.372
Emilia Romagna	1.526.838	454.589
Toscana	1.280.815	506.167
Marche	498.607	213.621
Umbria	301.209	117.765
Lazio	753.978	795.501
Abruzzo e Molise	347.578	459.478
Campania	435.844	1.427.038
Puglia	465.620	954.754
Basilicata	107.653	158.210
Calabria	337.244	514.633
Sicilia	708.109	1.301.200
Sardegna	206.098	319.557
Totale	12.718.019	10.709.423

votare alle elezioni politiche, anche se va ricordato che le donne avevano già votato alle elezioni amministrative, pochi mesi prima.

Il referendum, a cui partecipò più del 90% degli aventi diritto, si concluse con la vittoria della «repubblica». Il risultato fu però molto incerto: la *repubblica* ottenne 12 700 000 voti (54,3%) contro i 10 700 000 voti (45,7%) della *monarchia*, mentre le schede nulle (bianche comprese) furono ben 1 400 000, anche a causa dell'alto tasso di analfabetismo.

Il referendum istituzionale provocò molta tensione nel Paese, perché i monarchici denunciarono brogli elettorali, che non furono comunque mai provati.

È indubbio che la situazione creatasi dopo l'armistizio condizionò il voto: la «repubblica» vinse in tutte le regioni del centro-nord, mentre in tutte le regioni del sud fu la «monarchia» a prevalere, come mostra la tabella 1.

Il rientro dei Savoia. Dopo la sconfitta al referendum, il 14 giugno 1946, Umberto II fu costretto all'esilio in Portogallo: il suo regno era durato poco più di un mese, tanto da essere chiamato «il re di maggio».

L'esilio dei Savoia è durato 56 anni, e si è concluso solo nel 2002, quando il Parlamento ha cancellato la parte della XIII Disposizione transitoria della Costituzione che vietava «l'ingresso e il soggiorno nel territorio nazionale» agli «ex re di Casa Savoia, alle loro consorti e ai loro discendenti maschi».

L'esilio degli eredi maschi di Casa Savoia è durato dal 1946 a 2002

Per ricordare meglio...	**Dalla guerra alla Repubblica**
3 settembre 1939	Inizia la Seconda guerra mondiale
10 giugno 1940	L'Italia entra in guerra
10 luglio 1943	Gli anglo-americani sbarcano in Sicilia
25 luglio 1943	Mozione contro Mussolini del Gran consiglio del fascismo Arresto di Mussolini e nomina del Governo Badoglio
8 settembre 1943	Armistizio
12 settembre 1943	Mussolini liberato dai tedeschi
24 aprile 1944	Patto di Salerno
25 aprile 1945	Liberazione
28 aprile 1945	Giustiziati Benito Mussolini e Claretta Petacci
2 giugno 1946	Vittoria della «repubblica» ed elezione dell'Assemblea costituente

4 La Costituzione

NUCLEI ESSENZIALI

L'Assemblea costituente. Il 2 giugno 1946, gli italiani, e le italiane, votarono anche per l'Assemblea costituente (la Costituente) utilizzando un sistema proporzionale.

La Costituente era formata da 556 deputati (i Costituenti), eletti fra candidati presentati soprattutto da quei partiti che avevano costituito il CLN, e che facevano dell'antifascismo un valore comune. In conseguenza di ciò, un ruolo di primo piano nell'Assemblea fu assunto dai leader dei tre principali partiti del CLN: Alcide De Gasperi (Democrazia cristiana), Palmiro Togliatti (Partito comunista italiano) e Pietro Nenni (Partito socialista italiano); fra i Costituenti vi erano altre personalità di grande prestigio (da Benedetto Croce a Luigi Einaudi, da Aldo Moro a Giuseppe Saragat).

L'Assemblea costituente approva la nuova Costituzione

L'Assemblea costituente era un Parlamento? La risposta non è facile. Come nelle repubbliche parlamentari, la Costituente dava la fiducia al Governo che era responsabile di fronte a essa. Però la Costituente aveva l'importante compito di dare una nuova costituzione al Paese, e non poteva trovare il tempo per approvare le leggi; per questo la Costituente delegò la funzione legislativa al Governo, fino all'entrata in vigore della Costituzione.

L'Assemblea costituente non esercita il potere legislativo

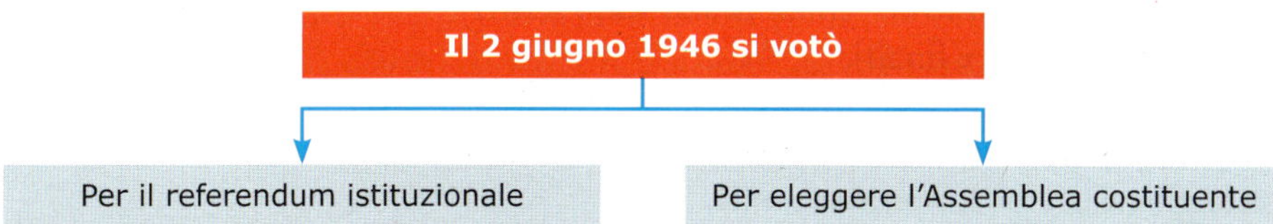

Il Capo provvisorio dello Stato. Non c'era più il Re, non c'era ancora il Presidente della Repubblica: come fare?

L'Assemblea costituente si riunì per la prima volta il 22 giugno 1946 e, il 28 giugno 1946, elesse Enrico De Nicola come *Capo provvisorio dello Stato*, in attesa che il Presidente della Repubblica fosse eletto in base alle norme della futura Costituzione.

Il 28 giugno 1946 Enrico De Nicola viene eletto Capo provvisorio dello Stato

La nascita della Costituzione. Fra i 556 deputati fu scelta la *Commissione dei Settantacinque*, che preparò il progetto della nuova Costituzione.

Il progetto della Commissione dei Settantacinque fu presentato il 31 gennaio 1947 alla Costituente, che lo discusse approfonditamente, articolo per articolo. Spesso nascevano contrasti, ma la necessità di trovare un accordo era troppo forte, tanto che, il 22 dicembre 1947, la Costituente approvò i 139 articoli (e le 18 Disposizioni transitorie e finali) della nuova Costituzione repubblicana, con 453 voti favorevoli e 62 contrari.

Il 1° gennaio 1948 entra in vigore la Costituzione della Repubblica italiana

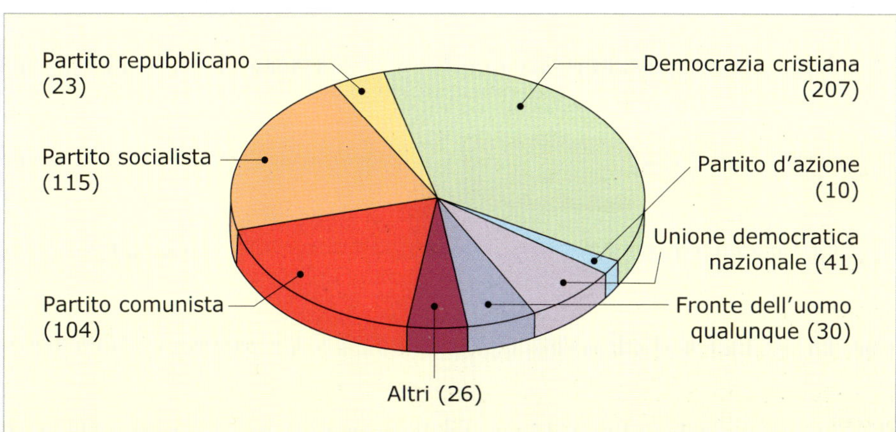

Composizione dell'Assemblea costituente eletta il 2 giugno 1946 e formata da 556 deputati. Fra parentesi sono indicati i numeri dei deputati delle corrispondenti formazioni politiche.

La Costituzione fu approvata con un'ampia maggioranza (81,4%), grazie all'accordo fra le principali forze politiche (democristiani, socialisti e comunisti), che pure erano caratterizzate da profonde divergenze ideologiche.

La promulgazione avvenne il 27 dicembre 1947 e, il 1° gennaio 1948, la Costituzione entrò in vigore al posto dello Statuto albertino.

Per ricordare meglio...	**La nascita della Costituzione**
28 giugno 1946	Enrico De Nicola diventa Capo provvisorio dello Stato
31 gennaio 1947	Presentazione del progetto della Commissione dei Settantacinque
22 dicembre 1947	Approvazione della Costituzione da parte dell'Assemblea costituente
27 dicembre 1947	Promulgazione della Costituzione
1° gennaio 1948	Entrata in vigore della Costituzione

La Costituzione. La Costituzione è la norma fondamentale della Repubblica italiana.

La Costituzione è scritta, votata, lunga e rigida.

> La Costituzione è la norma fondamentale della Repubblica italiana

La Costituzione è scritta. La Costituzione, come lo Statuto albertino, è *scritta*: sia i principi fondamentali sia la struttura dell'ordinamento repubblicano sono scritti nei 139 articoli (e nelle 18 Disposizioni transitorie e finali).

Non tutte le costituzioni devono essere scritte. Basta pensare che in Gran Bretagna sia il Parlamento sia il Governo funzionano sulla base di regole consuetudinarie, senza che questo diminuisca il prestigio della costituzione britannica.

La Costituzione è votata. Mentre lo Statuto albertino era stato concesso dal Re al popolo, la Costituzione è stata *votata* dall'Assemblea costituente, eletta democraticamente dagli italiani.

> La Costituzione è stata votata dall'Assemblea costituente, eletta dagli italiani

La Costituzione è lunga. L'Assemblea costituente decise che la Costituzione avesse una struttura articolata, in grado di spiegare in modo dettagliato sia i diritti e doveri dei cittadini, sia i poteri degli organi costituzionali. I Costituenti vollero una costituzione *lunga*, e non breve come lo Statuto albertino, perché l'Italia usciva da una dittatura, e forte era l'esigenza di fissare con precisione i princìpi fondamentali, in modo da rendere più difficile un loro sovvertimento in futuro.

La Costituzione è rigida. Anche la scelta fra costituzione flessibile e costituzione rigida fu condizionata dalla dittatura fascista che, approfittando della flessibilità dello Statuto albertino, aveva creato un ordinamento giuridico completamente diverso. I Costituenti scelsero una costituzione *rigida*, in modo che nessuna legge ordinaria potesse essere in contrasto con essa: la Costituzione si trova al vertice della gerarchia delle fonti.

> La Costituzione è rigida e non può essere modificata da leggi ordinarie

Se il Parlamento approva una legge in contrasto con la Costituzione, i Costituenti hanno previsto l'intervento di un organo apposito, la *Corte costituzionale*, che ha il potere di vigilare sulla conformità delle leggi alla Costituzione e, in caso di contrasto, può cancellarle dall'ordinamento giuridico (come vedremo nel capitolo C3).

La Statuto albertino	**La Costituzione repubblicana**
› Scritto	› Scritta
› Elargito	› Votata
› Breve	› Lunga
› Flessibile	› Rigida

La struttura della Costituzione

PRINCIPI FONDAMENTALI (artt. 1-12 Cost.)

Contengono i criteri ispiratori della carta costituzionale

PARTE PRIMA «Diritti e doveri dei cittadini» (artt. 13-54 Cost.)

- Regola i rapporti fra i cittadini e lo Stato:
  - i rapporti civili (artt. 13-28 Cost.)
  - i rapporti etico-sociali (artt. 29-34 Cost.)
  - i rapporti economici (artt. 35-47 Cost.)
  - i rapporti politici (artt. 48-54 Cost.)

PARTE SECONDA «Ordinamento della Repubblica» (artt. 55-139 Cost.)

- Spiega le competenze degli organi costituzionali:
  - il Parlamento (artt. 55-82 Cost.)
  - il Presidente della Repubblica (artt. 83-91 Cost.)
  - il Governo (artt. 92-100 Cost.)
  - la Magistratura (artt. 101-113 Cost.)
  - la Corte costituzionale (artt. 134-137 Cost.)
- Definisce le attribuzioni degli enti autonomi territoriali: la Regione, il Comune, la Provincia e la Città metropolitana (artt. 114-133 Cost.)
- Contiene il procedimento di revisione costituzionale (artt. 138-139 Cost.)

18 DISPOSIZIONI TRANSITORIE E FINALI

Furono inserite dai Costituenti per consentire un graduale passaggio fra il vecchio e il nuovo ordinamento

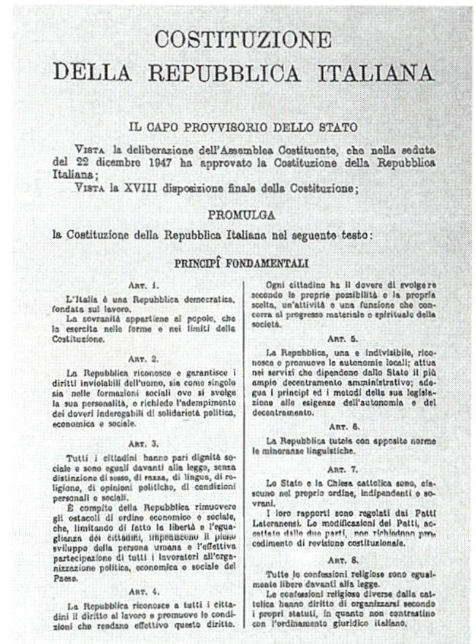

COSTITUZIONE
DELLA REPUBBLICA ITALIANA

IL CAPO PROVVISORIO DELLO STATO

Vista la deliberazione dell'Assemblea Costituente, che nella seduta del 22 dicembre 1947 ha approvato la Costituzione della Repubblica Italiana;

Vista la XVIII disposizione finale della Costituzione;

PROMULGA

la Costituzione della Repubblica Italiana nel seguente testo:

PRINCIPÎ FONDAMENTALI

Art. 1.

L'Italia è una Repubblica democratica, fondata sul lavoro.

La sovranità appartiene al popolo, che la esercita nelle forme e nei limiti della Costituzione.

Art. 2.

La Repubblica riconosce e garantisce i diritti inviolabili dell'uomo, sia come singolo sia nelle formazioni sociali ove si svolge la sua personalità, e richiede l'adempimento dei doveri inderogabili di solidarietà politica, economica e sociale.

Art. 3.

Tutti i cittadini hanno pari dignità sociale e sono eguali davanti alla legge, senza distinzione di sesso, di razza, di lingua, di religione, di opinioni politiche, di condizioni personali e sociali.

È compito della Repubblica rimuovere gli ostacoli di ordine economico e sociale, che, limitando di fatto la libertà e l'eguaglianza dei cittadini, impediscono il pieno sviluppo della persona umana e l'effettiva partecipazione di tutti i lavoratori all'organizzazione politica, economica e sociale del Paese.

Art. 4.

La Repubblica riconosce a tutti i cittadini il diritto al lavoro e promuove le condizioni che rendano effettivo questo diritto.

Ogni cittadino ha il dovere di svolgere secondo le proprie possibilità e la propria scelta, un'attività o una funzione che concorra al progresso materiale o spirituale della società.

Art. 5.

La Repubblica, una e indivisibile, riconosce e promuove le autonomie locali; attua nei servizi che dipendono dallo Stato il più ampio decentramento amministrativo; adegua i principî ed i metodi della sua legislazione alle esigenze dell'autonomia e del decentramento.

Art. 6.

La Repubblica tutela con apposite norme le minoranze linguistiche.

Art. 7.

Lo Stato e la Chiesa cattolica sono, ciascuno nel proprio ordine, indipendenti e sovrani.

I loro rapporti sono regolati dai Patti Lateranensi. Le modificazioni dei Patti, accettate dalle due parti, non richiedono procedimento di revisione costituzionale.

Art. 8.

Tutte le confessioni religiose sono egualmente libere davanti alla legge.

Le confessioni religiose diverse dalla cattolica hanno diritto di organizzarsi secondo i propri statuti, in quanto non contrastino con l'ordinamento giuridico italiano.

Copia originale del testo della Costituzione.

5 La revisione della Costituzione

NUCLEI ESSENZIALI

La Costituzione può essere modificata solo dalle leggi costituzionali

Le leggi costituzionali. Le *leggi costituzionali* sono le sole che possono modificare la Costituzione o integrandola (aggiungendo articoli o parte di essi), o revisionandola (sostituendo articoli o parte di essi).

Le leggi costituzionali sono collegate con l'esistenza di una costituzione rigida, perché per le costituzioni flessibili non è possibile alcuna revisione.

Per approvare una legge costituzionale è prevista una procedura più lunga e più complessa, rispetto a quella adottata per le leggi ordinarie. Mentre per approvare una legge ordinaria basta una sola votazione col voto favorevole della maggioranza dei presenti (maggioranza semplice), l'art. 138 Cost. stabilisce che per approvare una legge costituzionale occorrano due votazioni, a distanza di almeno tre mesi, con le seguenti maggioranze:

- nella prima votazione basta la maggioranza semplice;
- nella seconda votazione occorre la maggioranza assoluta (voto favorevole della maggioranza degli aventi diritto al voto).

Dopo l'approvazione, le modifiche apportate dalla legge costituzionale diventano parte della Costituzione stessa.

La legge costituzionale può essere sottoposta a referendum confermativo

Il referendum confermativo. La Costituzione prevede un *referendum confermativo* (o *referendum di revisione costituzionale*), a cui possono essere sottoposte le leggi costituzionali, e che deve essere richiesto entro tre mesi dalla loro pubblicazione.

La legge costituzionale «sottoposta a referendum non è promulgata, se non è approvata dalla maggioranza dei voti validi».

Il referendum può essere richiesto:

- o da 1/5 dei membri di una camera;
- o da 500 000 elettori;
- o da 5 Consigli regionali.

Va precisato che non si può effettuare il referendum se, nella seconda votazione, la legge costituzionale è stata approvata con la maggioranza qualificata dei 2/3.

Il referendum confermativo non è possibile se la legge costituzionale è approvata nella seconda votazione con la maggioranza dei 2/3.

La Costituzione può essere modificata solo con leggi costituzionali

→ Nella prima votazione occorre la maggioranza semplice

→ Nella seconda votazione occorre la maggioranza assoluta

↓ Se non si raggiunge la maggioranza qualificata dei 2/3 è possibile effettuare il referendum confermativo

I limiti alla revisione costituzionale. La revisione della Costituzione è rigorosamente vietata in due casi:

- la forma repubblicana «non può essere oggetto di revisione costituzionale» (art. 139 Cost.);
- i diritti umani devono comunque restare «inviolabili» (art. 2 Cost.).

Si tratta di articoli talmente importanti, che i Costituenti vollero che fossero «immodificabili» anche da leggi costituzionali.

Verso una riforma costituzionale? La Gazzetta Ufficiale del 12 ottobre 2019, n. 240, ha pubblicato un testo di legge costituzionale (*Modifiche agli articoli 56, 57 e 59 della Costituzione in materia di riduzione del numero dei parlamentari*), che è in attesa di essere sottoposto a referendum confermativo ai sensi dell'art. 138 Cost.

Il testo di legge costituzionale si propone di «tagliare» il numero dei parlamentari sia al Senato della Repubblica (passando da 315 a 200 senatori) sia alla Camera dei deputati (passando da 630 a 400 deputati). In caso di vittoria del «sì» al referendum confermativo, il totale dei parlamentari eletti scenderebbe quindi a 600, con una riduzione complessiva di 345 parlamentari.

Sintetizziamo l'iter seguito finora dal testo di legge costituzionale:

- nella prima votazione è stato approvato a maggioranza semplice sia dal Senato della Repubblica (7 febbraio 2019) sia dalla Camera dei deputati (9 maggio 2019);
- nella seconda votazione, a distanza di tre mesi, è stato approvato a maggioranza assoluta sia dal Senato della Repubblica (11 luglio 2019) sia dalla Camera dei deputati (8 ottobre 2019).

Come detto, il testo di legge costituzionale è stato poi pubblicato sulla Gazzetta Ufficiale.

Il testo di legge costituzionale non è stato promulgato e, di conseguenza, non è entrato in vigore, perché nella seconda votazione è stato approvato con una maggioranza assoluta ma inferiore a quella dei 2/3.

In conseguenza di ciò, su richiesta di 1/5 dei membri del Senato della Repubblica, il 10 gennaio 2020 è stato richiesto il referendum di revisione costituzionale per confermare la riforma.

SINTESI

Lo Statuto albertino

- Nel 1848 il Re Carlo Alberto di Savoia concesse lo **Statuto albertino** (par. **1**), che era scritto, elargito, breve e flessibile.
- Nel 1861 la forma di governo del Regno d'Italia era la **monarchia costituzionale** (par. **1**) che, all'inizio del XX secolo, si trasformò in **monarchia parlamentare** (par. **1**).

Il fascismo

- Nell'ottobre 1922 i fascisti attuarono la **marcia su Roma** (par. **2**), e il Re Vittorio Emanuele III nominò alla Presidenza del Consiglio **Benito Mussolini** (par. **2**).
- Nel 1924 si ebbe il **delitto Matteotti** (par. **2**), un deputato socialista che aveva denunciato alla Camera le violenze fasciste.
- Nel 1926 le **leggi fascistissime** (par. **2**) annullarono il principio della separazione dei poteri, e il Partito fascista diventò il «partito unico».
- Nel 1938 si ebbe l'**abolizione del diritto di voto** (par. **2**).
- Nel 1938 furono approvate le **leggi razziali** (par. **2**) che tolsero agli ebrei i più elementari diritti.
- Il 3 settembre 1939 iniziò la **Seconda guerra mondiale** (par. **3**); l'Italia restò neutrale fino al 10 giugno 1940, quando Mussolini decise di entrare in guerra a fianco della Germania.
- Il 25 luglio 1943 Vittorio Emanuele III destituì e fece arrestare Mussolini, e il maresciallo **Pietro Badoglio** (par. **3**) fu nominato a capo del Governo.
- L'8 settembre 1943 il Governo Badoglio firmò un **armistizio** (par. **3**) con gli anglo-americani. L'armistizio divise in due l'Italia:
  - nel meridione, liberato dagli Alleati, c'era il Regno del sud;
  - nel centro nord si aveva la contemporanea presenza dei tedeschi, della Repubblica Sociale Italiana e della Resistenza.
- Al nord, dal 1943 al 1945, si ebbe una drammatica **guerra civile** (par. **3**).
- Dopo la **Liberazione** (par. **3**) del 25 aprile 1945, il CLN condannò a morte Mussolini.

L'Assemblea costituente e la Costituzione

- Il 2 giugno 1946 gli italiani e le italiane (per la prima volta) votarono sia per il **referendum istituzionale** (par. **4**) sia per l'**Assemblea costituente** (par. **4**).
- Al referendum istituzionale la **repubblica** (par. **4**) vinse con 12 700 000 voti (54,3%) contro i 10 700 000 voti (45,7%) della monarchia.
- Il 28 giugno 1946 l'Assemblea costituente elesse Enrico De Nicola come **Capo provvisorio dello Stato** (par. **4**).
- Il 22 dicembre 1947 l'Assemblea costituente approvò i 139 articoli (e le 18 Disposizioni transitorie e finali) della nuova **Costituzione repubblicana** (par. **4**) con 453 voti favorevoli e 62 contrari.
- La Costituzione, **in vigore dal 1° gennaio 1948** (par. **4**), è scritta, votata, lunga e rigida.

La revisione della Costituzione

- La Costituzione può essere modificata solo dalle **leggi costituzionali** (par. **5**), che prevedono un procedimento complesso e possono essere sottoposte al **referendum confermativo** (par. **5**).

La Costituzione può essere modificata solo con leggi costituzionali

→ Nella prima votazione occorre la maggioranza semplice

→ Nella seconda votazione occorre la maggioranza assoluta

↓ Se non si raggiunge la maggioranza qualificata dei 2/3 è possibile effettuare il referendum confermativo

1 Verifica le tue conoscenze

Risolvi le seguenti **scelte multiple** indicando la risposta esatta fra quelle possibili.

A

La Costituzione repubblicana entrò in vigore

1 il 25 aprile 1945

2 il 2 giugno 1946

3 il 1° gennaio 1948

B

Con le leggi razziali

1 fu soppresso il diritto di voto

2 furono discriminati gli ebrei

3 furono discriminati gli oppositori del regime

1 Nel referendum istituzionale del 1946 la repubblica vinse

A in quasi tutte le regioni

B in quasi tutte le regioni del centro-nord

C in tutte le regioni del centro-nord

D in quasi tutte le regioni del centro-sud

2 Una costituzione si dice flessibile quando

A può essere modificata da leggi ordinarie

B può essere modificata con un procedimento molto complesso

C si adegua continuamente ai mutamenti sociali e politici

D può essere modificata solo da leggi costituzionali

3 Il compito principale dell'Assemblea costituente era

A approvare la Costituzione

B decidere su monarchia o repubblica

C esercitare la funzione legislativa

D nominare il nuovo Parlamento

4 Col Patto di Salerno vi fu un accordo

A fra Alleati e monarchia

B fra CLN e Alleati

C fra CLN e monarchia

D fra CLN e Repubblica Sociale Italiana

5 Una legge ordinaria in contrasto con la Costituzione può essere cancellata

A dal Governo

B dal Presidente della Repubblica

C dalla Corte costituzionale

D dal Parlamento

6 Dopo l'armistizio, il Re Vittorio Emanuele III era a capo

A del Regno del centro-nord sotto la tutela degli Alleati

B del Regno del centro-nord sotto la tutela di tedeschi

C del Regno del sud sotto la tutela degli Alleati

D del Regno del sud sotto la tutela di tedeschi

2 Misura le tue abilità

Rispondi e motiva la tua risposta in ogni caso proposto.

1 La Repubblica Sociale Italiana si alleò coi tedeschi V F

______

2 Il 10 giugno 1940 l'Italia entrò in guerra V F

______

3 Lo Statuto albertino era una costituzione flessibile V F

4 Tutte le leggi costituzionali sono seguite dal referendum confermativo V F

5 Nel 1946 De Nicola venne eletto Presidente della Repubblica V F

6 Il 2 giugno 1946 votarono anche le donne V F

3 Valuta le tue competenze

Risolvi i casi concreti, mettendo in pratica ciò che hai imparato.

1 Riconoscere il dramma delle leggi razziali nei ricordi di una persona anziana.

Il tuo vicino di casa ricorda commosso: «Mio nonno era un professore universitario di latino e fu costretto a lasciare l'insegnamento solo perché era ebreo. Che ingiustizia!».

▶ **Quando avvenne questo fatto vergognoso?**

2 Individuare gli effetti della guerra sulla popolazione civile nel racconto di un familiare.

Tuo nonno racconta: «Ero un bambino. Ricordo ancora i bombardamenti e le urla dei tedeschi che cercavano i partigiani!».

▶ **Tuo nonno viveva nel nord o nel sud del Paese?**

3 Precisare l'importanza del voto delle donne nel 1946, ascoltando il racconto di un parente.

Tuo cugino ricorda: «Mia nonna ripeteva continuamente di essere stata fra le donne che votarono per la prima volta in Italia: era il 2 giugno 1946!».

▶ **Perché il racconto della signora era impreciso?**

4 Valutare la rigidità della Costituzione, ascoltando l'errore di un amico.

Un tuo amico afferma: «La Costituzione non si può modificare perché è rigida. Secondo me è un errore grave, perché i tempi cambiano!».

▶ **Qual è la tua opinione?**

5 Precisare il procedimento di revisione costituzionale, prendendo spunto dall'errore di un politico.

Un politico in televisione afferma: «Tutte le leggi costituzionali vengono approvate due volte dal Parlamento, ma solo un referendum può farle entrare in vigore!». L'affermazione è sbagliata.

▶ **Come modifichi la frase per renderla giuridicamente corretta?**

Idee a confronto

A casa 1 ora | In aula 20 minuti

4 Partendo dal caso proposto, approfondisci l'argomento per partecipare al dibattito in classe

Nei primi dodici articoli sono delineati i principi fondamentali della nostra Costituzione. All'interno della Costituzione americana del 1887 esistono dieci emendamenti che hanno una funzione simile, e costituiscono una vera e propria «carta dei diritti» approvata dal Congresso nel 1889 (e divenuta parte integrante della Costituzione). A questa carta si sono ispirati successivamente molti Paesi. Quali di questi principi sono in comune con i principi fondamentali della Costituzione italiana?

→ ***Dopo una ricerca online, crea una tabella comparativa del contenuto dei principi più significativi di queste due Costituzioni e discutine con i tuoi compagni.***

CAPITOLO

A3 L'ordinamento internazionale

NUCLEI ESSENZIALI

- Il diritto internazionale e le sue fonti
- L'ONU
- La tutela dei diritti umani
- Il diritto di asilo

A te la parola! 15 minuti

Quali tipi di organizzazioni internazionali conosci? In quali rapporti sono tra loro gli Stati che ne fanno parte?

→ *Fai una ricerca online e individua tre esempi di questo tipo di organizzazione, poi confrontati con i compagni di classe.*

Con l'aiuto dell'insegnante e in piccoli gruppi prova a esporre il tuo punto di vista.

1 Il diritto internazionale

NUCLEI ESSENZIALI

L'ordinamento internazionale. Nel capitolo A1 abbiamo approfondito il concetto di Stato. Dobbiamo ora prendere in esame i rapporti che si stabiliscono fra i vari Stati nella comunità internazionale che, alla fine del 2019, era composta da oltre 200 Paesi. Nell'ordinamento internazionale gli Stati entrano continuamente in contatto, e stabiliscono fra loro rapporti giuridici, economici, politici e militari. Come sappiamo, per entrare a far parte dell'ordinamento internazionale, uno Stato deve acquisire personalità giuridica nei rapporti internazionali.

Nell'ordinamento internazionale tutti gli Stati si trovano, almeno formalmente, sullo stesso piano, e non esiste un'autorità superiore a essi; questo fatto provoca però problemi quando si tratta di garantire l'attuazione di accordi internazionali.

I limiti del diritto internazionale. I rapporti giuridici che si creano nell'ordinamento internazionale sono regolati dal diritto internazionale, che non può comunque imporsi sugli ordinamenti giuridici dei singoli Paesi: ogni Stato mantiene la propria sovranità e la propria indipendenza.

Il diritto internazionale regola solo le relazioni fra gli Stati (intesi come persone giuridiche), e non si preoccupa di disciplinare i rapporti fra i cittadini e i singoli Stati, che restano di esclusiva competenza degli ordinamenti nazionali; per esempio, i rapporti fra i cittadini italiani e lo Stato italiano sono regolati dall'ordinamento giuridico italiano, e non dal diritto internazionale.

Il diritto internazionale è costituito dalle norme che regolano i rapporti tra gli Stati

Le fonti del diritto internazionale. Le fonti del diritto internazionale sono le consuetudini e i trattati.

Le consuetudini. Le consuetudini nascono da comportamenti che, pur non essendo scritti, vengono spontaneamente seguiti dagli Stati. Le *consuetudini internazionali*, per essere considerate tali, devono essere rispettate da tutti gli Stati.

I trattati. Il *trattato* è un accordo fra due o più Stati, collocati su un piano di parità, che assumono fra loro degli obblighi o si riconoscono reciprocamente dei diritti su un oggetto specifico (definizione di un confine, agevolazioni negli scambi commerciali). Il trattato è vincolante solo per gli Stati che lo hanno sottoscritto, che sono gli unici obbligati a rispettarne le regole.

Le fonti del diritto internazionale sono

- Le consuetudini
- I trattati
- Sono adottate ma non sono vincolanti:
  - le dichiarazioni
  - le convenzioni

Le dichiarazioni e le convenzioni. Nell'ordinamento internazionale sono adottate anche le dichiarazioni e le convenzioni, che però non sono vere e proprie fonti giuridiche. Le *dichiarazioni* e le *convenzioni* non sono quindi vincolanti, e il loro rispetto è lasciato alla totale discrezione dei singoli Stati. Le dichiarazioni e le convenzioni vengono adottate soprattutto per la tutela dei diritti umani.

L'ordinamento sovranazionale. Si parla di *ordinamento sovranazionale* quando gli atti di un organismo internazionale entrano direttamente in vigore nei singoli Stati. Per esempio, l'Unione europea agisce come ordinamento sovranazionale quando emana i regolamenti comunitari, che entrano subito in vigore negli ordinamenti giuridici dei singoli Stati membri (come vedremo nel capitolo G2).

Nell'ordinamento sovranazionale gli organismi internazionali emanano atti che sono efficaci nei singoli Stati

2 L'ONU

NUCLEI ESSENZIALI

La Società delle Nazioni. Alla fine della Prima guerra mondiale fu costituita la Società delle Nazioni, che aveva l'obiettivo di mantenere la pace nella comunità internazionale. La *Società delle Nazioni* era un organismo con poteri limitati e di scarso peso politico, soprattutto per l'assenza degli Stati Uniti, e non riuscì a impedire il secondo conflitto mondiale, alla fine del quale venne sostituita dall'ONU.

L'ONU. L'*Organizzazione delle Nazioni Unite* (ONU), costituita alla Conferenza di San Francisco (Stati Uniti) il 26 giugno 1945, nacque sotto l'influsso dominante delle cinque grandi potenze che avevano vinto la guerra (Stati Uniti, Unione Sovietica, Gran Bretagna, Francia e Cina), peraltro non ancora conclusa sul fronte giapponese.

Inizialmente gli Stati membri delle Nazioni Unite erano una cinquantina, ma il loro numero è costantemente cresciuto tanto da sfiorare 200 alla fine del 2019. L'Italia è entrata a far parte dell'ONU nel 1955.

Il «Palazzo di vetro», a New York, sede dell'ONU.

Lo statuto dell'ONU. Lo statuto dell'ONU delinea le finalità dell'organizzazione:
- mantenere la pace e la sicurezza internazionale, promuovendo un processo di distensione e di disarmo;
- sviluppare amichevoli relazioni fra gli Stati;
- promuovere la cooperazione internazionale, per favorire lo sviluppo economico dei Paesi più poveri;
- tutelare i diritti umani e le libertà fondamentali.

L'ONU agisce attraverso vari organi, ma noi prendiamo in considerazione solo i più importanti: l'Assemblea Generale e il Consiglio di sicurezza.

L'Assemblea Generale dell'ONU. L'Assemblea Generale è composta da tutti gli Stati appartenenti all'ONU; in essa ogni Stato ha diritto a un solo voto: tutti gli Stati si trovano su un piano di parità.

Le deliberazioni dell'Assemblea Generale riguardano:
- le modifiche dello statuto;
- l'espulsione degli Stati accusati di aver violato i principi fondamentali delle Nazioni Unite;
- l'ammissione di nuovi Stati nell'organizzazione;
- l'elezione degli Stati che, a rotazione, entrano a far parte del Consiglio di sicurezza;
- l'elezione del *Segretario generale dell'ONU*, che è una figura di primaria importanza nella politica internazionale;
- l'approvazione del bilancio.

L'Assemblea Generale si riunisce di norma una volta all'anno (in sessione ordinaria), ma può essere sempre convocata in caso di necessità (in sessione straordinaria); per le decisioni più importanti occorre il voto favorevole dei 2/3 dei membri presenti.

Il 12 ottobre 1960, all'Assemblea Generale dell'ONU, il presidente sovietico Nikita Kruscev, durante un acceso dibattito, si tolse la scarpa destra e poi la picchiò sul banco.

Va precisato che l'Assemblea Generale può solo fare raccomandazioni, che non sono vincolanti per gli Stati membri.

Il Consiglio di sicurezza dell'ONU. Il Consiglio di sicurezza è composto da 15 Stati, di cui 5 sono membri permanenti (Stati Uniti, Russia, Gran Bretagna, Francia e Cina) e 10 vengono eletti a rotazione ogni due anni dall'Assemblea Generale. Per quanto riguarda i membri permanenti, va ricordato che la Russia ha sostituito l'Unione Sovietica nel 1992 e la Cina popolare ha sostituito Formosa nel 1970.

Nel Consiglio di sicurezza i cinque membri permanenti sono sempre presenti e hanno il diritto di veto

Il Consiglio di sicurezza è sempre in funzione, e ha il delicato compito di adottare tutti i provvedimenti necessari per mantenere la sicurezza internazionale. Il Consiglio di sicurezza deve intervenire per evitare che i contrasti fra i Paesi degenerino in conflitti e, in caso di guerra, deve fare tutto il possibile per ristabilire la pace.

Le decisioni del Consiglio di sicurezza sono approvate se ottengono il voto favorevole della maggioranza dei componenti, compreso quello di tutti i membri permanenti. Ogni membro permanente ha il diritto di *veto*, perché ha la possibilità di impedire l'adozione di un provvedimento, anche contro il parere degli altri 14 membri. È evidente che, a differenza di quanto avviene nell'Assemblea Generale, nel Consiglio di sicurezza gli Stati non sono sullo stesso piano: i cinque membri permanenti hanno un ruolo dominante, perché sono sempre presenti e hanno il diritto di veto.

Membri del Consiglio di Sicurezza delle Nazioni Unite votano sanzioni contro la Corea del Nord, presso la sede delle Nazioni Unite a New York, il 7 marzo 2013. I cinque membri permanenti sono sempre presenti e hanno il diritto di veto.

I principali organi dell'ONU

- Assemblea Generale, in cui tutti gli Stati sono su un piano di parità
- Consiglio di sicurezza, formato da 5 Stati membri permanenti e 10 Stati eletti a rotazione
  - I 5 Stati membri permanenti (Stati Uniti, Russia, Gran Bretagna, Francia e Cina) sono su un piano di superiorità perché
    - sono sempre presenti
    - possono esercitare il diritto di veto

L'attuazione delle delibere dell'ONU. Nonostante siano vincolanti per tutti i membri delle Nazioni Unite, le decisioni del Consiglio di sicurezza non sempre vengono rispettate dagli Stati interessati. In caso di mancato rispetto delle deliberazioni, il Consiglio di sicurezza può decidere di sospendere le relazioni diplomatiche, e può applicare sanzioni economiche nei confronti dello Stato inadempiente.

L'attuazione delle delibere dell'ONU è affidata alla volontà dei singoli Stati

Fino alla fine degli anni Ottanta, nell'ONU si aveva un continuo scontro politico fra blocco orientale e blocco occidentale. L'Unione Sovietica e gli Stati Uniti esercitavano continuamente il diritto di veto per tutelare le rispettive zone di influenza: ogni delibera contro un Paese del blocco orientale (o occidentale) veniva sistematicamente bloccata dal veto dell'Unione Sovietica (o degli Stati Uniti). A partire dagli anni Novanta, con la dissoluzione dell'Unione Sovietica, gli Stati Uniti sono rimasti la più grande potenza mondiale, e sono ormai in grado di condizionare unilateralmente la politica dell'ONU.

Un «casco blu» impegnato in un'azione umanitaria.

I «caschi blu» dell'ONU. L'ONU non possiede alcun esercito, ma può crearlo se i singoli Stati mettono a disposizione le loro forze militari.

ITALIA ENTRÒ NEL 55

Le forze dell'ONU (i «caschi blu») sono spesso intervenute per garantire il rispetto di trattati internazionali e per ristabilire la pace. Per esempio, nel 1993, nella ex-Iugoslavia vennero create varie zone controllate dai «caschi blu», per dividere le diverse etnie in guerra fra di loro.

L'Unicef. Il *Fondo delle Nazioni Unite per l'infanzia* (Unicef) è un'agenzia dell'ONU, fondata nel 1946 per aiutare i bambini vittime della Seconda guerra mondiale. L'Unicef, che ha sede a New York, è oggi presente in oltre 160 Stati e si occupa di assistenza umanitaria per i bambini e le loro madri nei Paesi sottosviluppati. Si tratta di un impegno gravoso; basta pensare che oggi i bambini e i ragazzi sotto i 15 anni sono circa due miliardi.

Dal 1989 l'azione dell'Unicef è coordinata dalla *Convenzione internazionale sui diritti dell'infanzia*, secondo cui la tutela dei diritti dei bambini deve essere un principio morale imprescindibile per tutti gli Stati.

Finanziato con contributi volontari di governi e privati, l'Unicef ha il compito prioritario di assicurare una protezione ai bambini che sono stati maggiormente colpiti: o perché sono vittime della guerra e di disastri naturali, o perché vivono in situazioni di estrema povertà, o perché subiscono forme di violenza e di sfruttamento. L'Unicef cerca anche di sviluppare uguali diritti per donne e bambine, in modo da sostenerne la completa partecipazione alla vita sociale, politica ed economica dei Paesi in cui vivono. I settori di intervento dell'Unicef sono numerosi, fra questi: lo sviluppo della prima infanzia, le vaccinazioni e cure a basso costo, la protezione dallo sfruttamento, l'istruzione di base per le bambine e la lotta all'HIV.

L'Unicef ha ricevuto il Premio Nobel per la pace nel 1965.

L'Unicef è un'agenzia dell'ONU che assiste i bambini nei Paesi più poveri. È SI OCCUPA DI DIRITTI DELL'INFANZIA

Le agenzie e le organizzazioni ausiliarie dell'ONU. Dall'ONU dipendono altre agenzie e organizzazioni ausiliarie, specializzate in settori particolari. Fra esse ricordiamo:

- l'Organizzazione delle Nazioni Unite per l'educazione, la scienza e la cultura (Unesco), di cui ci occuperemo nel capitolo B3;
- l'Organizzazione mondiale della sanità (Oms);
- l'Organizzazione per l'alimentazione e l'agricoltura (Fao);
- l'Organizzazione internazionale del lavoro (Oil).

CLIL LAWS AND RIGHTS
The United Nations Fight for Safe Water

3 La tutela dei diritti umani

NUCLEI ESSENZIALI

Chi tutela i diritti umani? Come si è visto nel capitolo A1, i diritti della persona sono stati riconosciuti come inalienabili solo nel XVIII secolo, quando furono solennemente proclamati sia nella *Dichiarazione di indipendenza americana* del 1776, sia nella *Dichiarazione dei diritti dell'uomo e del cittadino* approvata in Francia nel 1789.

Quanto affermato nelle dichiarazioni non è stato però completamente attuato perché, dopo più di due secoli, il problema della tutela dei diritti umani resta ancora di drammatica attualità.

La *Dichiarazione universale dei diritti dell'uomo*. Il 10 dicembre 1948 l'Assemblea Generale dell'ONU approva la *Dichiarazione universale dei diritti dell'uomo*, che si basa su tre punti fondamentali: i diritti della persona, i diritti politici e i diritti economici e sociali.

La *Dichiarazione universale dei diritti dell'uomo* dell'ONU non è vincolante

Anzitutto si riafferma il principio che i *diritti della persona*, essendo innati, esistono anche se non vengono rispettati: ogni persona possiede il diritto alla vita, all'uguaglianza, alla libertà personale, all'istruzione, a coltivare i propri affetti familiari e a professare liberamente la propria religione.

La Dichiarazione dell'ONU si occupa anche dei *diritti politici*: ogni persona deve avere la libertà di manifestare il proprio pensiero, deve poter votare liberamente per determinare le scelte politiche del suo Paese e deve avere la possibilità di accedere alle cariche pubbliche.

Sottolineando l'importanza dei *diritti economici e sociali*, la Dichiarazione dell'ONU condanna ogni tipo di sfruttamento: tutte le persone hanno diritto ad avere un lavoro equamente retribuito, mentre ai soggetti più deboli (bambini, anziani, disabili) deve essere garantita un'adeguata tutela.

La Dichiarazione dell'ONU si rivolge anche agli Stati che non l'hanno sottoscritta ma, come sappiamo, non gode di alcuna tutela giuridica.

Ratko Mladic, ex capo militare dei serbi di Bosnia, alla Corte penale internazionale dell'Aja. È responsabile del massacro di oltre ottomila musulmani avvenuto a Srebrenica nel luglio 1995.

La Corte penale internazionale. Dopo le tragiche esperienze del Novecento, in cui l'umanità è stata travolta da regimi dittatoriali e da guerre, è emersa l'inutilità di delegare la difesa dei diritti umani ai singoli Stati. Per tutelare realmente la persona è necessario un organismo sovranazionale, in grado di limitare la sovranità di tutti gli Stati e di imporre loro il rispetto dei più elementari diritti.

Questo organismo dovrebbe essere la *Corte penale internazionale* che è entrata in funzione nel 2002, mentre lo Statuto è stato firmato a Roma nel 1998. Formata da 18 giudici con sede all'Aja (Olanda), la Corte ha il potere di perseguire le violazioni dei diritti umani, i crimini di guerra e i delitti contro l'umanità fino all'ipotesi estrema del *genocidio*. Con l'istituzione della Corte doveva finalmente nascere una «giustizia senza confini», in grado di condannare i più gravi crimini internazionali e di combattere l'impunità dei responsabili. Purtroppo la Corte può giudicare solo i cittadini degli Stati che hanno ratificato lo Statuto di Roma.

La Corte penale internazionale deve perseguire chi ha commesso crimini contro l'umanità

Un articolo

La Corte penale internazionale giudica la distruzione di beni culturali un crimine contro l'umanità

L'articolo riprodotto (Pier Paolo Ciuffi, *Il Resto del Carlino*, 23 agosto 2016) commenta uno storico processo della Corte penale internazionale. Per la prima volta la distruzione di beni culturali viene considerata un crimine contro l'umanità: l'imputato Ahmad al-Faqi al-Mahdi, noto come Abu Tourab, è accusato dalla Corte di aver distrutto i tesori di Timbuktu. Con sentenza del 27 settembre 2016, la Corte penale internazionale riconosce la colpevolezza di Abu Tourab e lo condanna a nove anni di prigione.

Il Resto del Carlino

«Ho distrutto i tesori di Timbuktu» Il jihadista pentito chiede perdono

Devastazione dei beni culturali: storico processo al Tribunale dell'Aja

L'AJA

L'HANNO sempre chiamata la città dell'oro, Timbuktu: Regina di un'Africa trafficata dalle carovane di nomadi in ce[illegible] di commerci e incontri. Tuare[illegible] ondatori), berberi e arabi. Un sogno esotico per chiunque ne abbia visto gli splendori o immaginato le ombrose dimore, Timbuktu. I profili del suoi monumenti si stagliavano netti contro il sole che impera sul Sahara e i suoi travagliati confini. Molte

Quel capo di una malintesa guerra santa ha un nome e un cognome: si chiama Ahmad al-Faqi al-Mahdi. E ieri – atto storico in un altrettanto storico processo [illegible] ha chiesto perdono al popolo [illegible] ali per ciò che ha fatto. «Chiedo di essere considerato come un figlio che ha smarrito la propria strada», ha detto di fronte al Tribunale penale internazionale dell'Aja l'uomo che avrebbe organizzato anche la distruzione della moschea di Sidi Yahya e delle altre

menti storici e religiosi. Membro del gruppo terrorista "Ansar Dine" – che nel 2012 riuscì a prendere il controllo della città, unito ad 'Al Qaeda nel Maghreb islamico' – il quarantenne maliano era stato consegnato alla Corte penale dal governo del Niger, dopo che contro di lui lo stesso tribunale aveva spiccato un mandato di cattura. Ma ciò che rende ancora più storico il procedimento è che, rivolto ai giudici, l'ex ihadista si é dichiarato – «con

dannata dal magistrato che sostiene l'accusa, Fatou Bensouda: l'indice puntato contro chi ha privato «le future generazioni dei punti di riferimento e della propria eredità storica». Non stupisce che un portavoce dell'Alto rappresentante Ue Federica Mogherini definisca questo processo un «evento importante: per l'Unione europea la cultura non è solamente la base di ogni società ,a anche un fattore importante di sviluppo economico e sociale,

1 L'Aja – L'hanno sempre chiamata la città dell'oro, Timbuktu: Regina di un'Africa trafficata dalle carovane di nomadi in cerca di commerci e incontri. Tuareg (i fondatori), berberi e arabi. [...] I profili dei suoi monumenti si stagliavano netti contro il sole che impera sul Sahara e i suoi travagliati confini. Molte di quelle antiche moschee, di quei venerati mausolei di santi sufi avevano resistito a tutto, persino alla implacabile lima dei secoli. Ma erano bastati pochi cenni rabbiosi di un moderno capo jihadista – nel 2012 – per decidersi a ridurre tutto in polvere. [...]

Quel capo di una malintesa guerra santa ha un nome e un cognome: si chiama Ahmad al-Faqi al-Mahdi.

2 E ieri – atto storico in un altro storico processo – [*Ahmad al-Faqi al-Mahdi*] ha chiesto perdono al popolo del Mali per ciò che ha fatto. «Chiedo di essere considerato come un figlio che ha smarrito la propria strada», ha detto di fronte al Tribunale penale internazionale dell'Aja [...]. È la prima volta che il Tribunale apre un processo relativo alla distruzione di beni culturali e Al-Mahdi è il primo imputato a finire sotto processo con l'accusa di aver distrutto deliberatamente monumenti storici e religiosi.

Che cosa significa? Alla fine del 2019 erano solo 123 gli Stati che avevano ratificato lo Statuto di Roma. Molti Paesi (fra cui gli Stati Uniti, la Russia, la Cina e l'India) non hanno ancora firmato lo Statuto; ne consegue che nessun cittadino di questi Stati può essere processato dalla Corte.

È necessario che aumentino gli Stati firmatari, si attende soprattutto la ratifica degli Stati Uniti, per rendere più efficace l'azione della Corte contro i responsabili dei crimini previsti dal diritto internazionale.

La Corte europea dei diritti dell'uomo. Su iniziativa del Consiglio d'Europa (capitolo G1), nel 1959 fu istituita la *Corte europea dei diritti dell'uomo* con sede a Strasburgo. Va precisato che, nonostante la denominazione, la Corte non è un organo dell'Unione europea.

La Corte europea dei diritti dell'uomo giudica sulla presunta violazione dei diritti dell'uomo

La Corte giudica in caso di «presunta violazione dei diritti dell'uomo e delle libertà fondamentali», su richiesta o di una persona o di uno Stato.

Se dichiara ammissibile il ricorso, la Corte quantifica l'entità del danno sofferto dalla parte ricorrente e stabilisce un equo risarcimento monetario.

La *Carta dei diritti fondamentali dell'Unione europea*. Una svolta «storica» dovrebbe essere rappresentata dalla *Carta dei diritti fondamentali dell'Unione europea* (Carta UE), perché l'articolo 6 del *Trattato sull'Unione europea* (d'ora in poi art. 6 Trattato UE), firmato a Lisbona, afferma che «l'Unione riconosce i diritti, le libertà e i principi sanciti nella *Carta dei diritti fondamentali dell'Unione europea*», che assume «lo stesso valore giuridico dei trattati».

La Carta UE è vincolante dal 2009

Con la ratifica del Trattato di Lisbona nel 2009, la Carta UE è diventata quindi vincolante, e dovrebbe rappresentare il nostro punto di riferimento per la tutela dei diritti e i doveri della persona. La differenza è abissale: un conto è stabilire dei diritti, un conto è farli rispettare!

4 Il diritto di asilo

NUCLEI ESSENZIALI

La richiesta di asilo. Il *diritto di asilo* è un antico principio giuridico, in base al quale una persona perseguitata nel suo Paese d'origine può essere protetta da uno Stato straniero. Questo diritto ha una lunga tradizione, tanto che era riconosciuto dagli Egiziani, dai Greci e dai Romani.

In base al diritto di asilo una persona perseguitata nel suo Paese d'origine può essere protetta da uno Stato straniero

Il diritto di asilo è garantito dall'art. 10 Cost. che afferma: «Lo straniero, al quale sia impedito nel suo Paese l'effettivo esercizio delle libertà democratiche garantite dalla Costituzione italiana, ha diritto di asilo nel territorio della Repubblica secondo le condizioni stabilite dalla legge».

Riprendendo la «Convenzione di Ginevra sui rifugiati» del 1951, il decreto legislativo 19 novembre 2007, n. 251, *Attuazione della direttiva 2004/83/CE recante norme minime sull'attribuzione, a cittadini di Paesi terzi o apolidi, della qualifica del rifugiato o di persona altrimenti bisognosa di protezione internazionale* [...] (d'ora in poi decreto legislativo n. 251 del 2007) stabilisce che l'asilo politico può essere richiesto all'Italia, oltre che dai perseguitati politici veri e propri, anche dalle persone che hanno bisogno di protezione internazionale:

- o perché, in caso di rimpatrio, correrebbero «un rischio di danno grave quale la sottoposizione a pena di morte, a tortura o altri trattamenti inumani o degradanti»;
- o perché provengono da un Paese in cui esiste «una minaccia grave alla loro vita o alla loro persona, a causa di una situazione di violenza generalizzata dovuta a un conflitto armato».

Profughi in fuga dalla violenza e dalle guerre dell'ISIS nella regione del Sinjar in Iraq, 2015.

Da «profughi» a «rifugiati». Qual è la differenza fra «profughi» e «rifugiati»? I *profughi* sono stranieri che hanno lasciato il loro Paese per i motivi umanitari appena citati e che possono fare richiesta di asilo; i profughi che ottengono l'asilo diventano *rifugiati*, mentre quelli che non lo ottengono possono essere rimpatriati.

Ipotizziamo che in Nigeria scoppi una guerra civile, il nigeriano Yakubu rischia la vita se resta nel suo Paese d'origine e decide di scappare in Italia; il «profugo Yakubu» può richiedere asilo all'Italia e, se lo ottiene, diventa il «rifugiato Yakubu».

Quando un profugo fa richiesta di asilo
- Se lo ottiene diventa un rifugiato
- Se non lo ottiene può essere rimpatriato

Il sistema di Dublino. A quale Stato va presentata la richiesta di asilo del profugo? Il *sistema di Dublino* (oggi basato su un regolamento comunitario del 2013) stabilisce che, nell'ambito dell'Unione europea, lo Stato competente a esaminare la domanda di asilo è lo Stato in cui il profugo ha fatto il suo ingresso nell'Unione; a questo proposito non ha alcuna importanza se l'ingresso è stato regolare o irregolare. Per esempio, il profugo tunisino Kaleb che sbarca clandestinamente a Lampedusa deve fare la richiesta di asilo all'Italia.

È evidente che il numero dei profughi che sbarca in Italia è superiore a quello di molti altri Paesi dell'Unione. Qualche dato? Tra il 1990 e il 2013, l'Italia ha esaminato 192 000 richieste d'asilo, respingendone 91 000 e riconoscendo lo status di rifugiato a 101 000 richiedenti asilo.

La domanda di asilo deve essere esaminata dallo Stato in cui il profugo ha fatto il suo ingresso nell'Unione europea

Questo sistema porta a una distribuzione ineguale delle richieste di asilo tra gli Stati membri: alcuni Stati ne hanno moltissime, altri Stati ne hanno pochissime.

Il problema è grave. Gli Stati «soffocati» dalle richieste di asilo spesso non hanno la possibilità materiale di esaminarle con la dovuta accuratezza; in conseguenza di ciò si rischia di pregiudicare il diritto di ogni profugo a un equo esame della sua domanda di asilo.

Il superamento del sistema di Dublino è assolutamente necessario, ma gli Stati dell'Unione europea faticano a trovare un accordo, in modo da dividere equamente le richieste di asilo fra gli Stati membri.

5 L'Italia e l'ordinamento internazionale

L'Italia e la comunità internazionale. Lo Stato italiano riconosce l'importanza dell'ordinamento internazionale. In particolare, l'art. 10 Cost. afferma che l'ordinamento giuridico italiano «si conforma alle norme del diritto internazionale generalmente riconosciute».

Lo Stato italiano riconosce l'ordinamento internazionale e ripudia la guerra

L'Italia ripudia la guerra. L'art. 11 Cost. stabilisce che l'Italia «consente, in condizioni di parità con gli altri Stati, alle limitazioni di sovranità necessarie a un ordinamento che assicuri la pace e la giustizia fra le Nazioni».

Lo stesso articolo prosegue affermando che lo Stato italiano «ripudia la guerra come strumento di offesa alla libertà degli altri popoli e come mezzo di risoluzione delle controversie internazionali». L'Italia non solo oppone un netto rifiuto alla guerra, ma cerca di contribuire attivamente alla diffusione di una *cultura della pace* nella comunità internazionale.

Il ripudio della guerra non comprende l'ipotesi in cui lo Stato italiano debba difendersi da un attacco esterno: in questo caso l'uso della forza è assolutamente legittimo.

La Croce Rossa Italiana. La *Croce Rossa Italiana* (CRI) fu fondata nel 1864 a Milano con il nome di «Comitato dell'Associazione italiana per il soccorso ai feriti e ai malati in guerra»; nello stesso anno, la Convenzione di Ginevra riconobbe la neutralità del personale sanitario che, durante le battaglie, operava per prestare soccorso ai feriti, sotto le insegne delle Società nazionali della Croce Rossa che stavano nascendo in vari Paesi.

La Croce Rossa Italiana opera nella sanità, nell'assistenza sociale e nella protezione civile

Quando, il 20 giugno 1866, l'Italia dichiarò guerra all'Austria, le prime quattro squadriglie di volontari della CRI partirono per assistere i feriti della battaglia di Custoza. Da allora, la CRI è stata sempre presente e attiva nei conflitti che hanno coinvolto l'Italia. Nello stesso tempo la CRI si è occupata della lotta alla tubercolosi e alla malaria; a tale scopo vennero create stazioni, ambulatori e ambulanze antimalariche nelle Paludi pontine, in Sicilia e in Sardegna.

Una lettura

Per chi suona la campana di Ernest Hemingway

Anselmo, un vecchio militante repubblicano, conserva nell'animo un'eterna norma sociale: non uccidere!

Lo statunitense Ernest Hemingway (1899-1961), Premio Nobel per la letteratura nel 1954, è uno dei più grandi scrittori della nostra epoca, letto e amato da intere generazioni.

Nel 1940 Hemingway scrive uno dei suoi capolavori, *Per chi suona la campana* (*For Whom the Bell Tolls*), ambientato durante la guerra civile spagnola.

Nel 1936 la repubblica spagnola era governata dal Fronte Popolare, che aveva democraticamente vinto le elezioni. Contro i repubblicani insorsero i fascisti capeggiati dal «Generalissimo» Francisco Franco (1892-1975): le atrocità della guerra civile insanguinarono il Paese per tre lunghi anni, dal 1936 al 1939. Dopo aver guidato i ribelli alla vittoria, Franco instaurò una vera e propria dittatura, che durò fino alla sua morte. Hemingway partecipò alla guerra civile spagnola sia come giornalista sia come combattente, a fianco dei repubblicani.

Per chi suona la campana ebbe un enorme successo, ma scatenò anche forti polemiche, perché Hemingway prende le distanze dal suo ruolo di militante, per sottolineare l'orrore della guerra e la pietà per le vittime, sia repubblicane sia fasciste.

Non riportiamo alcun «atto eroico», ma solo il pensiero di Anselmo, un vecchio militante repubblicano che, al di là della legge e della religione, conserva nell'animo un'eterna norma sociale: non uccidere!

«"Speriamo che non sia costretto a uccidere", pensava Anselmo. "Dopo la guerra, credo, si dovrà fare una grande espiazione per tutto questo ammazzare. Se non avremo più religione dopo la guerra, si dovrà organizzare qualche forma di espiazione civile, perché tutti possano lavarsi dal peccato d'assassinio, altrimenti la nostra esistenza non avrà mai una base umana e onesta. Uccidere è necessario, lo so, ma fa molto male all'uomo, e secondo me, quando tutto sarà finito e avremo vinto la guerra, si dovrà organizzare una qualunque espiazione perché possiamo purificarci tutti."

Anselmo era un gran brav'uomo, e ogni volta che era solo a lungo, ed era quasi sempre solo, ritornava su questo problema. [...]

"Ma secondo me, chiunque uccide sarà trattato brutalmente presto o tardi e anche se è necessario, è un peccato grosso e dopo questa guerra dovremo fare qualcosa di molto forte per espiarlo". »

[E. Hemingway, *Per chi suona la campana*, Mondadori, Milano, 1972, p. 259.]

Uno degli avvenimenti più drammatici della guerra civile spagnola fu il bombardamento aereo della città di Guernica, il 26 aprile 1937, da parte della Legione Condor, composta da volontari della Luftwaffe. Il fatto ispirò a Pablo Picasso un'opera celeberrima (di cui è riprodotto un particolare), pensata come un drammatico manifesto della crudeltà e dell'ingiustizia della guerra.

Oggi la CRI è presente su tutto il territorio nazionale, opera nelle emergenze quotidiane, nell'assistenza ai bisognosi e nelle catastrofi naturali.

La CRI svolge molteplici attività in Italia (nei campi della sanità, dell'assistenza sociale e della protezione civile), e partecipa anche ai programmi di solidarietà umanitaria in campo internazionale sotto il coordinamento della *Croce Rossa Internazionale e della Mezzaluna Rossa*, un organismo dove, per fini umanitari, si sono fuse l'esperienza cristiana e quella musulmana.

Bandiera ufficiale del Movimento Internazionale della Croce Rossa e della Mezzaluna Rossa, la più grande organizzazione umanitaria del mondo.

6 La difesa della Patria

Un dovere morale. Il ripudio della guerra non ha nulla a che vedere con la *difesa della Patria*: tutti i cittadini hanno il dovere di difendere la Patria in tempo di guerra e in tempo di pace.

La difesa della Patria è un sacro dovere
- In tempo di guerra
- In tempo di pace

La difesa della Patria è considerato un «sacro dovere del cittadino» (art. 52 Cost.). Utilizzando l'aggettivo «sacro», i Costituenti vollero sottolineare che si tratta di un dovere morale e non solo giuridico.

L'obbligo di difendere la Patria riguarda tutti i cittadini, e non solo i militari: in caso di aggressione esterna, la difesa del territorio è un dovere per tutto il popolo.

Come si può difendere la Patria in tempo di pace? Bisogna occuparsi dei problemi della collettività; per esempio, prestare soccorso alle vittime di una calamità naturale.

Un esercito di volontari. In base all'art. 52 Cost., «il servizio militare è obbligatorio nei limiti e nei modi stabiliti dalla legge».

Dal 2005 la leva obbligatoria è stata sostituita con un esercito di volontari

Dal 2005 la leva obbligatoria è stata sospesa e sostituita con un esercito di volontari. Questa soluzione è adottata da molti Paesi (Stati Uniti, Gran Bretagna) e assicura un esercito più efficiente, in grado di rispondere ai nuovi impegni operativi, soprattutto all'estero con la partecipazione alle *missioni internazionali di pace*.

Va precisato che si tratta solo di una *sospensione* della Costituzione, e non di una sua modifica. L'art. 52 Cost. resta in vigore, in modo da permettere allo Stato la chiamata obbligatoria al servizio militare, nel caso in cui il Parlamento dovesse deliberare lo «stato di guerra» come previsto dall'art. 78 Cost. Speriamo non sia necessario...

Attualmente l'esercito italiano è composto da circa 200 000 unità. È indubbio che la creazione di un corpo di volontari garantisce una maggiore professionalità; i volontari hanno una retribuzione adeguata e sono impegnati per un periodo compreso fra 1 e 4 anni, che può essere rinnovato.

Il servizio militare non va necessariamente collegato con una situazione di guerra, perché l'intervento dell'esercito è stato determinante in occasione di calamità naturali (terremoti, alluvioni).

Va anche ricordato che il servizio militare «non pregiudica la posizione di lavoro del cittadino», perché il rapporto di lavoro viene solo sospeso e riprende al termine della leva.

Le donne-soldato. Nel 2000 è stato istituito il servizio militare volontario femminile: le donne-soldato hanno fatto il loro ingresso nelle caserme italiane.

Donna soldato dell'esercito italiano. Il servizio militare volontario femminile è stato istituito nel 2000.

Il loro numero deve costituire almeno il 10% degli effettivi: sono circa 20 000 le donne che indossano l'uniforme. Le ragazze interessate devono presentare una domanda e superare un concorso, che consente loro di entrare in Marina, nell'Esercito, nell'Aeronautica, nella Guardia di finanza e nei Carabinieri.

Va ricordato che le donne-soldato non possono essere impiegate in azioni di prima linea.

Esistono opinioni discordi sull'introduzione del servizio militare femminile:
- i *favorevoli* affermano che un esercito misto è presente in molti Stati, e che solo in questo modo si garantisce la parità di genere;
- i *contrari* sostengono che l'emancipazione della donna deve realizzarsi in ambiti ben più importanti di quello militare.

Il Servizio civile nazionale. La Costituzione non ha considerato il caso di chi, per motivi di coscienza, rifiuta l'uso personale delle armi.

Per anni chi si rifiutava di svolgere il servizio militare veniva arrestato, e poteva essere condannato fino a 4 anni di carcere. Una legge del 1972 ha riconosciuto il diritto all'*obiezione di coscienza*. Chi doveva svolgere il servizio militare, ma era contrario all'uso delle armi per motivi religiosi o ideologici, prestava il servizio civile sostitutivo e si occupava dell'assistenza a malati, disabili, anziani, tossicodipendenti.

Nel 2005 è stato istituito il Servizio civile nazionale (maschile e femminile)

Nel 2005, insieme alla sospensione della leva obbligatoria, è stato istituito il *Servizio civile nazionale*, ovviamente volontario. Si tratta di un'opportunità per i ragazzi (e le ragazze) fra i 18 e i 28 anni, che possono dedicare un anno della loro vita a svolgere attività di grande utilità sociale.

SINTESI

Il diritto internazionale e le sue fonti

- I rapporti giuridici che si creano nell'ordinamento internazionale sono regolati dal **diritto internazionale** (par. **1**), che non può imporsi sugli ordinamenti giuridici dei singoli Stati.
- Le **fonti del diritto internazionale** (par. **1**) sono le consuetudini e i trattati. Sono adottate anche le dichiarazioni e le convenzioni, ma non sono vincolanti.
- Nell'**ordinamento sovranazionale** (par. **1**) gli atti di un organismo internazionale entrano direttamente in vigore nei singoli Stati.

L'ONU

- L'**ONU** (par. **2**), costituita nel 1945 e composta da quasi 200 Stati, cerca di garantire una pacifica convivenza e un dignitoso livello di vita in tutti i Paesi. L'Italia fa parte dell'ONU dal 1955.
- L'**Assemblea Generale dell'ONU** (par. **2**) è composta da tutti gli Stati appartenenti all'ONU; in essa tutti i Paesi si trovano su un piano di parità.
- Il **Consiglio di sicurezza dell'ONU** (par. **2**) è composto da 15 Stati, di cui 5 sono membri permanenti (Stati Uniti, Russia, Gran Bretagna, Francia e Cina).

I principali organi dell'ONU

→ Assemblea Generale, in cui tutti gli Stati sono su un piano di parità

→ Consiglio di sicurezza, formato da 5 Stati membri permanenti e 10 Stati eletti a rotazione

↓

I 5 Stati membri permanenti (Stati Uniti, Russia, Gran Bretagna, Francia e Cina) sono su un piano di superiorità perché
› sono sempre presenti
› possono esercitare il diritto di veto

- L'**Unicef** (par. **2**) è un'agenzia dell'ONU che assiste i bambini nei Paesi più poveri.

La tutela dei diritti umani

- La **Dichiarazione universale dei diritti dell'uomo** (par. **3**), approvata dall'ONU nel 1948, non è vincolante.
- La **Corte penale internazionale** (par. **3**) deve perseguire chi ha commesso crimini contro l'umanità.

Il diritto di asilo

- In base al **diritto di asilo** (par. **4**), garantito dalla Costituzione, una persona perseguitata nel suo Paese d'origine può essere protetta da uno Stato straniero.
- Quando un profugo fa richiesta di asilo:
  - se lo ottiene diventa un **rifugiato** (par. **4**);
  - se non lo ottiene può essere rimpatriato.
- Il **sistema di Dublino** (par. **4**) stabilisce che la domanda di asilo deve essere esaminata dallo Stato in cui il profugo ha fatto il suo ingresso nell'Unione europea. Questo porta a una distribuzione ineguale delle richieste di asilo tra gli Stati dell'Unione europea.
- Lo Stato italiano **riconosce l'ordinamento internazionale** (par. **5**). In particolare l'Italia consente «alle limitazioni di sovranità necessarie a un ordinamento che assicuri la pace e la giustizia fra le Nazioni» (art. 11 Cost.).
- Il **ripudio della guerra** (par. **5**) non ha nulla a che vedere con la **difesa della Patria** (par. **6**), che è un sacro dovere sia in tempo di guerra sia in tempo di pace.
- Dal 2005 la leva obbligatoria è stata sospesa e sostituita con un **esercito di volontari** (par. **6**), formato da maschi e femmine.

1 Verifica le tue conoscenze

Risolvi le seguenti **scelte multiple** indicando la risposta esatta fra quelle possibili.

A

Secondo il sistema di Dublino, la domanda di asilo deve essere esaminata

1 dallo Stato in cui il profugo ha fatto il suo ingresso nell'Unione

2 dallo Stato in cui il rifugiato ha fatto il suo ingresso nell'Unione

3 dalla Corte di giustizia dell'Unione

B

Fanno parte dell'Assemblea Generale dell'ONU

1 tutti gli Stati dell'ONU

2 15 Stati di cui 5 sono membri permanenti

3 solo i 5 membri permanenti

1 Per approvare una delibera del Consiglio di sicurezza dell'ONU occorre

A la maggioranza

B la maggioranza purché vi sia il voto favorevole dei membri permanenti

C solo il voto favorevole dei membri permanenti

D l'unanimità

2 L'ordinamento internazionale è costituito

A da tutti gli Stati

B dalle norme giuridiche che gli Stati devono osservare

C dagli Stati e dai rapporti che si instaurano fra di loro

D dagli Stati appartenenti all'ONU

3 Sono fonti del diritto internazionale

A le consuetudini

B le convenzioni

C le dichiarazioni

D le petizioni internazionali

4 Lo statuto della Corte penale internazionale è stato firmato

A dall'Italia

B dagli Stati Uniti

C dalla Cina

D dalla Russia

5 La leva obbligatoria è stata sospesa

A nel 2000

B nel 2005

C nel 2010

D nel 2015

6 Ha ottenuto il diritto di asilo

A il migrante

B il profugo

C il rifugiato

D il clandestino

2 Misura le tue abilità

Rispondi e motiva la tua risposta in ogni caso proposto.

1 L'Italia, per favorire la pace, accetta limitazioni alla propria sovranità V F

____

2 Solo gli Stati più importanti appartengono all'ordinamento sovranazionale V F

____

3 La Corte europea dei diritti dell'uomo è un organo dell'Unione V F

____

4 La richiesta di asilo può essere fatta a uno Stato qualsiasi dell'Unione europea V F

____

5 La Corte penale internazionale non può giudicare un cinese V F

____

6 Nell'Assemblea Generale dell'ONU gli Stati sono sullo stesso livello V F

____

3 Valuta le tue competenze

Risolvi i casi concreti, mettendo in pratica ciò che hai imparato.

1 Individuare la composizione del Consiglio di sicurezza dell'ONU, ascoltando l'errore di un politico.

Un politico in televisione dichiara: «Tutti i membri del Consiglio di sicurezza dell'ONU hanno il diritto di veto!». L'affermazione è sbagliata.

▸ **Come modifichi la frase per renderla giuridicamente corretta?**

2 Riconoscere i limiti della Corte penale internazionale, alla luce di un servizio televisivo.

In un servizio televisivo una giornalista dichiara: «La Corte penale internazionale non può giudicare cittadini cinesi!».

▸ **È una considerazione giusta? Perché?**

3 Valutare il passaggio dallo stato di «profugo» a quello di «rifugiato», in base all'esperienza di un conoscente.

Il tanzaniano Kaleb è un profugo di trenta anni, che abita vicino a casa tua. Kaleb è fuggito dal Paese d'origine per motivi politici: rischiava la pena di morte. Kaleb è sbarcato clandestinamente a Lampedusa e ha poi presentato la richiesta di asilo allo Stato italiano.

▸ **Il «profugo» Kaleb ha i requisiti necessari per ottenere l'asilo e diventare un «rifugiato»?**

4 Precisare il principio del «ripudio della guerra», ascoltando un'amica.

Una tua amica sta leggendo la Costituzione: «Il "ripudio della guerra" è un principio importante, ma rischiamo di essere impreparati in caso di invasione!».

▸ **Che cosa rispondi alla tua amica?**

5 Valutare il servizio militare volontario in base a un'esperienza familiare.

Alla fine degli anni Settanta tuo padre ha svolto il servizio militare obbligatorio. Incurante della tua insofferenza, ripete spesso: «Il servizio militare obbligatorio ti costringeva a uscire di casa e a diventare responsabile. Adesso rischi di non crescere mai!».

▸ **Tuo padre ha completamente torto?**

Idee a confronto

A casa 1 ora | In aula 20 minuti

4 Partendo dal caso proposto, approfondisci l'argomento per partecipare al dibattito in classe

Come abbiamo visto il diritto di asilo è disciplinato dal *sistema di Dublino*, secondo il quale le richieste di asilo devono essere presentate nel Paese dell'Unione europea in cui il profugo ha fatto il suo ingresso. Analizza, sul sito Eurostat, i dati delle richieste di asilo arrivate in Italia e in alcuni Paesi dell'Unione (Grecia, Francia, Svezia e Germania) fra il 2012 e il 2016, e poi crea una tabella di confronto.

→ ***Quante sono le domande presentate dai richiedenti asilo nei Paesi esaminati? Perché alcuni Paesi hanno ricevuto molte più richieste di altri?***

CLIL Laws and Rights

The United Nations Fight for Safe Water

All human beings have a right to use safe water. United Nations has tried to achieve this goal through a resolution that commits countries to do what is needed

IN THIS MODULE YOU WILL

LEARN	UNDERSTAND	PRACTICE
how United Nations influence policy-making in the world	a UN resolution on the issue of water and sanitation	your English through oral and written exercises

Warm up

Pair work
Answer the following questions.

- Have you heard of the United Nations before?
- What is the area in the world with the worst access to drinking water and sanitation?

Keywords

Associate the following keywords with their definitions.

capacity-building • Millenium Development Goals • resolution • sanitation

a .... A written motion adopted by an assembly.
b .... In 2000, the UN committed to make progress in these eight key areas of development, and to meet its targets by 2015.
c .... The creation of an enabling environment with appropriate policy and legal frameworks.
d .... The promotion of health through the maintenance of adequate hygienic conditions.

Reading

1
In the following text you will learn how the United Nations are urging the international community to tackle the global safe and clean water issue.
Complete the text with the keywords.

The United Nations is an organization born in 1945 and headquartered in New York City. It counts 193 member States, which are almost all the independent countries in the World. The United Nations promote international peace and security, human rights and sound economic and social development ... In a word, the United Nations promote international co-operation through a series of organs and organizations. The General Assembly is one of the principal organs, it reunites in yearly sessions and it's the only UN organ where all member States have equal representation. It has no executive power, yet its (nonbinding) .... are very strong recommendations that in a way commit all the member States to act on matters of global interest. Among these matters is the human right to water and ...., the subject of a 2010 resolution.

The General Assembly, [...]

Deeply concerned that approximately 884 million people lack access to safe drinking water and that more than 2.6 billion do not have access to basic sanitation, and alarmed that approximately 1.5 million children under 5 years of age die and 443 million school days are lost each year as a result of water- and sanitation-related diseases,

Acknowledging the importance of equitable access to safe and clean drinking water and sanitation as an integral component of the realization of all human rights, [...]

Bearing in mind the commitment made by the international community to fully achieve the ...., and stressing, in that context, the resolve of Heads of State and Government, as expressed in the United Nations Millennium Declaration, to halve, by 2015, the proportion of people who are unable to reach or afford safe drinking water, [...]

1. Recognizes the right to safe and clean drinking water and sanitation as a human right that is essential for the full enjoyment of life and all human rights;
2. Calls upon States and international organizations to provide financial resources, ... and technology transfer, through international assistance and cooperation, in particular to developing countries, in order to scale up efforts to provide safe, clean, accessible and affordable drinking water and sanitation for all.

2
Mark the following sentences as true or false.

- **a** Nearly 1 billion people lack access to safe drinking water around the world.
- **b** Water and sanitation problems prevent children from going to school.
- **c** Everyone has a right to safe and clean drinking water.
- **d** The General Assembly calls for an effort directed to all countries equally.

Listening

Track 2
In the following audio file, you will listen to the third point of the UN resolution, which deals with the Human Rights Council, a UN agency. Listen to the file and then complete the following sentences.

- **a** An independent .... will .... an annual report to the General Assembly.
- **b** The report will include the principal .... related to the issue of water and sanitation.
- **c** The Human Rights Council has to keep working on all aspects of her ....
- **d** Water and sanitation issues will have an impact on the .... of the Millenium Development Goals.

Speaking

Pair work
Answer the following questions.

- **a** What do the United Nations do?
- **b** What is the current world situation regarding the access to drinking water and sanitation?
- **c** Would you compare UN General Assembly resolutions to laws? Do they order member States to do something, or do they just strongly ask for their commitment to something?
- **d** Can you sum up the three main points of the UN resolution?
- **e** Do you think that the UN can make a difference in the world?

INTERESTING FACT

«The Intepreter» is a 2005 thriller directed by Sidney Pollack. All previous directors were denied filming inside the UN building, but Sidney Pollack managed to negotiate directly with then-UN Secretary-General Kofi Annan, and was granted this permission for the first time. The story is about Silvia Broome, a UN intepreter (Nicole Kidman) who discovers a plot to assassinate Zuwanie (Earl Cameron), a corrupt and tyrannical African president. Silvia is put under the protection of agent Toni Keller (Sean Penn). In Kofi Annan's words: «the movie is honest and reflects the work that this organisation does».

[Resolution adopted by the United Nations General Assembly, 108th Plenary Meeting; NewYork, July 28, 2010.]

Verso l'esame di Stato

Le leggi razziali del 1938

Le leggi antisemite «per la difesa della razza»

Nel 1938 il regime fascista approvò le leggi razziali che tolsero agli ebrei italiani i diritti civili e politici

Sulla scia di quanto stava avvenendo nella Germania nazista di Hitler, nel 1938 il regime fascista di Mussolini approvò le leggi antisemite «per la difesa della razza italiana», passate alla storia come «leggi razziali del 1938», che contenevano gravissime discriminazioni nei confronti degli ebrei e che, di fatto, tolsero agli ebrei italiani i diritti civili e politici, riconosciuti loro fin dal 1848.

Il primo bersaglio delle leggi razziali fu proprio la scuola, da cui furono esclusi insegnanti e studenti ebrei col regio decreto legge 5 settembre 1938-XVI, n. 1390 (*Provvedimenti per la difesa della razza nella scuola fascista*). Riportiamo i due articoli più significativi.

«*Articolo 1.* All'ufficio di insegnante nelle scuole statali o parastatali di qualsiasi ordine e grado [...] non potranno essere ammesse persone di razza ebraica, anche se siano state comprese in graduatorie di corso anteriormente al presente decreto [...].»

«*Articolo 2.* Alle scuole di qualsiasi ordine e grado, ai cui studi sia riconosciuto effetto legale, non potranno essere iscritti alunni di razza ebraica.»

E gli studenti ebrei che fine fanno? E gli insegnanti ebrei? La risposta è nel regio decreto legge 23 settembre 1938-XVI, n. 1630 (*Istituzione di scuole elementari per fanciulli di razza ebraica*), di cui riportiamo il primo articolo.

«*Articolo 1.* Per i fanciulli di razza ebraica sono istituite a spese dello Stato speciali sezioni di scuola elementare nelle località in cui il numero di essi non sia inferiore a dieci. I relativi insegnanti potranno essere di razza ebraica.»

Il principale atto giuridico della persecuzione antiebraica è il regio decreto legge 17 novembre 1938-XVII, n. 1728 (*Provvedimenti per la difesa della razza italiana*). Riportiamone alcuni articoli.

«*Articolo 1.* Il matrimonio del cittadino italiano di razza ariana con persona appartenente ad altra razza è proibito. [...]»

«*Articolo 8.* Agli effetti di legge:
- è di razza ebraica colui che è nato da genitori entrambi di razza ebraica, anche se appartenga a religione diversa da quella ebraica;
- è considerato di razza ebraica colui che è nato da genitori di cui uno di razza ebraica e l'altro di nazionalità straniera;
- è considerato di razza ebraica colui che è nato da madre di razza ebraica qualora sia ignoto il padre;
- è considerato di razza ebraica colui che, pur essendo nato da genitori di nazionalità italiana, di cui uno solo di razza ebraica, appartenga alla religione ebraica [...].»

«*Articolo 10.* I cittadini italiani di razza ebraica non possono:
- prestare servizio militare in pace o in guerra; [...]
- essere proprietari o gestori, a qualsiasi titolo, di aziende dichiarate interessanti la difesa della Nazione [...] e di aziende di qualsiasi natura che impieghino cento e più persone, né può avere di dette aziende la direzione [...].»

Una copertina della rivista *La difesa della razza*, che fu un importante veicolo di propaganda antisemita.

«*Articolo 13.* Non possono avere alle loro dipendenze persone appartenenti alla razza ebraica:
- le Amministrazioni civili e militari dello Stato; [...]
- le Amministrazioni delle Province, dei Comuni, delle Istituzioni di pubblica assistenza e beneficienza [...];
- le Amministrazioni delle aziende municipalizzate;
- le Amministrazioni degli Enti parastatali; [...]
- le Amministrazioni delle banche di interesse nazionale;
- le Amministrazioni delle imprese private di assicurazione [...].»

«*Articolo 23.* Le concessioni di cittadinanza italiana comunque fatte ad ebrei stranieri posteriormente al 1° gennaio 1919 si intendono ad ogni effetto revocate.»

Rita Levi Montalcini: una vittima delle leggi razziali entrata nella storia

«Una piccola signora dalla volontà indomita e dal piglio di principessa»
(Primo Levi)

Rita Levi Montalcini (Torino, 22 aprile 1909-Roma, 30 dicembre 2012) è stata una vittima delle leggi razziali che è entrata nella storia.

Negli anni Cinquanta le sue ricerche la portarono alla scoperta e all'identificazione del fattore di accrescimento della fibra nervosa (NGF), scoperta per la quale nel 1986 ha vinto il premio Nobel per la medicina. Insignita anche di altri premi, è stata la prima donna a essere ammessa alla Pontificia Accademia delle Scienze.

Il 1° agosto 2001 è stata nominata senatrice a vita «per aver illustrato la Patria con altissimi meriti nel campo scientifico e sociale». È stata socia nazionale dell'Accademia dei Lincei per la classe delle scienze fisiche ed è stata socia fondatrice della Fondazione Idis-Città della Scienza.

Rita Levi Montalcini non fu solo una grande scienziata. Lei che aveva conosciuto l'infamia delle leggi razziali e che nel 1938, da giovane ricercatrice, era stata costretta dal regime fascista a emigrare in Belgio, per tutta la vita riservò una parte del suo impegno alla politica e alla riflessione etica. Ecco alcune sue considerazioni del 1988 sul fascismo e sul razzismo (riportate da Piero Banucci, *La Stampa*, 31 dicembre 2012).

«Essere antifascisti significa mantenere vivi quei valori che si stanno perdendo da parte dei revisionisti. Oggi non c'è da opporsi a una persecuzione, a una privazione della libertà come avveniva sotto il fascismo. Antifascisti dovremmo esserlo tutti. Purtroppo non è così. Il fascismo è stato la distruzione di tutti i valori morali.»

Rita Levi Montalcini, nata in una famiglia ebrea sefardita, ha svolto gran parte della sua attività scientifica negli Stati Uniti, dove nel 1947 fu invitata come docente di Neurobiologia presso la Washington University.

E sul pericolo del razzismo così si esprimeva la Montalcini: «Il razzismo è sempre in agguato. In molte parti del mondo si assiste a persecuzioni non diverse da quelle che abbiamo avuto in Europa mezzo secolo fa. Ci sono ritorni di antisemitismo, persino in Italia. Tutto ciò denota un basso livello di valori etici. I razzisti sono persone frustrate, che pensano di rivalersi perseguitando persone che ritengono inferiori. Questi rigurgiti del passato non mi toccano, ma mi addolorano.»

PER COMPRENDERE I TESTI

1. **Quali sono gli articoli delle leggi razziali che ti hanno maggiormente colpito?**
2. **Chi «è considerato di razza ebraica»?**
3. **Perché le leggi razziali partono dal sistema scolastico?**
4. **Secondo Rita Levi-Montalcini «il razzismo è sempre in agguato». Cosa ne pensi?**

IMPARA AD ARGOMENTARE

Dopo aver letto gli articoli dei regi decreti del 1938 sull'applicazione delle leggi razziali nel mondo della scuola e le considerazioni di Rita Levi Montalcini, rispondi alle domande facendo emergere il tuo punto di vista.

UNITÀ

B La persona fra diritti e doveri

B1 La dignità	B2 La libertà	B3 L'uguaglianza e la solidarietà

PROGETTO MULTIDISCIPLINARE Un convegno scolastico per ridurre le disuguaglianze e sostenere la parità fra donna e uomo

CAPITOLO

B1 La dignità

NUCLEI ESSENZIALI

- La Carta UE dei diritti fondamentali
- Il diritto alla vita
- L'integrità della persona
- La pena di morte
- La schiavitù

A te la parola! 15 minuti

Amnesty International si batte da molti anni per tutelare i diritti umani e, soprattutto, per cancellare la pena di morte. Nonostante questo, in molti Paesi la pena di morte è ancora in uso, insieme a forme estreme di carcerazione.

→ *Cerca una mappa degli Stati che applicano la pena di morte, poi individua tre Paesi in cui è stata abolita negli ultimi vent'anni.*

Con l'aiuto dell'insegnante e in piccoli gruppi prova a esporre il tuo punto di vista.

1 La *Carta dei diritti fondamentali dell'Unione europea*

La Carta UE. La *Carta dei diritti fondamentali dell'Unione europea* (Carta UE) è stata proclamata a Nizza, il 7 dicembre 2000, dai Capi di Stato o di Governo dei 15 Paesi che, all'epoca, facevano parte dell'Unione.

Come sappiamo, nel 2009 la Carta UE ha assunto un valore giuridico vincolante per i 27 membri dell'Unione (dopo l'uscita della Gran Bretagna): non solo princìpi, ma vere e proprie sanzioni per chi viola i 54 articoli che la compongono. In particolare, sarà la Corte di giustizia dell'Unione a decidere nel caso in cui uno Stato membro sia accusato di aver violato i diritti fondamentali della persona (come vedremo nel capitolo G2).

La Carta UE elenca i diritti civili, politici, sociali ed economici dei cittadini europei.

La Carta UE mette i diritti del cittadino europeo di fronte alle nuova realtà della scienza, della tecnologia, della globalizzazione e dei flussi migratori.

In questa unità B, dedicata alla persona, metteremo spesso a confronto quanto stabilito dalla Carta UE con la Costituzione repubblicana: i cittadini italiani sono anche cittadini europei!

NUCLEI ESSENZIALI

La Carta UE ha un valore giuridico vincolante per i Paesi dell'Unione europea

La Carta UE elenca i diritti civili, politici, sociali ed economici dei cittadini europei

2 Il diritto alla vita

NUCLEI ESSENZIALI

La dignità. L'art. 1 Carta UE afferma che «la dignità umana è inviolabile», e che «deve essere rispettata e tutelata».

Sono purtroppo numerosi i casi in cui la dignità della persona è stata calpestata e, di fatto, cancellata. Basta pensare alla tragedia della *Shoah* (in ebraico «sterminio») durante la Seconda guerra mondiale: più di cinque milioni di ebrei (insieme a zingari, omosessuali e portatori di handicap) furono uccisi nei campi di sterminio nazisti, in nome di una presunta «inferiorità razziale».

La dignità umana è inviolabile

DEV'ESSERE RISPETTATA E TUTELATA

I diritti della personalità. Esistono individui così poveri da non avere né diritti di proprietà né diritti di credito; ma queste persone conservano intatti i diritti della personalità, fra cui ricordiamo il diritto al nome e il diritto all'onore.

I diritti della personalità sono diritti assoluti e nessuno può esserne privato

Il diritto al nome. Nel nostro Paese, l'articolo 6 del Codice civile (d'ora in poi art. 6 c.c.) stabilisce che «ogni persona ha diritto al nome che le è per legge attribuito». Chiunque veda contestato il diritto a usare il proprio nome, o scopra che qualcuno ne abbia fatto un uso illecito, ha diritto a chiedere al giudice la cessazione dell'abuso e il risarcimento del danno; non solo, ma «l'autorità giudiziaria può ordinare che la sentenza sia pubblicata in uno o più giornali».

Il diritto all'onore. L'articolo 594 del Codice penale (d'ora in poi art. 594 c.p.) stabilisce che «chiunque offende l'onore o il decoro di una persona presente è punito con la reclusione fino a sei mesi», e che la stessa pena è prevista per «chi commette il fatto mediante comunicazione telegrafica o telefonica, o con scritti o disegni diretti alla persona offesa»; tali pene «sono aumentate qualora l'offesa sia commessa in presenza di più persone».

CI SONO UOMINI POVERI MA NON POVERI UOMINI NON POSSONO ESSERE CONSIDERATI SCHIAVI

Inizio e fine della personalità. L'art. 2 Carta UE afferma che «ogni persona ha diritto alla vita».

Che cosa si intende per «vita»? Quando inizia la vita? Quando finisce? Abbiamo già risposto a queste domande nel Volume primo: la personalità, che inizia con la nascita, cessa con la morte della persona fisica.

Che ogni persona abbia diritto alla vita può sembrare ovvio; ma in alcuni casi possono esistere dei dubbi, basta pensare all'aborto e all'eutanasia.

La personalità inizia con la nascita e finisce con la morte

Lo sterminio degli ebrei (*Shoah*) durante il regime di Hitler causò, fra il 1941 e il 1945, oltre 5 milioni di morti. Nella foto, il campo di concentramento di Auschwitz.

L'aborto. L'aborto è l'interruzione della gravidanza.

L'aborto può essere spontaneo; in questo caso si ha un'interruzione della gravidanza che è involontaria, perché causata da patologie che portano alla morte del feto.

Il diritto si occupa invece del caso in cui l'interruzione della gravidanza è *volontaria*, perché è la donna che decide di abortire. In Italia l'aborto (*Interruzione volontaria della gravidanza*) non è più reato, a seguito di una legge del 1978. Tale legge, «confermata» da due referendum nel 1981, divide l'opinione pubblica perché va a toccare la morale, la religione e l'idea di giustizia di ognuno di noi.

> L'aborto è l'interruzione della gravidanza

L'eutanasia. Eutanasia è un termine di origine greca che significa «buona morte» (nasce dall'unione di *eu* = bene e *thánatos* = morte); non è possibile dare all'eutanasia un unico significato.

Nel pensiero filosofico degli antichi, l'eutanasia era intesa come una morte tranquilla e naturale, da accettare serenamente come l'inevitabile conclusione del tragitto dell'esistenza.

Oggi si considera l'eutanasia come una morte non dolorosa, provocata a una persona che non ha alcuna speranza di guarigione e che sta soffrendo molto.

In questo senso si distingue fra:

- *eutanasia attiva*, quando la morte viene provocata somministrando certe sostanze o compiendo determinati atti;
- *eutanasia passiva*, quando i medici sospendono qualsiasi terapia e «lasciano morire» il paziente.

> Nell'eutanasia attiva la morte è provocata, mentre nell'eutanasia passiva si sospendono le terapie lasciando morire il paziente

Il problema dell'eutanasia è largamente dibattuto e riguarda la sfera morale e religiosa. Sotto il profilo giuridico, la maggior parte dei Paesi dell'Unione europea considera l'eutanasia un reato; per esempio, è accusato di omicidio il marito che pratica l'eutanasia alla moglie, gravemente e irrimediabilmente malata, per porre termine alle sue sofferenze. Gli unici Stati che hanno depenalizzato l'eutanasia sono l'Olanda (nel 2001), il Belgio (nel 2002) e il Lussemburgo (nel 2009); in questi Paesi l'eutanasia è consentita, ma con rigorose limitazioni.

Anche in Italia l'eutanasia è un reato, ma il Codice penale la punisce con una pena, da 5 a 12 anni, inferiore a quella prevista per l'omicidio: nessuno può essere condannato all'ergastolo per aver procurato l'eutanasia.

Il dibattito sull'eutanasia è drammatico:

- i *favorevoli* affermano: perché lasciare soffrire una persona senza speranza? Perché trattare come un assassino chi ha agito solo per amore? Perché non provocare l'eutanasia quando è il malato stesso a richiederla?
- i *contrari* ribattono: perché provocare la morte quando sono possibili «miracoli della medicina»? Perché lo Stato dovrebbe legittimare l'uccisione di una persona? Come si può considerare lucido e consapevole chi chiede la morte perché soffre?

Si distingue fra

Eutanasia attiva | Eutanasia passiva

3 Il consenso informato e le disposizioni anticipate di trattamento

Il «testamento biologico». Nel linguaggio corrente si parla di «testamento biologico» per indicare l'atto con cui una persona stabilisce come dovranno comportarsi le strutture sanitarie nell'eventualità di una sua futura malattia, dolorosa e incurabile.

Il progetto di legge sul «testamento biologico» è rimasto bloccato per anni in Parlamento, fino all'approvazione della legge 22 dicembre 2017 n. 219, *Norme in materia di consenso informato e di disposizioni anticipate di trattamento* (d'ora in poi legge n. 219 del 2017), che è entrata il vigore il 31 gennaio 2018.

Il diritto al consenso informato. L'art. 1 della legge n. 219 del 2017 «tutela il diritto alla vita, alla salute, alla dignità e all'autodeterminazione della persona», e stabilisce che nessun trattamento sanitario può essere iniziato o proseguito senza il consenso «libero e informato» della persona interessata.

Ogni persona ha il diritto di conoscere la propria situazione clinica, e deve sapere le possibili conseguenze di un eventuale rifiuto alle cure

Ogni persona deve «essere informata in modo completo, aggiornato e comprensibile riguardo alla diagnosi, alla prognosi, ai benefici e ai rischi degli accertamenti diagnostici e dei trattamenti sanitari indicati, nonché riguardo alle possibili alternative e alle conseguenze dell'eventuale rifiuto del trattamento sanitario e dell'accertamento diagnostico». In altri termini, ogni paziente ha il diritto di conoscere la propria situazione clinica, e deve sapere le possibili conseguenze di un eventuale rifiuto delle cure.

Il consenso informato è documentato in forma scritta o attraverso videoregistrazioni, ed è inserito nella cartella clinica e nel fascicolo sanitario elettronico del paziente.

La revoca del consenso. Ogni persona ha il diritto di revocare in qualsiasi momento il consenso prestato, anche quando la revoca comporta l'interruzione del trattamento. È quindi possibile dare inizialmente il proprio consenso, ma poi cambiare idea.

Ogni persona ha il diritto di revocare in qualsiasi momento il consenso prestato

L'art. 1 della legge n. 219 del 2017 precisa che «ogni persona capace di agire ha il diritto di rifiutare, in tutto o in parte, qualsiasi accertamento diagnostico o trattamento sanitario indicato dal medico per la sua patologia. Ha, inoltre, il diritto di revocare in qualsiasi momento il consenso prestato, anche quando la revoca comporti l'interruzione del trattamento».

A che cosa il paziente può dare o negare il proprio consenso?

L'interpretazione prevalente di questo punto della legge è che il paziente può entrare nel dettaglio; per esempio: «Accetto di essere rianimato ma non voglio essere intubato», «Accetto antidolorifici e oppiacei ma non voglio la respirazione artificiale» e così via.

I trattamenti sanitari. Sono considerati trattamenti sanitari la nutrizione artificiale e l'idratazione artificiale. «Qualora il paziente esprima la rinuncia o il rifiuto di trattamenti sanitari necessari alla propria sopravvivenza, il medico prospetta al paziente le conseguenze di tale decisione e le possibili alternative». Non solo. Il medico deve «promuovere ogni azione di sostegno al paziente, anche avvalendosi dei servizi di assistenza psicologica» (art. 1 della legge n. 219 del 2017).

Sono considerati trattamenti sanitari

- La nutrizione artificiale
- L'idratazione artificiale

La responsabilità dei medici. Il medico è tenuto a rispettare la volontà espressa dal paziente «di rifiutare il trattamento sanitario o di rinunciare al medesimo e, in conseguenza di ciò, il medico è esente da responsabilità civile o penale».

La terapia del dolore. La legge vuole garantire al paziente la dignità anche nella fase finale della vita; per questo motivo il medico deve sempre garantire un'appropriata terapia del dolore.

Il medico deve sempre garantire un'appropriata terapia del dolore

Stabilisce infatti l'art. 2 della legge n. 219 del 2017 che «il medico, avvalendosi di mezzi appropriati allo stato del paziente, deve adoperarsi per alleviarne le sofferenze, anche in caso di rifiuto o di revoca del consenso al trattamento sanitario indicato dal medico. A tal fine, è sempre garantita un'appropriata terapia del dolore, con il coinvolgimento del medico di medicina generale e l'erogazione delle cure palliative [*cercano di limitare la sofferenza senza poter agire sulla malattia*]».

Il divieto di ostinazione irragionevole nelle cure. «Nei casi di paziente con prognosi infausta a breve termine o di imminenza di morte», il medico deve evitare ogni «ostinazione irragionevole nella somministrazione delle cure» e «deve astenersi dal ricorso a trattamenti inutili o sproporzionati» (art. 2 della legge n. 219 del 2017).

Per i malati in fase terminale o per quelli su cui non hanno effetti altre terapie antidolorifiche, il medico può far ricorso alla sedazione palliativa profonda, cioè alla somministrazione di farmaci in grado di annullare la coscienza del paziente in modo da alleviarne le sofferenze.

Nel 1992 Eluana Englaro, a soli 22 anni, a causa di un incidente stradale cade in uno stato vegetativo senza speranza. Nel 1999 il padre di Eluana inizia una lunga e straziante vicenda giudiziaria, chiedendo la sospensione dell'alimentazione artificiale alla figlia, che viene autorizzata dalla Corte di cassazione nel novembre 2008. Il 9 febbraio 2009 Eluana muore in una clinica di Udine.

Le DAT. Con le *Disposizioni anticipate di trattamento* (DAT) una persona, capace di intendere e di volere, stabilisce in anticipo il comportamento che i medici dovranno tenere nel caso di una sua futura malattia, incurabile e invalidante.

Con le DAT una persona stabilisce il comportamento che i medici dovranno tenere nel caso di una sua futura malattia incurabile e invalidante

«Ogni persona maggiorenne e capace di intendere e di volere [*disponente*], in previsione di un'eventuale futura incapacità di decidere o di comunicare» può, attraverso le DAT, «esprimere le proprie volontà in materia di trattamenti sanitari, nonché il consenso o il rifiuto rispetto ad accertamenti diagnostici o scelte terapeutiche e a singoli trattamenti sanitari».

Le DAT possono essere scritte a mano, al computer o videoregistrate e possono essere rinnovate, modificate e revocate in ogni momento.

«Le DAT devono essere redatte per atto pubblico o per scrittura privata autenticata ovvero per scrittura privata consegnata personalmente dal disponente presso l'ufficio dello stato civile del comune di residenza, che provvede all'annotazione in apposito registro» (art. 4 della legge n. 219 del 2017).

Il fiduciario. La persona che sottoscrive le DAT «indica» un *fiduciario*, «che ne faccia le veci e la rappresenti nelle relazioni con il medico e con le strutture sanitarie», quando quella persona non sarà più in grado di esprimersi e di farsi capire.

Il fiduciario deve essere una persona maggiorenne e capace di intendere e di volere, che accetta la nomina nel momento in cui sottoscrive le DAT.

Le DAT palesemente incongrue. «Il medico è tenuto al rispetto delle DAT, le quali possono essere disattese, in tutto o in parte, dal medico stesso, in accordo con il fiduciario, qualora esse appaiano palesemente incongrue o non corrispondenti alla condizione clinica attuale del paziente».

A questo proposito, molto importante è il fatto che le DAT possano essere disattese dal medico qualora «sussistano terapie non prevedibili all'atto della sottoscrizione, capaci di offrire concrete possibilità di miglioramento delle condizioni di vita» (art. 4 della legge n. 219 del 2017).

Il medico può non rispettare le DAT se

- Sono palesemente incongrue
- Esistono nuove terapie non prevedibili al momento della sottoscrizione delle DAT

I minori e gli incapaci. I minori e gli incapaci non possono sottoscrivere le DAT e il consenso informato è espresso da chi ha la responsabilità genitoriale o dal tutore.

Va però tenuto conto della volontà del minore (o dell'incapace), «in relazione alla sua età e al suo grado di maturità, avendo come scopo la tutela della salute psicofisica e della vita del minore [*o dell'incapace*], nel pieno rispetto della sua dignità» (art. 3 della legge n. 219 del 2017).

> I minori e gli incapaci non possono sottoscrivere le DAT e il consenso informato è espresso dai genitori o dal tutore

L'obiezione di coscienza. La legge ammette l'*obiezione di coscienza del singolo medico* che, in alcuni casi, può considerare il rispetto della volontà del paziente in contrasto con la sua etica e la sua religione. Stabilisce infatti l'art. 1 della legge n. 219 del 2017 che «il paziente non può esigere trattamenti sanitari contrari a norme di legge, alla deontologia professionale o alle buone pratiche clinico-assistenziali; a fronte di tali richieste, il medico non ha obblighi professionali».

> L'obiezione di coscienza del singolo medico non può compromettere il rispetto della volontà del paziente

L'obiezione di coscienza del singolo medico non può però compromettere il rispetto della volontà del paziente. Infatti lo stesso articolo precisa che «ogni struttura sanitaria pubblica o privata garantisce con proprie modalità organizzative la piena e corretta attuazione dei princìpi di cui alla presente legge»; al singolo medico è garantita l'obiezione di coscienza, ma la struttura ospedaliera deve trovare un altro medico che garantisca il rispetto delle volontà del paziente.

Sul tema dell'obiezione di coscienza il dibattito è naturalmente aperto.

4 L'integrità della persona

NUCLEI ESSENZIALI

L'integrità fisica. In tutti i Paesi dell'Unione europea è garantita l'integrità fisica e psichica della persona.

> Nell'integrità fisica si distingue fra lesione personale grave e gravissima

Rispetto all'integrità fisica, il Codice penale italiano distingue fra lesione personale grave e gravissima.

L'art. 583 c.p. stabilisce che «la lesione personale è *grave*, e si applica la reclusione da 3 a 7 anni, se dal fatto deriva:
- una malattia che metta in pericolo la vita della persona offesa;
- l'indebolimento permanente di un senso o di un organo».

La lesione personale è invece «*gravissima*, e si applica la reclusione da 6 a 12 anni, se dal fatto deriva:
- una malattia certamente o probabilmente insanabile;
- la perdita di un senso;
- la perdita di un arto o una mutilazione che renda l'arto inservibile, ovvero la perdita dell'uso di un organo o della capacità di procreare».

In questi casi è previsto anche un risarcimento dei danni, subiti a causa delle lesioni personali; tale cifra è naturalmente in relazione alla gravità della lesione subita.

L'integrità psichica. L'art. 3 Carta UE precisa che deve essere tutelata anche l'integrità psichica di ogni persona.

> L'integrità psichica necessita di un buon rapporto con l'ambiente

La Carta UE fa riferimento non solo alla salute mentale, ma anche a una situazione di serenità psico-fisica e di un buon rapporto con l'ambiente in cui viviamo, che è sempre più difficile da raggiungere a causa dello stress della vita quotidiana, dell'inquinamento e del senso di isolamento.

L'integrità della persona riguarda
- L'integrità fisica
- L'integrità psichica

Il commercio di organi. È vietato «fare del corpo umano e delle sue parti in quanto tali una fonte di lucro». È invece praticata da sempre la vergognosa pratica del commercio di organi, che colpisce soprattutto i bambini dei Paesi più poveri. Dobbiamo porci una domanda: per principio siamo tutti contrari al commercio di organi, ma siamo disposti ad affermare che non acquisteremmo mai un organo per salvare la nostra vita o quella di una persona che amiamo?

È severamente vietato il commercio di organi

A questo riguardo, una pratica immorale è quella denunciata da *Amnesty International*, secondo cui la maggior parte degli organi trapiantati in Cina proviene da condannati a morte; la legge cinese prevede che l'espianto avvenga solo dopo il consenso del condannato o della sua famiglia, ma questo non viene quasi mai richiesto. Prima dell'esecuzione, i prigionieri selezionati per l'asportazione di organi vengono sottoposti ad analisi cliniche, finalizzate ai futuri trapianti. Esiste anche il dubbio atroce che dall'esito di tale analisi dipenda la decisione sui tempi dell'esecuzione («il condannato deve essere ucciso subito, perché fra qualche giorno i suoi organi non sarebbero più utili!»).

La donazione degli organi. La Carta UE incoraggia invece la donazione degli organi dopo la morte, a scopo di trapianto. In Italia la normativa è stata completamente modificata da una legge del 1999, relativa al prelievo di organi e tessuti.

La legge sul silenzio assenso in materia di donazione degli organi è tuttora disapplicata

Prima del 1999 bisognava esplicitamente autorizzare la donazione dei propri organi dopo la morte, e questo avveniva raramente. Invece, la legge del 1999 prevede la possibilità del *silenzio assenso*: l'autorizzazione alla donazione degli organi si considera concessa, se non c'è una dichiarazione contraria fatta prima della morte.

Tutto risolto? Purtroppo no. La legge sul silenzio assenso è tuttora disapplicata a causa della mancata creazione di una banca dati nazionale, che dovrebbe contenere la posizione di tutti i cittadini (assenso, dissenso, silenzio assenso). In assenza di questa banca dati, la legge afferma che spetta ai familiari riferire la potenziale volontà del donatore: di fatto siamo ritornati al punto di partenza!

Il divieto delle pratiche eugenetiche. Il divieto delle pratiche eugenetiche fa parte dei nuovi diritti della Carta UE.

Sono vietate le pratiche eugenetiche aventi come scopo la selezione delle persone

Eugenetica è un termine di origine greca, che significa «buona nascita». L'eugenetica è un ramo della genetica, che tende al progressivo miglioramento della specie umana, attraverso l'incrocio tra portatori di caratteri geneticamente favorevoli. L'art. 3 Carta UE sancisce «il divieto delle pratiche eugenetiche, in particolare di quelle aventi come scopo la selezione delle persone».

Perché proibire le pratiche eugenetiche? In alcuni casi, l'eugenetica può portare a effetti moralmente discutibili (sterilizzazione, aborto eugenetico), che possono diventare perversi: le deliranti teorie del nazismo sulla presunta superiorità della razza ariana hanno causato una fra le più grandi tragedie del secolo scorso.

Il creare individui perfetti, attraverso la manipolazione genetica dei loro caratteri, non solo è rifiutato dalla morale e dalla religione ma, per la prima volta, è anche considerato un reato dalla Carta UE.

Il dibattito resta però aperto sugli indubbi vantaggi di un'*eugenetica terapeutica*; se una donna sa che deve partorire un figlio portatore di una grave malattia, sarà probabilmente favorevole ad agire per modificare il patrimonio genetico dell'embrione, in modo che il figlio possa nascere sano.

5 La clonazione fra scienza e coscienza

Il divieto della clonazione umana. Con la clonazione si inserisce il nucleo di una cellula donata in un'altra cellula uovo, fecondata in precedenza, per ottenere un embrione e, quindi, un futuro soggetto con lo stesso patrimonio genetico del

La clonazione riproduttiva degli esseri umani è proibita

donatore. In altri termini, la *clonazione* è la procedura con cui, partendo da un originale, si riproducono una o più copie identiche.

La clonazione diventa molto pericolosa quando riguarda gli esseri umani: potrebbero essere prodotti in serie uomini e donne più vicini ai robot che alla specie umana. Per questo motivo, è proibita la «clonazione riproduttiva degli esseri umani» (art. 3 Carta UE).

La pecora Dolly, primo animale clonato con successo mediante la tecnica del trasferimento nucleare (1996).

La clonazione fra gli animali. Il divieto della clonazione riproduttiva degli esseri umani non esclude la clonazione fra gli animali, che sta registrando notevoli progressi.

Nel 1996, a Edimburgo, fu annunciata la nascita di una pecora (la pecora Dolly), ottenuta da una cellula adulta prelevata dalla ghiandola mammaria, e trasferita in un ovocita privato del nucleo. In seguito sono avvenuti numerosi casi di clonazione animale in varie parti del mondo.

La clonazione umana a scopi terapeutici. Nel 2004 l'Università di Newcastle (Inghilterra) ha ottenuto l'autorizzazione per la clonazione umana a scopi terapeutici. Nei suoi laboratori si può clonare un embrione umano, farlo sviluppare per 14 giorni al massimo (quando non si è ancora creato l'essere umano), e poi utilizzare le *cellule staminali* per scopi di ricerca medica.

L'obiettivo finale è quello di creare tessuti sani, in modo da poter curare alcune malattie causate da una degenerazione cellulare, come il diabete, l'infarto, il morbo di Parkinson e il morbo di Alzheimer.

Va precisato che sono necessari ancora anni di ricerca, per poter passare dal prelievo di cellule staminali dagli embrioni alla loro trasformazione in tessuti sani: è ancora lunga la strada dal laboratorio ai primi test clinici sull'uomo.

In Gran Bretagna è possibile la clonazione umana a scopi terapeutici con severe limitazioni

La legge sulla fecondazione assistita. Nel nostro Paese la clonazione umana è vietata dalla legge 19 febbraio 2004, n. 40, *Norme in materia di procreazione medicalmente assistita* (d'ora in poi legge n. 40 del 2004).

In Italia è vietata qualsiasi sperimentazione sull'embrione umano

La legge ha provocato forti polemiche tanto che, dopo l'esito negativo di quattro referendum abrogativi nel 2005, la legge è stata poi modificata da due sentenze della Corte costituzionale (nel 2009 e nel 2014). A seguito di questi interventi, attualmente la legge n. 40 del 2004 vieta:

- «qualsiasi sperimentazione su ciascun embrione umano»;
- «la produzione di embrioni umani ai fini di ricerca o di sperimentazione»;
- «gli interventi che, attraverso tecniche di selezione, di manipolazione o comunque tramite interventi artificiali, siano diretti ad alterare il patrimonio genetico dell'embrione».

La violazione di tali divieti è «punita con la reclusione da 2 a 6 anni e con la multa da 50 000 a 150 000 euro».

Che cosa avviene nel resto del mondo? Esistono profonde differenze: si passa dalla Cina, dove non esistono restrizioni alla clonazione di embrioni con meno di 14 giorni, agli Stati Uniti, dove il Senato si è fortemente opposto alla clonazione terapeutica.

6 La pena di morte

NUCLEI ESSENZIALI

Il divieto della pena di morte. In base all'art. 2 Carta UE, «nessuno può essere condannato alla pena di morte». È la prima volta che nel diritto internazionale viene esplicitato questo divieto, che viene pienamente rispettato da tutti i membri: nessuno Stato dell'Unione europea applica la pena di morte.

La Carta UE vieta la pena di morte

La Carta UE ritiene opportuno rinforzare il divieto della pena di morte, affermando che nessuno può essere «giustiziato»; in questo modo si evita che possa essere ucciso anche chi è già stato condannato a morte.

Un film

Dead man walking – Condannato a morte

«I think killing is wrong, no matter who does it. Whether it's me or y'all or your government»

Regia: Tim Robbins, USA, 1995
Attori: Susan Sarandon, Sean Penn, Robert Prosky, Raymond J. Barry
Durata: 122 minuti

Il film è tratto dall'omonimo libro autobiografico di suor Helen Prejean. La suora cattolica Helen Prejean (Susan Sarandon) accetta di visitare Matthew Poncelet (Sean Penn), condannato a morte per stupro e duplice omicidio, e ne diventa l'assistente spirituale. L'esecuzione avverrà per iniezione letale, in un carcere della Louisiana (Stati Uniti). Oltre a prendere posizione contro la pena di morte, il film sottolinea come la legalità delle esecuzioni non ne diminuisce l'orrore.

Dopo averli tradotti, rifletti su alcuni dialoghi particolarmente significativi tratti dal film.

«*Avvocato di Poncelet alla giuria a cui chiede la grazia (Poncelet è già stato condannato)*:

– Now it's easy to kill a monster, but it's hard to kill a human being.

Madre di Poncelet a Suor Helen:

– Yesterday I was in the store and I see these two ladies eyeing me and when I get closer I hear one of them say "I just can't wait to hear that they have executed that monster Matthew Poncelet".

Avvocato di Poncelet descrive la pena di morte alla giuria:

– The death penalty. It's nothing new, been with us for centuries. We've buried people alive, lopped off their heads with an axe, burned them alive in public squares. [...] In this century we kept searching for more and more human ways of killing people that we didn't like. We've shot 'em with firing squads, suffocated them in the gas chamber. But now we have developed a device that is the most humane of all: lethal injection. We strap the guy up, we anesthetize him with shot number one. Then we give him shot number two and that implodes his lungs and shot number three stops his heart. We put him to death just like an old horse. His face just goes to sleep, while inside, his organs are going through Armageddon. The muscles of his face would twist and contort and pull, but you see, shot number one relaxes all those muscles, so we don't have to see any horror show. We don't have to taste the blood of revenge on our lips, while this human being's organs writhe, twist, contort. We just sit there quietly, nod our heads, and say "Justice has been done".

Il padre della ragazza violentata e uccisa da Poncelet (parlando del cognato che ha riconosciuto il cadavere):

– He'd been against the death penalty. And after that, he was all for it.

Poncelet (il giorno prima dell'esecuzione):

– You should be there, ma'am, if it won't put you out too much. I'm gonna want somebody to talk to and be there up to the end.

Sister Helen:

– I'll be there.

Sister Helen (nel bagno poche ore prima dell'esecuzione):

– Oh, God, help me. This is such a terrifying place, Lord. So cold. So calculated, this murder. Just don't let him fall apart, God. Oh, help him stay strong. Help me, Jesus, stay strong. Help us, Lord.

Poncelet (in lacrime, pochi minuti prima dell'esecuzione):

– When the lights dimmed on the tier last night I kneeled down by my bunk and I prayed for them kids (*le due vittime*).

Poncelet (pochi minuti prima di morire):

– Sister Helen... I'm gonna die [...] I'm not worryng about anything.

Guardia:

– Time to go, Poncelet [...]

Guardia:

– Dead man walking!

Poncelet (verso i genitori delle vittime che assistono all'esecuzione):

– I think killing is wrong, no matter who does it. Whether it's me or y'all or your government».

La pena di morte nel passato. Fino al XVIII secolo, la pena di morte era ammessa da quasi tutti gli ordinamenti giuridici.

La pena di morte serviva per eliminare dalla società gli elementi ritenuti più pericolosi (l'assassino non ucciderà più); ma, in molti Stati, il diritto penale prevedeva una «pena di morte aggravata», con terribili e prolungati tormenti, che era riservata alla punizione di delitti che si ritenevano particolarmente atroci: «dalla pena di morte alla morte come pena»! A questo proposito il giurista Piero Calamandrei (1889-1956) sottolinea il fatto che la «morte come pena» era usata anche da «giudici coscienziosi che in buona fede credettero debito di carità prolungare sotto tormenti la vita del giustiziato, per dargli più agio di pentirsi».

L'uso della pena capitale venne legittimato dagli stessi Padri della Chiesa, da Sant'Agostino (354-430) a San Tommaso d'Aquino (1225-1274), sulla base del principio che era lecito uccidere i malfattori, per conservare il bene comune.

La pena di morte venne poi combattuta dal pensiero illuminista (Pietro Verri, Jeremy Bentham, Cesare Beccaria), che la ritenne vergognosa e, soprattutto, inutile.

Una impiccagione in un'immagine settecentesca della Piazza del Mercato a Bologna, dove si svolgevano le esecuzioni capitali.

Paesi abolizionisti per legge e di fatto. Attualmente la pena di morte è ammessa in circa 70 Stati; alla fine del 2019 erano circa 140 i Paesi abolizionisti per legge (l'ordinamento giuridico vieta la pena di morte) o di fatto (non si praticano esecuzioni da almeno 10 anni).

Secondo dati di *Amnesty International*, nel 2019 sono avvenute oltre 8000 esecuzioni in 29 Paesi; decisamente significativo è il fatto che più della metà delle condanne capitali è avvenuta in Cina (5000 nel 2019).

Fra i Paesi che applicano la pena di morte vanno ricordati gli Stati Uniti, dove 30 dei 50 Stati federati ammettono la pena capitale. I dati sulla pena di morte hanno un valore puramente indicativo, perché fanno riferimento solo ai casi conosciuti: sono molti gli Stati che nascondono i numeri reali su condanne ed esecuzioni.

Si distingue fra

- Paesi abolizionisti per legge → La pena di morte è vietata
- Paesi abolizionisti di fatto → Non si praticano esecuzioni da almeno 10 anni

Francisco Goya, *Le fucilazioni del 3 maggio* (particolare). Madrid, Museo del Prado.

Chi viene giustiziato? La maggioranza dei condannati a morte proviene da ambienti degradati. Molti condannati hanno subito gravi abusi sessuali o fisici da bambini, possiedono un quoziente di intelligenza al di sotto del normale o soffrono di malattie mentali. Anche la razza sembra avere un'influenza determinante; si pensi che nel «braccio della morte» delle prigioni del Texas 8 condannati su 10 sono neri o ispanici.

Amnesty International denuncia che, in molti Stati, i condannati subiscono processi ingiusti e privi delle più elementari garanzie (confessioni estorte con la tortura, assenza di avvocati difensori).

Come si uccide? Nel corso dei secoli è cambiato il modo di giustiziare i condannati. Fra le forme di esecuzione presenti fin dall'antichità ricordiamo il rogo, la crocifissione, lo strangolamento, la lapidazione, lo squartamento, l'avvelenamento, l'esposizione alle belve, la decapitazione, l'impiccagione.

Nell'epoca moderna la tecnologia ha contribuito a innovare le tecniche di uccisione; in alcuni Stati si è così passati alla fucilazione, alla sedia elettrica, alla camera a gas, all'iniezione letale.

> Molti Paesi usano tecniche di uccisione «tecnologicamente avanzate»

Per quali reati si uccide? Molte persone favorevoli alla pena di morte pensano che, comunque, questa debba essere applicata solo per reati gravissimi (solo in certi casi di omicidio).

In realtà, a volte, la pena capitale viene applicata anche per reati minori; per esempio alcuni Paesi (Cuba, Oman, Emirati Arabi Uniti) applicano la pena di morte per reati come il traffico di droga e la rapina.

In Arabia Saudita non esiste un Codice penale, ma è in vigore la *Sharia* (Legge islamica) che prevede, fra l'altro, la pena di morte obbligatoria per «i reati contro la volontà divina», fra cui l'*apostasia* (abbandono della propria religione per seguirne un'altra).

> Alcuni Stati applicano la pena di morte anche per reati minori

Amnesty International. *Amnesty International*, nata nel 1961, è la più importante organizzazione privata che lotta contro la violazione dei diritti umani.

Amnesty International vuole impedire che le persone vengano perseguitate per le loro idee politiche. In questa direzione si collocano le campagne contro la pena di morte, ma anche contro la tortura e contro ogni forma di carcerazione che non rispetti la dignità della persona. In particolare, *Amnesty International* si batte per una *moratoria* (sospensione) mondiale sulle esecuzioni capitali.

Nel 1977 ad *Amnesty International* è stato assegnato il Premio Nobel per la pace.

Campagna di *Amnesty International* contro la pena di morte. Il manifesto invita a «rompere l'abitudine, non il collo».

La pena di morte in Italia. L'art. 27 Cost. afferma che «non è ammessa la pena di morte». L'abolizione della pena di morte è frutto di un lungo cammino, di cui ripercorriamo le tappe principali.

Prima dell'unificazione tutti gli Stati italiani prevedevano la pena di morte, con la sola eccezione del Granducato di Toscana.

Nel 1889 entrò in vigore il nuovo Codice penale («Codice Zanardelli»), che eliminò la pena capitale dall'ordinamento italiano.

Anche in seguito ai numerosi attentati subiti da Benito Mussolini, nel 1926 il regime fascista ristabilì la pena di morte per i più gravi delitti politici, e nel 1931 entrò in vigore il «Codice Rocco», che reintrodusse la pena capitale per alcuni reati comuni (come si è visto nel capitolo A2).

La Costituzione del 1948 aboliva la pena di morte in tempo di pace, ma la manteneva «nei casi previsti dalle leggi militari di guerra». Una legge del 1994 abolì poi la pena di morte anche in tempo di guerra, modificando il Codice penale militare di guerra. In conseguenza di ciò la pena di morte era vietata dall'ordinamento giuridico italiano grazie a una legge ordinaria, ma la Costituzione continuava a prevederla in tempo di guerra.

Questa anomalia fu superata da una revisione costituzionale del 2007, che cancellò dalla Costituzione la pena di morte sia in tempo di pace sia in tempo di guerra.

In Italia la pena di morte è stata abolita definitivamente nel 2007

Per ricordare meglio...	**La pena di morte in Italia**
1889	Il Codice Zanardelli abolisce la pena di morte
1926	Il regime fascista introduce la pena di morte per i delitti politici
1931	Il Codice Rocco estende la pena di morte ai reati comuni
1948	La Costituzione abolisce la pena di morte solo in tempo di pace
1994	Una legge abolisce la pena di morte anche in tempo di guerra
2007	La Costituzione abolisce definitivamente la pena di morte

Pena di morte: sì o no? Il dibattito sulla pena di morte divide l'opinione pubblica.

I *favorevoli* alla pena di morte affermano:

- è necessario togliere dalla società certi individui, per impedire loro di commettere altri crimini (chi ha ucciso non ucciderà più);
- la pena di morte agisce come deterrente per diminuire i reati (è più difficile che commetta un omicidio chi sa di rischiare la pena di morte);
- per certi reati orribili il carcere è una punizione troppo blanda (l'ergastolo non basta per chi ha violentato e ucciso una bambina).

A queste motivazioni, i *contrari* ribattono che:

- la pena di morte vendica, ma non riabilita;
- la pena di morte è un omicidio commesso dallo Stato;
- la pena di morte è l'unica pena irrevocabile (e se poi si dimostrasse che il condannato era innocente?).

Sono tutte affermazioni in parte condivisibili. Non bisogna però confondere quello che sentiamo dentro di noi («io voglio uccidere chi ha ucciso mia sorella») con l'ordinamento giuridico («io voglio che la legge stabilisca che venga ucciso chiunque commetta un omicidio»).

7 La tortura

La tortura esiste ancora. In base all'art. 4 Carta UE, «nessuno può essere sottoposto a tortura, né a pene o trattamenti inumani o degradanti».

La tortura è vietata ma esiste ancora negli Stati totalitari e democratici

Nonostante ciò, nel 2019 in oltre 150 Paesi sono stati riscontrati maltrattamenti inflitti da chi «agisce in nome dello Stato» (poliziotti, soldati, guardie carcerarie), e le torture hanno spesso provocato morti. La tortura è usata per far confessare, umiliare e intimidire; per esempio, sono frequenti i maltrattamenti da parte della polizia nel corso di interrogatori.

La pratica della tortura non è presente solo nei regimi totalitari, perché molti casi si sono verificati in Paesi «democratici»: la tortura è adottata indipendentemente dalle ideologie, dai sistemi economici e dagli ordinamenti giuridici.

I metodi di tortura. I metodi di tortura utilizzati sono numerosi: la «fantasia del far soffrire» non conosce confini!

Le percosse sono il metodo più usato dalla polizia in oltre 150 Paesi; le vittime sono colpite con pugni, bastoni, tubi di ferro, calci di pistola, fruste, mazze da baseball, fili elettrici. Le conseguenze sono contusioni, emorragie interne, danni a organi vitali, fino ad arrivare alla morte.

Sono anche stati accertati: l'elettroshock (in più di 60 Paesi), la sospensione del corpo (in più di 40 Paesi), il soffocamento (in più di 30 Paesi), la finta esecuzione (in più di 50 Paesi), le cinture elettriche (soprattutto negli Stati Uniti), l'immersione in acqua, lo spegnimento di sigarette sul corpo, la privazione del sonno, l'uso di droghe che provocano allucinazioni, spasmi muscolari, paralisi.

Tortura e razzismo. La tortura si basa spesso sulla discriminazione: il torturatore si sente legittimato dal fatto di considerare «inferiore» la sua vittima; la presunta inferiorità del torturato può derivare dalla provenienza sociale, dall'appartenenza politica o religiosa.

Esiste un legame fra tortura e razzismo

La maggioranza delle vittime della polizia è rappresentata da neri o appartenenti a minoranze etniche; a questo proposito va ricordato il caso dell'Australia, in cui molti aborigeni muoiono nelle carceri in seguito a maltrattamenti.

La tortura è anche in relazione con l'orientamento sessuale, perché molti cosiddetti «diversi» (omosessuali, lesbiche, bisessuali) sono torturati in quanto tali. In alcuni casi sono gli stessi governi a giustificare questo fatto, in nome della morale e della religione; per esempio, in Uganda l'omosessualità è punita con l'ergastolo.

Le donne torturate. Nel 2019 le donne sono state stuprate da agenti di polizia in più di 60 Stati. Si tratta di un dato solo indicativo, perché spesso questi abusi vengono nascosti.

Le donne e i bambini sono le principali vittime della tortura

Le donne torturate hanno difficoltà a ottenere giustizia, anche a causa di legislazioni che le discriminano. In molti Stati alcune forme di violenza contro le donne non sono neppure considerate dei reati; si pensi che in Pakistan una donna violentata può essere processata per adulterio (da vittima a colpevole!), a meno che quattro testimoni maschi dimostrino che la donna non era consenziente.

Ogni anno due milioni di donne sono soggette a mutilazioni dell'apparato genitale; in India migliaia di donne vengono uccise da suoceri e mariti per non avere una dote sufficiente, e in Bangladesh vengono mutilate e sfregiate con acido, per aver rifiutato una proposta di matrimonio: la tradizione diventa tortura.

I bambini torturati. Torture nei confronti di bambini sono state verificate in oltre 50 Stati.

I bambini arrestati sono spesso vittime di abusi sessuali da parte sia delle guardie sia degli altri detenuti. A volte, i bambini sono costretti ad assistere alla tortura dei loro genitori.

Nell'America Latina (Brasile, Colombia) i *bambini di strada* sopravvivono con elemosine, furti e prostituzione. Per ripulire le strade da queste «vergogne», molti negozianti pagano sicari per torturarli e ucciderli. Tristemente famosi sono gli *squadroni della morte* brasiliani, che ogni anno uccidono centinaia di bambini.

Le immagini di Stephanie Sinclair raccontano la difficile vita cui sono sottoposte molte bambine, costrette a sposarsi troppo presto in molte società. *Too young to wed* è infatti il nome dell'associazione non profit con cui la fotografa cerca di sensibilizzare l'opinione pubblica nei confronti di una situazione non tanto distante da tortura o schiavitù.

La tortura legalizzata. Nonostante la tortura sia vietata da tutte le Dichiarazioni per la tutela dei diritti umani, alcuni Stati prevedono sanzioni giudiziarie equivalenti a torture: la tortura diventa parte integrante dell'ordinamento giuridico. Sono più di 30 i Paesi che prevedono come pena le punizioni corporali (amputazioni giudiziarie, fustigazioni, marchiature a fuoco); in particolare, nel 2019 sono state registrate amputazioni giudiziarie in 10 Paesi e fustigazioni giudiziarie in 15 Stati.

In alcuni Stati la tortura fa parte dell'ordinamento giuridico

La tortura come business. Il mercato degli strumenti di tortura è in espansione. Nel 2019 erano 130 i Paesi produttori di strumenti e servizi di tortura, esportati in tutto il mondo; per esempio, più di 120 imprese di 24 Stati producono e distribuiscono le attrezzature per l'elettroshock che è molto usato perché infligge danni non visibili, anche se devastanti per la personalità.

Esiste anche un commercio parallelo di addestramento nelle tecniche di tortura fisica e psichica; aziende di tutto il mondo vendono servizi di *know how* in materia di tortura: non basta acquistare uno strumento di tortura, bisogna anche saperlo usare bene!

L'impunità dei torturatori. Raramente i torturatori vengono puniti. Le indagini sono bloccate, l'omertà dei superiori e il terrore delle vittime rende difficile assicurare i torturatori alla giustizia. Viene così a mancare un importante deterrente per arginare questa vergogna; per esempio un poliziotto continuerà a torturare gli arrestati sapendo di contare sull'impunità.

L'impunità favorisce il ripetersi degli atti di tortura

I trattamenti inumani o degradanti. La Carta UE vieta anche i «trattamenti inumani o degradanti». Di cosa si tratta? È difficile dare una risposta unica; è però indubbio che condizioni carcerarie assimilabili a *trattamenti inumani o degradanti* sono state segnalate in 90 Paesi. La prigionia diventa una forma di tortura a causa del sovraffollamento, della mancanza di cibo e di cure mediche, dell'igiene inadeguata, delle punizioni arbitrarie da parte delle guardie, delle violenze subite dagli altri detenuti.

La prigionia può diventare una forma di tortura

In Italia, le persone arrestate non possono essere sottoposte ad alcuna «violenza fisica o morale» (art. 13 Cost.), e vengono severamente puniti gli abusi di autorità contro i detenuti effettuati dalle guardie penitenziarie. Va però ricordato che anche la condizione dei detenuti italiani è molto difficile, a causa della grave situazione del sistema carcerario (come vedremo nel capitolo B2).

8 La schiavitù

NUCLEI ESSENZIALI

La nozione di schiavitù. Ai giorni nostri «resiste» un'altra vergogna: la schiavitù, nonostante l'art. 5 Carta UE stabilisca che «nessuno può essere tenuto in condizioni di schiavitù o di servitù».

La schiavitù può essere di diritto o di fatto.

La schiavitù di diritto. La *schiavitù di diritto* si ha quando una persona è considerata una cosa di proprietà di qualcuno. La *Convenzione di Ginevra del 1926* definisce la schiavitù come «lo stato o la condizione di un individuo sul quale si esercitano gli attributi del diritto di proprietà»: la persona schiava si trova in uno stato di soggezione che la priva della dignità umana. La schiavitù di diritto è possibile solo negli ordinamenti giuridici in cui un individuo può essere privato della capacità giuridica e può diventare uno schiavo (può essere comprato, venduto, donato).

Oggi la schiavitù di diritto è stata abolita in quasi tutto il mondo, ma resta il problema della schiavitù di fatto.

> La schiavitù di diritto si ha quando una persona è considerata una cosa di proprietà di qualcuno

La schiavitù di fatto. La *schiavitù di fatto* si ha quando una persona costringe un'altra al proprio esclusivo servizio; si parla in questo caso di *condizione analoga alla schiavitù*. La *Convenzione supplementare di Ginevra del 1956* ha definito alcune situazioni e pratiche analoghe alla schiavitù. Fra queste:

- la *schiavitù per debiti*: si ha quando un debitore si è impegnato a fornire al creditore i suoi servizi personali, senza limiti di tempo;
- la *schiavitù della donna*: si ha quando una donna è promessa in matrimonio o viene venduta a qualcuno (dalla famiglia), ovviamente contro la sua volontà;
- la *schiavitù dei minori*: si ha quando un minore è consegnato, per denaro o gratuitamente, dai genitori a un terzo, che sottopone a sfruttamento il minore stesso.

La schiavitù di fatto è un fenomeno largamente diffuso, che viene punito dalla legge. L'art. 600 c.p. stabilisce che «chiunque esercita su una persona poteri corrispondenti a quelli del diritto di proprietà» oppure «riduce o mantiene una persona in uno stato di soggezione continuativa» è «punito con la reclusione da 8 a 20 anni».

Fra le varie forme di schiavitù di fatto, particolarmente grave è la schiavitù dei minori, che riguarda purtroppo anche il nostro Paese.

> La schiavitù di fatto si ha quando una persona costringe un'altra al proprio servizio

Si distingue fra

La schiavitù di diritto	La schiavitù di fatto
Convenzione di Ginevra del 1926	Convenzione supplementare di Ginevra del 1956

La schiavitù dei minori. Un minore è «schiavo» quando viene sfruttato, sotto qualsiasi forma.

Il problema della schiavitù dei minori tocca ogni angolo del pianeta. Sono centinaia di milioni i bambini e le bambine nel mondo che non frequentano la scuola, e che sono costretti a lavorare in condizioni disumane.

Molti di loro sono anche oggetto di terribili traffici: sono comprati, venduti e scambiati, come una qualunque merce.

> Un minore è «schiavo» quando viene sfruttato

I minori schiavi in Italia. Purtroppo anche in Italia la situazione è allarmante: dal 2001 al 2019 più di 6000 bambini sono stati introdotti ogni anno illegalmente nel nostro Paese, e qui sono stati costretti a chiedere l'elemosina, a pulire i vetri delle automobili e così via.

La schiavitù dei minori riguarda anche l'Italia

Che fare? Il già citato art. 600 c.p. stabilisce che «se il mantenimento in schiavitù» riguarda un minorenne «la pena è aumentata da un terzo alla metà», e nel 1998 il Codice penale è stato integrato da una legge, che mira a colpire lo sfruttamento sessuale dei minori.

Ci sono altri aspetti della schiavitù dei minori ugualmente gravi perché danneggiano, a volte in modo irreparabile, la dignità e la personalità del bambino. A questo proposito, è frequente anche in Italia il caso di bambini che vengono ceduti per essere utilizzati in azioni di microcriminalità (furti, scippi); in questo caso il padrone del piccolo schiavo approfitta del fatto che fino a 14 anni non si può essere puniti (se un tredicenne commette un furto non può essere arrestato). Si tratta di un caso che rientra nelle *condizioni analoghe alla schiavitù*, e dovrebbero quindi essere puniti sia il genitore che ha ceduto il figlio sia chi l'ha acquistato.

Un bambino lustra le scarpe in strada a Gauhati, India.

Il lavoro forzato o obbligatorio. L'art. 5 Carta UE stabilisce che «nessuno può essere costretto a compiere un lavoro forzato o obbligatorio»; ogni persona è libera di scegliere se svolgere (o meno) un determinato lavoro. Non può essere considerato *lavoro forzato o obbligatorio*:

- il lavoro normalmente richiesto a una persona detenuta;
- il servizio militare o qualunque altro servizio sostitutivo di quello militare;
- qualunque prestazione richiesta in caso di crisi o di calamità, se queste minacciano la vita o il benessere della comunità;
- qualunque lavoro faccia parte dei normali doveri civici.

Ogni persona è libera di scegliere se svolgere (o meno) un determinato lavoro

+ Un'opera lirica

Nabucco di Giuseppe Verdi

Il popolo ebraico, deportato in schiavitù, ricorda in modo struggente la patria perduta

Giuseppe Verdi, nato a Roncole di Busseto (Parma) nel 1813 e morto a Milano nel 1901, è uno dei più grandi compositori lirici di tutti i tempi.

Il *Nabucco* venne per la prima volta rappresentato alla Scala di Milano nel 1842, con immenso successo. Il libretto dell'opera, scritto da Temistocle Solera, contiene solo vaghi riferimenti alla Bibbia.

Il *Nabucco* narra ascese e cadute del re Nabuccodonosor (604-562 a.C.), che portò l'impero babilonese al massimo della potenza e dello splendore; in particolare, Nabuccodonosor sottomise la Palestina, conquistando Gerusalemme nel 586 a.C., e deportò in schiavitù il popolo ebraico.

Il coro che segue (scena quarta della parte III) rappresenta il nucleo spirituale dell'opera: gli ebrei, incatenati e costretti al lavoro, ricordano in modo struggente la patria perduta.

«[...] Va, pensiero, sull'ali dorate;
va, ti posa sui clivi, sui colli,
ove olezzano tepide e molli
l'aure dolci del suolo natal!
Del Giordano le rive saluta,
di Sionne le torri atterrate...
Oh, mia patria sì bella e perduta!
Oh, membranza sì cara e fatal!
Arpa d'or dei fatidici vati,
perché muta dal salice pendi?
Le memorie nel petto raccendi,
ci favella del tempo che fu!

O simile di Solima ai fati
traggi un suono di crudo lamento,
o t'ispiri il Signore un concento
che ne infonda al patire virtù! [...]»

SINTESI

La Carta UE dei diritti fondamentali

- La **Carta UE** (par. **1**), che è vincolante dal 2009, afferma che la **dignità umana** (par. **2**) è inviolabile.

Il diritto alla vita

- I **diritti della personalità** (par. **2**) sono diritti assoluti e nessuno può esserne privato.
- La legge n. 219 del 2017 stabilisce che nessun trattamento sanitario può essere iniziato o proseguito senza il **consenso informato** (par. **3**) della persona interessata. Ogni persona ha il diritto di conoscere la propria situazione clinica.
- Con le **Disposizioni anticipate di trattamento, DAT** (par. **3**) una persona, capace di intendere e di volere, stabilisce in anticipo il comportamento che i medici dovranno tenere nel caso di una sua futura malattia, incurabile e invalidante.

L'integrità della persona

- Ogni persona ha diritto alla propria **integrità fisica e psichica** (par. **4**).
- È severamente vietato il **commercio di organi** (par. **4**). Una legge del 1999 prevede la possibilità del silenzio assenso in materia di trapianto, ma tale legge è tuttora disapplicata.
- La Carta UE prevede il **divieto delle pratiche eugenetiche** (par. **4**) aventi come scopo la selezione delle persone.
- La **clonazione** (par. **5**) è l'inserimento di una cellula donata in un'altra cellula, già fecondata, in modo da ottenere un soggetto con un patrimonio genetico identico. La Carta UE vieta la clonazione riproduttiva degli esseri umani, ma non esclude la clonazione fra gli animali.

La pena di morte

- In base alla Carta UE, «nessuno può essere condannato alla pena di morte» o «giustiziato». Attualmente la **pena di morte** (par. **6**) è ammessa in circa 70 Stati. L'art. 27 Cost. vieta la pena di morte sia in tempo di guerra sia in tempo di pace.

Si distingue fra

- Paesi abolizionisti per legge → La pena di morte è vietata
- Paesi abolizionisti di fatto → Non si praticano esecuzioni da almeno 10 anni

- In base alla Carta UE nessuno può essere sottoposto a **tortura** (par. **7**); però la pratica della tortura è presente sia nei regimi autoritari sia nei Paesi democratici. Le donne e i bambini sono le principali vittime della tortura.

La schiavitù

- Si ha la **schiavitù di diritto** (par. **8**) quando una persona è considerata una cosa di proprietà di qualcuno, e si trova in uno stato di soggezione che la priva della dignità umana.
- La **schiavitù di fatto** (par. **8**) si verifica quando una persona costringe un'altra al proprio servizio; si parla in questo caso di «condizione analoga alla schiavitù». Fra le varie forme di schiavitù di fatto, particolarmente grave è la **schiavitù dei minori** (par. **8**), che riguarda anche il nostro Paese: un minore è «schiavo» quando viene sfruttato.

1 Verifica le tue conoscenze

Risolvi le seguenti **scelte multiple** indicando la risposta esatta fra quelle possibili.

A

In Italia

1 è permessa solo l'eutanasia attiva

2 è permessa solo l'eutanasia passiva

3 l'eutanasia è un reato

B

Negli Stati Uniti la pena di morte

1 è vietata

2 è applicata in 30 su 50 Stati federati

3 è applicata in tutti gli Stati federati

1 La tortura

A non è più praticata
B è praticata in molti Paesi
C è praticata solo negli Stati totalitari
D è praticata solo negli Stati democratici

2 Con le DAT una persona stabilisce il comportamento che i medici devono adottare in caso di

A malattia incurabile della persona
B futura malattia incurabile della persona
C malattia incurabile di un familiare
D futura malattia incurabile di un familiare

3 La personalità inizia

A con la nascita
B con la morte
C col riconoscimento da parte dei genitori
D col riconoscimento da parte dello Stato

4 La Carta UE vieta

A il trapianto degli organi
B la donazione degli organi
C l'espianto degli organi
D il commercio degli organi

5 La schiavitù di diritto si verifica quando

A una persona è considerata una cosa
B una persona è in una condizione analoga alla schiavitù
C un minore viene sfruttato
D si ha la tratta degli esseri umani

6 La pena di morte

A è vietata dalla Costituzione
B è prevista dalla Costituzione solo per reati gravissimi
C è vietata dalla Costituzione solo in tempo di pace
D è prevista dalla Costituzione, ma non è mai stata applicata

2 Misura le tue abilità

Rispondi e motiva la tua risposta in ogni caso proposto.

1 L'eutanasia è l'interruzione della gravidanza V F

______

2 La tortura è stata proibita per la prima volta dalla Carta UE V F

______

3 In Italia è permessa la sperimentazione sugli embrioni umani V F

____

4 In alcuni Paesi è prevista la pena di morte anche per reati minori V F

____

5 La schiavitù di fatto non è punita dal diritto italiano V F

____

6 L'eugenetica è un ramo della genetica V F

____

3 Valuta le tue competenze

Risolvi i casi concreti, mettendo in pratica ciò che hai imparato.

1 Distinguere fra eutanasia attiva e passiva in un dibattito televisivo.

A una trasmissione televisiva si stanno confrontando due medici:

- il primo medico dichiara: «Finché il malato è in vita, io mi rifiuto di sospendere le cure!»;
- il collega ribatte: «Non sono d'accordo. In certi casi sarebbe opportuno "staccare la spina" per risparmiare inutili sofferenze!».

▸ **I due medici stanno parlando di eutanasia attiva o passiva?**

2 Riconoscere, nella tragica esperienza di un conoscente, la mancata attuazione della legge sulla donazione degli organi.

È morto in un incidente stradale il fratello di un tuo vicino, che parla fra le lacrime: «Ho sentito tante volte mio fratello dire che, nel caso, avrebbe voluto donare i suoi organi!». La vedova però si oppone alla donazione.

▸ **L'attuale normativa consente questa donazione degli organi?**

3 Esplicitare la tua posizione sulla pena di morte durante un'assemblea studentesca.

A un'assemblea di istituto stanno intervenendo i favorevoli e i contrari alla pena di morte.

▸ **Qual è la tua posizione? Con quali argomentazioni la difendi?**

4 Valutare l'esistenza della tortura legalizzata, ascoltando un politico.

Un politico in televisione afferma: «In caso di furto certi Paesi non perdono tempo con il carcere: tagliano la mano al ladro!».

▸ **È un caso di tortura legalizzata?**

5 Riconoscere la schiavitù di fatto di un minore, in base a un'esperienza personale.

Un ragazzino ti ha rubato lo smartphone ed è fuggito. Inutilmente hai tentato di raggiungerlo. Un passante ha assistito alla scena ed esclama: «Basta! Siamo schiavi di questa microcriminalità!».

▸ **Secondo il Codice penale chi è il vero «schiavo»?**

Idee a confronto

A casa 1 ora | In aula 20 minuti

4 Partendo dal caso proposto, approfondisci l'argomento per partecipare al dibattito in classe

Come si è visto, la legge n. 219 del 2017 ha introdotto le Disposizioni anticipate di trattamento (DAT), per consentire l'esercizio del consenso informato nel caso in cui una persona si dovesse trovare in stato vegetativo oppure affetto da patologie che ne annullano la coscienza. Sul sito della Camera dei deputati si legge: «La redazione delle DAT può avvenire in diverse forme: atto pubblico; scrittura privata autenticata; scrittura privata consegnata personalmente dal disponente presso l'ufficio dello stato civile del proprio Comune di residenza, che provvede all'annotazione in un apposito registro, ove istituito».

→ ***Questa legge ha creato un forte dibattito nella dottrina giuridica e all'interno della società civile. Secondo te, quali sono i lati positivi e i potenziali pericoli di questa norma?***

CAPITOLO

B2 La libertà

NUCLEI ESSENZIALI

- La libertà personale e di circolazione
- Il diritto alla privacy
- La libertà di espressione e di religione
- La libertà di associazione
- Il diritto di proprietà

A te la parola! 15 minuti

La storia ci ha insegnato che i diritti e le libertà dei cittadini rappresentano la conquista di un'epoca relativamente recente. Basta ricordare che la *Carta dei diritti fondamentali dell'Unione europea* ha acquisito solo nel 2009 lo stesso valore giuridico dei trattati.

→ *Quali sono le più importanti raccolte di diritti tramandate dal Medioevo a oggi? Fai una ricerca online e scrivi un elenco, descrivendo le caratteristiche di ogni documento e il periodo storico a cui risale.*

Con l'aiuto dell'insegnante e in piccoli gruppi prova a esporre il tuo punto di vista.

1 La libertà personale

NUCLEI ESSENZIALI

La tutela della libertà personale. In base all'art. 6 Carta UE, «ogni persona ha diritto alla libertà e alla sicurezza».

> La libertà personale è inviolabile

Si tratta di un principio affermato anche dall'art. 13 Cost., che riconosce e garantisce i diritti di libertà alla persona, intesa come singolo e come membro della collettività. Nel nostro Paese il diritto di libertà è un «diritto inviolabile», che non può essere abolito neppure con una modifica costituzionale.

Per assicurare l'osservanza delle norme lo Stato può fare uso della forza, ma tale potere è rigorosamente limitato dalla Costituzione che, per tutelare il cittadino, impedisce qualsiasi forma «di detenzione, di ispezione o perquisizione personale» e «qualsiasi altra restrizione della libertà personale, se non per atto motivato dell'autorità giudiziaria e nei soli casi e modi previsti dalla legge»: solo la Magistratura può limitare la libertà personale.

Un cittadino può essere privato della libertà personale solo dopo essere stato condannato con sentenza definitiva; esistono però due eccezioni: il fermo di polizia e la custodia cautelare.

Il fermo di polizia. Il fermo di polizia è l'unico caso in cui un cittadino può essere soggetto a restrizione della libertà personale senza che la Magistratura ne sia a conoscenza.

> Col fermo di polizia le autorità di pubblica sicurezza effettuano un arresto senza l'autorizzazione del giudice

Le autorità di pubblica sicurezza (Polizia di Stato, Arma dei Carabinieri e Guardia di Finanza) non possono effettuare alcun arresto, senza aver prima ottenuto l'autorizzazione del giudice, a parte i «casi eccezionali di necessità e urgenza», in cui è ammesso il fermo di polizia.

Il *fermo di polizia* è possibile solo in caso di flagranza di reato (quando una persona è colta sul fatto) o di gravi indizi (quando una persona è fortemente sospettata di reati molto gravi). Per esempio, se una pattuglia dei Carabinieri coglie Mario Rossi nel momento in cui commette un furto, può procedere al suo arresto immediato, senza dover attendere l'autorizzazione del giudice.

Il fermo di polizia deve essere comunicato al magistrato entro 48 ore e, se non è convalidato entro le 48 ore successive, il provvedimento deve essere revocato: il fermo di polizia non può superare le 96 ore.

CLIL LAWS AND RIGHTS
F.D. Roosevelt's «Four Freedoms» Speech

La custodia cautelare. La custodia cautelare è l'altro caso in cui un cittadino può essere privato della libertà personale, prima di essere stato condannato in un processo. Esiste però una differenza rispetto al fermo di polizia: la custodia cautelare è stabilita dalla Magistratura, che ne è quindi a conoscenza.

La custodia cautelare è il periodo di tempo fra l'arresto e la sentenza definitiva

Se un giudice autorizza le forze di polizia a effettuare un arresto, un cittadino si trova in stato di detenzione prima di essere stato condannato in un regolare processo (dal quale potrebbe anche emergere la sua innocenza). Si parla in questo caso di *custodia cautelare*, o *carcerazione preventiva*, che non può superare i limiti massimi stabiliti dalla legge. In altri termini, la custodia cautelare è il periodo di tempo fra l'arresto e la sentenza definitiva.

La custodia cautelare può essere decisa dal giudice per il timore di una fuga dell'imputato, oppure perché esiste il pericolo che l'imputato commetta altri reati.

«La custodia cautelare è considerata, agli effetti della detrazione, come reclusione» (art. 137 c.p.); per esempio, se Mario Rossi viene condannato a 5 anni di reclusione, dopo aver trascorso 2 anni di custodia cautelare, deve ancora scontare 3 anni di reclusione. Va anche precisato che non può essere mantenuta la custodia cautelare in carcere quando l'imputato ha superato i 70 anni o è gravemente malato; in questo caso il giudice deve disporre gli «arresti domiciliari».

Per limitare il periodo di carcerazione preventiva, sarebbe sufficiente che i processi si svolgessero in tempi brevi: la lunghezza della custodia cautelare è causata dall'inefficienza della giustizia italiana (si pensi che, alla fine del 2019, il 65% dei detenuti era in attesa di una sentenza definitiva).

Vincent Van Gogh (1853-1890), *La ronda dei carcerati*. Il dipinto, caratterizzato dal moto circolare, apatico e ripetitivo, dei carcerati, in un oscuro cortile circondato da alte mura, è percorso da un'atmosfera angosciante e allucinata che soffoca qualsiasi speranza.

Un cittadino può essere privato della libertà personale solo dopo una sentenza definitiva con due eccezioni

- Il fermo di polizia, che non può superare 96 ore
- La custodia cautelare, che intercorre fra l'arresto e la sentenza definitiva

2 La libertà di circolazione

NUCLEI ESSENZIALI

L'inviolabilità del domicilio. L'art. 7 Carta UE sancisce il diritto all'inviolabilità del domicilio, quando afferma che «ogni individuo ha diritto al rispetto della propria vita privata e familiare, del proprio domicilio e delle sue comunicazioni».

Il domicilio è inviolabile

Nel Volume primo abbiamo visto che il domicilio è il luogo in cui una persona ha stabilito la sede principale dei suoi affari; invece, in questo caso, il concetto è più ampio: per *domicilio* si deve intendere qualsiasi luogo in cui una persona vive e svolge le sue attività (casa, albergo, posto di lavoro).

L'inviolabilità del domicilio è un aspetto della libertà personale; ogni cittadino ha diritto che il proprio domicilio resti immune da «ispezioni o perquisizioni o sequestri» (art. 14 Cost.), che possono avvenire solo su autorizzazione dell'autorità giudiziaria.

La libertà di comunicazione. Ogni persona ha diritto alla libertà e alla segretezza della corrispondenza e di ogni altra forma di comunicazione.

È proibita l'intercettazione di ogni tipo di comunicazione (posta, telefono, telefax, cellulare, e-mail), a meno che la limitazione avvenga «per atto motivato dell'autorità giudiziaria con le garanzie stabilite dalla legge» (art. 15 Cost.). Per esempio, la Polizia può effettuare un'intercettazione telefonica solo dopo aver ottenuto l'autorizzazione del giudice.

La diffusione dei telefoni cellulari e di internet sta modificando la libertà di comunicazione, perché diventa sempre più difficile per il cittadino tutelare la segretezza delle proprie comunicazioni; basta pensare alla facilità con cui è possibile identificare i siti online visitati da un utente o le e-mail ricevute e inviate.

Ogni persona ha diritto alla libertà e alla segretezza di ogni forma di comunicazione

Nell'era di internet è sempre più difficile tutelare la segretezza della comunicazione.

La libertà di circolazione. La libertà personale comporta la libertà di circolazione e di soggiorno: «ogni cittadino dell'Unione ha il diritto di circolare e di soggiornare liberamente nel territorio degli Stati membri» (art. 45 Carta UE).

Questo diritto è esplicitamente riconosciuto anche dall'ordinamento italiano, perché ogni cittadino è «libero di uscire dal territorio della Repubblica e di rientrarvi» (art. 16 Cost.).

Una lettura

La peste di Albert Camus

Nessuno può muoversi dalla città di Orano, assediata dalla peste. La libertà di circolazione non esiste più: la vita non esiste più!

Albert Camus (1913-1960), Premio Nobel per la letteratura nel 1957, è uno dei grandi esponenti dell'esistenzialismo francese.

Camus inizia a scrivere *La peste* (*La pèste*) nel 1941, ma il romanzo verrà pubblicato solo nel 1948. *La peste* è una metafora, che ha come costante riferimento la Resistenza francese (in cui ha militato lo stesso Camus) contro l'occupazione nazista: il vero «flagello» è l'esercito di Hitler.

Il romanzo racconta della città di Orano, centro portuale dell'Algeria, colpita da un'epidemia inesorabile e crudele: la peste. Per impedire il diffondersi dell'epidemia, un cordone sanitario circonda Orano, che si trova isolata dal resto del mondo. Nessuno può muoversi dalla città, assediata dalla peste. La libertà di circolazione non esiste più: la vita non esiste più! Il dolore per questa «carcerazione» affiora in ogni pagina di Camus.

«Da questo momento in poi, si può dire che la peste fu cosa nostra, di tutti. Sino a qui, nonostante lo stupore e l'inquietudine suscitati da quei singolari avvenimenti, ciascuno dei nostri concittadini aveva proseguito le sue occupazioni, come gli era stato possibile, al suo solito posto. E certamente questo doveva continuare; ma una volta chiuse le porte, si accorsero di essere tutti, e anche lo stesso narratore, presi nel medesimo sacco e che bisognava cavarsela. In tal modo, ad esempio, un sentimento sì individuale come la separazione da una persona cara diventò subito, sin dalle prime settimane, lo stesso di tutto un popolo, e, insieme con la paura, la principale sofferenza di quel lungo periodo d'esilio.

Una delle conseguenze più notevoli della chiusura delle porte fu, infatti, la subitanea separazione in cui si trovarono persone che non vi erano preparate. Madri, figli, sposi, amanti che avevano creduto, alcuni giorni prima, di procedere a una temporanea separazione, che si erano abbracciati sulla banchina della nostra stazione con due o tre raccomandazioni, sicuri di rivedersi pochi giorni o poche settimane dopo [...], si videro di colpo allontanati senza rimedio, impediti di raggiungersi o di comunicare. La chiusura era stata fatta alcune ore prima che il decreto prefettizio fosse pubblicato [...]».

[A. Camus, *La peste*, Bompiani, Milano, 1985, p. 51.]

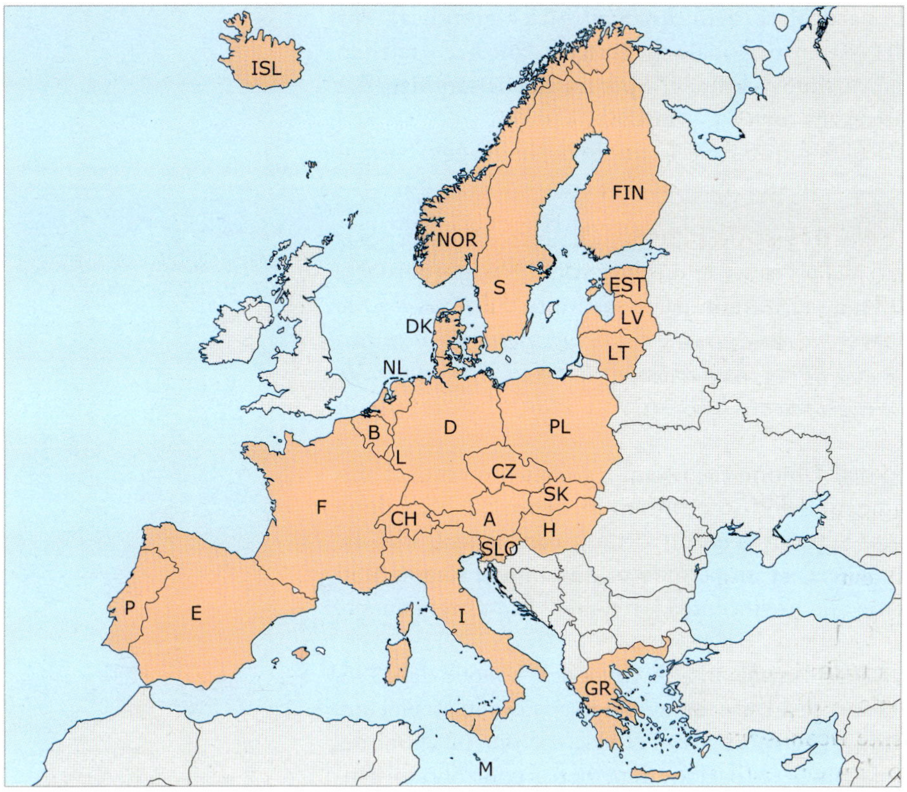

La Convenzione di Schengen (dal nome di una città del Lussemburgo in cui sono stati firmati i primi accordi) prevede la libera circolazione delle persone all'interno dei Paesi aderenti e quindi la creazione di una frontiera esterna unica, lungo la quale i controlli all'ingresso vengono effettuati secondo procedure identiche.

Limiti alla libertà di circolazione e di soggiorno possono essere posti solo «per motivi di sanità e di sicurezza». Per esempio, si può impedire l'accesso a una zona per evitare il contagio di una malattia infettiva, oppure si può imporre a una persona pericolosa di non abbandonare una determinata città.

«Nessuna restrizione può essere determinata da ragioni politiche», a differenza di quanto avveniva durante il fascismo quando gli oppositori politici erano mandati al confino in sperduti paesini.

La Convenzione di Schengen. Nel 1995 è entrata in vigore la Convenzione di Schengen (Lussemburgo), dove nel 1990 Francia, Germania, Belgio, Olanda e Lussemburgo si accordarono per istituire uno spazio di libera circolazione delle persone, senza la necessità di esibire il passaporto alle frontiere.

La Convenzione di Schengen regola la circolazione e il soggiorno nell'Unione europea

Negli anni seguenti altri Stati hanno aderito alla Convenzione, tanto che oggi sono 29 i Paesi che partecipano allo *spazio di Schengen*. In particolare hanno aderito:

- 25 Paesi dell'Unione europea (con l'eccezione dell'Irlanda e della Croazia);
- Norvegia, Islanda, Svizzera e Liechtenstein (che non sono membri dell'Unione).

3 Il diritto alla privacy

NUCLEI ESSENZIALI

La privacy. Ogni persona ha il *diritto alla privacy*, che è la protezione dei dati di carattere personale.

Ogni persona ha il diritto alla privacy, che è la protezione dei dati di carattere personale

Sia gli enti pubblici (un ospedale) sia le istituzioni private (un'impresa) costituiscono *banche dati* per la loro attività, che viene facilitata da questi archivi informatizzati. Per esempio, se la banca X di Milano deve concedere un prestito a un correntista di una filiale di Torino della stessa banca X, può ottenere tutti i dati necessari premendo un tasto del computer.

La divulgazione di tali dati potrebbe però violare i diritti dei cittadini; ne consegue che ogni persona deve sapere che i suoi dati sono registrati, e deve esplicitamente autorizzarne l'utilizzo. In particolare, ogni persona (fisica o giuridica) «ha diritto alla protezione dei dati di carattere personale che la riguardano», e «tali dati devono essere trattati secondo il principio di lealtà», «per finalità determinate», e con il consenso della persona interessata (art. 8 Carta UE).

Si tratta della *tutela della privacy*, un termine che è entrato nel linguaggio corrente per indicare la nostra vita privata, la nostra riservatezza e la nostra intimità.

Il *Regolamento UE n. 679 del 2016* sulla privacy. Il nostro Paese ha per la prima volta riconosciuto il diritto alla privacy con una legge del 1996, poi abrogata dal Codice della privacy del 2004, a sua volta in parte sostituito dal *Regolamento UE n. 679/2016 relativo alla protezione delle persone fisiche con riguardo al trattamento dei dati personali, nonché alla libera circolazione di tali dati e che abroga la direttiva 95/46/CE* (d'ora in poi *Regolamento UE n. 679 del 2016*) che è entrato in vigore il 25 maggio 2018.

Il *Regolamento UE n. 679 del 2016* sulla privacy è entrato in vigore il 25 maggio 2018

Una precisazione. Nel diritto dell'Unione europea il regolamento entra subito in vigore: perché questo regolamento del 2016 è entrato in vigore due anni dopo rispetto alla data di approvazione? Si tratta di un'importante eccezione. L'Unione europea ha ritenuto opportuno concedere un periodo di due anni ai singoli Stati per adeguare le normative interne alle novità introdotte, che sono estremamente complesse.

Il *Regolamento UE n. 679 del 2016* cancella una direttiva dell'Unione del 1995, adottata quando internet non era ancora diffuso, quando non esistevano i social media... Le tecnologie che si sono diffuse negli ultimi anni e l'internazionalizzazione dei flussi di dati hanno aumentato il rischio per le persone di perdere il controllo sui propri dati. Il *Regolamento UE n. 679 del 2016* cerca di dare una risposta a queste sfide.

La normativa sulla privacy. Il *Regolamento UE n. 679 del 2016* tutela tutte le informazioni relative alla persona, e limita la possibilità di far conoscere a soggetti diversi dall'interessato i *dati personali* (data di nascita, indirizzo, situazione familiare, stato di salute, attività lavorativa, idee politiche, religione professata).

Il trattamento dei dati personali deve avvenire nel rispetto dei diritti e della dignità della persona

In base al *Regolamento UE n. 679 del 2016*, l'interessato ha il diritto:

- di conoscere gratuitamente l'esistenza di eventuali trattamenti dei suoi dati;
- di accedere ai dati raccolti che lo riguardano;
- a un trattamento lecito, corretto e trasparente dei suoi dati;
- a far rettificare i dati personali inesatti che lo riguardano;
- a far cancellare i dati personali non più necessari (diritto all'oblio);
- a fare opposizione al trattamento dei suoi dati, per esempio se questi vengono utilizzati per inviare materiale pubblicitario oppure per effettuare ricerche di mercato.

È punito con la reclusione (fino a 2 anni) chiunque diffonda dati personali, violando la normativa sulla privacy.

La comunicazione e la diffusione dei dati sono invece permesse:

- se sono necessarie per finalità di ricerca scientifica;
- se sono utilizzate dall'autorità giudiziaria per la prevenzione, l'accertamento e la repressione di reati;
- se sono richieste per la difesa e la sicurezza dello Stato.

Il *Garante per la protezione dei dati personali*. La figura del *Garante per la protezione dei dati personali* (d'ora in poi *Garante*) è stata introdotta dalla legge del 1996 ed è stata confermata dal *Regolamento UE n. 679 del 2016*. È un'autorità indipendente che deve tutelare i diritti degli interessati. Il *Garante* è un organo collegiale, costituito da quattro membri eletti dal Parlamento per sette anni, che opera in piena autonomia.

Il *Garante per la protezione dei dati personali* è un'autorità indipendente che deve tutelare i diritti degli interessati

Le principali funzioni del *Garante* sono:

- controllare e vigilare sul rispetto della normativa sulla privacy;
- denunciare le violazioni della privacy che costituiscono reati perseguibili d'ufficio;

B2

La privacy nel mondo della scuola

Il Regolamento UE n. 679 del 2016 (detto anche GDPR, ovvero *General Data Protection Regulation*) contiene le disposizioni a tutela dei dati personali e, come vediamo nel capitolo B2, ribadisce alcuni principi per garantire il corretto trattamento dei dati raccolti. Ogni giorno si gestiscono grandi quantità di dati, sia in forma cartacea sia in forma digitale, e il mondo della scuola non fa eccezione.

Ogni mattina al suono della campanella l'insegnante utilizza il registro (digitale o cartaceo) per capire chi sia presente e chi assente. Il semplice appello fatto in classe coinvolge numerosi dati personali comuni, come per esempio il nome e cognome dei singoli studenti. Si tratta di dati personali che sono contenuti non solo nel registro, ma anche nei database degli uffici amministrativi scolastici e negli archivi cartacei della scuola... e pure nelle rubriche dei vostri telefoni cellulari!

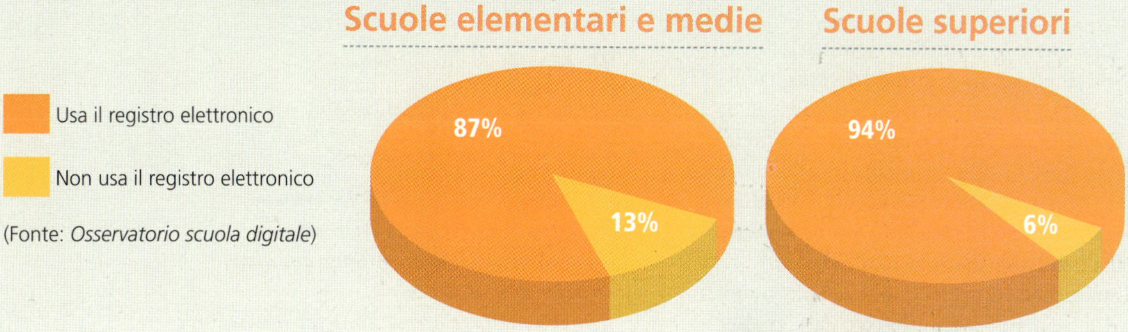

(Fonte: *Osservatorio scuola digitale*)

Il nuovo Regolamento UE in materia di privacy prevede **una tutela particolare e rafforzata per i giovani**.

La popolazione scolastica complessiva si aggira attorno ai **2 534 938 studenti nella scuola secondaria pubblica** e **112 119 in quella privata**... e altrettanti dati personali! (Fonte: *ISTAT*)

Per i minori di 14 anni il trattamento dei dati (e per dati si intendono anche le immagini!) è lecito solo se il consenso a questo trattamento è espresso da un genitore.

Dopo il compimento dei 14 anni, il trattamento dei dati è consentito a seguito della prestazione di un valido consenso da parte dell'interessato minorenne.

Come buona norma, occorre leggere con molta attenzione le informazioni sul trattamento dei dati personali richiesti dai social media (per esempio il nome, il cognome, la data di nascita, l'indirizzo email ecc.) e accertarsi che il linguaggio usato per descrivere l'uso dei dati personali sia chiaro e comprensibile.

Una canzone

Privacy

di Michael Jackson

Michael Jackson rivendica con forza una cosa che la vita gli ha sempre negato: la privacy!

Michael Joseph Jackson (Gary, 1958-Los Angeles, 2009) è stato un cantautore, ballerino, coreografo, produttore discografico, attore, sceneggiatore...: Michael Jackson è Michael Jackson! Pensiamo a Michael mentre fa il *moon-walk*: chi lo definirebbe solo un «ballerino»?

Dopo aver iniziato la sua straordinaria carriera a soli cinque anni nel gruppo di famiglia (Jackson Five), Michael comincia la sua attività da solista nel 1972. Tralasciamo gli infiniti premi ricevuti. Poche parole e qualche dato: *Thriller* (1982) è tuttora l'album più venduto nella storia della musica e Michael Jackson ha venduto più di un miliardo di copie in carriera.

L'incredibile genialità di uno dei più grandi artisti di sempre è stata offuscata dall'ignobile accusa di pedofilia. Anche in questo caso riportiamo solo i fatti: Jackson viene processato nel 2005, ma alla fine viene assolto da tutti i dieci capi d'accusa.

Nel 2001 Michael Jackson scrive una canzone in cui rivendica con forza una cosa che la vita gli ha sempre negato: la privacy! Il testo di *Privacy* è decisamente duro, Michael sa che la sua disperata richiesta «I need my privacy» non sarà mai rispettata né in vita né in morte.

Privacy

Testo e musica: Michael Jackson
Sony BMG, 2001

I need my privacy, I need my privacy
So paparazzi, get away from me
Some of you still wonder why, one of my friends had to die
To get a message across, that yet you haven't heard
My friend was chased and confused, like many others I knew [...]
No there's a lesson to learn, respect's not given, it's earned
Stop maliciously attacking my integrity [...]

- vietare e bloccare gli atti in violazione della privacy che possono arrecare un danno agli interessati.

Il *Garante* svolge anche una funzione di tutela dei dati personali in alternativa al giudice ordinario. Il soggetto che ritiene di aver subito un pregiudizio dal trattamento dei suoi dati, può scegliere se rivolgersi al giudice ordinario oppure al *Garante*; nell'ipotesi in cui l'interessato scelga il giudice ordinario non potrà più rivolgersi al *Garante* (e viceversa).

4 La libertà di espressione

NUCLEI ESSENZIALI

La libertà di manifestazione del pensiero. Ogni persona ha il diritto di manifestare liberamente il proprio pensiero. Secondo l'art. 10 Carta UE «ogni persona ha diritto alla libertà di espressione», che consiste nella «libertà di opinione» e nella «libertà di ricevere o di comunicare informazioni o idee».

Ogni persona ha il diritto di manifestare liberamente il proprio pensiero

La libertà di informazione. L'art. 11 Carta UE sottolinea che «la libertà dei media e il loro pluralismo sono rispettati»: non si ha libertà di espressione se i mezzi di informazione (stampa, radio, televisione, internet) sono controllati, e non sono liberi di informare le persone.

La libertà di informazione può essere limitata solo in casi particolari, che devono essere espressamente previsti dalle leggi. In particolare, in Italia:

- il contenuto dell'informazione non può essere in contrasto con la sensibilità dell'opinione pubblica in materia di decenza e di pudore; per esempio non si possono mostrare immagini oscene in un telegiornale;
- l'informazione non può danneggiare i diritti altrui; per esempio, l'onore e il prestigio della persona devono essere rispettati, per non incorrere nel reato di diffamazione (se viene offesa durante un dibattito televisivo, una persona può chiedere il risarcimento per danni);
- il diritto all'informazione non può giustificare la diffusione di notizie riservate; per esempio, è proibita la rivelazione di segreti di Stato, per il danno che subirebbe la collettività (non si può divulgare alla radio un piano antiterrorismo predisposto dal Governo).

La libertà di informazione può essere limitata solo in casi particolari

La libertà di stampa. L'attività editoriale è libera, e non è soggetta ad alcuna forma di censura preventiva: per pubblicare un articolo non occorre alcuna autorizzazione.

La stampa non è sottoposta ad alcuna autorizzazione

La libertà di stampa non giustifica l'anonimato: tutte le pubblicazioni devono contenere delle indicazioni (editore e direttore responsabile), tali da poter identificare i colpevoli in caso di reato (se si ritiene diffamata da un articolo, una persona può denunciare il direttore del giornale).

Nell'ambito della «carta stampata» deve essere garantito il pluralismo dell'informazione: il cittadino deve avere la possibilità di scegliere fra giornali di diversa impostazione politica. Si tratta di un principio solo parzialmente attuato perché, a causa degli alti costi dell'attività editoriale, gli organi di stampa sono concentrati nelle mani di pochi gruppi di grandi dimensioni.

Negli ultimi anni, la televisione è diventata il sistema di comunicazione più diffuso e quindi, per gli interessi che coinvolge, anche il più delicato da regolamentare. Nella foto, uno studio di regia televisiva.

L'informazione radio-televisiva in Italia. Dagli anni Sessanta del secolo scorso, il principale strumento d'informazione è rappresentato dalla televisione, che non poteva ovviamente essere prevista dai Costituenti.

In Italia per molto tempo è mancata una regolamentazione dell'informazione radio-televisiva che, per circa vent'anni, è stata gestita in regime di monopolio pubblico dalla *Radio televisione italiana* (Rai).

Nel 1976 la Corte costituzionale ha considerato illegittimo il monopolio radio-televisivo e, nello stesso tempo, ha invitato il Parlamento a regolamentare l'emittenza privata, in modo da garantire un'informazione pluralista.

Nel 1997 è stata istituita l'*Autorità per le garanzie nelle comunicazioni* (Agcom), formata da quattro commissari, nominati dal Presidente della Repubblica (su indicazione del Parlamento), che durano in carica sette anni. L'Agcom deve regolamentare il settore radio-televisivo in modo da tutelare il pluralismo informativo, l'obiettività e la completezza dell'informazione.

La regolamentazione dell'informazione radio-televisiva è ancora inadeguata, perché il settore è dominato dai *network*, cioè da potenti gruppi privati che controllano sia giornali sia reti televisive. Assicurare un'informazione televisiva pluralista è molto difficile, anche per l'incalzare delle nuove tecnologie (TV digitale, TV satellitare).

Diritto di cronaca o diritto alla privacy? I limiti all'informazione provocano spesso polemiche: deve prevalere il diritto di cronaca o il diritto alla privacy?

Il diritto di cronaca prevale sul diritto alla privacy se i fatti sono veri e hanno utilità sociale

Si pensi a un articolo che svela le illegalità commesse da un indagato: da una parte è possibile accusare il giornalista di aver violato il segreto istruttorio, dall'altra si può obiettare che è stato esercitato il diritto di cronaca, perché i cittadini devono essere informati su tutto.

Una sentenza della Corte di cassazione del 1998 ha stabilito che il diritto di cronaca prevale sul diritto alla privacy se «i fatti sono veri, di interesse pubblico» e la notizia presenta «una propria utilità sociale».

5 La libertà di religione

NUCLEI ESSENZIALI

La libertà di culto nell'Unione. L'art. 10 Carta UE stabilisce che ogni persona ha «la libertà di cambiare religione o credo, così come la libertà di manifestare la propria religione o il proprio credo individualmente o collettivamente, in pubblico o in privato, mediante il culto, l'insegnamento, le pratiche e l'osservanza dei riti».

La Carta UE e la Costituzione stabiliscono che tutti hanno il diritto di professare liberamente la propria fede religiosa

La libertà di culto in Italia. In base all'art. 8 Cost. tutte le confessioni religiose, non solo quella cattolica, «sono ugualmente libere» davanti alla legge, e hanno il diritto di «organizzarsi secondo i propri statuti, in quanto non contrastino con l'ordinamento giuridico italiano». La Costituzione sottolinea che tutti i culti sono liberi, purché «non si tratti di riti contrari al buon costume».

La Carta UE e la Costituzione vogliono creare una tolleranza reciproca, che impedisca il formarsi di tensioni fra i seguaci di religioni diverse.

Va precisato che *libertà di culto* significa anche libertà di non professare alcuna religione: nessuno, in quanto ateo, può subire discriminazioni o imposizioni.

Stato italiano e Chiesa cattolica. I rapporti fra lo Stato italiano e la Chiesa cattolica sono regolati dal *diritto ecclesiastico*, che si basa su un sistema concordatario in cui esiste una rigida distinzione fra il potere civile (che spetta esclusivamente allo Stato) e il potere spirituale (che è riservato alla Chiesa cattolica).

Attraverso i concordati, lo Stato e la Chiesa si accordano per regolamentare quelle materie che rientrano sotto la sfera di competenza di entrambi (istruzione, matrimonio religioso).

I rapporti fra Stato italiano e Chiesa cattolica sono regolati dal diritto ecclesiastico, che si basa su un sistema concordatario

Il sistema concordatario separa

- Il potere civile riservato allo Stato italiano
- Il potere spirituale riservato alla Chiesa cattolica

Per saperne di più

Il sistema separatista e il sistema concordatario

I rapporti fra Stato e Chiesa possono essere regolati in base a due sistemi: il separatista e il concordatario

La Chiesa è l'organizzazione di tutti coloro che professano una determinata fede religiosa, sotto il governo spirituale di un'autorità ecclesiastica. La Chiesa, come ordinamento giuridico, è sempre stata considerata un soggetto dell'ordinamento internazionale.

I rapporti fra lo Stato e la Chiesa possono essere regolati dal diritto internazionale in base a due diversi sistemi: il separatista e il concordatario.

Nel sistema separatista, presente negli Stati Uniti, lo Stato garantisce un'assoluta libertà in campo spirituale, ma nessuna Chiesa si trova in una posizione di privilegio rispetto alle altre. In campo religioso si manifesta la libertà dei cittadini (libertà religiosa), come avviene in altri settori della vita sociale.

I concordati sono trattati internazionali che possono essere stipulati solo fra uno Stato e una Chiesa; il diritto ecclesiastico italiano si basa su un sistema concordatario.

Il diritto ecclesiastico non deve essere confuso col diritto canonico, che è l'ordinamento giuridico della Chiesa cattolica e che vale solo all'interno di questa. Per esempio, la norma che proibisce ai sacerdoti di contrarre il matrimonio fa parte del diritto canonico e non del diritto ecclesiastico, perché lo Stato italiano si disinteressa di questo problema.

Dall'Unità a oggi, i rapporti fra lo Stato italiano e la Chiesa cattolica sono passati attraverso tre tappe fondamentali: la questione romana, i Patti Lateranensi e il Nuovo Concordato.

La questione romana. Nello Stato Pontificio il Papa esercitava non solo il potere spirituale ma anche il potere civile («potere temporale»): il Papa era a capo sia della Chiesa cattolica sia dello Stato Pontificio, che era un vero e proprio Stato assoluto.

Nel 1870 lo Stato italiano occupò Roma e pose fine allo Stato Pontificio

Con l'Unità d'Italia ebbe inizio la *questione romana*. Poiché Roma si trovava sul territorio del Regno d'Italia, nel 1870 lo Stato italiano decise di occuparla (con la storica «breccia di Porta Pia»), e pose fine allo Stato Pontificio. Lo Stato italiano regolò unilateralmente i rapporti con la Chiesa cattolica, mettendo in pratica la celebre frase di Cavour «libera Chiesa in libero Stato».

Con la *Legge delle guarentigie* (13 maggio 1871) lo Stato italiano riconobbe al Papa una serie di privilegi (chiamati appunto «guarentigie»); in particolare, la sede del Pontefice e gli uffici della Chiesa vennero sottratti alla potestà del Regno d'Italia. Per molti anni, i Papi si rifiutarono di riconoscere questa legge, e i rapporti fra lo Stato italiano e la Chiesa cattolica rimasero conflittuali.

I Patti Lateranensi. Lo Stato e la Chiesa si riconciliarono durante il regime fascista. L'11 febbraio 1929 il Cardinale Pietro Gasparri (Segretario di Stato della Santa Sede) e Benito Mussolini (Presidente del Consiglio) stipularono i *Patti Lateranensi* (così chiamati perché firmati nel Palazzo del Laterano a Roma).

11 febbraio 1929: Benito Mussolini e il cardinale Pietro Gasparri firmano i Patti Lateranensi.

Oltre al riconoscimento dello Stato della Città del Vaticano da parte dello Stato italiano, i Patti Lateranensi:

- consideravano la religione cattolica come l'unica religione statale, e stabilivano il suo insegnamento obbligatorio nella scuola pubblica, e chi non voleva seguirlo doveva chiedere l'esonero;
- riconoscevano gli effetti civili del matrimonio cattolico (matrimonio concordatario).

I Patti Lateranensi furono poi riconosciuti dalla Costituzione, secondo cui lo Stato italiano e la Chiesa cattolica «sono, ciascuno nel proprio ordine, indipendenti e sovrani» (art. 7 Cost.).

Il Nuovo Concordato. Il 18 febbraio 1984 vi fu la revisione dei Patti Lateranensi, con la sottoscrizione del *Nuovo Concordato* fra il Cardinale Agostino Casaroli (Segretario di Stato della Santa Sede) e Bettino Craxi (Presidente del Consiglio).

Col Nuovo Concordato:

- la religione cattolica non è più l'unica religione statale e, quindi, il suo insegnamento diventa facoltativo;
- viene mantenuto il riconoscimento degli effetti civili del matrimonio concordatario;
- viene modificato il rapporto patrimoniale fra lo Stato e la Chiesa cattolica. Coi Patti del 1929 i parroci ricevevano una sovvenzione statale (chiamata congrua), mentre col Nuovo Concordato la Chiesa cattolica si deve autofinanziare con le offerte dei fedeli.

Per ricordare meglio...	**I rapporti fra Stato italiano e Chiesa cattolica**
1870	Breccia di Porta Pia: lo Stato italiano occupa lo Stato Pontificio
1871	Legge delle guarentigie
1929	Firma dei Patti Lateranensi
1948	La Costituzione riconosce i Patti Lateranensi
1984	Nuovo Concordato

6 La libertà di associazione: sindacati e partiti

NUCLEI ESSENZIALI

La libertà di riunione. La *riunione* è un raggruppamento temporaneo di persone.

I cittadini possono riunirsi sia in *luoghi privati* (un'abitazione) sia in *luoghi aperti al pubblico* (un teatro o uno stadio), senza dover chiedere alcuna autorizzazione, purché si tratti di riunione pacifica.

Solo per riunioni in *luoghi pubblici* (una manifestazione sindacale in una piazza) è necessario avvertire le autorità di pubblica sicurezza; si tratta comunque solo di un preavviso, e non devono essere richieste autorizzazioni neppure in questo caso. Le riunioni in luogo pubblico possono essere vietate, o sciolte nel corso del loro svolgimento, solo per «motivi di sicurezza o di incolumità pubblica» (art. 17 Cost.); si pensi a una manifestazione che degenera in disordini, tali da mettere in pericolo la sicurezza delle persone che vi partecipano.

> Le persone hanno il diritto di riunirsi pacificamente

> **Si distingue fra**
> - La riunione che è un raggruppamento temporaneo di persone
> - L'associazione che è un insieme di persone organizzate in forma stabile

La libertà di associazione. L'*associazione* è un insieme di persone organizzate in forma stabile e duratura.

I cittadini possono costituire e fare parte di qualsiasi associazione (politica, economica, sportiva, religiosa, culturale), purché abbia fini leciti. Sono proibite le associazioni illegali, che vengono perseguite penalmente.

Va ribadito che libertà di associazione significa anche «libertà di non aderire» a una determinata associazione, a differenza di quanto accadde nel ventennio fascista, quando l'adesione al Partito nazionale fascista era di fatto obbligatoria.

Fra le associazioni ricordiamo i sindacati e i partiti politici.

> Le persone possono associarsi liberamente per scopi legittimi

I sindacati. Come si è visto nel Volume secondo, il sindacato è un'associazione che tutela gli interessi di una categoria, che può essere di lavoratori o di datori di lavoro. L'art. 39 Cost. stabilisce che «l'organizzazione sindacale è libera»: i lavoratori e i datori di lavoro possono aderire (o meno) a qualsiasi sindacato.

D'ora in poi col termine «sindacati» faremo riferimento solo alle organizzazioni dei lavoratori (come avviene nel linguaggio corrente).

Fra le varie funzioni svolte, ricordiamo che i sindacati:
- stipulano i contratti collettivi per le diverse categorie di lavoratori;
- vigilano sul rispetto dei contratti collettivi e della legge da parte dei datori di lavoro;
- assistono, anche legalmente, i lavoratori nelle controversie coi datori di lavoro;
- partecipano alle decisioni dei governi in materia di politica economica.

> Il sindacato è un'associazione che tutela gli interessi di una categoria (di lavoratori o di datori di lavoro)

I partiti politici. Secondo l'art. 49 Cost. «tutti i cittadini hanno diritto di associarsi liberamente in partiti per concorrere con metodo democratico a determinare la politica nazionale». I partiti politici sono associazioni che vogliono realizzare un programma politico, basato su un'ideologia comune.

In Italia, come in ogni Paese democratico, i partiti godono di totale autonomia e non sono sottoposti ad alcun controllo da parte dello Stato.

> I partiti politici sono associazioni che vogliono realizzare un programma politico, basato su un'ideologia comune

Il pluripartitismo. Alla base di ogni regime totalitario sta il *partito unico*, come testimoniano le esperienze del fascismo in Italia, del nazismo in Germania e del comunismo in Unione Sovietica.

La Costituzione usa il termine «partiti» al plurale, e ribadisce quindi la necessità che nel sistema vi sia una pluralità di partiti, il *pluripartitismo*, in modo che i cittadini possano scegliere quello che più si avvicina alle loro idee.

I partiti svolgono un'importante funzione di informazione politica, grazie alle loro attività: campagne elettorali, comizi, interventi televisivi, diffusione di stampa, siti internet. Senza i partiti, l'elettore non sarebbe in grado di compiere scelte politiche ragionate, perché non avrebbe modo di conoscere né i candidati né i loro programmi.

I partiti dovrebbero però essere maggiormente sensibili alle esigenze dei cittadini, che lamentano spesso l'assenza di controllo sull'attività dei partiti stessi. È un'accusa in parte giustificata perché spesso l'elettore, dopo aver dato il voto a un partito, non riesce a controllarne l'operato. Il cittadino possiede comunque un forte strumento di controllo, perché ha la possibilità di confermare (o negare) la fiducia a quel partito alle elezioni successive.

La partitocrazia. Anche nel nostro Paese i partiti svolgono un ruolo fondamentale nel funzionamento del sistema democratico.

Tuttavia il loro invadere ogni settore della vita pubblica (Aziende unità sanitarie locali, imprese pubbliche, informazione radio-televisiva) ha portato alla *partitocrazia*, tanto che la sovranità popolare rischia di passare dai cittadini ai partiti.

Secondo il sociologo tedesco Max Weber (1864-1920), la partitocrazia è provocata dalla massiccia presenza dei «politici di professione», che «vivono della politica e non per la politica».

La partitocrazia è causata dall'eccessiva influenza dei partiti nella vita sociale

Il finanziamento pubblico ai partiti. In base a una legge del 1974, i partiti avevano diritto a un finanziamento pubblico, in proporzione ai voti ottenuti alle elezioni politiche. Negli ultimi decenni la normativa sul finanziamento pubblico è stata spesso modificata, come dimostra il fatto che è stata oggetto di ben tre referendum abrogativi.

Il finanziamento pubblico ai partiti è stato abolito

Una legge del 2014 stabilisce l'abolizione di qualsiasi forma di finanziamento pubblico ai partiti, ferma restando la possibilità di finanziamenti privati. In particolare, la riforma prevede che i partiti possano ottenere la destinazione volontaria del 2 per mille dell'IRPEF (*Imposta sul reddito delle persone fisiche*) in seguito a una precisa scelta del contribuente.

L'opinione pubblica è divisa sull'opportunità del finanziamento pubblico ai partiti.

I *favorevoli* argomentano che:

- il finanziamento è dovuto per l'importante ruolo che i partiti svolgono nel sistema democratico;
- poiché devono affrontare ingenti spese (per l'organizzazione, per la propaganda elettorale) è inevitabile che, in assenza di finanziamento pubblico, i partiti si rivolgano a gruppi privati, disposti a finanziarli in cambio di determinate prese di posizione (per esempio l'approvazione di una certa legge).

I *contrari* ribattono che:

- la presenza del contributo pubblico non ha evitato i finanziamenti occulti, coi conseguenti fenomeni di corruzione e malcostume;
- i partiti devono autofinanziarsi per non gravare sul bilancio dello Stato (per esempio con sottoscrizioni degli iscritti);
- se si diminuisce la disponibilità finanziaria dei partiti si pone anche un freno alla partitocrazia.

7 Il diritto di proprietà

NUCLEI ESSENZIALI

La proprietà privata. Nel Volume primo ci siamo ampiamente occupati del diritto di proprietà che è, da sempre, al centro di dispute tra filosofi, economisti e politici. Sia la Carta UE sia la Costituzione riconoscono il diritto di proprietà privata.

Il diritto di proprietà è riconosciuto dalla Carta UE e dalla Costituzione

La prima parte dell'art. 17 Carta UE stabilisce che «ogni persona ha il diritto di godere della proprietà dei beni che ha acquisito legalmente, di usarli, di disporne e di lasciarli in eredità».

Nella prima parte dell'articolo vi è quindi un riconoscimento assoluto del diritto di proprietà privata, perché se il bene (un appartamento) è stato «acquisito legalmente» (non con una truffa), il proprietario ha il diritto di:

- «godere» del bene e «usarlo» (Mario Rossi può godere del suo appartamento vivendoci con la famiglia, usandolo come meglio crede);
- «disporne» (Mario Rossi può vendere l'appartamento a Marco Bianchi);
- «lasciarlo in eredità» (Mario Rossi può fare un testamento in cui decide che, alla sua morte, l'appartamento sarà di Carlo Verdi).

La funzione sociale della proprietà. Proseguendo nella lettura, la tutela del diritto di proprietà si attenua perché la seconda parte dell'art. 17 Carta UE precisa che una persona può essere privata della proprietà «per causa di pubblico interesse, nei casi e nei modi previsti dalla legge e contro il pagamento in tempo utile di una giusta indennità per la perdita della stessa».

Anche secondo l'art. 42 Cost. deve essere garantita la funzione sociale della proprietà privata: la tutela della proprietà privata non deve essere in contrasto con le esigenze della società e, in caso di conflitto, l'interesse pubblico è destinato a prevalere su quello privato.

Per questi motivi sia la Carta UE sia la Costituzione stabiliscono che la proprietà privata può essere espropriata e requisita.

L'espropriazione. L'espropriazione può essere effettuata solo dallo Stato (o da un ente pubblico). Per esempio, se Mario Rossi è proprietario di un terreno in Calabria e lo Stato italiano deve costruire un'autostrada utilizzando quel terreno, Rossi viene «privato della proprietà» essendoci un «pubblico interesse»: lo Stato espropria il terreno e assegna un'indennità per risarcire il danno a Rossi.

Va precisato che l'*indennità* non deve corrispondere al valore di mercato del bene, ma deve comunque costituire un «serio ristoro» (anche se questo non sempre si verifica); l'indennità non è il prezzo pagato dallo Stato per il terreno, ma ha lo scopo di risarcire il danno economico subìto dall'espropriato Rossi.

Con l'espropriazione lo Stato, per motivi di pubblico interesse, sottrae una proprietà a un privato, versando un'indennità

La requisizione. La requisizione sottrae temporaneamente il godimento della cosa, che resta di proprietà del privato.

Con la requisizione, che può avvenire solo «quando ricorrono gravi e urgenti necessità pubbliche» (art. 835 c.c.), lo Stato (o l'ente pubblico) sottrae *temporaneamente* il godimento di un bene a un privato, che ha diritto a un'indennità. Per esempio, dopo un terremoto, lo Stato può requisire degli alberghi per dare alloggio alle persone rimaste senza tetto, fermo restando il diritto degli albergatori di riacquisirne il pieno possesso (oltre all'indennità).

Con la requisizione lo Stato, per urgenti necessità pubbliche, sottrae temporaneamente il godimento di una proprietà a un privato, versando un'indennità

La nazionalizzazione. L'art. 43 Cost. ammette l'espropriazione anche nel caso di «determinate imprese» che «si riferiscano a servizi pubblici essenziali o a fonti di energia»; in questo caso si ha la nazionalizzazione, che è l'espropriazione di attività imprenditoriali. Per esempio, nel 1962 lo Stato italiano nazionalizzò tutte le imprese che gestivano privatamente la produzione di energia elettrica, e costituì l'Enel (*Ente nazionale per l'energia elettrica*), un ente pubblico destinato a offrire l'energia elettrica su tutto il territorio nazionale, in condizioni di monopolio.

La nazionalizzazione è l'espropriazione di attività imprenditoriali

La nazionalizzazione è giustificata dal fatto che, se tutte le attività economiche fossero gestite dai privati, ai ceti più deboli non sarebbero garantiti quei servizi che il privato reputa poco remunerativi. Per esempio, l'erogazione di energia elettrica a una casa isolata sarebbe molto onerosa per un'impresa privata, che chiederebbe tariffe elevate.

Si distingue fra

- Espropriazione
- Requisizione
- Nazionalizzazione

SINTESI

La libertà personale e di circolazione

- In base alla Carta UE, «ogni persona ha diritto alla libertà e alla sicurezza». Secondo la Costituzione il **diritto di libertà** (par. **1**) è un «diritto inviolabile», che non può essere abolito neppure da una legge costituzionale.
- Si ha il **fermo di polizia** (par. **1**), che non può superare le 96 ore, quando le autorità di pubblica sicurezza effettuano un arresto senza l'autorizzazione del giudice; mentre la **custodia cautelare** (par. **1**) è il periodo che passa fra l'arresto e la sentenza definitiva.
- Ogni persona ha diritto alla **libertà di comunicazione** (par. **2**) sotto qualsiasi forma.
- Nell'Unione europea i diritti di circolazione e di soggiorno sono regolati dalla **Convenzione di Schengen** (par. **2**), a cui aderisce anche l'Italia.

Il diritto alla privacy

- Ogni persona ha il **diritto alla privacy** (par. **3**) che è la protezione dei dati di carattere personale, e che oggi è tutelato dal ***Regolamento UE n. 679 del 2016*** (par. **3**) che è entrato in vigore il 25 maggio 2018.
- Il **trattamento dei dati personali** (par. **3**) deve avvenire nel rispetto dei diritti e della dignità della persona. Il ***Garante per la protezione dei dati personali*** (par. **3**) è un'autorità indipendente che deve tutelare i diritti degli interessati.

La libertà di espressione e di religione

- Ogni cittadino ha il diritto di manifestare liberamente il proprio pensiero. Non si ha **libertà di espressione** (par. **4**) se i mezzi di informazione sono controllati.
- In Italia la **libertà di stampa** (par. **4**) non è sottoposta ad alcuna autorizzazione. Il diritto di cronaca prevale sul diritto alla privacy quando i fatti sono veri e hanno utilità sociale.
- Tutti hanno la **libertà di religione** (par. **5**) purché «non si tratti di riti contrari al buon costume».

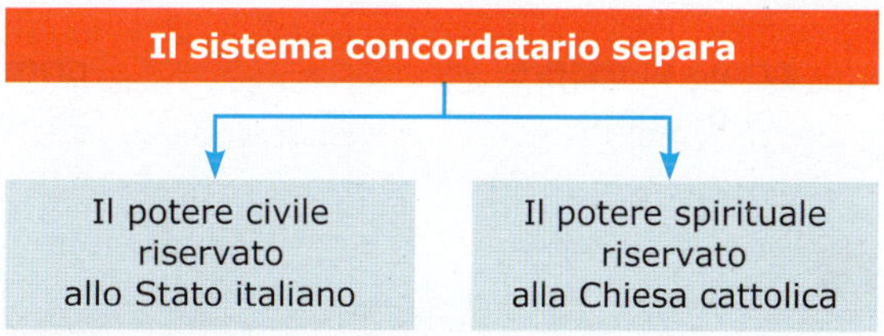

- Dall'Unità a oggi i **rapporti fra Stato italiano e Chiesa cattolica** (par. **5**) sono passati attraverso la questione romana, i Patti Lateranensi e il Nuovo Concordato.

La libertà di associazione

- La Costituzione tutela sia la **libertà di riunione** (par. **6**), che è un raggruppamento temporaneo di persone, sia la **libertà di associazione** (par. **6**), che è un insieme di persone organizzate in forma stabile e duratura.
- I **sindacati** (par. **6**) sono associazioni che tutelano gli interessi di una categoria (di lavoratori o di datori di lavoro).
- I **partiti politici** (par. **6**) sono associazioni di cittadini con la stessa ideologia, che vogliono realizzare un programma politico.

Il diritto di proprietà

- Viene tutelata la **proprietà privata** (par. **7**), che deve però svolgere una funzione sociale. Si distingue fra espropriazione, requisizione e nazionalizzazione.

1 Verifica le tue conoscenze

Risolvi le seguenti **scelte multiple** indicando la risposta esatta fra quelle possibili.

A

La custodia cautelare è il periodo che una persona trascorre in carcere

1 prima di essere condannato

2 prima di essere assolto

3 prima di essere giudicato in modo definitivo

B

Il diritto all'oblio dell'interessato è il diritto

1 di opporsi al trattamento dei propri dati

2 alla cancellazione dei propri dati

3 alla divulgazione dei propri dati

1 **Lo Stato italiano e la Chiesa cattolica si riconciliarono con**

A la breccia di Porta Pia

B la Legge delle guarentigie

C con i Patti Lateranensi

D con il Nuovo Concordato

2 **Sottrae temporaneamente il godimento del bene**

A l'espropriazione

B la requisizione

C la nazionalizzazione

D la transazione

3 **Il Nuovo Concordato è stato firmato**

A nel 1871

B nel 1929

C nel 1984

D nel 2000

4 **Per pubblicare un articolo**

A non occorre alcuna autorizzazione

B occorre sempre un'autorizzazione

C è richiesta l'autorizzazione solo se l'articolo è anonimo

D è richiesta l'autorizzazione solo se l'articolo riguarda il buon costume

5 **Il fermo di polizia non può superare le**

A 24 ore

B 48 ore

C 72 ore

D 96 ore

6 **Attualmente il diritto alla privacy è regolato**

A da una legge ordinaria

B da un decreto legislativo

C da una direttiva dell'Unione europea

D da un regolamento dell'Unione europea

2 Misura le tue abilità

Rispondi e motiva la tua risposta in ogni caso proposto.

1 Tutti i cittadini italiani hanno la libertà di culto V F

____

2 Nel sistema concordatario il potere civile è riservato allo Stato V F

____

3 Nel 1976 la Corte costituzionale ha considerato illegittimo il monopolio della Rai V F

4 La partitocrazia è causata dall'eccessiva influenza dei partiti V F

5 Chi ritiene sia stato violato il suo diritto alla privacy deve rivolgersi prima al Garante e poi alla Magistratura V F

6 Il diritto di proprietà non è riconosciuto dalla Carta UE V F

3 Valuta le tue competenze

Risolvi i casi concreti, mettendo in pratica ciò che hai imparato.

1 Individuare il fermo di polizia nell'errore di un familiare.

Tuo zio è stato fermato dalla polizia stradale per eccesso di velocità: «Mi hanno trattenuto per due ore. È stato un fermo di polizia lunghissimo!».

- **Se fosse stato un fermo di polizia che cosa sarebbe successo a tuo zio?**

2 Riconoscere il diritto alla privacy in un episodio accaduto a un amico.

Un tuo caro amico ha divorziato in gran segreto: non vuole che nessuno lo venga a sapere!

- **Il tuo amico vuole tutelare solo un segreto o un vero e proprio diritto?**

3 Valutare la regolamentazione dell'informazione radio-televisiva, alla luce di un'esperienza personale.

Tre mesi fa hai ricevuto una splendida notizia: una radio locale ti aveva assunto come disc jockey per due ore settimanali. Purtroppo ieri è arrivata la delusione: la radio deve chiudere per problemi economici.

- **Pensi che le piccole emittenti locali siano sufficientemente tutelate dalla legge?**

4 Riconoscere la partitocrazia nell'esperienza di un conoscente.

Il figlio del tuo vicino si è laureato in medicina e specializzato a pieni voti. Tutti lo considerano un bravo medico, ma inutilmente da anni è alla ricerca di un incarico fisso.
Un giorno esce dall'ospedale raggiante: è stato finalmente assunto!
Tua madre mormora sconsolata: «Ha preso la tessera del partito X, ed ecco risolto il problema!».

- **In questo caso la partitocrazia ha penalizzato o valorizzato il merito?**

5 Distinguere fra espropriazione e requisizione, in base a quanto successo a un parente.

Un'alluvione ha danneggiato gravemente una città vicina a quella in cui vive un tuo cugino, che è proprietario di un appartamento libero. Nell'appartamento sono state alloggiate alcune persone alluvionate, rimaste senza la loro casa.

- **Tuo cugino ha subito un'espropriazione o una requisizione?**

Idee a confronto

A casa 1 ora | In aula 20 minuti

4 Partendo dal caso proposto, approfondisci l'argomento per partecipare al dibattito in classe

L'app musicale TikTok, creata in Cina ma oggi di proprietà di Bytedance, è stata multata dalla *Federal Trade Commission* (l'ente statunitense a tutela dei consumatori) per aver violato la privacy dei propri utenti minorenni. La sanzione da record, pari a 5,7 milioni di dollari, è dovuta a una violazione del *Children's Online Privacy Protection Act*, legge che negli Stati Uniti regola la protezione della privacy dei minorenni in internet e che vieta la raccolta di dati personali dei minori di 18 anni senza il consenso dei genitori o dei tutori legali. (Fonte: www.federprivacy.org.)

→ ***Ti sembra equo che le sanzioni siano così elevate in caso di violazione dei dati personali dei minori?***

CLIL Laws and Rights

F.D. Roosevelt's «Four Freedoms» Speech

In a time of extreme angst, a President of the United States explains what it means to fight for democracy and what is at stake

IN THIS MODULE YOU WILL

LEARN	UNDERSTAND	PRACTICE
to analyse one of the most famous political speeches of the XX century	President Roosevelt's vision about the «four freedoms» that make the foundation of a peaceful world	your English through oral and written exercises

Warm up

Pair work
Answer the following questions.

- Have you ever heard of Franklin Delano Roosevelt as President of the United States of America?
- What do you know about the role of the United States in World War II?

Keywords

Associate the following keywords with their definitions.

breach • Congress • State of the Union Address • pledge • turmoil

a .... A solemn promise or agreement.
b .... A speech delivered yearly almost continuously since 1790, by the President of the Usa to the United States Congress. It describes the current situation andoutlines the presidential agenda.
c .... A state of confusion and disorder.
d .... Infraction or violation of a law.
e .... The bicameral legislature of the federal government of the United States of America.

Reading

1
In the following text you will read one of the most famous political speeches of the XX century.
Complete the text with the keywords.

The following excerpt comes from the .... delivered by Franklin Delano Roosevelt, President of the United States of America, in 1941. Roosevelt says that America must not close its eyes at what is already happening in the world, the spread of Nazi threat. In the closing part of the speech, Roosevelt recalls what the American will fight for: a democratic world founded upon four essential human freedoms. And this why this speech went into history under the name of The Four Freedoms Speech.

«Mr. President, Mr. Speaker, Members of the Seventy-seventh ....:

I address you, the members of this new Congress, at a moment unprecedented in the history of the union. I use the word «unprecedented» because at no previous time has American security been as seriously threatened from without as it is today. [...]

Let us say to the democracies: «We Americans are vitally concerned in your defense of freedom. We are putting forth our energies, our resources, and our organizing powers to give you the strength to regain and maintain a free world. We shall send you in ever-increasing numbers, ships, planes, tanks, guns. That is our purpose and our ....» In fulfillment of this purpose we will not be intimidated by the threats of dictators that they will regard as a .... of international law or as an act of war our aid to the democracies which dare to resist their aggression. [...]

Certainly this is no time for any of us to stop thinking about the social and economic problems which are the root cause of the social revolution which is today a supreme factor in the world. For there is nothing mysterious about the foundations of a healthy and strong democracy. The basic things expected by our people of their political and economic systems are simple. They are:

Equality of opportunity for youth and for others. Jobs for those who can work. Security for those who need it. The ending of special privilege for the few. The preservation of civil liberties for all. The enjoyment of the fruits of scientific progress in a wider and constantly rising standard of living.

These are the simple, the basic things that must never be lost sight of in the .... and unbelievable complexity of our modern world».

2
Mark the following sentences as true or false.

- **a** President Roosevelt is saying that the U.S. are strong because they have faced many serious external threats in their history.
- **b** In President Roosevelt's opinion, the U.S. should merely give moral support to European democracies.
- **c** American intervention could be seen as a violation of international law by European democracies.
- **d** According to President Roosevelt, equality is one of the foundations of a healthy democracy.

Listening

Track 3
In the following audio file, you will listen to the last part of President Roosevelt's speech, where he lists the four freedoms that make the foundation of a peaceful world. Listen to the file and then complete the following sentences.

- **a** The first of the four essential freedoms is the freedom of .... and ....
- **b** Every person must be free to .... God in his own way, says President Roosevelt.
- **c** Freedom from want must secure to every nation a .... life.
- **d** Translated in ...., the fourth freedom entails a world-wide reduction of ....

Speaking

Pair work
Answer the following questions.

- **a** This speech was delivered in 1941. The world was living in crucial times. Do you know why?
- **b** By what means does President Roosevelt intend to help the threatened democracies?
- **c** According to President Roosevelt, what do American people expect of their political and economic systems?
- **d** President Roosevelt looks forward to a world founded upon four human freedoms. Can you list them?
- **e** In his speech, President Roosevelt mentions a «social revolution» that is going on in the world. Can you guess what he was thinking about?

INTERESTING FACT

Franklin D. Roosevelt is the only American president to have served for more than two terms, winning a record of four presidential elections (1932, 1936, 1940, 1944). Before President Roosevelt, the American constitution set no term for the Presidential office; however, George Washington, the first president, had set an unofficial precedent of serving only two terms. After the war, the two-term limit was officially introduced with the XXII amendment.

[State of the Union Address, Franklin D. Roosevelt; Washington D.C., January 6, 1941.]

CAPITOLO

B3 L'uguaglianza e la solidarietà

NUCLEI ESSENZIALI

- Uguaglianza formale e sostanziale
- La parità fra donna e uomo
- Il diritto alla famiglia
- Il diritto all'istruzione
- Il diritto alla salute
- Il diritto-dovere al lavoro

A te la parola! 15 minuti

L'obiettivo 5 dell'Agenda 2030 dell'ONU riguarda la parità dei diritti, intesa come emancipazione delle donne ma anche come parità di accesso all'istruzione, a un lavoro dignitoso e alle cure mediche.

→ *Approfondisci i dati relativi all'obiettivo 5 sulla parità di genere e analizza i suoi traguardi (target); confrontati poi con i compagni sui contenuti che più ti hanno colpito.*

Con l'aiuto dell'insegnante e in piccoli gruppi prova a esporre il tuo punto di vista.

1 Uguaglianza formale e uguaglianza sostanziale

NUCLEI ESSENZIALI

Si ha uguaglianza formale quando tutti sono uguali davanti alla legge

L'uguaglianza formale. In base all'art. 20 Carta UE, «tutte le persone sono uguali davanti alla legge». Il principio dell'uguaglianza formale, che si è affermato con lo Stato di diritto, è poi ribadito nell'art. 21 Carta UE, che vieta qualsiasi forma di discriminazione fondata «sul sesso, la razza, il colore della pelle o l'origine etnica o sociale, le caratteristiche genetiche, la lingua, la religione o le convinzioni personali, le opinioni politiche o di qualsiasi altra natura, l'appartenenza a una minoranza nazionale, il patrimonio, la nascita, la disabilità, l'età o l'orientamento sessuale».

Anche la Costituzione recepisce il principio dell'uguaglianza formale, perché tutti i cittadini «hanno pari dignità sociale e sono eguali davanti alla legge, senza distinzione di sesso, di razza, di lingua, di religione, di opinioni politiche, di condizioni personali e sociali» (art. 3 Cost.).

Affermare il principio dell'uguaglianza formale potrebbe sembrare inutile, se si considera che esso è presente già in alcune costituzioni del XVIII secolo, ma la sua importanza è dimostrata da fatti avvenuti in epoca recente, anche nel nostro Paese; basta pensare alle discriminazioni nei confronti degli ebrei durante il fascismo, che sfociarono nelle leggi razziali del 1938.

Si ha uguaglianza sostanziale quando tutti esercitano gli stessi diritti

L'uguaglianza sostanziale. All'uguaglianza formale deve affiancarsi l'uguaglianza sostanziale, che si ha quando tutti esercitano gli stessi diritti. Per applicare questo principio la Repubblica deve «rimuovere gli ostacoli di ordine economico e sociale che, limitando di fatto la libertà e l'uguaglianza dei cittadini, impediscono il pieno sviluppo della persona umana e l'effettiva partecipazione di tutti i lavoratori all'organizzazione politica, economica e sociale del Paese» (art. 3 Cost.). Pur esistendo un'uguaglianza formale, le persone possono trovarsi in situazioni tali da renderle di fatto «diverse» (analfabetismo, povertà, handicap). Per esempio, tutti hanno il diritto di diventare medici (uguaglianza formale), ma se un ragazzo si trova in una famiglia povera non può proseguire gli studi; lo Stato deve intervenire (per esempio con una borsa di studio) per rimuovere questo ostacolo, in modo da rendere sostanziale l'uguaglianza fra i cittadini.

Un articolo

La fine dell'*apartheid* in Sudafrica

Alla fine degli anni Ottanta in Sudafrica l'uguaglianza formale non era ancora raggiunta, perché era in vigore l'*apartheid* («separazione»). Il governo sudafricano perseguiva lo sviluppo separato delle razze (bianca, nera, meticcia e indiana); ne conseguiva una vergognosa segregazione della razza nera (mancato esercizio dei diritti civili e politici, divieto di accesso a quartieri, locali, scuole, professioni).

Il 2 febbraio 1990 Frederick Willem de Klerk (presidente del Sudafrica e leader del Partito nazionale) annunciò la fine dell'*apartheid*, la liberazione di Nelson Mandela (in carcere da 27 anni perché leader del partito *African national congress* in lotta contro l'*apartheid*) e la legalizzazione di tutte le forze di opposizione, perseguitate da oltre 50 anni.

Il 15 ottobre 1993 il Premio Nobel per la pace venne assegnato congiuntamente a Nelson Mandela e a Frederick Willem de Klerk, per la loro opera a favore della conclusione pacifica del regime di *apartheid*.

Nelson Mandela.

Il Sole 24 ORE

Paura del terrorismo ma nessun attentato nel primo giorno del voto sudafricano

Bianchi e neri insieme alle urne A Pretoria è finito l'apartheid

(DAL NOSTRO INVIATO)

JOHANNESBURG — La scheda elettorale entra nell'urna silenziosamente. Ma la prima scivolata ieri all'alba attraverso la fessura, per il Sudafrica ha fatto più fragore delle bombe dei terroristi: l'apartheid è morto, tutti i sudafricani hanno incominciato a votare, forse nasce la democrazia. Un minuto dopo questo Paese non è stata però deposta in un seggio del Sudafrica ma della Nuova Zelanda. Anche i sudafricani all'estero possono votare e grazie al fuso orario, la prima a eser **1** un diritto rivendicato decenni, è stata una nipote di Nelson Mandela, la signora Nomaza Peintin. Alcune ore più tardi si è incominciato a votare denunciate alla fine della prima giornata incrinano l'andamento generalmente buono del voto. Ma ora la gente ha paura. «I seggi oggi sono i luoghi più sicuri del Sudafrica», diceva ieri Frederik de Klerk, presidente ancora per pochi giorni. Infatti i 40mila poliziotti previsti intorno alle sedi elettorali sono stati portati a 100mila. Ci sono anche distanza di poche ore dall'altra, a Johannesburg e a Pretoria. Dovevano essere gli ultimi appelli politici di due avversari, in realtà è stato un unico discorso coerente sul futuro che **2** de questo Paese. «È v la nostra gente ha delle aspettative forse esagerate — ha detto Mandela —. Ed è giustificabile perchè rivendicano le stes- ha bisogno di tutti per curare le ferite del Paese e costruire il nuovo Sudafrica».

E Frederick de Klerk ha risposto con lo stesso linguaggio: «È venuto il giorno per cui aveva incominciato a lottare nel 1990, inizia un'era di riconciliazione. Per la prima volta nella mia carriera politica, in queste elezioni ho potuto capire

L'*apartheid* viene definitivamente superato nel 1993, quando viene riconosciuto il diritto di voto anche alla popolazione nera.

Il 27 aprile 1994 è una data memorabile per il Sudafrica e per il mondo intero, perché per la prima volta anche la popolazione nera esercita il diritto di voto (dopo tre secoli di dominazione bianca). Dall'articolo riprodotto (Ugo Tramballi, *Il Sole-24 Ore*, 27 aprile 1994) emergono la tensione e l'euforia, che accompagnano questo evento storico. La vittoria di Mandela è scontata, ma sia Mandela sia de Klerk sono consapevoli che occorre l'accordo di tutte le razze, per un graduale passaggio verso il nuovo sistema. Come previsto, le elezioni vengono vinte dall'*African national congress*, e Nelson Mandela diventa presidente del «nuovo Sudafrica».

1 [...] l'*apartheid* è morto, tutti i sudafricani hanno incominciato a votare, forse nasce la democrazia. Un minuto dopo la mezzanotte, davanti all'Union Building di Pretoria, la sede del potere, è stata ammainata la bandiera che dal 1928 aveva rappresentato solo i bianchi. Sul pennone ne è salita lentamente una più confusa, di sei colori, con uno strano disegno. Ma rappresenta tutti i sudafricani.

2 «È vero, la nostra gente ha delle aspettative forse esagerate – ha detto Mandela –. Ed è giustificabile perché rivendicano le stesse opportunità dei bianchi. Ma per ottenerle ci vorranno anni. Dobbiamo comprendere le preoccupazioni della minoranza bianca, andare incontro anche alle loro aspettative, altrimenti se ne andranno insieme alla loro esperienza. Abbiamo bisogno di loro.»

Purtroppo, a volte, uno Stato non riesce a realizzare l'uguaglianza sostanziale, perché non possiede le necessarie risorse economiche: senza uguaglianza sostanziale, la sovranità popolare viene di fatto limitata a una parte delle persone.

Uguaglianza e identità. «Uguaglianza» non significa che tutti i cittadini debbano essere «identici» fra di loro: sulla base delle proprie attitudini e convinzioni, ognuno deve cercare di realizzare degli obiettivi, che naturalmente cambiano da persona a persona.

La Carta dei diritti fondamentali dell'Unione europea e la Costituzione vogliono realizzare sia

- L'uguaglianza formale, per cui tutti sono uguali davanti alla legge
- L'uguaglianza sostanziale, per cui tutti esercitano gli stessi diritti

Il rispetto della diversità. Il divieto di ogni discriminazione, appena visto nell'art. 21 Carta UE, sembra ovvio: quale costituzione non prevede il divieto di discriminare le persone per «la razza» o per «il colore della pelle» o per «le caratteristiche genetiche»?

Ogni persona ha diritto al proprio orientamento sessuale

Particolarmente interessante è il divieto di discriminazione per «l'orientamento sessuale». L'argomento è ancora «tabù»; l'omosessualità è ormai accettata a parole, ma nel concreto si assiste ancora molto spesso a casi di discriminazione, anche violenta.

Le minoranze linguistiche. «L'Unione rispetta la diversità culturale, religiosa e linguistica» (art. 22 Carta UE). In Italia, per garantire una maggiore autonomia, la Repubblica «tutela con apposite norme le minoranze linguistiche» (art. 6 Cost.).

La Repubblica tutela le minoranze linguistiche

Nel nostro Paese esistono molte comunità che parlano una lingua diversa dall'italiano, ma fino al 1999 il bilinguismo era inserito solo negli statuti regionali di Trentino Alto-Adige, Valle d'Aosta e Friuli-Venezia Giulia, dove esistono minoranze etniche numerose e organizzate.

La Costituzione è stata pienamente attuata grazie a una legge del 1999, dove si afferma che «la Repubblica tutela la lingua e la cultura delle popolazioni albanesi, catalane, germaniche, greche, slovene e croate e di quelle parlanti il francese, il franco-provenzale, il friulano, il ladino, l'occitano e il sardo». La legge, fra l'altro, tutela le minoranze linguistiche in due settori di grande importanza:
- è previsto in tutte le scuole l'insegnamento e l'uso della lingua della minoranza, per lo svolgimento delle attività educative;
- la Pubblica Amministrazione ha l'obbligo di affiancare all'italiano la lingua della minoranza in numerosi casi (certificati, atti pubblici, delibere degli enti locali), e deve garantire la presenza di personale in grado di rispondere alle richieste del pubblico usando la lingua della minoranza (come vedremo nel capitolo D1).

2 La parità fra donna e uomo

NUCLEI ESSENZIALI

La parità di genere. Va sottolineato che la parità fra donna e uomo (o *parità di genere*) non è ancora completamente attuata. L'attuazione di questo principio incontra particolari difficoltà nel campo della politica, del lavoro e della famiglia (come vedremo nel prossimo paragrafo).

Una politica per gli uomini? L'art. 23 Carta UE afferma che «il principio della parità non osta al mantenimento o all'adozione di misure che prevedano vantaggi specifici a favore del sesso sottorappresentato». Il riferimento è chiaramente rivolto al mondo politico: l'Unione europea preme affinché le legislazioni nazionali incentivino la partecipazione delle donne alla vita politica e, in particolare, aumenti il numero delle donne nelle cariche pubbliche.

Le donne italiane che occupano cariche pubbliche sono poche

In materia di elettorato passivo, le donne italiane hanno raggiunto l'uguaglianza formale (la donna può accedere a qualsiasi carica) ma, nella realtà, rimane una grave disuguaglianza sostanziale.

Le pari opportunità. Per attenuare questa disuguaglianza, una legge costituzionale del 2003 ha integrato l'art. 51 Cost. (relativo all'accesso dei cittadini agli incarichi pubblici), e ha inserito la frase «la Repubblica promuove con appositi provvedimenti le pari opportunità tra donne e uomini».

La Repubblica promuove le pari opportunità tra donne e uomini

Finora i risultati sono modesti: le donne italiane che occupano cariche pubbliche restano poche.

Uno spiraglio sembra essersi aperto alle elezioni politiche del 2018, quando le donne hanno raggiunto il 35% del totale dei parlamentari italiani. Si tratta di un dato interessante, ma è ancora presto per parlare di una vera e propria inversione di tendenza.

La donna che lavora. La donna ha sempre subito pesanti discriminazioni sui luoghi di lavoro, perché spesso il lavoro femminile era meno retribuito di quello maschile, anche in caso di mansioni analoghe e di pari rendimento.

La donna è sempre stata discriminata nel mondo del lavoro

L'art. 37 Cost. stabilisce che «la donna lavoratrice ha gli stessi diritti e, a parità di lavoro, le stesse retribuzioni che spettano al lavoratore».

Si tratta di un diritto che, da sempre, incontra notevoli resistenze nell'opinione pubblica: «una donna non può fare lo stesso lavoro di un uomo», «io non mi farei mai operare da una donna»...

La tutela della lavoratrice-madre. Come superare questa discriminazione? L'art. 37 Cost. riconosce il ruolo fondamentale svolto dalla donna nella famiglia; per questo, le condizioni di lavoro devono «assicurare alla madre e al bambino una speciale adeguata protezione».

La donna lavoratrice è tutelata in caso di maternità

La legislazione italiana è oggi conforme a quanto disposto dalla Costituzione, dopo che, per molti anni, le donne hanno lottato per far valere i loro diritti.

Una prima legge del 1963 tutelò la lavoratrice-moglie, vietando il licenziamento per causa di matrimonio. Nel 1977 entra in vigore la legge a tutela della lavoratrice-madre, che stabilisce alcuni punti di grande importanza che vengono ampliati dal decreto legislativo 15 giugno 2015, n. 80, *Misure per la conciliazione delle esigenze di cura, di vita e di lavoro* [...] (d'ora in poi decreto legislativo n. 80 del 2015):

- è vietato affidare alla donna qualsiasi mansione lavorativa per un totale di 5 mesi prima e dopo il parto; la donna può scegliere come ripartirli (per esempio 1 mese prima e 4 mesi dopo il parto) e, durante questo periodo di congedo, la lavoratrice deve essere regolarmente retribuita. Il decreto permette alla madre di sospendere il periodo di congedo in caso di ricovero del neonato, e di riprenderlo dopo le sue dimissioni;
- durante il primo anno di vita del bambino, la madre ha diritto a usufruire di due periodi retribuiti di riposo giornaliero (della durata di un'ora ciascuno);
- la lavoratrice-madre può usufruire di un *congedo parentale* e assentarsi dal lavoro in caso di malattia del bambino di età inferiore a 12 anni; durante il congedo la madre ha diritto al 30% della retribuzione;
- per il periodo di gravidanza e per 7 mesi dopo il parto, alla donna non devono essere affidate mansioni pericolose, faticose o comunque insalubri;
- il decreto legislativo n. 80 del 2015 prevede che l'indennità di maternità venga garantita alle lavoratrici autonome nella stessa misura delle lavoratrici dipendenti.

Le stiratrici, dipinto fra il 1884 e il 1885 dal pittore francese Edgar Degas (1834-1917), e conservato al Musée d'Orsay di Parigi.

Le donne vittime di violenza di genere. Il decreto legislativo n. 80 del 2015 introduce un nuovo congedo per le dipendenti (pubbliche e private) vittime di violenza di genere.

Le donne vittime di violenza di genere hanno diritto a un congedo

Quando si parla di *violenza di genere* non si fa riferimento solo alla violenza sessuale, perché la donna può subire diversi tipi di violenza: in famiglia, sul lavoro, da uno stalker... In casi particolarmente gravi, i *Centri antiviolenza* si accordano coi servizi socio-assistenziali per garantire alla vittima un vero e proprio percorso di protezione. Queste donne hanno il diritto di astenersi dal lavoro per tre mesi (interamente retribuiti), per seguire questi percorsi di protezione.

3 Il diritto alla famiglia

NUCLEI ESSENZIALI

Il diritto alla famiglia. Ogni persona ha «il diritto di sposarsi e il diritto di costituire una famiglia», e ogni Stato deve garantire «la protezione della famiglia sul piano giuridico, economico e sociale» (art. 9 Carta UE).

Ogni persona ha diritto ad avere una famiglia

Il matrimonio. In base all'art. 29 Cost., «la Repubblica riconosce i diritti della famiglia come società naturale fondata sul matrimonio». L'ordinamento giuridico italiano riconosce il matrimonio civile, concordatario e acattolico.

Il *matrimonio civile* è celebrato pubblicamente dal Sindaco (o da un cittadino da lui delegato), ed è regolato esclusivamente dalle leggi dello Stato italiano.

Il *matrimonio concordatario* è un sacramento, celebrato da un sacerdote secondo il rito cattolico; in seguito, il sacerdote trasmette l'atto all'ufficiale di stato civile che, a sua volta, provvede a trascriverlo; una volta trascritto, il matrimonio produce effetti civili (cioè viene regolato dal diritto italiano).

Produce effetti civili anche il *matrimonio acattolico*, che deve essere celebrato davanti al ministro di un culto ammesso dallo Stato italiano (per esempio, un matrimonio celebrato secondo il rito valdese).

Il diritto italiano riconosce
- Il matrimonio civile
- Il matrimonio concordatario
- Il matrimonio acattolico

La parità fra moglie e marito. La parità fra donna e uomo deve realizzarsi anche nella famiglia; per questo alla base del matrimonio sta «l'eguaglianza morale e giuridica dei coniugi» (art. 29 Cost.).

Fino agli anni Settanta, la legislazione era in grave contrasto con la Costituzione perché stabiliva, fra l'altro, che il marito era a capo della famiglia e che la donna doveva assumere il cognome dell'uomo, e seguirlo ovunque stabilisse la sua residenza.

Nel 1975 è entrata in vigore la riforma del diritto di famiglia (legge 19 maggio 1975, n. 151, *Riforma del diritto di famiglia*, d'ora in poi legge n. 151 del 1975), che ha fissato nuove norme in materia di diritti e doveri dei coniugi: il marito non è più a capo della famiglia, e spetta a entrambi i coniugi concordare l'indirizzo della vita familiare.

In particolare, la legge n. 151 del 1975 stabilisce che:
- la moglie non ha più l'obbligo di seguire il marito, perché entrambi fissano la residenza secondo le esigenze della famiglia;
- la fedeltà coniugale deve essere reciproca, anche grazie a una sentenza della Corte costituzionale del 1968, che ha cancellato la norma secondo cui l'adulterio della moglie era più grave di quello del marito;
- la famiglia si basa sulla collaborazione dei coniugi, che restano liberi di compiere le loro scelte anche dopo il matrimonio;
- la moglie aggiunge il cognome del marito al suo; in questo modo la donna può svolgere qualsiasi attività professionale usando il proprio cognome; per esempio, se l'avvocato Barbara Neri sposa Marco Bianchi, può continuare a esercitare come avvocato Neri.

I coniugi collaborano nella gestione della famiglia, senza che nessuno prevalga sull'altro

Una donna siede con il marito al tavolo per la colazione, mentre lui legge il giornale ignorandola, 1940.

La separazione personale. Con la separazione personale i coniugi, a causa di gravi incomprensioni, decidono di sospendere la coabitazione, ma restano sposati a tutti gli effetti.

La separazione può essere giudiziale o consensuale.

Con la separazione i coniugi sospendono la coabitazione

La separazione giudiziale. La separazione giudiziale viene stabilita da una sentenza del giudice, perché ci sono forti tensioni fra i coniugi.

Il giudice decide le modalità e gli effetti della separazione (possesso di immobili, alimenti), e stabilisce a chi devono essere affidati i figli. Nel decidere sull'affidamento dei figli, il giudice deve utilizzare un unico criterio: l'interesse dei figli stessi.

> La separazione giudiziale viene stabilita da una sentenza del giudice

La separazione consensuale. Si ha la separazione consensuale quando i coniugi sono d'accordo nel considerare finito il loro matrimonio, e non si addossano colpe reciproche.

Secondo l'art. 158 c.c. la separazione consensuale «non ha effetto senza l'omologazione del giudice», che si limita a prendere atto della concorde volontà dei coniugi. Dopo l'omologazione del Tribunale, la separazione consensuale produce gli stessi effetti di quella giudiziale in materia di affidamento dei figli.

> Nella separazione consensuale il Tribunale prende atto della volontà dei coniugi

La separazione può portare alla riconciliazione o al divorzio.

La separazione

Può essere:	Può portare:
› giudiziale	› alla riconciliazione
› consensuale	› al divorzio

Il divorzio. Il divorzio fu introdotto in Italia da una legge del 1970 (integrata nel 1987), che fu sottoposta a referendum abrogativo nel 1974, ma la maggioranza degli italiani (59,1% dei votanti) rifiutò di cancellarla. Il divorzio può essere richiesto da uno o da entrambi i coniugi.

> Il divorzio porta allo scioglimento del matrimonio

Il divorzio è ammesso se concorrono due elementi:

1. «l'effettiva cessazione della comunione spirituale e materiale tra i coniugi»: si tratta dell'elemento fondamentale senza il quale non è possibile il divorzio;
2. l'esistenza di una delle seguenti cause:

- uno dei coniugi è stato condannato a una pena detentiva superiore ai 15 anni;
- uno dei coniugi è stato assolto per «infermità mentale» dall'accusa di reati particolarmente gravi (tentato omicidio, lesioni, violenza sessuale);
- il matrimonio non è stato consumato;
- uno dei coniugi ha cambiato sesso;
- è passato un determinato periodo di tempo dalla separazione dei coniugi (come vedremo fra poco).

Il «divorzio breve». La legge sul «divorzio breve» del 2015 ha ridotto il periodo di tempo che deve trascorrere tra la separazione e il divorzio.

La legge del 1987 prevedeva che la domanda di divorzio potesse essere effettuata solo dopo 3 anni di separazione (giudiziale o consensuale); invece la legge del 2015 distingue:

- in caso di separazione giudiziale occorrono 12 mesi per la domanda di divorzio;
- in caso di separazione consensuale occorrono 6 mesi per la domanda di divorzio.

Per il divorzio

- Occorrono 12 mesi in caso di separazione giudiziale
- Occorrono 6 mesi in caso di separazione consensuale

Lo stato giuridico di figlio. Fra il 2012 e il 2013 sono stati approvati una serie di provvedimenti, che rappresentano un radicale cambiamento in materia di stato giuridico dei figli.

La riforma del 2012 stabilisce che «tutti i figli hanno lo stesso stato giuridico» (art. 315 c.c.). Il Codice civile ha eliminato «qualunque aggettivazione alla parola figlio»: «i figli sono solo i figli», non importa se nati dentro o fuori del matrimonio.

In particolare le parole «figlio legittimo» e «figlio naturale» sono state sostituite con le parole *figlio nato nel matrimonio* e *figlio nato fuori del matrimonio*.

Dal 2012 i figli hanno lo stesso stato giuridico e si distingue solo fra

Figlio nato nel matrimonio	Figlio nato fuori del matrimonio

Dalla potestà alla responsabilità genitoriale. La riforma del 2012 sostituisce la potestà genitoriale con la *responsabilità genitoriale*. Il rapporto genitore-figlio non è più basato sulla potestà del genitore, ma sull'impegno che il genitore deve assumersi di contribuire al benessere dei figli stessi.

Il diritto-dovere di educare e mantenere i figli. L'art. 30 Cost. stabilisce che «è dovere e diritto dei genitori mantenere, istruire ed educare i figli». I genitori devono vigilare sull'istruzione, sull'educazione e sulle condizioni di vita dei figli, fino a quando non raggiungono l'indipendenza economica. A questo proposito va ribadito che la responsabilità dei genitori non si esaurisce al compimento della maggiore età dei figli.

L'art. 316 c.c. prevede che:

- entrambi i genitori esercitano la responsabilità genitoriale «tenendo conto delle capacità, delle inclinazioni naturali e delle aspirazioni del figlio»;
- «in caso di contrasto su questioni di particolare importanza, ciascuno dei genitori può ricorrere al giudice indicando i provvedimenti che ritiene più idonei».

La responsabilità genitoriale di ogni genitore rimane anche in caso di divorzio e di eventuale nuovo matrimonio.

Un padre redarguisce il figlio in un'illustrazione di Norman Rockwell del 1951.

La decadenza della responsabilità genitoriale. In casi particolarmente gravi, quando nessuno dei genitori è in grado di educare i figli, il giudice pronuncia la *decadenza* della responsabilità genitoriale, e vengono presi in esame altri provvedimenti, come l'adozione e l'affidamento (di cui ci siamo occupati nel Volume primo).

4 L'unione civile e la convivenza di fatto

Una svolta epocale. Nel 2016 è stata approvata una legge che rappresenta una svolta epocale nella storia del diritto italiano: anche le coppie omosessuali possono essere riconosciute come «coppie» davanti alla legge e alla società.

Come si è visto nel Volume primo, la legge 20 maggio 2016, n. 76, *Regolamentazione delle unioni civili tra persone dello stesso sesso e disciplina delle convivenze* (d'ora in poi legge n. 76 del 2016) riconosce e regolamenta la vita delle coppie non sposate.

La legge n. 76 del 2016 si divide in due parti:

- la prima parte disciplina l'*unione civile* tra due persone dello stesso sesso;
- la seconda parte regolamenta la *convivenza di fatto* tra due persone (di sesso diverso o dello stesso sesso).

Una legge del 2016 disciplina

- L'unione civile tra due persone dello stesso sesso
- La convivenza di fatto tra due persone (di sesso diverso o dello stesso sesso)

L'unione civile. L'unione civile è un accordo che disciplina il legame fra due persone dello stesso sesso (o due donne o due uomini). Per esempio, Rita Verdi e Barbara Neri hanno una relazione e decidono di regolarizzare il loro legame costituendo un'unione civile.

L'unione civile disciplina il legame fra due persone dello stesso sesso

In base alla legge n. 76 del 2016, l'unione civile è istituita quale «specifica formazione sociale» tra due persone maggiorenni dello stesso sesso, «attraverso una dichiarazione di fronte all'ufficiale di stato civile e alla presenza di due testimoni».

Durante l'unione civile le parti possono stabilire un cognome comune scegliendolo tra i loro cognomi, «anche anteponendo o posponendo il proprio cognome se diverso». Nell'esempio, Rita Verdi e Barbara Neri decidono che «Verdi» sia il loro cognome comune, e che Barbara mantenga il suo cognome; sul campanello della loro casa verrà scritto: Rita Verdi e Barbara Neri Verdi.

La nullità dell'unione civile. Sono cause di impedimento per la costituzione di un'unione civile, e comportano quindi la sua nullità:

- l'esistenza di un matrimonio o di un'unione civile per una parte (o per entrambe);
- l'interdizione per infermità di mente di una parte (o di entrambe);
- l'esistenza di rapporti di affinità o di parentela fra le due parti;
- la condanna definitiva di una parte per omicidio consumato o tentato nei confronti di chi sia coniugato o unito civilmente con l'altra parte (se la sentenza non è definitiva, la costituzione dell'unione civile è sospesa fino alla sentenza di proscioglimento).

I diritti e i doveri nell'unione civile. Con la costituzione dell'unione civile le parti acquistano gli stessi diritti e assumono gli stessi doveri; in particolare le parti:

- hanno l'obbligo reciproco all'assistenza morale e materiale e alla coabitazione;
- devono contribuire ai bisogni comuni, ciascuna in relazione «alle proprie sostanze e alla propria capacità di lavoro professionale e casalingo»;
- concordano l'indirizzo della vita familiare e fissano la residenza comune.

Nell'unione civile le parti acquistano gli stessi diritti e assumono gli stessi doveri

Lo scioglimento dell'unione civile. Se una parte (o entrambe) chiede lo scioglimento dell'unione civile si adotta un procedimento semplificato; basta manifestare, anche disgiuntamente, la volontà di separarsi davanti all'ufficiale di stato civile.

Dopo lo scioglimento, ogni parte è naturalmente libera di contrarre una nuova unione civile.

La convivenza di fatto.

In base alla legge n. 76 del 2016, sono conviventi di fatto due persone maggiorenni (di sesso diverso o dello stesso sesso) «unite stabilmente da legami affettivi di coppia e di reciproca assistenza morale e materiale, non vincolate da rapporti di parentela, affinità o adozione, da matrimonio o da un'unione civile».

Sono conviventi di fatto due persone maggiorenni (di sesso diverso o dello stesso sesso), unite stabilmente da legami affettivi di coppia

I conviventi di fatto spesso sono persone che non vogliono (o non possono) unirsi in matrimonio. Per esempio, Anna Bianchi e Mario Rossi hanno una relazione ma non vogliono sposarsi: Anna e Mario decidono di regolarizzare il loro rapporto con una convivenza di fatto.

Il diritto all'assistenza. Il convivente di fatto ha gli stessi diritti spettanti al coniuge:

- nei casi previsti dall'ordinamento penitenziario, per quanto riguarda l'assistenza in carcere al partner (visite, scelta dell'avvocato);
- in caso di malattia o di ricovero, i conviventi hanno il diritto reciproco di visita e di assistenza, e possono accedere alle rispettive informazioni personali secondo le stesse regole previste per i coniugi (possono chiedere notizie ai medici, possono vedere la cartella clinica del convivente malato);
- in caso di morte, il convivente superstite può decidere sulla donazione degli organi e sulle modalità di trattamento del corpo (sepoltura, cremazione).

Il convivente di fatto ha gli stessi diritti del coniuge in diversi ambiti

Il diritto alla casa. Ogni convivente di fatto ha il diritto di abitare la casa di comune residenza.

In caso di morte del proprietario della casa di comune residenza, il convivente superstite ha il diritto di continuare ad abitare nella stessa casa per un periodo compreso fra 2 e 5 anni.

In caso di morte del conduttore del contratto di locazione della casa di comune residenza, il convivente superstite può succedergli nel contratto. Nell'esempio se Mario Rossi muore, dopo aver stipulato un contratto di locazione per l'appartamento della coppia, la convivente Anna Bianchi ha diritto a succedere nel contratto come se fosse il coniuge (Anna Bianchi continuerà ad abitare quell'appartamento e a pagare lo stesso canone).

I conviventi sono equiparati alle coppie sposate anche per le graduatorie relative all'assegnazione di alloggi di edilizia popolare.

Il contratto di convivenza. I conviventi possono regolare i loro rapporti patrimoniali in un vero e proprio *contratto di convivenza*, che deve essere redatto in forma scritta, a pena di nullità, con atto pubblico o scrittura privata autenticata da un notaio o da un avvocato.

Il contratto può contenere:

- l'indicazione della residenza comune;
- le modalità di contribuzione alle necessità della vita in comune;
- le disposizioni sugli aspetti patrimoniali della convivenza di fatto.

5 Il diritto all'istruzione

NUCLEI ESSENZIALI

L'obbligo di istruzione. L'art. 34 Cost. afferma che «l'istruzione inferiore, impartita per almeno otto anni, è obbligatoria e gratuita». L'obbligo sancito dalla Costituzione è relativo solamente al numero degli anni e non al conseguimento del titolo di studio, ma la normativa ha esteso l'obbligo di istruzione.

L'obbligo di istruzione è di 10 anni

La legge 27 dicembre 2006, n. 296, *Disposizioni per la formazione del bilancio annuale e pluriennale dello Stato* (d'ora in poi legge n. 296 del 2006) amplia e ridefinisce il principio dell'obbligo di istruzione stabilito dalla Costituzione, stabilendo che «l'istruzione impartita per almeno dieci anni è obbligatoria ed è finalizzata a consentire il conseguimento di un titolo di studio di scuola secondaria superiore o di una qualifica professionale di durata almeno triennale entro il diciottesimo anno di età». Per questo motivo «l'età per l'accesso al lavoro è conseguentemente elevata da quindici a sedici anni».

La legge n. 296 del 2006 precisa poi che gli studenti iscritti obbligatoriamente ai primi due anni delle superiori non devono solo frequentare ma anche «imparare», perché «l'adempimento dell'obbligo di istruzione deve consentire, una volta conseguito il titolo di studio conclusivo del primo ciclo, l'acquisizione dei saperi e delle competenze» previste dai programmi dei «primi due anni degli istituti di istruzione secondaria superiore».

I primi due anni delle scuole superiori devono trasmettere ai ragazzi non solo conoscenze, ma vere e proprie competenze.

L'assolvimento dell'obbligo di istruzione. Gli studenti che superano l'esame alla fine del terzo anno della scuola secondaria di primo grado (l'«esame di terza media») hanno due strade per assolvere l'obbligo di istruzione, perché possono frequentare per due anni:

- o a una scuola superiore (licei, istituti tecnici e professionali), che può essere statale o paritaria;
- o un corso triennale di formazione professionale attivato dalla Regione.

Resta il principio della gratuità perché, nelle istituzioni scolastiche statali, si usufruisce del diritto senza pagare tasse di iscrizione o di frequenza.

Obbligo di istruzione
- → 8 anni è il minimo stabilito dalla Costituzione
- → 10 anni è il minimo fissato dalla legge e si assolve
  - ↓ In una scuola superiore (statale o paritaria)
  - ↓ In un corso di formazione professionale regionale

La lotta alla dispersione. Nella scuola italiana particolarmente grave è il problema della dispersione scolastica. Per questo la legge n. 296 del 2006 si propone di «prevenire e contrastare la dispersione e di favorire il successo nell'assolvimento dell'obbligo di istruzione». Vengono date anche chiare indicazioni per l'inserimento nel sistema scolastico degli studenti stranieri presenti nel territorio dello Stato, in modo da favorirne l'integrazione nella cultura italiana.

Nella scuola italiana resta il problema della dispersione scolastica

Responsabili dell'adempimento dell'obbligo di istruzione da parte dei minori sono i genitori, che sono tenuti a iscrivere i figli alle istituzioni scolastiche e formative.

L'obbligo formativo. Dopo aver assolto l'obbligo di istruzione di 10 anni (che termina al compimento del sedicesimo anno), esiste un *obbligo formativo* di 12 anni (che termina al compimento del diciottesimo anno), che può essere assolto in vari modi dallo studente che deve:

- o proseguire gli studi nella scuola superiore (licei, istituti tecnici e professionali);
- o conseguire una qualifica triennale nel corso di formazione professionale regionale;
- o conseguire una qualifica triennale con un percorso di apprendistato, entrando così nel mondo del lavoro.

Per esempio, se Luca Rossi frequenta con successo i 5 anni di un istituto tecnico o professionale (o di un liceo):

- dopo 2 anni assolve l'obbligo di istruzione;
- dopo 5 anni assolve l'obbligo formativo.

L'obbligo formativo è di 12 anni

Si distingue fra

- Obbligo di istruzione che dura 10 anni fino al compimento del sedicesimo anno
- Obbligo formativo che dura 12 anni fino al compimento del diciottesimo anno

La scuola è uguale per tutti? L'art. 34 Cost. stabilisce che «la scuola è aperta a tutti»: si tratta del principio dell'*uguaglianza formale* nel campo dell'istruzione.

La Costituzione prevede un'uguaglianza formale e sostanziale nel campo dell'istruzione

È importante, ma non è sufficiente. Tutti i ragazzi italiani devono «realmente» frequentare la scuola; solo un certo livello di istruzione permette una consapevole partecipazione alla vita sociale, mentre analfabetismo e ignoranza provocano emarginazione: all'uguaglianza formale deve affiancarsi l'uguaglianza sostanziale.

Supponiamo che due ragazzi, Luca Rossi e Caterina Bianchi, abbiano superato l'esame di stato col massimo dei voti. Entrambi vorrebbero diventare medici, ma la loro situazione familiare è molto diversa: Luca è figlio di un noto medico e si iscrive alla facoltà di Medicina per seguire le orme paterne, invece Caterina ha gravi problemi familiari, e si è ormai rassegnata ad accettare un impiego modesto. Non è giusto!

Per attenuare questa ingiustizia, lo Stato italiano cerca di garantire anche l'*uguaglianza sostanziale*; l'art. 34 Cost. stabilisce che «i capaci e i meritevoli, anche se privi di mezzi, hanno diritto a raggiungere i gradi più alti degli studi» e, per rendere effettivo questo diritto, lo Stato si impegna a provvedere «con borse di studio» e «assegni alle famiglie».

Nell'esempio, Caterina dovrebbe ricevere una borsa di studio, che dovrebbe essere sufficiente per mantenerla all'Università: Caterina dovrebbe diventare medico come Luca. Perché abbiamo usato tanto la parola «dovrebbe»? Purtroppo siamo ancora lontani dal pieno raggiungimento di questo obiettivo perché, spesso, i problemi economici sono tali da costringere ragazzi meritevoli a interrompere gli studi.

È comunque indubbio che in Italia, grazie al miglioramento delle condizioni economiche, la scolarità è aumentata nella seconda metà del secolo scorso (nel 2001 gli analfabeti rappresentavano il 2% della popolazione, mentre nel 1951 raggiungevano l'11%); sono anche notevolmente aumentati i giovani che frequentano l'Università (si è passati dal 2,9% del 1951 al 21% del 2001).

La classe di danza, dipinto fra il 1873 e il 1875 dal pittore francese Edgar Degas (1834-1917), e conservato al Musée d'Orsay di Parigi.

Una lettura

La classe di François Bégaudeau

Il tipico «dialogo-scontro» fra insegnante e studenti, con le sue contraddizioni e le sue ironie

Il francese François Bégaudeau, nato a Luçon nel 1971, è un insegnante che parte dalla sua esperienza per scrivere *La classe* (*Entre les murs*), un romanzo del 2006 sulla quotidianità della vita scolastica.

La classe ha un enorme successo, tanto che dal libro viene tratto un film (diretto da Laurent Cantet) che nel 2008 viene premiato con la Palma d'Oro di Cannes; nel film Bégaudeau interpreta il «suo» ruolo di professore.

Ne *La classe* Bégaudeau racconta, in prima persona, un anno di insegnamento in una scuola media di Parigi. Bégaudeau è abilissimo nel mescolare il suo senso di frustrazione con un'acuta ironia: *La classe* è formata da 25 adolescenti, è multietnica ed è molto difficile da gestire!

Il libro si basa su quel «dialogo-scontro» fra insegnante e studenti che avviene un po' in tutte le classi, con le sue contraddizioni e le sue ironie, spesso involontarie.

Il brano che segue riporta il momento in cui il professore «accompagna» in Presidenza uno studente indisciplinato.

«All'improvviso Dico ha chiamato Mehdi da un'estremità all'altra della prima fila.

Io ho fatto: "Oh!"
Lui ha fatto: "Che?"
"Non si fa, no?"
"Che ho fatto?"
"Ricominci?"
"Perché mi parla?"
"Vuoi che ci torniamo su?"
"Frega niente".
"Ok, ci torniamo".

Ho aperto la porta e gli ho indicato le scale con il pollice. È passato sotto il mio braccio teso. Appena chiusa la porta ho cambiato idea.

"Ripensandoci, resti nel corridoio, non ho voglia di perdere tempo con te".
"Frega niente".

Gli ho puntato l'indice sotto il naso e l'ho fissato negli occhi.

"Non ho bisogno dei tuoi commenti".
"Perché si arrabbia?"
"Stai zitto".
"Se voglio rientro in classe".
"Provaci e vedrai".

Risaliva le scale dietro a me.

"Che mi fa se rientro? Mi picchia?"
"Va bene, ok, andiamo dal preside".

Sulla scala scendevo tre scalini e poi ne risalivo due per aspettarlo. In piano camminavo fianco a fianco altrimenti lo seminavo ed era ridicolo. Ho cercato il tono più disinvolto fra quelli possibili nel mio cervello surriscaldato. [...]

Bene o male eravamo arrivati davanti alla porta dell'ufficio.

"Fai meno il furbo qui, eh?"
"Frega niente".
"Non ti frega niente, ma fai meno il furbo".

Il preside non c'era. Dico se n'è rallegrato in silenzio.

"Tu ti siedi qui. Io vado a cercarlo".

Non si è seduto.

"Ti siedi qui e stai zitto".
"È lei che parla". [...]»

[F. Bégaudeau, *La classe*, Einaudi, Torino, 2008, pp. 114-115.]

La parità scolastica. Non esiste solo l'istruzione statale: «enti e privati hanno il diritto di istituire scuole e istituti di educazione», purché questo avvenga «senza oneri per lo Stato» (art. 33 Cost.).

Nel 2000 è stata approvata una legge sulla parità scolastica, che permette alle famiglie di scegliere se affidare l'educazione dei propri figli alla scuola statale o a quella privata, che diventa *paritaria* se rispetta gli stessi obblighi di quella statale.

Agli studenti delle scuole paritarie deve essere assicurato un «trattamento scolastico equipollente a quello degli alunni delle scuole statali»; per esempio, il titolo di studio deve avere gli stessi effetti legali.

Negli ultimi anni lo Stato ha finanziato in parte le scuole paritarie, giustificando l'intervento con la funzione pubblica che queste svolgono. A questo proposito esiste un dibattito sull'opportunità di modificare la Costituzione, in modo da riconoscere l'assistenza economica statale anche alle scuole paritarie.

L'istruzione può essere
- Statale
- Privata, che può diventare paritaria

Una scuola aperta al mondo. Un decreto legislativo del 2007 stabilisce che gli studenti stranieri hanno diritto «al rispetto della vita culturale e religiosa della comunità alla quale appartengono», e che la scuola «favorisce iniziative volte all'accoglienza e alla tutela della loro lingua e cultura».

Il diritto all'istruzione riguarda anche i *minori stranieri* presenti nel territorio statale, che hanno questo diritto «indipendentemente dalla regolarità della loro posizione di soggiorno».

6 Il diritto alla salute

NUCLEI ESSENZIALI

Il *Welfare State*. Nello Stato liberale venivano riconosciuti ai cittadini i diritti civili e politici ma non i diritti sociali: il riconoscimento dei diritti sociali segna il passaggio dallo Stato liberale al *Welfare State* (Stato sociale).

Non è facile classificare i diritti sociali, perché questi spaziano dal campo economico all'istruzione, dalla sanità all'assistenza.

Il *Welfare State* si afferma nei Paesi democratici occidentali dopo la Seconda guerra mondiale, quando si accetta il principio che tutte le persone, e non solo i lavoratori, hanno diritto all'assistenza statale se si trovano in una situazione di bisogno.

Il *Welfare State* interviene in ogni settore della vita pubblica, per proteggere le persone

La sicurezza sociale. L'art. 34 Carta UE riprende uno dei cardini del *Welfare State*, perché «riconosce e rispetta il diritto di accesso alle prestazioni di sicurezza sociale e ai servizi sociali che assicurano protezione in casi quali la maternità, la malattia, gli infortuni sul lavoro, la dipendenza o la vecchiaia, oltre che in caso di perdita del posto di lavoro».

Come vedremo nel capitolo E1, l'Italia cerca di garantire un sistema di sicurezza sociale attraverso l'assistenza sociale e la previdenza sociale.

Il diritto alla salute. L'art. 32 Cost. stabilisce che «la Repubblica tutela la salute come fondamentale diritto dell'individuo e interesse della collettività, e garantisce cure gratuite agli indigenti». Per dare concreta attuazione alla Costituzione, nel 1978 è stata approvata la riforma sanitaria, basata sul principio dell'*assistenza sanitaria gratuita*, che doveva migliorare la qualità della vita delle persone.

La Costituzione tutela la salute come fondamentale diritto della persona

Il Servizio sanitario nazionale. La riforma del 1978 ha istituito il *Servizio sanitario nazionale* (Ssn), che si basa sui seguenti punti:

- il territorio è diviso in *Aziende unità sanitarie locali* (Ausl), e ogni cittadino fa riferimento alla propria Ausl per ricevere le prestazioni sanitarie;
- a tutti i cittadini vengono fornite gratuitamente le prestazioni sanitarie essenziali (medico e pediatra di base, pronto soccorso, ricoveri ospedalieri);
- il Ssn deve essere indirizzato non solo verso la cura della malattia, ma anche verso la prevenzione.

In seguito sono stati introdotti dei ticket che il cittadino deve pagare, a seconda del reddito, per usufruire di determinate prestazioni (medicinali, esami clinici, visite specialistiche).

L'elevata spesa che le persone devono affrontare per la sanità sta ormai cancellando il principio dell'assistenza sanitaria gratuita, che è riservata alle fasce più povere. Nello stesso tempo, il cittadino è costretto a rivolgersi sempre più spesso alle *strutture private*, a causa del sovraffollamento di quelle pubbliche (basta pensare alle lunghe attese per effettuare un esame o una visita).

Salute non deve essere solo sinonimo di assenza di malattie, ma anche significare benessere fisico e psichico della persona: condizione, questa, che assume particolare importanza nelle persone anziane.

Il diritto a vivere bene. Il diritto alla salute si identifica con il «diritto a vivere bene».

La salute non è solo l'assenza di malattie, ma è anche il benessere fisico e psichico della persona. Bisogna quindi intervenire non solo sui malati, ma anche sugli anziani, sugli emarginati, sui tossicodipendenti, sull'inquinamento e così via.

Salute e rispetto della persona. «Nessuno può essere obbligato a un determinato trattamento sanitario se non per disposizione di legge» (art. 32 Cost.); un'eccezione è rappresentata dalle vaccinazioni obbligatorie (per esempio l'antipoliomielitica), che devono essere effettuate per tutelare la collettività.

Lo stesso articolo stabilisce che «la legge non può in nessun caso violare i limiti imposti dal rispetto della persona umana». Purtroppo non sempre le strutture sanitarie hanno rispettato i diritti delle persone; si pensi alla vergognosa situazione di degrado in cui si trovavano i malati mentali dentro ai *manicomi* fino alla loro chiusura, avvenuta con la riforma psichiatrica del 1978. Va detto che la riforma ha lasciato irrisolti molti dei gravi problemi che affliggono questi malati, perché in alcuni casi si è passati dal manicomio all'assenza di qualsiasi terapia, per la carenza delle strutture alternative.

L'immagine è stata scattata dal famoso fotografo italiano Gianni Berengo Gardin nel manicomio di Parma nel 1968, dieci anni prima della sua chiusura. Le espressioni dei malati suscitano un forte impatto emotivo e sono molto più eloquenti di tante pagine scritte su di loro da studiosi e psichiatri.

7 Il diritto-dovere al lavoro

NUCLEI ESSENZIALI

Il lavoro: un diritto e un dovere. Ogni persona ha il diritto-dovere al lavoro. L'art. 4 Cost. afferma che «la Repubblica riconosce a tutti i cittadini il diritto al lavoro e promuove le condizioni che rendano effettivo questo diritto». Il *diritto* al lavoro non è un diritto soggettivo: lo Stato non ha l'obbligo di garantire a tutti un'occupazione, anche se deve cercare di limitare la disoccupazione; per esempio, Mario Rossi non può denunciare lo Stato italiano perché è disoccupato.

Ogni persona ha il diritto-dovere al lavoro

Il lavoro non è solo un diritto, perché ogni cittadino «ha il *dovere* di svolgere, secondo le proprie possibilità e la propria scelta, un'attività o una funzione che concorra al progresso materiale o spirituale della società».

Il rapporto di lavoro. Analizziamo il rapporto di lavoro che si crea fra il datore di lavoro e il singolo lavoratore subordinato. Va precisato che consideriamo solo i lavoratori a tempo indeterminato (ci siamo ampiamente occupati del mercato del lavoro nel Volume secondo).

Il lavoratore si trova in una posizione più debole rispetto al datore di lavoro

Il lavoratore subordinato si trova in una posizione più debole rispetto al datore di lavoro; ne consegue che, se il rapporto di lavoro fosse lasciato alla completa discrezione delle parti, sarebbero possibili forme di sfruttamento. Lo Stato sociale deve intervenire nelle situazioni di disparità a favore dei cittadini più deboli, come è appunto il caso dei lavoratori rispetto agli imprenditori. Per questo, nella seconda metà del Novecento, in Italia e in molti Paesi dell'Unione europea sono state approvate leggi che tutelano i diritti dei lavoratori.

A fronte di questi diritti, esistono dei doveri che i lavoratori devono rispettare, per garantire lo svolgimento dell'attività produttiva.

La retribuzione. In base all'art. 36 Cost. «il lavoratore ha diritto a una retribuzione proporzionata alla quantità e qualità del suo lavoro» ma, in ogni caso, la retribuzione deve essere tale da assicurare al lavoratore e alla sua famiglia «un'esistenza libera e dignitosa». Il concetto di «esistenza dignitosa» cambia nel tempo, per la continua evoluzione dei consumi; per esempio il televisore è oggi un bene essenziale, mentre cinquant'anni fa era considerato un bene di lusso.

La retribuzione deve assicurare al lavoratore e alla sua famiglia un'esistenza dignitosa

«La retribuzione del prestatore di lavoro può essere stabilita a tempo o a cottimo» (art. 2099 c.c.):

- la *retribuzione a tempo*, che è oggi la più frequente, consiste nel pagare al lavoratore una determinata cifra al mese (o alla settimana, o al giorno, o all'ora): la retribuzione a tempo è commisurata alla durata del lavoro (Mario Rossi guadagna 10 euro all'ora);

- la *retribuzione a cottimo* è in relazione al rendimento del lavoratore (Mario Rossi guadagna 2 euro per ogni pezzo prodotto).

Alla fine del rapporto, il lavoratore ha diritto a ricevere una somma di denaro, il *trattamento di fine rapporto* (o *liquidazione*), in proporzione agli anni di anzianità e alla retribuzione ricevuta.

L'orario di lavoro. «La durata massima della giornata lavorativa è stabilita dalla legge». Attualmente l'orario medio è fissato in 40 ore settimanali (8 ore per 5 giorni), anche se i contratti collettivi possono stabilire orari diversi. Il lavoratore deve percepire una retribuzione superiore in caso di lavoro straordinario (dopo le 8 ore), notturno (dopo le ore 20.00) e festivo (domenica e festività).

Il riposo e le ferie. L'art. 36 Cost. stabilisce inoltre che «il lavoratore ha diritto al riposo settimanale e a ferie annuali retribuite».

Sono diritti indisponibili
- Il riposo settimanale
- Le ferie annuali

Il *riposo settimanale* deve coincidere, di regola, con la domenica; qualora sia impossibile il riposo domenicale, il lavoratore deve effettuarlo in un altro giorno della settimana; si pensi al cameriere di un ristorante, che non può certamente chiudere la domenica.

La durata delle *ferie* è solitamente stabilita dai contratti collettivi o, in mancanza di questi, dal giudice. Il periodo dell'anno in cui il lavoratore può usufruire delle ferie viene deciso dal datore di lavoro, in base alle necessità dell'impresa e del lavoratore stesso.

Il lavoratore non solo ha diritto al riposo e alle ferie, ma «non può rinunziarvi». Si tratta di *diritti indisponibili* che il lavoratore deve per forza esercitare, senza poter «disporre» di essi in sede di contrattazione; per esempio, Mario Rossi non può rinunciare alle ferie in cambio di una somma di denaro. Per capire questo articolo della Costituzione, bisogna fare sempre riferimento alla condizione di inferiorità del lavoratore, che potrebbe non esercitare questi diritti a seguito di pressioni del datore di lavoro («o rinunci alle ferie o ti licenzio!»).

La sicurezza sul lavoro. In base all'art. 31 Carta UE, «ogni lavoratore ha diritto a condizioni di lavoro sane, sicure e dignitose».

I lavoratori hanno diritto a condizioni di lavoro sane, sicure e dignitose

A volte i lavoratori accettano aumenti di salario, in cambio di un ambiente di lavoro nocivo; per esempio, Mario Rossi decide liberamente di lavorare in un laboratorio senza depuratore, in cambio di un aumento salariale. Negli anni passati, questa «monetizzazione della salute» era un fenomeno molto diffuso nel nostro Paese, perché il problema della sicurezza sul lavoro era sottovalutato; oggi il fenomeno è più limitato, anche grazie a un maggior controllo statale.

Il dovere di diligenza. «Il prestatore di lavoro deve usare la diligenza richiesta dalla natura della prestazione dovuta»; il lavoratore deve svolgere le proprie mansioni con una diligenza che deve essere valutata in base alla natura della prestazione, all'interesse dell'impresa e a «quello superiore della produzione nazionale» (art. 2104 c.c.). È importante sottolineare che il lavoratore ha un dovere di diligenza nei confronti dell'intera società, e non solo verso l'impresa.

Il lavoratore ha
- Il dovere di diligenza
- Il dovere di obbedienza
- L'obbligo di fedeltà

Il dovere di obbedienza. Il lavoratore ha il dovere di obbedire alle disposizioni dei suoi superiori gerarchici; se non rispetta le mansioni ricevute, il lavoratore può essere soggetto a sanzioni disciplinari (multa, sospensione, licenziamento), previste dai contratti collettivi. Le infrazioni devono essere contestate per iscritto, e le sanzioni non possono essere adottate senza aver interpellato il lavoratore, come prevede lo *Statuto dei lavoratori* del 1970, che è in vigore nelle imprese con più di 15 dipendenti.

L'obbligo di fedeltà. «Il prestatore di lavoro non deve trattare affari, per conto proprio o di terzi, in concorrenza con l'imprenditore, né divulgare notizie attinenti all'organizzazione e ai modi di produzione dell'impresa» (art. 2105 c.c.). Anche l'inadempienza all'obbligo fondamentale della fedeltà comporta sanzioni disciplinari per il lavoratore.

8 Il patrimonio artistico e culturale italiano

Un immenso patrimonio culturale. L'art. 9 Cost. afferma che «la Repubblica promuove lo sviluppo della cultura e la ricerca scientifica e tecnica. Tutela il paesaggio e il patrimonio storico e artistico della Nazione».

L'Italia ha un immenso patrimonio culturale. Basta pensare che sono aperti al pubblico:

- 4158 fra musei, gallerie e collezioni;
- 282 aree archeologiche e parchi archeologici;
- 536 monumenti e complessi monumentali.

Il nostro Paese vanta anche 13 959 biblioteche pubbliche.

Il Ministero. La gestione del patrimonio artistico e culturale è passata, nel corso degli anni, sotto il controllo di diversi ministeri. Dal 2019 è il *Ministero dei beni e delle attività culturali e del turismo* che si occupa dei beni culturali italiani.

Il *Ministero dei beni e delle attività culturali e del turismo* gestisce il patrimonio culturale italiano

Il Codice dei beni culturali e del paesaggio. Nel 2004 è entrato in vigore il *Codice dei beni culturali e del paesaggio* (d'ora in poi *Cod. beni culturali*), che contiene tutta la più importante normativa in materia.

La definizione di bene culturale. Nell'art. 10 *Cod. beni culturali* troviamo una definizione dettagliata di *bene culturale*: «Sono beni culturali le cose immobili e mobili appartenenti allo Stato, alle Regioni, agli altri enti pubblici territoriali, [...] e agli enti ecclesiastici civilmente riconosciuti, che presentano interesse artistico, storico, archeologico o etnoantropologico».

I beni culturali devono presentare un interesse artistico, storico, archeologico o etnoantropologico

Dalla definizione emerge che i beni culturali possono essere sia mobili sia immobili:

- i *beni culturali mobili* possono essere spostati e trasportati come, per esempio, una statua, un dipinto o un reperto archeologico;
- i *beni culturali immobili* rimangono ancorati al suolo come, per esempio, un edificio storico, un castello o una chiesa.

Le tre parole-chiave. «Tutela/Valorizzazione/Conservazione» sono le tre parole-chiave che sintetizzano come deve avvenire la fruizione del patrimonio culturale.

La fruizione del patrimonio culturale si basa

Sulla tutela	Sulla valorizzazione	Sulla conservazione

La tutela. Anzitutto i beni culturali devono essere tutelati. Secondo l'art. 3 *Cod. beni culturali* la tutela consiste «nell'individuare i beni costituenti il patrimonio culturale» e nel «garantirne la protezione e la conservazione per fini di pubblica fruizione». La tutela comprende sia la fase dell'«individuazione» sia la fase della «protezione» del bene.

La tutela comprende l'individuazione e la protezione dei beni culturali

La valorizzazione. L'art. 6 *Cod. beni culturali* precisa che la valorizzazione consiste «nelle attività dirette a promuovere la conoscenza del patrimonio culturale» e ad «assicurare le migliori condizioni di utilizzazione e fruizione pubblica del patrimonio stesso».

Una canzone

Teste di Modì

di Caparezza

Nel 1984 vengono ritrovate in un fiume a Livorno tre teste apparentemente scolpite da Amedeo Modigliani. È la burla del secolo...

Nel 1984 ricorre il centenario della nascita del grande artista livornese Amedeo Modigliani (1884-1920), conosciuto principalmente per i suoi ritratti femminili dai volti stilizzati e dai colli affusolati.

A Livorno una leggenda popolare narrava che, nel 1909, l'artista avesse scolpito alcune opere e le avesse poi mostrate agli amici. Questi, dopo averlo deriso, gli avrebbero consigliato di gettarle. Per questo motivo nella città si credeva che queste sculture si trovassero nel fiume. In occasione del centenario, si decise quindi di fare ricerche approfondite e, dragando il canale, si ritrovarono tre teste scolpite: la maggioranza dei critici d'arte dichiarò l'autenticità delle sculture di Modì...

Teste di Modì

Testo e musica: Caparezza
Universal Music Group, 2014

Da giorni dragano il fondale del fosso reale [...]
cercano sculture di Amedeo Modigliani [...]
poi vedi qualcosa viene su, Alleluia!
Tre teste incise su tre pietre [...]
Gli esperti dicono che sì, quelle lì sono
di Modì! [...]
quelle teste nelle teche
sono tre ciofeche fatte da studenti [...]
Sì io voglio essere così
come i ragazzi delle teste di Modì [...]

Gli autori delle false statue di Modigliani.

Caparezza.

Un mese dopo il ritrovamento, quattro studenti livornesi si presentarono alla redazione di un giornale dichiarando che le teste erano false, che le avevano costruite loro e che pertanto il ritrovamento era soltanto uno scherzo. Presentarono anche come prova della falsificazione una fotografia, che li ritraeva nell'atto di scolpire una delle teste.

L'episodio è tuttora considerato come la più divertente burla riguardante l'attendibilità del giudizio dei critici d'arte.

Caparezza (all'anagrafe Michele Salvemini, nato a Molfetta nel 1973) è un cantautore e un rapper. Le sue canzoni sono sempre caratterizzate da un'ironia tagliente, accompagnata da un solido impegno sociale. Nel 2014 Caparezza dedica al mitico scherzo di Livorno una canzone, intitolata appunto *Teste di Modì*.

La valorizzazione comprende «anche la promozione e il sostegno degli interventi di conservazione del patrimonio culturale». A questo proposito va ricordato che anche i soggetti privati possono finanziare (*sponsorizzare*) i lavori di restauro o di pulizia o di riqualificazione dei beni culturali. Naturalmente la valorizzazione deve essere compatibile con la tutela, in modo da non mettere a rischio lo stato conservativo del bene.

La conservazione. Secondo l'**art. 29 *Cod. beni culturali*** la conservazione del patrimonio culturale è «assicurata mediante un'attività di studio, prevenzione, manutenzione e restauro».

Il patrimonio culturale immateriale. Oltre ai beni culturali materiali (quadri, reperti archeolo-

Il Colosseo necessitava di un restauro a causa dello smog. Una nota impresa italiana ha sponsorizzato questo intervento.

gici, monumenti, chiese), bisogna inserire fra i beni culturali anche la musica, la moda, il teatro, il folklore, l'enogastronomia, i dialetti e tutto ciò che può essere definito come *patrimonio culturale immateriale* di una determinata area geografica: una canzone o una specialità gastronomica sono «beni culturali» come un dipinto o una statua.

L'area archeologica di Pompei.

I luoghi della cultura. L'art. 101 *Cod. beni culturali* indica quali sono i luoghi della cultura: «i musei, le biblioteche e gli archivi, le aree e i parchi archeologici, i complessi monumentali», e ne dà poi le relative definizioni.

Il museo. Il *museo* è «una struttura permanente che acquisisce, cataloga, conserva, ordina ed espone beni culturali per finalità di educazione e di studio».

La biblioteca. La *biblioteca* è «una struttura permanente che raccoglie, cataloga e conserva un insieme organizzato di libri, materiali e informazioni, comunque editi o pubblicati su qualunque supporto», e «ne assicura la consultazione al fine di promuovere la lettura e lo studio».

L'archivio. L'*archivio* è «una struttura permanente che raccoglie, inventaria e conserva documenti originali di interesse storico e ne assicura la consultazione per finalità di studio e di ricerca». Di grande interesse storico è la trasformazione di alcuni archivi in «Archivi di Stato».

L'area archeologica. L'*area archeologica* è «un sito caratterizzato dalla presenza di resti di natura fossile o di manufatti o strutture preistorici o di età antica».

Il parco archeologico. Il *parco archeologico* è «un ambito territoriale caratterizzato da importanti evidenze archeologiche» e dalla presenza «di valori storici, paesaggistici o ambientali, attrezzato come museo all'aperto».

Il complesso monumentale. Il *complesso monumentale* è «un insieme formato da una pluralità di fabbricati edificati anche in epoche diverse, che con il tempo hanno acquisito, come insieme, una autonoma rilevanza artistica e storica».

I luoghi della cultura sono

- I musei
- Le biblioteche
- Gli archivi
- Le aree archeologiche
- I parchi archeologici
- I complessi monumentali

L'Unesco. L'*Organizzazione delle Nazioni Unite per l'educazione, la scienza e la cultura* (Unesco) è stata fondata dall'ONU nel novembre 1945, per incoraggiare la collaborazione fra gli Stati nelle aree dell'istruzione, della scienza, della cultura e della comunicazione. Oggi sono membri dell'Unesco circa 200 Paesi fra cui l'Italia (entrata nel 1947).

L'Unesco ha anche predisposto una lista di patrimoni dell'umanità, che viene costantemente aggiornata; questi beni sono considerati fondamentali sotto l'aspetto culturale o naturalistico e la loro conservazione è ritenuta essenziale per la vita dell'intero pianeta.

I siti o i monumenti riconosciuti come *Patrimonio Unesco* diventano patrimonio di tutta l'umanità, a prescindere dal luogo in cui si trovano, e la loro protezione diventa un dovere per l'intera comunità internazionale. Va ricordato che, alla fine del 2019, i siti Unesco erano 1121 (869 siti culturali, 213 naturali e 39 misti) presenti in 167 Stati del mondo.

L'Italia è il Paese con il maggior numero di siti iscritti nella lista (insieme alla Cina): erano 55 alla fine del 2019.

I trulli di Alberobello fanno parte del Patrimonio Unesco dal 1966.

SINTESI

Uguaglianza formale e sostanziale

- Si ha l'**uguaglianza formale** (par. **1**) quando tutti sono uguali davanti alla legge, mentre si ha l'**uguaglianza sostanziale** (par. **1**) quando tutti esercitano gli stessi diritti.

La parità fra donna e uomo

- La **parità fra donna e uomo** (par. **2**) non è ancora completamente attuata nel mondo della politica, del lavoro e della famiglia.

Il diritto alla famiglia

- Nel 1975 la **riforma del diritto di famiglia** (par. **3**), ha modificato i diritti e doveri dei coniugi: il marito non è più a capo della famiglia, e spetta a entrambi i coniugi concordare l'indirizzo della vita familiare.
- La **separazione** (par. **3**), che può essere giudiziale o consensuale, può portare alla riconciliazione o al **divorzio** (par. **3**) che determina lo scioglimento del matrimonio.
- La **riforma della filiazione** (par. **3**) stabilisce che tutti i figli hanno lo stesso stato giuridico; ha sostituito le parole «figlio legittimo» e «figlio naturale» con le parole «figlio nato nel matrimonio» e «figlio nato fuori del matrimonio».
- I figli minorenni sono soggetti alla **responsabilità genitoriale** (par. **3**): i genitori hanno il diritto-dovere di educare e mantenere i figli.
- L'**unione civile** (par. **4**) disciplina il legame fra due persone dello stesso sesso, attraverso una dichiarazione di fronte all'ufficiale di stato civile e alla presenza di due testimoni.
- Sono **conviventi di fatto** (par. **4**) due persone maggiorenni (di sesso diverso o dello stesso sesso) unite stabilmente da legami affettivi di coppia e di reciproca assistenza morale e materiale.

Il diritto all'istruzione

- L'**obbligo di istruzione** (par. **5**) dura 10 anni, mentre l'**obbligo formativo** (par. **5**) dura 12 anni.

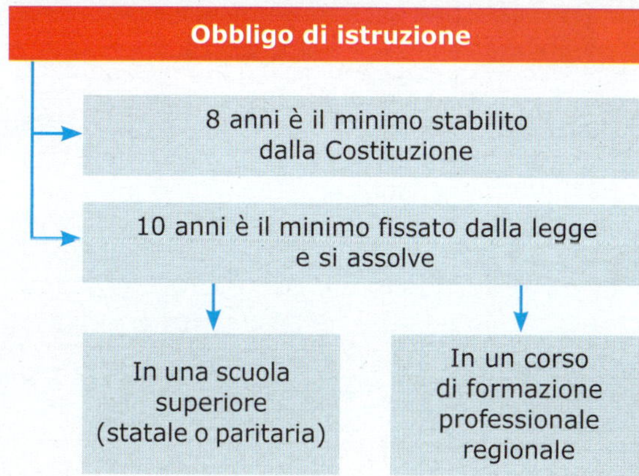

Il diritto alla salute

- La Costituzione tutela il **diritto alla salute** (par. **6**), intesa non solo come assenza di malattie, ma anche come benessere fisico e psichico della persona.

Il diritto-dovere al lavoro

- Il **rapporto di lavoro** (par. **7**) comporta sia diritti sia doveri per il lavoratore. Il riposo settimanale e le ferie annuali sono **diritti indisponibili** (par. **2**), a cui il lavoratore non può rinunciare.
- I **beni culturali** (par. **8**), mobili e immobili, devono presentare un interesse artistico, storico, archeologico o etnoantropologico. Possono essere sia pubblici sia privati.
- I **luoghi della cultura** (par. **8**) sono i musei, le biblioteche, gli archivi, le aree e i parchi archeologici, i complessi monumentali.
- I siti o i monumenti riconosciuti come **Patrimonio Unesco** (par. **8**) diventano patrimonio di tutta l'umanità.

1 Verifica le tue conoscenze

Risolvi le seguenti **scelte multiple** indicando la risposta esatta fra quelle possibili.

A

La scuola privata può essere

1 statale
2 regionale
3 paritaria

B

È al primo posto nei siti del Patrimonio Unesco

1 la Spagna
2 l'Italia
3 la Grecia

1 L'obbligo formativo è assolto

A dopo 6 anni
B dopo 8 anni
C dopo 10 anni
D dopo 12 anni

2 L'unione civile disciplina il legame fra due persone

A di sesso diverso
B dello stesso sesso
C solo di sesso femminile
D solo di sesso maschile

3 Sono conviventi di fatto due persone unite da

A legami affettivi
B rapporti di parentela
C matrimonio civile
D unione civile

4 È un diritto indisponibile del lavoratore

A la retribuzione
B il riposo settimanale
C lo straordinario
D la sicurezza sul lavoro

5 In caso di separazione consensuale, per la domanda di divorzio occorrono

A 3 mesi
B 6 mesi
C 9 mesi
D 12 mesi

6 Il patrimonio culturale immateriale può comprendere

A un quadro
B una statua
C una canzone
D un parco

2 Misura le tue abilità

Rispondi e motiva la tua risposta in ogni caso proposto.

1 I figli nati nel matrimonio sono i figli nati dai coniugi V F

____

2 Il lavoratore ha l'obbligo di fedeltà V F

____

3 Uguaglianza e identità sono sinonimi V F

____

4 Nelle scuole italiane è previsto l'uso della lingua della minoranza V F

____

5 La legge sulla parità scolastica è stata approvata nel 2000 V F

____

6 Il *Welfare State* interviene in ogni settore della vita pubblica V F

____

3 Valuta le tue competenze

Risolvi i casi concreti, mettendo in pratica ciò che hai imparato.

1 Individuare un caso di discriminazione della donna nel mondo del lavoro, in base all'esperienza di un'amica.

A un colloquio di lavoro, una tua amica si è trovata a competere con un candidato di sesso maschile: «Alla fine hanno assunto lui. I miei titoli erano superiori, ma si sa... Io sono una donna...».

- **Questo pregiudizio rischia di diventare eterno?**

2 Riconoscere i vantaggi della legge sul divorzio breve nel racconto di una parente.

Tua cugina è separata da due anni ed è in attesa di divorzio. È un po' seccata: «Non vedo l'ora di divorziare perché voglio risposarmi. Purtroppo devo aspettare almeno un altro anno!».

- **Che cosa prevede la legge sul divorzio breve?**

3 Valutare l'obbligo di mantenimento dei figli nel racconto di un conoscente.

Il tuo vicino litiga continuamente col figlio adolescente. In questo momento si sta sfogando con tuo padre: «Non ne posso più... Chiede continuamente soldi... Non è mai contento... Per fortuna il prossimo anno diventa maggiorenne e noi non siamo più obbligati a mantenerlo!».

- **Quando cessa l'obbligo dei genitori di mantenere i figli?**

4 Precisare i caratteri dell'unione civile in un racconto familiare.

Da una decina d'anni tuo zio ha una relazione con una signora divorziata, che non ha mai voluto risposarsi.
Tuo zio è soddisfatto: «Finalmente... con l'unione civile risolveremo il nostro problema!».

- **Che cosa prevede la legge sull'unione civile? Qual è la miglior soluzione per tuo zio e la sua compagna?**

5 Valutare il ruolo occupato dall'Italia nella classifica dei siti Unesco, ascoltando un amico.

Un tuo amico è polemico: «È incredibile. Tutti dicono che l'Italia è il Paese più bello del mondo e poi l'Unesco ignora alcuni nostri capolavori. È tutta politica!».

- **Come è collocata l'Italia nella classifica dei siti Unesco?**

Idee a confronto

A casa 1 ora | In aula 20 minuti

4 Partendo dal caso proposto, approfondisci l'argomento per partecipare al dibattito in classe

L'Unesco è spesso citata per la lista dei patrimoni dell'umanità da tutelare (culturali o naturalistici). In realtà le iniziative dell'Unesco vanno oltre, fino alla promozione della pace attraverso la natura e la cultura. Fra queste iniziative, va ricordato il sostegno del Comitato Unesco Giovani per la diffusione dei valori della pace e della solidarietà in vari Paesi.

→ ***Sei d'accordo che il valore della bellezza, oltre ad aiutare la conservazione della Natura, possa favorire il dialogo e la comprensione reciproca? In quale modo?***

Verso l'esame di Stato

La libertà di religione

La rabbia e l'orgoglio di Oriana Fallaci

«Sveglia, gente, sveglia! Intimiditi come siete dalla paura d'apparire razzisti [...] non volete capire che qui è in atto una guerra di religione»

Oriana Fallaci (Firenze, 1935-2006) è stata sia una scrittrice sia una giornalista e, come corrispondente di guerra, ha vissuto e raccontato alcuni fra i più gravi conflitti del XX secolo, dal Vietnam al Medio Oriente.

Oriana Fallaci ha vissuto per molti anni a New York, e ha scritto *La rabbia e l'orgoglio* subito dopo il terribile attentato terrorista che, l'11 settembre 2001, disintegrò le Twin Towers e uccise oltre 2700 persone, non molto lontano dalla sua casa di Manhattan. Nel libro la Fallaci lancia accuse durissime e scaglia invettive contro il «mondo musulmano», con una visceralità tale da scatenare violente reazioni anche nel nostro Paese.

«Mi consenta una domanda, Santità [*Papa Giovanni Paolo II*]: è vero che tempo fa Lei chiese ai figli di Allah di perdonare le Crociate fatte dai suoi predecessori per riprendersi il Santo Sepolcro? Boh! Ma loro Le hanno mai chiesto scusa per il fatto di esserselo preso? Le hanno mai chiesto scusa per il fatto di aver soggiogato per oltre sette secoli la cattolicissima penisola iberica, tutto il Portogallo e tre quarti della Spagna, sicché se nel 1490 Isabella di Castiglia e Ferdinando d'Aragona non si fossero dati una mossa oggi in Spagna e in Portogallo si parlerebbe ancora arabo? [...] Lei chiede scusa a chi Le rubò il Santo Sepolcro e magari vorrebbe rubarLe il Vaticano?! [...]

E a loro dico: sveglia, gente, sveglia! Intimiditi come siete dalla paura d'andar contro corrente oppure d'apparire razzisti (parola oltretutto impropria perché il discorso non è su una razza, è su una religione), non capite o non volete capire che qui è in atto una Crociata alla Rovescia. Abituati come siete al doppio gioco, accecati come siete dalla miopia, non capite o non volete capire che qui è in atto una guerra di religione. Voluta e dichiarata da una frangia di quella religione. (Forse?). Comunque una guerra di religione. Una guerra che essi chiamano Jihad: Guerra Santa. Una guerra che non mira alla conquista del nostro territorio forse, (forse?), ma che certamente mira alla conquista delle nostre anime. Alla scomparsa della nostra libertà e della nostra civiltà. All'annientamento del nostro modo di vivere e di morire, del nostro modo di pregare o non pregare, del nostro modo di mangiare e bere e vestirci e divertirci e informarci [...]. Non vi rendete conto che gli Usama Bin Laden si ritengono autorizzati a uccidere voi e i vostri bambini perché bevete il vino e la birra, perché non portate la barba lunga o il chador anzi il burkah, perché andate al teatro e al cinema, perché ascoltate la musica e cantate le canzonette, perché ballate nelle discoteche o a casa vostra, perché guardate la televisione, perché portate la minigonna o i calzoncini corti, perché al mare o in piscina state ignudi o quasi ignudi, perché scopate quando vi pare e dove vi pare e con chi vi pare? Non v'importa neanche di questo, scemi? Io sono atea, graziaddio. Irrimediabilmente atea. E non ho alcuna intenzione d'esser punita per questo da quei barbari che invece di lavorare e contribuire al miglioramento dell'umanità stanno sempre col sedere all'aria cioè a pregare cinque volte al giorno. [...]

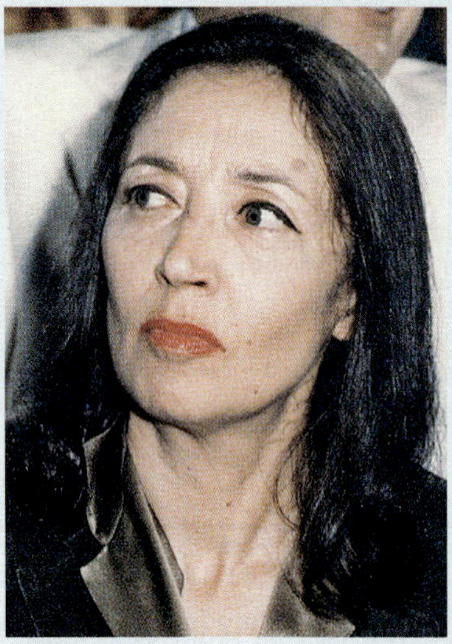

Io non vado a rizzare tende alla Mecca. Non vado a cantare Paternostri e Avemarie dinanzi alla tomba di Maometto. Non vado a fare pipì sui marmi delle loro moschee. Tanto meno la cacca. Io quando mi trovo nei loro Paesi (cosa dalla quale non trovo mai diletto), non dimentico mai d'essere un'ospite e una straniera. Sto attenta a non offenderli con abiti o gesti o comportamenti che per noi sono normali e per loro inammissibili. [...].»

[O. Fallaci, *La rabbia e l'orgoglio*, Rizzoli, Milano, 2001, pp. 76-121.]

Papa Francesco: «Stessi diritti per musulmani, ebrei, cristiani»

La libertà religiosa e la libertà di espressione devono essere efficacemente garantite a tutti

Papa Francesco (nato Jorge Mario Bergoglio a Buenos Aires il 17 dicembre 1936) è dal 13 marzo 2013 il 266° papa della Chiesa cattolica e vescovo di Roma. Papa Francesco, che è il primo pontefice proveniente dal continente americano, ha immediatamente conquistato la stima e l'affetto di milioni di fedeli in tutto il mondo.

Nell'articolo riportato (*larepubblica.it*, 28 novembre 2014) Papa Francesco, durante un viaggio in Turchia, esprime la sua speranza per un futuro basato sulla libertà di religione.

«"È fondamentale che i cittadini musulmani, ebrei e cristiani – tanto nelle disposizioni di legge, quanto nella loro effettiva attuazione – godano dei medesimi diritti e rispettino i medesimi doveri". Papa Francesco, arrivato oggi in Turchia [...], ha parlato davanti alle autorità turche e ha avuto un colloquio privato con il presidente Recep Tayyip Erdogan. Ha elogiato Ankara per il suo aiuto umanitario a "così tanti rifugiati dalle zone di conflitto". Ma sulla libertà religiosa e la libertà di espressione ha usato parole nette perché queste, se "efficacemente garantite a tutti, stimoleranno il fiorire dell'amicizia, diventando un eloquente segno di pace".

Un discorso coraggioso, basato sul principio che "una pace solida" non può che essere "fondata sul rispetto dei fondamentali diritti e doveri legati alla dignità dell'uomo". "Per questa strada – ha aggiunto – si possono superare i pregiudizi e i falsi timori e si lascia invece spazio alla stima, all'incontro, allo sviluppo delle migliori energie a vantaggio di tutti". Il Papa, al quale Erdogan ha espresso "preoccupazione per la rapida crescita dell'islamofobia", ha anche lanciato un appello a non "rassegnarci alla continuazione dei conflitti come se non fosse possibile un cambiamento in meglio della situazione!". "Abbiamo bisogno di un dialogo che approfondisca la conoscenza e valorizzi con discernimento le tante cose che ci accomunano, e al tempo stesso ci permetta di considerare con animo saggio e sereno le differenze, per poter anche da esse trarre insegnamento", ha detto ancora Bergoglio.

Per il Papa nessuna violenza può essere motivata con la fede: "la violenza che cerca una giustificazione religiosa merita la più forte condanna, perché l'Onnipotente è Dio della vita e della pace. Da tutti coloro che sostengono di adorarlo, il mondo attende che siano uomini e donne di pace, capaci di vivere come fratelli e sorelle, nonostante le differenze etniche, religiose, culturali o ideologiche". E poi l'appello per un'alleanza delle religioni: "Occorre contrapporre al fanatismo e al fondamentalismo la solidarietà di tutti i credenti", ha detto il Papa. Col dialogo interreligioso si arrivi a "bandire ogni forma di fondamentalismo e di terrorismo, che umilia gravemente la dignità di tutti gli uomini e strumentalizza la religione".»

PER COMPRENDERE I TESTI

1. **Quale evento scatena la rabbia di Oriana Fallaci?**
2. **Secondo la Fallaci, perché i musulmani «si ritengono autorizzati a uccidere» gli occidentali?**
3. **Pensi che il brano tratto dal libro della Fallaci sia razzista? Se sì (o no), perché?**
4. **Secondo Papa Francesco, perché «è fondamentale che i cittadini musulmani, ebrei e cristiani godano dei medesimi diritti e rispettino i medesimi doveri»?**

IMPARA AD ARGOMENTARE

Partendo dal testo di Oriana Fallaci e dall'articolo di *larepubbica.it*, rispondi alle domande facendo emergere il tuo punto di vista.

Progetto multidisciplinare per la classe quinta

Un convegno scolastico per ridurre le disuguaglianze e sostenere la parità fra donna e uomo

I contenuti

MATERIA	CONTENUTI
Diritto	La *Carta dei diritti fondamentali dell'Ue* (capitolo B1), la parità fra donna e uomo (capitolo B3)
Educazione civica (*)	Agenda 2030, educazione alla legalità e alla cittadinanza attiva
Italiano	Analizzare il linguaggio usato nella comunicazione dei valori e dei progetti all'interno dei siti delle organizzazioni scelte come esempio di *best practice*

(*) I riferimenti si intendono fatti alla legge sull'Educazione civica n. 92 del 2019, che sostituisce l'insegnamento di Cittadinanza e Costituzione.

Competenze specifiche di progetto

COMPETENZE DI RIFERIMENTO	ABILITÀ	ASSI CULTURALI
1 Collocare l'esperienza personale in un sistema di regole fondato sul reciproco riconoscimento dei diritti garantiti dalla Costituzione, a tutela della persona, della collettività e dell'ambiente	Individuare le caratteristiche essenziali della norma giuridica e comprenderle a partire dalle proprie esperienze e dal contesto scolastico	**Asse storico-sociale**
2 Utilizzare e produrre testi multimediali	• Comprendere i prodotti della comunicazione audiovisiva • Elaborare prodotti multimediali (testi, immagini, suoni ecc.), anche con tecnologie digitali	**Asse dei linguaggi**
3 Produrre testi di vario tipo in relazione ai differenti scopi comunicativi	• Ricercare, acquisire e selezionare informazioni generali e specifiche in funzione della produzione di testi scritti di vario tipo • Rielaborare in forma chiara le informazioni	**Asse dei linguaggi**

Competenze chiave per l'apprendimento permanente sviluppate nel progetto

COMPETENZE CHIAVE	COMPETENZE SPECIFICHE
Competenza alfabetica funzionale	• Esprimere concetti, fatti e opinioni in forma sia orale sia scritta • Relazionarsi efficacemente con gli altri in modo opportuno e creativo
Competenza digitale	• Saper utilizzare le tecnologie digitali per apprendere
Competenza personale, sociale e capacità di imparare a imparare	• Gestire efficacemente le informazioni • Individuare gli obiettivi • Affrontare i problemi per risolverli
Competenza in materia di cittadinanza	• Impegnarsi efficacemente con gli altri per conseguire un interesse comune

Contesto di lavoro

La tua classe ha il compito di realizzare quattro interventi in cui sono presentati i valori e le attività di alcune organizzazioni non profit che operano nel settore della tutela dei diritti umani e della promozione della parità fra donne e uomini.
Le quattro presentazioni andranno a formare il programma di un convegno che si svolgerà alla presenza di un'altra classe della propria scuola.
Scopo del convegno è la diffusione dei goal previsti dall'Agenda 2030 dell'ONU, in particolare: 5 (Parità di genere), 10 (Ridurre le disuguaglianze) e 16 (Pace, giustizia e istituzioni forti), e stimolare la partecipazione al volontariato e alla vita civica e sociale, così come previsto nei programmi di Educazione civica.
Sarà quindi necessario dividere la classe in gruppi, scegliere l'organizzazione su cui si baserà l'intervento di ogni gruppo e, sotto la supervisione dell'insegnante, definire il programma del convegno.

Che cosa fare

1. L'insegnante divide la classe in quattro gruppi.
2. L'insegnante affida a ciascun gruppo il compito di individuare un'organizzazione non profit che svolga attività sociali per il superamento delle disuguaglianze e per la parità fra donna e uomo (per esempio Amnesty International oppure le iniziative e le associazioni partner in materia di parità di genere sul sito di obiettivo 2030, http://www.obiettivo2030.it/objective-5).
3. Ogni gruppo svolge il compito assegnato, eseguendo una prima ricerca su internet per individuare l'organizzazione o il progetto su cui basare l'intervento, studiarne i contenuti e scegliere insieme alcune attività e campagne che possano essere considerate una *best practice*.

A questo punto ogni gruppo deve portare avanti alcuni compiti specifici da svolgere a casa:

4. Ogni gruppo elabora, in un documento Word, una scaletta dell'intervento al convegno in cui presentare (*a*) l'organizzazione non profit o il progetto scelto, (*b*) la mission e i valori che sono trasmessi e (*c*) uno o più progetti o attività rappresentativi rispetto allo scopo del convegno.
5. Ogni gruppo crea inoltre un cartellone in cui riassume attraverso immagini e parole significative i contenuti di cui al punto precedente (presentazione, mission, progetti).
6. I gruppi preparano l'esposizione orale del proprio intervento in aula.
7. In classe, l'insegnante coordina la successione dei diversi interventi.
8. I gruppi presentano i quattro interventi di fronte a un'altra classe della stessa scuola, accompagnando l'esposizione orale con i cartelloni preparati.

Tempo a disposizione — 6 ore

Complessivamente 6 ore, così suddivise:
- 1 ora a scuola per la fase preparatoria (punti 1-3)
- 4 ore a casa per la ricerca delle informazioni e la stesura dei documenti (punti 4-6)
- 1 ora a scuola per la stampa, il coordinamento delle fasi e la presentazione in aula (punti 7 e 8)

Materiali e strumenti utilizzabili

- Libro di testo, consultazione online (http://www.obiettivo2030.it/objective-5, anche per approfondire i singoli target dell'obiettivo n. 5) e appunti personali
- Pc o tablet, stampante e fotocopiatrice

UNITÀ

C Le nostre istituzioni

CAPITOLO

C1 Il Parlamento

NUCLEI ESSENZIALI

- Il bicameralismo
- L'elettorato attivo e passivo
- L'organizzazione delle Camere
- Il sistema elettorale italiano
- Le funzioni del Parlamento

A te la parola! 15 minuti

Il nostro ordinamento è caratterizzato dal bicameralismo perfetto. Qual è la situazione in altri Stati dell'Unione europea come la Francia, la Grecia e la Spagna?

→ *Fai una ricerca online e compila una tabella in cui descrivi la composizione del Parlamento in ognuno di questi tre Paesi.*

Con l'aiuto dell'insegnante e in piccoli gruppi prova a esporre il tuo punto di vista.

Va premesso che la Gazzetta Ufficiale del 12 ottobre 2019, n. 240, ha pubblicato un testo di legge costituzionale (*Modifiche agli articoli 56, 57 e 59 della Costituzione in materia di riduzione del numero dei parlamentari*), che deve essere sottoposto a referendum confermativo ai sensi dell'articolo 138 della Costituzione.
Il testo di legge costituzionale «taglia» il numero dei parlamentari sia al Senato della Repubblica (passando da 315 a 200 senatori) sia alla Camera dei deputati (passando da 630 a 400 deputati).

1 Il bicameralismo

NUCLEI ESSENZIALI

La composizione del Parlamento. L'Italia è una repubblica parlamentare; l'unico organo costituzionale eletto direttamente dal corpo elettorale è il Parlamento, che è formato dalla Camera dei deputati e dal Senato della Repubblica: i Costituenti hanno adottato il bicameralismo.

La Costituzione prevede il bicameralismo, perché il Parlamento è composto dalla Camera dei deputati e dal Senato della Repubblica

La *Camera dei deputati* (d'ora in poi *Camera*) è formata da 630 deputati e ha la sua sede nel Palazzo di Montecitorio.

A sinistra: Palazzo Montecitorio,sede della Camera dei deputati.
A destra: Palazzo Madama, sede del Senato della Repubblica.

Il *Senato della Repubblica* (d'ora in poi *Senato*) è formato da 315 senatori eletti dal popolo e dai *senatori a vita*: la sua sede è a Palazzo Madama.

Quando i mass media parlano di *Montecitorio* e di *Palazzo Madama* fanno riferimento rispettivamente alla Camera e al Senato.

Il posto di parlamentare viene anche chiamato *seggio*, per cui alla Camera vi sono 630 seggi e al Senato 315 seggi (oltre ai seggi dei senatori a vita).

Va ricordato che 12 deputati e 6 senatori vengono eletti dagli italiani all'estero (come si è visto nel capitolo A1).

Camera, Camere, camera. Facciamo un po' di chiarezza sui termini che utilizziamo:

- la *Camera* è la Camera dei deputati;
- le *Camere* sono l'intero Parlamento: useremo quindi come sinonimi «Camere» e «Parlamento»;
- la *camera* è uno dei due rami del Parlamento; la frase «una camera deve ancora votare quella legge» vuole dire che o la Camera o il Senato non ha ancora votato quella legge.

L'elettorato attivo. Il corpo elettorale è formato da chi ha compiuto i 18 anni per la Camera e i 25 anni per il Senato.

In altri termini: dopo i 25 anni si vota sia alla Camera sia al Senato, mentre la fascia compresa fra i 18 e i 25 anni vota solo alla Camera. I giovani (fra i 18 e i 25 anni) potrebbero votare in modo diverso dal resto dell'elettorato, e questo fatto potrebbe differenziare la composizione partitica dei due rami del Parlamento, perché un partito, se molto votato fra i giovani, avrebbe una percentuale di seggi più alta alla Camera che al Senato. Questa ipotesi si è però verificata raramente: dal 1948 al 2018 i partiti hanno ottenuto circa la stessa percentuale di voti alla Camera e al Senato.

Il corpo elettorale è formato da chi ha compiuto i 18 anni per la Camera e i 25 anni per il Senato

Nella figura 1 (pagina seguente) riportiamo la partecipazione del corpo elettorale alle elezioni per la Camera.

Analizzando la partecipazione del corpo elettorale, notiamo che la percentuale minima dei votanti alla Camera si è avuta nel 2018 (72,9% degli aventi diritto). Si tratta comunque di una percentuale alta se confrontata con quella di altri Paesi; si pensi che alle elezioni presidenziali degli Stati Uniti, nel novembre 2016, Donald Trump fu eletto dal 55,6% degli aventi diritto.

L'elettorato passivo. Per essere eletti deputati bisogna aver compiuto i 25 anni, mentre per essere eletti senatori bisogna aver compiuto i 40 anni.

Per diventare deputati occorrono 25 anni, mentre per diventare senatori occorrono 40 anni

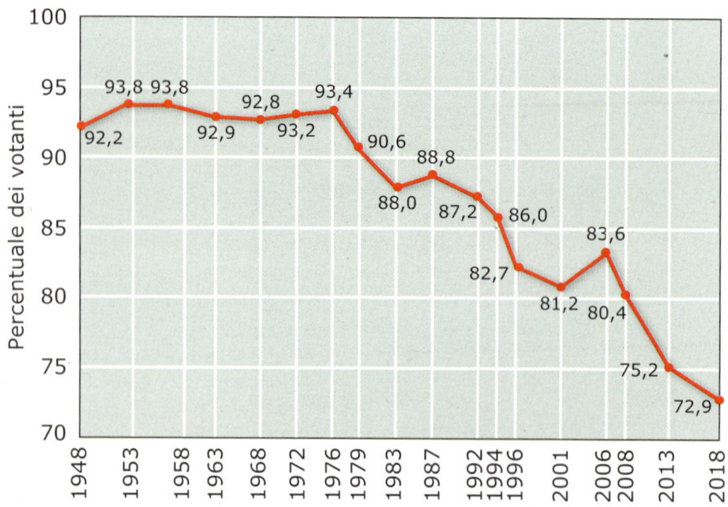

Figura 1
I votanti alla Camera dal 1948 al 2018 (in percentuale).

I senatori a vita. Non tutti i parlamentari sono eletti dal corpo elettorale, perché fanno parte del Senato anche i senatori a vita.

Sono senatori a vita sia gli ex Presidenti della Repubblica sia cittadini di nomina presidenziale

Anzitutto diventano senatori a vita gli *ex Presidenti della Repubblica*, una volta concluso il loro mandato (alla fine del 2019 era ancora in vita solo Giorgio Napolitano).

In secondo luogo, il Presidente della Repubblica può nominare senatori a vita *cinque cittadini* che abbiano «illustrato la patria per altissimi meriti nel campo sociale, scientifico, artistico e letterario» (art. 59 Cost.); alla fine del 2019 i senatori di nomina presidenziale erano cinque (l'economista Mario Monti, la scrittrice Liliana Segre, la neurobiologa Elena Cattaneo, il fisico nucleare Carlo Rubbia e l'architetto Renzo Piano).

A questo proposito, interessanti furono i casi di Giovanni Leone e di Giorgio Napolitano, che dapprima vennero nominati senatori a vita, e poi lo diventarono di diritto in quanto ex Presidenti della Repubblica.

I senatori a vita non possono differenziare la composizione partitica delle due camere, perché il loro numero è limitato (alla fine del 2019 erano 6 su un totale di 321 senatori).

	Camera	Senato
Composizione	630 deputati	315 senatori e i senatori a vita
Elettorato attivo	18 anni	25 anni
Elettorato passivo	25 anni	40 anni

Il bicameralismo perfetto. In Italia esiste un bicameralismo perfetto perché le due camere hanno identici poteri, in altri termini ogni atto del Parlamento deve essere approvato sia dalla Camera sia dal Senato.

In Italia si ha un bicameralismo perfetto perché Camera e Senato hanno le stesse funzioni

Il *bicameralismo perfetto* garantisce una maggior riflessione, ma rallenta l'attività parlamentare (come vedremo, una legge viene approvata dopo un lungo iter fra Camera e Senato).

Nell'Unione europea sono 15 i Paesi che adottano il monocameralismo. Negli altri 12 Stati dell'Unione si ha il bicameralismo, ma va detto che quasi sempre le due camere hanno funzioni diverse.

Il Parlamento in seduta comune. In alcuni casi stabiliti dalla Costituzione (per esempio per l'elezione del Presidente della Repubblica), le Camere si riuniscono e formano il *Parlamento in seduta comune*, di cui fanno parte tutti i parlamentari.

Un articolo

Il bicameralismo perfetto

L'articolo riprodotto (Roberto D'Alimonte, *Il Sole-24 Ore*, 20 luglio 2014) analizza in modo dettagliato i sistemi parlamentari dei Paesi dell'Unione europea. Da questa analisi emerge come il bicameralismo perfetto rappresenti un'anomalia tutta italiana.

Il Sole 24 ORE

Bicameralismo perfetto, anomalia italiana

Capita spesso nel nostro paese che si discuta di massimi sistemi senza alcun riferimento fattuale. È il caso del dibattito sulla riforma del Senato e in particolare sul nodo della elezione diretta o indiretta dei futuri senatori. Per i critici della riforma elezione popolare e democrazia sono sinonimi. Una seconda camera eletta dai consiglieri regionali, come previsto dal disegno di legge governativo, e non dai cittadini, sarebbe una istituzione sostanzialmen-

Tanto per cominciare la maggioranza dei **1** i della Unione europea (1 28) non hanno una seconda camera. In altre parole sono sistemi parlamentari monocamerali. Tra i 13 paesi che hanno una seconda camera solo in 5 paesi i suoi membri sono eletti direttamente dai cittadini. In Spagna, tra l'altro, una parte dei membri sono designati dalle Comunità autonome. Tra questi 5 paesi solo in Italia, Polonia e Romania si può dire che la seconda camera

nato non ha potere di veto. Non è così invece in Francia e Germania. Il Bundesrat tedesco è nominato dai governi dei Länder e il Senato francese è eletto da una platea di circa 150mila grandi elettori. Eppure entrambi hanno più poteri del Senato spagnolo che è eletto direttamente dal popolo.

Ma questi fatti non bastano. Per contestare la legittimità di un Senato non elettivo la critica iperdemocratica usa due altri argomenti legati all'Italicum. Que-

Nel 2005 Tony Blair ha vinto il suo terzo mandato con il 35% dei voti (contro il 32% dei conservatori). Per la precisione, con questa percentuale il partito laburista ha ottenuto il 55% dei seggi. E la Camera dei Lords non è certamente una istituzione eletta dal popolo. Stessa cosa in Francia. Nel 2012 il partito socialista di François Hollande ha conquistato il 53% dei seggi nella Assemblea nazionale con il 29% dei voti ottenuti al primo turno. E il Senato francese, come già detto,

1 Tanto per cominciare la maggioranza dei Paesi della Unione europea (15 su 28, *prima dell'uscita della Gran Bretagna*) non ha una seconda camera. In altre parole sono sistemi parlamentari monocamerali. Tra i 13 Paesi che hanno una seconda camera solo in 5 Paesi i suoi membri sono eletti direttamente dai cittadini. In Spagna, tra l'altro, una parte dei membri sono designati dalle Comunità autonome. Tra questi 5 Paesi solo in Italia, Polonia e Romania si può dire che la seconda camera abbia dei poteri legislativi rilevanti. E solo l'Italia ha un sistema parlamentare in cui il Senato ha esattamente gli stessi poteri della Camera. Questo per enfatizzare ancora una volta una anomalia italiana che dura da troppo tempo.

La legislatura. L'art. 60 Cost. afferma che Camera e Senato «sono eletti per cinque anni».

Si chiama *legislatura* il periodo di tempo in cui il Parlamento resta in carica. A fine legislatura, il Presidente della Repubblica deve sciogliere il Parlamento e indire le elezioni per formare le nuove Camere.

Lo scioglimento anticipato delle Camere. Una legislatura dovrebbe durare cinque anni, ma spesso la durata del Parlamento è stata inferiore. Perché? Quando in Parlamento diventa impossibile formare una maggioranza in grado di sostenere un Governo, si rende necessario lo scioglimento anticipato delle Camere: il Capo dello Stato scioglie il Parlamento senza aspettare la fine della legislatura, e indice nuove elezioni (*elezioni anticipate*) perché il corpo elettorale possa scegliere nuovi rappresentanti.

Si ha lo scioglimento anticipato delle Camere, seguito dalle elezioni anticipate, quando il Parlamento non è in grado di formare una maggioranza

Dal 1972 al 1996 si sono sempre verificati scioglimenti anticipati, a dimostrazione dell'instabilità politica attraversata dal Paese in quegli anni.

A parte la XV legislatura che è durata meno di due anni (dal 2006 al 2008), negli ultimi tempi la tendenza sembra essersi invertita perché nel 2001, nel 2006, nel 2012 e nel 2017 si sono avuti scioglimenti «tecnici»: le Camere sono state sciolte alcuni mesi prima della loro scadenza naturale solo per gestire meglio l'azione dei futuri Governi.

La proroga. È possibile che una legislatura duri più di cinque anni? A questo proposito, bisogna distinguere fra proroga e *prorogatio*.

Il Parlamento può continuare a esercitare le sue funzioni oltre il limite dei cinque anni nel caso della «proroga», che l'art. 60 Cost. prevede «soltanto in caso di guerra». Per fortuna, finora questa ipotesi non si è mai verificata.

La *prorogatio*. Secondo l'art. 61 Cost., «finché non siano riunite le nuove Camere sono prorogati i poteri delle precedenti»; si tratta della *prorogatio*, con cui si evitano le gravi conseguenze che l'assenza del Parlamento provocherebbe sull'equilibrio politico-istituzionale. I giuristi ritengono che le Camere sciolte, durante la *prorogatio*, abbiano poteri limitati all'ordinaria amministrazione; per esempio, non possono eleggere il Presidente della Repubblica.

2 Deputati e senatori

Lo status di parlamentare. Per diventare parlamentare, occorre che una persona sia candidabile, eleggibile e che non sia titolare di cariche incompatibili.

L'incandidabilità. Un decreto legislativo del 2012 prevede che non possa essere candidato al Parlamento, per almeno sei anni, chi ha riportato una condanna definitiva a una pena superiore a due anni di reclusione.

È incandidabile chi ha riportato una condanna definitiva a una pena superiore a due anni di reclusione

In particolare, il decreto legislativo prevede che:

- la condanna definitiva a più di due anni di reclusione deve essere relativa a fattispecie che «comportino una pena non inferiore a quattro anni di reclusione». Si tratta di reati di grande allarme sociale (mafia, terrorismo) o di delitti contro la Pubblica Amministrazione (corruzione, concussione, peculato);
- l'incandidabilità del soggetto può sopraggiungere anche dopo la sua elezione e prima della proclamazione degli eletti, mentre il soggetto sta già svolgendo il mandato parlamentare. In questo caso occorre la comunicazione del giudice competente alla camera di appartenenza, che sancisce la mancata proclamazione del soggetto incandidabile;
- l'incandidabilità comporta il divieto di svolgere incarichi di governo.

L'ineleggibilità. La legge prevede che non possa essere eletto in Parlamento chi si trova in una posizione che potrebbe ingiustamente privilegiarlo rispetto agli altri candidati.

È ineleggibile chi si trova in una posizione di privilegio rispetto agli altri candidati

Un tipico caso di *ineleggibilità* è quello dei Sindaci dei Comuni con più di 20 000 abitanti. Per esempio il Sindaco non può essere eletto deputato; se vuole candidarsi alla Camera, deve prima dimettersi da Sindaco.

Una sentenza della Corte costituzionale del 2011 ha confermato anche il caso opposto: un parlamentare non può essere eletto Sindaco in un Comune con più di 20 000 abitanti.

Le incompatibilità. Esistono cariche incompatibili con quella di parlamentare: non si può essere contemporaneamente deputato e senatore, parlamentare e Presidente della Repubblica, parlamentare e giudice della Corte costituzionale.

Si può essere eletti alla carica incompatibile, ma poi bisogna scegliere

È possibile essere eletti alla carica *incompatibile*, ma bisogna poi scegliere fra le due. Per esempio, un giudice della Corte costituzionale può candidarsi alla Camera ma, dopo l'elezione, dovrà scegliere una sola carica.

Si distingue fra

L'incandidabilità	L'ineleggibilità	Le incompatibilità

Le guarentigie. La Costituzione prevede che i parlamentari, per poter svolgere liberamente il loro mandato, godano di determinate *guarentigie* (garanzie): l'insindacabilità delle opinioni e l'immunità.

L'insindacabilità delle opinioni. I parlamentari «non possono essere perseguiti per le opinioni espresse e per i voti dati nell'esercizio delle loro funzioni» (art. 68 Cost.).

I parlamentari sono liberi di esprimere le loro opinioni in ogni sede

Grazie all'*insindacabilità* delle opinioni, ogni parlamentare è libero di esprimere le proprie idee politiche in ogni sede. Per esempio, un deputato può esporre liberamente il suo pensiero politico non solo nell'aula di Montecitorio, ma anche nelle interviste sui giornali, nei dibattiti televisivi, su internet e così via.

L'insindacabilità non protegge i parlamentari quando agiscono come «privati cittadini»; per esempio, un senatore non può insultare una persona su un autobus e poi pretendere di far valere l'insindacabilità delle opinioni.

Un documento

L'ultimo discorso di Matteotti

«Io chiedo di parlare parlamentarmente!»

Giacomo Matteotti.

Giacomo Matteotti (1885-1924), socialista riformista, fu uno strenuo difensore delle prerogative del Parlamento e un deciso oppositore del regime fascista.

Nel discorso alla Camera dei deputati del 30 maggio 1924 (che riportiamo in parte), Matteotti denuncia con coraggio le violenze che permisero al Partito fascista di vincere le elezioni del 1924: fu il suo ultimo discorso.

Il 10 giugno 1924 Matteotti fu sequestrato e picchiato a morte da una squadra fascista, che tentò di occultarne il cadavere massacrato.

«*Matteotti*: [...] Nessuno si è trovato libero, perché ciascun cittadino sapeva a priori che se anche avesse osato affermare a maggioranza il contrario, c'era una forza a disposizione del governo che avrebbe annullato il suo voto e il suo responso. [*Rumori e interruzioni a destra*]. Vi è una milizia armata, composta di cittadini di un solo partito, la quale ha il compito dichiarato di sostenere un determinato governo con la forza, anche se a esso il consenso mancasse. [...]

A Melfi è stata impedita la raccolta delle firme con la violenza. [*Rumori*] In Puglia fu bastonato perfino un notaio. [...] A Genova [*Rumori vivissimi*] i fogli con le firme già raccolte furono portati via dal tavolo su cui erano stati firmati. [...]

Non credevamo che le elezioni dovessero svolgersi proprio come un saggio di resistenza inerme alle violenze fisiche dell'avversario, che è al governo e dispone di tutte le forze armate! [*Rumori*] [...]

Presidente [*Rocco*]: Onorevole Matteotti, se ella vuole parlare, ha facoltà di continuare, ma prudentemente.

Matteotti: Io chiedo di parlare non prudentemente, né imprudentemente, ma *parlamentarmente*! Nella valle del Po, in Toscana e in altre regioni gli elettori votavano sotto il controllo del Partito fascista, con la regola del tre. [...] I fascisti consegnavano agli elettori un bigliettino contenente tre numeri o tre nomi, secondo i luoghi [*Interruzioni*] variamente alternati in maniera che tutte le combinazioni, cioè tutti gli elettori di ciascuna sezione, uno per uno, potessero essere controllati e riconosciuti personalmente nel loro voto. [...]

La regola del tre, cui prima accennavo, diede modo al partito dominante, di controllare personalmente ciascun elettore, e applicare il giorno seguente ai ribelli la sanzione col boicottaggio dal lavoro e con le percosse [*Rumori*]. [...]»

L'immunità parlamentare. Senza autorizzazione della Camera (o del Senato) nessun deputato (o senatore) può essere sottoposto a perquisizione personale o domiciliare, né può essere arrestato, a meno che si tratti di una sentenza definitiva o sia stato colto in flagrante; in questo caso il parlamentare può essere arrestato, ma per essere mantenuto in detenzione occorre l'autorizzazione della camera a cui appartiene. L'obbligo dell'autorizzazione vale anche per le intercettazioni telefoniche.

Nessun parlamentare può essere sottoposto a misure restrittive della libertà personale senza l'autorizzazione della camera a cui appartiene

Nata nel Medioevo in Inghilterra per difendere il Parlamento dal potere del Re, l'immunità deve impedire che i parlamentari vengano perseguiti per le loro opinioni politiche.

L'*immunità* è una prerogativa del Parlamento e non del singolo parlamentare. A volte, i mass media parlano di deputati o senatori che avrebbero «rinunciato all'immunità»; si tratta di casi in cui il parlamentare inquisito ha solo «invitato» la camera a cui appartiene a rilasciare l'autorizzazione, perché la decisione definitiva spetta al Parlamento.

L'immunità si applica anche quando viene eletta una persona che si trova in stato di detenzione: appena eletto, il parlamentare deve essere liberato, e dovrà riprendere la carcerazione solo se viene rilasciata l'autorizzazione.

I parlamentari godono di guarentigie
- L'insindacabilità delle opinioni
- L'immunità parlamentare

La fine dell'autorizzazione a procedere. Prima di una riforma costituzionale del 1993, un deputato (o un senatore) poteva essere sottoposto a procedimento penale solo su autorizzazione della Camera (o del Senato). Se l'autorizzazione veniva concessa, il parlamentare veniva giudicato dalla Magistratura, come tutti i cittadini, che poteva poi eventualmente riconoscere la sua innocenza.

L'autorizzazione a procedere doveva essere negata solo in caso di accuse riguardanti l'attività politica dei parlamentari, cioè quando il Parlamento intravedeva un *fumus persecutionis* (dal latino «intento persecutorio») nell'operato dei giudici.

Nella realtà, il Parlamento ha abusato di questo diritto, e spesso ha negato l'autorizzazione a procedere anche nel caso di accuse per reati comuni; significativi sono i dati relativi alla X legislatura (1987-1992) che ha preceduto la riforma: su 358 richieste di autorizzazione a procedere, ne sono state accolte solo 43 (12%).

Questo atteggiamento è ancora più grave se si considera che il Parlamento doveva negare l'autorizzazione a procedere solo in caso di accuse manifestamente infondate: nel dubbio, l'autorizzazione doveva sempre essere concessa.

L'assenza del vincolo di mandato. Il Parlamento rappresenta tutto il popolo italiano: un parlamentare rappresenta tutti i cittadini e non solo chi lo ha votato.

Gli elettori non possono imporre vincoli ai parlamentari, che sono liberi di assumere qualsiasi posizione politica

In conseguenza di ciò, l'art. 67 Cost. stabilisce che ogni parlamentare «esercita le sue funzioni senza vincolo di mandato». Per esempio un deputato, una volta eletto, può agire liberamente, e i suoi elettori non possono obbligarlo a prendere certe decisioni (non possono costringerlo a votare una determinata legge).

L'*assenza del vincolo di mandato* comporta due conseguenze:

- non esiste alcuna sanzione per il parlamentare che non rispetta quanto promesso in campagna elettorale;
- ogni parlamentare è libero di cambiare partito in ogni momento.

L'unica «sanzione» che gli elettori possono infliggere agli eletti è quella di non votarli alle elezioni seguenti.

L'indennità. Mentre lo Statuto albertino considerava onorifica la carica di parlamentare, l'art. 69 Cost. stabilisce che deputati e senatori ricevano «una indennità stabilita dalla legge».

Si tratta di un punto controverso, su cui l'opinione pubblica è spesso molto severa: è vero che l'indennità ha provocato la nascita dei «politici di professione», ma è altrettanto vero che, senza indennità, i soggetti delle classi più povere non potrebbero fare i parlamentari.

3 L'organizzazione delle Camere

NUCLEI ESSENZIALI

Le maggioranze. A seconda dell'oggetto della votazione, in Parlamento si vota a maggioranza semplice, assoluta e qualificata.

Ricordando che la Camera è formata da 630 deputati, ipotizziamo che a una seduta siano presenti e votanti 400 deputati; è possibile avere:

- la *maggioranza semplice*, che richiede il voto favorevole della metà più uno dei votanti (nell'esempio 201);
- la *maggioranza assoluta*, che richiede il voto favorevole della metà più uno degli aventi diritto al voto (nell'esempio 316);
- la *maggioranza qualificata*, che richiede un numero di voti superiore alla maggioranza assoluta (nell'esempio più di 316).

Nel sistema politico possono essere richieste altre maggioranze; fra queste ricordiamo la *maggioranza relativa*, che è il numero più alto di voti raggiunto (anche se tale numero è inferiore alla maggioranza semplice), di cui ci occupiamo nel prossimo paragrafo.

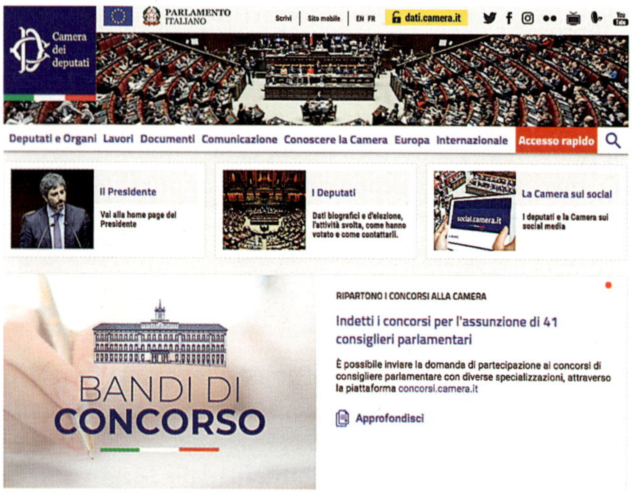

Home page del sito della Camera dei deputati.

La trasparenza dei lavori parlamentari. Le sedute parlamentari sono pubbliche. La trasparenza dei lavori parlamentari è garantita anche dal fatto che sia la Camera sia il Senato hanno canali satellitari e siti internet, aggiornati e approfonditi.

I regolamenti parlamentari. L'art. 64 Cost. stabilisce che ogni camera «adotta il proprio regolamento», che deve essere approvato a maggioranza assoluta per tutelare le minoranze.

I regolamenti parlamentari disciplinano la vita delle Camere

I regolamenti parlamentari contengono norme che disciplinano la vita delle Camere: la presentazione dell'ordine del giorno, le modalità di votazione, la durata degli interventi, il comportamento da tenere in aula e così via.

I Presidenti delle Camere. I regolamenti parlamentari stabiliscono anche la procedura di elezione dei Presidenti di Camera e Senato.

Il *Presidente della Camera*, un deputato eletto dai deputati, la rappresenta all'esterno e dirige i lavori di Montecitorio.

Il *Presidente del Senato*, un senatore eletto dai senatori, dirige i lavori di Palazzo Madama e, in casi particolari, ha il prestigioso compito di fare da supplente al Presidente della Repubblica.

Il Presidente (della Camera e del Senato) è assistito da un Ufficio di presidenza (formato da 4 vice presidenti), che deve sostituirlo quando è temporaneamente assente.

Presunzione e verifica del numero legale. Per la validità delle sedute è richiesta la presenza della maggioranza assoluta dei parlamentari; per esempio, alla Camera dovrebbero essere presenti almeno 316 deputati su 630. Perché abbiamo detto «dovrebbero»?

Per agevolare l'attività delle Camere, i regolamenti parlamentari stabiliscono la presunzione del numero legale: si suppone che alla seduta sia presente la maggioranza assoluta dei parlamentari, senza effettuare alcun controllo. Però se un gruppo parlamentare chiede la verifica del numero legale, il Presidente della Camera (o del Senato) deve contare i presenti, e deve interrompere la seduta se accerta che i deputati (o i senatori) non raggiungono la maggioranza assoluta.

Voto segreto e voto palese. In Parlamento si può votare a *scrutinio segreto* (inserendo un foglietto nell'urna) o a *scrutinio palese* (per appello nominale o col voto elettronico riportato automaticamente sul tabellone); va detto che i regolamenti parlamentari stabiliscono la prevalenza del voto palese su quello segreto.

Il voto segreto tutela la libertà dei parlamentari, mentre col voto palese l'opinione pubblica conosce il comportamento dei parlamentari

Per esempio, il regolamento della Camera prevede che il voto segreto possa essere mantenuto solo nei seguenti casi:
- votazioni riguardanti i singoli parlamentari;
- modifiche al regolamento;
- votazioni in materia di diritto di famiglia;
- votazioni sui diritti di libertà;
- approvazione di leggi ordinarie relative a organi costituzionali;
- approvazione di leggi elettorali;
- istituzione di commissioni d'inchiesta.

Esistono opinioni discordi sull'opportunità di adottare il voto segreto o quello palese:
- i favorevoli al *voto segreto* ritengono che il parlamentare debba essere libero di votare secondo coscienza, senza essere condizionato dalle disposizioni dei partiti;
- i favorevoli al *voto palese* ribattono che il corpo elettorale deve sapere come si comportano i suoi rappresentanti; a questo proposito va ricordato che il voto segreto provoca il deprecabile fenomeno dei «franchi tiratori»; si tratta di parlamentari che, grazie alla segretezza dell'urna, votano contro le direttive del proprio partito senza esporre chiaramente la loro opinione.

Votazione alla Camera dei deputati.

I gruppi parlamentari. I regolamenti parlamentari prevedono che i deputati e i senatori si iscrivano a un gruppo parlamentare.

I membri del Parlamento possono appartenere a qualsiasi gruppo, anche se all'inizio della legislatura, solitamente, essi si iscrivono al gruppo corrispondente al partito in cui sono stati eletti. Nel corso della legislatura possono subentrare divergenze, e un parlamentare può cambiare gruppo senza alcuna conseguenza, come previsto dall'assenza del vincolo di mandato.

Le commissioni permanenti. L'art. 72 Cost. stabilisce che ogni camera si articoli in commissioni permanenti «composte in modo da rispecchiare la proporzione dei gruppi parlamentari».

Le commissioni, formate in media da una ventina di parlamentari, sono divise a seconda della materia (economia e finanze, salute, difesa, istruzione e così via). Le commissioni contribuiscono a snellire il lavoro parlamentare e, come vedremo, svolgono un ruolo fondamentale nel procedimento di approvazione delle leggi.

La sera del 27 giugno 1980 un aereo di linea DC-9 della compagnia Itavia, decollato da Bologna e diretto a Palermo, si squarciò in volo e cadde in mare al largo di Ustica, provocando la morte degli 81 passeggeri. Molti aspetti di questo disastro aereo non sono ancora stati chiariti. Nella foto, i resti dell'aereo precipitato, conservati a Bologna nel Museo per la Memoria di Ustica.

Le commissioni d'inchiesta. Possono essere istituite *commissioni parlamentari d'inchiesta*, per indagare su fatti di grande rilevanza politica che hanno colpito il Paese. I poteri di queste commissioni sono simili a quelli di un giudice nella fase di istruzione di un processo: le commissioni d'inchiesta possono svolgere indagini e ascoltare testimoni, ma devono poi riferire alle Camere senza emettere alcuna sentenza.

Fra le varie commissioni d'inchiesta ricordiamo quella sulla Loggia massonica Propaganda 2 (P2), quella sull'Antimafia e quella sul disastro di Ustica.

L'ostruzionismo parlamentare. L'ostruzionismo parlamentare si ha quando le minoranze pronunciano interminabili discorsi o presentano migliaia di emendamenti, per impedire (o almeno ritardare) l'approvazione di una legge. Le minoranze presuppongono il consenso dell'opinione pubblica, in caso contrario l'ostruzionismo sarebbe politicamente controproducente.

Uno storico caso di ostruzionismo si ebbe nel 1953, quando le minoranze se ne servirono per ostacolare l'approvazione della nuova legge elettorale per la Camera.

All'inizio degli anni Ottanta vi fu un abuso della pratica ostruzionistica, che portò a una modifica dei regolamenti parlamentari in modo da limitare la durata degli interventi in aula.

4 Dal voto al seggio: i sistemi elettorali

Il sistema elettorale. Il sistema elettorale stabilisce le regole da utilizzare per trasformare i voti degli elettori in seggi parlamentari.

Negli Stati democratici vengono utilizzati numerosi sistemi elettorali, che possono essere divisi in maggioritari e proporzionali.

Il sistema elettorale trasforma i voti degli elettori in seggi parlamentari

Il sistema maggioritario uninominale. Per semplificare, fra i sistemi maggioritari ci occupiamo soprattutto del *sistema maggioritario uninominale*.

Va premesso che il territorio statale viene diviso in collegi elettorali. Un *collegio elettorale* è quindi una porzione del territorio statale, composta da un determinato numero di elettori, in cui vengono eletti i parlamentari.

Col sistema maggioritario uninominale il Paese viene diviso in un numero di collegi elettorali pari al numero di parlamentari da eleggere, e in ogni collegio viene eletto il candidato che ottiene la maggioranza relativa.

Il sistema maggioritario uninominale riduce il numero dei partiti, perché in ogni collegio presentano dei candidati solo quei partiti che pensano di poter vincere il

Il sistema maggioritario uninominale prevede un numero di collegi elettorali uguale al numero dei seggi e, in ogni collegio, vince chi ottiene la maggioranza relativa

seggio, mentre gli altri gruppi si uniscono per presentare un candidato comune. Poiché in Parlamento vi sono pochi partiti, solitamente il Governo è formato da un solo gruppo e non sono necessarie le *coalizioni* (Governi formati da vari partiti): il sistema maggioritario uninominale ha il vantaggio di facilitare la creazione di Governi più stabili.

Il sistema maggioritario uninominale ha anche effetti negativi. In particolare, il corpo elettorale non è perfettamente rappresentato, perché:

- i voti dei cittadini non hanno lo stesso «peso», perché non sono rappresentati in Parlamento gli elettori che, all'interno di un collegio, votano per un partito che non riesce a ottenere il seggio;
- non sono tutelati i piccoli partiti, che faticano a entrare in Parlamento.

Col sistema maggioritario uninominale si creano Governi più stabili, ma il corpo elettorale non è perfettamente rappresentato in Parlamento

Dalla teoria alla pratica. Per precisare quanto detto utilizziamo un esempio numerico prendendo in esame un collegio ipotetico della Camera dei deputati.

Simulazione dei risultati di un ipotetico collegio uninominale della Camera dei deputati

Candidato	Partito	Voti
Marco Vitali	Alfa	24%
Anna Dalle Donne	Beta	19%
Roberto Baroni	Gamma	27%
Stefano Bonvicini	Delta	10%
Francesco Prati	Zeta	4%
Carlotta Albertini	Tau	11%
Caterina Martini	Omega	5%

Nel collegio verrebbe eletto Roberto Baroni (Partito Gamma) col 27% dei voti.

Questo esempio non è però realistico, perché i singoli partiti tendono a riunirsi per non disperdere i voti. È quindi più credibile ipotizzare che in quel collegio si presentino due coalizioni:

- la prima coalizione formata dai partiti (Alfa + Beta) col candidato Vitali;
- la seconda coalizione formata dai partiti (Gamma + Delta + Zeta) col candidato Baroni;

mentre si presentano da soli sia il Partito Tau (col candidato Albertini) sia il Partito Omega (col candidato Martini).

In questa ipotesi nel collegio il seggio è vinto dal candidato Marco Vitali col 43% dei voti (vedi tabella seguente).

Simulazione dei risultati di un ipotetico collegio uninominale della Camera dei deputati

Partito	Voti partito	Coalizione	Candidato	Voti coalizione
Alfa	24%	(Alfa + Beta)	Vitali	43%
Beta	19%			
Gamma	27%	(Gamma + Delta + Zeta)	Baroni	41%
Delta	10%			
Zeta	4%			
Tau	11%		Albertini	
Omega	5%		Martini	

Dal 2018 il sistema maggioritario uninominale è utilizzato per eleggere una parte dei parlamentari italiani (come vedremo nel paragrafo 5), anche se da sempre «la patria del maggioritario» è la Gran Bretagna.

Il sistema maggioritario in Gran Bretagna. Il sistema maggioritario uninominale è tipico della Gran Bretagna, che lo adotta per eleggere i 659 deputati della Camera dei Comuni (che è l'unica elettiva).

Anche per questo motivo, in Gran Bretagna l'esecutivo è spesso formato da un solo partito; in particolare la Gran Bretagna è caratterizzata dal *bipartitismo*: il Par-

Un articolo

Il sistema maggioritario in Gran Bretagna

La Gran Bretagna è, per eccellenza, il Paese del sistema maggioritario uninominale.
Nell'articolo riprodotto (Mino Vignolo, *Corriere della Sera*, 21 aprile 1993), sono sintetizzati i vantaggi e gli svantaggi del sistema maggioritario britannico.

1 Il sistema «all'inglese» è applicato per la Camera dei Comuni, l'unica elettiva. È molto semplice: il Paese è diviso in 659 collegi elettorali, uno per ogni seggio ai Comuni. Risulta eletto il candidato che raccoglie più voti, senza bisogno di ulteriori conteggi o ballottaggi. È il sistema chiamato in inglese *first past the post*: il primo, anche per un solo voto, prende tutto e per gli altri non c'è niente, neppure una briciola. Paradossalmente, un partito che presenta candidati arrivati secondi per un voto in tutti i seggi non entrerebbe in Parlamento.
Vi sono dei vantaggi, naturalmente. La governabilità è più facile e i partitelli contano molto meno. La certezza che i voti non andati al candidato che vincerà andranno perduti costringe la stragrande maggioranza degli elettori a scartare, a priori, i candidati meno autorevoli.

CORRIERE DELLA SERA

INGHILTERRA / Nel partito di Major crescono le perplessità mentre i laboristi propongono già l'abolizione dell'uninominale secca

Il primo piglia tutto e l'alternanza va in briciole, parola di conservatore

DAL NOSTRO CORRISPONDENTE

LONDRA — Il sistema uninominale secco «all'inglese», sistema elettorale che piace in Italia in questi tempi difficili, non può essere considerato la panacea di tutti i nostri mali anche se l'apparenza, elementare fino alla rozzezza, incoraggia chi sogna riforme radicali. Non sappiamo quale accoglienza avrebbe nel nostro Paese, all'atto pratico,

rappresentativo, almeno in parte, della società civile. Nello stesso tempo, l'onnipotente Margaret Thatcher degli anni Ottanta raggiunse al massimo il 43 per cento dei voti nelle tre elezioni vinte ma questo le permise di controllare, da sola, una maggioranza assoluta in Parlamento tale che il sistema venne definito da un insigne costituzionalista una «dittatura elettiva».

bisogno di ulteriori conteggi o ballottaggi. È il sistema chiamato in inglese *first past the post*: il primo, anche per un solo voto, pr **1** e tutto e per gli altri non c' ente, neppure una briciola. Paradossalmente, un partito che presenta candidati arrivati secondi per un voto in tutti i seggi non entrerebbe in Parlamento.
Vi sono dei vantaggi, naturalmente. La governabilità è

il Partito conservatore e il Partito laborista. Negli ultimi 150 anni il sistema è stato in prevalenza bipolare e dal 1945 o i conservatori o i laboristi hanno detenuto il potere. Un nuovo partito, il liberaldemocratico, è stato formato nel 1988 quando i vecchi liberali si sono fusi con i socialdemocratici, allontanatisi dal Partito laborista nel 1981. Altri partiti minori hanno base regionale,

che si terrà nel 1996 o 1997, fa ritenere possibile un partito unico al potere per oltre vent'anni, un pensiero che non piace ai conservatori più democratici e che dovrebbe far riflettere anche al di là della Manica. «È un pericolo per il sistema democratico britannico — sostiene Anthony Sampson, il famoso autore del libro *Anatomy of Britain* — che dipende dalla "grande

cupa soltanto l'opposizione».
L'opinionista del *Financial Times* Samuel Brittan, conservatore, ha sintetizzato molto bene: «È paradossale che i conservatori, fautori della libertà, siano soddisfatti che un partito governi da solo per anni e anni e che ammassi sempre più potere centralizzato». Non è un caso che, mentre gli italiani si preparavano al voto per abolire la

tito conservatore e il Partito laburista si alternano al Governo e, di solito, il Partito liberaldemocratico è politicamente poco influente.

Anche gli effetti negativi del maggioritario sono presenti nel sistema britannico:

- la mancata assegnazione dei seggi ai partiti che, pur ottenendo voti, non vincono nei collegi, crea grande disparità fra gli elettori;
- in Parlamento sono quasi assenti i piccoli partiti;
- può accadere che un partito ottenga la maggioranza relativa dei voti, ma venga superato per numero di seggi da un partito che pure ha ottenuto meno voti: chi governa è stato meno votato di chi sta all'opposizione! Questo fatto, apparentemente paradossale, si verifica quando il partito che ha ottenuto più voti vince con enorme scarto in un minor numero di collegi, mentre il partito che ha ottenuto più seggi vince con uno scarto ridotto in un maggior numero di collegi.

Col sistema maggioritario uninominale un partito deve solo ottenere il seggio, e non ha alcuna importanza che realizzi una vittoria di larga misura all'interno del collegio. In questo contesto acquista grande rilevanza la *mappa dei collegi elettorali*; cioè come viene diviso il territorio in collegi.

Il maggioritario a doppio turno con ballottaggio. Il *sistema maggioritario a doppio turno con ballottaggio* viene utilizzato in Italia per eleggere i Sindaci nei Comuni maggiori.

Al primo turno, fra tutti i candidati, viene eletto solo chi ottiene la maggioranza assoluta dei voti. Se nessuno ottiene la maggioranza assoluta al primo turno, i due candidati più votati effettuano un secondo turno (chiamato *ballottaggio*), in cui viene eletto chi ottiene il maggior numero di voti.

Il sistema proporzionale. Col sistema proporzionale ogni partito ottiene in Parlamento un numero di seggi proporzionale ai voti ricevuti a livello nazionale. Per esempio, se si vota col sistema proporzionale per eleggere 500 deputati, un partito che ottiene il 10% dei voti ottiene 50 deputati (50 è il 10% di 500).

Col sistema proporzionale ogni partito ottiene un numero di seggi che è proporzionale ai voti ricevuti

Va precisato che è impossibile assegnare ai partiti un numero di seggi perfettamente proporzionale ai voti ottenuti, perché una parte di voti viene dispersa, e viene poi assegnata separatamente coi cosiddetti «resti».

Il *sistema proporzionale* ha un duplice vantaggio:

- i voti degli elettori hanno lo stesso «peso», perché chi vota per un partito piccolo è rappresentato in Parlamento come chi vota per un partito grande;
- vengono tutelati i diritti dei piccoli partiti, che entrano facilmente in Parlamento.

Lo svantaggio è che il sistema proporzionale porta a un Parlamento composto da numerosi partiti, e questo fatto rende difficile la creazione di Governi stabili.

Col sistema proporzionale si creano Governi meno stabili, ma il corpo elettorale è fedelmente rappresentato in Parlamento

I sistemi elettorali si dividono in

- Maggioritari, in cui sono eletti i candidati che vincono nei singoli collegi
- Proporzionali, in cui i partiti ottengono i seggi in proporzione ai voti

Maggioritario o proporzionale? Un sistema elettorale deve rispondere a due esigenze fondamentali:

- dalle elezioni deve uscire un Parlamento in grado di permettere la creazione di un Governo stabile;
- il Parlamento deve riprodurre il più fedelmente possibile gli orientamenti del corpo elettorale;

si tratta di due esigenze inconciliabili fra di loro: la prima è soddisfatta dal sistema maggioritario e la seconda dal sistema proporzionale. Il completo rispetto della volontà del corpo elettorale prevede l'esistenza di molti partiti, ma il pluripartitismo porta a governi di coalizione che rendono instabile l'azione dell'esecutivo.

Non esiste un sistema elettorale «migliore» in assoluto, perché sia il sistema maggioritario sia quello proporzionale presentano aspetti positivi e negativi: la scelta fra i due sistemi deve avvenire in base alla situazione politica di ogni Paese.

Sistema maggioritario	Sistema proporzionale
› Governi più stabili	› Governi meno stabili
› Diverso peso del voto	› Uguale peso del voto
› Non tutela i piccoli partiti	› Tutela i piccoli partiti

5 I sistemi elettorali in Italia dal dopoguerra a oggi

Il sistema elettorale in Italia. Il sistema elettorale italiano non è regolato dalla Costituzione, ma da leggi ordinarie che devono comunque essere approvate col procedimento ordinario.

Il sistema elettorale italiano è regolato da leggi ordinarie

Analizziamo brevemente i sistemi elettorali succedutisi dal 1948 a oggi in Italia.

Il proporzionale dal 1948 al 1992. Il sistema proporzionale restò in vigore nel nostro Paese dal 1948 al 1992. In realtà le leggi elettorali stabilivano un diverso sistema elettorale per deputati e senatori, ma si trattava di differenze soprattutto teoriche.

Fino al 1992 le elezioni politiche si effettuarono, quindi, col sistema proporzionale che, inevitabilmente, provocò un eccessivo numero di partiti; basta pensare che dalle elezioni del 5 aprile 1992 uscì un Parlamento formato da 17 partiti. In conseguenza di ciò, nell'opinione pubblica e nel mondo politico, si fecero sempre più forti le pressioni per cambiare il sistema elettorale.

C1

Le elezioni nel mondo del calcio

Nelle varie circostanze in cui siamo chiamati a votare, si tratti dell'elezione di un rappresentante di classe o di un referendum, l'assunto di base è sempre lo stesso: ogni voto pesa uguale. Questa però non è una regola universale come ci insegna l'eccezione, insolita e un po' complessa, proveniente dal mondo dello sport.

Nell'elezione del Presidente della Federazione Italiana Giuoco Calcio (FIGC), per esempio, a ognuno dei 278 delegati è assegnato un peso diverso in base alla categoria rappresentata, per un totale di 516 voti effettivi espressi. Vediamo nel dettaglio il meccanismo elettorale usato dalla FIGC.

IL CORPO ELETTORALE

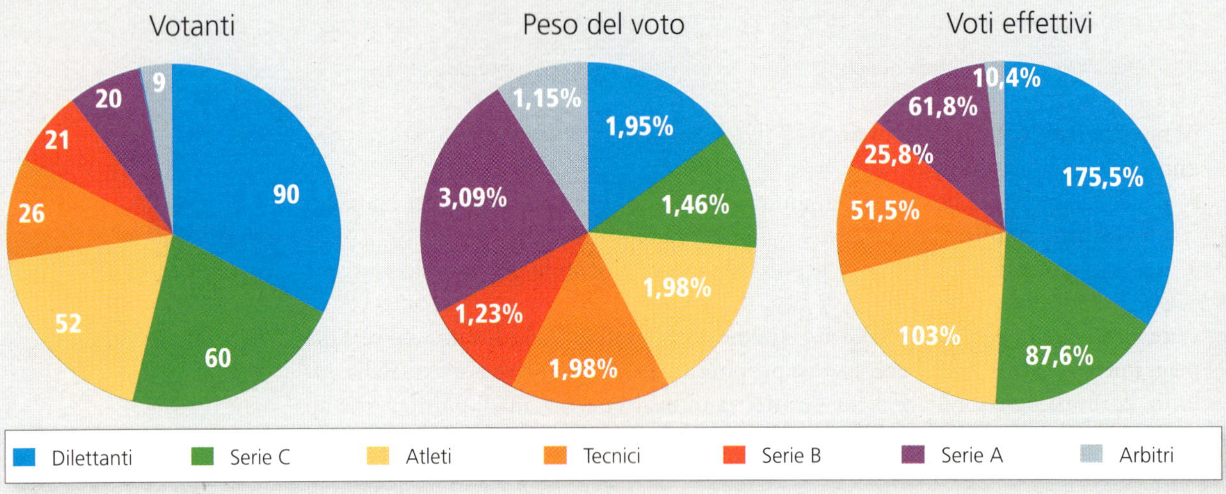

IL MECCANISMO ELETTIVO

Primo scrutinio

Uno dei candidati ottiene almeno il **75%** dei voti validi?

No → Secondo scrutinio

Sì → Il candidato viene eletto presidente

Secondo scrutinio

Uno dei candidati ottiene almeno i **due terzi** dei voti validi?

No → Terzo scrutinio

Sì → Il candidato viene eletto presidente

Terzo scrutinio

Uno dei candidati ottiene più del **50%** dei voti validi?

No → Quarto scrutinio

Sì → Il candidato viene eletto presidente

Quarto scrutinio

Ballottaggio tra i due candidati più votati nello scrutinio precedente. Uno ottiene più del 50% dei voti validi (la scheda bianca è un voto valido)?

Sì → Il candidato viene eletto presidente

No → Non c'è un nuovo presidente

Il candidato viene eletto presidente

Non c'è un nuovo presidente

La Federazione viene commissariata (come è accaduto nel 2017).

Il maggioritario corretto dal 1994 al 2001. Nel 1993 il sistema proporzionale fu temporaneamente abbandonato, perché il Parlamento approvò una nuova legge elettorale, in base alla quale il 75% dei parlamentari (475 deputati e 232 senatori) veniva eletto col sistema maggioritario uninominale, mentre il 25% (155 deputati e 83 senatori) veniva eletto col sistema proporzionale. La riforma elettorale del 1993 segnava il passaggio dal sistema proporzionale a un sistema maggioritario corretto.

Il territorio italiano era diviso in collegi uninominali (475 per i deputati e 232 per i senatori), uno per ogni parlamentare da eleggere col sistema maggioritario: in ogni collegio veniva eletto il candidato che otteneva la maggioranza relativa dei voti. Ogni candidato doveva essere collegato a un partito (o a un gruppo di partiti).

I restanti parlamentari (155 deputati e 83 senatori) venivano eletti col sistema proporzionale.

Il sistema maggioritario corretto (utilizzato alle elezioni del 1994, del 1996 e del 2001) non riuscì però ad aumentare la governabilità del Paese.

Il proporzionale con premio di maggioranza dal 2006 al 2013. Nel 2005 fu approvata una nuova legge elettorale, che prevedeva un sistema proporzionale con premio di maggioranza sia per la Camera sia per il Senato. Esisteva però una differenza significativa:

- per la Camera il premio di maggioranza era su base *nazionale*: alla coalizione vincente venivano assegnati i seggi necessari per raggiungere la soglia di 340 deputati, per garantire un'ampia maggioranza governativa;
- per il Senato il premio di maggioranza era su base *regionale*: la coalizione vincente in ogni singola Regione otteneva il 55% dei seggi assegnati in quella Regione; in questo modo il premio di maggioranza del Senato andava a coalizioni diverse in regioni diverse.

A causa di questa differenza, in Parlamento si formavano maggioranze solide alla Camera ma non al Senato.

Il sistema proporzionale con premio di maggioranza (utilizzato alle elezioni del 2006, del 2008 e del 2013) aumentò l'instabilità politica del Paese, e venne cancellato da una sentenza della Corte costituzionale del 2013.

La mancata riforma costituzionale del 2016. Nel 2015 fu approvata una legge elettorale che prevedeva l'introduzione del *sistema proporzionale a doppio turno con premio di maggioranza*.

Si trattava di una vera e propria rivoluzione, perché la legge elettorale valeva soltanto per la Camera. La legge elettorale era, infatti, strettamente collegata con la riforma costituzionale del 2016, in cui si stabiliva che il Senato non doveva più essere eletto direttamente dal corpo elettorale.

Il 4 dicembre 2016 si svolse un referendum confermativo, per decidere l'entrata in vigore della riforma costituzionale, che si concluse con la vittoria del NO (59,1% dei votanti).

La mancata riforma costituzionale rese inutilizzabile la legge elettorale per la Camera, che venne poi cancellata da una sentenza della Corte costituzionale del 2017.

> La legge elettorale per la Camera del 2015 non entrò in vigore, perché era collegata alla riforma costituzionale che fu bocciata dal referendum confermativo del 2016

6 Il sistema elettorale italiano

NUCLEI ESSENZIALI

La riforma elettorale del 2017. Le complesse vicende politiche degli ultimi anni hanno reso particolarmente difficile l'approvazione di una riforma elettorale applicabile al nostro Paese.

Dopo lunghi contrasti venne approvata la legge 3 novembre 2017, n. 165, *Modifiche al sistema di elezione della Camera dei deputati e del Senato della Repubblica. Delega al Governo per la determinazione dei collegi elettorali uninominali e plurinominali* (d'ora in poi legge n. 165 del 2017).

> La riforma del 2017 prevede un sistema elettorale misto

La riforma del 2017 prevede un *sistema elettorale misto* (maggioritario e proporzionale), che è stato utilizzato per la prima volta alle elezioni politiche del 4 marzo 2018.

Il sistema elettorale misto. La legge n. 165 del 2017 prevede che il 36% dei parlamentari sia eletto col sistema maggioritario uninominale e il 64% dei parlamentari sia eletto col sistema proporzionale.

In particolare:

- il 36% dei parlamentari (232 deputati e 116 senatori) viene eletto col sistema maggioritario uninominale;
- il 62% dei parlamentari (386 deputati e 193 senatori) viene eletto col sistema proporzionale in Italia;
- il 2% dei parlamentari (12 deputati e 6 senatori) viene eletto col sistema proporzionale dagli italiani all'estero.

Il sistema elettorale italiano è misto

- Il 36% dei parlamentari (232 deputati e 116 senatori) è eletto col sistema maggioritario uninominale
- Il 64% dei parlamentari (398 deputati e 199 senatori) è eletto col sistema proporzionale

La scheda elettorale. L'elettore ha a disposizione due schede: una per la Camera e una per il Senato.

Su ogni scheda l'elettore esprime il voto sia per la quota maggioritaria sia per la quota proporzionale.

La legge n. 165 del 2017 per la prima volta cerca di arginare il voto di scambio utilizzando le «schede antifrode». Ogni scheda ha un tagliando antifrode con un numero univoco, che gli scrutatori annotano quando consegnano la scheda all'elettore. Al momento della riconsegna della scheda, gli scrutatori controllano che il numero segnato sia uguale a quello del tagliando, per verificare che non ci siano stati scambi in cabina con schede pre-votate, e solo allora, prima di inserire la scheda nell'urna, gli scrutatori tolgono il tagliando antifrode, rendendo così la scheda anonima e non tracciabile.

Il sistema elettorale della Camera. Analizziamo il sistema elettorale italiano partendo dalla Camera, dove vengono eletti 232 deputati col sistema maggioritario uninominale e 386 deputati col sistema proporzionale (oltre ai 12 deputati eletti dagli italiani all'estero).

Camera dei deputati

Composizione	630 deputati
Eletti col sistema maggioritario uninominale	232 deputati
Eletti col sistema proporzionale in Italia	386 deputati
Eletti col sistema proporzionale dagli italiani all'estero	12 deputati

La quota maggioritaria della Camera. Iniziamo a occuparci della quota maggioritaria della Camera.

Il territorio italiano viene diviso in 232 collegi uninominali, uno per ogni deputato da eleggere col sistema maggioritario: in ogni collegio uninominale viene eletto il candidato che ottiene la maggioranza relativa dei voti. Ogni candidato deve essere collegato a un partito o a una coalizione di partiti.

Riprendiamo l'esempio fatto nel paragrafo 4, relativo a un ipotetico collegio uninominale della Camera.

Alla Camera vengono eletti i 232 candidati che ottengono la maggioranza relativa dei voti in ognuno dei 232 collegi uninominali

Simulazione dei risultati di un ipotetico collegio uninominale della Camera dei deputati

Partito	Voti partito	Coalizione	Candidato	Voti coalizione
Alfa	24%	(Alfa + Beta)	Vitali	43%
Beta	19%			
Gamma	27%	(Gamma + Delta + Zeta)	Baroni	41%
Delta	10%			
Zeta	4%			
Tau	11%		Albertini	
Omega	5%		Martini	

Col sistema maggioritario uninominale nel collegio viene eletto il deputato Vitali (appoggiato dalla coalizione Alfa + Beta), mentre i voti ottenuti dai singoli partiti (Alfa, Beta, Gamma, Delta, Zeta, Tau e Omega) vanno sommati a quelli ottenuti a livello nazionale per ripartire i 386 seggi col sistema proporzionale. In questo modo, i voti di chi non ha vinto il seggio (il 27% del Partito Gamma, il 10% del Partito Delta, il 4% del Partito Zeta, l'11% del Partito Tau e il 5% del Partito Omega) vengono parzialmente recuperati nella quota proporzionale.

È evidente che questo procedimento deve essere eseguito in ognuno dei 232 collegi uninominali della Camera.

Va sottolineato che per sostituire un parlamentare eletto col sistema maggioritario (in caso di morte, dimissioni...) è necessaria una nuova elezione, anche se questa dovesse riguardare un solo collegio.

I collegi sono
- Uninominali per la quota maggioritaria
- Plurinominali per la quota proporzionale

I collegi plurinominali. In base a un decreto legislativo del 2018, per la quota proporzionale, il territorio italiano viene diviso in *collegi plurinominali* in cui vengono assegnati i seggi sulla base delle percentuali ottenute dai singoli partiti a livello nazionale. In ogni collegio plurinominale viene assegnato un numero di seggi compreso fra un minimo di 3 e un massimo di 9.

La quota proporzionale della Camera. Per l'elezione dei restanti 386 deputati della Camera si utilizza un *sistema proporzionale*, per cui ogni partito ottiene alla Camera un numero di deputati che è proporzionale ai voti ottenuti a livello nazionale.

Alla Camera vengono eletti 386 deputati con il sistema proporzionale

Come detto, ogni elettore ha a disposizione una sola scheda per la Camera su cui trova:

- i nomi dei candidati per la vittoria del seggio nella quota maggioritaria;
- le liste dei singoli partiti e/o delle coalizioni (collegate ai candidati del maggioritario) per esprimere il voto nella quota proporzionale; sulla scheda compaiono i nomi dei candidati, ma i partiti presentano delle «liste bloccate» e gli elettori non possono esprimere preferenze per i singoli candidati. Per esempio non è possibile dare la propria preferenza al candidato Mario Rossi: Rossi diventa parlamentare solo se rientra fra i candidati eletti, in un ordine di presentazione scelto dai partiti.

Nella quota proporzionale gli elettori non possono esprimere preferenze per i singoli candidati

Il divieto del voto disgiunto. È vietato il *voto disgiunto*: chi vota un candidato nel collegio uninominale può votare soltanto una lista a lui collegata nella quota proporzionale. L'elettore deve quindi scegliere l'abbinamento «candidato del partito X al maggioritario *insieme* al partito X al proporzionale».

Per semplificare le operazioni di voto, nella scheda:

- sotto a ogni candidato nel maggioritario ci sono i simboli delle liste a lui collegate nel proporzionale;
- accanto al simbolo delle liste sono stampati i nomi dei candidati al proporzionale nel corrispondente listino bloccato.

La parità di genere. La legge n. 165 del 2017 tutela la *parità di genere* degli eletti, perché ciascuno dei due sessi:

- non può superare il 60% dei candidati di una lista bloccata;
- non può rappresentare più del 60% dei capilista nelle liste di un singolo partito.

La riforma elettorale tutela la parità di genere degli eletti

Semplificando, nei collegi plurinominali:

- se devono essere assegnati due seggi: i candidati della lista bloccata devono essere un uomo e una donna;
- se devono essere assegnati tre seggi: i candidati della lista boccata devono essere o due uomini e una donna oppure due donne e un uomo.

E così via.

Le pluricandidature. La riforma elettorale prevede che un candidato possa presentarsi in un collegio uninominale e, al massimo, in cinque collegi plurinominali.

In caso di elezione in più collegi però scompare la libertà di scelta dell'eletto:

- se viene eletto sia col maggioritario sia col proporzionale, il candidato deve scegliere il seggio della quota maggioritaria;
- se viene eletto col proporzionale in più di un collegio plurinominale, al candidato sarà assegnato il seggio corrispondente al collegio in cui la lista ha preso una percentuale minore di voti.

Il sistema elettorale del Senato. L'art. 57 Cost. stabilisce che «il Senato della Repubblica è eletto a base regionale»; in conseguenza di ciò, il sistema elettorale del Senato deve essere in parte diverso da quello della Camera.

La Costituzione prevede che il Senato sia eletto su base regionale

Come vengono eletti i 315 senatori?

A parte i 6 senatori votati dagli italiani all'estero, la riforma elettorale prevede che 116 senatori siano eletti col sistema maggioritario uninominale e 193 senatori siano eletti col sistema proporzionale.

Al Senato i voti della quota proporzionale devono essere ripartiti su *base regionale* (e non su base nazionale come avviene per la Camera). Si tratta dell'unica reale differenza prevista dalla legge n. 165 del 2017 nella procedura di elezione fra Camera e Senato: possiamo quindi affermare che i due sistemi elettorali sono sostanzialmente simili.

Senato della Repubblica

Composizione	315 senatori (più i senatori a vita)
Eletti col sistema maggioritario uninominale	116 senatori
Eletti col sistema proporzionale in Italia	193 senatori
Eletti col sistema proporzionale dagli italiani all'estero	6 senatori

Le soglie di sbarramento. Per evitare l'eccessiva frammentazione dei partiti, la riforma prevede nella quota proporzionale (sia alla Camera sia al Senato) una soglia di sbarramento su base nazionale sia per le coalizioni (10%) sia per i singoli partiti (3%). In altri termini:

- ogni coalizione deve superare la soglia del 10% per partecipare alla distribuzione dei seggi;
- ogni partito deve superare la soglia del 3% per partecipare alla distribuzione dei seggi.

Va precisato che nelle Regioni a statuto speciale la lista delle minoranze linguistiche accede al riparto dei seggi solo se supera il 20% dei voti.

Le soglie di sbarramento nella quota proporzionale sia alla Camera sia al Senato

Il 10% per le coalizioni

Il 3% per i singoli partiti

La riforma elettorale del 2019. Il sistema elettorale è stato nuovamente modificato con la legge 27 maggio 2019 n. 51, *Disposizioni per assicurare l'applicabilità delle leggi elettorali indipendentemente dal numero dei parlamentari* (d'ora in poi legge n. 51 del 2019).

La riforma elettorale del 2019 mantiene le stesse percentuali nella distribuzione dei seggi in caso di modifica del numero dei parlamentari

La legge n. 51 del 2019 conferma il sistema elettorale in vigore e permette di applicare le stesse percentuali previste attualmente nella distribuzione dei seggi (il 36% col sistema maggioritario e il 64% col sistema proporzionale) nel caso in cui una riforma costituzionale dovesse modificare il numero dei parlamentari.

7 Le funzioni del Parlamento

NUCLEI ESSENZIALI

Le funzioni del Parlamento. Il Parlamento esercita la funzione di revisione costituzionale, la funzione di controllo e di indirizzo politico e, soprattutto, la funzione legislativa.

La funzione di revisione costituzionale. Come sappiamo, solo il Parlamento può modificare la Costituzione con l'approvazione delle leggi costituzionali, per le quali è prevista una procedura più lunga e più complessa, rispetto a quella che vedremo per le leggi ordinarie.

La funzione di controllo e di indirizzo politico. Al Parlamento spetta una funzione di controllo e indirizzo politico perché, come vedremo nel capitolo C2, l'**art. 94 Cost.** stabilisce che:

- il Governo, entro dieci giorni dalla nomina, deve presentarsi in Parlamento e ottenere la fiducia delle Camere;
- in qualsiasi momento 1/10 dei deputati (o dei senatori) può presentare una mozione di sfiducia nei confronti del Governo.

Come in ogni repubblica parlamentare, col voto di fiducia il Parlamento controlla e indirizza l'azione dell'esecutivo.

In particolare, i parlamentari possono rivolgere al Governo:

- le *interrogazioni* che vengono fatte al Governo (o a un ministro) per avere informazioni su un fatto specifico («è vero che il Governo ha firmato un accordo con la Cina sulla vendita dei prodotti tessili?»);
- le *interpellanze* che sono relative a comportamenti che il Governo (o un singolo ministro) ha tenuto o intende tenere («quali provvedimenti intende adottare il Governo per tutelare gli imprenditori tessili dalla concorrenza cinese?»);
- le *mozioni* con cui i deputati richiedono una votazione su un atto relativo al Governo (è, per esempio, il caso della mozione di fiducia).

La funzione legislativa. Nella tripartizione dei poteri del Montesquieu, il Parlamento detiene il potere legislativo: la più importante funzione del Parlamento è quella legislativa, di cui ci occupiamo nel prossimo paragrafo.

8 La funzione legislativa del Parlamento

NUCLEI ESSENZIALI

La legge ordinaria. Anche se altri organi sono in grado di emanare atti aventi forza di legge, quando si parla di *legge ordinaria* (d'ora in poi anche *legge*) si fa riferimento a una legge approvata dal Parlamento.

Solo il Parlamento può approvare leggi ordinarie

Come vedremo nel capitolo D2, si ha la *legislazione esclusiva dello Stato* quando solo le leggi ordinarie possono regolare determinate materie. Quali? Lo Stato ha la competenza esclusiva nelle materie di maggior importanza: la politica estera, l'immigrazione, i rapporti con le confessioni religiose, la difesa, la moneta e il sistema tributario, le leggi elettorali, l'ordine pubblico e la sicurezza, la cittadinanza, la giustizia, la determinazione dei livelli minimi dei servizi, le norme generali sull'istruzione, la previdenza, la tutela dell'ambiente.

La legge incostituzionale. Il potere legislativo del Parlamento non è illimitato, perché la legge deve essere conforme alla Costituzione, in base al principio della gerarchia delle fonti: è incostituzionale una legge che si trova in contrasto con la Costituzione.

La *legge incostituzionale* può essere cancellata dall'ordinamento giuridico con una sentenza della Corte costituzionale; va però precisato che la legge incostituzionale resta in vigore fino al momento in cui viene pubblicata la sentenza di annullamento.

Il procedimento legislativo. Per la formazione delle leggi, il Parlamento deve adottare un procedimento che si articola in quattro fasi: iniziativa, approvazione, promulgazione e pubblicazione.

L'iniziativa legislativa. Si ha l'iniziativa legislativa quando viene sottoposto a una delle camere un progetto di legge, che deve essere redatto in articoli.

Secondo l'art. 71 Cost. l'iniziativa legislativa spetta al Governo, ai parlamentari, al popolo, ai consigli regionali e al Consiglio nazionale dell'economia e del lavoro (Cnel).

L'iniziativa governativa. L'iniziativa governativa, che si attua attraverso i *disegni di legge*, è la più importante, perché il Governo deve fissare l'indirizzo politico dello Stato e ha bisogno di leggi per realizzare il suo programma.

I disegni di legge devono essere presentati dal Consiglio dei ministri, perché l'iniziativa legislativa spetta al Governo e non ai singoli ministri.

L'iniziativa governativa è la più importante e si attua attraverso i disegni di legge

L'iniziativa parlamentare. Ogni parlamentare può fare un proposta di legge. L'iniziativa parlamentare solitamente proviene dai gruppi di opposizione, perché i parlamentari della maggioranza preferiscono far diventare la loro iniziativa un disegno di legge del Governo.

L'iniziativa parlamentare proviene soprattutto dai gruppi di opposizione

L'iniziativa popolare. In base all'art. 71 Cost., «almeno cinquantamila elettori» della Camera (18 anni) possono presentare un «progetto redatto in articoli»: è un caso di democrazia diretta (come si è visto nel capitolo A1).

L'iniziativa popolare vuole dare ai cittadini l'opportunità di far arrivare direttamente in Parlamento le loro richieste, senza dover passare attraverso i partiti politici.

L'iniziativa popolare necessita di 50000 firme di elettori per la Camera

L'iniziativa regionale e del Cnel. La Costituzione prevede il diritto di iniziativa legislativa anche per i Consigli regionali e per il *Consiglio nazionale dell'economia e del lavoro* (Cnel), ma l'iniziativa di questi organi è molto rara.

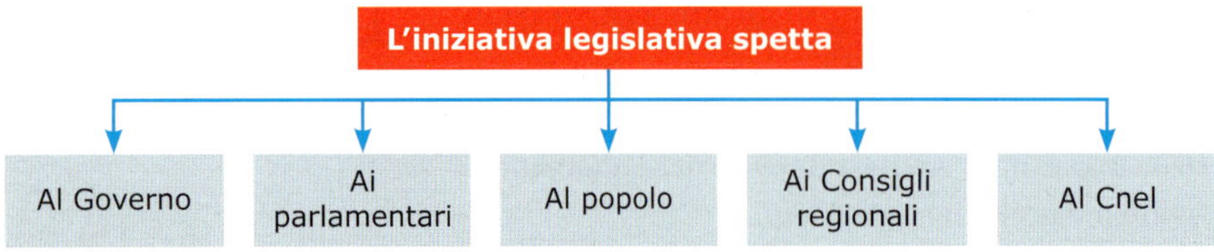

L'approvazione. L'approvazione di una legge può avvenire o con il procedimento ordinario o con il procedimento decentrato, a seconda della decisione del Presidente della camera a cui è stato presentato il progetto di legge.

È indifferente quale camera inizi il procedimento ma, per semplificare, supponiamo che la proposta di legge venga approvata prima dalla Camera e poi dal Senato.

Il procedimento ordinario. Col procedimento ordinario la legge è approvata quando sia la Camera sia il Senato votano l'identico testo.

Il *procedimento ordinario* si articola in due fasi: l'esame della commissione in sede referente e l'approvazione in aula.

Col procedimento ordinario la legge è approvata quando sia la Camera sia il Senato votano l'identico testo

Anzitutto il progetto di legge viene valutato da una commissione permanente della Camera, scelta in base alla materia, che analizza e modifica il progetto di legge (*commissione in sede referente*); per esempio, un progetto di riforma sanitaria sarà analizzato dalla «Commissione salute».

Il progetto di legge, analizzato e modificato (non approvato!) dalla commissione, passa poi alla Camera (in aula), dove viene discusso. La discussione *in aula* consiste nella presentazione e votazione degli emendamenti (proposte di correzione degli articoli della legge), che possono essere presentati da ogni deputato. Il progetto di legge deve essere votato, a maggioranza semplice, dapprima articolo per articolo, e poi nella sua interezza. Va ribadito che i regolamenti parlamentari limitano l'uso del voto segreto.

Dopo l'approvazione della Camera, il progetto di legge passa al Senato dove segue lo stesso procedimento (esame della commissione in sede referente del Senato e approvazione in aula): la legge è approvata se il Senato vota l'identico testo della Camera.

Invece, se il Senato approva la legge apportando delle modifiche, il progetto di legge ritorna alla Camera che ricomincia il procedimento: la legge fa la spola (la cosiddetta *navetta*) fra i due rami del Parlamento fino alla doppia approvazione.

Va precisato che la navetta riguarda solo gli articoli non approvati nell'identico testo. Ipotizziamo che la Camera approvi una legge composta da 45 articoli; se il Senato ne approva 30 con lo stesso testo e 15 con modifiche, la Camera dovrà ridiscutere e rivotare solo i 15 articoli modificati.

La spola fra una camera e l'altra può durare alcuni anni. È evidente che la doppia approvazione garantisce maggiore riflessione, ma allunga i tempi necessari per approvare una legge: è uno dei maggiori problemi del bicameralismo perfetto.

Alcune delle deputate che fanno parte della Nazionale parlamentari di calcio femminile.

Il procedimento decentrato. Per snellire l'attività legislativa, la Costituzione prevede che una legge possa essere approvata con il procedimento decentrato.

Col procedimento decentrato la legge è approvata quando la commissione della Camera e la commissione del Senato votano l'identico testo

In questo caso, la commissione non si limita a discutere e a modificare il testo, ma lo approva direttamente; si parla perciò di *commissione in sede deliberante*.

Col *procedimento decentrato* la legge è approvata quando sia la commissione della Camera sia la commissione del Senato votano l'identico testo. Anche in questo caso la legge fa la navetta fra la commissione della Camera e la commissione del Senato, finché entrambe non approvano l'identico testo.

Col procedimento decentrato l'attività parlamentare diventa più veloce; non solo l'iter è più breve, ma è possibile che diverse commissioni approvino diverse leggi nello stesso momento.

L'approvazione in commissione è più efficiente, ma esiste un problema: la legge viene approvata da un numero ristretto di parlamentari, e si rischia di svilire il potere legislativo delle Camere. Per questo motivo, la Costituzione ha fissato due limitazioni al procedimento decentrato:

- una volta avviato il procedimento decentrato è sempre possibile ritornare a quello ordinario, basta che lo richiedano o il Governo, o 1/10 dei membri di una camera, o 1/5 dei componenti della commissione: la commissione prosegue in sede referente i lavori che aveva iniziato in sede deliberante;
- l'art. 72 Cost. stabilisce che il procedimento ordinario deve sempre essere adottato «per i disegni di legge in materia costituzionale ed elettorale e per quelli di delegazione legislativa, di autorizzazione a ratificare trattati internazionali, di approvazione di bilanci e consuntivi».

In pratica, vengono approvate in commissione le leggi meno rilevanti, mentre quelle più importanti vengono approvate in aula.

La legge deve essere approvata col procedimento ordinario

- Per la materia costituzionale ed elettorale
- Per la delega legislativa
- Per la ratifica di trattati internazionali
- Per l'approvazione di bilanci e consuntivi

La promulgazione. Con la promulgazione il Presidente della Repubblica formalizza l'approvazione di una legge. L'**art. 73 Cost.** precisa che la promulgazione deve avvenire «entro un mese dall'approvazione» del Parlamento.

Il Presidente della Repubblica può rinviare alle Camere la legge se riscontra qualche irregolarità formale, accompagnando il rinvio con un messaggio in cui spiega i motivi della mancata promulgazione.

Se potesse rifiutare la promulgazione all'infinito, il Presidente della Repubblica potrebbe condizionare il Parlamento («o approvi la legge come voglio io o non promulgo»). Per evitare questo rischio, «se le Camere approvano nuovamente la legge, questa deve essere promulgata» (**art. 74 Cost.**): il Presidente della Repubblica può rifiutare la promulgazione solo una volta.

Con la promulgazione il Presidente della Repubblica formalizza l'approvazione di una legge

La pubblicazione e l'entrata in vigore. Come sappiamo, la legge deve essere pubblicata sulla Gazzetta Ufficiale ed entra in vigore, di regola, il quindicesimo giorno successivo alla pubblicazione.

La precisazione «di regola» nasce dal fatto che tale periodo può essere o più breve o più lungo; solitamente viene allungato nel caso di norme particolarmente complesse (come si è visto nel Volume primo).

Il periodo intercorrente fra la pubblicazione e l'entrata in vigore è chiamato *vacatio legis* (assenza temporanea della legge). Durante la *vacatio legis* la legge esiste, ma non produce ancora effetti giuridici; è in questo periodo che ogni cittadino ha la possibilità di conoscerla.

La legge, di regola, entra in vigore il 15° giorno successivo alla pubblicazione

LA LEGGE ORDINARIA: DAL PROGETTO ALL'ENTRATA IN VIGORE

Progetto di legge (Governo, parlamentari, popolo, Consigli regionali e Cnel)

↓

Approvazione

Procedimento ordinario	Procedimento decentrato
↓ Le commissioni di Camera e Senato discutono il progetto in sede referente	↓ Le commissioni di Camera e Senato approvano il progetto in sede deliberante
↓ Approvazione in aula di Camera e Senato	

↓

Promulgazione del Presidente della Repubblica

↓

Pubblicazione sulla Gazzetta Ufficiale

↓

Entrata in vigore, di regola, il quindicesimo giorno successivo

SINTESI

Il bicameralismo

- L'Italia è una **repubblica parlamentare** (par. **1**); il Parlamento è formato dalla Camera dei deputati e dal Senato della Repubblica.
- In Italia si ha un **bicameralismo perfetto** (par. **1**) perché Camera e Senato hanno le stesse funzioni.

L'elettorato attivo e passivo

- Il **corpo elettorale** (par. **1**) è formato da chi ha compiuto i 18 anni per la Camera e i 25 anni per il Senato.
- Rispetto all'**elettorato passivo** (par. **1**), per essere eletti deputati bisogna aver compiuto i 25 anni, mentre per essere eletti senatori bisogna aver compiuto i 40 anni; fanno parte del Senato anche i **senatori a vita** (par. **1**).
- Si ha lo **scioglimento anticipato delle Camere** (par. **1**), seguito dalle elezioni anticipate, quando il Parlamento non è in grado di formare una maggioranza.

L'organizzazione delle Camere

- I parlamentari godono di **guarentigie** (par. **2**): l'insindacabilità delle opinioni (sono liberi di esprimere le loro opinioni) e l'immunità (nessun parlamentare può essere sottoposto a restrizioni della libertà personale senza l'autorizzazione della sua camera).
- I **regolamenti parlamentari** (par. **3**) stabiliscono la prevalenza del voto palese su quello segreto.

Il sistema elettorale italiano

- Col **sistema maggioritario uninominale** (par. **4**), tipico della Gran Bretagna, si riduce il numero dei partiti e si creano Governi più stabili, ma il corpo elettorale non è ben rappresentato.
- Col **sistema proporzionale** (par. **4**) aumenta il numero dei partiti e si creano Governi meno stabili, ma il corpo elettorale è meglio rappresentato.
- Si sono succeduti diversi **sistemi elettorali in Italia dal dopoguerra a oggi** (par. **5**), regolati da leggi ordinarie.
- Il **sistema elettorale italiano** (par. **6**) si basa su una legge del 2017 ed è misto.

Il sistema elettorale italiano è misto

- Il 36% dei parlamentari (232 deputati e 116 senatori) è eletto col sistema maggioritario uninominale
- Il 64% dei parlamentari (398 deputati e 199 senatori) è eletto col sistema proporzionale

- La **riforma elettorale del 2019** (par. **6**) mantiene le stesse percentuali nella distribuzione dei seggi in caso di modifica del numero dei parlamentari.

Le funzioni del Parlamento

- Le **funzioni del Parlamento** (par. **7**) sono la funzione di revisione costituzionale, la funzione di controllo e di indirizzo politico e la funzione legislativa.
- Il **procedimento di formazione delle leggi** (par. **8**) si articola in quattro fasi: iniziativa, approvazione, promulgazione e pubblicazione.
- L'**iniziativa legislativa** (par. **8**) spetta al Governo, ai parlamentari, al popolo, ai Consigli regionali e al Cnel.
- L'**approvazione di una legge** (par. **8**) può avvenire:
  - col **procedimento ordinario** (par. **8**): la legge è approvata quando sia la Camera sia il Senato votano l'identico testo;
  - col **procedimento decentrato** (par. **8**): la legge è approvata quando sia la commissione della Camera sia la commissione del Senato votano l'identico testo.
- Con la **promulgazione** (par. **8**) il Presidente della Repubblica formalizza l'approvazione di una legge.
- La legge, di regola, entra in vigore il 15° giorno successivo alla **pubblicazione** (par. **8**).

1 Verifica le tue conoscenze

Risolvi le seguenti **scelte multiple** indicando la risposta esatta fra quelle possibili.

A

Si ha lo scioglimento anticipato delle Camere

1 dopo cinque anni di legislatura

2 se il Parlamento non riesce a formare una maggioranza governativa

3 a totale discrezione del Presidente della Repubblica

B

Il sistema maggioritario uninominale

1 tutela i piccoli partiti

2 tende a ridurre il numero dei partiti

3 rappresenta completamente il corpo elettorale

1 L'iniziativa legislativa popolare può essere presentata

A da un elettore per la Camera

B da 50 000 elettori per la Camera

C da 100 000 elettori per la Camera

D da 500 000 elettori per la Camera

2 Grazie all'immunità, nessun parlamentare può essere

A processato

B processato senza autorizzazione della sua camera

C sottoposto a misure restrittive

D sottoposto a misure restrittive senza autorizzazione della sua camera

3 Il Senato è formato da

A 315 senatori

B 315 senatori più i senatori a vita

C 630 senatori

D 630 senatori più i senatori a vita

4 Col procedimento decentrato la legge deve essere approvata

A da una commissione della Camera

B da una commissione del Senato

C da una commissione sia della Camera sia del Senato

D dall'aula sia della Camera sia del Senato

5 L'assenza del vincolo di mandato comporta che un parlamentare

A non può cambiare il partito in cui è stato eletto

B può cambiare il partito solo se è autorizzato da questo

C può cambiare il partito in cui è stato eletto solo una volta

D può cambiare il partito quando vuole

6 Sono eletti i candidati che vincono nei singoli collegi col sistema

A proporzionale

B proporzionale con premio di maggioranza

C proporzionale a doppio turno

D maggioritario uninominale

2 Misura le tue abilità

Rispondi e motiva la tua risposta in ogni caso proposto.

1 Per essere eletti senatori bisogna aver compiuto 40 anni V F

____

2 Il Parlamento in seduta comune è formato da tutti i parlamentari V F

____

3 Un disegno di legge deve essere approvato prima dalla Camera e poi dal Senato V F

____

4 Il sistema proporzionale aumenta il numero dei partiti V F

____

5 La legge entra in vigore subito dopo la promulgazione V F

____

6 Il sistema elettorale italiano è regolato dalla Costituzione V F

____

3 Valuta le tue competenze

Risolvi i casi concreti, mettendo in pratica ciò che hai imparato.

1 **Valutare gli aspetti positivi e negativi del bicameralismo perfetto, in base al discorso di un conoscente.**

Il tuo vicino sta leggendo il giornale e scuote la testa perplesso: «Questa legge è importante per il nostro Paese. Prima era alla Camera, poi è andata al Senato, poi di nuovo alla Camera... questo ping pong è inutile!».

▸ **Quali sono gli aspetti positivi del bicameralismo perfetto?**

2 **Precisare la nozione di legislatura, ascoltando il discorso di un'amica.**

Una tua amica sta discutendo di politica. È molto decisa: «Secondo me la legislatura italiana è valida. Il problema è che non viene poi applicata dai giudici!».

▸ **La tua amica confonde la «legislatura» con quale termine?**

3 **Riconoscere nell'immunità una prerogativa del Parlamento e non del singolo parlamentare, sulla base di un discorso familiare.**

Tua zia sospira ammirata: «Quel deputato ha rinunciato all'immunità parlamentare. È stato un atto di grande coraggio... Dovrebbero fare tutti così!».

▸ **Perché quel deputato non ha rinunciato a nulla?**

4 **Valutare l'importanza dell'assenza del vincolo di mandato, ascoltando l'errore di un politico.**

Alla televisione un politico sottolinea: «Secondo la Costituzione io rappresento i miei elettori e quindi...». L'affermazione è sbagliata.

▸ **Come modifichi la frase per renderla giuridicamente corretta?**

5 **Riconoscere gli aspetti positivi e negativi del voto palese, alla luce di un servizio televisivo.**

In un servizio televisivo un giornalista sottolinea i vantaggi del voto palese: «In questo modo i cittadini sanno come si comportano i politici!».

▸ **Quali sono gli svantaggi del voto palese?**

Idee a confronto

A casa 1 ora | In aula 20 minuti

4 Partendo dal caso proposto, approfondisci l'argomento per partecipare al dibattito in classe

Nell'Unione europea 15 Paesi hanno optato per il monocameralismo, sistema caratterizzato dalla mancanza della seconda Camera (quella che per noi è il Senato). Alcuni esempi? Svezia, Danimarca e Grecia. Da un lato questo sistema porta con sé un'indubbia velocità nel procedimento di approvazione delle leggi e un taglio dei costi parlamentari, dall'altro il bicameralismo consente maggior controllo e consenso sui procedimenti legislativi.

→ ***Ricerca online alcune informazioni e approfondimenti sui Paesi che adottano il monocameralismo. Discuti poi con i tuoi compagni vantaggi e svantaggi di questo sistema a confronto con il bicameralismo.***

CAPITOLO

C2 Il Governo

NUCLEI ESSENZIALI

- La composizione del Governo
- La formazione del Governo
- La crisi di Governo
- Le funzioni del Governo

A te la parola! 15 minuti

Il Governo può esercitare la funzione normativa emanando atti aventi forza di legge (i decreti legislativi e i decreti legge) e i regolamenti. Tale funzione dovrebbe essere svolta solo in casi particolari, ma non sempre è così.

→ *Verifica sul sito del Governo (www.governo.it) su quali materie e con quale frequenza il Governo emana questi provvedimenti.*

Con l'aiuto dell'insegnante e in piccoli gruppi prova a esporre il tuo punto di vista.

1 La composizione del Governo

NUCLEI ESSENZIALI

Il Presidente del Consiglio dirige la politica del Governo

Il Consiglio dei ministri. In base all'art. 92 Cost. «il Governo della Repubblica è composto del Presidente del Consiglio e dei ministri, che costituiscono insieme il Consiglio dei ministri».

Il Presidente del Consiglio. «Il Presidente del Consiglio dei ministri dirige la politica generale del Governo e ne è responsabile»; deve inoltre mantenere «l'unità di indirizzo politico e amministrativo, promuovendo e coordinando l'attività dei ministri» (art. 95 Cost.). Come vedremo, nel guidare la politica del Governo, il Presidente del Consiglio, deve seguire il programma su cui ha ottenuto la fiducia del Parlamento.

Che cosa significa «dirigere»? Il Presidente del Consiglio è il capo dei ministri? A differenza di quanto avviene negli Stati Uniti, il Presidente del Consiglio non ha il potere di comandare i ministri, perché non è un loro superiore gerarchico.

Che cosa succede se esiste un contrasto fra il Presidente del Consiglio e un ministro? È vero che il Presidente del Consiglio non è un superiore gerarchico del ministro, però la maggioranza dei giuristi concorda nel ritenere che, in caso di contrasto, l'opinione del Presidente del Consiglio debba prevalere. A questo proposito, significativo fu quanto avvenne nel 1985: il Presidente del Consiglio Bettino Craxi e il Ministro della difesa Giovanni Spadolini erano in disaccordo sull'atteggiamento da tenere nei confronti dei terroristi che tenevano in ostaggio i passeggeri della nave «Achille Lauro», ma alla fine prevalse la linea decisa dal Presidente Craxi.

Come vedremo, le dimissioni del Presidente del Consiglio provocano le dimissioni dell'intero Governo.

Va precisato che quando i mass media usano formule come «II Governo Conte» intendono dire che Conte è (o era) Presidente del Consiglio per la seconda volta.

Il Vice-Presidente del Consiglio. A volte viene nominato un Vice-Presidente del Consiglio, che ha il compito di affiancare in caso di necessità il Presidente del Consiglio; va però sottolineato che la Costituzione non parla di questa figura.

Per saperne di più

La vicenda «Achille Lauro»

Nel 1985 questa vicenda rischiò di compromettere i rapporti diplomatici con gli Stati Uniti

Il 7 ottobre 1985 la motonave «Achille Lauro», in viaggio fra Alessandria e Porto Said con alcune centinaia di turisti, fu dirottata da un commando di quattro palestinesi capitanato da Abu Abbas, leader del Fronte di liberazione della Palestina. Dopo ore di terrore e di frenetiche trattative, i terroristi furono convinti ad arrendersi in cambio della promessa dell'immunità. Due giorni dopo si scoprì che a bordo era stato ucciso un cittadino americano di origine ebraica, Leon Klinghoffer. Questo episodio scatenò la reazione degli Stati Uniti e l'11 ottobre quattro caccia americani intercettarono l'aereo egiziano che stava conducendo in Tunisia il commando, costringendolo ad atterrare nella base di Sigonella, in Sicilia. Qui i carabinieri, schierati attorno all'aereo per ordine del Presidente del Consiglio Bettino Craxi, impedirono ai *marines* della Delta Force di catturare i palestinesi. Di fronte alle vibrate proteste del Presidente Reagan, la risposta italiana fu che il delitto era avvenuto in territorio italiano, e dunque spettava alla Magistratura italiana processare gli assassini. I quattro terroristi furono rinchiusi nel carcere di Siracusa e successivamente condannati a pene severe, mentre ad Abu Abbas fu permesso di abbandonare l'Italia a bordo di un aereo iugoslavo e raggiungere Baghdad. Dopo qualche giorno emerse con certezza anche la colpevolezza di Abbas, che fu condannato all'ergastolo in contumacia. Nella foto, l'«Achille Lauro» a Porto Said dopo la fine del dirottamento: in primo piano, portuali egiziani inneggiano al Presidente Mubarak.

I ministri. I *ministeri*, o *dicasteri*, sono i grandi apparati burocratici in cui si divide la Pubblica Amministrazione, per i quali sono previsti specifici stanziamenti nel bilancio dello Stato.

I ministri hanno sia un ruolo politico-costituzionale sia un ruolo amministrativo

Ogni ministro ha un duplice ruolo: da un lato ha un ruolo politico-costituzionale in quanto fa parte del Governo, dall'altro ha un ruolo amministrativo perché è a capo di un ministero. Per ora ci occupiamo del ruolo politico-istituzionale dei ministri, mentre le competenze amministrative saranno trattate nel capitolo D1.

L'art. 95 Cost. stabilisce che la legge «determina il numero, le attribuzioni e l'organizzazione dei ministeri». Dal 2009 il numero dei ministeri è fissato in 13: Affari esteri; Interno; Economia e finanze; Giustizia; Difesa; Istruzione, università e ricerca; Politiche agricole; Sviluppo economico; Infrastrutture e trasporti; Lavoro e politiche sociali (Welfare); Ambiente; Beni culturali e turismo; Salute.

I ministri senza portafoglio. Nella prassi si è ormai consolidata la figura dei *ministri senza portafoglio*, che fanno parte del Governo ma non sono a capo di alcun dicastero; per esempio, nel II Governo Conte (nominato il 5 settembre 2019) vi erano otto ministri senza portafoglio: Rapporti con il Parlamento; Innovazione tecnologica e digitalizzazione; Pubblica Amministrazione; Affari regionali e autonomie; Sud e coesione territoriale; Politiche giovanili e sport; Pari opportunità e famiglia; Affari europei.

I ministri senza portafoglio fanno parte del Governo ma non sono a capo di alcun dicastero

I ministri senza portafoglio non hanno la disponibilità finanziaria di un dicastero, sono appunto «senza portafoglio»; nel caso si presenti una necessità, un ministro senza portafoglio può utilizzare gli stanziamenti di un ministero.

I ministri *ad interim*. I ministri *ad interim* (dal latino «nel frattempo») sono responsabili di più dicasteri; essi ricoprono provvisoriamente, oltre al loro, un ministero vacante (o più ministeri vacanti) per compiere gli atti urgenti o di ordinaria amministrazione.

I vice-ministri. Una legge del 2001 ha istituito i *vice-ministri*, che partecipano alle riunioni del Consiglio dei ministri, ma senza diritto di voto. I vice-ministri devono essere al massimo dieci.

I sottosegretari. Un ruolo essenziale nel Governo è svolto dai *sottosegretari*, che collaborano coi ministri (e coi vice-ministri) nella gestione del dicastero, e vengono nominati con una procedura simile a quella prevista per i ministri. Il numero dei sottosegretari non è fissato, ma varia in relazione alle esigenze politiche. Dal 1948 a oggi, i sottosegretari hanno fatto parte di tutti i Governi, anche se la Costituzione non ne prevede l'esistenza.

La sede del Governo è a Roma nel Palazzo Chigi; per questo i mass media utilizzano *Palazzo Chigi* come sinonimo di Governo.

Il Governo tecnico. Il Presidente del Consiglio e i ministri non devono necessariamente essere parlamentari. È vero che, solitamente, i ministri sono parlamentari; ma da alcuni anni si è instaurata la prassi dei *ministri tecnici*, che non sono stati eletti dal corpo elettorale.

A questo proposito va ricordato il Governo presieduto da Mario Monti, in cui erano tecnici sia il Presidente del Consiglio sia i ministri, che fu nominato nel novembre 2011 col compito di arginare la grave crisi economica che stava attraversando il Paese. Il Governo Monti fu appoggiato da un'ampia maggioranza parlamentare, e rimase in carica fino all'aprile 2013.

Presidente del Consiglio

↕

CONSIGLIO DEI MINISTRI

↕

Ministri

- Ministro degli affari esteri
- Ministro dell'interno
- Ministro dell'economia e delle finanze
- Ministro della giustizia
- Ministro della difesa
- Ministro dell'istruzione, università e ricerca
- Ministro delle politiche agricole
- Ministro dello sviluppo economico
- Ministro delle infrastrutture e trasporti
- Ministro del lavoro e delle politiche sociali (Welfare)
- Ministro dell'ambiente
- Ministro dei beni e delle attività culturali e del turismo
- Ministro per la salute

Ministri senza portafoglio

Palazzo Chigi è la sede del Governo e residenza del Presidente del Consiglio dei ministri.

2 La responsabilità penale dei membri del Governo

I reati ministeriali. L'art. 96 Cost. prevede che il Presidente del Consiglio e i ministri vengano sottoposti a giudizio penale «per i reati commessi nell'esercizio delle loro funzioni». Si tratta di una responsabilità dei singoli ministri e non dell'intero Governo perché, come vedremo, la responsabilità penale è personale.

I membri del Governo sono sottoposti a giudizio penale per i reati commessi nell'esercizio delle loro funzioni

La Commissione inquirente. Fino al 1989 la Costituzione riservava ai ministri accusati di reato un trattamento particolare, che li sottraeva alla giustizia ordinaria.

Il procedimento passava attraverso le seguenti fasi:

- sui ministri inquisiti non indagava la Magistratura ma la *Commissione inquirente* (formata da 10 deputati e 10 senatori) che, dopo l'istruttoria, o archiviava l'accusa ritenendola «manifestamente infondata», oppure decideva di far proseguire il procedimento penale e riferiva al Parlamento;

Per saperne di più

I ministeri

Quali sono le competenze dei singoli ministeri?

Il Palazzo del Viminale, sede del Ministero dell'interno.

Dal 2009 esistono 13 ministeri, vediamone le competenze.

1. *Ministero degli affari esteri*: si occupa della politica estera e dei rapporti internazionali, da esso dipendono le ambasciate diplomatiche.
2. *Ministero dell'interno*: svolge i compiti relativi all'amministrazione civile e alla sicurezza pubblica, a tal fine coordina le forze di polizia.
3. *Ministero dell'economia e delle finanze*: deve esercitare il controllo sulle entrate e sulle spese e, come azionista, si occupa della gestione delle partecipazioni dello Stato.
4. *Ministero della giustizia*: deve organizzare il funzionamento dei servizi relativi alla giustizia, all'amministrazione penitenziaria e alla vigilanza sugli ordini professionali, a eccezione delle competenze relative allo stato giuridico dei magistrati (affidate al Consiglio Superiore della Magistratura), provvede inoltre alla conservazione e pubblicazione di leggi e decreti (per questo il Ministro della giustizia è denominato il «Guardasigilli»).
5. *Ministero della difesa*: si occupa, tramite le Forze Armate, della difesa e della sicurezza militare dello Stato.
6. *Ministero dell'istruzione, università e ricerca*: è responsabile dell'istruzione scolastica e universitaria, oltre che della ricerca scientifica e tecnologica.
7. *Ministero delle politiche agricole alimentari e forestali*: svolge funzioni di coordinamento e rappresentanza in sede europea delle politiche in materia di agricoltura, alimentazione e foreste.
8. *Ministero dello sviluppo economico*: esercita le funzioni in materia di industria, artigianato, energia, comunicazioni e commercio.
9. *Ministero delle infrastrutture e dei trasporti*: è responsabile di tutte le funzioni relative alla realizzazione delle reti infrastrutturali e opere pubbliche di competenza statale, alla navigazione, all'aviazione e trasporti terrestri.
10. *Ministero del lavoro e delle politiche sociali (Welfare)*: esercita le funzioni in materia di politiche del lavoro e dell'occupazione, tutela dei lavoratori, politiche sociali e previdenziali.
11. *Ministero dell'ambiente e della tutela del territorio e del mare*: svolge compiti diretti alla tutela dell'equilibrio ecologico del territorio, alla difesa del suolo, alla protezione della natura.
12. *Ministero dei beni e delle attività culturali e del turismo:* ha mansioni di tutela e gestione del patrimonio storico, artistico, archeologico, paesaggistico e architettonico, oltre che importanti funzioni in materia di turismo.
13. *Ministero della salute*: esercita le funzioni in materia di tutela della salute, coordina il Servizio sanitario nazionale, si occupa di sanità veterinaria e sicurezza degli alimenti.

- il Parlamento in seduta comune, a scrutinio segreto e a maggioranza assoluta, decideva se mettere (o meno) in stato d'accusa il ministro inquisito;
- il ministro messo in stato d'accusa veniva processato dalla Corte costituzionale, integrata da 16 cittadini, che, con sentenza, decideva sulla sua innocenza o colpevolezza, e stabiliva la condanna da infliggere al ministro riconosciuto colpevole.

Questa procedura portò a notevoli abusi, soprattutto per il comportamento della Commissione inquirente, che archiviò per «manifesta infondatezza» casi decisamente dubbi. Si pensi a quanto avvenne dal 1948 al 1987:

- la Commissione inquirente, su oltre 300 casi trattati, decise di far proseguire l'accusa solo 10 volte;
- il Parlamento in seduta comune mise in stato d'accusa solo due ministri: Luigi Gui e Mario Tanassi accusati, nel 1977, di aver incassato tangenti nel «caso Lockheed»;
- la Corte costituzionale, nel 1979, condannò poi solo Tanassi.

Molti giuristi osservarono che la prassi instaurata era tale da annullare l'obbligatorietà dell'azione penale prevista dalla Costituzione. Anche nell'opinione pubblica si faceva sempre più forte l'avversione contro questo ingiusto privilegio, finché un referendum abrogativo del 1987 abolì gran parte della normativa relativa alla Commissione inquirente, e rese necessaria una nuova regolamentazione di tutta la materia.

Il Tribunale dei ministri. Una riforma costituzionale del 1989 ha stabilito la nuova procedura, basata sull'istituzione del Tribunale dei ministri, che è composto da magistrati ordinari. Il *Tribunale dei ministri*, dopo opportune indagini, deve accertare se esistono (o meno) gli estremi per accusare un ministro, o lo stesso Presidente del Consiglio, di un determinato reato.

I membri del Governo sono giudicati dal Tribunale dei ministri dopo l'autorizzazione a procedere della Camera o del Senato

Si ha l'archiviazione se il Tribunale dei ministri ritiene infondata l'accusa.

Se ritiene opportuno proseguire il procedimento penale, il Tribunale dei ministri deve chiedere l'*autorizzazione a procedere* alla Camera (se il ministro è un deputato) o al Senato (se il ministro è un senatore o non è un parlamentare).

La Camera o il Senato possono:
- o negare l'autorizzazione a procedere, e l'accusa viene definitivamente archiviata;
- o concedere l'autorizzazione a procedere, e il ministro viene poi giudicato dal Tribunale dei ministri.

Responsabilità penale e responsabilità politica. Finora ci siamo occupati della responsabilità penale dei membri del Governo.

Non bisogna confondere la responsabilità penale con quella politica: il Governo è politicamente responsabile del suo operato solo di fronte alle Camere (come vedremo nel paragrafo 4).

3 Il procedimento di formazione del Governo

NUCLEI ESSENZIALI

La nascita del Governo. Si procede alla formazione di un nuovo Governo o quando si insedia il nuovo Parlamento o, nel corso della legislatura, dopo una crisi di Governo.

Si forma un nuovo Governo o all'inizio della legislatura o dopo una crisi di Governo

L'art. 92 Cost. afferma che «il Presidente della Repubblica nomina il Presidente del Consiglio dei ministri e, su proposta di questo, i ministri».

Il Presidente della Repubblica deve nominare un Governo che sia in grado di ottenere la fiducia della maggioranza parlamentare e per questo, prima della nomina, il Capo dello Stato deve conferire l'incarico di formare il nuovo Governo.

Le consultazioni. Prima di affidare l'incarico a un «potenziale» Presidente del Consiglio, il Presidente della Repubblica procede alle consultazioni dei leader di tutti i partiti presenti in Parlamento, che esprimono le loro idee sulla scelta del Presidente del Consiglio incaricato. Va ricordato che il Capo dello Stato convoca anche gli ex Presidenti della Repubblica e i Presidenti di Camera e Senato, ma queste consultazioni hanno solitamente un valore formale.

L'incarico. Sulla base delle indicazioni ricevute dai leader dei partiti, il Presidente della Repubblica conferisce l'incarico di formare il nuovo Governo.

Il Presidente del Consiglio incaricato (non è stato ancora nominato) accetta l'incarico *con riserva*, perché non è in grado di sapere se riuscirà a formare il nuovo Governo, e procede a nuove consultazioni interpellando soprattutto i leader dei partiti che intende riunire nella coalizione (gruppo di partiti che formano il Governo). Durante queste consultazioni vengono decisi sia il programma del futuro Governo sia la lista dei ministri.

Si noti che mentre la Costituzione assegna al Presidente del Consiglio un autonomo potere di scelta, in realtà i ministri devono appartenere ai partiti della futura maggioranza, e devono essere concordati con questi.

Al termine di queste consultazioni, il Presidente del Consiglio incaricato:
- se non riesce a trovare un accordo per formare una coalizione, rinuncia all'incarico, e il Presidente della Repubblica ricomincia le consultazioni per trovare un'altra persona a cui affidare l'incarico;

- se riesce a formare una maggioranza parlamentare, si reca dal Capo dello Stato per sciogliere la riserva (col programma e con la lista dei ministri).

La nomina. Solo a questo punto il Presidente della Repubblica procede alla *nomina* del Presidente del Consiglio e dei ministri. Una volta nominati, il Presidente del Consiglio e i ministri prestano *giuramento* nelle mani del Capo dello Stato.

In questo momento il nuovo Governo è formato, e sostituisce quello precedente, che era rimasto in carica solo per svolgere gli atti di ordinaria amministrazione.

La fiducia. «Entro dieci giorni dalla sua formazione» il nuovo Governo deve presentarsi alle Camere per esporre il programma e «ottenerne la fiducia» (**art. 94 Cost.**). È questo un passaggio essenziale della repubblica parlamentare, in cui il Governo è politicamente responsabile di fronte al Parlamento.

Il Governo deve presentarsi sia alla Camera sia al Senato per esporre il proprio programma politico, su cui chiede la fiducia.

La fiducia deve essere accordata (o eventualmente negata) da ogni singola camera, sulla base di un documento chiamato mozione.

La *mozione di fiducia* deve essere approvata a maggioranza semplice e «votata per appello nominale», perché i cittadini devono sapere qual è l'orientamento politico dei loro rappresentanti su un punto così delicato della vita politica del Paese.

L'esito del voto di fiducia a favore del Governo è solitamente scontato, perché il Presidente del Consiglio incaricato scioglie la riserva solo se sa di poter contare sul voto favorevole della maggioranza dei parlamentari.

Una volta ottenuta la fiducia, il Governo entra nella pienezza dei poteri, e può iniziare a realizzare il suo programma.

Il giuramento al Quirinale del II Governo Conte il 5 settembre 2019.

LA FORMAZIONE DEL GOVERNO

Il Presidente della Repubblica consulta i leader di tutti i partiti

↓

Il Presidente della Repubblica conferisce l'incarico di formare il Governo

↓

Il Presidente del Consiglio incaricato effettua nuove consultazioni e poi

↓

O scioglie la riserva se riesce a formare una maggioranza parlamentare | O rinuncia all'incarico

↓

Il Presidente della Repubblica nomina il nuovo Governo che giura

↓

Entro 10 giorni dalla formazione il nuovo Governo deve ottenere la fiducia del Parlamento

Maggioranza e opposizione. A seguito della votazione sulla fiducia, il Parlamento si divide in maggioranza e opposizione (o minoranza): la *maggioranza* è formata dai partiti che hanno votato la fiducia al Governo, mentre l'*opposizione* è formata dai partiti che hanno votato contro la mozione di fiducia.

Il tempo di formazione di un nuovo Governo dipende dalla situazione politica: fra il 1948 e il 2019 questa procedura è durata in media un mese.

Chi ha votato la fiducia al Governo forma la maggioranza parlamentare, mentre forma l'opposizione chi ha votato contro

+ Per saperne di più

Il caso Moro

Aldo Moro fu l'ispiratore dei Governi di «solidarietà nazionale»

Aldo Moro durante il sequestro da parte delle Brigate Rosse.

Quando si parla di «caso Moro» si fa riferimento all'insieme delle vicende relative al sequestro, alla prigionia e all'uccisione di Aldo Moro (1916-1978) da parte dei terroristi delle Brigate Rosse.

È importante premettere che Moro, presidente della Democrazia cristiana, fu l'ispiratore della politica di «solidarietà nazionale». Di cosa si trattava?

Durante la VII legislatura (1976-1979) il nostro Paese attraversò delle vicende istituzionali decisamente anomale; nacquero infatti due Governi di «solidarietà nazionale», guidati in entrambi i casi da Giulio Andreotti, che modificarono radicalmente la prassi in vigore.

Particolarmente significativo fu il II Governo Andreotti (1976-1978): un «monocolore democristiano» (tutti i ministri erano democristiani), che era sostenuto in Parlamento non dalla fiducia ma dall'astensione degli altri partiti (soprattutto del Partito comunista italiano che alle elezioni del 1976 aveva ottenuto alla Camera il 34,4% dei voti), mentre l'opposizione era assai ridotta (ne facevano parte solo il Movimento sociale italiano e l'estrema sinistra).

Sostanzialmente simile fu il III Governo Andreotti (1978-1979): anche in questo caso si trattava di un monocolore democristiano, che godeva di un'ampia maggioranza (a cui partecipava anche il Partito comunista), mentre solo i gruppi estremisti erano in minoranza.

La mattina del 16 marzo 1978, giorno in cui il III Governo Andreotti doveva ottenere la fiducia della Camera, l'automobile che trasportava l'onorevole Moro dalla sua abitazione a Palazzo Montecitorio fu bloccata in via Fani da un commando delle Brigate Rosse. In pochi secondi, sparando con armi automatiche, i terroristi uccisero i due carabinieri a bordo dell'auto di Moro (Oreste Leonardi e Domenico Ricci), i tre poliziotti che viaggiavano sull'auto di scorta (Raffaele Iozzino, Giulio Rivera e Francesco Zizzi) e sequestrarono il presidente della Democrazia cristiana.

La prigionia durò 55 giorni, durante i quali Moro fu sottoposto a un cosiddetto «processo politico» da un «Tribunale del Popolo» istituito dalle Brigate Rosse che, contemporaneamente, chiesero inutilmente uno scambio di «prigionieri» allo Stato italiano.

Aldo Moro fu ucciso il 9 maggio 1978. Il suo cadavere fu ritrovato nel bagagliaio di un'automobile parcheggiata in via Caetani, simbolicamente a metà strada fra la sede del Partito comunista e quella della Democrazia cristiana.

4 La crisi di Governo

NUCLEI ESSENZIALI

La crisi di Governo. Si ha la crisi di Governo quando il Governo perde l'appoggio della maggioranza parlamentare.

In teoria un Governo dovrebbe restare in carica per tutta la durata della legislatura, ma la realtà è diversa: il Governo deve sempre contare su una maggioranza, e si ha la *crisi di Governo* quando sorgono gravi contrasti fra i partiti della maggioranza.

> Si ha la crisi di Governo quando il Governo perde l'appoggio della maggioranza parlamentare

La crisi parlamentare. In qualsiasi momento «un decimo dei componenti» di ogni camera può presentare «una mozione di sfiducia» nei confronti del Governo (art. 94 Cost.). La Costituzione prevede quindi una *crisi parlamentare*, che si dovrebbe avere ogni volta che il Parlamento (o la Camera o il Senato) vota una mozione di sfiducia al Governo.

> Si ha la crisi parlamentare quando il Parlamento vota la sfiducia al Governo

La crisi extraparlamentare. In realtà si è instaurata la prassi della *crisi extraparlamentare* (crisi al di fuori del Parlamento), per cui il Governo si dimette senza che il Parlamento abbia votato la mozione di sfiducia. Se il Presidente del Consiglio si dimette, il Presidente della Repubblica è obbligato ad accettare le dimissioni del Governo. È interessante rilevare che, dal 1948 a oggi, le crisi di Governo sono state quasi tutte extraparlamentari.

> Si ha la crisi extraparlamentare quando il Presidente del Consiglio si dimette senza che il Parlamento abbia votato la sfiducia

La maggioranza dei costituzionalisti giudica negativamente la crisi extraparlamentare, perché i motivi che l'hanno provocata possono rimanere oscuri al Parlamento e all'opinione pubblica.

La crisi di Governo può essere

- Parlamentare
- Extraparlamentare

Il rimpasto. La sfiducia può essere richiesta anche nei confronti di un ministro (o più ministri), che può essere costretto alle dimissioni.

A differenza delle dimissioni del Presidente del Consiglio, le dimissioni di un ministro (o più ministri) non provocano una crisi di Governo ma solo un *rimpasto*: il Presidente della Repubblica, d'accordo coi partiti di Governo, nomina un sostituto al posto del ministro dimissionario. Va precisato che le dimissioni del ministro possono anche essere volontarie.

Il primo rimpasto si ebbe col II Governo De Gasperi nel settembre 1946, prima dell'entrata in vigore della Costituzione; da allora questa prassi ha caratterizzato quasi tutti i Governi italiani. È legittimo il rimpasto? La Costituzione non lo esclude, anche se va sottolineato che il nuovo ministro entra in carica senza aver ricevuto la fiducia delle Camere.

Le soluzioni della crisi di Governo. Dopo la crisi di Governo ricomincia il procedimento per formare un nuovo esecutivo, che può portare a due soluzioni:

- se i partiti trovano un accordo per formare una nuova maggioranza, nasce un *nuovo Governo* con la stessa composizione del Parlamento;
- se il contrasto fra i partiti è così profondo da rendere impossibile la formazione di una maggioranza (e quindi di un nuovo Governo), il Presidente della Repubblica deve sciogliere anticipatamente le Camere, e indire le *elezioni anticipate*.

Per evitare un pericoloso vuoto di potere, il Governo dimissionario resta in carica fino alla nomina del successivo, anche se le sue funzioni sono limitate all'ordinaria amministrazione.

La crisi di Governo ha due possibili soluzioni

- Nasce un nuovo Governo con lo stesso Parlamento
- Il Presidente della Repubblica scioglie anticipatamente le Camere e indice le elezioni anticipate

5 Le funzioni del Governo

NUCLEI ESSENZIALI

Il «motore» dello Stato. Il Governo esercita la funzione esecutiva: è il Governo ad attuare le leggi approvate dal Parlamento.

Oltre a dare esecuzione alle leggi, il Governo esercita anche la funzione di indirizzo politico, la funzione normativa e la funzione amministrativa.

> Il Governo detiene il potere esecutivo

La funzione di indirizzo politico. Lo Stato democratico deve realizzare la sua politica economica e sociale; è il Governo che deve dirigere e indirizzare questa politica, attuando quel programma su cui ha ricevuto la fiducia delle Camere. Questo potere si estende alla politica estera, perché il Governo ha ampia libertà di decidere in materia di trattati internazionali e di scambi commerciali con gli altri Paesi.

> Il Governo fissa l'indirizzo politico dello Stato

La *funzione di indirizzo politico* spetta al Consiglio dei ministri, in quanto organo che esprime la politica generale del Governo. Gli strumenti attraverso cui il Governo realizza il suo indirizzo politico sono numerosi; fra questi ricordiamo:

- la presentazione del bilancio dello Stato e la relativa attuazione;
- la guida della politica economica;
- il controllo degli enti pubblici;
- le deliberazioni sui trattati internazionali.

Va ribadito che il Governo, per realizzare il suo programma politico, deve sempre avere l'appoggio della maggioranza parlamentare.

La questione di fiducia. Con la *questione di fiducia* il Governo preannuncia le dimissioni, in caso di mancata approvazione di un determinato provvedimento da parte del Parlamento. Il Governo condiziona la propria permanenza in carica all'approvazione di quell'atto, solitamente un disegno di legge o un decreto legge da convertire.

Quando pone la fiducia, il Governo preannuncia le dimissioni se il Parlamento non approverà un certo provvedimento

Se il Governo pone la fiducia si vota, a scrutinio palese, su tutta la legge e non articolo per articolo; in questo modo diventa impossibile modificare anche parzialmente la legge.

Negli ultimi anni i Governi hanno abusato della questione di fiducia, in modo da ridimensionare il ruolo del Parlamento, che a volte approva una legge che non ritiene opportuna solo per evitare una crisi di Governo.

La funzione normativa. Nella tradizionale divisione dei poteri, la funzione legislativa spetta al Parlamento, però anche il Governo può emanare atti aventi forza di legge (i decreti legislativi e i decreti legge), di cui ci occupiamo nel prossimo paragrafo.

La funzione amministrativa. Il Governo esercita anche la funzione amministrativa, perché è responsabile della Pubblica Amministrazione (come vedremo nell'unità D).

Le funzioni del Governo sono

- La funzione di indirizzo politico, con cui decide la politica dello Stato
- La funzione normativa, con cui emana i decreti
- La funzione amministrativa perché è responsabile della Pubblica Amministrazione

6 La funzione normativa del Governo

Il Governo esercita la funzione normativa, emanando gli atti aventi forza di legge (i decreti legislativi e i decreti legge) e i regolamenti.

I decreti legislativi. L'art. 76 Cost. stabilisce che il Parlamento può delegare la funzione legislativa al Governo, che emana i decreti legislativi.

Il Governo emana i decreti legislativi su delega del Parlamento

Il Parlamento concede questa delega al Governo quando si trova di fronte a testi lunghi e complessi: se li volesse approvare, l'attività parlamentare sarebbe bloccata. Invece, il Governo è in grado di agire in tempi più rapidi, anche perché può contare sulla Pubblica Amministrazione (come vedremo nel capitolo D1).

Il Parlamento conferisce la delega al Governo con un'apposita legge, la *legge delega*, che deve essere approvata con procedimento ordinario.

La legge delega deve indicare:

- la materia oggetto della delega;
- i princìpi e i criteri direttivi che il Governo deve rispettare nel predisporre il decreto;
- il termine entro cui il Governo deve emanare il decreto (anche se questo termine può essere prorogato).

Se il Governo non rispetta questi limiti, il decreto legislativo può essere dichiarato incostituzionale dalla Corte costituzionale.

Il Parlamento può revocare in ogni momento la delega, e può istituire commissioni che affiancano il Governo nella formulazione del decreto, anche se il loro parere non è vincolante.

Dopo la stesura, affidata al ministro competente, il *decreto legislativo* (o *decreto delegato*) viene discusso e approvato dal Consiglio dei ministri. Il decreto legislativo è poi emanato dal Presidente della Repubblica ed entra in vigore, a parte casi particolari, il quindicesimo giorno successivo alla pubblicazione sulla Gazzetta Ufficiale.

Va sottolineato che la legge delega è una «compagna di vita» per il decreto legislativo: l'emanazione non dà alcuna «patente di legittimità costituzionale» al decreto legislativo. È quindi possibile, anche dopo molti anni, chiedere che il decreto sia dichiarato incostituzionale perché non rispetta i princìpi della legge delega.

I decreti legge. In casi eccezionali il Governo può emanare i decreti legge; sono atti che entrano immediatamente in vigore ma, entro 60 giorni dalla pubblicazione, devono essere convertiti in legge dal Parlamento.

In casi straordinari il Governo emana decreti legge, che entrano subito in vigore e devono essere convertiti in legge dal Parlamento entro 60 giorni

Secondo l'**art. 77 Cost.** i *decreti legge* devono essere emanati dal Governo «in casi straordinari di necessità e d'urgenza», quando l'intervento del Parlamento risulterebbe tardivo, a causa della lunghezza del procedimento legislativo. Il decreto legge dovrebbe quindi essere utilizzato raramente; per esempio, per reperire i fondi necessari alle operazioni di soccorso in caso di calamità naturale.

Il decreto legge (deliberato dal Consiglio dei ministri, emanato dal Presidente della Repubblica e subito pubblicato sulla Gazzetta Ufficiale) è un atto che il Governo «adotta sotto la sua responsabilità», ed entra in vigore il giorno stesso della pubblicazione: non esiste *vacatio legis*.

Il decreto legge deve essere immediatamente presentato «alle Camere che, anche se sciolte, sono appositamente convocate e si riuniscono entro cinque giorni»; il decreto deve essere poi convertito in legge anche con modifiche entro 60 giorni dalla sua pubblicazione.

Il decreto legge non convertito. Se non è stato convertito in legge dalle Camere (è stato respinto o non è stato discusso entro i 60 giorni), il decreto legge perde la sua efficacia dal momento in cui è stato emanato; in conseguenza di ciò, vengono annullati tutti gli effetti prodotti dal decreto, come se questo non fosse mai esistito.

Il decreto legge non convertito dalle Camere entro 60 giorni perde la sua efficacia dal momento in cui è stato emanato

Supponiamo che un decreto legge del 1° ottobre 2019 fissi un aumento di 10 euro del «canone Rai» (da 100 euro a 110 euro); se il 30 novembre 2019 (60 giorni dopo) il decreto non è stato convertito in legge, il canone Rai torna a 100 euro, e devono essere rimborsati 10 euro a chi ha pagato l'aumento nei 60 giorni in cui il decreto era in vigore.

In alcuni casi è però materialmente impossibile annullare gli effetti del decreto legge, e allora «le Camere possono regolare con legge i rapporti giuridici sorti sulla base dei decreti non convertiti» (art. 77 Cost.). Supponiamo che il prezzo della benzina sia fissato dal Governo (come avveniva fino a qualche anno fa) e ipotizziamo che un decreto legge del 1° ottobre 2019 aumenti il prezzo di un litro di benzina da 1,40 euro a 1,50 euro; se il 30 novembre 2019 (60 giorni dopo) il decreto non è stato convertito, il prezzo di un litro di benzina torna a 1,40 euro ma, con una legge, si stabilisce che non può essere rimborsato chi nei 60 giorni ha pagato l'aumento di 10 centesimi, perché sarebbe materialmente impossibile.

In casi straordinari di necessità e di urgenza, per esempio per fronteggiare le emergenze dovute a un'alluvione, il Governo può emanare decreti legge.

L'abuso dei decreti legge. A differenza di quanto previsto dalla Costituzione, nella realtà il Governo emana ogni anno molti decreti legge senza che esistano né la necessità né l'urgenza. La maggioranza dei giuristi ritiene che l'*abuso dei decreti legge* può compromettere il corretto funzionamento del sistema istituzionale.

La reiterazione dei decreti legge. Da alcuni anni si è instaurata la prassi della *reiterazione*: se il decreto legge decade senza essere stato convertito, in alcuni casi, il Governo ne emana un altro di contenuto identico, e prolunga così l'efficacia del decreto originario oltre i 60 giorni previsti dalla Costituzione. Va ribadito che solo alcuni decreti legge (non tutti!) vengono reiterati, ma è altrettanto vero che alcuni decreti legge sono stati reiterati più volte.

Questi eccessi hanno costretto la Corte costituzionale a dichiarare l'illegittimità di questa prassi con due sentenze (del 1988 e del 1996), che vietano la reiterazione dei decreti non convertiti.

A seguito delle sentenze della Corte, il Parlamento ha approvato una legge che vieta la ripresentazione di decreti espressamente respinti da una camera; resta comunque il problema della reiterazione dei decreti decaduti senza essere stati discussi dal Parlamento.

I limiti alla decretazione governativa. Le materie previste dall'art. 72 Cost., oltre a non poter essere approvate in commissione (come si è visto nel capitolo C1), non possono neppure essere oggetto di decreto legislativo o di decreto legge: occorre seguire il procedimento ordinario per le leggi in materia costituzionale ed elettorale, per la ratifica di trattati internazionali, per le leggi delega e per l'approvazione di bilanci.

È necessaria una legge approvata col procedimento ordinario per

- La materia costituzionale ed elettorale
- La ratifica di trattati internazionali
- La delega governativa
- L'approvazione di bilanci

Il potere regolamentare. Poiché la legge, e gli atti aventi pari efficacia, si limitano a fissare i criteri generali di una determinata materia, il Governo può emanare i *regolamenti* che stabiliscono le modalità di attuazione della legge stessa. Nella gerarchia delle fonti i regolamenti sono collocati in un gradino inferiore rispetto alle leggi (come si è visto nel Volume primo).

Bisogna distinguere fra i regolamenti governativi e i regolamenti ministeriali.

I regolamenti governativi. I *regolamenti governativi* sono deliberati dal Consiglio dei ministri, dopo il parere del Consiglio di Stato, e vengono emanati con Decreto del Presidente della Repubblica (D.P.R.).

> I regolamenti governativi (D.P.R.) sono deliberati dal Consiglio dei ministri

Per esempio, dopo l'approvazione della legge che istituiva l'autonomia scolastica, il Consiglio dei ministri ha deliberato alcuni D.P.R. per meglio chiarirne l'attuazione (assegnazione di fondi, diversificazione del calendario scolastico e dell'orario, istituzioni di percorsi alternativi per le varie aree disciplinari).

I regolamenti governativi non possono contenere disposizioni contrarie alle leggi.

I regolamenti ministeriali. I *regolamenti ministeriali* sono deliberati dai singoli ministeri. Per esempio, a seguito di una legge di riforma sanitaria, il Ministero della salute deve emanare una serie di decreti ministeriali per darle concreta attuazione (ridefinizione territoriale delle Aziende unità sanitarie locali, investimenti per riqualificare ospedali e ambulatori, corsi di aggiornamento per medici e infermieri).

> I regolamenti ministeriali sono deliberati dai singoli ministeri

I regolamenti ministeriali non possono contenere disposizioni contrarie ai regolamenti governativi.

Il Governo esercita la funzione normativa con

- Il decreto legislativo che è emanato dopo una legge delega del Parlamento
- Il decreto legge che deve essere convertito in legge entro 60 giorni dalle Camere
- I regolamenti:
  - Governativi (D.P.R.)
  - Ministeriali

SINTESI

La composizione del Governo

- Il Governo è composto dal Presidente del Consiglio e dai ministri, che insieme formano il **Consiglio dei ministri** (par. **1**).
- Il Presidente del Consiglio dirige la politica del Governo, anche se **non è un superiore gerarchico dei ministri** (par. **1**).
- I **ministri senza portafoglio** (par. **1**) fanno parte del Governo ma non sono a capo di alcun dicastero, mentre i **ministri *ad interim*** (par. **1**) ricoprono provvisoriamente, oltre al loro, un ministero vacante.
- Nel **Governo tecnico** (par. **1**) sia il Presidente del Consiglio sia i ministri non sono parlamentari.
- Per i reati commessi nell'esercizio delle loro funzioni, i membri del Governo sono giudicati dal **Tribunale dei ministri** (par. **2**), formato da giudici ordinari, solo se il Parlamento rilascia l'autorizzazione a procedere.

La formazione del Governo

- Si ha la **formazione di un nuovo Governo** (par. **3**) o all'inizio della legislatura o dopo una crisi di Governo.

LA FORMAZIONE DEL GOVERNO

Il Presidente della Repubblica consulta i leader di tutti i partiti

↓

Il Presidente della Repubblica conferisce l'incarico di formare il Governo

↓

Il Presidente del Consiglio incaricato effettua nuove consultazioni e poi

→ O rinuncia all'incarico

→ O scioglie la riserva se riesce a formare una maggioranza parlamentare

→ Il Presidente della Repubblica nomina il nuovo Governo che giura

→ Entro 10 giorni dalla formazione il nuovo Governo deve ottenere la fiducia del Parlamento

- Quando il Governo perde l'appoggio della maggioranza parlamentare si ha la **crisi di Governo** (par. **4**).

La crisi di Governo

- La crisi di Governo può portare a due soluzioni:
  - nasce un nuovo Governo con la stessa composizione del Parlamento;
  - il Presidente della Repubblica scioglie anticipatamente le Camere e indice le **elezioni anticipate** (par. **4**).

Le funzioni del Governo

- Le **funzioni del Governo** (par. **5**) sono la funzione di indirizzo politico, la funzione normativa e la funzione amministrativa.
- Il Governo, dopo una legge delega del Parlamento, può emanare i **decreti legislativi** (par. **6**).
- In casi straordinari il Governo emana i **decreti legge** (par. **6**), che entrano subito in vigore, e devono poi essere convertiti in legge dal Parlamento entro 60 giorni. I Governi tendono ad abusare dei decreti legge.
- Esistono **limiti alla decretazione governativa** (par. **6**), perché non possono essere oggetto di decreto legislativo o di decreto legge: la materia costituzionale ed elettorale, la ratifica di trattati internazionali, le leggi delega e l'approvazione di bilanci.
- Il Governo emana i **regolamenti** (par. **6**) per dare attuazione alle leggi:
  - i **regolamenti governativi, D.P.R.** (par. **6**) sono deliberati dal Consiglio dei ministri;
  - i **regolamenti ministeriali** (par. **6**) sono deliberati dai singoli ministeri.

1 Verifica le tue conoscenze

Risolvi le seguenti **scelte multiple** indicando la risposta esatta fra quelle possibili.

A

Il Tribunale dei ministri è composto

1 da parlamentari

2 da giudici ordinari

3 da ministri

B

I decreti legge devono essere convertiti dalle Camere

1 entro 30 giorni dall'emanazione

2 entro 60 giorni dall'emanazione

3 entro 90 giorni dall'emanazione

1 Il Governo è composto

- A dai ministri
- B dal Presidente del Consiglio e dai ministri
- C dal Presidente del Consiglio e dai sottosegretari
- D dal Presidente della Repubblica e dai ministri

2 Sono responsabili di più ministeri

- A i ministri senza portafoglio
- B i ministri *ad interim*
- C i ministri tecnici
- D i vice-ministri

3 Il Presidente del Consiglio incaricato scioglie la riserva

- A se riesce a formare una maggioranza sia alla Camera sia al Senato
- B se riesce a formare una maggioranza alla Camera
- C se riesce a formare una maggioranza al Senato
- D dopo essere stato nominato

4 Si ha il rimpasto quando

- A si dimette il Presidente del Consiglio
- B si dimette l'intero Governo
- C si dimette un ministro
- D il Parlamento vota la sfiducia al Governo

5 Il Governo si considera formato, e può sostituire quello precedente

- A dopo il voto di fiducia del Parlamento
- B dopo il giuramento del Presidente del Consiglio e dei ministri
- C dopo le consultazioni del Presidente del Consiglio incaricato
- D dopo che è stato raggiunto l'accordo fra i partiti di maggioranza

6 Si ha la crisi parlamentare quando

- A la Camera vota una mozione di sfiducia al Governo
- B il Senato vota una mozione di sfiducia al Governo
- C sia la Camera sia il Senato votano una mozione di sfiducia al Governo
- D o la Camera o il Senato vota una mozione di sfiducia al Governo

2 Misura le tue abilità

Rispondi e motiva la tua risposta in ogni caso proposto.

1 Il Presidente del Consiglio dirige la politica generale del Governo V F

____

2 La Commissione inquirente sottraeva i ministri inquisiti al giudizio della Magistratura V F

____

3 Le dimissioni del Presidente del Consiglio provocano sempre una crisi di Governo V F

4 I decreti legislativi entrano immediatamente in vigore V F

5 Il Governo dura sempre in carica tutta la legislatura V F

6 Il Governo ha il potere di sciogliere anticipatamente le Camere V F

3 Valuta le tue competenze

Risolvi i casi concreti, mettendo in pratica ciò che hai imparato.

1 Sottolineare l'importanza dei sottosegretari nella politica italiana, ascoltando un dialogo familiare.

Tua madre è un po' pettegola: «La mia commercialista si vanta continuamente della carriera politica del marito. In realtà è solo un sottosegretario!».

- **Qual è l'importanza politica di un sottosegretario?**

2 Riconoscere nell'incarico una fase iniziale della formazione del Governo, in base al discorso di un conoscente.

Il tuo vicino afferma: «Il nuovo Presidente del Consiglio ha ricevuto ieri l'incarico dal Presidente della Repubblica!».

- **Perché è ancora presto per parlare di «Presidente del Consiglio»?**

3 Valutare la composizione del Tribunale dei ministri, sulla base delle osservazioni di un'amica.

Una tua amica sta leggendo il giornale: «Adesso l'ex Ministro degli esteri verrà giudicato dal Tribunale dei ministri. In questo modo la questione resta fra politici!».

- **Da chi è formato il Tribunale dei ministri?**

4 Precisare le conseguenze di una crisi di Governo, ascoltando l'errore di un politico.

Un politico dichiara: «Tutte le crisi di Governo portano a elezioni anticipate. Non ci sono alternative!». L'affermazione è sbagliata.

- **Come modifichi la frase per renderla giuridicamente corretta?**

5 Riconoscere gli effetti di un disegno di legge, alla luce di un servizio televisivo.

In un servizio televisivo una giornalista afferma: «Oggi il Consiglio dei ministri ha approvato un disegno di legge che modifica i cicli scolastici. Da domani cambia tutto!».

- **Con quale atto la giornalista confonde il disegno di legge?**

Idee a confronto

A casa 1 ora | In aula 20 minuti

4 Partendo dal caso proposto, approfondisci l'argomento per partecipare al dibattito in classe

Il decreto legge è uno degli strumenti che negli anni è finito più volte al centro del dibattito politico. Nato per affrontare situazioni di emergenza e urgenza, con il tempo è diventato il mezzo principale con cui i governi hanno portato avanti la propria agenda politica.

→ ***Dopo aver approfondito l'argomento rileggendo le parti del libro di testo e facendo una ricerca online, discuti con i compagni le ragioni (e le possibili soluzioni) di questa particolare prassi della politica italiana di preferire, come strumento legislativo, provvedimenti particolari e più specifici rispetto alle leggi ordinarie.***

CAPITOLO

c3 Il Presidente della Repubblica e la Corte costituzionale

NUCLEI ESSENZIALI

- L'elezione del Presidente della Repubblica
- I poteri del Presidente della Repubblica
- La composizione della Corte costituzionale
- Le funzioni della Corte costituzionale

A te la parola! 15 minuti

Dal 1948 si sono alternati dodici Presidenti della Repubblica. Ti viene in mente qualche nome?

→ *Crea una linea del tempo per aver chiara la loro successione cronologica e i periodi in cui hanno svolto il loro mandato. Accanto a ogni nome indica dei brevi cenni biografici e almeno un evento significativo avvenuto durante il mandato.*

Con l'aiuto dell'insegnante e in piccoli gruppi prova a esporre il tuo punto di vista.

1 Il Presidente della Repubblica

Le garanzie costituzionali. Le *garanzie costituzionali* sono istituzioni che sono state previste dai Costituenti per bilanciare i poteri degli altri organi costituzionali. Si è cercato di evitare che un organo potesse uscire dalla sua sfera di competenza, e pregiudicare così il corretto funzionamento della repubblica parlamentare.

La Costituzione prevede che gli organi di garanzia costituzionale siano il Presidente della Repubblica e la Corte costituzionale.

Le garanzie costituzionali sono istituzioni che bilanciano i poteri degli altri organi costituzionali

Sono organi di garanzia costituzionale
- Il Presidente della Repubblica
- La Corte costituzionale

La repubblica presidenziale. Prima di analizzare il ruolo del Presidente della Repubblica in una repubblica parlamentare, è opportuno ricordare i caratteri fondamentali della *repubblica presidenziale* degli Stati Uniti (capitolo A1):

- negli Stati Uniti il Presidente della Repubblica è eletto direttamente dal popolo (attraverso 538 Grandi elettori) a suffragio universale ogni quattro anni;
- il Presidente degli Stati Uniti è anche Capo del Governo. Il Presidente non è responsabile di fronte al Parlamento, e non sono possibili né voti di sfiducia né crisi di Governo: il Presidente è responsabile solo di fronte al popolo che, allo scadere dei quattro anni, potrà confermarlo o sostituirlo;
- il Presidente degli Stati Uniti è un superiore gerarchico dei ministri: il Presidente può sostituire e revocare i ministri, che sono responsabili di fronte a lui.

Nella repubblica presidenziale degli Stati Uniti
- Il Presidente è eletto direttamente dal popolo
- Il Presidente è Capo del Governo
- Il Presidente è superiore gerarchico dei ministri

Donald Trump, eletto Presidente degli Stati Uniti nel novembre 2016.

La repubblica parlamentare. Le ragioni per cui l'Assemblea costituente scelse una *repubblica parlamentare* (e non presidenziale) sono molte e complesse. Fra queste, influì indubbiamente il fatto che era appena finito il ventennio fascista, e i Costituenti temevano che una repubblica presidenziale potesse degenerare in un regime autoritario.

La Costituzione assegna al Presidente della Repubblica un ruolo di notevole rilievo politico-costituzionale.

2 L'elezione del Presidente della Repubblica

NUCLEI ESSENZIALI

Può essere eletto Presidente della Repubblica chi ha compiuto i 50 anni e gode dei diritti civili e politici

L'elettorato passivo. Secondo l'art. 84 Cost. «può essere eletto Presidente della Repubblica ogni cittadino che abbia compiuto i cinquanta anni di età e goda dei diritti civili e politici».

Va sottolineato che, finora, nessuna donna ha ricoperto la carica di Capo dello Stato, nonostante la Costituzione lo preveda.

I Grandi elettori. Il Capo dello Stato è eletto, a scrutinio segreto, dai *Grandi elettori* che sono costituiti dal Parlamento in seduta comune (630 deputati, 315 senatori e i senatori a vita) e da 3 delegati per ogni Regione (con l'eccezione della Valle d'Aosta che ha un solo delegato).

Poiché i delegati regionali rivestono un ruolo marginale (58 rispetto a circa 950 parlamentari), si può affermare che l'Italia è una repubblica parlamentare in cui il Presidente è eletto dal Parlamento.

Il Presidente della Repubblica è eletto dai Grandi elettori

- Il Parlamento in seduta comune
- 58 delegati regionali

Il *quorum*. Per diventare Presidente della Repubblica è necessario ottenere un numero di voti (*quorum*) molto alto:

- per i primi tre scrutini occorre il voto dei 2/3 degli aventi diritto (maggioranza qualificata);
- dal quarto scrutinio in poi occorre la maggioranza assoluta.

Per esempio, alla votazione del 2015, quando Sergio Mattarella fu eletto al quarto scrutinio, i Grandi elettori erano 1009; per cui:

- nei primi tre scrutini era necessario il *quorum* di 673 (673 è pari ai 2/3 dei 1009 aventi diritto);
- dal quarto scrutinio in poi era necessario il *quorum* di 505 (505 è pari alla metà + 1 dei 1009 aventi diritto).

Sintetizzando il nostro esempio:

scrutinio:	1°	2°	3°	4°	...
quorum:	673	673	673	505	505

È significativo che i Presidenti Luigi Einaudi, Giovanni Gronchi, Giorgio Napolitano (nel 2006) e Sergio Mattarella siano stati eletti al quarto scrutinio, dopo l'abbassamento del *quorum*, come mostra la tabella 1 (pagina seguente).

Il garante della Costituzione. I Costituenti vollero che il Presidente della Repubblica fosse eletto da una maggioranza superiore a quella governativa, per esercitare in autonomia («sopra le parti») il suo ruolo di *garante della Costituzione*.

Un articolo

De Nicola è il primo Presidente della Repubblica

Il 28 giugno 1946 Enrico De Nicola viene eletto Capo provvisorio dello Stato dall'Assemblea costituente.

Nell'articolo riprodotto (*Il Messaggero*, 6 dicembre 1947) si riporta il momento in cui i Costituenti eleggono per acclamazione De Nicola come primo Presidente della Repubblica italiana.

Il Messaggero

De Nicola assumerà il titolo di Presidente della Repubblica

Il soggiorno in Italia vietato agli ex re, alle loro consorti e ai loro discendenti maschi - I titoli nobiliari non saranno riconosciuti

Esisteva nel testo del Progetto di Costituzione una lacuna nelle norme transitorie, ed essa è stata colmata all'inizio della seduta pomeridiana di ieri con una disposizione finale aggiuntiva proposta dall'on. *Bonomi* con le firme di molti parlamentari appartenenti a tutti i gruppi della Camera.

La disposizione è così formulata: *Con l'ent* 1 *in vigore della presente Costituzione, il Capo provvisorio dello Stato esercita le funzioni di Presidente della Repubblica e ne assume il titolo.*

Il Presidente on. *Terracini* chiede all'Assemblea, se lo consente, e poichè come risposta, tutti i deputati 2 gono in piedi, plaudendo ed acclamando al Capo dello Stato, egli dichiara approvata all'unanimità la disposizione proposta dall'on. Bonomi.

Nella seduta antimeridiana, si era discusso su due articoli del Progetto rimasti sospesi: il 50 (secondo comma) che dà al cittadino il diritto di reagire alle violazioni delle libertà fondamentali commesse dai pubblici poteri e l'art. 94 (terzo comma), parti della Camera: hanno sostenuto la norma i comunisti e i socialisti fusionisti, mentre l'hanno combattuta — chiedendone la soppressione — gli altri gruppi. E la vittoria è spettata a questi ultimi, per modo che non sarà consentita la resistenza del cittadino, come tale, alle eventuali violazioni della legge costituzionale.

La seconda questione è stata — su proposta dell'on. *Clerici* — tolta dalla Costituzione e demandata alla legge, la quale potrà stabilire limitazioni al diritto di

1 Esisteva nel testo del Progetto di Costituzione una lacuna nelle norme transitorie, ed essa è stata colmata all'inizio della seduta pomeridiana di ieri con una disposizione finale aggiuntiva proposta dall'on. Bonomi con la firma di molti parlamentari appartenenti a tutti i gruppi della Camera. La disposizione è così formulata: *Con l'entrata in vigore della presente Costituzione, il Capo provvisorio dello Stato esercita le funzioni di Presidente della Repubblica e ne assume il titolo.*

Nell'illustrare la proposta, l'onorevole Bonomi dice di essere sicuro di interpretare il pensiero e i sentimenti di tutta l'Assemblea «salutando Enrico De Nicola, che ha tanto degnamente tenuto il posto di Capo provvisorio dello Stato, il primo Presidente della Repubblica italiana» [*L'Assemblea si leva in piedi e applaude lungamente*].

2 Il Presidente [*dell'Assemblea costituente*] on. Terracini chiede all'Assemblea se lo consente, e, poiché, come risposta, tutti i deputati sorgono in piedi, plaudendo e acclamando il capo dello Stato, egli dichiara approvata all'unanimità la disposizione proposta dall'on. Bonomi.

Infatti, dal 1948 a oggi, tutti i Presidenti sono stati eletti dopo accordi fra la maggioranza e parte dell'opposizione.

Prima di assumere le sue funzioni, il Capo dello Stato presta *giuramento* di fedeltà alla Repubblica e alla Costituzione.

Tabella 1 I Presidenti della Repubblica italiana

Anno	Candidato eletto	N. scrutini
1946 ([1])	Enrico De Nicola	1
1948	Luigi Einaudi	4
1955	Giovanni Gronchi	4
1962	Antonio Segni	9
1964	Giuseppe Saragat	21
1971	Giovanni Leone	23
1978	Sandro Pertini	16

Anno	Candidato eletto	N. scrutini
1985	Francesco Cossiga	1
1992	Oscar Luigi Scalfaro	16
1999	Carlo Azeglio Ciampi	1
2006	Giorgio Napolitano	4
2013	Giorgio Napolitano	6
2015	Sergio Mattarella	4

([1]) De Nicola fu eletto dall'Assemblea costituente e fu Capo provvisorio dello Stato fino all'entrata in vigore della Costituzione.

Da sinistra a destra: Luigi Einaudi, Sandro Pertini, Giorgio Napolitano e Sergio Mattarella.

La durata in carica. Il Presidente della Repubblica dura in carica sette anni (*settennato*) ed è rieleggibile; a questo proposito va ricordato che solo Giorgio Napolitano è stato rieletto nel 2013.

Come sappiamo, alla fine del suo mandato il Presidente diventa senatore a vita.

L'impedimento temporaneo. Se il Capo dello Stato è temporaneamente impedito nello svolgimento delle sue funzioni (per malattia non grave, per viaggio all'estero), il Presidente del Senato gli subentra in qualità di supplente.

La Costituzione non prevede la figura del Vice-Presidente (a differenza degli Stati Uniti): il Presidente del Senato, durante la supplenza, deve limitarsi a compiere gli atti di ordinaria amministrazione.

L'impedimento permanente. In caso di impedimento permanente, o di morte, o di dimissioni, il Presidente della Camera deve indire entro 15 giorni l'elezione del nuovo Presidente della Repubblica.

Si distingue fra

- L'impedimento temporaneo in cui il Presidente del Senato fa da supplente
- L'impedimento permanente in cui bisogna eleggere un nuovo Presidente

Il Palazzo del Quirinale con la Fontana dei Dioscuri e l'obelisco.

Il Presidente della Repubblica risiede a Roma nel Palazzo del Quirinale; per questo i mass media utilizzano il termine *Quirinale* come sinonimo di Presidente della Repubblica.

3 I poteri del Presidente della Repubblica

NUCLEI ESSENZIALI

I poteri presidenziali. Fra i numerosi poteri del Presidente della Repubblica ricordiamo l'autorizzazione alla presentazione dei disegni di legge, la promulgazione, lo scioglimento delle Camere, il potere di messaggio e di esternazione, la concessione della clemenza penale, la nomina del Governo e dei senatori a vita, la presidenza del Consiglio supremo di difesa e il comando delle Forze Armate.

L'autorizzazione alla presentazione dei disegni di legge. Il Presidente della Repubblica autorizza la presentazione dei disegni di legge del Governo alle Camere.

Si tratta di un residuo del potere del Re che, come capo del Governo, poteva controllare ogni iniziativa di quest'ultimo. Negli ultimi decenni questa autorizzazione è diventata molto importante, tanto che a volte i Governi adeguano i loro disegni di legge alle indicazioni del Capo dello Stato.

La promulgazione. Come si è visto nel capitolo C1, la promulgazione della legge deve avvenire entro un mese.

L'art. 74 Cost. stabilisce che «il Presidente della Repubblica, prima di promulgare la legge può, con messaggio motivato alle Camere, chiedere una nuova deliberazione».

Per evitare qualsiasi condizionamento delle Camere, il Capo dello Stato può rifiutare la promulgazione solo una volta: «se le Camere approvano nuovamente la legge, questa deve essere promulgata».

> Il Presidente della Repubblica promulga le leggi entro un mese dall'approvazione

Lo scioglimento delle Camere. Il Presidente della Repubblica deve sciogliere le Camere alla scadenza della legislatura, e deve indire le elezioni per il rinnovo del Parlamento.

> Il Presidente della Repubblica può sciogliere le Camere anche prima della fine della legislatura

Più interessante è il caso dello *scioglimento anticipato delle Camere*, seguito dalle elezioni anticipate, che è l'unico mezzo per risolvere i conflitti politici che impediscono la formazione di una maggioranza governativa.

La Costituzione attribuisce al Capo dello Stato tale potere, ma in realtà i partiti hanno molta influenza nel decidere lo scioglimento anticipato, e le elezioni anticipate che lo seguono.

Il semestre bianco. Il Presidente della Repubblica non può effettuare lo scioglimento anticipato delle Camere negli ultimi sei mesi del suo mandato, «salvo che essi coincidano in tutto o in parte con gli ultimi sei mesi della legislatura» (art. 88 Cost.).

Perché questa limitazione? Si tratta del *semestre bianco* che blocca sul nascere la tentazione che un Presidente potrebbe avere di «condizionare» la sua rielezione con la minaccia dello scioglimento anticipato («o il Parlamento mi rielegge oppure lo sciolgo»).

Il Presidente della Repubblica non può sciogliere anticipatamente le Camere negli ultimi sei mesi del suo mandato

Il potere di messaggio e di esternazione. Secondo l'art. 87 Cost. il Presidente della Repubblica «può inviare messaggi alle Camere» quando ritiene che vi siano problemi di particolare gravità per il Paese.

Col tempo questo potere si è ampliato, fino a diventare un vero e proprio *potere di esternazione*: il Capo dello Stato, tramite i mass media, può far conoscere la sua opinione su qualsiasi fatto interessi il Paese. Le esternazioni del Presidente della Repubblica non hanno effetti giuridici, ma sono comunque importanti perché influenzano l'opinione pubblica, e devono essere attentamente valutate dal Parlamento e dal Governo.

Il Presidente Sergio Mattarella in occasione del suo primo messaggio di fine anno (31 dicembre 2015).

La concessione della clemenza penale. Il Capo dello Stato può concedere provvedimenti di clemenza penale, che assumono la forma dell'amnistia, dell'indulto e della grazia.

L'*amnistia* è un provvedimento generale (a favore di tutti i condannati), che cancella il reato e, di conseguenza, l'intera pena: con l'amnistia sono scarcerati tutti i detenuti che hanno commesso quel particolare reato.

L'*indulto* è un provvedimento generale, che non estingue il reato ma si limita a cancellare la pena (in tutto o in parte): con l'indulto tutti i detenuti hanno uno «sconto di pena».

La *grazia* è un provvedimento individuale, a favore di un solo condannato, con cui si cancella tutta la pena ma non il reato: con la grazia solo quel determinato detenuto viene scarcerato.

Amnistia e indulto possono essere concessi solo su delega del Parlamento, invece la concessione della grazia è un potere esclusivo del Presidente della Repubblica.

Il Presidente della Repubblica può concedere

- L'amnistia
- L'indulto
- La grazia

La nomina del Governo. Mentre nella repubblica presidenziale il Presidente è a capo dell'esecutivo, l'art. 92 Cost. afferma che il Capo dello Stato «nomina il Presidente del Consiglio dei ministri e, su proposta di questo, i ministri». Come sappiamo, il Presidente della Repubblica deve nominare un Governo che sia in grado di ottenere la fiducia della maggioranza parlamentare, ed è quindi condizionato dalle decisioni dei partiti.

La nomina dei senatori a vita. Il Presidente della Repubblica può nominare senatori a vita cinque cittadini che abbiano «illustrato la Patria per altissimi meriti nel campo sociale, scientifico, artistico e letterario» (art. 59 Cost.).

Fino alla Presidenza di Leone, questa norma era stata intesa in modo che non si potessero avere più di cinque senatori di nomina presidenziale. Invece, i Presidenti

Pertini e Cossiga hanno interpretato l'art. 59 Cost. nel senso che ogni Presidente avesse il potere di nominare cinque senatori a vita (in conseguenza di ciò, negli anni Novanta, i senatori di nomina presidenziale diventarono otto). In seguito i Presidenti (Scalfaro, Ciampi, Napolitano e Mattarella) hanno ripristinato la prassi secondo cui i senatori di nomina presidenziale non devono superare la soglia di cinque.

La presidenza del *Consiglio supremo di difesa*. Il Presidente della Repubblica presiede il *Consiglio supremo di difesa*, che è composto dal Presidente del Consiglio e dai ministri che si occupano di politica militare (Esteri, Interni, Difesa, Economia e finanze), oltre che dal Capo di Stato maggiore della difesa. Questo organo prende le decisioni più importanti in materia di difesa del territorio italiano; tali decisioni sono, ovviamente, coperte dal segreto di stato.

Attribuendo la presidenza al Capo dello Stato, i Costituenti vollero togliere qualsiasi tentazione autoritaria all'azione del *Consiglio supremo di difesa*.

Il comando delle Forze Armate. Il comando operativo delle Forze Armate spetta al Governo, ma il Presidente della Repubblica ha il compito di controllare che tutte le operazioni delle Forze Armate restino nell'ambito della Costituzione, che ripudia la guerra «come mezzo di risoluzione delle controversie internazionali» (art. 11 Cost.).

Gli altri poteri. Fra gli altri poteri attribuiti dalla Costituzione al Capo dello Stato ricordiamo:
- la nomina di cinque giudici della Corte costituzionale (come vedremo nel paragrafo 5);
- la presidenza del Consiglio Superiore della Magistratura (come vedremo nel capitolo C4).

Carabinieri marciano su via dei Fori Imperiali a Roma durante la parata per la Festa della Repubblica del 2 giugno.

4 Il giudizio penale sul Presidente della Repubblica

I Decreti del Presidente della Repubblica. Tutti gli atti del Presidente della Repubblica assumono la forma di decreti (Decreti del Presidente della Repubblica, D.P.R.), quali che ne siano i contenuti.

La controfirma. I decreti sono firmati dal Capo dello Stato, ma a tale firma si deve aggiungere la *controfirma ministeriale*; infatti l'art. 89 Cost. stabilisce che «nessun atto del Presidente della Repubblica è valido se non è controfirmato dai ministri proponenti, che ne assumono la responsabilità». In particolare, le leggi e gli atti aventi forza di legge devono essere controfirmati anche dal Presidente del Consiglio.

Tutti gli atti del Presidente della Repubblica devono essere controfirmati

L'irresponsabilità. La controfirma ministeriale è una conseguenza dell'*irresponsabilità* del Capo dello Stato: la controfirma ministeriale trasferisce la responsabilità degli atti del Presidente della Repubblica ai membri del Governo.

La controfirma ministeriale trasferisce la responsabilità degli atti del Presidente ai membri del Governo

L'art. 90 Cost. stabilisce che il Presidente «non è responsabile degli atti compiuti nell'esercizio delle sue funzioni», a parte i casi di «alto tradimento» e «attentato alla Costituzione». Sono i ministri che, con la controfirma, si assumono ogni responsabilità degli atti del Capo dello Stato: senza controfirma gli atti del Presidente della Repubblica non hanno alcuna efficacia.

Va precisato che l'irresponsabilità del Presidente è limitata agli «atti compiuti nell'esercizio delle sue funzioni»; la Costituzione non ha previsto alcuna immunità per gli eventuali reati compiuti dal «cittadino Presidente», che deve essere giudicato dalla Magistratura.

La messa in stato d'accusa. Cosa accadrebbe nell'ipotesi, che finora non si è mai verificata, in cui un Presidente fosse accusato di «alto tradimento» o «attentato alla Costituzione»?

Si potrebbe avere *alto tradimento* se il Presidente si accordasse segretamente con uno Stato nemico per danneggiare il Paese, mentre si avrebbe *attentato alla Costituzione* se il Capo dello Stato tentasse di modificare illegalmente l'ordine costituzionale.

Secondo l'art. 90 Cost., in caso di «alto tradimento o attentato alla Costituzione», il Presidente della Repubblica può essere «messo in stato d'accusa dal Parlamento in seduta comune a maggioranza assoluta dei suoi membri». La messa in stato d'accusa non contiene ancora un giudizio di colpevolezza, anche se i giuristi ritengono che essa comporti l'obbligo di dimissioni.

> Il Presidente della Repubblica può essere messo in stato d'accusa dal Parlamento in seduta comune per «alto tradimento» o «attentato alla Costituzione»

Il giudizio penale della Corte costituzionale. Dopo la messa in stato d'accusa, il Presidente della Repubblica deve essere giudicato dai 15 giudici della Corte costituzionale integrati da 16 cittadini «aventi i requisiti per l'eleggibilità a senatore» (art. 135 Cost.). Si noti come la prevalenza dei cittadini (16 rispetto ai 15 giudici della Corte) cerchi di rendere «popolare» anche il giudizio a cui è sottoposto il Capo dello Stato.

> Il Presidente della Repubblica viene giudicato dalla Corte costituzionale integrata

La Corte costituzionale integrata procede a un vero e proprio processo penale, al termine del quale pronuncia una sentenza di condanna o di assoluzione. In caso di condanna, la pena per il Presidente non può superare quella prevista dal Codice penale; per esempio non è possibile emettere una condanna a morte.

Questa procedura suscita alcune perplessità.

Anzitutto, poiché le sentenze della Corte costituzionale sono inappellabili, al Presidente della Repubblica è precluso il diritto al «doppio grado di giurisdizione» riconosciuto a tutti i cittadini.

In secondo luogo, poiché il Capo dello Stato ha il potere di nominare cinque giudici della Corte costituzionale, si potrebbe creare una situazione ibrida in cui l'accusato ha scelto in parte i suoi giudici.

Va infine ricordato che fino al 1989, prima dell'istituzione del Tribunale dei ministri, anche i membri del Governo erano sottoposti allo stesso procedimento; l'unico giudizio penale contro i ministri (il cosiddetto «caso Lockeed») occupò per quasi due anni la Corte costituzionale (dal 1977 al 1979), che fu costretta a mettere in secondo piano le altre sue funzioni.

Il Presidente della Repubblica non è responsabile per gli atti compiuti nell'esercizio delle sue funzioni a parte i casi di

↓ Alto tradimento | ↓ Attentato alla Costituzione

↓ Se il Presidente viene messo in stato d'accusa dal Parlamento in seduta comune si ha

↓ Il giudizio della Corte costituzionale integrata da 16 cittadini

L'impeachment. Va ribadito che finora nessun Capo dello Stato è stato messo in stato d'accusa. Nel 1991 un gruppo di parlamentari iniziò la procedura per mettere in stato d'accusa il Presidente Francesco Cossiga per «attentato alla Costituzione»; questa procedura fu però archiviata prima ancora di essere discussa in aula. In questo caso i mass media parlarono impropriamente di «richiesta di *impeachment*», un istituto che non esiste nella Costituzione.

> L'*impeachment* non esiste nell'ordinamento giuridico italiano

Un articolo

Un caso di *impeachment*?

Il 6 dicembre 1991 il Partito democratico della sinistra (Pds) inizia la procedura per mettere in stato d'accusa il Presidente Francesco Cossiga per «attentato alla Costituzione». Anche nel titolo dell'articolo riprodotto (Stefano Marroni, *la Repubblica*, 7 dicembre 1991), si parla di *impeachment*, un istituto che non esiste nel nostro ordinamento.

L'11 maggio 1993 il Comitato per i procedimenti di accusa avrebbe archiviato la denuncia (con 24 voti a favore e 9 contrari), prima che questa fosse discussa dal Parlamento in seduta comune.

la Repubblica

la tempesta sul Quirinale

Se i commissari decideranno l'archiviazione, a gennaio il Pds raccoglierà le firme contro il presidente. Un documento di 19 cartelle

Parte l'impeachment "Cossiga, ti accusiamo"

di STEFANO MARRONI

ROMA – Il timer dell'*impeachment* è partito. Le 19 cartelle della denuncia del Pds contro il capo dello Stato sono state trasmesse ieri al comitato parlamentare per i proce **1** enti di accusa. È la rassegna d elementi di fatto che configurano, secondo Botteghe Oscure, il reato di attentato alla Costituzione. Ma è anche l'inpo di mano interessato da parte del Quirinale. E dunque, sottolineano alla Camera, proprio la richiesta di *impeachment* potrebbe rendere più agevole il tentativo di far stare Cossiga nei «limiti» invocati ieri anche dal Psi.

Per il Pds, quei limiti sono stati da tempo superati. Anzi: la tesi centrale della denuncia - messa a gabile dovere di imparzialità». Il tutto, avverte il documento, nella «piena consapevolezza» di essere «al di fuori dell'ordinamento costituzionale». Con la «strumentalizzazione» de **2** dia «per conquistarsi un pa dominante nei conflitti dai lui stesso aperti». E con uno schema fondato sull' «ambiguità», fatto di dure accuse È questo ciò che la quarta parte della denuncia tenta di dimostrare, affermando che Cossiga «si è fatto portatore di un personale disegno per la soluzione della crisi italiana che prevede lo scavalcamento delle regole fissate dalla Costituzione per modificare la forma di governo e la stessa Costituzione».

1 ROMA – Il timer dell'*impeachment* è partito. Le 19 cartelle della denuncia del Pds contro il Capo dello Stato sono state trasmesse ieri [...]. È la rassegna degli elementi di fatto che configurano, secondo Botteghe Oscure (sede del Pds), il reato di attentato alla Costituzione.

2 L'attentato alla Costituzione. È questo ciò che la [...] denuncia tenta di dimostrare, affermando che Cossiga «si è fatto portatore di un personale disegno per la soluzione della crisi italiana che prevede lo scavalcamento delle regole fissate dalla Costituzione per modificare la forma di governo e la stessa Costituzione».

L'*impeachment*, presente nel diritto anglosassone, porta solo all'allontanamento dalla carica e non (necessariamente) alla responsabilità penale del Presidente della Repubblica, che verrebbe poi eventualmente accertata dal giudice ordinario.

Molti costituzionalisti auspicano l'introduzione dell'*impeachment* anche nell'ordinamento giuridico italiano.

CLIL LAWS AND RIGHTS
A President Under Trial

5 La Corte costituzionale

NUCLEI ESSENZIALI

La composizione. La Corte costituzionale è composta da quindici illustri giuristi. Per garantire esperienza e competenza giuridica, l'art. 135 Cost. stabilisce che possono far parte della Corte solo alti magistrati, «avvocati dopo vent'anni di esercizio» e «professori ordinari universitari di materie giuridiche».

La Corte costituzionale è entrata in funzione solo nel 1956, otto anni dopo l'entrata in vigore della Costituzione che, in questo caso, è stata attuata con notevole ritardo.

La Corte costituzionale è formata da 15 giuristi nominati
- 5 dal Presidente della Repubblica
- 5 dal Parlamento in seduta comune
- 5 dalle supreme magistrature

La nomina. I giudici della Corte vengono nominati:
- 5 dal Presidente della Repubblica;
- 5 dal Parlamento in seduta comune;
- 5 dalle «supreme magistrature» (Corte di cassazione, Corte dei conti e Consiglio di Stato).

I membri della Corte durano in carica 9 anni; la loro sostituzione avviene gradualmente (ogni 3 anni ne vengono nominati 5) per garantire continuità all'operato della Corte; la Costituzione precisa che i giudici «non possono essere nuovamente nominati».

La Corte elegge al suo interno un Presidente, che resta in carica 3 anni ed è rieleggibile.

Le guarentigie. I giudici della Corte godono delle stesse guarentigie previste per i parlamentari:

- non possono essere perseguiti per i voti e per le opinioni espresse nell'esercizio delle loro funzioni;
- possono essere sottoposti a restrizioni della libertà personale, solo dopo la concessione dell'autorizzazione da parte della Corte stessa.

Il Palazzo della Consulta, sede della Corte costituzionale; Piazza del Quirinale, Roma.

Le sentenze. Le decisioni della Corte assumono la forma di *sentenze*, pubblicate sulla Gazzetta Ufficiale, che sono *definitive* (non possono essere impugnate di fronte ad altri organi) e *inappellabili* (non è possibile proporre ricorso contro di esse).

Per la validità delle sentenze occorre la presenza di almeno 11 giudici (su 15), e il voto favorevole della maggioranza dei votanti.

La Corte costituzionale si riunisce a Roma presso il Palazzo della Consulta; per questo motivo viene denominata dai mass media la *Consulta*.

La Corte costituzionale emette sentenze definitive e inappellabili

6 Le funzioni della Corte costituzionale

NUCLEI ESSENZIALI

Le funzioni. La Corte costituzionale ha la funzione di:

- giudicare sulla legittimità costituzionale delle leggi;
- giudicare sui conflitti di attribuzione;
- giudicare sull'ammissibilità del referendum abrogativo.

Va ricordato che spetta alla Corte anche il giudizio penale sul Presidente della Repubblica, come si è visto nel paragrafo 4.

La Corte costituzionale giudica

- Sulla legittimità costituzionale delle leggi
- Sui conflitti di attribuzione
- Sull'ammissibilità del referendum abrogativo
- Sulla responsabilità penale del Presidente della Repubblica

Il giudizio sulla legittimità costituzionale delle leggi. Poiché la Costituzione è rigida, qualsiasi legge (o atto avente forza di legge) in contrasto con essa è costituzionalmente illegittima; l'organo che deve giudicare sulla conformità delle norme alla Costituzione è appunto la Corte costituzionale.

In nessun caso il singolo cittadino può rivolgersi direttamente alla Corte che, a sua volta, non può agire di sua iniziativa, ma deve attendere che la questione di costituzionalità venga posta dall'esterno, in base a due possibili procedimenti:

- il procedimento principale;
- il procedimento incidentale.

La questione di costituzionalità alla Corte costituzionale può essere posta

- Col procedimento principale
- Col procedimento incidentale

Il procedimento principale. Il procedimento principale può essere iniziato direttamente o dal Governo o dalle Regioni (oltre che dalle Province autonome di Trento e Bolzano). L'art. 127 Cost. afferma che hanno il potere di «promuovere la questione di legittimità costituzionale dinanzi alla Corte costituzionale»:

- il *Governo* «quando ritenga che una legge regionale ecceda la competenza della Regione»;
- una *Regione* «quando ritenga che una legge o un atto avente valore di legge dello Stato o di un'altra Regione leda la sua sfera di competenza».

Il procedimento principale può essere iniziato direttamente o dal Governo o dalle Regioni

In entrambi i casi la questione deve essere posta alla Corte «entro sessanta giorni dalla pubblicazione della legge o dell'atto avente forza di legge».

Spetta quindi alla Corte decidere su questi conflitti di attribuzione, che diventano sempre più frequenti (come vedremo nel capitolo D2).

Il procedimento incidentale. Il procedimento incidentale si ha quando la questione di legittimità viene posta alla Corte dal giudice che deve applicare quella norma in un processo.

Col procedimento incidentale la questione di legittimità viene posta dal giudice che deve applicare quella norma in un processo

Nel corso di un processo, se le parti sospettano che una determinata norma (una legge, un decreto) sia in contrasto con la Costituzione, il giudice deve accertare che la questione sia rilevante e non manifestamente infondata:

- la questione è *rilevante* quando la norma di cui si sospetta l'incostituzionalità è determinante per l'esito di quel processo;
- per sollevare la questione di fronte alla Corte, è sufficiente che esistano dubbi sulla costituzionalità della norma, e non occorre che il giudice abbia la certezza della sua incostituzionalità; si parla infatti di *non manifesta infondatezza*.

Una volta accertata la rilevanza e la non manifesta infondatezza, il giudice chiede alla Corte di decidere sulla legittimità costituzionale della norma, e sospende il processo, che riprenderà dopo la sentenza.

La questione alla Corte può anche essere posta direttamente dal giudice, senza che le parti ne abbiano fatto richiesta.

Le sentenze di rigetto e di accoglimento. La Corte può o rigettare o accogliere la richiesta del giudice.

La Corte costituzionale con la sentenza di rigetto giudica legittima la norma, mentre con la sentenza di accoglimento la giudica illegittima

Con la *sentenza di rigetto* la Corte considera conforme alla Costituzione la norma, che resta pertanto in vigore.

Con la *sentenza di accoglimento* la Corte considera la norma costituzionalmente illegittima; in questo caso, la norma cessa di avere efficacia dal giorno successivo alla pubblicazione della sentenza della Corte sulla Gazzetta Ufficiale, e nessun giudice può più applicarla.

Come si è detto le sentenze della Corte non sono impugnabili.

Con le pronunce di accoglimento la norma viene cancellata dall'ordinamento giuridico; invece, dopo una pronuncia di rigetto, la questione può essere riproposta alla Corte, che può cambiare parere.

L'interpretazione giudiziale vale anche per le decisioni della Corte, perché i princìpi indicati nella Costituzione vengono interpretati dai giudici costituzionali in base alla loro morale e alle loro opinioni.

Ricordiamo le due opposte sentenze sulla norma che puniva più severamente l'adulterio della moglie rispetto a quello del marito: nel 1961 la Corte considerò la norma conforme alla Costituzione, ma nel 1968 cambiò opinione, e la cancellò dall'ordinamento giuridico. Perché, in soli sette anni, la Corte cambiò radicalmente parere? Non c'è una sola risposta: la società era molto cambiata, la donna si stava emancipando, i membri della Corte erano cambiati...

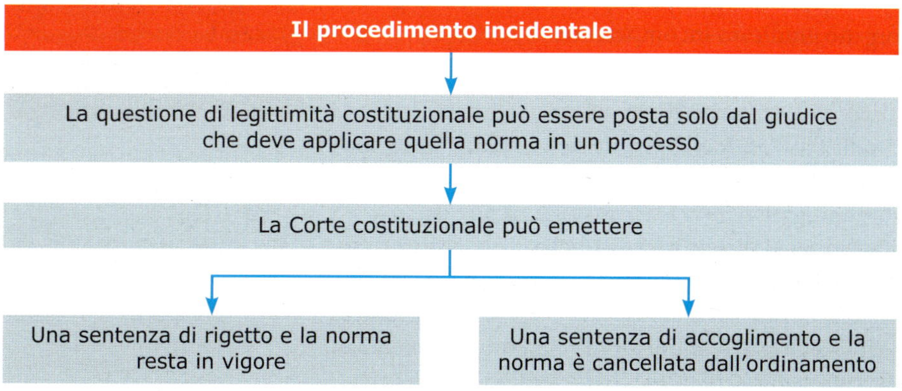

Per saperne di più

Adulterio: c'è differenza fra moglie e marito?

Nel 1968 la Corte costituzionale cancella dall'ordinamento il principio secondo cui l'adulterio della moglie è più grave di quello del marito

Edvard Munch, Separazione, 1896. Oslo, Munchmuseet.

Il 16 dicembre 1968 la Corte costituzionale giudica incostituzionale il primo comma dell'articolo 559 del Codice penale, e cancella dall'ordinamento giuridico il principio secondo cui l'adulterio della moglie è più grave di quello del marito.

Riportiamo uno stralcio di quella sentenza, davvero «storica».

«Il principio che il marito possa violare impunemente l'obbligo della fedeltà coniugale, mentre la moglie debba essere punita – più o meno severamente – rimonta ai tempi remoti nei quali la donna, considerata perfino giuridicamente incapace e privata di molti diritti, si trovava in stato di soggezione alla potestà maritale. Da allora molto è mutato nella vita sociale: la donna ha acquisito pienezza di diritti e la sua partecipazione alla vita economica e sociale della famiglia e della intera collettività è diventata molto più intensa, fino a raggiungere piena parità con l'uomo; mentre il trattamento differenziato in tema di adulterio è rimasto immutato [...].

Ritiene la Corte, alla stregua dell'attuale realtà sociale, che la discriminazione, lungi dall'essere utile, è di grave nocumento alla concordia e alla unità della famiglia. La legge, non attribuendo rilevanza all'adulterio del marito e punendo invece quello della moglie, pone in stato di inferiorità quest'ultima, la quale viene lesa nella sua dignità, è costretta a sopportare l'infedeltà e l'ingiuria, e non ha alcuna tutela in sede penale [...]. La Corte ritiene pertanto che la discriminazione sancita dal primo comma dell'art. 559 Codice penale non garantisca l'unità familiare, ma sia più che altro un privilegio assicurato al marito, e, come tutti i privilegi, violi il principio di parità [...].

Per questi motivi la Corte costituzionale dichiara l'illegittimità costituzionale del primo comma dell'art. 559 Codice penale».

Il giudizio sui conflitti di attribuzione. Si ha un *conflitto di attribuzione* quando un organo ritiene che la propria sfera di competenza sia stata invasa da un atto compiuto da un altro organo. La Corte risolve i conflitti di attribuzione fra i poteri dello Stato, fra lo Stato e le Regioni, fra le Regioni.

Rispetto ai conflitti di attribuzione *fra i poteri dello Stato*, negli ultimi anni la Corte è stata spesso costretta a intervenire su controversie fra il Parlamento e la Magistratura.

La Corte interviene spesso anche nei conflitti di attribuzione *fra lo Stato e le Regioni* per tutti gli atti che non siano legislativi (perché per le leggi, come si è visto, c'è il procedimento principale); per esempio, il Governo ricorre alla Corte perché pensa che un atto amministrativo di una Regione sia in contrasto con la Costituzione.

La Corte non si è, invece, mai occupata di conflitti di attribuzione *fra le varie Regioni.*

La Corte dichiara con sentenza qual è l'organo competente, e annulla gli atti compiuti in quell'ambito dall'organo giudicato incompetente.

La Corte costituzionale giudica sui conflitti di attribuzione
- Fra i poteri dello Stato
- Fra lo Stato e le Regioni
- Fra le Regioni

Il giudizio sull'ammissibilità del referendum abrogativo. Come si è visto nel capitolo A1, la Corte giudica sull'ammissibilità del referendum abrogativo e lo può annullare se:

- giudica che la legge che si vuole abrogare rientra fra le materie escluse dall'art. 75 Cost. (leggi tributarie e di bilancio, leggi di amnistia e indulto, leggi di autorizzazione a ratificare trattati internazionali);
- giudica non chiara la formulazione del *quesito* a cui i cittadini devono rispondere «sì» o «no»; a volte, la Corte ha ritenuto ammissibili referendum respinti in precedenza, perché erano stati ripresentati col quesito riformulato.

La Corte costituzionale giudica sull'ammissibilità del referendum abrogativo e lo annulla se
- Decide che la materia rientra fra quelle escluse dalla Costituzione
- Considera non chiara la formulazione del quesito

SINTESI

L'elezione del Presidente della Repubblica

- Il Presidente della Repubblica e la Corte costituzionale sono organi di **garanzia costituzionale** (par. **1**).
- Può **essere eletto Presidente della Repubblica** (par. **2**) ogni cittadino/a che abbia compiuto i 50 anni di età e goda dei diritti civili e politici.

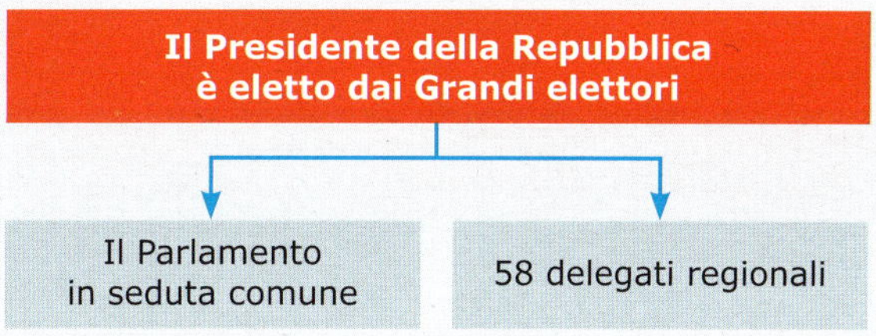

- Per diventare Presidente della Repubblica è necessario ottenere un ***quorum*** (par. **2**) molto alto: per i primi tre scrutini occorre il voto dei 2/3 degli aventi diritto e, a partire dal quarto scrutinio, occorre la maggioranza assoluta.
- Il Presidente della Repubblica deve essere al di sopra delle parti, perché è il **garante della Costituzione** (par. **2**).

I poteri del Presidente della Repubblica

- Fra i numerosi **poteri del Presidente della Repubblica** (par. **3**) ricordiamo: l'autorizzazione alla presentazione dei disegni di legge, la promulgazione, lo scioglimento delle Camere, il potere di messaggio e di esternazione, la concessione della clemenza penale, la nomina del Governo e dei senatori a vita, la presidenza del Consiglio supremo di difesa e il comando delle Forze Armate.
- La **controfirma ministeriale** (par. **4**) trasferisce la responsabilità degli atti del Presidente della Repubblica ai membri del Governo.
- Il Presidente della Repubblica può essere **messo in stato d'accusa** (par. **4**) dal Parlamento in seduta comune per «alto tradimento» o «attentato alla Costituzione», e viene poi giudicato dalla Corte costituzionale integrata da 16 cittadini.

La composizione della Corte costituzionale

- La **Corte costituzionale** (par. **5**) è formata da 15 illustri giuristi, che vengono nominati:
  - 5 dal Presidente della Repubblica;
  - 5 dal Parlamento in seduta comune;
  - 5 dalle «supreme magistrature».
- La Corte costituzionale emette **sentenze definitive e inappellabili** (par. **5**).

Le funzioni della Corte costituzionale

- La Corte deve **giudicare sulla legittimità costituzionale delle leggi** (par. **6**). In nessun caso il singolo cittadino può rivolgersi direttamente alla Corte.
- La **questione di costituzionalità** (par. **6**) alla Corte può essere posta:
  - col procedimento principale;
  - col procedimento incidentale.
- Il **procedimento principale** (par. **6**) può essere iniziato direttamente o dal Governo o dalle Regioni.
- Col **procedimento incidentale** (par. **6**) la questione di legittimità viene posta alla Corte dal giudice che deve applicare quella norma in un processo. Il giudice deve accertare che la questione sia rilevante e non manifestamente infondata.
- La Corte costituzionale con la **sentenza di rigetto** (par. **6**) giudica legittima la norma, mentre con la **sentenza di accoglimento** (par. **6**) la giudica illegittima.
- Le **altre funzioni della Corte costituzionale** (par. **6**) sono:
  - giudicare penalmente il Presidente della Repubblica;
  - giudicare sui conflitti di attribuzione;
  - giudicare sull'ammissibilità del referendum abrogativo.

1 Verifica le tue conoscenze

Risolvi le seguenti **scelte multiple** indicando la risposta esatta fra quelle possibili.

A

Il Presidente della Repubblica può essere messo in stato d'accusa

1 dal Parlamento in seduta comune

2 dalla Corte costituzionale

3 dalla Corte costituzionale integrata da 16 cittadini

B

Il procedimento principale per il giudizio della Corte costituzionale può essere percorso

1 solo dal Governo

2 solo dalle Regioni

3 o dal Governo o dalle Regioni

1 Il Presidente della Repubblica è eletto

A dalla Camera
B dal Senato
C dal Parlamento in seduta comune
D dai Grandi elettori

2 Il Presidente della Repubblica non può sciogliere le Camere

A nell'ultimo mese del suo mandato
B negli ultimi due mesi del suo mandato
C negli ultimi tre mesi del suo mandato
D negli ultimi sei mesi del suo mandato

3 Con la sentenza di accoglimento la Corte costituzionale

A giudica legittima la norma
B giudica illegittima la norma
C decide di esaminare la richiesta del giudice
D decide di accogliere il parere del Governo

4 Il Presidente della Repubblica

A non può rifiutare la promulgazione
B può rifiutare la promulgazione una volta
C può rifiutare la promulgazione due volte
D può rifiutare la promulgazione all'infinito

5 In caso di impedimento temporaneo le funzioni del Presidente sono esercitate dal

A Presidente della Camera
B Presidente del Senato
C Presidente della Corte costituzionale
D Presidente del Consiglio

6 Una questione è «non manifestamente infondata» se

A il giudice è sicuro che la norma sia in contrasto con la Costituzione
B il giudice dubita che la norma sia in contrasto con la Costituzione
C le parti sono sicure che la norma sia in contrasto con la Costituzione
D le parti dubitano che la norma sia in contrasto con la Costituzione

2 Misura le tue abilità

Rispondi e motiva la tua risposta in ogni caso proposto.

1 L'Italia è una repubblica presidenziale V F

____

2 Le sentenze della Corte costituzionale sono inappellabili V F

____

3 Il Presidente della Repubblica è rieleggibile V F

4 Dopo una sentenza di accoglimento la questione può essere riproposta alla Corte costituzionale V F

5 Dal 1948 a oggi il Presidente della Repubblica ha sempre sciolto anticipatamente le Camere V F

6 Il Presidente della Repubblica è un organo di garanzia costituzionale V F

3 Valuta le tue competenze

Risolvi i casi concreti, mettendo in pratica ciò che hai imparato.

1 Distinguere fra l'impedimento temporaneo e permanente del Presidente, ascoltando un'amica.

Una tua amica sta leggendo il giornale: «Il Presidente deve essere operato e si prevede una convalescenza di due mesi!».

- **Si tratta di un caso di impedimento temporaneo o permanente?**

2 Riconoscere il potere di esternazione, guardando un servizio televisivo.

Nel rituale discorso televisivo di fine anno, il Presidente ha invitato il Governo a fare tutto il possibile per ridurre la disoccupazione giovanile.

- **Il Presidente ha esercitato il potere di messaggio o di esternazione?**

3 Precisare il ruolo della Corte costituzionale nel giudizio penale del Presidente, ascoltando l'errore di un politico.

Un politico in televisione dichiara: «La situazione politica è molto delicata. Il Presidente della Repubblica rischia di farsi mettere sotto *impeachment* dalla Corte costituzionale». L'affermazione è decisamente confusa.

- **Qual è il procedimento che potrebbe portare il Presidente davanti alla Corte costituzionale?**

4 Riconoscere la «rilevanza» della norma che il giudice deve porre alla Corte costituzionale, ascoltando un familiare.

Tuo zio è in causa con un concorrente in affari, ed è molto agguerrito: «L'avvocato della controparte ha domandato al giudice di chiedere alla Corte costituzionale di decidere sulla costituzionalità di una norma. L'avvocato sta solo perdendo tempo, il giudice non porrà mai la questione, perché quella norma non è «rilevante»: la sua importanza è minima!».

- **In quale caso il giudice valuta «rilevante» una norma per chiedere il giudizio della Corte costituzionale?**

5 Valutare gli effetti delle sentenze della Corte costituzionale, ascoltando un conoscente.

Il tuo vicino a volte si sente un giurista: «Dopo la sentenza di rigetto della Corte costituzionale, quella legge non ha più alcuna efficacia!».

- **Qual è l'effetto di una sentenza di rigetto?**

Idee a confronto

A casa 1 ora | In aula 20 minuti

4 Partendo dal caso proposto, approfondisci l'argomento per partecipare al dibattito in classe

Le modalità di elezione e le funzioni del Presidente in una repubblica presidenziale e parlamentare sono molto diverse. Due tipici esempi di repubblica presidenziale sono rappresentati dalla Francia e dagli Stati Uniti. Quali sono i poteri e le funzioni che caratterizzano la figura del Presidente in questi Paesi rispetto al ruolo e alla funzione svolta dal Presidente della Repubblica in Italia?

→ ***Svolgi una ricerca online per approfondire le due diverse cariche presidenziali e prepara una tabella comparativa, in cui inserire modalità di elezione, funzioni e poteri, per poi confrontarti con i compagni di classe.***

CLIL Laws and Rights

A President Under Trial

In 1998, Bill Clinton, President of the United States of America, was impeached by the House of Representatives on charges of perjury and obstruction of justice

IN THIS MODULE YOU WILL

LEARN how the President of the United States can be impeached

UNDERSTAND why President Clinton was impeached in 1998

PRACTICE your English through oral and written exercises

Warm up

Pair work
Answer the following questions.

- Have you ever heard of Bill Clinton?
- Have you ever heard anything about his impeachment in 1998?

Keywords

Associate the following keywords with their definitions.

Constitutional oath • impeachment • misdemeanor • perjurious • to acquit

a .... A legal action brought against a public official before a competent tribunal caused by a supposed misconduct in office.
b .... A crime considered to be one of the less serious types of crime.
c .... Marked by perjury, that is, the willful giving of false testimony under oath.
d .... The oath of the President of the United States of America taken before entering office.
e .... To relieve from a charge of fault or crime.

Reading

1
In the following text you will learn the reason why President Bill Clinton was impeached. Complete the text with the keywords.

Even the President of the United States must respect laws. The United States Constitution states that «The President [...] shall be removed from Office on .... for, and Conviction of, Treason, Bribery, or other High Crimes and ....» (Article II, Section 4). Impeachment and its trial are conducted by the Congress. The House of Representatives has the power of impeaching; the Senate tries the impeachment. President Clinton was impeached on charges of perjury and obstruction of justice for statements and acts made during a sexual harassment lawsuit filed against him by a former Arkansas government employee (Bill Clinton acted as Governor of Arkansas twice). Finally, President Clinton was .... by the Senate.

Articles of impeachment against William Jefferson Clinton
RESOLUTION

Resolved,
That William Jefferson Clinton, President of the United States, is impeached for high crimes and misdemeanors, and that the following articles of impeachment be exhibited to the United States Senate: [...]

Article I. In his conduct while President of the United States, William J. Clinton, in violation of his .... faithfully to execute the office of President of the United States and, to the best of his ability, preserve, protect, and defend the Constitution of the United States, and in violation of his constitutional duty to take care that the laws be faithfully executed, has willfully corrupted and manipulated the judicial process of the United States for his personal gain and exoneration impeding the administration of justice, in that:

On August 17, 1998, William J. Clinton swore to tell the truth, the whole truth, and nothing but the truth before a Federal grand jury of the United States. Contrary to that oath, William J. Clinton willfully provided ...., false and misleading testimony to the grand jury concerning one or more of the following:
(1) the nature and details of his relationship with a subordinate Government employee;
(2) prior perjurious, false and misleading testimony he gave in a Federal civil rights action brought against him;
(3) prior false and misleading statements he allowed his attorney to make to a Federal judge in that civil rights action; and
(4) his corrupt efforts to influence the testimony of witnesses and to impede the discovery of evidence in that civil rights action.

Speaker of the House of Representatives

2
Mark the following sentences as true or false.

- **a** The President of the United States has the duty to protect and defend the Constitution
- **b** Bill Clinton is accused of influencing a witness, not of giving false testimony himself.
- **c** Bill Clinton was impeached for bribery.
- **d** Impeachment means that a President is declared guilty of certain acts.

Listening

Track 4
In the following audio file, you will listen to the second article of the impeachment resolution against Bill Clinton and understand why his conduct was deemed criminal. Listen to the file and then complete the following sentences.

- **a** Allegedly, Bill Clinton first tried to influence a witness on day ....
- **b** Allegedly, he also made an effort to secure .... to a witness.
- **c** If a President is corrupt, he has .... his trust as President.
- **d** Bill Clinton is accused of having acted in a manner .... of the .... and justice.

Speaking

Pair work
Answer the following questions.

- **a** Is the President of the United States above all laws?
- **b** Which were the charges brought against President Clinton?
- **c** According to the Us Constitution, why were the charges brought against President Clinton so important? Because they were considered as...
- **d** Who signs the Articles of Impeachment against President Clinton?
- **e** Who will try this impeachment? What will be the outcome of the trial?

INTERESTING FACT

In the history of the United States, only one President was impeached besides Bill Clinton: President Andrew Johnson, impeached and acquitted in 1868. President Nixon resigned in 1974 as he faced almost certain impeachment and removal from office following the «Watergate» scandal (he encouraged the secret investigation of his political opponents).

[*House Resolution 611*, 105th Congress, Second Session; Congress of the United States of America, in the House of Representatives, December 19, 1998.]

CAPITOLO

C4 La Magistratura

NUCLEI ESSENZIALI

- La funzione giurisdizionale
- La responsabilità penale
- La giurisdizione civile e penale
- La responsabilità dei giudici

A te la parola! 15 minuti

Le donne magistrato sono oggi presenti in ogni tipo e grado di giudizio, ma fino agli anni Sessanta le donne non potevano entrare in Magistratura.

→ *Approfondisci l'argomento utilizzando anche il sito del Consiglio Superiore della Magistratura (www.csm.it), che riporta interessanti statistiche su questo tema.*

Con l'aiuto dell'insegnante e in piccoli gruppi prova a esporre il tuo punto di vista.

1 La funzione giurisdizionale

NUCLEI ESSENZIALI

Il potere giudiziario. Nell'ambito del principio della separazione dei poteri, ci occupiamo ora del *potere giudiziario*.

La Magistratura esercita la funzione giurisdizionale

Lo Stato democratico deve garantire la certezza del diritto, cioè deve assicurare che vengano rispettate le leggi, e che le controversie sulla loro interpretazione siano risolte in base al diritto vigente. Poiché l'esistenza di norme giuridiche non ne garantisce il rispetto, si rende necessaria un'autorità imparziale, che stabilisca se un determinato comportamento sia conforme (o meno) all'ordinamento giuridico e, in caso di contrasto, applichi le sanzioni previste. È la *Magistratura*, formata dai giudici, a esercitare la funzione giurisdizionale che giudica i comportamenti che vengono ritenuti in contrasto con l'ordinamento giuridico.

Magistrati o giudici? Va premesso che i *magistrati* sono tutti coloro che appartengono all'ordinamento giudiziario, mentre il *giudice* è il magistrato quando esercita la funzione giurisdizionale: tutti i giudici sono magistrati, ma non tutti i magistrati sono giudici. Comunque d'ora in poi, per semplificare, utilizzeremo come sinonimi i termini «magistrato» e «giudice».

Va anche precisato che per «giudice» si può intendere sia una persona (in caso di giudice unico), sia un organo giudicante (formato da più persone).

Le donne magistrato. Le donne acquistano il diritto di entrare in Magistratura solo grazie alla legge 9 febbraio 1963, n. 66, *Ammissione della donna ai pubblici uffici e alle professioni* (d'ora in poi legge n. 66 del 1963), quindici anni dopo l'entrata in vigore della Costituzione.

Le donne acquistano il diritto di entrare in Magistratura solo nel 1963

La legge n. 66 del 1963 afferma finalmente il principio dell'uguaglianza fra i sessi nell'accesso in Magistratura e, nel 1965, le prime otto donne vincono il relativo concorso e «indossano la toga».

Oggi le donne rappresentano più della metà dei magistrati. Col riequilibrio della presenza dei generi si è anche arricchita l'attività interpretativa, che può contare su un punto di vista «femminile» in un contesto maschile per eccellenza come quello dell'interpretazione della legge.

Civil law e common law. L'ordinamento giuridico italiano si basa principalmente su leggi, o atti aventi pari efficacia, che la Magistratura si limita ad applicare. Questo sistema, che prende il nome di *civil law*, non è adottato in tutto il mondo.

In altri importanti Paesi (Gran Bretagna, Stati Uniti) è in vigore il sistema di *common law*, secondo cui il diritto nasce prevalentemente dai giudici. Le sentenze devono basarsi su precedenti sentenze, emesse da altri giudici in situazioni analoghe; a questo proposito, nel diritto anglosassone si parla di *judge-made law* (diritto fatto dal giudice).

In Gran Bretagna il giudice fonda il suo giudizio sulla base di sentenze precedenti.

Si distingue fra

Civil law	Common law
Le sentenze si basano sulla legge	Le sentenze si basano su sentenze precedenti

Le parti. L'attività giurisdizionale si basa sull'esistenza di una controversia tra almeno due soggetti, che rappresentano le parti del processo.

La sentenza. La controversia viene poi analizzata dal giudice, che ha il dovere di risolverla in modo imparziale con una decisione chiamata *sentenza*. Nel risolvere la controversia il giudice deve basarsi esclusivamente sull'ordinamento giuridico, applicando la norma giuridica (generale e astratta) al caso concreto che ha di fronte.

La giustizia deve essere amministrata in modo imparziale

Il giudice deve mantenere una posizione neutrale rispetto alle parti, anche se è inevitabile che, quando applica una legge in un processo, ogni giudice dia una propria interpretazione, chiamata *interpretazione giudiziale* (di cui ci siamo occupati nel Volume primo).

L'indipendenza dei giudici. Per essere imparziale il giudice deve, anzitutto, essere *indipendente*. A questo proposito, l'art. 104 Cost. afferma che la Magistratura «costituisce un ordine autonomo e indipendente da ogni altro potere».

I giudici sono soggetti solo alla legge

Può accadere che l'autonomia del potere giudiziario sia minacciata dall'esecutivo, che ha a disposizione numerosi strumenti per condizionare i giudici; basta pensare che in Italia tutto l'apparato burocratico, necessario per amministrare la giustizia, di-

Un articolo

Una strana interpretazione giudiziale

L'interpretazione giudiziale è assolutamente legittima. A volte, però, si creano situazioni paradossali.

Nell'articolo riprodotto (*il Resto del Carlino*, 13 aprile 2001), si fa riferimento a due imputati che hanno compiuto insieme un furto, e che poi sono stati giudicati da due giudici diversi (anche se dello stesso Tribunale): uno è stato liberato, l'altro è stato arrestato!

Il Resto del Carlino

Rubano: uno in libertà, l'altro in carcere

BOLOGNA — Sorpresi a rubare insieme a bordo di un treno, uno è tornato subito libero l'altro è già stato condannato ad un anno ed 1 nchiuso in carcere. Una differenza abissale dovuta al fatto che a giudicare i due ladri sono stati due giudici diversi dello stesso Tribunale.

naco da Firenze a Bologna. A fine mattina sono stati condotti davanti al giudice monocratico di Bologna con l' accusa di furto pluriaggravato. Mentre L.D.M. ha accettato un difensore di ufficio, A.B. ha nominato un legale di sua fiducia, un avvocato di Roma.
Il giudice ha stralciato la posizione di A.B. ritenendo che non poteva essere è andato avanti con l'altra posizione e alle 16.30 ha concluso per la non convalida dell'arresto di L.D.M., che così è tornato libero. 2 mattina è stato il turno di A.B.: il giudice Bellini si è ritenuto incompatibile perché aveva già giudicato L.D.M. il giorno prima. A decidere è stato un altro giudice, Adolfo Sgambaro, che ha invece ritenuto ci

1 BOLOGNA – Sorpresi a rubare insieme a bordo di un treno, uno (A.B.) è tornato subito libero, l'altro (L.D.M.) è già stato rinchiuso in carcere. Una differenza abissale, dovuta al fatto che a giudicare i due ladri sono stati due giudici diversi dello stesso Tribunale.

2 Il giudice C.B. [...] ha concluso per la non convalida dell'arresto di L.D.M., che così è tornato libero.

Ieri mattina è stato il turno di A.B. [...]. A decidere è stato un altro giudice, A.S., che ha invece ritenuto che ci fosse l'aggravante e così ha convalidato l'arresto, disponendo anche la misura cautelare in carcere.

pende dal Ministero della giustizia. Affinché i giudici possano esercitare la loro funzione in piena autonomia, la Costituzione stabilisce che essi siano «soggetti soltanto alla legge»: nessuno può impartire ordini ai magistrati, che devono amministrare la giustizia in assoluta libertà, senza ricevere premi o punizioni per le sentenze emesse.

L'assenza di gerarchia. La Costituzione non garantisce solo l'autonomia della Magistratura dagli altri poteri dello Stato, ma tutela anche l'indipendenza di ogni magistrato all'interno dell'ordinamento giudiziario. «I magistrati si distinguono fra loro soltanto per diversità di funzioni» (art. 107 Cost.): l'ordinamento giudiziario non è organizzato in modo gerarchico, perché esistono giudici di grado diverso (è maggiore il prestigio di un giudice della Corte di cassazione rispetto a quello di un giudice di un Tribunale di provincia), ma nessun giudice di grado superiore può dare ordini a un giudice di grado inferiore.

Si dice che la Magistratura è un «potere diffuso», per indicare che i giudici non sono sottoposti ad alcuna gerarchia. Come vedremo, un'eccezione a quanto detto è rappresentata dal Pubblico Ministero.

L'inamovibilità. Per tutelarne l'indipendenza, l'art. 107 Cost. stabilisce che «i magistrati sono inamovibili» e «non possono essere dispensati o sospesi dal servizio né destinati ad altre sedi o funzioni se non in seguito a decisione del Consiglio Superiore della Magistratura».

I magistrati sono inamovibili, per tutelare la loro indipendenza

Come vedremo, le decisioni del Consiglio Superiore della Magistratura devono essere prese nel rispetto di determinate garanzie, stabilite dall'ordinamento giudiziario per tutelare l'indipendenza dei magistrati.

La nomina per concorso. La Costituzione stabilisce che i giudici siano nominati per concorso, per evitare favoritismi, e per assicurare che essi possiedano un'adeguata preparazione tecnico-giuridica. In particolare, dopo aver vinto il concorso, il neo-magistrato deve svolgere un tirocinio di 18 mesi.

I magistrati sono nominati per concorso

L'art. 106 Cost. ammette la presenza di *magistrati onorari*, che svolgono la loro attività in modo non professionale, come avviene nel caso dei Giudici di pace.

Diritto e giustizia. È necessario ribadire la differenza che esiste fra il diritto e la giustizia, di cui ci siamo già occupati nel Volume primo.

Che cosa significa che «il giudice è soggetto solo alla legge»?

La Magistratura deve limitarsi ad applicare le norme dell'ordinamento giuridico: non spetta ai giudici decidere se queste norme siano giuste o ingiuste. Può quindi accadere che un giudice sia «costretto» ad applicare una legge che, in cuor suo, non approva, e quindi a emettere una sentenza che lui stesso trova ingiusta.

Si tratta di una conseguenza del principio della *certezza del diritto*. Ogni cittadino deve rispettare le norme dell'ordinamento giuridico, e deve essere sicuro che incorrerà in una sanzione solo se le viola: nessuno può essere condannato per aver compiuto un atto che per la legge è lecito, mentre è considerato «reato» solo nell'opinione personale di un giudice.

Per esempio, il giudice Stefano Neri pensa che il «consumo personale di droga» dovrebbe essere considerato un reato; poiché dal 1993 per il diritto italiano il consumo personale di sostanze stupefacenti è lecito, il giudice Neri non può condannare chi ha fatto uso personale di droga.

Bagno penale a Portoferraio (1894) è un dipinto del pittore toscano Telemaco Signorini. La luce cupa e tagliente, che individua il profilo dei carcerati mascherandone il volto, descrive con violenza visiva una realtà di tragica sofferenza.

2 Il processo: accusa e difesa

NUCLEI ESSENZIALI

Il diritto di azione. L'art. 24 Cost. afferma che «tutti possono agire in giudizio per la tutela dei propri diritti e interessi legittimi».

Ogni cittadino può esercitare il diritto di azione

Ogni parte deve avere la possibilità di esporre liberamente le proprie ragioni e di utilizzare tutti i mezzi leciti per provarle (testimonianze, documenti). Nel corso del processo, è necessario che le parti forniscano il maggior numero possibile di elementi, affinché il giudice sia in grado di accertare la verità.

Ogni cittadino possiede il diritto alla difesa

Il diritto alla difesa. Ogni cittadino possiede il diritto alla difesa, che è un «diritto inviolabile in ogni stato e grado del procedimento» (art. 24 Cost.).

Per dare la possibilità a tutti i cittadini di farsi rappresentare in giudizio da un avvocato, la Costituzione prevede che siano «assicurati ai non abbienti» i «mezzi per agire e difendersi davanti a ogni giurisdizione». A questo proposito bisogna distinguere fra:

- l'*avvocato d'ufficio*, che viene nominato dal giudice quando l'imputato non ha nominato il suo difensore di fiducia;
- il *gratuito patrocinio*, che si ha quando l'imputato ha scelto il suo difensore di fiducia ma, trovandosi in difficoltà economiche, chiede che l'avvocato venga pagato dallo Stato.

L'autodifesa non è ammessa

È legittima l'autodifesa? Un cittadino può difendersi da solo, senza avvocato? In Italia l'autodifesa non è ammessa, a differenza di quanto avviene in altri Paesi.

Alla fine degli anni Settanta del secolo scorso, in alcuni processi per terrorismo si pose il problema della legittimità dell'autodifesa, perché molti imputati si rifiutarono di nominare un avvocato (e di accettare quello d'ufficio nominato dallo Stato). In una sentenza del 1979 la Corte costituzionale confermò l'*irrinunciabilità del diritto di difesa*, aggiungendo che la presenza obbligatoria del difensore d'ufficio assicura la regolarità del dibattimento, nel caso in cui l'imputato rifiuti di essere difeso.

La responsabilità penale. L'art. 27 Cost. afferma che «la responsabilità penale è personale». Ognuno risponde solo dei propri comportamenti e nessuno può essere punito per reati commessi da altri.

In Italia si è penalmente responsabili al compimento dei 14 anni, per cui:

- il minore con un'età inferiore ai 14 anni non è imputabile; per esempio, non può essere giudicato un tredicenne accusato di un furto;
- il minore con un'età compresa fra i 14 e i 18 anni deve essere giudicato dal *Tribunale per i minori*; per esempio, se viene condannato a due anni per furto, un quindicenne deve scontare la pena in un *Istituto penale per minorenni* (il «carcere minorile»).

L'imputabilità penale varia da Paese a Paese; a questo proposito la legge britannica è molto severa: il minore è imputabile al compimento dei 10 anni!

In Italia si è penalmente responsabili a 14 anni

Il minore con meno di 14 anni non è imputabile	Il minore fra i 14 e i 18 anni è giudicato dal Tribunale per i minori

Una persona non è colpevole fino alla condanna definitiva

La presunzione di non colpevolezza. «L'imputato non è considerato colpevole fino alla condanna definitiva» (art. 27 Cost.). La presunzione di non colpevolezza rappresenta un pilastro dell'ordinamento giuridico italiano e di tutti gli ordinamenti democratici.

La sentenza di primo grado può sempre essere riesaminata da un diverso giudice

Il doppio grado di giurisdizione. Che cosa si intende per *sentenza definitiva*? Un altro principio fondamentale del diritto italiano è il *doppio grado di giurisdizione*.

Una volta terminato un processo (di primo grado) su una determinata causa, la parte che non si ritiene soddisfatta ha il diritto di «proporre appello» contro la sentenza, cioè può chiedere un nuovo processo sulla stessa questione. Va precisato che nessuna parte è obbligata a farlo: il processo può chiudersi anche dopo il primo grado.

Il processo d'appello (di secondo grado) deve svolgersi davanti a un giudice diverso, e può concludersi con una sentenza differente da quella del processo di primo grado, perché le parti possono fornire nuovi argomenti al magistrato. Va anche ribadito come ogni giudice dia sempre una propria interpretazione della legge, che finisce per condizionare l'esito del processo.

Il doppio grado di giurisdizione rappresenta una garanzia per le parti, anche se è inevitabile che si allunghino i tempi necessari per avere la sentenza definitiva.

Contro la sentenza d'appello è possibile ricorrere alla Corte di cassazione.

La Corte di cassazione. La Corte di cassazione può giudicare, in materia sia civile sia penale, sui ricorsi contro le sentenze di secondo grado: non è possibile ricorrere alla Cassazione dopo il primo grado.

> La Corte di cassazione effettua un controllo di legittimità sulle sentenze di secondo grado

Il ricorso in Cassazione è possibile solo «per violazione di legge» (art. 111 Cost.). La Cassazione non può effettuare un controllo di merito (la ricostruzione dei fatti operata in appello è definitiva e immodificabile), ma deve effettuare un *controllo di legittimità*, verificando che il giudice di secondo grado abbia applicato correttamente la legge sia nello svolgimento del processo sia nella sentenza.

Se ritiene che il giudice di secondo grado non abbia interpretato correttamente la legge, la Cassazione provvede a *cassare* (annullare) la sentenza d'appello, e stabilisce qual è la giusta interpretazione da dare alla norma.

Può darsi che l'annullamento risolva la questione, ma spesso è necessario emettere una nuova sentenza in sostituzione di quella cassata; in questo caso, non potendo analizzare la causa nel merito, la Cassazione rinvia il processo a un nuovo giudice («giudice di rinvio»), che deve riesaminare la causa attenendosi ai princìpi di diritto enunciati dalla Cassazione stessa.

Le sentenze della Cassazione vincolano solo le parti di quel processo e l'eventuale giudice di rinvio. In teoria i magistrati che devono giudicare cause simili sono liberi di interpretare la legge in modo diverso, in realtà il prestigio della Cassazione è tale che i giudici, pur non essendo obbligati, tendono a uniformare le loro interpretazioni a quelle della Cassazione.

La giurisprudenza. La giurisprudenza è l'insieme delle sentenze, contenenti le interpretazioni giudiziali. La *giurisprudenza* permette di conoscere l'orientamento che ha assunto la Magistratura nei singoli casi, e che probabilmente manterrà in futuro. Esistono numerose riviste giuridiche (anche online) che pubblicano e commentano le principali sentenze della Cassazione e degli altri giudici.

La sentenza in giudicato. La certezza del diritto impone che a un certo punto si arrivi a una sentenza definitiva, che potrebbe anche non essere giusta. Una volta esauriti tutti i gradi di giudizio (primo grado, secondo grado, Cassazione) la sentenza *passa in giudicato*, e la questione non può essere riproposta.

> Esauriti tutti i gradi di giudizio la sentenza passa in giudicato

La sentenza passa in giudicato anche se le parti:

- hanno accettato il giudizio di primo grado, e non hanno proposto appello;
- hanno accettato il giudizio di secondo grado, e non hanno fatto ricorso alla Cassazione.

La custodia cautelare. La *custodia cautelare* (o *carcerazione preventiva*) è il periodo di tempo fra l'arresto e la sentenza definitiva. Durante la custodia cautelare una persona subisce una restrizione della libertà personale, senza essere stata condannata con sentenza definitiva.

> La custodia cautelare è il periodo di tempo fra l'arresto e la sentenza definitiva

Per esempio Mario Rossi, detenuto in carcere, si trova in custodia cautelare:

- quando è in attesa del processo di primo grado;
- quando è stato condannato in primo grado ed è in attesa del processo di secondo grado;
- quando è stato condannato in secondo grado ed è in attesa della sentenza della Cassazione.

Un articolo

Un'assassina impunita

Nella giurisdizione penale, la sentenza definitiva di condanna può subire una revisione, mentre quella di assoluzione è immodificabile.

L'articolo riprodotto (Paolo Cavallaro, *La Stampa*, 21 ottobre 1993) fa riferimento a un caso davvero inquietante!

LA STAMPA

Genova: assolta con sentenza definitiva, contro di lei ora ci sono prove schiaccianti

«E' l'assassina», ma resterà impunita

Avrebbe fatto uccidere il marito da due sicari drogati - Prima di morire di overdose uno di loro ha confessato

GENOVA. Quattro anni dopo la sentenza di assoluzione della Cassazione, assiste da donna libera alla riape[...]delle indagini che la accu[...]uovamente di essere stata [...]dante dell'omicidio del marito.

Questa volta contro Carmela Fortunato, 55 anni, ex infermiera dell'ospedale San Martino, ci sarebbero prove schiaccianti. Gli [...] ad istruire un processo. In primo grado Carmela Fortunato venne condannata a 27 anni. La sentenza della corte[...]se d'appello capovolse il v[...]o: assoluzione per insuffi[...]di prove. Nel marzo dell'89 la Cassazione confermò la sentenza.

La chiave di volta per la soluzione del delitto è stata fornita involontariamente dal presunto [...] pendenti una confidenza che si sarebbe rivelata di fondamentale importanza. Qualcuno riferì: «Caterina si è portata nella tomba un terribile segreto». Altri aggiunsero qualche particolare sul delitto commissionato anni addietro da un'infermiera di Sampierdarena. E poco alla volta il mosaico ha preso forma.

Caterina Battafarano era la [...] il funzionario della sezione omicidi Giuseppe Gonan hanno ricostruito la scena del delitto, per il quale sarebbe stato concordato un compenso di dieci milioni.

«Abbiamo la certezza che nella stanza si trovassero Giuseppe Jentile, Caterina Battafarano e Carmela Fortunato. Jentile ha ucciso Banfo a colpi di martello, che non è mai stato trovato. Il [...] davano più d'accordo. Sergio Banfo era malato di reni ed immobilizzato a letto. Lei, che era ancora una donna piacente, non lo sopportava più.

Sono trascorsi sette anni, Carmela Fortunato è andata in pensione e ha cambiato casa. E' una donna minuta, gentile, dall'aspetto rassicurante. Raggiunta nel suo nuovo appartamento, a [...] ne e per quella della mia famiglia».

I nomi, Jentile e Battafarano, le dicono poco o nulla. «Lui non l'ho mai sentito, l'altra forse è stata una mia paziente. Mi sembra di ricordare una donna con quel nome ricoverata nel reparto di isolamento».

A distanza di tanti anni non si è formata alcuna idea sul delitto.

1 GENOVA. Quattro anni dopo la sentenza di assoluzione della Cassazione, si assiste a una donna libera alla riapertura delle indagini che la accusano nuovamente di essere stata la mandante dell'omicidio del marito.

Questa volta contro C.F. [...] ci sarebbero prove schiaccianti [*ma la sentenza di assoluzione è immodificabile*]. Gli investigatori della squadra mobile sono convinti di avere trovato il bandolo della matassa. Accusano la donna di aver pagato un killer per liberarsi del marito e forniscono nuovi e sconcertanti particolari del delitto: «Ha organizzato tutto ed era presente quando il marito veniva massacrato [...]».

2 All'epoca a carico della moglie erano stati raccolti solo indizi, sufficienti comunque a istruire un processo. In primo grado C.F. venne condannata a 27 anni. La sentenza della Corte d'assise d'appello capovolse il verdetto: assoluzione per insufficienza di prove. Nel marzo dell'89 la Cassazione confermò la sentenza.

Una pena rieducativa? In un ordinamento democratico le pene inflitte devono essere proporzionate al reato commesso. A questo proposito, va ricordato che in alcuni Paesi la pena di morte viene applicata anche per reati lievi.

«Le pene non possono consistere in trattamenti contrari al senso di umanità e devono tendere alla rieducazione del condannato» (art. 27 Cost.). Purtroppo la grave situazione del sistema carcerario italiano non favorisce la rieducazione dei detenuti; basta ricordare che, alla fine del 2019, i detenuti erano quasi 60 000, mentre la capienza delle carceri non superava le 45 000 unità.

La revisione del processo. Nella giurisdizione penale italiana, una volta esauriti tutti i gradi di giudizio, se intervengono fatti nuovi, prima sconosciuti, la sentenza definitiva di condanna può subire una revisione, mentre quella di assoluzione è immodificabile.

La sentenza definitiva di condanna può subire una revisione, mentre quella di assoluzione è immodificabile

Supponiamo che nel 2018 Mario Rossi sia stato condannato all'ergastolo per omicidio con sentenza definitiva; se nel 2019 emergono fatti nuovi (una testimonianza che lo scagiona), è possibile una revisione del processo. Invece, se nel 2018 Mario Rossi è stato assolto dall'accusa di omicidio e nel 2019 si trovano prove schiaccianti della sua colpevolezza, non è possibile una revisione del processo: Mario Rossi resta un assassino impunito.

3 L'amministrazione della giustizia

L'irretroattività della legge. Come si è visto nel Volume primo, l'ordinamento italiano stabilisce l'*irretroattività* della legge quando prevede che «nessuno può essere punito se non in forza di una legge che sia entrata in vigore prima del fatto commesso» (art. 25 Cost.). L'ordinamento giuridico italiano vieta la retroattività, e stabilisce che la legge può disporre solo per il futuro.

La legge può disporre solo per il futuro

Il principio dell'irretroattività presenta delle eccezioni, perché le norme penali sono retroattive quando sono favorevoli all'imputato: il diritto considera ingiusto punire chi ha commesso un reato, che non è più considerato tale dall'ordinamento giuridico. Per esempio, dal 1978 l'aborto non è più reato; se un ginecologo ha procurato un aborto nel 1977 ha violato una norma giuridica, ma sarebbe ingiusto punirlo oggi perché quell'atto non è più considerato reato.

Il giudice naturale. Secondo l'art. 25 Cost. «nessuno può essere distolto dal giudice naturale precostituito per legge»; per esempio, i magistrati che giudicano i cittadini accusati di aver commesso un furto nel Comune di Genova, devono essere individuati *prima* che tali furti avvengano.

Il giudice competente a giudicare un fatto deve essere individuato prima che quel fatto avvenga

Perché è così importante il principio del *giudice naturale*? Se il giudice fosse scelto dopo il verificarsi del fatto, sarebbe violato il principio d'imparzialità, perché tale scelta potrebbe essere condizionata dall'interesse di una delle parti.

Il popolo e l'amministrazione della giustizia. Secondo lo Statuto albertino la giustizia era amministrata in nome del sovrano, invece la Costituzione afferma che «la giustizia è amministrata in nome del popolo». L'art. 102 Cost. prevede la «partecipazione diretta del popolo all'amministrazione della giustizia»; la norma si riferisce alle *giurie popolari*, reintrodotte dopo il fascismo, che funzionano sia in Corte d'assise sia in Corte d'assise d'appello.

I giudici popolari vengono sorteggiati da appositi albi, dove possono iscriversi tutti i cittadini che possiedono determinati requisiti (età, diritti civili e politici).

La giuria popolare durante la lettura della sentenza del processo contro le Nuove Brigate Rosse a Milano.

L'obbligo della motivazione. «Tutti i provvedimenti giurisdizionali devono essere motivati» (art. 111 Cost.), per garantire una maggiore trasparenza all'azione della Magistratura. L'obbligo della motivazione riguarda tutti i provvedimenti, e non solo le sentenze. Per esempio, se si trova in custodia cautelare, Mario Rossi ha il diritto di conoscere i motivi che hanno indotto il giudice a prendere quel provvedimento, in modo da organizzare la propria difesa.

La lentezza dei processi. Fra i problemi che affliggono la giustizia italiana, il più grave è senza dubbio la lentezza dei processi, nonostante la Costituzione parli di «ragionevole durata» dei procedimenti giudiziari.

La lentezza della *giustizia penale* italiana allunga i tempi della custodia cautelare, e questo fatto può portare a gravi ingiustizie (una persona può restare in carcere per anni, prima di essere giudicata in un processo).

Per quanto riguarda la *giustizia civile*, la lunghezza e il costo dei processi sono tali da scoraggiare i cittadini dal tutelare i propri diritti (alla fine del 2019 erano più di 5 milioni le cause civili in attesa di sentenza). A questo proposito molte speranze sono riposte nell'introduzione del *processo civile telematico*, basato sulla digitalizzazione delle procedure.

4 La giurisdizione ordinaria

NUCLEI ESSENZIALI

La giurisdizione ordinaria. A seconda della natura della controversia che viene sottoposta al giudice, si possono individuare due tipi di giurisdizione: la giurisdizione ordinaria e la giurisdizione amministrativa (relativa agli atti della Pubblica Amministrazione, di cui ci occuperemo nel capitolo D4).

Noi ci occupiamo solo della giurisdizione ordinaria, che si divide in giurisdizione civile e giurisdizione penale.

La giurisdizione ordinaria si divide in
- Giurisdizione civile
- Giurisdizione penale

La giurisdizione civile. La giurisdizione civile giudica sulle controversie fra privati, in caso di presunta violazione di un diritto soggettivo.

La giurisdizione civile giudica sulle controversie fra privati, in caso di presunta violazione di un diritto soggettivo

Sono numerose le materie che possono dar vita a un processo civile: la famiglia, la proprietà privata, i contratti, le successioni, le società, il rapporto di lavoro, il risarcimento per gli incidenti stradali.

L'azione civile è possibile solo su richiesta delle parti. Il *processo civile* inizia quando un soggetto (*attore*) chiama a giudizio un altro soggetto (*convenuto*) accusandolo di aver leso o minacciato un suo diritto soggettivo.

Dopo il contraddittorio, il giudice dichiara con sentenza se c'è stata (o meno) la lesione del diritto soggettivo e, in caso positivo, ristabilisce l'ordine giuridico violato.

La giurisdizione civile giudica sulle controversie fra privati

↓

Nel processo civile le parti sono

↓

- L'attore che considera violato un suo diritto soggettivo
- Il convenuto che deve dimostrare il contrario

Sintetizziamo gli organi e i gradi della giurisdizione civile nello schema che segue.

LA GIURISDIZIONE CIVILE		
Primo grado	**Giudice di pace** (giudice unico) Per le controversie fino a 2583 euro e per quelle di risarcimento dei danni di circolazione fino a 15494 euro	**Tribunale** (giudice unico) Per le controversie non di competenza del Giudice di pace. È previsto un collegio formato da 3 giudici per determinate controversie indicate dalla legge (diritto di famiglia, società)
Secondo grado	**Tribunale** (collegio formato da 3 giudici)	**Corte d'appello** (collegio formato da 3 giudici)
Terzo grado	**Corte di cassazione**	

Per esempio, in una successione, l'attore Mario Rossi accusa il convenuto Marco Bianchi di essersi appropriato di 500 000 euro che non gli spettavano.

PRIMO GRADO

Rossi deve presentare al Tribunale il ricorso contro Bianchi.
Ipotizziamo che il Tribunale dichiari con sentenza che Bianchi si è appropriato indebitamente dei 500 000 euro, che spettano all'erede Rossi.
La causa può finire con la restituzione dei 500 000 euro da Bianchi a Rossi.
Bianchi non è soddisfatto della sentenza del Tribunale...

SECONDO GRADO

Bianchi decide di fare ricorso in secondo grado presso la Corte d'appello.
Ipotizziamo che la Corte d'appello interpreti in modo diverso l'atto di successione e decida con sentenza che Bianchi aveva diritto ai 500 000 euro.
Rossi non è soddisfatto della sentenza della Corte d'appello...

Il Palazzo di Giustizia di Roma, sede della Corte di Cassazione.

TERZO GRADO

Contro la sentenza di secondo grado Rossi può fare ricorso alla Corte di cassazione, che decide solo sulla legittimità della sentenza della Corte d'appello.
Se la Cassazione non trova irregolarità, la sentenza passa in giudicato: Bianchi mantiene i 500 000 euro.

La giurisdizione penale. La giurisdizione penale giudica le persone accusate di aver commesso un reato.

La giurisdizione penale giudica le persone accusate di aver commesso un reato

L'ordinamento giuridico considera *reati* quei fatti che, per la loro gravità, non solo colpiscono i diritti soggettivi dei singoli, ma mettono in pericolo l'intera collettività; per esempio, l'omicidio è un reato perché non viola solo il diritto della persona uccisa, ma minaccia i valori fondamentali per la convivenza civile.

Anche nel processo penale sono presenti due parti: l'accusa e la difesa. L'*accusa* è sostenuta dal Pubblico Ministero (PM) in nome dello Stato, mentre la *difesa* è costituita dall'imputato (assistito da un avvocato). L'azione penale è obbligatoria e deve essere sostenuta dal PM quando ha notizia che è stato commesso un reato.

Dopo aver ascoltato le parti, il giudice può assolvere o condannare l'imputato a una pena.

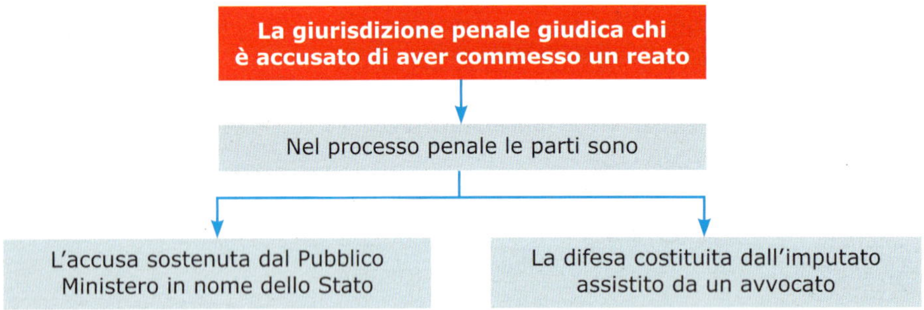

Sintetizziamo gli organi e i gradi della giurisdizione penale nello schema che segue.

LA GIURISDIZIONE PENALE

Primo grado	**Giudice di pace** (giudice unico) Per i reati in cui è prevista una pena detentiva fino a 4 mesi	**Tribunale** (giudice unico) Per i reati in cui è prevista una pena detentiva da 4 mesi a 10 anni	**Corte d'assise** (collegio formato da 2 giudici togati e da 6 giudici popolari) Per i reati in cui è prevista una pena detentiva superiore a 10 anni
Secondo grado	**Tribunale** (collegio formato da 3 giudici)	**Corte d'appello** (collegio formato da 3 giudici)	**Corte d'assise d'appello** (collegio formato da 2 giudici togati e da 6 giudici popolari)
Terzo grado	**Corte di cassazione**		

Supponiamo che Mario Rossi venga accusato di omicidio.

PRIMO GRADO

Il processo si svolge in Corte d'assise perché per il reato di omicidio è prevista una pena detentiva superiore a 10 anni.

Ipotizziamo che la Corte d'assise condanni Mario Rossi a una pena detentiva di 22 anni.
La causa può finire con Rossi che sconta la pena detentiva.
Rossi non è soddisfatto della sentenza della Corte d'assise...

SECONDO GRADO
Rossi decide di fare ricorso in secondo grado presso la Corte d'assise d'appello.
Ipotizziamo che emerga una fatto nuovo: un testimone che scagiona Rossi. Alla luce dei nuovi fatti emersi, la Corte d'assise d'appello assolve Rossi.
Il Pubblico Ministero non è soddisfatto della sentenza della Corte d'assise d'appello...

TERZO GRADO
Contro la sentenza di secondo grado il Pubblico Ministero può fare ricorso alla Corte di cassazione, che decide sulla legittimità della sentenza della Corte d'assise d'appello. La Cassazione, in particolare, controlla minuziosamente la legittimità degli atti relativi alla nuova testimonianza che scagiona Rossi.
Se la Cassazione non trova nulla di irregolare, la sentenza passa in giudicato: Mario Rossi è assolto.

Gli organi della giurisdizione ordinaria. La Magistratura ordinaria è formata dai seguenti organi: il Giudice di pace, il Tribunale, la Corte d'appello, la Corte d'assise, la Corte d'assise d'appello e la Corte di cassazione.

Questi organi sono competenti nell'ambito di una determinata circoscrizione territoriale, con la sola eccezione della Corte di cassazione.

Gli organi della giurisdizione ordinaria sono competenti in una determinata circoscrizione territoriale

Il Giudice di pace. Il Giudice di pace è competente, solo in primo grado, sia in materia civile (per le cause fino a 2583 euro e per quelle di risarcimento dei danni di circolazione fino a 15 494 euro) sia in materia penale (per i reati in cui è prevista una pena detentiva fino a 4 mesi).

Il Tribunale. Il Tribunale in primo grado è un organo prevalentemente monocratico, cioè formato da un solo giudice (salvo eccezioni), ed è competente sia in materia civile (per tutte le cause che non siano di competenza del Giudice di pace) sia in materia penale (per i reati in cui è prevista una pena detentiva da 4 mesi a 10 anni).

Il Tribunale in secondo grado è un collegio formato da tre giudici ed è competente (in materia civile e penale) solo per le cause trattate in primo grado dal Giudice di pace (con l'esclusione delle cause di lavoro).

Il Tribunale di Milano.

La Corte d'appello. La Corte d'appello è un collegio formato da tre magistrati, ed è esclusivamente giudice di secondo grado sia in materia civile (per le cause trattate in primo grado dal Tribunale o dal Giudice del lavoro) sia in materia penale (per le cause trattate in primo grado dal Tribunale).

La Corte d'assise. La Corte d'assise è un collegio composto da due giudici «togati» (appartenenti alla Magistratura ordinaria) e da sei giudici popolari.

È giudice di primo grado in materia penale per reati di particolare gravità, che prevedono una pena detentiva superiore a 10 anni.

La Corte d'assise d'appello. La Corte d'assise d'appello è un collegio composto da due giudici togati e da sei giudici popolari.

È giudice di secondo grado in materia penale per le cause di competenza della Corte d'assise in primo grado.

La Corte di cassazione. Della Corte di cassazione ci siamo occupati nel paragrafo 2.

Il Pubblico Ministero. L'art. 112 Cost. afferma che il Pubblico Ministero (PM) «ha l'obbligo di esercitare l'azione penale» per conto dello Stato; in particolare, il PM deve avviare il processo penale contro gli indiziati di reato, e deve sostenere l'accusa contro di essi nel processo.

Il Pubblico Ministero esercita l'azione penale per conto dello Stato

Il PM è un magistrato a tutti gli effetti, perché «gode delle garanzie stabilite nei suoi riguardi dalle norme sull'ordinamento giudiziario». Collocando il PM fra i magistrati, i Costituenti vollero riservare allo Stato la titolarità dell'azione penale e cercarono di escludere ogni ingerenza dell'esecutivo sul PM.

Va però sottolineato che il PM è un magistrato che non gode di completa indipendenza, perché i PM sono organizzati all'interno di uffici giudiziari, le *procure*, dove dipendono dai Procuratori della Repubblica; per esempio, il Procuratore della Repubblica di Milano è il superiore gerarchico di tutti i PM di Milano, chiamati appunto «Sostituti Procuratori della Repubblica».

Procuratore della Repubblica

- Sostituto Procuratore della Repubblica (A)
- Sostituto Procuratore della Repubblica (B)
- Sostituto Procuratore della Repubblica (C)

Nel processo penale l'accusa e la difesa hanno gli stessi diritti

Il «giusto processo». Fino al 1989, nel processo penale, l'imputato era posto in una condizione di netta inferiorità, perché molte decisioni sul suo conto erano prese direttamente dall'accusa, e non da un giudice imparziale.

Nel 1989 è entrato in vigore il nuovo *Codice di procedura penale*, che ha modificato le regole del processo penale, e ha adottato un modello simile a quello in vigore nei Paesi anglosassoni. Nel nuovo processo, l'accusa e la difesa hanno gli stessi diritti, perché tutte le decisioni riguardanti l'imputato sono prese da un giudice sopra le parti.

Il maxi processo contro «Cosa nostra», conclusosi nel dicembre del 1987. Il processo fu tenuto in una grandissima aula bunker, fatta costruire appositamente all'interno del carcere dell'Ucciardone a Palermo.

Questa tutela dell'imputato è stata ribadita da una riforma costituzionale del 1999, che ha introdotto il principio del *giusto processo*.

Le modifiche all'art. 111 Cost. si basano sui seguenti punti:

- ogni processo deve svolgersi «in condizioni di parità, davanti a un giudice terzo e imparziale», e deve avere una «ragionevole durata»;
- nel processo penale l'accusato «nel più breve tempo possibile» deve essere informato «riservatamente della natura e dei motivi dell'accusa»;
- l'accusato ha «la facoltà, davanti al giudice, di interrogare o di far interrogare le persone che rendono dichiarazioni a suo carico, di ottenere la convocazione e l'interrogatorio di persone a sua difesa»;
- «la colpevolezza dell'imputato non può essere provata sulla base di dichiarazioni rese da chi, per libera scelta, si è sempre volontariamente sottratto all'interrogatorio da parte dell'imputato o del suo difensore»: si tratta di una norma che cerca di regolamentare l'utilizzo dei collaboratori di giustizia (i cosiddetti «pentiti»).

La Magistratura dispone della polizia giudiziaria

La polizia giudiziaria. «L'autorità giudiziaria dispone direttamente della polizia giudiziaria» (art. 109 Cost.). Anche se dipendono dal Governo, le forze di polizia devono obbedire alla Magistratura quando agiscono in relazione a un processo in corso; per esempio, è il giudice a ordinare alla Polizia di effettuare un determinato arresto.

5 La responsabilità dei giudici

NUCLEI ESSENZIALI

Quando il giudice sbaglia... Che cosa succede quando un giudice sbaglia? Nell'adempiere le loro funzioni, i giudici possono incorrere in responsabilità penali, disciplinari e civili.

Una canzone

Hurricane

di Bob Dylan

Nel 1966 negli Stati Uniti un clamoroso errore giudiziario seppellisce in carcere un futuro campione del mondo di pugilato

Il cantautore statunitense Bob Dylan (nome d'arte di Robert Allen Zimmerman, nato a Duluth nel 1941) rappresenta una delle più importanti figure degli ultimi cinquant'anni nel campo musicale e in quello della cultura popolare; tanto da vincere il Premio Nobel per la letteratura nel 2016. Negli anni Sessanta l'artista è il simbolo del movimento di protesta americano, e le sue canzoni diventano veri e propri inni dei movimenti pacifisti e per i diritti civili.

Nel 1976 Dylan scrive *Hurricane*, una canzone dedicata alla storia del famoso pugile di colore Rubin Carter detto «Hurricane» (1937-2014), ingiustamente accusato di un triplice omicidio, che si trovava in carcere da alcuni anni.

Rubin «Hurricane» Carter, che era stato condannato nel 1966, fu scarcerato nel 1985 (dopo 19 anni!), quando la Corte Federale sentenziò che non aveva avuto un processo equo, perché l'accusa era «basata su motivazioni razziali».

Bob Dylan.

Rubin Carter.

Hurricane

Testo e musica: Bob Dylan, Jacques Levy
Columbia Records, 1976

Pistol shots ring out in the barroom night
Enter Patty Valentine from the upper hall
She sees the bartender in a pool of blood
Cries out «My God, they killed them all»
Here comes the story of the Hurricane
The man the authorities came to blame
For somethin' that he never done
Put in a prison cell but one time he
could-a been
The champion of the world. [...]

I giudici possono incorrere in responsabilità

- Penali
- Disciplinari
- Civili

La responsabilità penale. La responsabilità penale si ha quando un magistrato commette un reato; per esempio, il giudice Stefano Neri assolve un imputato in cambio di 500 000 euro. In questo caso il giudice, come qualsiasi cittadino, viene sottoposto a processo penale davanti a un altro magistrato.

La responsabilità penale si ha quando un giudice commette un reato

La responsabilità disciplinare. La responsabilità disciplinare si ha quando i giudici commettono infrazioni meno gravi (indisciplina, negligenza).

In questo caso i magistrati sono sottoposti a procedimento disciplinare di fronte al Consiglio Superiore della Magistratura, che può infliggere loro determinate sanzioni prive di effetti penali (sospensione, destituzione dall'incarico).

La responsabilità disciplinare è valutata dal Consiglio Superiore della Magistratura

La responsabilità civile. Una legge del 1988 ha introdotto la *responsabilità civile dei giudici*: il cittadino danneggiato deve essere risarcito con una somma di denaro dallo Stato, che si rivale poi sul giudice risultato colpevole. Va però chiarito che, in caso di errore giudiziario, il risarcimento è dovuto solo se questo deriva da colpa grave o da un comportamento negligente del giudice.

La responsabilità civile si ha in caso di colpa grave o di comportamento negligente del giudice

Per esempio:
- il 20 aprile 2015 una sentenza del giudice Stefano Neri condanna a 4 anni di reclusione Marco Bianchi, che viene giudicato colpevole di aver commesso una rapina;
- Bianchi sconta la pena detentiva e resta in carcere fino al 19 aprile 2019;
- il 20 maggio 2019 Carlo Verdi confessa di essere il vero colpevole: Bianchi è stato condannato ingiustamente e ha «trascorso» 4 anni della sua vita in carcere a causa della sentenza del giudice Neri.

Bianchi deve essere risarcito per l'errore giudiziario? Dipende. Bianchi può ottenere il risarcimento solo se dimostra che il giudice Neri, quando lo ha condannato, ha agito con negligenza; per esempio, ha trascurato di interrogare un testimone che avrebbe scagionato l'imputato Bianchi.

6 Il Consiglio Superiore della Magistratura

La composizione del CSM. Il *Consiglio Superiore della Magistratura* (CSM) è l'organo che deve garantire l'indipendenza dei magistrati da ogni altro potere (soprattutto dall'esecutivo). Anche in questo caso si è avuto un notevole ritardo nell'applicazione della Costituzione, perché il CSM è stato istituito solo nel 1958, e i suoi componenti sono stati eletti per la prima volta nel 1959.

Il Consiglio Superiore della Magistratura deve garantire l'indipendenza dei magistrati

Il CSM è presieduto dal Capo dello Stato, che ha anche il potere di scioglierlo anticipatamente. Fanno parte del CSM 2 membri di diritto (il Primo Presidente e il Procuratore Generale della Corte di cassazione) e 24 membri elettivi, dei quali:
- 16 sono eletti «da tutti i magistrati ordinari fra gli appartenenti alle varie categorie»;
- 8 sono eletti «dal Parlamento in seduta comune tra professori ordinari di università in materie giuridiche e avvocati dopo quindici anni di esercizio» (art. 104 Cost.);

appare evidente come i rappresentanti dei magistrati siano in netta maggioranza all'interno del CSM.

Le attribuzioni del CSM. Il CSM si occupa di tutti gli aspetti relativi alla carriera dei giudici. In particolare, il CSM:
- provvede alle assunzioni dei magistrati deliberando sui bandi di concorso e sulle commissioni giudicatrici;
- decide sulle assegnazioni, sui trasferimenti e sulle promozioni dei giudici. Come si è visto, i magistrati sono inamovibili e possono essere sospesi o trasferiti solo su decisione del CSM;
- adotta «i provvedimenti disciplinari nei riguardi dei magistrati» (art. 105 Cost.); va precisato che il Ministro della giustizia ha il potere di promuovere l'azione disciplinare nei confronti dei magistrati, ma il giudizio finale è di esclusiva competenza del CSM.

Ogni quattro anni il CSM deve giudicare sulla professionalità dei magistrati. Va sottolineato che:
- chi non supera l'esame per la prima volta perde il diritto agli aumenti di stipendio;
- alla seconda «bocciatura» il magistrato viene allontanato dal servizio.

SINTESI

La funzione giurisdizionale

- La **Magistratura** (par. **1**) esercita il potere giudiziario. La giustizia deve essere amministrata in modo imparziale: i giudici sono soggetti solo alla legge.
- Col sistema di ***civil law*** (par. **1**) i giudici applicano la legge, mentre col ***common law*** (par. **1**) i giudici si basano su precedenti sentenze.
- **Diritto e giustizia** (par. **1**) non vanno confusi: un giudice deve applicare una legge anche se le considera ingiusta.
- Ogni cittadino può esercitare sia il **diritto di azione** (par. **2**) sia il **diritto alla difesa** (par. **2**). In Italia non è ammessa l'**autodifesa** (par. **2**).

La responsabilità penale

- La **responsabilità penale è personale** (par. **2**). Ognuno risponde solo dei propri comportamenti e nessuno può essere punito per reati commessi da altri. In Italia si è penalmente responsabili al **compimento dei 14 anni** (par. **2**).

In Italia si è penalmente responsabili a 14 anni

- Il minore con meno di 14 anni non è imputabile
- Il minore fra i 14 e i 18 anni è giudicato dal Tribunale per i minori

- Una persona è **non colpevole** (par. **2**) fino alla sentenza definitiva di condanna.
- In base al **doppio grado di giurisdizione** (par. **2**) la sentenza di primo grado può sempre essere riesaminata da un diverso giudice.
- Contro la sentenza d'appello è possibile ricorrere alla **Corte di cassazione** (par. **2**), che effettua un controllo di legittimità sulle sentenze di secondo grado.
- Esauriti tutti i gradi di giudizio la **sentenza passa in giudicato** (par. **2**).
- È possibile la **revisione del processo** (par. **2**) per la sentenza definitiva di condanna ma non di assoluzione.
- In base al **principio del giudice naturale** (par. **3**), il giudice competente a giudicare un determinato fatto deve essere individuato prima che quel fatto avvenga.

La giurisdizione civile e penale

- La **giurisdizione ordinaria** (par. **4**) si divide in:
  - **giurisdizione civile** (par. **4**) che giudica sulle controversie fra privati, in caso di presunta violazione di un diritto soggettivo; nel processo civile sono presenti due parti: l'attore e il convenuto;
  - **giurisdizione penale** (par. **4**) che giudica le persone accusate di aver commesso un reato. Nel processo penale sono presenti due parti: l'accusa e la difesa. L'accusa è rappresentata in nome dello Stato dal **Pubblico Ministero** (par. **4**), mentre la difesa è costituita dall'imputato (assistito da un avvocato).
- I Pubblici Ministeri sono magistrati che non godono di completa indipendenza, perché dipendono dai **Procuratori della Repubblica** (par. **4**).
- Per il principio del **giusto processo** (par. **4**) nel processo penale l'accusa e la difesa devono avere gli stessi diritti.

La responsabilità dei giudici

- La **responsabilità dei giudici** (par. **5**) può essere penale, disciplinare e civile.
- Il **Consiglio Superiore della Magistratura, CSM** (par. **6**) deve garantire l'indipendenza dei magistrati. Il CSM è l'organo in cui si esprime l'autogoverno dei giudici.

1 Verifica le tue conoscenze

Risolvi le seguenti **scelte multiple** indicando la risposta esatta fra quelle possibili.

A

In Italia si è penalmente responsabili al compimento dei

1 14 anni

2 16 anni

3 18 anni

B

La sentenza passa in giudicato se le parti

1 dopo il primo grado non hanno proposto appello

2 dopo il primo grado hanno proposto appello

3 dopo il secondo grado hanno fatto ricorso alla Cassazione

1 **Il principio del «doppio grado di giurisdizione» prevede che ogni sentenza**

- A deve essere riesaminata dallo stesso giudice
- B può essere riesaminata dallo stesso giudice
- C deve essere riesaminata da un giudice diverso
- D può essere riesaminata da un giudice diverso

2 **La Corte di cassazione effettua un controllo di**

- A legittimità sulle sentenze di primo grado
- B legittimità sulle sentenze di secondo grado
- C merito sulle sentenze di primo grado
- D merito sulle sentenze di secondo grado

3 **Il giudice deve essere scelto**

- A prima che si verifichi il fatto
- B dopo che si è verificato il fatto
- C a volte prima a volte dopo il verificarsi del fatto
- D in modo casuale

4 **La giurisdizione civile giudica in caso di**

- A presunta violazione di un diritto soggettivo
- B presunta violazione di un interesse legittimo
- C presunta violazione di un diritto soggettivo o di un interesse legittimo
- D presunto reato

5 **Il Pubblico Ministero esercita**

- A l'azione civile per conto dello Stato
- B l'azione penale per conto dello Stato
- C l'azione civile per conto del Governo
- D l'azione penale per conto del Governo

6 **Deve garantire l'indipendenza dei magistrati**

- A il Consiglio Superiore della Magistratura
- B il Consiglio di Stato
- C il Consiglio dei ministri
- D il Ministero della giustizia

2 Misura le tue abilità

Rispondi e motiva la tua risposta in ogni caso proposto.

1 Le donne entrarono in Magistratura solo nel 1963 V F

____

2 La custodia cautelare è il periodo di tempo fra l'arresto e la sentenza definitiva V F

____

3 La sentenza passa in giudicato solo dopo la sentenza della Corte di cassazione V F

______

4 In Italia l'autodifesa non è ammessa V F

______

5 I giudici sono soggetti solo alla legge V F

______

6 È sempre possibile la revisione del processo V F

______

3 Valuta le tue competenze

Risolvi i casi concreti, mettendo in pratica ciò che hai imparato.

1 Individuare il principio dell'assenza di gerarchia nella Magistratura in un dialogo familiare.

Dialogo in famiglia:
- Tuo padre: «Il giudice che abita all'ultimo piano sta traslocando. Ha avuto una promozione a Roma e si sta trasferendo!»;
- Tua madre: «Ti sbagli. I giudici non possono fare carriera!».

▸ **I giudici possono fare carriera?**

2 Verificare la differenza fra diritto e giustizia nel corso di un'assemblea scolastica.

All'assemblea di istituto c'è un dibattito sulla pena di morte. Ecco due opinioni:
- «La pena di morte è necessaria in caso di reati gravi!»;
- «La pena di morte è inutile. È un omicidio commesso dallo Stato!».

▸ **In quale delle due opinioni l'idea di giustizia coincide col diritto italiano?**

3 Riconoscere il principio del doppio grado di giurisdizione, ascoltando un'amica.

Una tua amica afferma: «La lentezza della giustizia italiana è causata dal doppio grado di giurisdizione: tutti i processi devono essere ripetuti!».

▸ **In quali casi si ha il doppio grado di giurisdizione?**

4 Valutare le ipotesi di revisione del processo, ascoltando un amico.

Un tuo amico sta leggendo il giornale: «Quell'assassino si è deciso a confessare due anni dopo la sentenza di assoluzione della Cassazione. Adesso, con la revisione del processo, andrà finalmente in carcere!».

▸ **Perché non ci sarà nessuna revisione del processo?**

5 Precisare la responsabilità civile dei giudici, in base al discorso di un politico.

Un politico in televisione dichiara: «Quella persona è stata condannata ingiustamente. È vittima di un errore giudiziario e sarà sicuramente risarcita per la sofferenza passata!».

▸ **In questo caso è sicura la responsabilità civile del giudice?**

Idee a confronto

A casa 1 ora | In aula 20 minuti

4 Partendo dal caso proposto, approfondisci l'argomento per partecipare al dibattito in classe

In Italia i giudici applicano una legge o un atto avente forza di legge già definita e scritta (si parla anche di diritto positivo e, a livello di sistema, di *civil law*). Nei Paesi anglosassoni, come Gran Bretagna e Stati Uniti, il giudice applica non una legge ma un precedente giudiziario, emanando una sentenza sulla base di un precedente caso identico o analogo (*common law*). Il primo sistema ha regole più prevedibili, il secondo sistema è più elastico.

→ ***Quali potrebbero essere le conseguenze dell'applicazione di un sistema di* civil law *o di* common law *in situazioni giuridiche comuni come l'acquisto di una casa o il risarcimento di un danno?***

Verso l'esame di Stato

Il caso Tortora

Enzo Tortora: un innocente in prigione

La vergognosa vicenda giudiziaria di un uomo famoso

Enzo Tortora (Genova, 30 novembre 1928-Milano, 18 maggio 1988) è stato un famoso giornalista, un conduttore di successo (radiofonico e televisivo) e, suo malgrado, anche un politico. È stato infatti deputato al Parlamento europeo, candidatura arrivatagli in segno di sostegno per una vergognosa vicenda giudiziaria dalla quale è uscito completamente riabilitato pochi mesi prima di morire.

Passiamo ai fatti.

17 giugno 1983 *Tortora viene arrestato.* La brillante carriera di Enzo Tortora viene bruscamente interrotta il 17 giugno 1983, quando viene arrestato a Roma con l'accusa di «associazione per delinquere di stampo camorristico» (Tortora viene accusato di far parte della Nuova camorra organizzata di Raffaele Cutolo), avanzata dalla Procura di Napoli in seguito alle dichiarazioni di pregiudicati, assassini e camorristi. L'accusa si basa unicamente su un'agendina trovata nell'abitazione di un camorrista, con sopra scritto a penna un nome che sembra essere, all'inizio, quello di «Tortora»; nome che, a una perizia calligrafica, risulterà non essere il suo bensì quello di tale «Tortona».Tortora sconta 7 mesi di carcere, poi continua la detenzione agli arresti domiciliari per motivi di salute.

17 giugno 1984 *Tortora viene eletto al Parlamento europeo.* Il 17 giugno 1984 Enzo Tortora viene eletto deputato al Parlamento europeo nelle liste del Partito radicale. In quanto eurodeputato, Tortora riacquista immediatamente la libertà grazie all'immunità parlamentare.

17 settembre 1985 *Tortora viene condannato a 10 anni (sentenza di primo grado).* Il 17 settembre 1985 si conclude il processo di primo grado: Enzo Tortora viene condannato a 10 anni di carcere, principalmente a causa delle accuse di altri pentiti e camorristi.

9 dicembre 1985 *il Parlamento europeo respinge all'unanimità la richiesta di autorizzazione a procedere nei confronti di Tortora.* Il 9 dicembre 1985 il Parlamento europeo respinge all'unanimità la richiesta di autorizzazione a procedere nei confronti dell'eurodeputato Enzo Tortora per «oltraggio a magistrato in udienza». I fatti contestati sono relativi a un'udienza durante la quale il pubblico ministero Diego Marmo, rivolgendosi al legale di Tortora, afferma: «Il suo cliente è diventato deputato con i voti della camorra!». Di fronte a questa accusa Enzo Tortora grida: «È un'indecenza!». Nella motivazione della decisione del Parlamento europeo si legge tra l'altro: «Il fatto che un organo della magistratura voglia incriminare un deputato del Parlamento per aver protestato contro un'offesa commessa nei confronti suoi, dei suoi elettori e, in ultima analisi, del Parlamento del quale fa parte, non fa pensare soltanto al *fumus persecutionis*: in questo caso vi è più che un sospetto, vi è la certezza che, all'origine dell'azione penale, si collochi l'intenzione di nuocere all'uomo e all'uomo politico».
[*È doveroso ricordare che il pubblico ministero Marmo si scuserà con la famiglia Tortora trent'anni dopo...*]

31 dicembre 1985 *Tortora si dimette da europarlamentare.* Il 31 dicembre 1985 Enzo Tortora si dimette da europarlamentare e, rinunciando di fatto all'immunità parlamentare, torna agli arresti domiciliari.

15 settembre 1986 *Tortora viene assolto (sentenza di secondo grado).* Il 15 settembre 1986 Enzo Tortora viene assolto con formula piena dalla Corte d'appello di Napoli: i giudici smontano finalmente le accuse rivolte dai camorristi, per i quali inizia un processo per calunnia.

20 febbraio 1987 *Tortora torna in televisione.* Enzo Tortora torna in televisione il 20 febbraio 1987, riprendendo la conduzione della trasmissione *Portobello*, un grande successo di quegli anni. Il ritorno in video è toccante, il pubblico in studio lo accoglie con una lunga *standing ovation*. Tortora, fisicamente molto provato dalla terribile vicenda passata, con evidente commozione pronuncia serenamente una frase diventata famosa: «Dunque, dove eravamo rimasti?».

17 giugno 1987 *Tortora viene assolto definitivamente dalla Corte di cassazione.* Enzo Tortora viene assolto definitivamente dalla Corte di cassazione il 17 giugno 1987, a quattro anni esatti dal suo arresto.

Enzo Tortora muore la mattina del 18 maggio 1988 nella sua casa di Milano a causa di un tumore polmonare, aggravato dall'enorme stress psicologico sofferto per le terribili vicende giudiziarie subite: non ha ancora compiuto sessant'anni.

In difesa di Enzo Tortora *di* Enzo Biagi

Enzo Tortora viene attaccato anche nell'ambiente giornalistico.
Enzo Biagi, un popolare giornalista, prende invece le difese di Tortora

Dopo l'arresto, Enzo Tortora viene duramente attaccato anche nell'ambiente giornalistico, dove c'è chi cerca di infangarne l'immagine umana e professionale. Enzo Biagi (1920-2007), uno dei giornalisti più popolari del secondo dopoguerra, prende invece le difese di Enzo Tortora scrivendo al Presidente della Repubblica Sandro Pertini.

«Signor Presidente della Repubblica, non Le sottopongo il caso di un mio collega, ma quello di un cittadino. Non auspico un Suo intervento, ma non saprei perdonarmi il silenzio. Vicende come quella che ha portato in carcere Enzo Tortora possono accadere a chiunque. E questo mi fa paura.

Lei è il massimo esponente dell'organo supremo dei Magistrati: e deve sapere. Ho un sincero e profondo rispetto per i giudici che, come i giornalisti, hanno pagato, e pagano, un duro conto con il crimine. [...] Credo nell'onestà e nel sacrificio di quelli che lottano, a Napoli e ovunque, contro la camorra e la mafia.

Ma ci sono aspetti del «blitz» contro i cutoliani che lasciano perplessi [...]. Dalle conferenze-stampa trionfalistiche, alla caccia all'uomo con cineprese al seguito, dal segreto istruttorio largamente violato, al numero degli arrestati e dei dimessi. [...]

Tortora è denunciato da un tale Pandico, che fa il suo nome dopo tre interrogatori: guarda caso, un personaggio così popolare non gli viene in mente subito. Le conferme vengono da un certo Barra, conosciuto nell'ambiente come "O'animale" [...].

L'arresto di Enzo Tortora.

Gli avvocati che difendono il presentatore non hanno potuto leggere neppure i verbali degli interrogatori del loro assistito; ci sono periodici che hanno pubblicato i testi delle deposizioni dei due camorristi accusati. Chi glieli ha dati?

Ogni mattina la stampa ha ricevuto la sua dose di indiscrezioni: Tortora fu iniziato col taglio di una vena, Tortora ha spacciato droga e non ha consegnato l'incasso, Tortora ha riciclato denaro sporco [...].

Enzo Biagi.

Signor Presidente, chi risarcirà Tortora di queste calunnie? Col pappagallo [*mascotte di Portobello*] dovrà forse andare a distribuire i pianeti della fortuna? Del resto, visto come va la giustizia, a chi si dovrebbe affidare?».

[Enzo Biagi, *la Repubblica*, 4 agosto 1983.]

PER COMPRENDERE I TESTI

1. **Qual è l'accusa rivolta a Tortora? Chi sono i testimoni? Come si svolge il processo?**
2. **Perché l'eurodeputato Tortora riacquista la libertà?**
3. **Tortora è stato condannato in primo grado e assolto in appello: esiste una verità processuale?**
4. **Su quali argomentazioni si basa la difesa di Enzo Biagi?**

IMPARA AD ARGOMENTARE

Partendo dal testo su Enzo Tortora e dall'articolo di Enzo Biagi, rispondi alle domande facendo emergere il tuo punto di vista.

Progetto multidisciplinare per la classe quinta

Redigere una proposta di legge a tutela dell'ambiente

I contenuti

MATERIA	CONTENUTI
Diritto	Il Parlamento e la funzione legislativa (capitolo C1)
Educazione civica (*)	Agenda 2030, educazione alla sostenibilità ambientale e alla cittadinanza attiva
Sociologia	Gruppi sociali, interazione e cultura, intesi anche come strumenti per favorire protezione e uso sostenibile dell'ecosistema terrestre.
Italiano	Gli articoli della Costituzione relativi al procedimento legislativo e all'iniziativa legislativa (artt. 71 e ss.); alcune proposte di legge redatte in articoli per analizzare il linguaggio tecnico-giuridico

(*) I riferimenti si intendono fatti alla legge sull'Educazione civica n. 92 del 2019, che sostituisce l'insegnamento di Cittadinanza e Costituzione.

Competenze specifiche di progetto

COMPETENZE DI RIFERIMENTO	ABILITÀ	ASSI CULTURALI
1 Collocare l'esperienza personale in un sistema di regole fondato sul reciproco riconoscimento dei diritti garantiti dalla Costituzione, a tutela della persona, della collettività e dell'ambiente	• Individuare le caratteristiche essenziali della norma giuridica e comprenderle a partire dalle proprie esperienze e dal contesto scolastico • Adottare nella vita quotidiana comportamenti responsabili per la tutela e il rispetto dell'ambiente e delle risorse naturali	**Asse storico-sociale**
2 Produrre testi di vario tipo in relazione ai differenti scopi comunicativi	• Ricercare, acquisire e selezionare informazioni generali e specifiche in funzione della produzione di testi scritti di vario tipo • Rielaborare in forma chiara le informazioni	**Asse dei linguaggi**

Competenze chiave per l'apprendimento permanente sviluppate nel progetto

COMPETENZE CHIAVE	COMPETENZE SPECIFICHE
Competenza alfabetica funzionale	• Esprimere concetti, fatti e opinioni in forma sia orale sia scritta • Relazionarsi efficacemente con gli altri in modo opportuno e creativo
Competenza digitale	• Saper utilizzare le tecnologie digitali per apprendere
Competenza personale, sociale e capacità di imparare a imparare	• Gestire efficacemente le informazioni • Individuare gli obiettivi • Affrontare i problemi per risolverli
Competenza in materia di cittadinanza	• Impegnarsi efficacemente con gli altri per conseguire un interesse comune

Contesto di lavoro

Oggetto del progetto è l'elaborazione di una proposta di legge, redatta in articoli, in tema di tutela ambientale e risparmio energetico da applicare alla tua città.
Alla tua classe è chiesto quindi di analizzare gli artt. 71 e ss. della Costituzione e alcuni modelli di proposta di legge di iniziativa popolare reperibili online.
Il progetto multidisciplinare stimola la creatività applicata a una situazione concreta, competenze di analisi (delle norme della Costituzione e di alcune proposte di legge) e di scrittura nell'attività di stesura della proposta di legge.

Il progetto mira a far riflettere e lavorare gli studenti su conoscenze acquisite in ambito giuridico (l'iniziativa legislativa e l'*iter* del procedimento legislativo) e richiede la redazione di un documento a contenuto giuridico attraverso un lavoro di gruppo che unisca e che alleni allo studio attivo e pratico.
Scopo del progetto, oltre a stimolare la conoscenza delle istituzioni e la cittadinanza attiva e consapevole, è anche quello di diffondere i goal previsti dall'Agenda 2030 dell'ONU; in particolare: 4 (Istruzione di qualità), 7 (Energia rinnovabile), 11 (Città e comunità sostenibili) e 15 (Flora e fauna terrestre).

Che cosa fare

Lavorando divisi per piccoli gruppi, tu e i tuoi compagni procedete secondo le istruzioni riportate di seguito.

1. Con l'aiuto dell'insegnante la classe è divisa in quattro gruppi a ciascuno dei quali è affidata la stesura di una parte della proposta di legge:
   - il gruppo A è incaricato di redigere gli articoli introduttivi relativi ai principi ispiratori e agli obiettivi;
   - il gruppo B si occupa degli articoli che descrivono gli strumenti attraverso i quali si vuole operare (per esempio, una raccolta differenziata innovativa, nuove aree verdi, incentivi per i mezzi di trasporto sostenibili);
   - il gruppo C si occupa delle disposizioni finanziarie a copertura della proposta di legge presentata;
   - il gruppo D descrive il sistema di controllo e monitoraggio delle fasi di attuazione e le regole di accesso ai dati e di partecipazione del cittadino.
2. Ogni gruppo, dopo aver riletto le parti del libro relative al procedimento legislativo e all'iniziativa legislativa popolare e aver cercato alcuni modelli online, redige una scaletta per la stesura della parte di proposta di legge di propria competenza e si confronta con gli altri gruppi.
3. Ogni gruppo prepara una bozza (in formato Word) della parte di proposta assegnata, che verrà unita alle altre tre parti del documento per ottenere la proposta di legge in materia di tutela ambientale.
4. In aula, con il coordinamento dell'insegnante, i quattro gruppi dovranno comporre e uniformare le diverse parti del documento.
5. Ogni gruppo presenterà la parte di proposta legislativa redatta davanti al resto della classe, leggendo alcuni passaggi del documento e rispondendo alle domande dei compagni e dell'insegnante.

Tempo a disposizione

6 ore

Complessivamente 6 ore, così suddivise:
- 1 ora a scuola per la fase preparatoria (punto 1)
- 3 ore a casa per la ricerca del modello, lo studio delle norme e la stesura delle parti della proposta di legge (punti 2 e 3)
- 2 ore a scuola per la fase di stesura complessiva e uniformazione della proposta di legge e per la presentazione del documento (punti 4 e 5)

Materiali e strumenti utilizzabili

- Libro di testo, articoli della Costituzione e consultazione online
- Pc o tablet, stampante e fotocopiatrice

UNITÀ

D La Pubblica Amministrazione

D1 L'ordinamento amministrativo	**D2** Le autonomie locali	**D3** Gli atti della Pubblica Amministrazione	**D4** La giustizia amministrativa

PROGETTO MULTIDISCIPLINARE Analizzare un Piano triennale per la prevenzione della corruzione e per la trasparenza di una PA

CAPITOLO

D1 L'ordinamento amministrativo

NUCLEI ESSENZIALI

- I principi costituzionali in materia amministrativa
- L'organizzazione della PA
- Le autorità indipendenti
- I beni pubblici
- La PA digitale

A te la parola! 15 minuti

La Pubblica Amministrazione italiana è impegnata nella modernizzazione dei propri apparati e procedimenti. In linea con questo obiettivo, nell'Unione europea è stata individuata l'Agenda digitale europea come uno degli obiettivi di crescita.

→ *Fai una ricerca online sull'Agenda digitale italiana. Quali sono gli obiettivi e le novità a cui aspira l'Italia nella digitalizzazione amministrativa?*

Con l'aiuto dell'insegnante e in piccoli gruppi prova a esporre il tuo punto di vista.

1 L'attività amministrativa

L'attività amministrativa. Nell'unità C ci siamo occupati delle scelte politiche, che Parlamento e Governo compiono quando determinano l'indirizzo politico dello Stato. Le scelte politiche devono però essere messe in pratica: è questo il compito dell'*attività amministrativa*.

L'attività amministrativa è subordinata alle scelte politiche

È evidente che prima vengono le decisioni politiche, e poi quelle amministrative. Per esempio, dapprima è una legge del Parlamento ad avviare una riforma scolastica, dopo però sono necessari vari atti amministrativi per realizzarla (assegnazione di fondi, ristrutturazione degli istituti scolastici, corsi di formazione per gli insegnanti). In altre parole, l'attività amministrativa realizza concretamente gli interessi pubblici.

L'attività amministrativa è esercitata dalla Pubblica Amministrazione.

La Pubblica Amministrazione. La Pubblica Amministrazione (d'ora in poi anche PA) è l'insieme degli organi che svolgono l'attività amministrativa sotto il controllo del Governo.

Il Governo è responsabile dell'organizzazione e del buon funzionamento della PA, perché è a capo di tutta l'amministrazione civile e militare dello Stato. Questa responsabilità è attribuita singolarmente a ciascun ministro, nella qualità di capo gerarchico del dicastero (per esempio, il Ministro della salute è il responsabile del personale delle Aziende unità sanitarie locali); stabilisce infatti l'art. 95 Cost. che i ministri sono responsabili «individualmente degli atti dei loro dicasteri».

Per indicare la PA si utilizza il termine *burocrazia* (che deriva dall'unione del francese *bureau* = ufficio e del greco *kra'tos* = potere); essa è infatti costituita da apparati burocratici, a differenza degli organi costituzionali che sono apparati politici.

Mentre i membri degli organi politici vengono eletti dai cittadini, i dipendenti degli apparati burocratici devono essere scelti solo in base alla loro preparazione tecnica e professionale.

L'espansione della PA. Con l'affermarsi del *Welfare State* (Stato sociale) la PA ha esteso il suo intervento in nuovi settori (istruzione, sanità, trasporti, assistenza, previdenza), creando nuovi apparati burocratici e potenziando quelli già esistenti. In conseguenza di ciò, l'organizzazione della PA è molto complessa e conta quasi 4 milioni di dipendenti: 1 lavoratore su 5 fa parte della burocrazia italiana.

2 I princìpi costituzionali in materia amministrativa

NUCLEI ESSENZIALI

I princìpi costituzionali. L'attività amministrativa deve realizzare i bisogni della collettività. Nell'arco della giornata ci rapportiamo continuamente con la PA: dalla scuola ai trasporti, dalla sanità ai servizi assistenziali. I bisogni collettivi vengono garantiti e tutelati solo se la PA funziona correttamente.

La Costituzione ha previsto e disciplinato una serie di princìpi per il corretto funzionamento della PA nell'interesse di tutti i cittadini.

I princìpi costituzionali a cui la PA deve ispirarsi sono:

- il principio di legalità;
- il principio di imparzialità;
- il principio dell'efficienza;
- il principio della riserva di legge;
- il principio del decentramento;
- il principio della trasparenza.

Il principio di legalità. Nello Stato di diritto lo Stato e gli enti pubblici devono osservare le norme giuridiche e, in caso di violazione, possono essere condannati dall'autorità giudiziaria; la burocrazia deve operare nell'ambito dell'ordinamento giuridico e rispettare i diritti dei cittadini.

La legge indica gli obiettivi che la PA deve realizzare, predispone la struttura degli uffici, stabilisce i compiti che tali uffici devono eseguire e, soprattutto, rende legittimo il loro operato. Per rispettare il principio di *legalità*, l'attività della PA deve mantenersi entro i confini stabiliti dalla legge.

Il principio di imparzialità. L'art. 97 Cost. stabilisce che deve essere assicurata «l'imparzialità dell'amministrazione». La PA deve agire nell'interesse pubblico, senza danneggiare (o favorire) alcun interesse privato; in caso contrario gli atti amministrativi sono considerati illegittimi, e possono essere annullati dal giudice.

Il principio di *imparzialità* impone ai soggetti della PA di non compiere, nello svolgimento delle loro funzioni, discriminazioni arbitrarie e non sorrette da valutazioni razionali. A ulteriore garanzia dell'imparzialità della burocrazia, lo stesso articolo stabilisce che «agli impieghi nelle pubbliche amministrazioni si accede mediante concorso». La PA ha il dovere di scegliere i propri dipendenti attraverso concorsi che accertino le reali capacità dei candidati: tutti i cittadini possono partecipare ai concorsi pubblici in condizioni di parità.

Il *concorso pubblico* è una selezione, per esami o per titoli, attuata nel rispetto del principio di uguaglianza e della parità di accesso di tutti i cittadini alle cariche pubbliche. I Costituenti volevano così evitare le assunzioni clientelari; purtroppo, in alcune realtà, i concorsi sono ancora troppo condizionati dai partiti politici.

I princìpi costituzionali in materia amministrativa sono

- Il principio di legalità
- Il principio di imparzialità
- Il principio dell'efficienza
- Il principio della riserva di legge
- Il principio del decentramento
- Il principio della trasparenza

La PA deve rispettare le norme giuridiche

Un concorso pubblico.

Un articolo

Una burocrazia da cambiare?

La Costituzione stabilisce che la Pubblica Amministrazione deve essere organizzata in modo da garantirne il «buon andamento». In realtà, l'inefficienza della burocrazia è spesso tale da pregiudicare la soddisfazione dei bisogni della collettività.

Dall'articolo riprodotto (Alberto Mucci, *Il Tempo*, 27 dicembre 1993) emerge la necessità di una riforma della Pubblica Amministrazione in tempi brevi. Sono passati quasi trent'anni...

IL TEMPO

Burocrazia da cambiare o sconfitta del Paese

LA "CROCIATA" Ciampi-Cassese per cambiare l'Amministrazione pubblica, 1 ammodernarla, risc 1 fallimento? Il pericolo c'è, ed è grave. Gli «infedeli», per restare al paragone, s'annidano ovunque: nella burocrazia, che si mobilita per mantenere ingiustificati e distorcenti privilegi (che danneggiano i cittadini ed i loro diritti); fra i cosiddetti «esperti», che pongono ostacoli lungo la strada che i «crociati» dovrebbero seguire.

Sabino Cassese ama ricordare che fin dal 1800, nella Francia che aveva fatto la rivoluzione, parlare di riforma della pubblica amministrazione susci- vivere era di parlare di riforma... Aggiunge Cassese: oggi l'ilarità non è più possibile, 2 lia. Si rischia il dis 2, perché la Pubblica Amministrazione è da noi il maggiore datore di lavoro. E non cambiare significa affondare. La sconfitta della «crociata» significa sconfitta del Paese.

Diagnosi esatta. Da sottoscrivere. I dati di fatto lo confermano. Oltre il 60% del prodotto interno lordo del Paese «passa» attraverso la Pubblica Amministrazione. La quale si pone, per molti aspetti, «di traverso» rispetto alle esigenze e alle necessità dei cittadini. Non li aiuta, li ostacola.

ministrazione, elaborata, dal competente ministero, si legge che la burocrazia, con i suoi 3 costringe i cittadini a f 3 e agli sportelli dai 15 3 0 giorni in media all'anno. Non basta. Famiglie e imprese sono costrette a ricorrere ad agenzie e consulenti per sbrigare pratiche normali. Si pensi al documento più semplice e diffuso: la patente. E' impossibile ottenerla presentandosi agli uffici. Ci vuole un'amicizia «giusta» (in qualche caso). Sempre un'agenzia specializzata, privata, con un costo aggiuntivo, ingiustificato. Con il pagamento che il più delle volte prende un circuito extra-fisco!

Il tempo che la burocrazia «ruba» ai cittadini vale il 3% delle entrate statali, dice il Rapporto Cassese. quell'intrallazzo italico, che costituisce la prima cellula della corruzione.

Cadono veramente le braccia di fronte a simili situazioni. A parole non si trova un politico o un dirigente pubblico che non sia pronto a denunciare l'assurdità della situazione. In pratica, tutto resta immobile. Anche le leggi finiscono ibernate. Inapplicate per mancanza di disposizioni su come calarle nel quotidiano.

Eppure basterebbe poco, se ci fosse la volontà. Dalla protesta bisogna passare alla proposta. Quindi, sarebbe sufficiente introdurre il principio che tutto è lecito, a meno che non sia espressamente vietato. L'opposto del principio oggi rigidamente applicato, retaggio del «socialismo reale», che l'Italia ha incorporato in tanti anni di consociativismo pasticciato. E cioè: tutto è il 4 ito, a meno che non sia 4 ressamente permesso. 4 iccome le cose permesse sono pochissime ed occorre una legge, con relativi regolamenti, per poterle applicare, il cittadino e l'operatore restano «inchiodati». Annientando volontà costruttive. Distruggendo risorse.

Questa brutta realtà italiana resiste oltre ogni diversa dichiarazione a favore del «nuovo». Agli italiani, oggi, bisogna presentare qualcosa di serio, di certo. I risultati delle recenti elezioni amministrative ce lo ricordano con forza. Ma chi parla deve avere la necessaria credibilità. Conquistata con i fatti, non con le enunciazioni.

1 LA «CROCIATA» Ciampi-Cassese [*rispettivamente Presidente del Consiglio e ministro della Funzione pubblica nel 1993*] per cambiare l'Amministrazione pubblica, per ammodernarla, rischia il fallimento? Il pericolo c'è, ed è grave.

2 [*Secondo Cassese*] Si rischia il disastro perché la Pubblica Amministrazione è da noi il maggiore datore di lavoro. E non cambiare significa affondare. La sconfitta della «crociata» significa sconfitta del Paese.

3 Nella relazione sullo stato della Pubblica Amministrazione, elaborata dal competente ministero, si legge che la burocrazia, con i suoi riti, costringe i cittadini a fare file agli sportelli dai 15 ai 20 giorni in media all'anno. Non basta. Famiglie e imprese sono costrette a ricorrere ad agenzie e consulenti per sbrigare pratiche normali.

4 Eppure basterebbe poco se ci fosse la volontà. Dalla protesta bisogna passare alla proposta. Quindi, sarebbe sufficiente introdurre il principio che tutto è lecito [*nella Pubblica Amministrazione*], a meno che non sia espressamente vietato. L'opposto del principio oggi rigidamente applicato [...]. E cioè: tutto è illecito, a meno che non sia espressamente permesso. Siccome le cose permesse sono pochissime e occorre una legge con relativi regolamenti per poterle applicare, il cittadino e l'operatore restano «inchiodati». Annientando volontà costruttive. Distruggendo risorse.

Il principio dell'efficienza. In base all'art. 97 Cost., gli uffici pubblici devono essere organizzati in modo tale da garantire il «buon andamento» della PA, che deve utilizzare le sue risorse per fornire servizi efficienti, in grado di soddisfare i crescenti bisogni della collettività.

Si tratta di un tema molto delicato, perché è indubbio che alcuni settori della burocrazia sono caratterizzati da una storica inefficienza, che crea rabbia e frustrazione nei cittadini. Non si può però negare che, negli ultimi anni, l'efficienza della PA sia aumentata.

Il principio della riserva di legge. Prima dell'entrata in vigore della Costituzione, la PA era organizzata dal potere esecutivo.

La struttura della PA è regolata solo dal Parlamento

I Costituenti, invece, stabilirono che i pubblici uffici fossero «organizzati secondo disposizioni di legge» (art. 97 Cost.). Esiste una *riserva di legge* in materia di organizzazione degli uffici pubblici, per cui solo il Parlamento può creare uffici statali e stabilire i criteri della loro struttura organizzativa. Nessun ufficio pubblico può, quindi, essere istituito direttamente dal Governo.

Si tratta di una riserva di legge non assoluta ma *relativa*; questo significa che la legge non è tenuta a disegnare l'intera organizzazione della burocrazia, ma solo a fissare i criteri generali in base ai quali la PA può svolgere la necessaria attività organizzativa.

Il principio del decentramento. L'art. 5 Cost. afferma che la Repubblica deve attuare «il più ampio decentramento amministrativo».

La PA è organizzata in base a un decentramento gerarchico

Si tratta di un radicale cambiamento rispetto alla tradizione italiana, in cui si è sempre avuta una concentrazione del potere decisionale al vertice dell'apparato amministrativo; basta pensare al regime fascista, che creò uno Stato fortemente accentrato.

I Costituenti delinearono un *decentramento* di tipo gerarchico. Un'organizzazione si dice gerarchica quando è strutturata «a piramide», in modo che il potere di comando scenda dall'alto verso il basso. In conseguenza di ciò, gli organi superiori hanno il potere di controllare e annullare gli atti compiuti dagli organi inferiori e, in alcuni casi, possono sostituirsi a essi nello svolgimento di determinate funzioni.

Come vedremo nel capitolo D2, il decentramento non deve essere confuso con l'autonomia.

L'attività della PA deve essere trasparente

Il principio della trasparenza. Di grande importanza è il principio della *trasparenza* dell'amministrazione, per rendere più vicina ai cittadini la burocrazia.

A questo proposito la legge 11 agosto 2014, n. 114, *Conversione, con modificazioni del decreto legge* [...] *recante misure urgenti per la semplificazione e la trasparenza amministrativa e per l'efficienza degli uffici giudiziari* (d'ora in poi legge n. 114 del 2014) ha reso più veloce il procedimento amministrativo e ha facilitato l'accesso ai documenti amministrativi.

In particolare:

- viene semplificato il procedimento amministrativo (che analizzeremo nel capitolo D3);
- ogni atto amministrativo deve essere motivato;
- deve essere individuato il responsabile di ogni procedimento amministrativo;
- ogni cittadino ha il diritto «di prendere visione degli atti del procedimento» che lo riguardano; il responsabile incorre in un reato se non adempie a questa richiesta entro 30 giorni.

La legge n. 114 del 2014 introduce anche «l'obbligo di pubblicare in forma aggregata e disaggregata l'ammontare complessivo delle retribuzioni dei dirigenti della Pubblica Amministrazione». Ogni singola amministrazione è quindi obbligata a indicare in modo chiaro le spese complessive e, in dettaglio, le retribuzioni dei dirigenti.

Alcuni documenti amministrativi sono coperti da segreto

Non tutti i documenti amministrativi sono accessibili sempre e a chiunque. Vi sono infatti una serie di atti coperti da segreto, per i quali viene meno il principio di trasparenza; l'obiettivo è quello di impedire che la loro pubblicità ostacoli la realizzazione dei fini pubblici.

Il diritto di accesso è escluso:

- per i documenti coperti da segreto di stato, cioè quei documenti la cui diffusione può danneggiare l'integrità e l'indipendenza del Paese;
- per quei documenti (espressamente indicati dal Governo con un apposito decreto), la cui conoscenza potrebbe compromettere la sicurezza, la difesa nazionale, la politica monetaria, l'ordine pubblico e il diritto alla riservatezza delle persone.

3 L'organizzazione della Pubblica Amministrazione

NUCLEI ESSENZIALI

L'organizzazione. La PA presenta un'organizzazione articolata e complessa, perché è costituita da numerosi enti e uffici.

Anzitutto la PA si distingue in amministrazione indiretta e diretta.

L'amministrazione indiretta comprende gli enti pubblici istituzionali

L'amministrazione indiretta. L'amministrazione indiretta è costituita da organi non statali e comprende gli enti pubblici istituzionali, creati dallo Stato per lo svolgimento di attività in particolari settori.

Gli enti pubblici istituzionali. Gli enti pubblici istituzionali agiscono sia a livello nazionale, come nel caso dell'*Inps* (*Istituto nazionale della previdenza sociale*), sia a livello locale, come nel caso delle *Camere di commercio* che si occupano di una parte circoscritta e definita di territorio.

Gli enti pubblici istituzionali sono dotati di personalità giuridica, e vengono istituiti con specifiche leggi che ne stabiliscono le caratteristiche organizzative, il funzionamento e il grado di autonomia.

L'amministrazione diretta. L'amministrazione diretta viene esercitata dal Governo.

La PA diretta è chiamata anche amministrazione governativa e, a sua volta, si divide in amministrazione diretta centrale e amministrazione diretta periferica.

L'amministrazione diretta è esercitata dal Governo

La Pubblica Amministrazione diretta si divide in

- Centrale
- Periferica

L'amministrazione diretta centrale. Gli organi dell'amministrazione diretta centrale esercitano la loro attività su tutto il territorio nazionale. Fra questi, ricordiamo:

- il Presidente del Consiglio;
- il Consiglio dei ministri;
- i ministeri.

Abbiamo già analizzato nel capitolo C2 il ruolo politico-istituzionale del Governo; adesso, invece, approfondiamo le competenze amministrative degli organi che lo compongono.

Il Presidente del Consiglio e il Consiglio dei ministri. Il *Presidente del Consiglio* «mantiene l'unità di indirizzo politico e amministrativo, promuovendo e coordinando l'attività dei ministri» (art. 95 Cost.). Nello svolgimento delle sue funzioni, il Presidente del Consiglio si avvale di una struttura organizzativa propria e articolata.

Il Presidente del Consiglio e il Consiglio dei ministri hanno poteri di indirizzo e coordinamento

Il *Consiglio dei ministri* è titolare della funzione di indirizzo politico e di quella normativa e, in questo contesto, ha poteri di indirizzo e di coordinamento.

Il Presidente del Consiglio e il Consiglio dei ministri sono competenti in materia di:

- ordine pubblico e alta amministrazione;
- approvazione dei regolamenti governativi;
- politica internazionale;
- annullamento, su parere del Consiglio di Stato, degli atti della PA in contrasto con l'ordinamento giuridico;
- nomine, revoche e dispense dal servizio dei funzionari pubblici di grado più elevato (ambasciatori, consiglieri di stato, direttori generali dei ministeri).

I ministeri. Come si è visto, i ministri sono a capo di un particolare settore dell'amministrazione chiamato *ministero*, o *dicastero*, del cui andamento sono responsabili.

I ministeri hanno una struttura gerarchica con al vertice il ministro

Attualmente lo Stato italiano svolge la sua attività amministrative a livello centrale attraverso l'azione di 13 ministeri: Affari esteri; Interno; Economia e finanze; Giustizia; Difesa; Istruzione, università e ricerca; Politiche agricole; Sviluppo economico; Infrastrutture e trasporti; Lavoro e politiche sociali (Welfare); Ambiente; Beni culturali e turismo; Salute.

Tutti i ministeri hanno una struttura organizzativa a piramide, al cui vertice sta il ministro e in cui gli organi sono disposti dall'alto verso il basso lungo una scala gerarchica.

Nella sua qualità di titolare del vertice della gerarchia, il Ministro deve provvedere a:

- emanare i decreti ministeriali nelle materie di competenza del dicastero: questi decreti vincolano non solo i gradi inferiori dell'amministrazione, ma anche tutti i cittadini interessati;
- organizzare gli uffici del ministero con regolamenti interni e circolari, che sono efficaci solo all'interno del singolo ministero;
- promuovere, ed eventualmente punire, i pubblici impiegati facenti parte del ministero.

Va ribadito che l'art. 95 Cost. stabilisce che i ministri sono responsabili «individualmente degli atti dei loro dicasteri». Ogni ministro viene affiancato nella gestione del dicastero sia da uno (o più) *sottosegretari*, che possono ricevere un'espressa delega dal ministro in relazione a singoli gruppi di affari, sia dal *Gabinetto del ministro* che si compone di una serie di uffici che operano in stretto collegamento con il ministro stesso.

I ministeri si articolano in *Dipartimenti* (o *Direzioni generali*), che operano sotto la direzione di un alto dirigente e che, in base al decentramento a piramide, sono ulteriormente suddivisi in uffici, ognuno dei quali svolge specifiche attività amministrative; per esempio, il *Dipartimento della Protezione civile* fa parte del Ministero dell'interno.

Ministeri

- Ministro degli affari esteri
- Ministro dell'interno
- Ministro dell'economia e delle finanze
- Ministro della giustizia
- Ministro della difesa
- Ministro dell'istruzione, università e ricerca
- Ministro delle politiche agricole
- Ministro dello sviluppo economico
- Ministro delle infrastrutture e trasporti
- Ministro del lavoro e delle politiche sociali (Welfare)
- Ministro dell'ambiente
- Ministro dei beni e delle attività culturali e del turismo
- Ministro per la salute

Ministri senza portafoglio

I principali organi della Pubblica Amministrazione diretta centrale sono

- Il Presidente del Consiglio
- Il Consiglio dei ministri
- I ministeri

L'amministrazione diretta periferica. L'attività amministrativa governativa può essere decentrata in periferia. Il decentramento consente la presenza dello Stato nelle varie zone del Paese, appunto «in periferia». Col decentramento l'amministrazione centrale conferisce determinate attribuzioni a organi periferici, che continuano a dipendere gerarchicamente da essa.

Gli organi periferici hanno competenza in determinate circoscrizioni, che rappresentano parti del territorio statale.

L'amministrazione diretta periferica è composta da organi aventi competenza generale e da organi aventi competenza particolare.

La Pubblica Amministrazione diretta periferica è composta da

- Organi periferici con competenza generale
- Organi periferici con competenza particolare

Gli organi periferici con competenza generale. Gli organi periferici hanno competenza generale quando rappresentano il Governo nella sua interezza (e non un singolo ministero in particolare).

Sono organi dell'amministrazione diretta periferica con competenza generale il Presidente della Giunta regionale, il Sindaco e il Prefetto.

Gli organi periferici hanno competenza generale quando rappresentano l'intero Governo

Il Presidente della Giunta regionale. Il Presidente della Giunta regionale rappresenta la Regione e ne dirige l'attività. Oltre a dirigere le funzioni amministrative proprie della Regione, il Presidente «dirige le funzioni amministrative delegate dallo Stato alla Regione, conformandosi alle istruzioni del Governo della Repubblica» (art. 121 Cost.).

Il Presidente della Giunta regionale riveste un duplice ruolo perché, oltre a essere un organo amministrativo, è anche a capo della Regione (come vedremo nel capitolo D2).

Il Sindaco. Anche il Sindaco riveste un duplice ruolo perché è sia un organo dell'amministrazione diretta periferica, sia la persona eletta direttamente dai cittadini a capo del Comune.

I Comuni sono titolari sia «di funzioni amministrative proprie» sia di «quelle conferite con legge statale o regionale» (**art. 118 Cost.**): il Sindaco deve dirigerle entrambe.

Quando rappresenta il Governo centrale, il Sindaco:

- deve tenere e aggiornare i registri dello stato civile;
- è ufficiale dello stato civile e, in quanto tale, procede per esempio alla celebrazione dei matrimoni;
- deve vigilare sull'ordine pubblico;
- ha il potere di ordinanza in materia di edilizia, polizia locale e igiene.

Il Prefetto. Il Prefetto è un organo con competenza generale perché ha il compito di far eseguire nella Provincia le disposizioni di tutti i ministeri. Il Prefetto è a capo dell'*Ufficio territoriale del Governo* istituito in ogni capoluogo di Provincia.

Il Prefetto deve far eseguire nella Provincia le disposizioni di tutti i ministeri

Il Prefetto è nominato dal Consiglio dei ministri su proposta del Ministro dell'interno; fra le sue competenze ricordiamo che:

- deve dirigere l'attività amministrativa della Provincia in base alle direttive governative;
- può inviare commissari presso le amministrazioni di enti autonomi al fine di garantirne il regolare funzionamento (in casi limite può anche proporne lo scioglimento al Governo);
- può disporre della forza pubblica per tutelare la pubblica sicurezza; il Prefetto, in particolari casi di urgenza, ha il potere di adottare tutti i provvedimenti che ritiene necessari per garantire l'interesse pubblico.

Un film

Il prefetto di ferro

Negli anni Venti il regime fascista invia il Prefetto Mori a Palermo per combattere la mafia

Regia: Pasquale Squitieri, Italia, 1977

Attori: Giuliano Gemma, Stefano Satta Flores, Claudia Cardinale, Francisco Rabal

Durata: 110 minuti

Il prefetto di ferro è Cesare Mori (Giuliano Gemma), noto per la sua inflessibilità nel tutelare lo Stato e la Legge, che nel 1925 il regime fascista manda a Palermo come Prefetto dotato di eccezionali poteri per combattere la mafia.

Con l'appoggio del maggiore Spanò dei Carabinieri (Stefano Satta Flores), Mori si presenta nel capoluogo siciliano con tutta la sua durezza: quando una famiglia intera viene sterminata per impaurirlo, Mori reagisce affrontando personalmente e uccidendo un boss locale.

In possesso di numerosi indizi, ma impossibilitato ad agire legalmente per la mancanza di prove, il Prefetto decide di spaventare i mafiosi e nello stesso tempo di ridare al popolo un po' di fiducia nello Stato. Conduce personalmente un'importante azione di repressione del brigantaggio nel paese di Gangi dove, per snidare i briganti dai rifugi sotterranei, ricorre all'assedio e alla chiusura delle condotte d'acqua.

La vittoria sui briganti, culminata con l'arresto e il suicidio di Don Calogero Albanese spinge Mori a rivolgersi contro i «gentiluomini», cioè la mafia più potente. L'irruzione in uno studio notarile gli procura documenti che porterebbero all'arresto di un famoso federale fascista. A questo punto, però, Mori è diventato troppo scomodo per il regime fascista, che lo nomina senatore trasferendolo a Roma. Promosso e rimosso.

Tratto dall'omonimo romanzo di Arrigo Petacco, *Il prefetto di ferro* vinse nel 1978 il Premio David di Donatello come miglior film.

Nello svolgimento delle sue funzioni, il Prefetto si avvale della *Conferenza permanente*, da lui presieduta, che è composta dai responsabili delle strutture periferiche dello Stato.

Gli organi periferici con competenza particolare. Gli organi periferici hanno competenza particolare quando dipendono dai singoli ministeri e svolgono, a livello locale, solo le attività specifiche di quel dicastero.

Gli organi periferici con competenza particolare dipendono dai singoli ministeri e svolgono, a livello locale, solo le attività di quel dicastero

Fra questi ricordiamo:

- la *Questura*, che dipende dal Ministero dell'interno, è un ufficio provinciale di pubblica sicurezza col compito di provvedere all'ordine pubblico (insieme al Prefetto);
- l'*Agenzia delle entrate*, che dipende dal Ministero dell'economia e finanze, è l'organo provinciale a cui compete, fra l'altro, il controllo sulla riscossione dei tributi;
- l'*Ufficio scolastico provinciale*, che dipende dal Ministero dell'istruzione, è responsabile di tutta l'amministrazione scolastica pubblica a livello provinciale (va detto che oggi gli Uffici scolastici provinciali sono stati accorpati negli Uffici scolastici regionali).

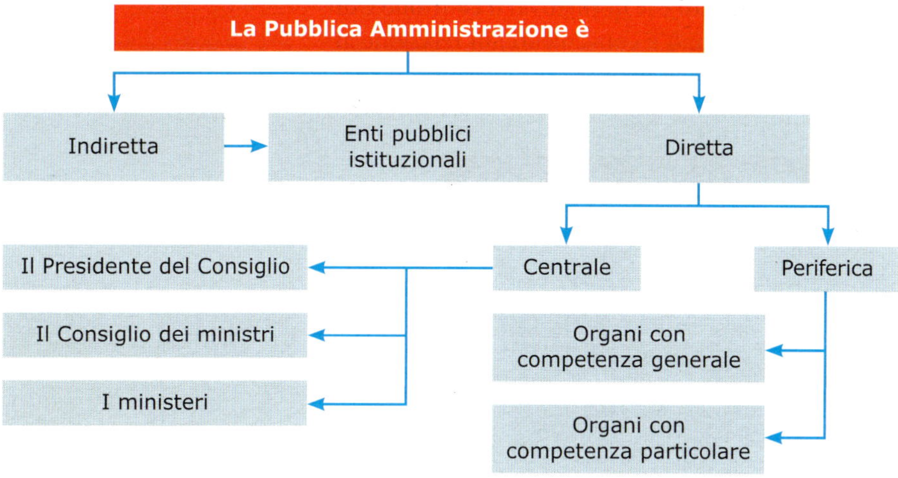

4 Organi attivi, consultivi e di controllo

Rispetto alla funzione esercitata, gli organi della PA si dividono in organi attivi, consultivi e di controllo.

Gli organi attivi. Gli organi che abbiamo visto finora (il Governo, i ministeri e i loro organi periferici) sono *organi attivi*, perché hanno la funzione di agire per raggiungere quei fini pubblici che caratterizzano l'azione amministrativa dello Stato.

Gli organi attivi agiscono per raggiungere interessi pubblici

Gli organi consultivi. Gli *organi consultivi* formulano pareri preventivi per gli organi attivi. Attraverso il parere, l'organo consultivo esprime il proprio punto di vista su una determinata questione.

Gli organi consultivi formulano pareri preventivi solo su esplicita richiesta degli organi attivi

È importante precisare che gli organi consultivi:

- possono agire solo su esplicita richiesta degli organi attivi, senza prendere alcuna iniziativa al riguardo;
- formulano pareri preventivi, che devono quindi precedere sempre l'emanazione dell'atto.

I pareri degli organi consultivi possono essere facoltativi, obbligatori e vincolanti.

Un parere è *facoltativo* quando l'organo attivo è libero di richiederlo (o meno) e, una volta richiesto, è libero di seguirlo (o meno).

Un parere è *obbligatorio* quando l'organo attivo è tenuto per legge a richiederlo all'organo consultivo, ma poi può anche agire diversamente.

Un parere è *vincolante* quando l'organo attivo non solo ha l'obbligo di richiederlo, ma deve poi anche conformarsi alle indicazioni espresse dall'organo consultivo.

Un'altra distinzione è quella fra:

- i *pareri di legittimità*: quando l'organo consultivo si limita a verificare che vi sia corrispondenza tra l'atto e le norme vigenti;
- i *pareri di merito*: quando l'organo consultivo, oltre a verificare la legittimità, accerta se l'atto è opportuno, cioè stabilisce se l'atto è conforme al principio della buona amministrazione e all'interesse pubblico.

Tra gli organi consultivi, nel prossimo paragrafo, analizziamo il Consiglio di Stato e il Cnel (Consiglio nazionale dell'economia e del lavoro).

Gli organi di controllo. Gli *organi di controllo* devono vigilare sull'operato degli organi attivi. È possibile distinguere i seguenti tipi di controllo:

Gli organi di controllo vigilano sull'operato degli organi attivi

- *preventivo* e *successivo*: a seconda che il controllo venga effettuato prima o dopo l'adozione dell'atto;
- *di legittimità* e *di merito*: il controllo è di legittimità quando l'organo di controllo si limita a riscontrare la corrispondenza tra l'atto e le normativa; il controllo è di merito quando si controlla se l'atto è opportuno e conveniente, in relazione al principio di «buon andamento» della PA stabilito dall'art. 97 Cost.

Fra gli organi di controllo, nel prossimo paragrafo, analizziamo la Corte dei conti.

Gli organi della Pubblica Amministrazione si dividono in

- Attivi
- Consultivi
- Di controllo

5 Il Consiglio di Stato, il Cnel e la Corte dei conti

Il Consiglio di Stato. L'art. 100 Cost. stabilisce che «il Consiglio di Stato è organo di consulenza giuridico-amministrativa e di tutela della giustizia nell'amministrazione». Il Consiglio di Stato, in materia amministrativa, esercita sia una funzione consultiva sia una funzione giurisdizionale (di cui ci occuperemo nel capitolo D4).

Approfondiamo la *funzione consultiva* del Consiglio di Stato.

La funzione consultiva. I pareri forniti dal Consiglio di Stato al Governo comprendono sia la legittimità sia il merito.

I pareri forniti dal Consiglio di Stato al Governo comprendono sia la legittimità sia il merito

Oltre a verificarne la legittimità, il Consiglio di Stato stabilisce l'opportunità e la convenienza di un atto amministrativo, e può spingersi fino a proporre una soluzione diversa da quelle prospettate dal ministero che ha richiesto il parere.

I pareri facoltativi. Solitamente i pareri del Consiglio di Stato sono facoltativi.

I pareri obbligatori. I pareri del Consiglio di Stato sono obbligatori per:

- i regolamenti governativi, che devono essere approvati dal Consiglio dei ministri;
- l'annullamento d'ufficio degli atti amministrativi illegittimi;
- i decreti di riconoscimento delle persone giuridiche.

I pareri vincolanti. Fra i pochi pareri vincolanti, va ricordato il caso del riacquisto della cittadinanza, che può avvenire solo se esiste un parere conforme del Consiglio di Stato. Anche se raramente esprime pareri vincolanti, il Consiglio di Stato è un organo autorevole e il Governo tende a conformarsi alle sue indicazioni, pur non essendovi tenuto.

Il Consiglio di Stato esercita

- Funzione consultiva
  - Formula pareri (di legittimità e di merito)
    - Facoltativi
    - Obbligatori
    - Vincolanti
- Funzione giurisdizionale

> L'Avvocatura dello Stato assiste legalmente la PA

L'Avvocatura dello Stato. L'Avvocatura dello Stato svolge un'attività di assistenza legale a favore della PA. L'*Avvocatura dello Stato* è costituita da un gruppo di legali, che forniscono consulenza alle amministrazioni statali e provvedono alla loro difesa in giudizio.

L'Avvocatura dello Stato è posta alle dirette dipendenze della Presidenza del Consiglio dei ministri, e si compone:

- dell'Avvocatura generale dello Stato con sede a Roma;
- delle Avvocature distrettuali, dislocate una per ogni sede di Corte d'appello.

> Il Cnel è un organo consultivo in materia di politica economica e di legislazione sul lavoro

Il Cnel. Il *Consiglio nazionale dell'economia e del lavoro* (Cnel) è composto da 111 membri nominati dalle varie categorie produttive a cui appartengono (lavoratori dipendenti, lavoratori autonomi e imprenditori).

Il Cnel è un «organo di consulenza delle Camere e del Governo» (art. 99 Cost.), che deve dare pareri in materia di politica economico-sociale e su questioni riguardanti il mondo del lavoro. Va precisato che i pareri del Cnel sono facoltativi e non vincolanti.

Il Cnel può condurre studi e indagini nelle materie di sua competenza; questi studi possono poi trasformarsi in proposte, in grado di agevolare il compito del Parlamento nell'approvazione delle leggi riguardanti i settori dell'economia e del lavoro.

> Il Cnel possiede l'iniziativa legislativa, ma l'ha esercitata raramente

Il Cnel possiede l'iniziativa legislativa ma, come sappiamo, raramente ha esercitato questa prerogativa.

Secondo l'Assemblea costituente, il Cnel doveva essere una sede istituzionale dove potevano incontrarsi le varie categorie produttive per affrontare i loro problemi; in realtà tali confronti si svolgono in altre sedi e con criteri più informali (basta pensare a come avviene la contrattazione sindacale).

La Corte dei conti. La Corte dei conti, in materia amministrativa, esercita sia una funzione di controllo contabile sia una funzione giurisdizionale (di cui ci occuperemo nel capitolo D4).

Approfondiamo la funzione di controllo contabile della Corte dei conti.

La Corte dei conti esercita un controllo preventivo di legittimità sugli atti del Governo, un controllo successivo sulla gestione del bilancio dello Stato e un controllo sugli enti pubblici.

> La Corte dei conti esercita un controllo preventivo di legittimità sugli atti del Governo

Il controllo sugli atti del Governo. In base all'art. 100 Cost., «la Corte dei conti esercita il controllo preventivo di legittimità sugli atti del Governo». Tutti i più importanti atti amministrativi del Consiglio dei ministri e dei ministri devono essere verificati dalla Corte dei conti, prima di diventare efficaci; la Corte dei conti deve limitarsi a un controllo di legittimità, senza entrare nel merito dell'atto. Se trova l'atto conforme alla legge, la Corte dei conti provvede alla sua «registrazione» che dà efficacia all'atto.

Se invece ritiene che l'atto sia illegittimo, la Corte dei conti lo rinvia al Governo (con la motivazione), perché sia modificato in conformità alla legge. Se intende emanare ugualmente l'atto, il Governo ha la facoltà di ordinare alla Corte dei conti la registrazione «con riserva», e l'atto diventa efficace. La registrazione «con riserva» avviene sotto la responsabilità politica del Governo, che dovrà poi renderne conto al Parlamento.

Il controllo sul bilancio dello Stato. La Corte dei conti esercita un controllo «successivo sulla gestione del bilancio dello Stato» (art. 100 Cost.). Entro il 31 maggio dell'anno successivo alla gestione del bilancio, il Ministro dell'economia e delle finanze presenta alla Corte dei conti il *Rendiconto generale dello Stato* e, se non trova irregolarità, la Corte dei conti procede entro il 30 giugno al *giudizio di parificazione*, relativo sia alla legittimità sia al merito.

Per esempio, prendendo in esame il bilancio dello Stato del 2020, entro il 31 maggio 2021 il Ministro dell'economia e delle finanze deve presentare il *Rendiconto generale dello Stato del 2020* e, se non trova irregolarità, la Corte dei conti entro il 30 giugno 2021 procede al giudizio di parificazione del bilancio relativo all'anno 2020 (come vedremo nel capitolo E2).

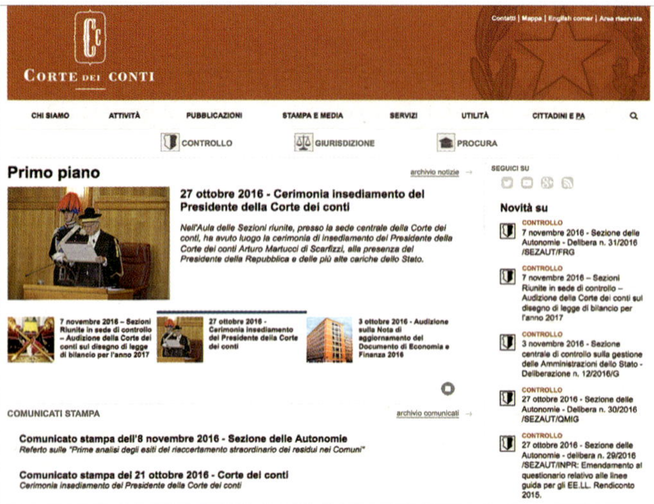

Home-page del sito della Corte dei conti.

Una lettura

Il cappotto di Nikolaj Vasil'evič Gogol

Un modesto burocrate, umiliato e deriso dai colleghi d'ufficio, è in difficoltà perché deve comprarsi un nuovo cappotto

Nikolaj Gogol, in un dipinto del 1840.

Il russo Nikolaj Vasil'evič Gogol (1809-1851) è uno dei «grandi» della letteratura dell'Ottocento. La sua opera è caratterizzata da una grande fantasia e da un'ironia talvolta irresistibile.

Nel 1843 Gogol scrive *Il cappotto*, che ha come protagonista l'impiegato Akakij Akakievič Bašmačkin, umile personaggio che, costretto a vivere con il misero stipendio da burocrate, si trova in difficoltà nel momento in cui è costretto a comprarsi un nuovo cappotto, visto che il vecchio è talmente liso da non essere più utilizzabile. L'arrivo del nuovo soprabito rappresenta una gioia immensa per Akakij Akakievič che pare guadagnare il rispetto di quei colleghi e di quei superiori che prima lo infastidivano quasi ferocemente. La gioia è di breve durata, perché il protagonista viene derubato del cappotto. Disperato, dopo aver cercato invano giustizia nei superiori, Akakij Akakievič finirà per morire di freddo.

«Così, in un dipartimento prestava servizio un impiegato: non si può dire che fosse un impiegato molto ragguardevole: di statura era piccolino, era un po' butterato, un po' rossiccio, persino (a vederlo) un po' miope, con una piccola calvizie sulla fronte, con rughe sulle due guance e con quel colore del volto che si chiama emorroidale [...]. Il cognome di questo funzionario era: Basmackin. Il suo nome era: Akakij Akakievic [...].

I direttori e i capi-ufficio di ogni genere l'hanno sempre visto allo stesso posto, nella stessa posizione, nello stesso ufficio: sempre funzionario di scrittura. Tanto che in seguito affermarono che egli era come se fosse nato bell'e pronto, con la sua divisa e la calvizie in fronte. Nel dipartimento non gli mostravano alcun rispetto. I custodi non solo non si alzavano quando egli passava, ma non lo guardavano neppure, come se per l'ingresso volasse una semplice mosca. I capi si comportavano con lui in un modo che era freddamente dispotico. [...]. Akakij Akakievic da qualche tempo aveva cominciato a sentire che il freddo lo mordeva in modo particolarmente forte alla schiena e alle spalle [...]. Gli venne finalmente l'idea che ciò dipendesse da un qualche difetto del cappotto. Dopo averlo attentamente esaminato, a casa, scoprì che in due o tre posti, proprio sulla schiena e le spalle, esso era diventato come una carta velina: il tessuto era liso a tal punto da essere trasparente, e l'imbottitura era uscita fuori. È opportuno sapere che anche il cappotto di Akakij Akakievic costituiva un oggetto di scherzo per gli impiegati; gli avevano persino tolto il nobile nome di cappotto e lo chiamavano vestaglia [...]».

[N.V. Gogol, *Il cappotto*, Feltrinelli, Milano, 2008, pp. 5-12.]

Il controllo sugli enti pubblici. La Corte dei conti partecipa «al controllo sulla gestione finanziaria degli enti a cui lo Stato contribuisce in via ordinaria» (art. 100 Cost.).

Gli enti pubblici finanziati dallo Stato devono presentare i loro bilanci consuntivi alla Corte dei conti, che riferisce poi al Parlamento. In questo campo, il controllo della Corte dei conti non è solo formale ma investe l'intera gestione degli enti, e deve essere quindi sia di legittimità sia di merito.

6 Le autorità indipendenti

NUCLEI ESSENZIALI

Le *Authority*. A partire dagli anni Novanta del secolo scorso, sulla base dell'esperienza americana, in Italia è stato introdotto un modello di amministrazione completamente nuovo: le autorità indipendenti, conosciute come *Authority*.

Le *Authority* devono vigilare su delicati settori socio-economici

Le *Authority* sono organismi formati da poche persone, nominate dal Parlamento o dal Presidente della Repubblica, che hanno il compito di vigilare in modo imparziale su delicati settori della vita sociale ed economica del nostro Paese; le *Authority* devono assicurare il rispetto delle regole e della correttezza da parte di tutti gli operatori del settore interessato. Con l'introduzione delle *Authority* la struttura organizzativa della PA è stata in parte modificata, perché compiti rilevanti sono stati attribuiti a soggetti indipendenti dal Governo.

Le *Authority* dispongono di ampi poteri di controllo e di sorveglianza, che possono arrivare fino all'erogazione di sanzioni notevoli. L'efficacia dell'azione è agevolata dalla snellezza dell'*Authority* stessa che, come detto, è formata da poche persone.

Le principali *Authority*. Le *Authority* sono numerose e sono presenti in diversi settori; fra le principali autorità indipendenti ricordiamo:

Le *Authority* sono numerose e sono presenti in diversi settori

- l'*Autorità garante della concorrenza e del mercato* (Autorità *antitrust*), che si occupa della libertà di concorrenza e della corretta applicazione delle leggi che la tutelano;
- l'*Autorità per le garanzie nelle comunicazioni* (Agcom), a cui sono affidati compiti di regolamentazione del settore radio-televisivo a tutela del pluralismo informativo, dell'obiettività e della completezza dell'informazione;
- il *Garante per la protezione dei dati personali*, che vigila sulla corretta applicazione delle norme a tutela della privacy;
- la *Commissione nazionale per le società e la borsa* (Consob), che deve controllare il funzionamento dei mercati finanziari e della Borsa;
- l'*Istituto per la vigilanza sulle assicurazioni* (Ivass), che ha funzioni di controllo sulle imprese assicurative;

- l'*Autorità di regolazione per Energia Reti e Ambiente* che, oltre a regolare l'attività delle imprese che erogano energia elettrica e gas, vigila sul rispetto della qualità dei servizi e sulla trasparenza del sistema tariffario;
- la *Commissione di garanzia per l'attuazione della legge sullo sciopero nei servizi pubblici essenziali*, che ha la funzione di controllare l'esercizio del diritto di sciopero alla luce dei limiti previsti dalla normativa sui servizi pubblici essenziali;
- l'*Autorità nazionale anticorruzione*, che ha la delicata funzione di prevenire la corruzione nell'ambito delle società partecipate e controllate dalla PA, mediante l'attività di vigilanza dei contratti pubblici, degli incarichi e di ogni atto pubblico che potenzialmente possa sviluppare fenomeni corruttivi (approfondiremo l'argomento nel capitolo D3).

Va ricordato che la legge n. 114 del 2014 stabilisce che i componenti delle autorità indipendenti «alla cessazione dall'incarico, non possono essere nuovamente nominati componenti di una autorità indipendente, a pena di decadenza, per un periodo pari a cinque anni».

Le *Authority*: un rischio per la democrazia? Le *Authority* sono dotate di autonomia organizzativa e sono indipendenti dal Governo. Esse non appartengono all'organizzazione dei ministeri, non sono formate da funzionari dello Stato, ma da esperti specializzati nei particolari settori in cui operano.

Alcuni giuristi sottolineano che l'eccessiva ampiezza dei poteri delle *Authority* può rappresentare un rischio per il sistema democratico.

Le domande al riguardo sono diverse:

- come giustificare gli eccessivi poteri delle *Authority* rispetto al principio di legalità?
- poiché le *Authority* non rispondono al Governo, a chi rispondono?
- come conciliare l'esistenza delle *Authority* con i princìpi dello Stato sociale?
- è giusto che le *Authority* non abbiano alcun legame (diretto o indiretto) col corpo elettorale?

7 I beni pubblici

NUCLEI ESSENZIALI

Beni privati e pubblici. Come si è visto nel Volume primo, «la proprietà è pubblica o privata. I beni economici appartengono allo Stato, a enti o a privati» (art. 42 Cost.).

«La proprietà privata è riconosciuta e garantita dalla legge», mentre sono pubblici quei beni che appartengono allo Stato e agli enti autonomi territoriali (Regioni, Comuni, Province e Città metropolitane).

I beni pubblici. Per svolgere la sua attività, la PA necessita non solo di risorse umane ma anche di mezzi materiali, rappresentati dai *beni pubblici*.

La PA utilizza i beni pubblici per svolgere la sua attività

La PA utilizza due tipologie di beni:

- i beni demaniali;
- i beni patrimoniali.

I beni pubblici si dividono in

- Beni demaniali
- Beni patrimoniali

La spiaggia appartiene al demanio necessario, cioè a quella categoria di beni che possono appartenere solo allo Stato. Nella foto, uno scorcio della Costa Paradiso, in Sardegna.

I beni demaniali. Sono demaniali i beni appartenenti allo Stato o agli enti autonomi territoriali, che soddisfano gli interessi pubblici.

I beni demaniali sono inalienabili e imprescrittibili

Secondo l'art. 823 c.c. i *beni demaniali* sono:

- «inalienabili e non possono formare oggetto di diritti a favore di terzi», cioè questi beni non possono essere trasferiti ad altri;
- «imprescrittibili» perché il diritto di proprietà dello Stato non si estingue nonostante il protratto inutilizzo per lungo tempo; in altre parole, i beni demaniali non possono essere oggetto di usucapione.

Come vedremo nel capitolo D3, accade frequentemente che la PA attribuisca a un privato l'uso esclusivo di un bene demaniale dandolo in concessione; per esempio lo Stato può riconoscere a un privato, dietro pagamento di un canone, la possibilità di aprire uno stabilimento balneare su un tratto di spiaggia. Va ricordato che la concessione è sempre revocabile se sussiste un interesse pubblico.

I beni demaniali vengono, a loro volta, divisi in demanio necessario e demanio accidentale.

Il demanio necessario. I beni del *demanio necessario* possono appartenere solo allo Stato; si tratta di beni che, per la loro natura, soddisfano esclusivamente interessi pubblici.

I beni del demanio necessario possono appartenere solo allo Stato

Fanno parte del demanio necessario:

- il *demanio marittimo* che è costituito dalla spiaggia, dai porti, dal lido del mare e dalle lagune;
- il *demanio militare* che comprende le opere destinate alla difesa nazionale, come le caserme;
- il *demanio idrico* rappresentato dai fiumi, dai laghi e dai torrenti.

Il demanio accidentale. I beni del *demanio accidentale* possono appartenere anche a privati, perché possono soddisfare interessi sia pubblici sia privati.

I beni del demanio accidentale possono appartenere anche a privati

Fanno parte del demanio accidentale:

- il *demanio stradale* che comprende le strade e le autostrade;
- il *demanio ferroviario* costituito dalle strade ferrate e dalle loro pertinenze;
- il *demanio aeronautico* rappresentato dagli aeroporti destinati al traffico civile;
- il *demanio artistico-culturale* che comprende, fra l'altro, i musei, le pinacoteche e le biblioteche.

Un museo appartiene al demanio accidentale. Nella foto, una sala della Galleria degli Uffizi, Firenze.

I beni patrimoniali. A differenza dei beni demaniali, i beni patrimoniali sono alienabili e prescrittibili.

I beni patrimoniali sono alienabili e prescrittibili

I *beni patrimoniali* si dividono in beni patrimoniali indisponibili e beni patrimoniali disponibili.

I beni patrimoniali indisponibili. I beni patrimoniali indisponibili (per la loro appartenenza a un ente pubblico o per la loro destinazione a un servizio pubblico o per disposizione di legge) non possono essere alienati finché vengono destinati a scopi pubblici. Sono *beni patrimoniali indisponibili* le miniere, le cave, le foreste, le torbiere, gli aeroporti militari e le navi da guerra. In altri termini, i beni patrimoniali indisponibili non possono essere sottratti alle loro destinazioni.

I beni patrimoniali indisponibili possono essere venduti ai privati purché sia mantenuta la destinazione iniziale

A differenza dei beni demaniali, i beni patrimoniali indisponibili possono essere venduti ai privati; è però necessario seguire procedure complesse e mantenerne la destinazione iniziale; per esempio, lo Stato può vendere una cava a un privato, che deve però continuare a utilizzarla come tale.

I beni patrimoniali disponibili. I beni patrimoniali disponibili sono posseduti dalla PA a titolo di proprietà privata, senza che esistano particolari vincoli alla loro alienazione. Vi rientrano, per esclusione, tutti i beni non compresi nei beni demaniali o nei beni patrimoniali indisponibili.

I beni patrimoniali disponibili possono essere liberamente alienati

Lo Stato e gli enti autonomi territoriali possono liberamente disporre dei *beni patrimoniali disponibili* (mobili e immobili). Per esempio, se il Comune di Rovigo è proprietario di una sedia, è libero di venderla o di utilizzarla in posti diversi, perché la sedia non fa parte né dei beni demaniali né dei beni patrimoniali indisponibili.

A questo proposito va ricordato che, a partire dagli anni Novanta, il nostro Paese ha avviato un processo di privatizzazione dei beni pubblici.

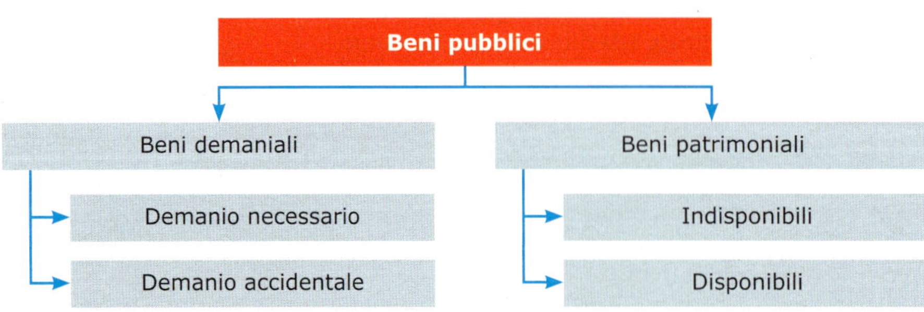

Il federalismo demaniale. Un decreto legislativo del 2010 prevede il cosiddetto *federalismo demaniale*, con cui lo Stato può trasferire alcuni beni demaniali agli enti autonomi territoriali che ne abbiano fatto richiesta. Gli enti autonomi territoriali devono utilizzare e valorizzare questi beni nell'interesse della collettività.

Va precisato che alcuni beni, per la loro natura, non possono essere trasferiti agli enti autonomi (demanio marittimo, idrico e stradale).

8 La Pubblica Amministrazione digitale

NUCLEI ESSENZIALI

Il *Codice dell'Amministrazione digitale*. Il decreto legislativo 26 agosto 2016, n. 179, *Modifiche ed integrazioni del Codice dell'Amministrazione digitale* [...] (d'ora in poi decreto legislativo n. 179 del 2016) istituisce il nuovo *Codice dell'Amministrazione digitale* (introdotto inizialmente nel 2005), che costituisce il pilastro su cui si basa il rinnovamento della PA.

Per rendere più efficiente la PA non si può prescindere dall'innovazione informatica e telematica. La PA è molto cambiata in questi ultimi anni. I motori di questo cambiamento sono state le reti telematiche, l'informatica e internet. Eppure c'è ancora molto da fare: spesso l'innovazione tecnologica si è solo affiancata ai vecchi sistemi, e i computer convivono con i timbri e i raccoglitori d'archivio.

Il *Codice dell'Amministrazione digitale* (CAD) rende obbligatoria l'innovazione della PA: da una parte offrendo ai cittadini il diritto di interagire con qualsiasi amministrazione attraverso internet, posta elettronica e reti, dall'altra stabilendo che la PA deve organizzarsi in modo da rendere sempre disponibili tutte le informazioni in modalità digitale.

Una costituzione digitale. Il CAD è una «costituzione» del mondo digitale, che stabilisce sia i diritti e i doveri sia i princìpi operativi per concretizzarli.

Il CAD incentiva l'innovazione informatica

Sulla base delle esperienze maturate in questi anni, il CAD introduce un insieme di innovazioni normative che vanno a incidere concretamente sui comportamenti delle amministrazioni e sulla qualità dei servizi resi. La riforma rende effettivi i diritti per i cittadini e le imprese, rende vincolanti gli obblighi per la PA e dà sicurezza agli operatori sulla validità, anche giuridica, dell'amministrazione digitale.

Il CAD incentiva l'innovazione informatica della PA. La riforma digitale deve essere «effettiva». A questo scopo si introducono misure premiali e sanzionatorie, favorendo le amministrazioni virtuose e sanzionando le amministrazioni inadempienti.

Gli strumenti della PA digitale. Fra gli strumenti della PA digitale ricordiamo la posta elettronica certificata, la firma digitale, il documento informatico, il fascicolo digitale, l'archivio digitale, i siti internet e le carte elettroniche.

La posta elettronica certificata. La *posta elettronica certificata* (PEC) è una e-mail che garantisce sia l'ora e la data di spedizione e di ricezione, sia la provenienza e l'integrità del contenuto. La sua efficacia è la stessa di una raccomandata con ricevuta di ritorno; costituisce una prova certa, costa molto meno e si può fare da casa.

La PEC è una e-mail che garantisce l'ora, la data di spedizione e il contenuto

Le amministrazioni possono comunicare, e trasmettere documenti tra loro in tempo reale; il CAD dà piena validità giuridica all'utilizzo della posta elettronica nella comunicazione tra uffici pubblici.

Ogni anno sono milioni i messaggi di posta elettronica, inviati sia tra le varie amministrazioni sia fra la PA e l'esterno, e si stima che ogni e-mail faccia risparmiare circa 15 euro rispetto a un messaggio di posta fisico. Il decreto legislativo n. 179 del 2016, riconoscendo piena validità giuridica alle comunicazioni per via telematica, pone le basi per una totale sostituzione della vecchia trasmissione cartacea.

La firma digitale. La *firma digitale* garantisce con sicurezza sia l'identificazione di chi firma sia la sua volontà di firmare, e sostituirà per sempre sigilli, punzoni e timbri. Per essere più sicura, la firma digitale deve essere certificata da un apposito ente, che risponde a determinati requisiti di legge e che si fa garante dell'affidabilità della firma stessa.

La firma digitale garantisce l'identificazione di chi firma.

D1
La Pubblica Amministrazione digitale

Siamo arrivati al 2020, il primo importante traguardo temporale che consente di tracciare alcuni bilanci, in relazione alle varie iniziative messe in campo nel settore della digitalizzazione delle pubbliche amministrazioni. In un settore così ampio è naturale che i risultati siano eterogenei, con apici di successo e progetti che faticano a ingranare. Vediamo qual è il punto della situazione, tra luci e ombre.

spid

Un progetto di grande successo è **SPID**, il **Sistema Pubblico di Identità Digitale**, che consente ai cittadini di accedere ai servizi online della PA con un'unica identità digitale. Il progetto ha raggiunto oltre 4000 amministrazioni centrali e locali con oltre 2,3 milioni di identità digitali rilasciate, in grande incremento rispetto al 2017. Un ulteriore aumento del suo uso arriverà dall'adesione a SPID di servizi molto comuni nella vita del cittadino, come la gestione dei rapporti previdenziali e fiscali attraverso i portali di INPS, INAIL e dell'Agenzia delle entrate.

La **fatturazione elettronica** (**FE**) è un progetto della PA trainante e innovativo, un esempio in cui il settore pubblico è stato precursore del privato che l'ha adottata a partire dal 2019.

Per quanto riguarda il progetto **Open Data**, ovvero i **dati pubblici messi a disposizione di cittadini** e imprese per il libero riuso secondo i paradigmi della trasparenza e dell'accesso ai dati prodotti dal settore pubblico, è già stato raggiunto e superato l'obiettivo previsto in termini di amministrazioni coinvolte (385 contro un target 2020 di 300). Appare invece in ritardo il progetto correlato del consolidamento dei **registri della popolazione locale** (**ANPR**): soltanto 99 dei 7 978 Comuni (target 2018) sono operativi nella banca dati nazionale, mentre altri 1000 sono in fase sperimentale.

pagoPA

Anche il progetto per i **pagamenti online PagoPA** è un progetto di successo che ha registrato un numero crescente di adesioni (anche se le transazioni sono ancora lontane dai target ipotizzati), e non solo per il pagamento delle multe ma per numerosi nuovi servizi come le tasse scolastiche.

Nome del progetto	Numero delle PPAA coinvolte (al 2018)	Target 2020
SPID	4000 PPAA	10 000 PPAA
Pago PA	13 018 PPAA attive e 7 348 599 transazioni effettuate	150 000 000 transazioni attese
Open Data	385 PPAA coinvolte	300 PPAA coinvolte
FE	22 780 PPAA coinvolte e presenti sull'indice delle PPAA	(non è previsto un target)
ANPR	99 PPAA (Comuni) coinvolti	7978 PPAA (Comuni)

PA: pubblica amministrazione PPAA: pubbliche amministrazioni
Fonte: *Netconsultingcube* su dati *AgID*, marzo 2018.

Il documento informatico. Il *documento informatico* ha la stessa validità del documento cartaceo e deve essere accettato da qualsiasi soggetto, pubblico o privato.

La PA deve gestire i documenti informatici, utilizzando:

- il protocollo elettronico, certo e non modificabile, che garantisce trasparenza e scoraggia i fenomeni di malcostume e di corruzione;
- l'archiviazione elettronica, che consente di risparmiare spazio (c'è una notevole differenza fra un faldone e un file!), e permette di rintracciare velocemente qualsiasi atto tra i milioni di documenti conservati dalla PA.

Il documento informatico ha la stessa validità del documento cartaceo

Il fascicolo digitale. Con il CAD nasce anche il fascicolo digitale. Le amministrazioni devono gestire i procedimenti utilizzando le nuove tecnologie, e possono raccogliere in un *fascicolo digitale* tutti gli atti relativi a un procedimento (anche se provenienti da amministrazioni diverse). In questo modo si accelerano i tempi e le procedure interne, con minori costi per la PA e maggiore trasparenza per i cittadini.

Il fascicolo digitale contiene tutti gli atti relativi a un procedimento: uno strumento prezioso in termini di velocità di ricerca delle informazioni, che occupa minori spazi d'archivio.

L'archivio digitale. Tutti i documenti digitali (atti, dati, scritture contabili, corrispondenza) devono essere conservati in *archivi digitali*. Grazie alla conservazione informatica si riducono i tempi e i costi di ricerca dei documenti, ma anche i costi di manutenzione degli archivi: processi più veloci, risparmi di spesa per le amministrazioni, notevole recupero di spazi prima occupati da ingombranti archivi cartacei.

I siti internet. I *siti internet* sono già presenti in tutte le amministrazioni, ma il CAD ne rende obbligatorie alcune caratteristiche: i siti pubblici devono essere accessibili da tutti (anche dai diversamente abili), chiari nel linguaggio, affidabili, semplici e omogenei tra loro. I siti internet diventano la porta privilegiata per entrare nella PA, e devono quindi riportare alcuni dati necessari per orientarsi: l'organigramma per sapere «chi» fa «cosa», gli indirizzi e-mail a cui rivolgersi per ogni necessità, la lista dei servizi forniti in rete e l'elenco dei procedimenti svolti da ciascun ufficio con il nome del responsabile.

Non bisogna più fare domande per vedere lo stato di una pratica, per sapere chi ne è il responsabile e quanto deve durare il procedimento: queste notizie devono essere a disposizione sul sito dell'amministrazione interessata.

Le carte elettroniche. Le *carte elettroniche* (carta di identità elettronica e carta nazionale dei servizi) non sono solo uno strumento di identificazione, ma permettono anche l'accesso ai servizi in rete della PA. A questo proposito, va ricordato che vengono introdotti nuovi strumenti di pagamento elettronici (carte di credito, carte di debito, carte prepagate) per facilitare le riscossioni della PA.

Le carte elettroniche permettono l'accesso ai servizi in rete della PA

Gli strumenti della Pubblica Amministrazione digitale

- La posta elettronica certificata
- La firma digitale
- Il documento informatico
- Il fascicolo digitale
- L'archivio digitale
- I siti internet
- Le carte elettroniche

I nuovi diritti digitali. Questi strumenti digitali hanno fatto nascere nuovi diritti sia per i cittadini sia per le imprese, che hanno il diritto di usare le moderne tecnologie informatiche in tutti i rapporti con la PA. Non sarà più possibile per un'amministrazione obbligare i cittadini a recarsi agli sportelli per presentare documenti cartacei, per firmare fisicamente domande o per fornire chiarimenti. Per tutto questo deve essere sempre disponibile un canale digitale sicuro, certificato e con piena validità giuridica, che permetta a chiunque di dialogare con la PA dal proprio computer.

I dati vanno forniti una sola volta. La PA non può richiedere informazioni di cui già dispone: il cittadino deve fornire una sola volta i propri dati.

Per questo motivo, le amministrazioni devono possedere aggiornate banche dati, in modo che le informazioni siano accessibili da parte di tutte le amministrazioni.

La PA non può richiedere informazioni di cui già dispone

La comunicazione con la PEC. I cittadini e le imprese hanno il diritto di utilizzare la PEC per ricevere (o inviare) le comunicazioni dalla (o alla) PA. Le comunicazioni e i documenti ricevuti in questo modo avranno piena validità giuridica, anche verso altre persone o imprese. La PEC diventa il mezzo più veloce, sicuro e valido per comunicare con la PA.

La sicurezza digitale. La PA deve garantire la *sicurezza digitale*. In particolare, deve predisporre appositi piani di emergenza idonei ad assicurare, in caso di eventi disastrosi, la continuità delle operazioni indispensabili e il ritorno alla normale operatività.

Il giudizio dei cittadini. Il CAD si preoccupa anche di monitorare il livello di gradimento dei cittadini sui servizi internet (*customer satisfaction*). A questo proposito, la PA deve adottare strumenti idonei alla rilevazione del giudizio dei propri «clienti» sui servizi online.

La PA digitale deve funzionare meglio... La PA digitale deve essere più *efficace*, cioè deve migliorare la qualità e la quantità dei servizi resi ai cittadini.

Le singole amministrazioni cooperano tra loro e costituiscono una rete integrata. Il CAD lega strettamente l'utilizzo delle nuove tecnologie a una maggiore efficacia dell'attività amministrativa. Non basta informatizzare: bisogna migliorare le modalità d'accesso ai servizi per l'utenza. L'innovazione tecnologica deve essere chiaramente orientata a una maggiore efficacia nei servizi resi ai cittadini e alle imprese.

La PA digitale deve essere più efficace e più efficiente

...e deve costare meno. La PA digitale deve anche essere più *efficiente*, cioè deve essere in grado di ridurre i costi a parità di servizi resi alla collettività.

La PA deve utilizzare le tecnologie in modo da razionalizzare e semplificare i procedimenti amministrativi, le attività gestionali, la modulistica e così via. La PA da tempo spende cifre considerevoli in nuove tecnologie tanto che, già nel 2005, il 90% dei dipendenti aveva la possibilità di un posto di lavoro in rete. Purtroppo, finora, tale sforzo non è stato accompagnato da un incremento di efficienza, e quindi da un risparmio nelle risorse impiegate. Il CAD pone le condizioni per realizzare una PA che sia più efficiente ed elimini gli sprechi: una PA che costi meno.

La PA digitale deve quindi essere più efficace e più efficiente. Speriamo...

Non si può essere cittadini digitali senza una Pubblica Amministrazione digitalizzata.

SINTESI

I principi costituzionali in materia amministrativa

- La **Pubblica Amministrazione (PA)** (par. **1**) è l'insieme degli organi che svolgono l'attività amministrativa sotto il controllo del Governo. Questa responsabilità è attribuita singolarmente a ciascun ministro.
- La PA agisce in base ai seguenti **principi costituzionali** (par. **2**): la legalità, l'imparzialità, l'efficienza, la riserva di legge, il decentramento e la trasparenza.

L'organizzazione della PA

- L'**organizzazione della PA** (par. **3**) può essere indiretta o diretta.
- L'**amministrazione indiretta** (par. **3**) comprende gli enti pubblici istituzionali.
- Si ha l'**amministrazione diretta** (par. **3**) quando l'attività amministrativa è esercitata dal Governo. L'amministrazione diretta, a sua volta, si divide in:
  - **amministrazione diretta centrale** (par. **3**), che è svolta da organi competenti sull'intero territorio nazionale (il Presidente del Consiglio, il Consiglio dei ministri e i ministeri);
  - **amministrazione diretta periferica** (par. **3**), che è svolta da organi decentrati che dipendono dall'amministrazione diretta centrale. È composta da organi aventi competenza generale (il Presidente della Giunta regionale, il Sindaco e il Prefetto) e da organi aventi competenza particolare (per esempio le Questure che dipendono dal Ministero dell'interno).
- Rispetto alla funzione esercitata, gli organi della PA si dividono in **organi attivi, consultivi e di controllo** (par. **4**).
- Il **Consiglio di Stato** (par. **5**) esercita sia una funzione consultiva sia una funzione giurisdizionale.
- Il **Cnel** (par. **5**) è un organo consultivo in materia di politica economica, possiede l'iniziativa legislativa (esercitata raramente).
- La **Corte dei conti** (par. **5**) esercita sia una funzione di controllo contabile sia una funzione giurisdizionale.

Le autorità indipendenti

- Le **autorità indipendenti, *Authority*** (par. **6**), nominate dal Parlamento o dal Presidente della Repubblica, hanno il compito di vigilare su delicati settori della vita sociale ed economica.

I beni pubblici

- La PA utilizza i **beni pubblici** (par. **7**) per svolgere la sua attività.

I beni pubblici si dividono in

- Beni demaniali
- Beni patrimoniali

La PA digitale

- La **PA digitale** (par. **8**), basata sul nuovo *Codice dell'Amministrazione digitale* del 2016, ha a disposizione molti strumenti innovativi:
  - la **posta elettronica certificata, PEC** (par. **8**), è una e-mail che garantisce l'ora e la data di spedizione e di ricezione, la provenienza e l'integrità del contenuto;
  - la **firma digitale** (par. **8**) garantisce con sicurezza l'identificazione di chi firma;
  - il **documento informatico** (par. **8**) ha la stessa validità del documento cartaceo;
  - il **fascicolo digitale** (par. **8**) contiene tutti gli atti relativi a un procedimento;
  - l'**archivio digitale** (par. **8**) riduce i tempi e i costi di ricerca dei documenti;
  - ogni amministrazione deve avere un **sito internet** (par. **8**) facilmente accessibile;
  - le **carte elettroniche** (par. **8**) permettono l'accesso ai servizi in rete della PA.
- I cittadini e le imprese hanno il diritto di usare le tecnologie informatiche nei rapporti con la PA: sono i **nuovi diritti digitali** (par. **8**).

1 Verifica le tue conoscenze

Risolvi le seguenti **scelte multiple** indicando la risposta esatta fra quelle possibili.

A

La PA

1 può richiedere una volta informazioni di cui già dispone

2 può richiedere due volte informazioni di cui già dispone

3 non può richiedere informazioni di cui già dispone

B

Possiede l'iniziativa legislativa in Parlamento

1 il Cnel

2 il Consiglio di Stato

3 la Corte dei conti

1 Dell'atto di un ministero è responsabile

A il Presidente del Consiglio
B il Consiglio dei ministri
C il ministro
D il sottosegretario competente

2 Per garantire l'ora e la data di spedizione di un documento si può usare

A la PEC
B la firma digitale
C il documento digitale
D l'archivio digitale

3 Gli organi consultivi esprimono pareri vincolanti quando l'organo attivo

A deve richiedere il parere, ma è libero di non seguirlo
B deve richiedere il parere ed è obbligato a seguirlo
C è libero di richiedere il parere e, se lo richiede, può non seguirlo
D è libero di richiedere il parere ma, se lo richiede, deve seguirlo

4 Per il loro operato i membri delle autorità indipendenti

A devono rispondere al Parlamento
B devono rispondere al Governo
C devono rispondere al Presidente della Repubblica
D non devono rispondere a nessuna istituzione

5 Fa parte del demanio necessario

A il demanio idrico
B il demanio stradale
C il demanio ferroviario
D il demanio aeronautico

6 La Corte dei conti procede al giudizio di parificazione del bilancio dello Stato del 2020

A entro il 30 giugno 2020
B entro il 30 giugno 2021
C entro il 30 giugno 2022
D entro il 30 giugno 2023

2 Misura le tue abilità

Rispondi e motiva la tua risposta in ogni caso proposto.

1 La PA è organizzata in base al principio dell'autonomia V F

____

2 La firma digitale deve essere notificata da un notaio scelto dal cittadino V F

____

3 I ministeri hanno una struttura organizzativa gerarchica V F

---

4 Gli organi periferici sono competenti sull'intero territorio statale V F

---

5 L'attività amministrativa è subordinata a quella politica V F

---

6 I beni patrimoniali possono essere venduti V F

---

3 Valuta le tue competenze

Risolvi i casi concreti, mettendo in pratica ciò che hai imparato.

1 **Precisare la responsabilità amministrativa dei ministri, ascoltando l'errore di un politico.**

Un politico in televisione dichiara: «Lo scandalo dell'amministrazione sanitaria è sotto gli occhi di tutti. La responsabilità giuridica ricade sull'intero Governo!». L'affermazione non è corretta.

▸ **Come modifichi la frase per renderla giuridicamente corretta?**

2 **Individuare il duplice ruolo del Sindaco nel racconto di un'amica.**

Una tua amica è appena tornata da un matrimonio civile: «La cerimonia è stata bellissima. Non capisco perché il Sindaco abbia la fascia tricolore visto che rappresenta il Comune!».

▸ **Chi rappresenta il Sindaco quando celebra un matrimonio?**

3 **Riconoscere le competenze del Cnel, alla luce di un servizio televisivo.**

In un servizio televisivo un giornalista dichiara: «Il Cnel è un organo quasi sconosciuto anche se può esercitare l'iniziativa legislativa in Parlamento. È davvero strano!».

▸ **È una considerazione giusta? Perché?**

4 **Valutare l'istituzione delle *Authority*, ascoltando un familiare.**

Tuo padre sta leggendo il giornale. È soddisfatto: «Finalmente in Italia hanno creato le *Authority* come negli Stati Uniti. È un modo per aggirare la burocrazia e prendere finalmente delle decisioni!».

▸ **Quali sono i rischi delle *Authority*?**

5 **Riconoscere, in base a un'esperienza familiare, che la PA digitale può creare disagi a una certa fascia di utenza.**

Tua nonna ha ottanta anni. È amareggiata: «Sono andata in ufficio e ho chiesto perché non mi mandano più il cedolino della pensione. Con un sorriso ironico, un impiegato mi ha risposto: "Ma signora... adesso è tutto computerizzato!"».

▸ **Che cos'è il razzismo anagrafico?**

Idee a confronto

A casa 1 ora | In aula 20 minuti

4 Partendo dal caso proposto, approfondisci l'argomento per partecipare al dibattito in classe

«*Burocrazia e servizi pubblici sono un vero e proprio incubo per i cittadini italiani. È quanto mette in evidenza l'elaborazione della Cgia di Mestre (ovvero l'associazione artigiani e piccoli imprenditori, n.d.a.) sui dati della Commissione europea, che riguardano l'indice sulla qualità dei servizi offerti dagli uffici pubblici dei 19 Paesi dell'Eurozona*».

I criteri su cui si basa la valutazione sono la qualità, l'imparzialità e la corruzione, e sulla base di tali indicatori i risultati sono decisamente poco lusinghieri per il nostro Paese: in tema di PA solo la Grecia registra nell'Unione europea un punteggio inferiore al nostro (Fonte: www.repubblica.it, 12 gennaio 2019).

→ ***Ricerca online alcune informazioni e approfondimenti sui Paesi che invece sono all'apice della classifica citata (Finlandia, Olanda, Lussemburgo e Germania). Quali sono i segreti della loro efficienza? Discutine in classe con i tuoi compagni.***

CAPITOLO

D2 Le autonomie locali

NUCLEI ESSENZIALI

- Autonomia e decentramento
- Regioni ordinarie e Regioni speciali
- Il Comune
- La Provincia e la Città metropolitana
- Roma Capitale

A te la parola! 15 minuti

Hai sentito spesso parlare di Regioni, Province e Comuni, che sono gli «storici» enti autonomi territoriali italiani. Recentemente hanno fatto il loro ingresso in questo elenco anche le Città metropolitane.

→ *Scegli una delle Città metropolitane istituite nel nostro Paese e svolgi una breve ricerca sugli organi, le funzioni e gli obiettivi di questo nuovo ente.*

Con l'aiuto dell'insegnante e in piccoli gruppi prova a esporre il tuo punto di vista.

1 Autonomia e decentramento

NUCLEI ESSENZIALI

Lo Stato unitario. L'Italia è uno Stato unitario, perché l'art. 5 Cost. stabilisce che la Repubblica è «una e indivisibile».

L'indivisibilità non contrasta con i princìpi dell'autonomia e del decentramento.

L'autonomia. Che cosa si intende per autonomia?

Autonomia è un termine di origine greca, che significa «stabilire le regole da soli». Si ha *autonomia* quando lo Stato concede agli enti locali la possibilità di decidere da soli in alcune materie di interesse collettivo.

Si ha autonomia quando lo Stato affida il conseguimento di scopi collettivi a enti locali

La Repubblica «riconosce e promuove le autonomie locali», per tener conto delle diversità presenti sul territorio italiano, dovute anche alla particolare conformazione geografica; sono ovviamente diverse le esigenze di un paesino meridionale rispetto a quelle di una grande città del nord. Queste diversità furono soffocate sia dal Regno d'Italia, che aveva il problema di realizzare la riunificazione, sia dal regime fascista che creò uno Stato fortemente accentrato.

Ferma restando la forma di Stato unitaria, i Costituenti vollero che le comunità locali potessero regolamentare in modo autonomo alcuni aspetti della loro vita sociale ed economica.

Lo Stato italiano si divide in *enti autonomi territoriali* (Regioni, Comuni, Province e Città metropolitane) che scelgono liberamente il proprio indirizzo politico, pur essendo sottoposti a un controllo statale.

La riforma costituzionale del 2001. La legge costituzionale dell'8 marzo 2001, confermata dal referendum costituzionale del 7 ottobre 2001, ha modificato l'intero Titolo V della parte seconda della Costituzione (*Le Regioni, Le Province, i Comuni*), che ora è formato da 15 nuovi articoli. La riforma costituzionale del 2001 ha aumentato l'autonomia degli enti locali, soprattutto delle Regioni.

Il decentramento. Che cosa si intende per decentramento?

In base all'art. 5 Cost., la Repubblica «attua nei servizi che dipendono dallo Stato il più ampio decentramento amministrativo». Col *decentramento* si ha la creazione di

Col decentramento si ha la creazione di uffici locali che dipendono dall'amministrazione centrale

uffici locali che continuano a dipendere dall'amministrazione centrale: non c'è autonomia. È comunque vero che col decentramento l'amministrazione statale affronta con maggiore efficienza i problemi, perché si trova a stretto contatto con le realtà locali.

Possiamo sintetizzare con un esempio la differenza fra autonomia e decentramento: il Comune di Palermo è un ente autonomo, mentre la Questura di Palermo è un organo decentrato, che dipende dal Ministero dell'interno.

Si distingue fra
- L'autonomia
- Il decentramento

2 Gli enti autonomi territoriali

Gli enti autonomi territoriali possono gestire da soli determinati problemi locali

Regioni, Comuni, Province e Città metropolitane. L'art. 114 Cost. stabilisce che «la Repubblica è costituita dai Comuni, dalle Province, dalle Città metropolitane, dalle Regioni e dallo Stato», e prosegue specificando che «i Comuni, le Province, le Città metropolitane e le Regioni sono enti autonomi con propri statuti, poteri e funzioni secondo i princìpi fissati dalla Costituzione».

L'Italia è divisa in 20 Regioni, di cui 5 a statuto speciale e 15 a statuto ordinario.

Le Regioni comprendono:
- 96 Province (alcune articolate in diverse forme come i Liberi Consorzi Comunali e le Unioni Territoriali Intercomunali), le cui attribuzioni sono state notevolmente ridimensionate nel 2014. Va ricordato che Trento e Bolzano restano Province autonome;
- 14 Città metropolitane, entrate in funzione il 1° gennaio 2015.

Le Province e le Città metropolitane sono suddivise in circa 8000 Comuni.

Gli enti territoriali esercitano la loro autonomia nell'ambito politico, normativo, amministrativo e statutario.

Gli enti autonomi territoriali sono
- La Regione
- Il Comune
- La Provincia
- La Città metropolitana

Gli enti autonomi territoriali attuano il proprio indirizzo politico, attraverso gli organi votati alle elezioni amministrative

L'autonomia politica. Gli enti autonomi territoriali attuano il proprio indirizzo politico; i loro organi decisionali sono rappresentativi, perché vengono eletti dai cittadini alle elezioni amministrative (con l'eccezione delle Province e delle Città metropolitane).

Gli enti autonomi non devono seguire la linea politica del Governo, a differenza degli organi decentrati che sono subordinati all'esecutivo.

L'autonomia normativa. Gli enti autonomi territoriali possono emanare norme giuridiche, che sono diverse a seconda dell'ente che le emana: le Regioni possono approvare leggi aventi la stessa forza di quelle ordinarie (come vedremo nel prossimo paragrafo), mentre le Province, le Città metropolitane e i Comuni possono solo adottare regolamenti.

Le norme approvate dagli enti territoriali sono efficaci solo nel loro territorio; per esempio, una legge regionale della Puglia è in vigore solo sul territorio pugliese.

L'autonomia amministrativa. Per concretizzare le decisioni prese dagli organi politici locali, gli enti autonomi territoriali adottano degli atti amministrativi (di cui ci occuperemo nel capitolo D3).

Gli enti locali dispongono di un apparato burocratico che dipende dalle amministrazioni locali e non dallo Stato; per esempio, un impiegato dell'anagrafe di Venezia dipende dal Comune di Venezia, e non dallo Stato italiano. I dipendenti degli enti autonomi territoriali sono circa 1 milione 500 mila e rappresentano 1/3 del personale della Pubblica Amministrazione.

Un impiegato comunale dipende dal Comune di appartenenza, non dallo Stato.

L'autonomia statutaria. Ogni ente autonomo territoriale può darsi uno *statuto*, per regolamentare la propria organizzazione interna.

In base all'**art. 123 Cost.**, «ciascuna Regione ha uno statuto che, in armonia con la Costituzione, ne determina la forma di governo e i princìpi fondamentali di organizzazione e funzionamento.» Una volta approvato, lo statuto può essere soggetto a un referendum regionale entro tre mesi dalla sua pubblicazione (se ne fa richiesta o 1/50 degli elettori della Regione o 1/5 del Consiglio regionale), lo statuto non è promulgato se il referendum non è approvato dalla maggioranza dei voti validi.

L'autonomia statutaria è estesa ai Comuni, alle Province e alle Città metropolitane, che possono così differenziare la loro organizzazione in base ai bisogni locali.

Gli enti autonomi territoriali si basano su

- L'autonomia politica
- L'autonomia normativa
- L'autonomia amministrativa
- L'autonomia statutaria

Il principio di sussidiarietà. La riforma del 2001 ha inserito per la prima volta nella Costituzione il *principio di sussidiarietà*, in base al quale lo Stato deve intervenire solo quando gli enti autonomi territoriali non sono in grado di farlo. In altre parole, nei settori che non sono di sua esclusiva competenza, lo Stato non deve intervenire se gli enti locali sono in grado di risolvere i loro problemi da soli.

Col principio di sussidiarietà lo Stato interviene solo quando gli enti autonomi territoriali non sono in grado di farlo

In particolare, l'**art. 118 Cost.** stabilisce che «le funzioni amministrative sono attribuite ai Comuni salvo che, per assicurarne l'esercizio unitario, siano conferite» agli altri enti autonomi territoriali, sulla base del principio di sussidiarietà. La riforma conferisce più poteri amministrativi alle autonomie locali e, soprattutto, al Comune perché è l'ente più vicino ai cittadini.

E l'autonomia fiscale? Non può esserci autonomia senza autosufficienza finanziaria, ma gli enti territoriali non hanno una completa autonomia fiscale. Vediamo perché.

Gli enti territoriali non hanno una completa autonomia fiscale

L'**art. 119 Cost.** afferma che «i Comuni, le Province, le Città metropolitane e le Regioni hanno autonomia finanziaria di entrata e di spesa».

Gli enti locali possono stabilire e applicare tributi propri, ma lo Stato non esce di scena: alla legge ordinaria è attribuito il compito di istituire un «fondo perequativo» per le zone più svantaggiate. L'art. 119 Cost. precisa infatti che «lo Stato destina risorse aggiuntive ed effettua interventi speciali in favore di determinati Comuni, Province, Città metropolitane e Regioni», per «promuovere lo sviluppo economico, la coesione e la solidarietà sociale» e per «rimuovere gli squilibri economici e sociali».

3 La Regione

NUCLEI ESSENZIALI

La prevalenza della Regione. La riforma del 2001 conferma il ruolo di assoluta prevalenza della Regione rispetto agli altri enti autonomi territoriali.

La riforma mantiene la distinzione fra Regioni a statuto speciale e Regioni a statuto ordinario.

Le Regioni a statuto speciale. In base all'**art. 116 Cost.**, «il Friuli Venezia Giulia, la Sardegna, la Sicilia, il Trentino-Alto Adige/*Südtirol* e la Valle d'Aosta/

Vallée d'Aoste dispongono di forme e condizioni particolari di autonomia, secondo i rispettivi statuti speciali adottati con legge costituzionale».

Gli statuti delle Regioni speciali sono stati adottati con *leggi costituzionali*, perché possono derogare alle norme stabilite dalla Costituzione per le Regioni ordinarie.

La creazione delle Regioni speciali potrebbe sembrare in contrasto con l'indivisibilità affermata nell'art. 5 Cost., ma i Costituenti non avevano altra scelta per ricondurre nell'ambito costituzionale le forze centrifughe del dopoguerra; basta pensare al movimento separatista siciliano, o alle pretese irredentistiche valdostane e altoatesine.

Le Regioni speciali sono caratterizzate da particolarità sia geografiche (la vicinanza alle frontiere o l'insularità), sia etniche (la presenza di consistenti minoranze di lingua ladina e tedesca in Alto Adige, di lingua slava nella Venezia Giulia e di lingua francese in Valle d'Aosta).

Le Regioni speciali hanno competenze legislative più ampie rispetto alle Regioni ordinarie; sono gli statuti a stabilire alcune materie in cui può legiferare esclusivamente la Regione speciale. Va sottolineato che, in alcuni casi, la legge di una Regione speciale è destinata a prevalere sulla legislazione ordinaria.

La Regione può essere
- A statuto speciale, adottato con legge costituzionale
- A statuto ordinario, adottato con legge regionale

Le Regioni a statuto ordinario. Le Regioni a statuto ordinario sono 15, dopo la separazione del Molise dall'Abruzzo avvenuta nel 1963.

Lo statuto «è approvato e modificato dal Consiglio regionale con legge approvata a maggioranza assoluta dei suoi componenti, con due deliberazioni successive adottate a intervallo non minore di due mesi» (art. 123 Cost.). Gli statuti delle Regioni ordinarie sono adottati con *leggi regionali*, a differenza di quanto è avvenuto nelle Regioni speciali.

L'ordinamento regionale. Regioni ordinarie e Regioni speciali hanno un ordinamento simile, formato dal Presidente della Giunta regionale, dalla Giunta regionale e dal Consiglio regionale. Va ricordato che gli organi delle Regioni ordinarie furono istituiti solo nel 1970.

Il Presidente della Giunta regionale. A capo della Regione sta il Presidente della Giunta regionale, che è eletto direttamente dai cittadini.

Il Presidente della Giunta regionale, o Presidente della Regione, viene eletto a suffragio universale e diretto (in un unico turno) dai cittadini maggiorenni che risiedono nella Regione, per una durata di cinque anni (con le sole eccezioni del Trentino Alto-Adige e della Valle d'Aosta).

Il *Presidente della Regione* deve:
- nominare e revocare gli assessori della Giunta;
- dirigere la politica della Giunta;
- promulgare le leggi regionali ed emanare i regolamenti regionali;
- dirigere le funzioni amministrative delegate dallo Stato alla Regione.

«L'impedimento permanente, la morte o le dimissioni volontarie» del Presidente della Regione comportano «le dimissioni della Giunta e lo scioglimento del Consiglio» (art. 126 Cost.).

I mass media utilizzano il termine *Governatore* per indicare il Presidente della Regione.

Il Presidente della Giunta regionale, eletto direttamente dai cittadini, è a capo della Regione

La Giunta regionale. La Giunta regionale, nominata dal Presidente, è l'*organo esecutivo* della Regione.

La Giunta regionale è composta da un numero variabile di assessori, che non devono necessariamente essere consiglieri, ognuno dei quali dirige un settore dell'amministrazione regionale (sanità, trasporti, istruzione).

La *Giunta regionale* ha il potere di:
- attuare l'indirizzo politico della Regione;
- esercitare l'iniziativa legislativa sulle leggi regionali;

La Giunta regionale, nominata dal Presidente, è l'organo esecutivo della Regione

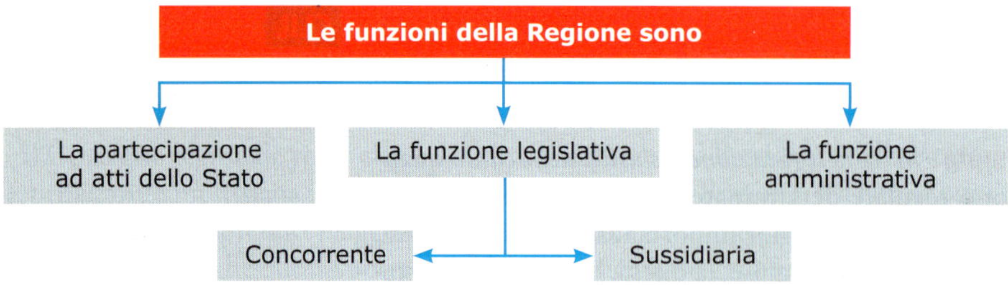

Il controllo statale. Nonostante l'autonomia regionale sia la massima prevista dai Costituenti, le Regioni sono soggette a un controllo statale sia sugli atti sia sugli organi.

> Lo Stato controlla sia gli atti regionali sia gli organi regionali

Il controllo statale sugli atti. Come si è visto nel capitolo C3, l'art. 127 Cost. afferma che sia il Governo sia le Regioni hanno il potere di «promuovere la questione di legittimità costituzionale dinanzi alla Corte costituzionale», in caso di presunto eccesso di competenza da parte dell'altro organo.

Questi conflitti di attribuzione sono sempre più frequenti, anche a causa delle inevitabili ambiguità che comporta la legislazione concorrente.

Il controllo statale sugli organi. Con decreto motivato del Presidente della Repubblica, è possibile rimuovere il Presidente della Regione e sciogliere il Consiglio regionale, nel caso che tali organi abbiano compiuto «atti contrari alla Costituzione o gravi violazioni di legge» (art. 126 Cost.).

Lo Stato regionale. Il Regno d'Italia creò uno Stato accentrato, che venne rafforzato in senso autoritario durante il fascismo.

> La Costituzione prevede uno Stato regionale, per l'ampia autonomia delle Regioni

Per superare il modello centralistico che aveva caratterizzato l'Italia per quasi un secolo, i Costituenti crearono uno Stato regionale, in cui le Regioni assumevano un importante ruolo politico grazie ai loro poteri, che sono stati aumentati dalla riforma del 2001.

Lo *Stato regionale*:

- favorisce il pluralismo, perché ogni Regione può compiere scelte politiche diverse a seconda delle proprie esigenze;
- garantisce maggiore efficienza all'azione politica, perché gli organi regionali risolvono più velocemente i problemi delle diverse realtà territoriali.

Lo Stato regionale non va confuso con lo Stato federale (capitolo A1), perché:

- è lo Stato che istituisce le Regioni;
- lo Stato riconosce, ma limita il potere legislativo delle Regioni;
- lo Stato esercita un controllo sulle Regioni, che può spingersi fino allo scioglimento dei Consigli e alla rimozione del Presidente;
- le Regioni non dispongono di forze di polizia.

Va ribadito che la riforma costituzionale del 2001 ha confermato una forma di Stato unitaria, perché le Regioni non possiedono attribuzioni originarie, ma esercitano solo quelle delegate dallo Stato.

4 Il Comune

NUCLEI ESSENZIALI

L'autonomia comunale. L'autonomia comunale ha origine nel Medioevo, quando le città cominciarono a darsi ordinamenti autonomi, per contrapporsi al potere dell'Imperatore e dei signori feudali.

> Il Comune ha origine nel Medioevo

I Comuni italiani sono molto diversi, perché accanto a Comuni piccolissimi (quelli con meno di 5000 abitanti rappresentano i 2/3 del totale), si trovano Comuni di grandi dimensioni che devono amministrare milioni di persone.

Lo statuto comunale. Come si è visto, i Comuni sono liberi di adottare un proprio statuto, per regolamentare l'organizzazione interna a seconda delle diverse esigenze locali. Lo statuto può:

- organizzare l'ordinamento degli uffici comunali;
- specificare le competenze degli organi comunali;
- decidere le forme per agevolare la partecipazione popolare all'attività del Comune;
- facilitare l'accesso dei cittadini agli atti dell'amministrazione comunale.

Un comune medievale in un particolare di un dipinto di Beato Angelico del 1434. Firenze, Museo Nazionale di San Marco.

L'ordinamento comunale. Gli organi del Comune sono il Sindaco, la Giunta comunale e il Consiglio comunale.

L'elezione diretta del Sindaco. Una legge del 1993 ha introdotto l'elezione diretta del Sindaco. Il sistema elettorale prevede differenze a seconda che la popolazione del Comune superi o meno i 15 000 abitanti.

L'elezione del Sindaco nei Comuni maggiori. Nei Comuni che superano i 15 000 abitanti il Sindaco viene eletto dai cittadini col *sistema maggioritario a doppio turno con ballottaggio*.

Ogni candidato alla carica di Sindaco è collegato a una lista di candidati al Consiglio comunale; gli elettori hanno a disposizione due voti: uno per il Sindaco e uno per il Consiglio comunale. È infatti possibile il cosiddetto «voto disgiunto»: un elettore può votare il candidato Sindaco Mario Rossi e una lista per il Consiglio comunale che appoggia invece il candidato Sindaco Marco Bianchi.

Al primo turno viene eletto Sindaco il candidato che ottiene la maggioranza assoluta dei voti validi. Se nessun candidato raggiunge la maggioranza assoluta, dopo due settimane si procede a una nuova votazione fra i due candidati più votati (*ballottaggio*): al secondo turno viene eletto Sindaco chi ottiene la maggioranza relativa dei voti.

Questo sistema elettorale tende a favorire l'aggregazione dei partiti, perché presentare un candidato che non abbia possibilità di diventare Sindaco è inutile nel primo turno e impossibile nell'eventuale secondo turno.

L'attribuzione dei seggi del Consiglio comunale viene effettuata successivamente all'elezione del Sindaco (al termine del primo o del secondo turno). I seggi del Consiglio comunale vengono assegnati utilizzando un sistema maggioritario corretto: alla lista collegata al Sindaco eletto viene assegnato il 60% dei seggi, mentre le altre liste si suddividono il restante 40% dei seggi col metodo proporzionale.

L'elezione del Sindaco nei Comuni minori. Nei Comuni con meno di 15 000 abitanti il Sindaco viene eletto dai cittadini col *sistema maggioritario*.

Ogni candidato alla carica di Sindaco si presenta insieme a una lista di candidati al Consiglio comunale. L'elettore deve dare un voto unico al Sindaco e alla lista collegata: viene eletto Sindaco chi ottiene la maggioranza relativa dei voti.

La lista collegata al Sindaco eletto ottiene i 2/3 dei seggi in Consiglio comunale, mentre i seggi restanti vengono suddivisi fra le altre liste col sistema proporzionale. Il Sindaco dovrebbe essere al riparo da crisi comunali, perché può contare in Consiglio sull'ampia maggioranza dei 2/3.

Un referendum abrogativo, svoltosi l'11 giugno 1995, ha cercato di uniformare i due sistemi, allargando ai Comuni maggiori il sistema elettorale dei Comuni minori; questo referendum ha però avuto esito negativo (i «no» hanno raggiunto il 50,6%), e la differenza rimane.

Il Sindaco viene eletto direttamente

- Col sistema maggioritario a doppio turno con ballottaggio nei Comuni con più di 15 000 abitanti
- Col sistema maggioritario nei Comuni con meno di 15 000 abitanti

Dalle rilevazioni raccolte dai Comuni, a oggi sono oltre 1000 le donne sindaco in Italia (circa il 14% sul totale dei Comuni).

Un articolo

L'elezione diretta del Sindaco

Nel 1993 il Parlamento approva l'elezione diretta del Sindaco, anche per evitare un referendum abrogativo sull'argomento.

L'articolo riprodotto (Marco Berti, *Il Messaggero*, 26 marzo 1993) riporta il momento della definitiva approvazione del Senato.

1 Alla fine la legge sull'elezione diretta del Sindaco ce l'ha fatta. Con 144 sì, 29 no e 15 astensioni il Senato ha definitivamente dato il via libera a un provvedimento che cambierà radicalmente il sistema elettorale nei comuni, sottraendo ai partiti la scelta del sindaco e consegnandola ai cittadini. Quegli stessi cittadini che potranno d'ora in poi anche scegliere i programmi e la maggioranza da cui vorranno essere governati.

È la prima grande riforma di questa undicesima legislatura [*dal 1992 al 1994*] e fino all'ultimo ha tenuto tutti col fiato sospeso.

Il Messaggero

Con il definitivo sì del Senato, i cittadini potranno scegliere anche programmi e maggioranze che dovranno governare i comuni

D'ora in poi il sindaco sarà scelto dalla gente

E' passata la prima riforma che rivoluziona il modo di fare politica nelle città

di MARCO BERTI

L'ultimo attacco lo ha sferrato la Lega nord. Ma alla fine la legge sulla elezione commissione Affari costituzionali del Senato, Antonio Maccanico, era preoccupato: «Sto aspettando che i due gruppi più forti scichi. Al Senato la Lega si è battuta fino all'ultimo per alzare la quota poi, visti vani i tentativi, ha pensato bene di abbandonare Quello stesso Mazzola che, più tardi, ha messo a disposizion… **1** …uo mandato di vicepr…ente dei senatori democristiani per maggioranze delle città, i partiti faranno un passo indietro e dovranno ritornare a far "progetto" e servizio fra la gente».

C'è però anche chi definisce questa legge «pasticciona e infame». E' Lucio Libertini, capogruppo di Rifondazione al Senato. nei centri sotto i cinquemila abitanti e che prevede il plurinominale e il *panachage*.

«Credo – dice ancora proponga solo modifiche di facciata».

Di parere opposto Elio Vito, della lista Pannella: «Questa legge non supera

Le funzioni del Sindaco. Il Sindaco esercita la *funzione di indirizzo politico* ed è responsabile del governo del Comune.

Il Sindaco determina l'indirizzo politico del Comune

In particolare, il *Sindaco*:

- nomina e revoca gli assessori della Giunta;
- rappresenta il Comune;
- convoca e presiede la Giunta;
- è responsabile del funzionamento dell'amministrazione comunale.

La Giunta comunale. La Giunta comunale è l'*organo esecutivo* del Comune, ed è nominata direttamente dal Sindaco. La Giunta comunale è formata dal Sindaco, che la presiede, e da un numero variabile di assessori, che non devono necessariamente essere consiglieri.

La *Giunta comunale*:

- collabora col Sindaco nel determinare l'indirizzo politico-amministrativo del Comune;
- esegue le delibere approvate dal Consiglio;
- riferisce annualmente al Consiglio sulla propria attività;
- delibera su tutte le materie che non sono riservate per legge al Consiglio.

Il Consiglio comunale. Il Consiglio comunale è l'*organo di controllo* politico-amministrativo del Comune; a seconda della grandezza del Comune, si va da un minimo di 12 a un massimo di 60 consiglieri.

Il *Consiglio comunale*:

- approva lo statuto, il bilancio e i regolamenti comunali;
- controlla l'attività di Sindaco e Giunta attraverso commissioni d'indagine.

La mozione di sfiducia. Analogamente a quanto si è visto per la Regione, il Sindaco e la Giunta devono dimettersi in seguito a una mozione di sfiducia votata dai consiglieri comunali (con voto palese e a maggioranza assoluta); tale mozione comporta però anche l'*autoscioglimento* del Consiglio stesso. Questa norma ha aumentato la stabilità dell'azione amministrativa, perché scoraggia le crisi comunali.

Se vota una mozione di sfiducia il Consiglio provoca la decadenza di Sindaco e Giunta, ma anche il suo autoscioglimento

I limiti di mandato. Il Sindaco, gli assessori comunali e i consiglieri comunali restano in carica per cinque anni.

Sindaco, assessori e consiglieri non possono essere confermati per più di due mandati consecutivi (una legge del 2014 prevede che questo limite valga solo nei Comuni con più di 3000 abitanti).

L'ordinamento comunale è formato da

- Il Sindaco, eletto direttamente dai cittadini, che è responsabile del governo del Comune e nomina
  ↓
- La Giunta comunale, che è l'organo esecutivo
- Il Consiglio comunale, che è l'organo di controllo

Il Governo può sciogliere gli organi comunali e nominare un Commissario

Lo scioglimento degli organi comunali. La decadenza degli organi comunali può anche essere decisa dal Governo, su proposta del Ministero dell'interno, in caso di:

- atti contrari alla Costituzione;
- gravi e persistenti violazioni di legge;
- mancata approvazione del bilancio entro i termini di legge;
- mancato funzionamento degli organi comunali.

Nel deliberare lo scioglimento degli organi, il Governo indice le nuove elezioni comunali e affida a un *Commissario* la gestione temporanea del Comune.

Il segretario comunale. Una figura di notevole importanza è quella del segretario comunale, che viene scelto dal Sindaco in un apposito albo nazionale a cui si accede per concorso. Il segretario comunale coordina il funzionamento dell'amministrazione comunale e verifica la legittimità degli atti del Comune.

Nei Comuni più grandi, il segretario può essere affiancato da un *city manager* (o, più semplicemente, «direttore generale»), che ha il compito di affiancare il Sindaco nell'organizzazione della macchina comunale.

I Consigli di circoscrizione. I Comuni con più di 100 000 abitanti devono suddividere il loro territorio in *circoscrizioni*, corrispondenti ai quartieri, ed eleggere in ognuna di esse un Consiglio di circoscrizione.

Grazie ai Consigli di circoscrizione è possibile decentrare l'erogazione di alcuni servizi comunali (per esempio l'assistenza agli anziani e agli invalidi).

Il Comune deve occuparsi dei servizi sociali, dello sviluppo economico e dell'assetto del territorio

Le funzioni del Comune. Il Comune deve occuparsi dei servizi sociali, dello sviluppo economico e dell'assetto del territorio.

In materia di *servizi sociali*, il Comune ha compiti di assistenza socio-sanitaria e partecipa alla gestione delle Aziende unità sanitarie locali (Ausl).

Per promuovere lo *sviluppo economico*, il Comune si occupa soprattutto del settore commerciale regolando l'attività degli esercizi pubblici (orari, licenze).

Nell'*assetto del territorio* sono particolarmente estese le competenze del Comune, che:

- redige il *piano regolatore comunale* seguendo le disposizioni delle leggi regionali;
- rilascia le concessioni edilizie;
- controlla l'utilizzo del verde pubblico;
- si occupa dell'edilizia popolare e di quella scolastica (per le scuole dell'infanzia e del primo ciclo);
- provvede ai problemi connessi con la viabilità;
- gestisce importanti servizi di base (nettezza urbana, acqua potabile, illuminazione pubblica).

5 La Provincia e la Città metropolitana

NUCLEI ESSENZIALI

Dal 2014 la Provincia è un ente secondario (con organi eletti non più dai cittadini ma da altri organi)

La Provincia come ente secondario. La Provincia fu istituita nel Regno d'Italia dopo il 1861.

La Provincia ha un proprio territorio (composto da vari Comuni) e una propria popolazione (corrispondente all'insieme delle popolazioni dei Comuni che la compongono). La Provincia ha un capoluogo, rappresentato dal Comune più importante, dove hanno sede gli uffici provinciali e gli organi provinciali.

In Italia le Province hanno sempre svolto un ruolo marginale a causa dei limitati poteri, ulteriormente diminuiti dopo l'istituzione delle Regioni.

Gli organi provinciali venivano eletti dai cittadini con modalità simili a quelle dei Comuni, ma la legge 7 aprile 2014, n. 56, *Disposizioni sulle città metropolitane, sulle province, sulle unioni e fusioni di comuni* (d'ora in poi legge n. 56 del 2014) ha trasformato la Provincia in *ente secondario*, con organi eletti non più dai cittadini ma da altri organi.

Il nuovo ordinamento provinciale. In attesa di una legge costituzionale che cancelli definitivamente le Province, la legge n. 56 del 2014 stabilisce che dal 1° gennaio 2015 i nuovi organi provinciali sono il Presidente della Provincia, il Consiglio provinciale e l'Assemblea dei sindaci.

Dal 1° gennaio 2015 gli organi della Provincia sono
- Il Presidente della Provincia
- Il Consiglio provinciale
- L'Assemblea dei Sindaci

Il Presidente della Provincia. Il Presidente della Provincia è eletto, per quattro anni, dai sindaci e dai consiglieri comunali dei Comuni della Provincia.

Il Presidente della Provincia:
- rappresenta l'ente;
- convoca e presiede il Consiglio provinciale e l'Assemblea dei sindaci;
- sovrintende al funzionamento dei servizi e degli uffici e all'esecuzione degli atti provinciali;
- esercita le altre funzioni attribuite dallo statuto.

Il Consiglio provinciale. Il Consiglio provinciale è composto dai sindaci e dai consiglieri comunali dei Comuni della Provincia, che lo eleggono ogni due anni.

Il Consiglio provinciale:
- propone all'Assemblea dei sindaci lo statuto;
- approva regolamenti, piani, programmi e atti provinciali;
- approva il bilancio della Provincia, dopo aver sentito il parere vincolante dell'Assemblea dei sindaci;
- esercita le altre funzioni attribuite dallo statuto.

L'Assemblea dei sindaci. L'Assemblea dei sindaci è costituita dai sindaci dei Comuni appartenenti alla Provincia.

L'Assemblea dei sindaci ha poteri propositivi, consultivi e di controllo secondo quanto disposto dallo statuto.

Va sottolineato che gli incarichi di Presidente della Provincia, di consigliere provinciale e di componente dell'Assemblea dei sindaci «sono esercitati a titolo gratuito».

Il Castello del Buonconsiglio, uno dei simboli di Trento, risale al Duecento e per cinque secoli ha ospitato i principi vescovi della città.

Le Province autonome di Trento e Bolzano. La legge n. 56 del 2014 non si applica alle Province autonome di Trento e Bolzano, che continuano a eleggere direttamente i propri organi e a emanare leggi provinciali.

Dalla Provincia alla Città metropolitana. Dal 1° gennaio 2015 alcune Province sono state sostituite dalle rispettive Città metropolitane, che ne hanno acquisito il territorio e le funzioni. L'obiettivo della legge è di «incrementare l'efficienza del sistema di governo locale», modificando il livello collocato fra il Comune e la Regione. Spettano alla Città metropolitana «il patrimonio, il personale e le risorse strumentali della Provincia, a cui ciascuna Città metropolitana succede a titolo universale in tutti i rapporti attivi e passivi».

La Città metropolitana. A partire dal 1° gennaio 2015 sono state istituite 14 Città metropolitane: Torino, Milano, Venezia, Genova, Bologna, Firenze, Bari, Napoli, Reggio Calabria, Palermo, Catania, Messina, Cagliari, oltre a Roma Capitale (di cui ci occupiamo nel prossimo paragrafo).

A partire dal 2015 sono state istituite 14 Città metropolitane

Gli organi della Città metropolitana. Gli organi della Città metropolitana sono il Sindaco metropolitano, il Consiglio metropolitano e la Conferenza metropolitana.

Gli organi della Città metropolitana sono

- Il Sindaco metropolitano
- Il Consiglio metropolitano
- La Conferenza metropolitana

Il Sindaco metropolitano. Il Sindaco metropolitano è di diritto il Sindaco del Comune capoluogo; per esempio il Sindaco di Napoli diventa automaticamente Sindaco della Città metropolitana di Napoli.

Il *Sindaco metropolitano*:

- rappresenta la Città metropolitana;
- convoca e presiede il Consiglio metropolitano e la Conferenza metropolitana;
- sovrintende al funzionamento dei servizi e degli uffici della Città metropolitana;
- dà esecuzione agli atti della Città metropolitana;
- esercita le altre funzioni attribuite dallo statuto.

Il Consiglio metropolitano. Il Consiglio metropolitano è composto dal Sindaco metropolitano e da un numero di consiglieri compreso fra un minimo di 14 e un massimo di 24.

I consiglieri metropolitani sono eletti, per cinque anni, dai sindaci e dai consiglieri comunali dei Comuni della Città metropolitana. Possono essere eletti consiglieri metropolitani solo i sindaci e i consiglieri comunali in carica.

Il *Consiglio metropolitano* è l'organo di indirizzo e controllo; in particolare:

- propone lo statuto e le sue modifiche alla Conferenza metropolitana;
- approva regolamenti, piani e programmi;
- approva o adotta ogni altro atto che gli viene sottoposto dal Sindaco metropolitano;
- approva il bilancio della Città metropolitana, dopo aver sentito il parere vincolante della Conferenza metropolitana;
- esercita le altre funzioni attribuite dallo statuto.

La Conferenza metropolitana. La Conferenza metropolitana è composta dal Sindaco metropolitano, che la convoca e la presiede, e dai sindaci dei Comuni appartenenti alla Città metropolitana.

La *Conferenza metropolitana* ha poteri propositivi e consultivi; in particolare adotta o respinge lo statuto, proposto dal Consiglio metropolitano, con un numero di voti che rappresenti «almeno un terzo dei Comuni compresi nella Città metropolitana e la maggioranza della popolazione complessivamente residente».

Le funzioni della Città metropolitana. La legge n. 56 del 2014 prevede che la Città metropolitana eserciti nuove funzioni, oltre a quelle che erano della Provincia. La Città metropolitana è competente in materia di:

- adozione e aggiornamento annuale di un piano strategico triennale del territorio metropolitano;
- pianificazione territoriale generale (comprese le strutture di comunicazione, le reti di servizi e delle infrastrutture);
- organizzazione dei servizi pubblici di interesse generale di ambito metropolitano;
- mobilità e viabilità;
- promozione e coordinamento dello sviluppo economico e sociale;
- promozione e coordinamento dei sistemi di informatizzazione e di digitalizzazione in ambito metropolitano;
- edilizia scolastica (per le scuole del secondo ciclo);
- approvvigionamento idrico ed energetico;
- tutela del territorio e dell'ambiente.

La Città metropolitana esercita nuove funzioni, oltre a quelle che erano della Provincia

6 Roma Capitale

NUCLEI ESSENZIALI

L'istituzione di Roma Capitale. Nel 2010 l'ente autonomo *Roma Capitale* ha sostituito il Comune di Roma, pur mantenendone invariati i confini.

Roma Capitale è un ente territoriale di 1285,31 chilometri quadrati, che dispone di un'ampia autonomia statutaria, amministrativa e finanziaria nei limiti stabiliti dalla Costituzione e dalla legislazione della Regione Lazio.

Roma Capitale è un ente territoriale dotato di particolare autonomia

Un film

Vacanze romane

Una giovane principessa si innamora in una Roma particolarmente suggestiva. Purtroppo la favola finisce...

Regia: William Wyler, USA, 1953
Attori: Audrey Hepburn, Gregory Peck, Eddie Albert, Tullio Carminati
Durata: 119 minuti

Due celebri scene del film.

Vacanze romane (*Roman Holiday*) fu diretto da William Wyler nel 1953 con una coppia di attori «in stato di grazia»: Audrey Hepburn e Gregory Peck, che conquistarono subito le platee di tutto il mondo. In particolare, il film di Wyler fu la consacrazione di Audrey Hepburn, premio Oscar come miglior attrice (*Vacanze Romane* ottenne anche l'Oscar per il soggetto).

Un'altra grande protagonista ha interpretato splendidamente ogni scena del film: la città di Roma, che viene esplorata da Wyler in tutta la sua bellezza.

Vacanze Romane capovolge la storia di Cenerentola. La giovane principessa Anna (Audrey Hepburn) visita Roma dove, dopo un noioso ricevimento in ambasciata, fugge da palazzo. Viene trovata poco dopo sdraiata nei pressi dei Fori Imperiali dal reporter americano Joe Bradley (Gregory Peck), che decide di ospitarla nel proprio studio. Quando capisce chi è veramente la ragazza, Joe decide di scrivere un articolo esclusivo sulla principessa e mette in allerta il suo amico fotografo Irving (Eddie Albert). Al suo risveglio, la ragazza ricorda poco della notte precedente e Joe finge di non averla riconosciuta.

A questo punto la principessa si lascia trasportare dai suoni e dai rumori di una Roma particolarmente suggestiva. Anna acquista dei sandali in un mercato, compra un gelato, si fa tagliare da un parrucchiere i lunghi capelli; il tutto sotto gli occhi di Joe e della macchina fotografica di Irving.

Le *Vacanze romane* della principessa proseguono: fuma la sua prima sigaretta, visita il Colosseo e Palazzo Sant'Angelo, prova ad andare in Vespa, va a ballare in un barcone finendo perfino in questura con Joe e Irving, che fissa tutto sulla sua pellicola per quello che sarà «lo scoop del secolo».

Durante una festa movimentata Joe e Anna si tuffano nelle acque del Tevere e, quando ne riemergono, si baciano sulle sponde del fiume.

Il giorno seguente, Joe e Irving si recano alla conferenza stampa organizzata per far incontrare la principessa Anna con i giornalisti stranieri. Quando scende dal trono, la principessa si ferma stupita davanti a Joe e a Irving, e riceve da quest'ultimo le foto della sue *Vacanze romane*, che non saranno mai pubblicate.

Riportiamo solo l'ultimo dialogo fra Anna e Joe, molto dolce e un po' triste.

«– [*Anna*] E a mezzanotte me ne tornerò, simile a Cenerentola, là da dove sono evasa!

– [*Joe*] E sarà la fine di un bella favola.»

L'ordinamento di Roma Capitale è diretto a garantire «il miglior assetto delle funzioni che Roma è chiamata a svolgere quale sede degli organi costituzionali e delle rappresentanze diplomatiche degli Stati esteri, che sono presenti presso la Repubblica italiana, presso lo Stato della Città del Vaticano e presso le istituzioni internazionali».

Le funzioni amministrative. Oltre alle funzioni amministrative che erano del Comune di Roma, Roma Capitale esercita le seguenti attribuzioni:
- valorizzazione dei beni storici, artistici, ambientali e fluviali;
- sviluppo economico e sociale di Roma Capitale, con particolare riferimento al settore produttivo e turistico;
- sviluppo urbano e pianificazione territoriale;
- edilizia pubblica e privata;
- organizzazione e funzionamento dei servizi urbani e di collegamento con i comuni limitrofi, con particolare riferimento al trasporto pubblico e alla mobilità;
- protezione civile, in collaborazione con la Presidenza del Consiglio dei ministri e la Regione Lazio.

SINTESI

Autonomia e decentramento

- Si ha **autonomia** (par. **1**) quando gli enti locali possono decidere da soli, mentre col **decentramento** (par. **1**) si ha il distacco di attribuzioni dal centro verso la periferia.
- La **riforma costituzionale del 2001** (par. **1**) ha accentuato il principio dell'autonomia.

Gli enti autonomi territoriali sono

La Regione | Il Comune | La Provincia | La Città metropolitana

- Gli **enti territoriali** (par. **2**) esercitano la loro autonomia nell'ambito politico, normativo, amministrativo e statutario.
- Col **principio di sussidiarietà** (par. **2**) lo Stato interviene solo quando gli enti autonomi territoriali non sono in grado di farlo.

Regioni ordinarie e Regioni speciali

- La **Regione** (par. **3**) mantiene un ruolo di assoluta prevalenza rispetto agli altri enti autonomi territoriali.
- Si distingue fra:
  - gli statuti delle **Regioni speciali** (par. **3**) che sono stati adottati con leggi costituzionali;
  - gli statuti delle **Regioni ordinarie** (par. **3**) che sono adottati con leggi regionali.
- L'**ordinamento regionale** (par. **3**) è formato dal Presidente della Regione, dalla Giunta regionale e dal Consiglio regionale.
- Il **Presidente della Regione**, o **Governatore** (par. **3**), deve:
  - nominare e revocare i componenti della Giunta;
  - dirigere la politica della Giunta;
  - promulgare le leggi regionali ed emanare i regolamenti regionali;
  - dirigere le funzioni amministrative delegate dallo Stato alla Regione.
- La **Giunta regionale** (par. **3**), nominata dal Presidente, è l'organo esecutivo della Regione.
- Il **Consiglio regionale** (par. **3**) è l'organo legislativo della Regione.
- La Regione è l'unico ente autonomo che esercita la **funzione legislativa** (par. **3**).

Il Comune

- Il **Comune** (par. **4**) è l'ente autonomo territoriale più vicino ai cittadini.
- Dal 1993 si ha l'**elezione diretta del Sindaco** (par. **4**). In particolare:
  - nei **Comuni maggiori** (par. **4**) il Sindaco è eletto col sistema maggioritario a doppio turno con ballottaggio;
  - nei **Comuni minori** (par. **4**) il Sindaco è eletto col sistema maggioritario.
- L'approvazione della mozione di sfiducia da parte del Consiglio provoca sia la decadenza del Sindaco e della Giunta, sia l'**autoscioglimento del Consiglio comunale** (par. **4**).

La Provincia e la Città metropolitana

- A partire dal 2015, in alcuni casi, la **Provincia** (par. **5**) è stata sostituita dalla rispettiva Città metropolitana, che ne ha acquisito il territorio e le funzioni.
- Dal 2015 sono state istituite 14 **Città metropolitane** (par. **5**): Torino, Milano, Venezia, Genova, Bologna, Firenze, Bari, Napoli, Reggio Calabria, Palermo, Catania, Messina, Cagliari, oltre a Roma Capitale.
- Sono **organi della Città metropolitana** (par. **5**): il Sindaco metropolitano, il Consiglio metropolitano e la Conferenza metropolitana.

Roma Capitale

- **Roma Capitale** (par. **6**) è un ente territoriale dotato di particolare autonomia, che amministra il territorio comunale di Roma.

1 Verifica le tue conoscenze

Risolvi le seguenti **scelte multiple** indicando la risposta esatta fra quelle possibili.

A

È un ente autonomo

1 la Questura di Milano
2 la Procura di Milano
3 il Comune di Milano

B

Se il Consiglio comunale vota una mozione di sfiducia

1 decade solo il Sindaco
2 decadono solo il Sindaco e la Giunta
3 decadono il Sindaco, la Giunta e il Consiglio

1 La Giunta comunale è
- A nominata dal Sindaco
- B eletta dal Consiglio comunale
- C eletta direttamente dai cittadini
- D nominata dalla Giunta regionale

2 Si ha la legislazione sussidiaria quando le Regioni possono legiferare
- A in tutte le materie non riservate allo Stato
- B entro limiti stabiliti da leggi statali
- C entro limiti stabiliti da leggi costituzionali
- D senza alcun limite

3 Gli statuti delle Regioni speciali sono adottati con
- A leggi regionali
- B leggi ordinarie
- C leggi costituzionali
- D decreti legislativi

4 L'Italia è
- A uno Stato comunale
- B uno Stato regionale
- C uno Stato federale
- D uno Stato federato

5 È una Città metropolitana
- A Bari
- B Parma
- C Bergamo
- D Salerno

6 Sono enti autonomi territoriali
- A solo le Regioni
- B solo le Regioni e le Province
- C solo le Regioni e i Comuni
- D le Regioni, i Comuni, le Province e le Città metropolitane

2 Misura le tue abilità

Rispondi e motiva la tua risposta in ogni caso proposto.

1 Nessuna Provincia può approvare leggi provinciali V F

____

2 Le Regioni a statuto ordinario sono state istituite nel 1970 V F

____

3 I consiglieri metropolitani sono eletti direttamente dai cittadini V F

4 Il Sindaco è eletto direttamente dai cittadini in tutti i Comuni V F

5 Tutti gli enti autonomi territoriali possono esercitare il potere legislativo V F

6 Le Regioni possono adottare la legislazione concorrente V F

3 Valuta le tue competenze

Risolvi i casi concreti, mettendo in pratica ciò che hai imparato.

1 Distinguere fra autonomia e decentramento nel discorso di un'amica.

Una tua amica milita in un movimento politico: «Vogliamo che lo Stato aumenti il decentramento, in modo che i Comuni abbiano più autonomia!».

▸ **Qual è la differenza fra autonomia e decentramento?**

2 Riconoscere il principio di sussidiarietà in un dialogo familiare.

Dialogo in famiglia:
- Tuo fratello: «Si ha la sussidiarietà quando lo Stato interviene con sussidi per aiutare i Comuni più poveri!»;
- Tua sorella: «Ti sbagli. La sussidiarietà limita l'azione dello Stato!».

▸ **Chi ha ragione? Perché?**

3 Valutare la presenza dei Consigli di circoscrizione, in base alle osservazioni di un conoscente.

Un tuo vicino è perplesso: «Non capisco. Perché alle elezioni non abbiamo votato per i Consigli di circoscrizione?».

▸ **Quanti sono gli abitanti del vostro Comune?**

4 Precisare la nozione di Città metropolitana, ascoltando un amico.

Un tuo amico è appena sceso dal treno: «Verona si è sviluppata in modo incredibile. È una vera e propria Città metropolitana!».

▸ **Perché il tuo amico sbaglia?**

5 Riconoscere la legislazione concorrente nell'errore di un politico.

Un politico risponde alla domanda di una giornalista: «Con la legislazione sussidiaria sia lo Stato sia le Regioni possono decidere sulla stessa materia. In questo modo aumentano i conflitti!». L'affermazione è sbagliata.

▸ **Come modifichi la frase per renderla giuridicamente corretta?**

Idee a confronto

A casa 1 ora | In aula 20 minuti

4 Partendo dal caso proposto, approfondisci l'argomento per partecipare al dibattito in classe

Il principio di sussidiarietà è uno dei principi cardine non solo per i rapporti Stato-Regioni, ma anche per l'esercizio delle competenze dell'Unione europea. Tale principio, valido su così differenti livelli di governo, è anche sinonimo di autonomia e libertà d'azione e sottintende una democrazia di tipo partecipativo, vicina alle esigenze del cittadino moderno. Anche grazie all'affermarsi del *Welfare State*, si può infine affermare che il principio di sussidiarietà rappresenta un ponte tra la PA e il Terzo settore, in quanto enti impegnati al soddisfacimento del bene comune.

→ ***Dopo aver approfondito l'argomento, anche tramite una ricerca online, confronta il tuo pensiero con quello dei tuoi compagni.***

CLIL Laws and Rights

State and Local Government in the United States

A brief summary of the differences between the «levels» of government in the States, as citizens mostly deal with States and municipalities

IN THIS MODULE YOU WILL

LEARN	UNDERSTAND	PRACTICE
the features of State and Local Government in the United States	their responsibilities	your English through oral and written exercises

Warm up

Pair work
Answer the following questions.

- Can you name at least three American states?
- Have you read any novel that takes place in the U.S.?

Keywords

Associate the following keywords with their definitions.

attorney general • binding • Legislature • to grant

a .... An organized body that has the authority to make laws for a political system.
b .... Imposing an obligation.
c .... The chief lawyer of a country or state who represents the Government in legal matters.
d .... To give something legally or formally.

Reading

1
In the following text you will learn State government works in the United States
Complete the text with the keywords.

The United States have three levels of Government: a federal level, a state level and a local level. Each one has its own features and takes care of specific matters.

State & Local Government. Most Americans have more daily contact with their state and local governments than with the federal Government. For instance, police departments, libraries and schools usually fall under the oversight of state and local governments. Each State has its own written constitution, and these documents are often far more elaborate than their federal counterpart.

State Government. Under the Tenth Amendment to the U.S. Constitution, all powers not .... to the federal Government are reserved for the States and the people. All State Governments are modeled after the federal Government and consist of three branches: executive, legislative, and judicial. The U.S. Constitution mandates that all States uphold a «republican form» of Government, although the three-branch structure is not required.

Executive Branch. In every state, the executive branch is headed by a governor who is directly elected by the people. In most states, the other leaders in the executive branch are also directly elected, including the lieutenant governor, the ...., and the secretary of state. States reserve the right to organize in any way, so they often vary greatly with regard to executive structure.

Legislative Branch. All 50 states have .... made up of elected representatives, who consider matters brought forth by the governor or introduced by its members to create legislation that becomes law. The legislature also approves a state's budget and initiates tax legislation. Except for one State, Nebraska, all States have a bicameral legislature made up of two chambers: a smaller upper house (called the Senate) and a larger lower house (most often called the House of Representatives).

Judicial Branch. State judicial branches are usually led by the state supreme court, which hears appeals from lower-level state courts. The Supreme Court focuses on correcting errors made in lower courts and therefore holds no trials. Rulings made in State supreme courts are normally ....; however, when questions are raised regarding consistency with the U.S. Constitution, matters may be appealed directly to the United States Supreme Court.

2
Mark the following sentences as true or false.

- **a** In the U.S., every State has its own Constitution.
- **b** Both the executive branch and the legislative branch are directly elected by the people.
- **c** States can have different laws, including in matters such as taxes.
- **d** Whenever a citizen is unhappy with a court decision, he can appeal to the U.S. Supreme Court.

Listening

Track 5
In the following audio file, you will understand how local government works in the United States. Listen to the file and then complete the following sentences.

- **a** The two .... of local government are .... and municipalities.
- **b** Municipalities are called villages, ..., cities, or ....
- **c** Municipalities take responsability for .... and recreation services, ... deparments and other issues.
- **d** Local governments must be .... power by the State.

Speaking

Pair work
Answer the following questions.

- **a** Do Americans mostly have daily contacts with the federal Government?
- **b** According to the Constitution of the United States, the States must have a «republican form» or a three-branch structure of government?
- **c** How many tiers do local Governments generally include?
- **d** Can you list some of the issues that fall under the oversight of municipalities?
- **e** Federal Government, State Government, local Government: is there something similar to this «multi-level» Government in Italy?

INTERESTING FACT

In 1959, the 50th and most recent state was admitted to the Union: the State of Hawaii. However, this tiny archipelago had been under U.S. sovereignty at least since 1898, when the Territory of Hawaii was annexed following the overthrow of the last Hawaiian monarch, Queen Lili'uokalani. Hawaii is the only U.S. state located in Oceania and the only one composed entirely of islands.

[*State & Local Government*, www.whitehouse.gov.]

CAPITOLO

D3 Gli atti della Pubblica Amministrazione

NUCLEI ESSENZIALI

- L'atto amministrativo
- Il provvedimento amministrativo
- Il procedimento amministrativo
- L'invalidità degli atti amministrativi
- I contratti della PA

A te la parola! 15 minuti

Il tema della trasparenza degli appalti pubblici è complesso e in continua evoluzione, tanto che è stata istituita l'*Autorità nazionale anticorruzione.*

→ *Fai una ricerca online e riporta in una tabella le principali funzioni di questa autorità indipendente.*

Con l'aiuto dell'insegnante e in piccoli gruppi prova a esporre il tuo punto di vista.

1 Gli atti amministrativi

NUCLEI ESSENZIALI

L'atto amministrativo. L'attività della PA si manifesta nell'adozione di atti amministrativi. Data la molteplicità dei fini che persegue, la PA può compiere atti amministrativi di diversa natura.

I requisiti dell'atto amministrativo. L'atto amministrativo, per essere valido, deve possedere determinati requisiti in relazione al soggetto, all'oggetto, al contenuto e alla forma. Analizziamoli singolarmente.

Il soggetto. Il *soggetto* che emana l'atto deve essere un organo della PA; inoltre, per ogni atto, la legge indica l'organo amministrativo competente a emanarlo.

L'oggetto. Nell'atto amministrativo deve essere indicato l'*oggetto*; per esempio, se interessa una persona fisica, l'atto deve indicare con precisione le generalità della persona contro la quale (o a favore della quale) è diretto.

Il contenuto. Il *contenuto* evidenzia la volontà dell'organo che ha emanato l'atto; tale volontà deve essere sempre diretta al conseguimento di un interesse pubblico.

Per questo la dichiarazione deve essere accompagnata dalla motivazione, che spiega le ragioni per cui la PA ha ritenuto opportuno adottare quell'atto; dall'esame della motivazione è possibile controllare se davvero la PA, agendo in quel modo, ha perseguito un interesse pubblico oppure, illecitamente, un interesse privato.

La forma. L'atto, per essere valido, deve essere redatto in una determinata *forma*. Solitamente viene richiesta la forma scritta, ma esistono rilevanti eccezioni a questo principio; per esempio, la Polizia deve ricorrere alla forma orale per sciogliere una manifestazione non autorizzata.

Il diritto amministrativo. Gli atti amministrativi sono regolati dal diritto amministrativo, che costituisce un ramo del diritto pubblico (come si è visto nel Volume primo).

Le tipologie di atti amministrativi. La PA può emanare i seguenti atti amministrativi:

L'atto amministrativo deve possedere certi requisiti rispetto
- Al soggetto
- All'oggetto
- Al contenuto
- Alla forma

L'intervento della Polizia non richiede alcun requisito di forma.

- i regolamenti amministrativi;
- i provvedimenti amministrativi;
- gli atti amministrativi in senso stretto.

Gli atti amministrativi sono

- I regolamenti amministrativi
- I provvedimenti amministrativi
- Gli atti amministrativi in senso stretto

I regolamenti amministrativi. I regolamenti amministrativi possono essere emanati da tutta la PA, a differenza dei regolamenti governativi (deliberati solo dal Consiglio dei ministri) e dei regolamenti ministeriali (deliberati solo dai singoli ministeri).

La PA può emanare regolamenti amministrativi, che sono generali e astratti

I *regolamenti amministrativi* sono norme giuridiche e, in quanto tali, sono dotati dei caratteri:

- della generalità (contengono disposizioni valide per tutti);
- dell'astrattezza (non si riferiscono a casi concreti, ma a situazioni-tipo che devono ancora verificarsi).

Per esempio, si ha un regolamento amministrativo quando il Sindaco (nella veste di organo dell'amministrazione diretta periferica) emana un'ordinanza per la raccolta dei rifiuti urbani, che deve essere rispettata da tutti coloro che si trovano nel territorio comunale.

2 Il provvedimento amministrativo

NUCLEI ESSENZIALI

I provvedimenti amministrativi. I *provvedimenti amministrativi* (d'ora in poi *provvedimenti*) sono «norme singolari», cioè dettate espressamente per regolare il comportamento di un singolo o di una identificata, o identificabile, categoria di persone. Il provvedimento è l'atto amministrativo con cui la PA modifica in modo unilaterale la situazione giuridica dei soggetti privati, ponendosi su un piano di superiorità rispetto ai privati stessi.

Col provvedimento amministrativo la PA modifica unilateralmente la situazione giuridica dei privati, ponendosi su un piano di superiorità

In altri termini, quando emana un provvedimento la PA:

- modifica la situazione giuridica dei soggetti privati;
- si pone su un piano di superiorità rispetto ai soggetti privati;
- agisce attraverso un atto unilaterale: per l'adozione del provvedimento è sufficiente la volontà della PA, e non occorre il consenso del privato a cui il provvedimento è destinato.

Il provvedimento è il frutto di un procedimento amministrativo, che si sviluppa in una serie di fasi che approfondiremo nel paragrafo 4.

La maggioranza degli atti amministrativi sono provvedimenti, va però ribadito che non tutti gli atti amministrativi sono provvedimenti. Per esempio il Comune di Terni:

- se espropria un terreno di proprietà di Mario Rossi, modifica la situazione giuridica del soggetto privato Rossi, che perde un diritto di proprietà e acquista un diritto all'indennizzo: siamo di fronte a un provvedimento;
- se rilascia un certificato di nascita a Marco Bianchi, non modifica la situazione giuridica del soggetto privato Bianchi: siamo di fronte a un atto amministrativo, ma non a un provvedimento.

L'esecutorietà. Una volta emanato, il provvedimento è immediatamente esecutivo, è dotato cioè di *esecutorietà*, e i cittadini devono conformarsi a quanto esso dispone.

Il provvedimento è immediatamente esecutivo

Se un privato rifiuta di rispettarlo, la PA può fare eseguire il provvedimento con la forza, senza che sia necessario l'intervento dell'autorità giudiziaria.

L'esecutorietà non deriva da una presunzione di legittimità del provvedimento, ma dall'esigenza di assicurare certezza e rapidità alle decisioni della PA.

Le tipologie di provvedimenti. I provvedimenti sono raggruppabili in due categorie:

- i provvedimenti espansivi, che aumentano le facoltà dei privati;
- i provvedimenti restrittivi, che diminuiscono le facoltà dei privati.

I provvedimenti amministrativi si dividono in

- Provvedimenti espansivi
- Provvedimenti restrittivi

I provvedimenti espansivi. I *provvedimenti espansivi* aumentano le facoltà dei privati. Sono l'autorizzazione e la concessione.

L'autorizzazione. Si ha l'autorizzazione quando il privato possiede un diritto, che può essere esercitato solo col consenso della PA. In questo caso, dopo aver verificato l'idoneità del privato, la PA rimuove i limiti posti dalla legge all'esercizio del diritto. Con l'autorizzazione non si costituiscono, quindi, nuovi diritti.

Si ha l'autorizzazione quando il diritto del privato può essere esercitato solo col consenso della PA

L'*autorizzazione* ha lo scopo di sottoporre certe attività dei privati a un controllo pubblico preventivo, in modo da garantire che esse vengano svolte solo in presenza di determinati requisiti. In altre parole, si accerta che il singolo soggetto sia idoneo a esercitarle. Fra i numerosi esempi di autorizzazioni vanno ricordati il rilascio della patente e del passaporto, le licenze di caccia e pesca, la licenza di aprire esercizi pubblici e così via.

La concessione. Con la *concessione* la PA conferisce a un privato un potere che prima non possedeva.

Con la concessione la PA conferisce a un privato un potere che prima non possedeva

Si tratta di poteri propri della PA che, in alcuni casi particolari, possono essere «concessi» ai privati. Per esempio, i beni demaniali sono per legge riservati allo Stato, che però può concederne l'uso ai privati (si pensi alla concessione di costruire uno stabilimento balneare su una spiaggia).

I provvedimenti espansivi sono

- L'autorizzazione
- La concessione

I provvedimenti restrittivi. I *provvedimenti restrittivi* incidono negativamente sulla sfera giuridica del destinatario, che diminuisce le sue facoltà. Fra essi ricordiamo gli ordini, i provvedimenti sanzionatori e i provvedimenti ablativi.

Gli ordini. Con gli *ordini* la PA impone o proibisce a un privato di tenere un determinato comportamento; si pensi all'ordine della Questura di sciogliere una manifestazione o al divieto del Comune di costruire in una zona destinata a verde pubblico.

Va ricordato che i provvedimenti restrittivi della libertà personale possono essere presi solo dall'autorità giudiziaria e non dalla PA.

I provvedimenti sanzionatori. Con i *provvedimenti sanzionatori* la PA punisce con una sanzione un soggetto che ha violato una norma o un provvedimento. Per esempio, Mario Rossi è un pubblico dipendente che viene sospeso per negligenza, mentre Marco Bianchi viene sanzionato con una multa per non aver rispettato una precedenza.

I provvedimenti ablativi. Sono detti *ablativi* (dal latino *ab latum* = portato via da) i provvedimenti con cui la PA toglie al privato il diritto di proprietà su un bene.

Coi provvedimenti ablativi la PA toglie al privato il diritto di proprietà su un bene

Oltre all'espropriazione e alla requisizione (di cui ci siamo occupati nel capitolo B2), rientrano fra i provvedimenti ablativi l'occupazione d'urgenza e la confisca.

L'*occupazione d'urgenza* è un provvedimento temporaneo che consente alla PA di occupare immediatamente un bene immobile, in cambio di un indennizzo. Si ricorre all'occupazione d'urgenza nei casi di forza maggiore, quando non è possibile effettuare l'espropriazione.

La *confisca* viene effettuata ai danni di chi ha commesso un atto illecito; per esempio, il Comune di Imperia può confiscare una costruzione abusiva che non è stata demolita. Esistono alcune analogie con l'espropriazione, ma c'è una differenza fondamentale: la confisca non prevede alcun indennizzo.

Una costruzione abusiva che non è stata demolita può essere confiscata.

I provvedimenti restrittivi sono

- Gli ordini
- I provvedimenti sanzionatori
- I provvedimenti ablativi
  - L'espropriazione
  - La requisizione
  - L'occupazione d'urgenza
  - La confisca

Gli atti amministrativi in senso stretto. Con gli *atti amministrativi in senso stretto* la PA non modifica la situazione giuridica dei privati, ma offre un servizio ai cittadini. Fra i numerosi esempi, ricordiamo:

- le certificazioni (di residenza, di matrimonio, di cittadinanza);
- le registrazioni (di nascita, di morte, nelle liste elettorali);
- i pareri emessi dagli organi consultivi (come si è visto nel capitolo D1).

Con gli atti amministrativi in senso stretto la PA offre un servizio ai cittadini

3 La discrezionalità amministrativa

Il principio di legalità. La PA deve rispettare il principio di legalità, in base al quale deve fare solo ciò che la legge le consente di fare.

A questo proposito distinguiamo fra gli atti vincolati e gli atti discrezionali.

Gli atti della Pubblica Amministrazione si dividono in

- Atti vincolati
- Atti discrezionali

Gli atti vincolati. Si parla di *atti vincolati* quando la legge ne regola l'emanazione fin nei minimi dettagli, stabilendo esattamente «se», «come» e «quando» la PA deve agire. Per esempio sono atti vincolati il rilascio di un certificato o l'iscrizione di un cittadino nelle liste elettorali.

Gli atti della PA sono vincolati quando la legge ne regola l'emanazione fin nei minimi dettagli

Gli atti discrezionali. Si parla di *atti discrezionali* quando la legge attribuisce alla PA il potere di adottare un atto che abbia un interesse pubblico, lasciandola libera di scegliere le modalità più opportune. La PA è vincolata nel fine (il raggiungimento del pubblico interesse), ma è libera di scegliere con quali mezzi raggiungerlo.

Si ha quindi la discrezionalità tutte le volte che la legge lascia alla PA la possibilità di scegliere «se», «come» e «quando» adottare l'atto amministrativo. In particolare:

- il «se» è l'opportunità di adottare (o meno) l'atto amministrativo;

Gli atti sono discrezionali quando la PA è vincolata nel fine, ma è libera di scegliere i mezzi per raggiungerlo

- il «come» è relativo sia al contenuto dell'atto amministrativo sia alle modalità che deve seguire la PA nell'adottarlo;
- il «quando» è il momento in cui la PA decide di adottare l'atto amministrativo.

Per esempio, la legge dà ai Comuni il potere di espropriare le aree indicate dai piani regolatori per fini di pubblica utilità; nell'applicare questa legge il Comune di Ferrara ha la possibilità di compiere varie scelte discrezionali: può decidere se espropriare (o meno) alcuni terreni, può decidere quali sono i terreni da espropriare (e quelli da non espropriare), può decidere i tempi e i modi dell'espropriazione e così via.

Il principio di tipicità. Va precisato che discrezionalità non significa libertà assoluta di scelta perché, in base al principio della riserva di legge, tutti i tipi di atti amministrativi devono essere previsti dalla legge.

Gli atti amministrativi sono tipici perché devono essere previsti dalla legge

Gli atti amministrativi si dicono *tipici* perché devono corrispondere ai tipi previsti dalla legge. La PA non può creare da sé gli strumenti giuridici che le occorrono, ma deve utilizzare solo quelli che la legge le offre.

La legittimità dell'atto amministrativo. Il contenuto degli atti discrezionali è in parte predeterminato dalla legge e in parte è il risultato di autonome valutazioni della PA. In conseguenza di ciò è possibile esaminare ciascun atto sotto il profilo sia della legittimità sia del merito.

Per verificare la legittimità dell'atto amministrativo bisogna verificare se la PA ha rispettato la normativa; in caso contrario l'atto è illegittimo, ossia presenta *vizi di legittimità*, e può essere annullato dal giudice amministrativo.

Il merito dell'atto amministrativo. Il merito dell'atto amministrativo indica, invece, l'opportunità della scelta compiuta dalla PA tra una pluralità di soluzioni ragionevoli. Se la PA ha usato male il suo potere discrezionale, l'atto amministrativo è inopportuno, ossia presenta *vizi di merito*.

I due aspetti sono tra loro indipendenti: un atto amministrativo può essere legittimo ma inopportuno, così come può essere opportuno ma illegittimo.

La distinzione ha conseguenze molto importanti, perché l'atto amministrativo può essere annullato per vizi di legittimità ma non per vizi di merito. Il merito dell'atto amministrativo non può essere oggetto di controllo giurisdizionale: l'atto amministrativo inopportuno non può essere annullato dal giudice amministrativo.

La motivazione. La PA deve dare una *motivazione* ai suoi atti discrezionali, perché l'attività amministrativa deve essere sempre rivolta a interessi pubblici. In altri termini, la PA deve spiegare in base a quali valutazioni ha ritenuto di agire in un modo piuttosto che in un altro. La motivazione è sempre importante, ma diventa indispensabile nel caso dei provvedimenti restrittivi.

4 Il procedimento amministrativo

NUCLEI ESSENZIALI

Il procedimento amministrativo. Come si è visto, l'adozione di un atto amministrativo è preceduta da una sequenza di atti, fatti e attività tra loro connessi che concorrono all'emanazione dell'atto stesso. La sequenza di questi atti prende il nome di *procedimento amministrativo*.

Per poter adottare un atto amministrativo, la PA deve rispettare tutte le fasi del procedimento amministrativo previste dalla legge: l'atto è l'esito del procedimento amministrativo.

Come si è visto nel capitolo D1, la legge n. 114 del 2014 ha stabilito una serie di regole generali sia per aumentare la trasparenza dell'attività amministrativa, sia per rendere più snelli i procedimenti amministrativi.

Il procedimento amministrativo si suddivide in tre fasi:

- la fase preparatoria;
- la fase costitutiva;
- la fase integrativa dell'efficacia.

La fase preparatoria. Nella *fase preparatoria* sono presenti tutti gli atti introduttivi rispetto all'emanazione dell'atto finale. Questa fase, a sua volta, si divide in tre sottofasi:

- la *sottofase di impulso* con cui si apre il procedimento amministrativo. Si tratta della fase coincidente con l'iniziativa che può provenire da una parte (procedimento a istanza di parte) oppure può derivare da un'autonoma scelta della PA (procedimento d'ufficio);
- la *sottofase istruttoria* in cui la PA raccoglie tutti i dati e gli elementi necessari ai fini dell'adozione dell'atto finale (accertamenti, ispezioni, perizie, sopralluoghi);
- la *sottofase pre-decisionale* che ha natura consultiva perché si ha solo quando, al termine dell'istruttoria, è necessario approfondire ulteriori elementi (si pensi a due perizie in contrasto tra loro).

La fase preparatoria comprende tutti gli atti introduttivi rispetto all'emanazione dell'atto finale

La fase costitutiva. Nella *fase costitutiva* l'atto amministrativo viene adottato dall'organo competente, secondo le modalità e le procedure previste dalla legge.

In alcuni casi è sufficiente la decisione individuale di un organo monocratico, formato cioè da una sola persona fisica (per esempio il Prefetto).

In altri casi può essere richiesta la decisione di un organo collegiale (formato da più persone fisiche); va sottolineato che, in questa ipotesi, le decisioni, con le conseguenti responsabilità, sono dell'intero organo e non vanno attribuite né ai singoli né alla maggioranza. Per esempio, di una delibera del Consiglio di Stato sono responsabili tutti i consiglieri, anche coloro che hanno espresso voto contrario.

Nella fase costitutiva l'atto viene adottato

La fase integrativa dell'efficacia. Nella *fase integrativa dell'efficacia* vengono adottati gli adempimenti necessari perché l'atto amministrativo sia efficace.

Una volta che l'atto finale è stato adottato, è necessario compiere tutti gli adempimenti previsti per consentire all'atto stesso di dispiegare i suoi effetti: bisogna effettuare determinati controlli, dare vita a specifiche forme di pubblicità e così via. Per esempio, come sappiamo, i decreti ministeriali acquistano efficacia solo dopo il controllo della Corte dei conti.

Nella fase integrativa dell'efficacia sono adottati gli adempimenti necessari perché l'atto sia efficace

La PA ha l'obbligo di concludere il procedimento con un atto espresso, entro un termine stabilito dall'amministrazione che si occupa dell'adozione dell'atto. Tale termine non può superare i 90 giorni e, se non è stabilito, si applica il termine di 30 giorni.

Per ogni procedimento deve inoltre essere indicata sia l'unità amministrativa sia il responsabile del procedimento, cioè la persona fisica che agirà in concreto e che è chiamata ad assumersi le relative responsabilità.

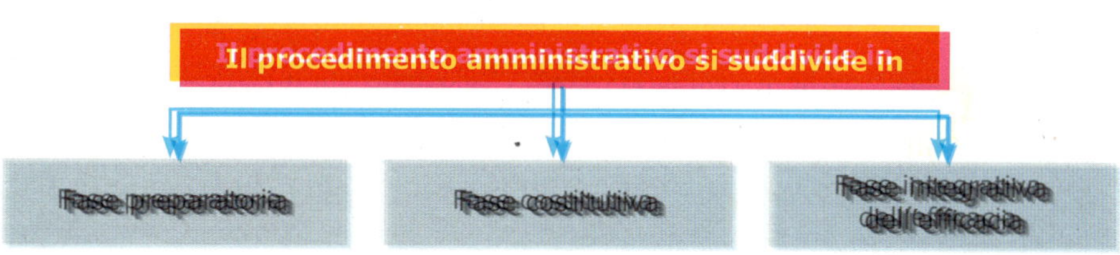

5 La semplificazione amministrativa

La semplificazione delle procedure. Visti i tempi lunghi richiesti dalla complessità delle procedure per l'adozione degli atti amministrativi, negli ultimi anni si è sentita l'esigenza di snellire i procedimenti decisionali dell'attività amministrativa.

Per semplificare i procedimenti amministrativi sono stati adottati diversi strumenti, fra questi ricordiamo l'autocertificazione, il silenzio assenso, la Conferenza di servizi e lo Sportello unico per le attività produttive.

L'autocertificazione. L'autocertificazione è la dichiarazione che viene presentata da un privato in sostituzione del certificato necessario per l'adozione di un atto amministrativo. Attraverso l'autocertificazione, il privato dichiara di essere in possesso dei requisiti richiesti assumendo la responsabilità di quanto dichiarato.

L'*autocertificazione* è stata introdotta da una legge del 1968. Per molti anni però non è stata realmente applicata, finché è stata ripresentata e ampliata dalla legge 15 maggio 1997, n. 127, *Misure urgenti per lo snellimento dell'attività amministrativa*

L'autocertificazione è presentata da un privato in sostituzione del certificato necessario per l'adozione di un atto

+ Per saperne di più

La redazione degli atti amministrativi secondo l'Accademia della Crusca

«La redazione dei testi amministrativi deve rispondere a criteri di chiarezza, precisione, coerenza, semplicità, economia»

L'Accademia della Crusca fu fondata a Firenze nel 1582, sotto la protezione dei Medici, per difendere il primato del fiorentino dalle altre parlate; l'obiettivo era appunto quello di separare il «fior di farina» dalla «crusca». Per secoli l'Accademia della Crusca ha rappresentato un baluardo a difesa della purezza della nostra lingua.

È davvero interessante che l'Accademia, nel 2011, si sia preoccupata di scrivere una vera e propria *Guida alla redazione degli atti amministrativi*, di cui riportiamo un breve stralcio.

Villa Medicea di Castello, sede dell'Accademia della Crusca, situata in una zona collinare nei pressi di Firenze.

«La redazione dei testi amministrativi deve rispondere a criteri di chiarezza, precisione, coerenza, semplicità, economia. [...]

Un testo è chiaro se i suoi contenuti informativi sono ben riconoscibili e interpretabili da parte del destinatario e se la loro concatenazione logica rispetta uno sviluppo coerente e graduale rispetto alle conoscenze pregresse del destinatario. [...]

Un testo è preciso se le parole usate e le connessioni logiche tra le frasi risultano univoche ed esplicite. La vaghezza e l'ambiguità lessicali, infatti, favoriscono incertezze nell'interpretazione del testo, e connettivi frasali troppo lunghi, arcaici o involuti ne rallentano la comprensione.

Un testo è coerente dal punto di vista linguistico se permette di riconoscere senza equivoci quando ci si riferisce a uno stesso argomento e se permette anche di seguirne lo sviluppo logico.

Un testo è semplice se dà la preferenza a parole conosciute dalla maggior parte dei cittadini o se riesce a parafrasare o a spiegare con sinonimi o esempi gli inevitabili tecnicismi, e se organizza i periodi in modo lineare con poche subordinate e con un uso adeguato della punteggiatura.

Un testo è economico se contiene tutto quello che è necessario e solo quello che è adeguato allo sviluppo del suo contenuto. In particolare, un testo ben costruito è privo di ridondanze, cioè parole e frasi che ripropongono inutilmente concetti già espressi.»

e dei procedimenti di decisione e di controllo (d'ora in poi legge n. 127 del 1997). Si tratta di un principio fondamentale che capovolge il rapporto tra cittadino e PA: da una presunzione di sfiducia a una presunzione di fiducia, ovviamente da verificare e col rischio di sanzioni penali in caso di autocertificazioni non veritiere.

Grazie alla legge n. 127 del 1997 è possibile, fra l'altro, autocertificare:

- la nascita, la residenza e l'esistenza in vita;
- lo stato civile e lo stato di famiglia;
- la nascita di un figlio;
- il decesso del coniuge, dell'ascendente o del discendente;
- la cittadinanza e il godimento dei diritti politici;
- l'iscrizione ad albi o elenchi tenuti dalla PA;
- il titolo di studio e la qualifica professionale;
- la situazione economica, fiscale e reddituale;
- la posizione giuridica (per esempio l'assenza di condanne).

Il silenzio assenso. Il *silenzio assenso* è stato introdotto da una legge del 1990 secondo la quale, nei procedimenti a istanza di parte per il rilascio di determinati atti amministrativi, il silenzio da parte della PA equivale a un accoglimento della domanda. Non sono necessarie ulteriori istanze o diffide se l'amministrazione stessa non comunica nulla all'interessato.

Il silenzio assenso della PA equivale a un accoglimento della domanda

È importante sottolineare come in passato l'inerzia dell'amministrazione equivalesse a un rifiuto (il «silenzio rifiuto»), mentre oggi equivale a un assenso.

Va precisato che il silenzio assenso è ancora limitato a determinati atti; è necessario quindi proseguire in questa direzione per facilitare i rapporti fra i cittadini e la PA.

La Conferenza di servizi. La *Conferenza di servizi* è stata introdotta per quelle procedure complesse in cui, prima di arrivare a una decisione, è necessario acquisire il parere o l'assenso di amministrazioni diverse. Per esempio, nel caso di grandi opere pubbliche (autostrade, centrali termiche, smaltimento rifiuti) bisogna interpellare diversi comuni e diversi ministeri: il ritardo di una sola amministrazione rischierebbe di provocare un ritardo dell'opera. Invece, con la Conferenza di servizi, diventa possibile riunire tutte le amministrazioni coinvolte, per concordare la decisione finale.

Con la Conferenza di servizi si riuniscono tutte le amministrazioni coinvolte nell'adozione di un atto

È stata istituita una «nuova» Conferenza di servizi col decreto legislativo 30 giugno 2016, n. 124, *Norme per il riordino della disciplina in materia di conferenza di servizi* [...] (d'ora in poi decreto legislativo n. 124 del 2016).

Per rendere ancor più veloce la procedura, il decreto attiva sia la *Conferenza semplificata*, che non prevede riunioni fisiche ma solo l'invio di documenti per via telematica, sia la *Conferenza simultanea* in cui la riunione (anche telematica) si svolge solo quando è strettamente necessaria. In entrambi i casi si considera acquisito l'assenso delle amministrazioni che non si sono espresse.

Il decreto legislativo n. 124 del 2016 stabilisce che la decisione finale della Conferenza dei servizi debba essere comunicata entro il termine massimo di cinque mesi, per «fare arrivare risposte concrete in tempi certi a imprese e cittadini».

Lo Sportello unico per le attività produttive. Lo *Sportello unico per le attività produttive* (SUAP) è stato istituito presso ogni Registro delle imprese, per agevolare gli adempimenti amministrativi delle imprese. L'imprenditore che ha intenzione di iniziare un'attività produttiva può rivolgersi al SUAP presentando un'unica domanda in cui potrà richiedere tutte le autorizzazioni necessarie, anziché presentare per ogni singola autorizzazione una diversa domanda a una diversa amministrazione. Il SUAP è quindi uno strumento di semplificazione amministrativa, che mira a coordinare tutti gli adempimenti richiesti per la creazione di imprese, al fine di snellire e semplificare i rapporti tra la PA e il mondo produttivo.

Lo Sportello unico per le attività produttive agevola gli adempimenti amministrativi delle imprese

Istituito nel 1998, il SUAP è stato modificato dal decreto legislativo n. 124 del 2016 che ribadisce l'esistenza di un «unico soggetto pubblico di riferimento territoriale per tutti i procedimenti che abbiano come oggetto l'esercizio di attività produttive e di prestazione di servizi».

La semplificazione amministrativa avviene attraverso

- L'autocertificazione
- Il silenzio assenso
- La Conferenza di servizi
- Lo Sportello unico per le attività produttive

6 L'invalidità degli atti amministrativi

NUCLEI ESSENZIALI

L'invalidità. L'atto amministrativo deve essere emanato solo nei casi e nei modi previsti dalla legge, in caso contrario è *invalido*.

L'invalidità può determinare la nullità o l'annullabilità dell'atto amministrativo.

L'invalidità dell'atto amministrativo può assumere la forma della

- Nullità
- Annullabilità

La nullità. Come si è visto, la legge richiede che l'atto amministrativo abbia determinati requisiti in relazione al soggetto, all'oggetto, al contenuto e alla forma; se manca uno di questi elementi essenziali l'atto è nullo. Per esempio, è *nullo* l'atto emanato da un organo amministrativo totalmente incompetente (si pensi una patente di guida rilasciata dall'Agenzia delle entrate), oppure è nullo l'atto che è stato emesso in una forma completamente diversa da quella prevista (si pensi a un'espropriazione deliberata oralmente).

L'atto amministrativo nullo non produce alcun effetto giuridico

Il *Codice del processo amministrativo* del 2010 prevede un'altra ipotesi di nullità nel caso di «provvedimento amministrativo adottato in violazione o elusione del giudicato»; per esempio, un Comune adotta un piano regolatore identico a quello che è già stato invalidato da una sentenza definitiva.

Il diritto considera l'atto amministrativo nullo come inesistente e, in quanto tale, esso non può produrre alcun effetto giuridico.

Va detto che l'ipotesi della nullità dell'atto amministrativo si verifica raramente.

L'annullabilità. L'atto amministrativo è *annullabile* quando, pur avendo tutti gli elementi essenziali, presenta un vizio di legittimità. Invece, come sappiamo, i vizi di merito non portano all'annullamento dell'atto (a parte rare ipotesi tassativamente indicate dalla legge).

L'atto amministrativo è annullabile quando presenta un vizio di legittimità

I vizi di legittimità. I vizi di legittimità che portano all'annullamento dell'atto sono l'incompetenza, l'eccesso di potere e la violazione di legge.

L'incompetenza. L'*incompetenza* si ha quando l'atto è emesso da un organo della PA diverso da quello individuato dalla legge, ma appartenente allo stesso plesso organizzativo; per esempio, un Dirigente scolastico prende una decisione che spetterebbe all'Ufficio scolastico regionale (entrambi gli organi dipendono dal Ministero dell'istruzione, dell'università e della ricerca).

Si parla in questo caso di *incompetenza relativa*, per distinguerla dall'*incompetenza assoluta* (che è invece causa di nullità) che si ha, come si è visto, quando l'atto è emesso da un organo amministrativo totalmente al di fuori della sua sfera di competenza.

L'eccesso di potere. L'eccesso di potere è un vizio di legittimità che si verifica negli atti discrezionali, quando la PA non esercita correttamente il potere discrezionale riconosciutole dalla legge. Si ha quindi eccesso di potere quando la discrezionalità è usata «male» e senza equità.

L'accesso di potere si ha quando la PA non esercita correttamente il suo potere discrezionale

Per provare l'eccesso di potere occorre dimostrare che i veri motivi che hanno indotto la PA ad agire sono diversi da quelli dichiarati. Si tratta di una prova difficile. Per superare queste difficoltà, la giurisprudenza ha elaborato le cosiddette *figure sintomatiche dell'eccesso di potere*; si tratta di indizi in presenza dei quali si presume che l'atto sia viziato da eccesso di potere. Le figure sintomatiche sono:

- i *vizi della motivazione* che si hanno quando la motivazione che ha condotto all'adozione dell'atto è contraddittoria. Per esempio il dipendente pubblico Mario Rossi viene sospeso, ma dalla motivazione dell'atto emerge un giudizio lusinghiero nei suoi confronti;
- la *disparità di trattamento* che si ha quando, in situazioni uguali, si adottano atti diversi. Per esempio i dipendenti pubblici Mario Rossi e Marco Bianchi hanno tenuto lo stesso comportamento in una stessa circostanza: Rossi viene premiato e Bianchi viene sospeso;
- l'*ingiustizia manifesta* che si ha quando il contenuto dell'atto è talmente ingiusto da creare un insanabile contrasto con i princìpi di equità dell'ordinamento giuridico. Per esempio il dipendente pubblico Rossi viene sospeso solo perché non ha salutato un superiore.

La violazione di legge. Rientrano nell'ipotesi *violazione di legge* tutte le forme di illegittimità diverse dall'incompetenza e dall'eccesso di potere. Si tratta di un'ipotesi residuale, con cui si vuole ribadire l'annullabilità dell'atto tutte le volte che la PA viola una norma di legge.

I vizi di legittimità che portano all'annullamento sono

- L'incompetenza
- L'eccesso di potere
- La violazione di legge

La dichiarazione di annullamento. L'annullamento può essere richiesto da un privato che, sentendosi danneggiato dall'atto illegittimo, si rivolge alla giustizia amministrativa. La *dichiarazione di annullamento* ha effetto retroattivo ed elimina tutti gli effetti giuridici che l'atto ha nel frattempo prodotto.

Gli atti amministrativi illegittimi producono i loro effetti fino al momento dell'annullamento

Va però precisato che, durante il ricorso, l'atto resta pienamente in vigore. Gli atti amministrativi illegittimi sono annullabili, ma producono i loro effetti fino al momento in cui avviene l'annullamento.

Se nessuno presenta ricorso entro i termini stabiliti, l'atto non è più impugnabile da alcun soggetto (cosiddetta «inoppugnabilità»). In conseguenza di ciò, anche se è illegittimo, l'atto amministrativo continuerà ad avere piena efficacia e nessuno potrà più contestarne la validità.

L'autotutela della PA. La PA può agire d'ufficio, cioè di sua iniziativa, per eliminare o per correggere i difetti di un proprio atto. Si parla a questo proposito di *autotutela*, perché la PA si «protegge da sola» contro i propri errori.

Con l'autotutela la PA agisce d'ufficio per eliminare o correggere un proprio atto

L'autotutela può assumere varie forme, fra cui l'annullamento d'ufficio, la sanatoria e la revoca.

L'annullamento d'ufficio. L'*annullamento d'ufficio* si ha quando la dichiarazione di annullamento viene decisa dallo stesso organo che ha emanato l'atto amministrativo. Nel momento in cui si accorge di aver adottato un atto annullabile, la PA può procedere d'ufficio all'annullamento dell'atto stesso con effetto retroattivo.

La sanatoria. La PA ha altri strumenti per eliminare i vizi dell'atto senza doverlo annullare. Con la *sanatoria* l'amministrazione conferma il proprio atto, eliminando il vizio che lo rende illegittimo; per esempio, la PA può completare una motivazione che prima era insufficiente o aggiungere un'autorizzazione che prima mancava.

L'obbligo della deliberazione a contrarre. Nella fase della deliberazione il *Cod. appalti pubblici* introduce l'obbligo della deliberazione a contrarre e dispone che, prima dell'avvio delle procedure di affidamento dei contratti pubblici, le amministrazioni deliberino di contrarre, individuando gli elementi essenziali del contratto e i criteri di selezione degli operatori economici e delle loro offerte.

Le procedure aperte, ristrette e negoziate. Per quanto riguarda la scelta del contraente, alle modalità già esaminate (asta pubblica, licitazione privata, appalto-concorso e trattativa privata) si affiancano nuove procedure previste dal *Cod. appalti pubblici*. Fra queste:

- le *procedure aperte*: in cui ogni operatore economico interessato può presentare un'offerta;
- le *procedure ristrette*: in cui ogni operatore economico può chiedere di partecipare e in cui possono presentare un'offerta soltanto gli operatori economici invitati dalle *stazioni appaltanti* (cioè dalle amministrazioni che affidano gli appalti pubblici), con le modalità stabilite dal codice stesso;
- le *procedure negoziate*: in cui le stazioni appaltanti consultano gli operatori economici da loro scelti e negoziano con uno o più di essi le condizioni dell'appalto (questa procedura è ammessa solo in casi particolari).

L'offerta economicamente più vantaggiosa. Nella fase dell'aggiudicazione e stipulazione del contratto il *Cod. appalti pubblici* introduce nuove norme a tutela dell'amministrazione aggiudicataria; in particolare, «il criterio dell'offerta economicamente più vantaggiosa diventa quello preferenziale nella scelta del contraente». Tale criterio è diventato obbligatorio in alcuni campi in cui è fondamentale l'utilizzo di manodopera; per esempio i servizi di pulizia, i servizi sociali e assistenziali, la ristorazione ospedaliera.

L'approvazione. Nella fase di approvazione del contratto, il *Cod. appalti pubblici* non prevede invece novità significative.

La trasparenza. Il *Cod. appalti pubblici* introduce finalmente il principio della trasparenza, che viene resa «obbligatoria per le grandi opere infrastrutturali aventi impatto rilevante sull'ambiente, sulle città e sull'assetto del territorio».

In particolare, vengono stabilite «nuove norme in materia di iscrizione nell'elenco dei fornitori, prestatori di servizi ed esecutori di lavori», in modo che questi non siano soggetti a «tentativi di infiltrazione mafiosa».

Il *Codice degli appalti pubblici* vuole assicurare che fornitori, prestatori ed esecutori non siano soggetti a tentativi di infiltrazione mafiosa

Un articolo

L'appalto deve essere trasparente

Nel nostro Paese gli appalti pubblici sono spesso minacciati dalle infiltrazioni di tangentisti e corruttori.

Nell'articolo riprodotto (Marco Ludovico, *Il Sole-24 Ore*, 16 luglio 2014) il Ministero dell'interno richiede ai prefetti una rigida attuazione dei protocolli di legalità, per aumentare la trasparenza degli appalti pubblici.

1 ROMA – E il Ministro dell'interno, Angelino Alfano, annuncia: «Attueremo la linea dura contro i corrotti usando le stesse misure di prevenzione previste per i mafiosi».

Certo che le prefetture da oggi devono essere in prima linea contro le infiltrazioni di tangenti e corruttori negli appalti pubblici.

2 Così, per definire norme ancora più severe contro le infiltrazioni mafiose, i protocolli di legalità stipulati finora dalle prefetture con i soggetti coinvolti nella gestione dell'opera pubblica – contraente generale, stazione appaltante e operatori della filiera dell'opera – d'ora innanzi dovranno contemplare anche condizioni di trasparenza e di legalità non solo in funzione antimafia.

Il Sole 24 ORE

Protocollo legalità: «Stop all'appalto se c'è corruzione»

Marco Ludovico
ROMA

Il numero uno dell'Anticorruzione, Raffaele Cantone, la definisce «una rivoluzione copernicana». E il ministro dell'Interno, Angelino Alfano, annnuncia: «Attueremo la linea dura contro i corrotti usando le stesse misure di prevenzione previste per i mafiosi». Certo è che le prefetture da oggi devono essere in prima linea contro le infiltrazioni di tangenti e corruttori negli appalti pubblici.

Al Viminale ieri Cantone e Alfano hanno firmato il protocollo d'intesa che adotta le linee guida anticorruzione: fornisce indicazioni esecutive ai prefetti, il controllo anti-infiltrazione mafiosa dei prefetti con un analogo meccanismo in funzione anticorruzione nelle gare pubbliche. Così, per definire norme ancora più severe contro le infiltrazioni mafiose, i protocolli di legalità stipulati finora dalle prefetture con i soggetti coinvolti nella gestione dell'opera pubblica – contraente generale, stazione appaltante e operatori della filiera dell'opera – d'ora innanzi dovranno contemplare anche condizioni di trasparenza e di legalità non solo in funzione antimafia. Con una novità decisiva: l'introduzione della clausola in capo alla stazione appaltante che può risolvere il

SINTESI

L'atto amministrativo

- L'**atto amministrativo** (par. **1**), per essere valido, deve possedere determinati requisiti in relazione al soggetto, all'oggetto, al contenuto e alla forma.
- La PA può emanare i seguenti atti amministrativi:
  - i **regolamenti amministrativi** (par. **1**);
  - i **provvedimenti amministrativi** (par. **2**);
  - gli **atti amministrativi in senso stretto** (par. **2**).

Il provvedimento amministrativo

- Col **provvedimento amministrativo** (par. **2**) la PA modifica in modo unilaterale la situazione giuridica dei soggetti privati, ponendosi su un piano di superiorità rispetto ai privati stessi. I provvedimenti amministrativi sono dotati di esecutorietà.
- I provvedimenti possono essere:
  - **provvedimenti espansivi** (par. **2**) che aumentano le facoltà dei privati (le autorizzazioni e le concessioni);
  - **provvedimenti restrittivi** (par. **2**) che diminuiscono le facoltà dei privati (gli ordini, i provvedimenti sanzionatori e i provvedimenti ablativi).
- L'atto amministrativo è illegittimo quando presenta **vizi di legittimità** (par. **3**), mentre è inopportuno quando presenta **vizi di merito** (par. **3**). L'atto amministrativo può essere annullato per vizi di legittimità ma non per vizi di merito.
- La PA deve dare una **motivazione** (par. **3**) dei suoi atti discrezionali.

Il procedimento amministrativo

- Il **procedimento amministrativo** (par. **4**) si articola in tre fasi: la fase preparatoria, la fase costitutiva e la fase integrativa dell'efficacia.
- Per la **semplificazione amministrativa** (par. **5**) sono stati adottati diversi strumenti: l'autocertificazione, il silenzio assenso, la Conferenza di servizi e lo Sportello unico per le attività produttive.

L'invalidità degli atti amministrativi

- L'**invalidità** (par. **6**) può determinare la nullità o l'annullabilità degli atti amministrativi:
  - l'**atto è nullo** (par. **6**) quando manca di un elemento essenziale e non produce alcun effetto giuridico;
  - l'**atto è annullabile** (par. **6**) quando presenta un vizio di legittimità (l'incompetenza, l'eccesso di potere e la violazione di legge). Gli atti amministrativi illegittimi producono i loro effetti fino al momento dell'annullamento.
- L'**autotutela della PA** (par. **6**) avviene con l'annullamento d'ufficio, la sanatoria e la revoca.

I contratti della PA

- La PA può stipulare **contratti di diritto privato** (par. **7**), ponendosi sullo stesso piano dei privati.
- La PA deve seguire il **procedimento a evidenza pubblica** (par. **7**) per stipulare un contratto con un privato.

Il procedimento a evidenza pubblica si articola in

- Deliberazione
- Scelta del contraente
  - Asta pubblica
  - Licitazione privata
  - Appalto-concorso
  - Trattativa privata
- Aggiudicazione e stipulazione del contratto
- Approvazione

- La procedura di affidamento dei contratti di appalto è stata modificata dal ***Codice degli appalti pubblici*** (par. **8**) del 2016 (integrato nel 2019).

1 Verifica le tue conoscenze

Risolvi le seguenti **scelte multiple** indicando la risposta esatta fra quelle possibili.

A

Un atto amministrativo illegittimo

1 non produce alcun effetto

2 produce effetti fino all'annullamento

3 produce effetti anche dopo l'annullamento

B

La PA si autotutela con

1 l'autorizzazione

2 la revoca

3 l'ordine

1 Con l'atto amministrativo la PA si pone

A sullo stesso piano dei privati

B su un piano di superiorità rispetto ai privati

C su un piano di inferiorità rispetto ai privati

D a volte su un piano di superiorità e a volte su un piano di parità

2 Il regolamento amministrativo è un

A provvedimento ministeriale

B provvedimento amministrativo

C atto ministeriale

D atto amministrativo

3 È dotato di esecutorietà

A il procedimento amministrativo

B il provvedimento amministrativo

C il regolamento amministrativo

D l'atto amministrativo in senso stretto

4 È un atto vincolato

A la concessione

B il rilascio di un certificato

C l'espropriazione

D la requisizione

5 L'atto amministrativo è nullo quando

A la PA non ha esercitato correttamente il suo potere discrezionale

B la PA ha violato una norma

C è stato emanato da un organo totalmente incompetente

D è stato emanato da un organo diverso da quello individuato dalla legge, ma appartenente allo stesso plesso organizzativo

6 La PA modifica unilateralmente la situazione giuridica dei privati

A coi provvedimenti amministrativi

B con gli atti amministrativi in senso stretto

C coi regolamenti amministrativi

D con qualsiasi atto amministrativo

2 Misura le tue abilità

Rispondi e motiva la tua risposta in ogni caso proposto.

1 L'eccesso di potere porta all'annullamento dell'atto V F

____

2 L'ordine è un provvedimento espansivo V F

____

3 Coi provvedimenti ablativi la PA toglie la proprietà su un bene V F

4 La causa è un requisito essenziale dell'atto amministrativo V F

5 La licitazione privata è una gara riservata a un determinato numero di concorrenti V F

6 La scelta del contraente è una fase del procedimento a evidenza pubblica V F

3 Valuta le tue competenze

Risolvi i casi concreti, mettendo in pratica ciò che hai imparato.

1 Valutare le caratteristiche del regolamento amministrativo, sulla base del ragionamento di un'amica.

Una tua amica frequenta la facoltà di Giurisprudenza: «Dunque. La Pubblica Amministrazione può emanare i regolamenti amministrativi e ministeriali, ma non quelli governativi!».

▸ **Perché la tua amica ha le idee confuse?**

2 Precisare il concetto di provvedimento amministrativo, ascoltando l'errore di un politico.

Un politico in televisione dichiara: «Il provvedimento amministrativo è troppo complesso. Deve essere semplificato nell'interesse dei cittadini!». L'affermazione è sbagliata.

▸ **Come modifichi la frase per renderla giuridicamente corretta?**

3 Distinguere fra autorizzazione e concessione nel discorso di un familiare.

Tuo zio ha appena aperto un bar. È entusiasta: «Ho fatto qualche fila agli uffici per ottenere la concessione. Ma ne valeva la pena!».

▸ **Perché tuo zio non ha ottenuto una concessione?**

4 Individuare l'eccesso di potere, in base al racconto di un conoscente.

Il tuo vicino è infuriato: «Un vigile mi ha appena fatto una multa veramente ingiusta. Si è trattato di un vero e proprio eccesso di potere!».

▸ **Potrebbe trattarsi davvero di eccesso di potere?**

5 Riconoscere l'istituto della revoca, ascoltando un amico.

Un tuo amico è perennemente in lite con l'amministrazione comunale: «Il Sindaco ha dovuto revocare quell'atto comunale perché era illegittimo!».

▸ **Un atto illegittimo deve essere revocato?**

Idee a confronto

A casa 1 ora | In aula 20 minuti

4 Partendo dal caso proposto, approfondisci l'argomento per partecipare al dibattito in classe

Nel 2019 l'indice di percezione della corruzione (CPI) di *Transparency International*, la più grande organizzazione globale, con sede a Berlino, che si occupa di prevenire e contrastare la corruzione, riporta una buona notizia. L'Italia, infatti, migliora la sua posizione in classifica, arrivando al 54° posto nel mondo su 180 Paesi analizzati. Anche in questa edizione, Nuova Zelanda e Danimarca si confermano nelle prime posizioni.

→ ***Svolgi una ricerca sul sito www.transparency.it e cerca, all'interno delle pubblicazioni, gli indici CPI del 2019 e delle edizioni passate. Come è cambiata la situazione in Italia negli ultimi anni e quali sono i problemi che il nostro Paese deve ancora risolvere?***

CAPITOLO

D4 La giustizia amministrativa

NUCLEI ESSENZIALI

- I ricorsi amministrativi
- La giurisdizione ordinaria
- La giurisdizione amministrativa
- La *class action* nella PA

A te la parola! 15 minuti

La Corte dei conti è un organo di rilievo costituzionale (art. 103 Cost.) che svolge un ruolo molto importante di giurisdizione e controllo in relazione all'utilizzo e alla responsabilità contabile di chi usa denaro pubblico.

→ *Fai una ricerca online e crea una tabella che descriva, in breve, l'organizzazione e le attività della Corte dei conti.*

Con l'aiuto dell'insegnante e in piccoli gruppi prova a esporre il tuo punto di vista.

1 I ricorsi amministrativi

NUCLEI ESSENZIALI

Il privato e la PA. In uno Stato di diritto la persona (fisica o giuridica) che si ritenga ingiustamente danneggiata da un atto della Pubblica Amministrazione (d'ora in poi anche PA) deve avere la possibilità di tutelare i propri diritti. Per far valere le proprie ragioni, il privato può seguire due strade diverse:

- i *ricorsi amministrativi*, quando il privato chiede alla PA di annullare o modificare un atto amministrativo che lo ha danneggiato;
- la *difesa giurisdizionale*, quando il privato decide di rivolgersi alla giurisdizione ordinaria o amministrativa. Stabilisce infatti l'art. 113 Cost. che «contro gli atti della Pubblica Amministrazione è sempre ammessa la tutela giurisdizionale» davanti «agli organi di giurisdizione ordinaria o amministrativa».

Il privato può agire contro un atto della Pubblica Amministrazione
- Con i ricorsi amministrativi
- Con la difesa giurisdizionale

I ricorsi amministrativi. I ricorsi amministrativi possono essere presentati solo da coloro che hanno un interesse diretto e attuale alla rimozione di un atto amministrativo, ritenuto illegittimo o inopportuno.

Nel caso dei ricorsi amministrativi la PA ha la possibilità di riesaminare i suoi atti, prima di essere chiamata davanti al giudice (ordinario o amministrativo).

Si distinguono tre tipi di ricorsi amministrativi:

- l'opposizione;
- il ricorso gerarchico;
- il ricorso straordinario al Presidente della Repubblica.

Coi ricorsi amministrativi la PA può riesaminare i suoi atti, prima di essere chiamata davanti al giudice

L'opposizione. L'opposizione è diretta contro lo stesso organo che ha emanato l'atto impugnato, e deve contenere le motivazioni per cui l'interessato chiede alla PA di ritornare sulle proprie decisioni. L'*opposizione* è possibile per motivi sia di legittimità sia di merito. Si tratta di un rimedio previsto solo in determinate materie e nei casi stabiliti dalla legge (per esempio, nel caso di contestazioni sull'anzianità di servizio dei pubblici dipendenti).

Se l'opposizione viene respinta è sempre possibile ricorrere alla difesa giurisdizionale.

L'opposizione è diretta contro lo stesso organo che ha emanato l'atto

Il ricorso gerarchico. Il ricorso gerarchico si deve rivolgere all'organo immediatamente superiore rispetto a quello che ha emanato l'atto amministrativo, che un soggetto ritiene lesivo dei suoi diritti. Come l'opposizione, il *ricorso gerarchico* può essere relativo sia alla legittimità sia al merito, e deve essere presentato entro 30 giorni dal momento in cui il soggetto è venuto a conoscenza dell'atto.

Il superiore gerarchico, valutate le argomentazioni del ricorrente, può o respingere il ricorso o, se lo accoglie, annullare l'atto.

Se l'organo a cui è stato presentato non comunica la sua decisione entro 90 giorni, il ricorso gerarchico si intende respinto a tutti gli effetti («silenzio rigetto»).

Il ricorso gerarchico non è ovviamente possibile quando l'atto è stato emanato da un organo che si trova al vertice della gerarchia (per esempio un ministro).

Se il ricorso gerarchico viene respinto è sempre possibile ricorrere alla difesa giurisdizionale.

Il ricorso gerarchico deve essere presentato al superiore gerarchico di chi ha adottato l'atto

Il ricorso straordinario al Presidente della Repubblica. A differenza dell'opposizione e del ricorso gerarchico, il *ricorso straordinario al Presidente della Repubblica* è ammesso solo per motivi di legittimità. In questo caso il ricorso deve essere presentato entro 120 giorni dal momento in cui il soggetto è venuto a conoscenza dell'atto.

Il ricorso viene deciso con Decreto del Presidente della Repubblica (D.P.R.), ma la partecipazione del Capo dello Stato è solo formale, perché la decisione viene presa dal ministro competente dopo aver sentito il parere del Consiglio di Stato.

Il D.P.R. può rigettare il ricorso oppure accoglierlo, provocando così l'annullamento dell'atto.

Se il ricorso straordinario al Presidente della Repubblica viene respinto non è possibile ricorrere alla difesa giurisdizionale.

Il ricorso straordinario al Presidente della Repubblica dipende dal parere del Consiglio di Stato

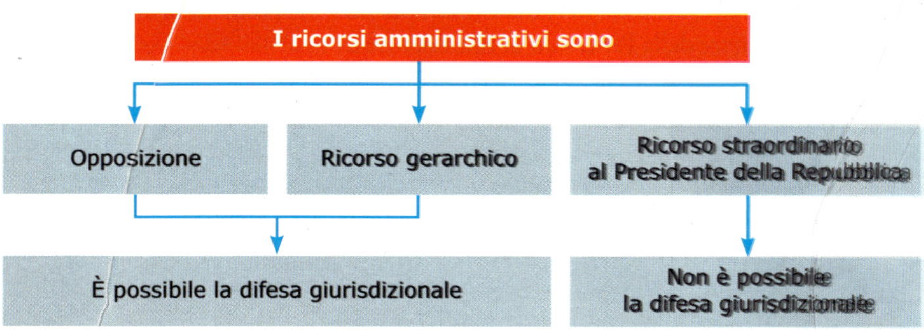

2 La giurisdizione ordinaria

NUCLEI ESSENZIALI

La difesa giurisdizionale. Come detto, oltre ai ricorsi amministrativi, un soggetto che ritiene di essere stato leso da un atto amministrativo può ricorrere a un giudice. È opportuno premettere che la difesa giurisdizionale è ammessa solo per motivi di legittimità, salvo alcune eccezioni che analizzeremo tra poco.

La difesa giurisdizionale può essere di competenza o della giurisdizione ordinaria o di quella amministrativa:

- se il cittadino contesta la violazione di un diritto soggettivo può ricorrere alla *giurisdizione ordinaria*;
- se il cittadino contesta la violazione di un interesse legittimo può ricorrere alla *giurisdizione amministrativa*.

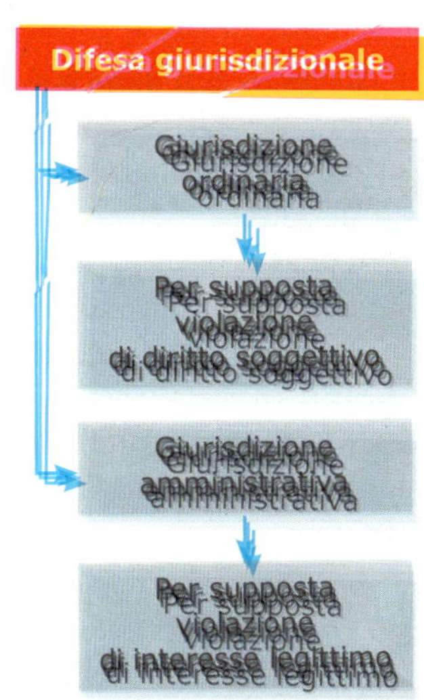

La giurisdizione ordinaria. Come si è visto nel Volume primo, il *diritto soggettivo* è il potere conferito a un soggetto di far valere un proprio diritto, espressamente tutelato da una norma giuridica. Il soggetto può ricorrere alla giurisdizione ordinaria solo quando contesta alla PA la violazione di un diritto soggettivo, che si può avere:

- per effetto di *inadempienza contrattuale*, per esempio l'imprenditore edile Mario Rossi non è stato ancora pagato per l'ospedale pubblico che ha costruito;
- per effetto di un *fatto illecito*, per esempio il pedone Marco Bianchi è stato investito da un mezzo pubblico;

- per effetto di un *atto amministrativo illegittimo*, per esempio il proprietario Carlo Verdi ha subito un'espropriazione illegittima.

Col ricorso alla giurisdizione ordinaria, il privato chiede che il giudice ordinario accerti l'illegittimità dell'atto della PA.

Se il giudice accerta l'illegittimità dell'atto, al privato verrà riconosciuto il risarcimento dei danni subiti, ma il giudice ordinario non può annullare l'atto amministrativo: può solo disapplicarlo. In altri termini quell'atto amministrativo, che pure è stato riconosciuto illegittimo, continua a produrre i suoi effetti nei confronti degli altri soggetti. Riprendendo l'esempio dell'espropriazione illegittima subita da Carlo Verdi, il giudice può escludere Verdi dal decreto di esproprio, ma lo stesso tipo di espropriazione potrebbe poi colpire qualsiasi altro cittadino.

Il giudice ordinario non può annullare l'atto amministrativo illegittimo, che continua a essere efficace

Si tratta di un aspetto fondamentale che si basa sul principio della separazione dei poteri: la Magistratura non può invadere la sfera di competenza della PA.

3 La giurisdizione amministrativa

NUCLEI ESSENZIALI

La giurisdizione amministrativa. Come sappiamo, nel caso dell'*interesse legittimo* la norma giuridica tutela l'interesse collettivo e solo «di riflesso» quello del singolo. Il soggetto può ricorrere alla giurisdizione amministrativa quando contesta alla PA la violazione di un interesse legittimo.

Un soggetto può ricorrere alla giurisdizione amministrativa quando contesta alla PA la violazione di un interesse legittimo

Per esempio, la normativa che impone la regolarità dei concorsi pubblici ha l'obiettivo di scegliere le persone più preparate nell'interesse della PA e, solo di riflesso, tutela i singoli concorrenti. Ipotizziamo che si svolga un concorso per assumere un medico ospedaliero: il concorso deve essere regolare (deve vincere il più bravo nella prova), perché i cittadini hanno il diritto di essere curati dal medico «migliore» fra quelli che concorrono. Se rileva delle irregolarità nel concorso a cui partecipa (per esempio i membri della commissione esaminatrice suggeriscono a un candidato), il dottor Mario Rossi può, in quanto titolare di un interesse legittimo, ricorrere alla giurisdizione amministrativa.

Di regola il giudice amministrativo effettua solo un giudizio di legittimità. Esistono però dei casi particolari, tassativamente indicati dalla legge, in cui il giudice amministrativo può sindacare anche il merito, cioè l'opportunità dell'atto amministrativo.

L'annullamento dell'atto illegittimo. A differenza del giudice ordinario, il giudice amministrativo può annullare l'atto amministrativo illegittimo. Va precisato che il giudice amministrativo può annullare l'atto illegittimo, ma non può sostituirlo.

Il giudizio di ottemperanza. Finora abbiamo visto che:

- il giudice ordinario può solo disapplicare l'atto illegittimo nel caso concreto, ma questo continua a produrre i suoi effetti nei confronti degli altri soggetti;
- il giudice amministrativo può annullare l'atto illegittimo ma non può sostituirlo.

In entrambi i casi è necessario che la PA intervenga per sostituire l'atto illegittimo.

Col giudizio di ottemperanza il giudice amministrativo eccezionalmente effettua un giudizio di merito

Che cosa succede se la PA rimane inerte e non effettua alcuna sostituzione? In questo caso il soggetto interessato potrà promuovere un nuovo processo, chiamato *giudizio di ottemperanza*, davanti al giudice amministrativo. Nel giudizio di ottemperanza, eccezionalmente, il giudice amministrativo effettua un giudizio di merito, e si sostituisce all'amministrazione nell'emanare un atto che sostituisce quello annullato. Questo compito solitamente viene svolto da un funzionario appositamente delegato, chiamato *commissario ad acta*.

La composizione della giurisdizione amministrativa. La giurisdizione amministrativa è formata dalla giurisdizione generale di legittimità e dalle giurisdizioni speciali amministrative.

La giurisdizione generale di legittimità. La giurisdizione generale di legittimità è formata dai Tribunali Amministrativi Regionali (TAR) e dal Consiglio di Stato. Si parla di *giurisdizione generale di legittimità* perché TAR e Consiglio di Stato devono giudicare su tutti gli atti che non siano di competenza delle giurisdizioni speciali amministrative.

La giurisdizione amministrativa è composta da

- Giurisdizione generale di legittimità
  - TAR (I° grado)
  - Consiglio di Stato (II° grado)
- Giurisdizioni speciali amministrative

Il TAR. L'**art. 125 Cost.** stabilisce che nelle Regioni devono essere «istituiti organi di giustizia amministrativa di primo grado». I TAR, istituiti nel 1971, hanno sede in ogni capoluogo regionale.

Il TAR rappresenta il primo grado della giurisdizione amministrativa

Il TAR rappresenta il *primo grado* della giurisdizione amministrativa.

I giudici del TAR, come quelli del Consiglio di Stato, non fanno parte della Magistratura ordinaria e non sono quindi sottoposti alla tutela del Consiglio Superiore della Magistratura. Va comunque precisato che il TAR è un organo giurisdizionale statale, perché non esistono giudici regionali nel nostro ordinamento.

Il ricorso al TAR. Il ricorso giurisdizionale al TAR deve essere presentato entro 60 giorni dalla data della conoscenza dell'atto, e deve essere notificato all'organo che lo ha emanato.

Il TAR conclude il processo con una sentenza, con la quale o respinge il ricorso oppure lo accoglie e dispone l'annullamento dell'atto.

In alcuni casi il privato può chiedere al TAR la sospensione dell'esecuzione dell'atto

Essendo assistiti dal principio di esecutorietà, gli atti della PA non possono essere sospesi solo perché un privato ha presentato ricorso al TAR. Però in alcuni casi il privato può chiedere al TAR la sospensione dell'esecuzione dell'atto (chiamata *sospensiva*), qualora questo possa causare un danno grave e irreparabile.

Supponiamo che la PA ordini la demolizione di un fabbricato di proprietà di Mario Rossi, che fa ricorso al TAR. È evidente che l'eventuale sentenza del TAR di annullamento dell'atto di demolizione sarebbe inutile se arrivasse dopo che la demolizione è stata effettuata; in questo caso Rossi può chiedere al TAR di pronunciare immediatamente la sospensiva con cui, in attesa della sentenza, si sospende temporaneamente l'esecutività dell'atto: la demolizione resta sospesa fino alla sentenza del TAR.

Il Consiglio di Stato. Come si è visto nel capitolo D1, oltre a svolgere la funzione di organo consultivo, il Consiglio di Stato svolge anche la funzione giurisdizionale.

Le parti possono presentare appello al Consiglio di Stato contro le sentenze del TAR, entro limiti di tempo rigorosamente stabiliti. Il Consiglio di Stato rappresenta quindi il *secondo grado* della giurisdizione amministrativa.

Le sentenze del TAR sono esecutive e il ricorso in appello non ne sospende l'efficacia. Però anche il Consiglio di Stato può disporre la sospensione della sentenza, se da essa può derivare un danno grave e irreparabile.

Palazzo Spada, a Roma, sede del Consiglio di Stato, che rappresenta il secondo grado della giurisdizione amministrativa.

Contro le sentenze del Consiglio di Stato è ammesso il ricorso alla *Corte di cassazione*, ma «per i soli motivi inerenti alla giurisdizione» (**art. 111 Cost.**). Per esempio, il ricorso in Cassazione è possibile se il privato afferma che l'atto violava un diritto soggettivo (e non un interesse legittimo) e doveva quindi essere di competenza del giudice ordinario (e non di quello amministrativo).

Va precisato che la maggioranza delle controversie fra privati e PA è di competenza della giurisdizione amministrativa.

Le giurisdizioni speciali amministrative. Mentre TAR e Consiglio di Stato hanno una competenza generale in campo amministrativo, le *giurisdizioni speciali amministrative* hanno una competenza specifica in particolari materie.

La Corte dei conti. Fra le giurisdizioni speciali va ricordata la Corte dei conti, che «ha giurisdizione nelle materie di contabilità pubblica e nelle altre specificate dalla legge» (art. 103 Cost.).

In particolare, spettano alla Corte dei conti:

- i *giudizi di responsabilità contabile* a carico di tutti coloro che utilizzano denaro pubblico (funzionari, pubblici impiegati);
- i *giudizi di responsabilità amministrativa* a carico dei funzionari non contabili per i danni eventualmente arrecati alla PA.

Contro le sentenze della Corte dei conti è ammesso appello davanti alla stessa Corte, che effettua quindi anche il giudizio di secondo grado.

Al solito il ricorso in Cassazione, contro le sentenze d'appello della Corte dei conti, è ammesso solo per motivi di giurisdizione.

La Corte dei conti ha giurisdizione speciale in materia di contabilità pubblica

Le altre giurisdizioni speciali. Va sottolineato che sono tuttora in vigore alcune giurisdizioni speciali, che dovevano invece essere abolite «entro cinque anni dall'entrata in vigore della Costituzione» (VI Disposizione transitoria Cost.).

La mancata applicazione della VI Disposizione transitoria è stata in parte causata da una sentenza della Corte costituzionale, che ha accettato la tesi secondo cui il legislatore non poteva creare nuove giurisdizioni speciali, ma non aveva l'obbligo di abolire quelle esistenti.

Fra questi giudici speciali vanno ricordate le Commissioni tributarie, a cui compete il giudizio sui ricorsi dei cittadini in materia fiscale.

4 La *class action* nella Pubblica Amministrazione

NUCLEI ESSENZIALI

La *class action*. Con la *class action* (azione collettiva) un gruppo di cittadini danneggiati dallo stesso fatto, e quindi appartenenti alla stessa «classe», attiva un unico procedimento giudiziario. Si tratta di un'azione legale di origine anglosassone, che si sta affermando anche nel nostro Paese.

Con la class action un gruppo di cittadini attiva un unico procedimento giudiziario

La *class action* contro la PA. È possibile agire attraverso la *class action* anche contro un atto della PA, grazie al decreto legislativo 20 dicembre 2009, n. 198, *Attuazione [...] in materia di ricorso per l'efficienza delle amministrazioni e dei concessionari di servizi pubblici* (d'ora in poi decreto legislativo n. 198 del 2009).

La class action è possibile anche contro un atto della PA

Il ricorso della *class action* va presentato al giudice amministrativo; stabilisce infatti il decreto legislativo n. 198 del 2009 che «il ricorso è devoluto alla giurisdizione esclusiva del giudice amministrativo» e che:

- «al fine di ripristinare il corretto svolgimento della funzione o la corretta erogazione di un servizio, i titolari di interessi giuridicamente rilevanti e omogenei per una pluralità di utenti e consumatori possono agire in giudizio» nei confronti «delle amministrazioni pubbliche e dei concessionari di servizi pubblici, se derivi una lesione diretta, concreta e attuale dei propri interessi»;
- «sono escluse dall'applicazione del presente decreto le autorità amministrative indipendenti, gli organi giurisdizionali, le assemblee legislative e gli altri organi costituzionali nonché la Presidenza del Consiglio dei ministri»;
- il ricorso non consente di ottenere il risarcimento del danno «cagionato dagli atti e dai comportamenti [*indicati*]», «a tal fine restano fermi i rimedi ordinari».

SINTESI

I ricorsi amministrativi

- Per l'**azione contro gli atti della PA** (par. 1) il privato può scegliere i ricorsi amministrativi o la difesa giurisdizionale.
- I **ricorsi amministrativi** (par. 1) sono:
  - l'**opposizione** (par. 1), relativa alla legittimità e al merito, è diretta contro lo stesso organo che ha emanato l'atto;
  - il **ricorso gerarchico** (par. 1), relativo alla legittimità e al merito, deve essere presentato al superiore gerarchico di chi ha adottato l'atto;
  - il **ricorso straordinario al Presidente della Repubblica** (par. 1), relativo solo alla legittimità, dipende dal parere del Consiglio di Stato.

La giurisdizione ordinaria

- Per la difesa giurisdizionale un soggetto può ricorrere alla **giurisdizione ordinaria** (par. 2) o alla **giurisdizione amministrativa** (par. 3).

- Il **giudice amministrativo** (par. 3) può effettuare solo un **giudizio di legittimità** (par. 3), a parte i casi indicati dalla legge.
- Col **giudizio di ottemperanza** (par. 3) il giudice amministrativo emana un atto che sostituisce quello annullato.

La giurisdizione amministrativa

- La **giurisdizione amministrativa** (par. 3) è formata dalla giurisdizione generale di legittimità e dalle giurisdizioni speciali amministrative.
- La **giurisdizione generale di legittimità** (par. 3) è a sua volta formata:
  - dal **Tribunale Amministrativo Regionale, TAR** (par. 3), che rappresenta il primo grado della giurisdizione amministrativa;
  - dal **Consiglio di Stato** (par. 3) che rappresenta il secondo grado della giurisdizione amministrativa.
- Le **giurisdizioni speciali amministrative** (par. 3) hanno una competenza specifica in particolari materie; per esempio la **Corte dei conti** (par. 3) ha giurisdizione speciale nelle materie di contabilità pubblica.

La *class action* nella PA

- Con la ***class action*** (par. 4) un gruppo di cittadini attiva un unico procedimento giudiziario. È possibile anche contro un atto della PA, ma non può portare al risarcimento del danno.

1 Verifica le tue conoscenze

Risolvi le seguenti **scelte multiple** indicando la risposta esatta fra quelle possibili.

A

Fa parte della giurisdizione generale di legittimità

1 il TAR
2 la Corte dei conti
3 la Commissione tributaria

B

La Corte dei conti ha una giurisdizione

1 ordinaria
2 amministrativa
3 speciale amministrativa

1 **Col ricorso gerarchico, il privato si rivolge**
- A allo stesso organo amministrativo che ha emanato l'atto
- B a un organo superiore a quello che ha emanato l'atto
- C a un organo inferiore a quello che ha emanato l'atto
- D al giudice amministrativo

2 **Non è possibile la difesa giurisdizionale dopo**
- A l'opposizione
- B il ricorso gerarchico
- C il ricorso straordinario al Presidente della Repubblica
- D il ricorso al TAR

3 **È possibile ricorrere alla Corte di cassazione dopo**
- A una sentenza del TAR
- B una sentenza del Consiglio di Stato
- C un ricorso gerarchico
- D un ricorso straordinario al Presidente della Repubblica

4 **Contro un atto della PA, il privato può ricorrere al giudice ordinario**
- A quando ritiene sia stato violato un interesse legittimo
- B quando ritiene sia stato violato un diritto soggettivo
- C quando ha ricevuto un danno dall'atto
- D se l'atto è stato annullato

5 **Il TAR è giudice**
- A amministrativo di primo grado
- B amministrativo di secondo grado
- C ordinario di primo grado
- D ordinario di secondo grado

6 **Il ricorso della *class action* contro la PA va presentato**
- A al giudice ordinario
- B al giudice amministrativo
- C o al giudice ordinario o al giudice amministrativo
- D al Presidente della Repubblica

2 Misura le tue abilità

Rispondi e motiva la tua risposta in ogni caso proposto.

1 Il privato può ricorrere al giudice ordinario quando ritiene sia stato violato un diritto soggettivo V F

____

2 Nel giudizio di ottemperanza il giudice amministrativo effettua un giudizio di merito V F

____

3 Il Consiglio di Stato è giudice amministrativo di primo grado V F

4 La *class action* è possibile anche contro un atto della PA V F

5 Se un privato ricorre al TAR l'atto viene sempre sospeso V F

6 L'opposizione è diretta contro il superiore gerarchico di chi ha emanato l'atto V F

3 Valuta le tue competenze

Risolvi i casi concreti, mettendo in pratica ciò che hai imparato.

1 Distinguere i diversi ricorsi amministrativi, grazie all'esperienza di un'amica.

Una tua amica è un'insegnante precaria: «Non ho ottenuto la supplenza annuale perché la graduatoria di quell'istituto era sbagliata. La responsabilità è del Dirigente scolastico. Farò opposizione all'Ufficio scolastico regionale».

- **Quale tipo di ricorso deve fare la tua amica all'Ufficio scolastico regionale?**

2 Precisare i presupposti del ricorso al TAR, ascoltando l'errore di un politico.

Un politico sta parlando con un «suo» elettore: «Se la Pubblica Amministrazione ha violato un suo diritto soggettivo, lei può fare ricorso al TAR!». L'affermazione non è corretta.

- **Come modifichi la frase per renderla giuridicamente corretta?**

3 Valutare l'importanza della sospensiva del TAR, in base alla vicenda di un conoscente.

Un tuo vicino è molto preoccupato: «L'Ufficio tecnico del Comune ha appena comunicato che il mio garage è considerato abusivo e deve essere demolito. C'è un errore! A cosa serve fare ricorso al TAR se la sentenza arriva dopo la demolizione?».

- **Che cosa deve chiedere il tuo vicino nel ricorso al TAR?**

4 Riconoscere la funzione giurisdizionale della Corte dei conti, alla luce di un servizio televisivo.

In un servizio televisivo un giornalista dichiara: «Sono emerse gravi responsabilità contabili da parte di alcuni funzionari del ministero!».

- **Quale organo sarà chiamato a giudicare questi pubblici funzionari?**

5 Individuare i limiti della *class action* contro la PA, in base al discorso di un amico.

Un tuo amico fa parte di un'associazione di consumatori: «Quest'anno il servizio della mensa scolastica è stato indecoroso. Avvieremo una *class action* contro il Comune perché i genitori ottengano il risarcimento del danno!».

- **Perché la *class action* non otterrà alcun risarcimento del danno?**

Idee a confronto

A casa 1 ora | In aula 20 minuti

4 Partendo dal caso proposto, approfondisci l'argomento per partecipare al dibattito in classe

La *class action* pubblica, rivolta contro la PA, agisce sul processo di produzione di un servizio pubblico per cercare di sopperire a delle mancanze, ma non produce alcun risarcimento del danno a favore dei ricorrenti. Diversi sono i caratteri e gli effetti della *class action* ordinaria (disciplinata dal *Codice del consumo* ed estesa dalla legge n. 31 del 2019), che viene esercitata da tutti coloro che lamentano una violazione di diritti individuali omogenei. La *class action* ordinaria, quindi, viene esercitata non solo dai consumatori, ma da qualsiasi categoria di soggetti o imprese.

→ ***Alla luce di queste differenze, secondo te la* class action *nel settore pubblico può essere utile e innovativa oppure è destinata a essere poco utilizzata?***

Verso l'esame di Stato

L'immunità per i politici significa impunità?

La fine dell'«impunità» parlamentare

Nel 1993 la riforma dell'immunità parlamentare segna la fine dell'autorizzazione a procedere

Nel 1993 si ha la riforma dell'immunità parlamentare, che segna la fine dell'autorizzazione a procedere e degli abusi che l'hanno accompagnata. In particolare, viene approvata una legge costituzionale che modifica l'articolo 68 della Costituzione (art. 68 Cost.).

Dopo l'approvazione della riforma a maggioranza semplice da parte di Camera e Senato, il 13 ottobre 1993 (tre mesi dopo la prima approvazione del Senato) la Camera approva il nuovo art. 68 Cost. a maggioranza assoluta.

L'articolo riportato (Piero Incagliati, *Il Mattino*, 14 ottobre 1993) commenta questa votazione della Camera, in attesa che il Senato approvi definitivamente la legge costituzionale (lo farà il 28 ottobre 1993).

IL MATTINO

La Camera ha votato la riforma. Presto la parola passerà al Senato. Soddisfatto Napolitano

Muore l'immunità parlamentare

Non più l'autorizzazione a procedere per poter indagare

ROMA - Cadono i privilegi. Da ieri deputati e senatori sono più vicini ai comuni cittadini. L'aula di Montecitorio ha votato a maggioranza la riforma dell'immunità parlamentare. Grazie alle novità ap- do: chiedere l'autorizzazione a procedere in questo caso significa in parole povere mettere in preavviso l'indagato; il che viene ad eliminare l'efficacia dell'atto compiuto a sorpresa. Certamente la per- dato incontestabile. Non per nulla tra le modifiche apportate anche quella relativa al fatto che l'autorizzazione non sarà necessaria neppure per l'arresto in esecuzione di una sentenza irrevocabile di la Giunta della Camera o del Senato concedesse l'autorizzazione a procedere, ecco che questo ostacolo è stato rimosso. Con soddisfazione di tutti: dei giudici che possono procedere spediti nel loro quello del presidente della Commissione Affari costituzionali della Camera Ciaffi, a quello del presidente della Giunta per le autorizzazioni a procedere del Senato Pellegrino, a quelli di D'Alema e Lettie-

■ ROMA – Cadono i privilegi. Da ieri deputati e senatori sono più vicini ai comuni cittadini. L'aula di Montecitorio ha votato a maggioranza [*assoluta*] la riforma dell'immunità parlamentare. Grazie alle novità apportate [...] la magistratura potrà condurre le indagini sui parlamentari, senza la richiesta preventiva dell'autorizzazione a procedere. È un grosso passo in avanti. È soprattutto, la risposta ai magistrati di «mani pulite» [*Inchiesta sulla corruzione della classe politica, passata alla storia come «Tangentopoli»*] che da un anno a questa parte lamentano di non poter procedere nelle inchieste proprio a causa dello scoglio dell'immunità regolata – come è noto – dall'art. 68 della nostra carta costituzionale. Ebbene, adesso si è provveduto con ben 525 «sì» a modificare in parte quella che era una stortura istituzionale. I «no» sono stati appena cinque [...], un solo astenuto.

■ Qualche cosa comunque ancora non funziona. Se è vero infatti che tutti si sono trovati d'accordo su alcuni punti immutabili – e cioè che l'autorizzazione è necessaria per le perquisizioni e gli arresti – qualcuno è rimasto poco convinto a che una tale procedura valga pure per le intercettazioni telefoniche. L'obiezione è di fondo: chiedere l'autorizzazione a procedere in questo caso significa, in parole povere, mettere in preavviso l'indagato; il che viene a eliminare l'efficacia dell'atto compiuto a sorpresa. Certamente la perplessità non è superflua, tanto più che lo stesso ministro per i Rapporti con il Parlamento, Paolo Barile, ha mostrato di condividere le riserve espresse. Ci si chiede infatti come si può fare un'indagine seria senza ricorrere alle intercettazioni telefoniche [...].

■ Come sia, il ritocco alla riforma c'è stato ed è un dato incontestabile. Non per nulla tra le modifiche apportate anche quella relativa al fatto che l'autorizzazione non sarà necessaria neppure per l'arresto in esecuzione di una sentenza irrevocabile di condanna (della Cassazione) o se il parlamentare viene colto nell'atto di commettere un delitto per il quale è previsto l'arresto obbligatorio in flagranza.

■ A parte questo però, come accennato, l'innovazione è sulle indagini.

Se prima infatti un parlamentare al quale veniva inviato un avviso di garanzia era di fatto sospettato senza avere la possibilità di difendersi dovendo attendere magari mesi che la Giunta della Camera o del Senato concedesse l'autorizzazione a procedere, ecco che questo ostacolo è stato rimosso. Con soddisfazione di tutti: dei giudici che possono procedere spediti nel loro lavoro di indagine, degli «inquisiti» *in fieri* che avranno modo di spiegare ai vari sostituti procuratori che le accuse mosse loro sono infondate, dei cittadini che si sentiranno uguali a quelli del «palazzo».

La fine della Commissione inquirente

Nel 1987 un referendum abrogativo cancella la normativa sulla Commissione inquirente e porta alla nascita del Tribunale dei ministri

Fino al 1989 la responsabilità penale dei ministri era accertata con un procedimento particolare, basato sulla Commissione inquirente, che sottraeva i membri del Governo alla giustizia ordinaria.

Nell'articolo riportato (Paolo Mieli, *la Repubblica*, 21 giugno 1986) si sottolinea come la necessità di abolire «l'Inquirente» fosse molto sentita sia nel mondo politico sia nell'opinione pubblica.

Come sappiamo, un referendum abrogativo del 1987 abolì gran parte della normativa relativa all'Inquirente, e portò poi all'istituzione del Tribunale dei ministri.

la Repubblica

Centinaia di processi bloccati, denunce finite nel nulla: così funziona il "tribunale dei ministri"

Chi insabbierà l'Inquirente?

Referendum o riforma, presto sarà cancellata

■ Sono anni e anni che l'Inquirente viene associata alla parola sabbia: attività della commissione e insabbiamento sono diventati quasi dei sinonimi. Quando si ha notizia di un procedimento contro un ministro della Repubblica la mente corre inevitabilmente a quelle metaforiche tonnellate di rena che presto lo seppelliranno.

■ Un documento, una prova, un testimone possono essere uditi o anche soltanto presi in considerazione unicamente se passano il vaglio e ottengono l'assenso di una maggioranza. Tutto ciò ha ben poco a che fare con quel sistema della divisione dei poteri che la Costituzione voleva tutelare prevedendo il voto sulla messa in stato d'accusa dei membri del Governo. La popolarità dell'Inquirente, come s'è detto, è molto bassa. Anche a Montecitorio. Tutti i parlamentari con i quali abbiamo parlato ci hanno invitato a compiere una ricognizione negli archivi della Commissione. Il quadro che ne esce è sconfortante: s'è insabbiato di tutto.

■ Morale: i parlamentari chiedono all'unanimità di gettare alle ortiche l'Inquirente, perché la difesa dell'istituto è ormai insostenibile.

■ Con la nuova legge in pratica succederebbe questo: 1) La denuncia contro un ministro viene trasmessa dai presidenti di Camera o Senato alla Giunta per le autorizzazioni a procedere; 2) La Giunta può negare l'autorizzazione entro quaranta giorni e solo con la maggioranza dei 7/10 dei suoi componenti; 3) Se questo non avviene, il compito di svolgere l'istruttoria, entro cinque o al massimo otto mesi, torna alla magistratura ordinaria; 4) Terminata l'istruttoria gli atti vengono di nuovo trasmessi alla Giunta per le autorizzazioni a procedere, la quale ne dà notizia all'inquisito che può penderne visione e presentare, entro venti giorni, una sua memoria; 5) A questo punto la Giunta «ove reputi che l'inquisito abbia agito per la tutela di interessi dello Stato costituzionalmente preminenti», può decidere, a maggioranza assoluta, di passare la questione all'assemblea parlamentare e il ministro sfugge al processo solo se Camera o Senato convalidano, di nuovo a maggioranza assoluta, l'obiezione della Giunta. In altro caso tornerà dal giudice di fronte al quale sarà un cittadino come tutti gli altri.

PER COMPRENDERE I TESTI

1. **Spesso si parla genericamente di immunità dei politici. Perché bisogna distinguere fra i parlamentari e i ministri?**
2. **Come funziona l'istituto dell'immunità parlamentare negli altri Paesi dell'Unione europea?**
3. **Un parlamentare o un ministro rischia un'incriminazione più di un comune cittadino?**
4. **Quali effetti hanno avuto le nuove normative sull'immunità per i parlamentari (dopo il 1993) e per i ministri (dopo il 1989)?**

IMPARA AD ARGOMENTARE

Partendo dagli articoli tratti da *Il Mattino* e *la Repubblica*, rispondi alle domande facendo emergere il tuo punto di vista.

Progetto multidisciplinare per la classe quinta

Analizzare un Piano triennale per la prevenzione della corruzione e per la trasparenza di una Pubblica Amministrazione

I contenuti

MATERIA	CONTENUTI
Diritto	I principi costituzionali in materia amministrativa e le autorità indipendenti (capitolo D1); il *Codice degli appalti pubblici* (capitolo D3)
Educazione civica (*)	Agenda 2030, educazione alla legalità e alla sostenibilità economico-ambientale
Italiano	Analisi del linguaggio utilizzato nei documenti tecnici della PA

(*) I riferimenti si intendono fatti alla legge sull'Educazione civica n. 92 del 2019, che sostituisce l'insegnamento di Cittadinanza e Costituzione.

Competenze specifiche di progetto

COMPETENZE DI RIFERIMENTO	ABILITÀ	ASSI CULTURALI
1 Collocare l'esperienza personale in un sistema di regole fondato sul reciproco riconoscimento dei diritti garantiti dalla Costituzione, a tutela della persona, della collettività e dell'ambiente	Individuare le caratteristiche essenziali della norma giuridica e comprenderle a partire dalle proprie esperienze e dal contesto scolastico	**Asse storico-sociale**
2 Orientarsi nel tessuto produttivo del proprio territorio	Riconoscere le caratteristiche principali del mercato del lavoro e le opportunità lavorative offerte dal territorio	**Asse storico-sociale**
3 Produrre testi di vario tipo in relazione ai differenti scopi comunicativi	• Ricercare, acquisire e selezionare informazioni generali e specifiche in funzione della produzione di testi scritti di vario tipo • Rielaborare in forma chiara le informazioni	**Asse dei linguaggi**

Competenze chiave per l'apprendimento permanente sviluppate nel progetto

COMPETENZE CHIAVE	COMPETENZE SPECIFICHE
Competenza alfabetica funzionale	• Esprimere concetti, fatti e opinioni in forma sia orale sia scritta • Relazionarsi efficacemente con gli altri in modo opportuno e creativo
Competenza digitale	• Saper utilizzare le tecnologie digitali per apprendere
Competenza personale, sociale e capacità di imparare a imparare	• Gestire efficacemente le informazioni • Individuare gli obiettivi • Affrontare i problemi per risolverli
Competenza in materia di cittadinanza	• Impegnarsi efficacemente con gli altri per conseguire un interesse comune

AGENDA 2030

4 ISTRUZIONE DI QUALITÀ

11 CITTÀ E COMUNITÀ SOSTENIBILI

16 PACE E GIUSTIZIA

Contesto di lavoro

Compito per la classe è svolgere un'attività di ricerca e analisi di un Piano triennale per la prevenzione della corruzione e per la trasparenza di una Pubblica Amministrazione (per esempio un Ministero, un Comune, un ente pubblico istituzionale) e di preparare una presentazione che sia la base per lo svolgimento di un dibattito da svolgere in classe. Il Piano triennale è un documento informativo mediante il quale la PA, da una parte, comunica le azioni e i progetti svolti per contrastare i pericoli legati alla corruzione e, dall'altra, pubblica dati di pubblico interesse relativi alla propria gestione. Scopo di questo progetto è quello di saper produrre una sintesi chiara di un documento, di per sé complesso e articolato, e di tradurre le informazioni più importanti all'interno di una presentazione PowerPoint che sia anche la base di un dibattito in aula. In questo senso sono coinvolti i goal e i target dell'Agenda 2030 dell'ONU correlati all'attività, in particolare: 4 (Istruzione di qualità), 11 (Città e comunità sostenibili) e 16 (Pace, giustizia e istituzioni solide).

Che cosa fare

1. Con l'aiuto dell'insegnante la classe è divisa in tre gruppi. A ciascun gruppo è affidato il compito di individuare un Piano triennale per la prevenzione della corruzione e per la trasparenza di una Pubblica Amministrazione (per esempio un Ministero, un Comune o un ente pubblico istituzionale) attraverso una ricerca online.
2. Ognuno dei tre gruppi svolge in classe la ricerca affidata, dopo aver riletto le parti del libro di testo che descrivono i principi costituzionali in materia amministrativa.

A questo punto ogni gruppo deve portare avanti alcuni compiti specifici:

3. A casa ogni gruppo dovrà analizzare il Piano triennale (in questa attività è utile partire dal Sommario del Piano in cui sono sempre indicati gli obiettivi, l'analisi e gestione del rischio, i mezzi di prevenzione), precisandone la struttura, gli obiettivi e gli strumenti attuativi. Tale analisi dovrà confluire in alcune slide (non più di 8-10) che saranno di spunto per il dibattito in aula.
4. In classe, con il coordinamento dell'insegnante, i tre gruppi descriveranno il Piano triennale analizzato con l'aiuto delle slide preparate.
5. L'insegnante darà avvio al dibattito e al confronto che avrà come oggetto i tre Piani triennali presi in esame.

Tempo a disposizione

5 ore

Complessivamente 5 ore, così suddivise:

- 1 ora a scuola per la fase preparatoria (punti 1 e 2)
- 3 ore a casa per la ricerca dei Piani triennali, l'analisi dei documenti e la predisposizione delle slide (punti 3 e 4)
- 1 ora a scuola per la stampa delle presentazioni, la verifica da parte dell'insegnante e il dibattito in aula (punto 5)

Materiali e strumenti utilizzabili

- Libro di testo, ricerca dei documenti, approfondimento online e appunti personali
- Pc o tablet, stampante e fotocopiatrice

UNITÀ

E L'economia pubblica

PROGETTO MULTIDISCIPLINARE Una campagna informativa sul *Welfare State* in Europa

CAPITOLO

E 1 Liberismo o interventismo?

NUCLEI ESSENZIALI

- La finanza neutrale
- La finanza congiunturale
- Il *Welfare State*
- Il debito pubblico
- Bilancio in pareggio e *deficit spending*

A te la parola! 15 minuti

Il *Welfare State* ha come scopo il raggiungimento dell'uguaglianza sostanziale. Nel nostro Paese molte sono state le tappe che hanno cercato di garantire i diritti sociali ai cittadini; basta pensare alla riforma della scuola dell'obbligo negli anni Sessanta oppure alla riforma sanitaria della fine degli anni Settanta.

→ *Analizza la politica degli ultimi anni e individua altri strumenti di intervento statale a favore dei cittadini, per cercare di raggiungere una vera uguaglianza sostanziale.*

Con l'aiuto dell'insegnante e in piccoli gruppi prova a esporre il tuo punto di vista.

1 Dallo Stato liberale allo Stato sociale

Lo Stato liberale. Come si è visto nel capitolo A1, la nascita dello Stato liberale (o Stato di diritto), che prende il posto dello Stato assoluto, è ispirata dalla Rivoluzione inglese che culmina con l'emanazione del *Bill of Rights* (1689), dalla *Dichiarazione d'indipendenza americana* (1776) e dalla Rivoluzione francese (1789).

Lo Stato liberale si basa:

- sul principio della divisione dei poteri e della pluralità degli organi costituzionali;
- sul riconoscimento dei diritti civili e politici;
- sul principio dell'uguaglianza formale.

I diritti sociali. Lo Stato liberale entra in crisi alla fine del XIX secolo, quando le masse contadine e operaie iniziano a rivendicare con forza il loro diritto di partecipare realmente, e non solo teoricamente, alla vita politica. Dopo aver ottenuto l'uguaglianza formale (coi diritti civili e politici), i cittadini lottano per conquistare i diritti sociali e attuare l'uguaglianza sostanziale.

Il riconoscimento dei diritti sociali segna il passaggio dallo Stato di diritto al *Welfare State*, o Stato sociale. I *diritti sociali* devono garantire al cittadino un'adeguata protezione, e riguardano quindi il campo economico, il mondo del lavoro, l'istruzione, la sanità, l'assistenza, la tutela ambientale e così via.

Il riconoscimento dei diritti sociali segna il passaggio dallo Stato liberale al *Welfare State*

Il *Welfare State*. Il *Welfare State* inizia a delinearsi in Inghilterra, alla fine del XIX secolo, con la nascita di un forte movimento sindacale, che ottiene dallo Stato l'impegno a intervenire in settori fino ad allora trascurati, in modo da assicurare i diritti sociali.

Col *Welfare State* si ha una notevole espansione della spesa pubblica, perché lo Stato interviene in tutti i settori della vita sociale

Lo Stato sociale si afferma nei Paesi democratici occidentali dopo la Seconda guerra mondiale, quando si accetta il principio che tutte le persone, e non solo i lavoratori, hanno diritto all'assistenza statale se si trovano in una situazione di bisogno. Il *Welfare State* vuole assicurare a ogni cittadino i diritti sociali; lo Stato deve quindi aumentare la spesa pubblica nella sanità, nella previdenza, nell'istruzione, nelle opere pubbliche.

Questo incremento della spesa pubblica, a volte incontrollato, ha ingigantito il fabbisogno finanziario degli Stati, che hanno spesso dovuto ricorrere al debito pubblico.

L'uguaglianza sostanziale. Come sappiamo, si ha uguaglianza sostanziale solo se tutte le persone esercitano i diritti civili, politici e sociali.

Si ha uguaglianza sostanziale quando tutti esercitano i diritti civili, politici e sociali

Mentre lo Stato liberale si limitava a garantire l'uguaglianza formale, il *Welfare State* deve assicurare l'uguaglianza sostanziale. Lo Stato sociale incoraggia la partecipazione popolare alla vita politica; nella società si sviluppa una pluralità di partiti politici, che rappresentano le diverse ideologie.

John Fitzgerald Kennedy, Presidente degli Stati Uniti dal 1960 al 1963, sintetizza l'uguaglianza sostanziale in questa frase «Non abbiamo tutti gli stessi talenti, ma dovremmo tutti avere la stessa opportunità di sviluppare i nostri talenti».

Va ribadito che non si può parlare di superamento dello Stato di diritto, perché i princìpi dello Stato liberale costituiscono un presupposto indispensabile per la realizzazione del *Welfare State*.

Col *Welfare State*

- Lo Stato interviene nella vita economica e sociale
- Lo Stato deve garantire l'uguaglianza sostanziale

2 La finanza neutrale

NUCLEI ESSENZIALI

L'attività finanziaria dello Stato. Va premesso che con l'*attività finanziaria* lo Stato si procura e impiega le risorse che sono necessarie per garantire i servizi pubblici.

Dopo aver ricordato l'evoluzione storico-giuridica dallo Stato di diritto allo Stato sociale (nel capitolo A1), approfondiamo ora le differenze fra l'attività finanziaria dello Stato liberale e quella del *Welfare State*.

La legge di Say. Come si è visto nel Volume primo, il francese Jean-Baptiste Say formulò la «legge degli sbocchi», che fu accettata senza riserve fino all'inizio del XX secolo.

Secondo la legge di Say, è l'Offerta a creare la propria Domanda; Say sostiene che gli imprenditori possono produrre i beni che vogliono, senza porsi il problema di venderli: i beni acquistati (Domanda) sono sempre uguali ai beni prodotti (Offerta), e tutta la produzione viene venduta.

Il liberismo economico. Partendo dalla legge di Say e dalla teoria marginalista, nasce il concetto di *finanza neutrale*, su cui si fonda la dottrina dello Stato liberale.

In base alla finanza neutrale, lo Stato deve astenersi dall'intervenire nel sistema economico

La finanza neutrale si basa sul *liberismo economico* (o *laissez faire*): se il libero mercato è in grado di risolvere tutti i problemi economici e sociali, perché rompere questo splendido giocattolo?

Lo Stato non è «inutile», ma deve limitarsi a coprire i servizi istituzionali (difesa dall'esterno, giustizia, ordine pubblico), senza intervenire nel sistema economico. L'intervento statale nell'economia è dannoso, perché «turba» quel naturale equilibrio delle forze di mercato che assicura il pieno impiego dei fattori produttivi.

I sostenitori del liberismo non negano che nel sistema economico si verifichino degli squilibri (sovrapproduzione, disoccupazione, cattivo utilizzo di risorse), ma sostengono che si tratta solo di temporanei «incidenti di percorso», che il mercato può (e deve) superare da solo, senza bisogno di alcun intervento statale.

Il bilancio in pareggio. Il bilancio dello Stato deve essere in pareggio. Poiché lo Stato liberale non deve effettuare interventi massicci, i sostenitori della finanza neutrale sostengono che la spesa pubblica deve essere contenuta, e deve quindi essere finanziata interamente col prelievo fiscale, senza ricorrere al debito pubblico.

Il *crowding-out*. La finanza neutrale è ancora oggi teorizzata da studiosi e politici, ma con un'impostazione completamente diversa. Nessun economista contemporaneo sosterrebbe la validità della legge di Say. Il *laissez faire*, oggi, risponde anche ai problemi creati dallo Stato sociale (basta pensare al debito pubblico); il liberismo economico non è solo una teoria economica, ma anche una necessità: «sarebbe bello che lo Stato spendesse, ma purtropppo non ci sono le risorse!».

L'intervento statale causa il *crowding-out* perché toglie risorse all'iniziativa privata

In particolare, per i monetaristi, l'intervento pubblico causa il *crowding-out* (effetto di spiazzamento), perché «spiazza» l'iniziativa privata, sottraendole risorse che potrebbero essere impiegate con maggior profitto dal mercato. La spesa pubblica assorbe della ricchezza, che viene inevitabilmente sottratta al settore privato, perché gli investimenti pubblici sono in concorrenza con gli investimenti privati.

3 La finanza congiunturale

NUCLEI ESSENZIALI

Da Say a Keynes. La legge di Say viene superata negli anni Trenta del secolo scorso dalla teoria keynesiana, di cui ci siamo ampiamente occupati nel Volume secondo.

Keynes afferma che è la Domanda a creare l'Offerta

Secondo Keynes, poiché è la Domanda a fissare il livello della produzione, non vi è più alcuna garanzia contro la depressione (una Domanda insufficiente causa disoccupazione); ne consegue che, per evitare crisi, bisogna sempre controllare il livello della Domanda:

$$\textit{Domanda} \rightarrow \textit{Offerta}$$

Dopo aver interpretato la Grande Depressione come il fallimento pratico della finanza neutrale, Keynes elabora il concetto di finanza congiunturale: lo Stato deve intervenire in caso di squilibri della Domanda. Vediamo come.

La politica anticongiunturale. Per tenere sotto controllo la Domanda, lo Stato deve adottare una politica anticongiunturale. Nel Volume secondo abbiamo visto che:

In base alla finanza congiunturale, lo Stato deve rimuovere gli squilibri della Domanda

ΔY = variazione del Reddito Nazionale
ΔG = variazione della spesa pubblica
$1/(1 - b)$ = moltiplicatore keynesiano

da cui si ricava la relazione:

$$\Delta Y = \frac{1}{(1-b)} \cdot \Delta G$$

cioè ogni variazione della spesa pubblica (ΔG) provoca una variazione del Reddito Nazionale (ΔY) amplificata dal moltiplicatore $1/(1 - b)$.

Entriamo ora «dentro» alla politica anticongiunturale, esaminando i due casi opposti: l'eccesso di Domanda e la carenza di Domanda.

L'eccesso di Domanda. Come sappiamo, se la Domanda è superiore all'Offerta nel sistema tende a crearsi inflazione; si ha un aumento dei prezzi perché l'Offerta non riesce ad adeguarsi alla Domanda.

Per contenere questo eccesso di Domanda, e l'inflazione che ne consegue, lo Stato deve diminuire la spesa pubblica; questa riduzione si ripercuote negativamente sul livello del Reddito Nazionale, in modo amplificato dal moltiplicatore.

Per contenere l'eccesso di Domanda, lo Stato deve ridurre la spesa pubblica

La carenza di Domanda. In caso di depressione (quando la Domanda è inferiore all'Offerta), lo Stato deve incrementare la spesa pubblica, e questo aumento si ripercuote positivamente sul livello del Reddito Nazionale, in modo amplificato dal moltiplicatore. L'aumento della spesa pubblica può avvenire utilizzando gli strumenti più diversi: dalla costruzione di un ponte a un aumento delle pensioni.

Per superare la carenza di Domanda, lo Stato deve aumentare la spesa pubblica

Ricordando che:

D = Domanda
C = consumo
I = investimenti
G = spesa pubblica

sappiamo che

$$D = C + I + G$$

quindi la spesa pubblica è una componente di Domanda che deve essere aumentata se la Domanda di consumi e investimenti è insufficiente.

Analizziamo graficamente la finanza congiunturale nella figura 1, partendo dal livello di equilibrio del reddito nel caso in cui $D = C + I + G$.

D = Domanda
Y = Reddito Nazionale

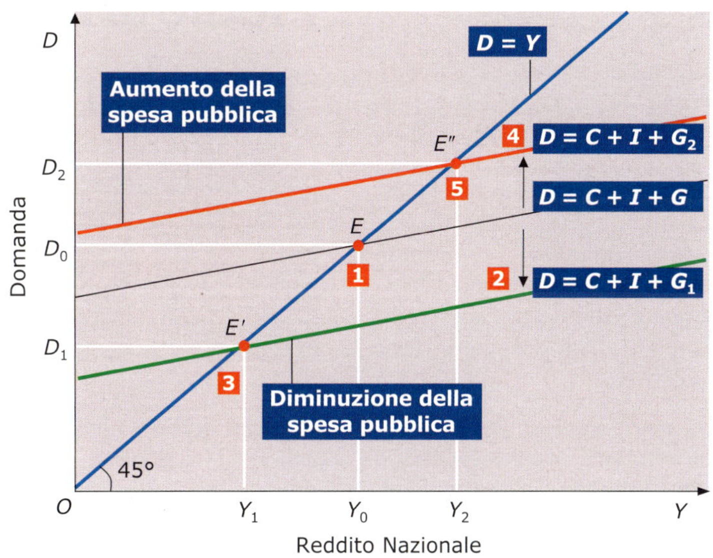

1 Poiché la Domanda è composta dal consumo, dagli investimenti e dalla spesa pubblica, graficamente il livello di equilibrio del reddito (Domanda = Reddito Nazionale) è dato dal punto di intersezione tra la retta $D = C + I + G$ e la bisettrice (retta $D = Y$). Il punto di equilibrio E ha come coordinate (Y_0, D_0): una Domanda pari a D_0 genera un Reddito Nazionale pari a Y_0.

Dopo la diminuzione della spesa pubblica

2 Al diminuire della spesa pubblica ($G_1 < G$) si ha la nuova retta $D = C + I + G_1$ che si sposta verso il basso parallelamente alla retta $D = C + I + G$.

3 La diminuzione della spesa pubblica fa diminuire il livello di equilibrio del reddito. Infatti, con $D = C + I + G$ si aveva il punto di equilibrio E mentre con $D = C + I + G_1$ si ha un punto di equilibrio E' situato a un livello più basso con coordinate (Y_1, D_1): la diminuzione della Domanda ($D_1 < D_0$) fa diminuire in modo amplificato il Reddito Nazionale ($Y_1 < Y_0$).

Dopo l'aumento della spesa pubblica

4 All'aumentare della spesa pubblica ($G_2 > G$) si ha la nuova retta $D = C + I + G_2$ che si sposta verso l'alto parallelamente alla retta $D = C + I + G$.

5 L'aumento della spesa pubblica fa aumentare il livello di equilibrio del reddito. Infatti, con $D = C + I + G$ si aveva il punto di equilibrio E mentre con $D = C + I + G_2$ si ha un punto di equilibrio E'' situato a un livello più alto con coordinate (Y_2, D_2): l'aumento della Domanda ($D_2 > D_0$) fa aumentare in modo amplificato il Reddito Nazionale ($Y_2 > Y_0$).

FIGURA 1 **La finanza congiunturale**

Keynes sottolinea l'importanza dell'intervento statale nell'economia come supporto all'investimento privato, ed è compito della spesa pubblica aumentare la Domanda di beni e servizi, per rimettere in moto il sistema economico.

FINANZA CONGIUNTURALE

Domanda > Offerta	Domanda < Offerta
↓	↓
Lo Stato diminuisce la spesa pubblica	Lo Stato aumenta la spesa pubblica
↓	↓
Diminuzione della Domanda	Aumento della Domanda
↓	↓
Diminuzione amplificata del Reddito Nazionale	Aumento amplificato del Reddito Nazionale

Due articoli a confronto

Il liberismo di Milton Friedman

Milton Friedman (1912-2006) guidò la scuola monetarista e fu sempre ostile all'intervento dello Stato nell'economia, come dimostra l'articolo riprodotto (Eugenio Occorsio, *la Repubblica*, 17 novembre 2006).

Le teorie liberiste di Friedman (Premio Nobel per l'economia nel 1976) sostengono, fra l'altro, che la spesa pubblica deve essere drasticamente ridotta per contenere l'inflazione.

Negli anni Ottanta, Friedman guidò la politica economica del Presidente Ronald Reagan, un rigoroso liberismo passato alla storia come *Reaganomics*.

la Repubblica

Milton Friedman, premio nobel per l'economia nel 1976, è morto ieri a San Francisco

Addio al re del libero mercato una vita contro lo statalismo

E' MORTO ieri a San Francisco, poche settimane dopo aver pubblicato il suo ultimo articolo, Milton Friedman. L'economista americano, 94 anni, il «cavaliere senza macchia del libero mercato» come lo chiamava affettuosamente Ronald Reagan al quale fornì le basi di politica economica, ha attraversato un secolo di storia da protagonista. E lo ha fatto cambiando idee e ideologie, come può fare chi di idee ne ha. Pochi ricorderanno che il giovane Friedman, nato il 31 luglio 1912 da una famiglia di poverissimi ebrei ungheresi emigrati a New York, lavorò anche per un alla Columbia di New York, e nel 1946 entrò da professore di economia all'università di Chicago, dove doveva restare quasi trent'anni e dove progressivamente elaborò le sue teorie liberiste, secondo le quali non c'è intervento dello stato che tenga, le forse propulsive l'economia deve trovarle in se stessa attraverso i meccanismi del libero mercato. E più il mercato è libero, e più le tasse sono basse, più il sistema riuscirà ad autoprodurre nuove energie e nuove risorse. Era nata la "scuola di Chicago" che acquisì sempre più popolarità e prestigio. Libro dopo libro, incontro lavorava con il governatore della California, Ronald Reagan, e con lui visse la sua stagione migliore seguendolo alla Casa Bianca nel 1979. Intanto era anche l'economista principe di Margaret Thatcher. «Non mi importa come sono qualificato, voglio che la gente pensi alle idee e a quello che possono portare», ripeteva. Nel '76 gli fu attribuito il premio Nobel proprio per le sue teorie liberiste e «per aver dimostrato le applicazioni pratiche all'economia», come si legge nella motivazione.

La riforma fiscale del 1980 in America, quando le tasse vennero

Negli anni '80, formalmente Friedman era membro del Council of Economic Advisors, ma in realtà il suo potere era molto più vasto. Proverbiali i suoi scontri con il segretario di Stato, George Shultz, al quale non ha fatto mai mistero di preferire l'emergente Donald Rumsfeld. Tramontata l'era Reagan, si è allontanato lentamente dalla politica ma ha continuato fino alla fine le sue battaglie sulle colonne dei giornali e nelle aule dei convegni per il liberismo: il nemico da battere era sempre uno, l'intervento dello stato nell'economia.

1 È morto ieri a San Francisco, poche settimane dopo aver pubblicato il suo ultimo libro, Milton Friedman. L'economista americano, 94 anni, il «cavaliere senza macchia del libero mercato» come lo chiamava affettuosamente Ronald Reagan al quale fornì le basi di politica economica, ha attraversato un secolo di storia da protagonista.

2 Nel 1946 [*Friedman*] entrò da professore di economia all'università di Chicago, dove doveva restare quasi trent'anni e dove progressivamente elaborò le sue teorie liberiste, secondo le quali non c'è intervento dello Stato che tenga, le forze propulsive l'economia deve trovarle in sé stessa attraverso i meccanismi del libero mercato. E più il mercato è libero, e più le tasse sono basse, più il sistema riuscirà ad autoprodurre nuove energie e nuove risorse. Era nata la «scuola di Chicago» che acquisì sempre più popolarità e prestigio.

3 Ma intanto [*Friedman*] lavorava con il governatore della California, Ronald Reagan, e con lui visse la sua stagione migliore seguendolo alla Casa Bianca nel 1979. Intanto era anche l'economista principe di Margaret Thatcher. «Non mi importa come sono qualificato, voglio che la gente pensi alle idee e a quello che possono portare». Nel '76 gli fu attribuito il premio Nobel proprio per le sue teorie liberiste e «per aver dimostrato le applicazioni pratiche all'economia».

4 Tutto nel nome del neoliberismo più ortodosso, *Free to choose*, liberi di scegliere, scritto con la moglie Rose, resta il suo libro più noto. [...]

Tramontata l'era Reagan [*Friedman*] si era allontanato lentamente dalla politica, ma ha continuato fino alla fine le sue battaglie sulle colonne dei giornali e nelle aule dei convegni per il liberismo: il nemico da battere era sempre uno, l'intervento dello Stato nell'economia.

4 Il *Welfare State*

NUCLEI ESSENZIALI

L'incremento della spesa pubblica. In totale contrasto con la finanza neutrale, il *Welfare State* vuole garantire a tutti i cittadini il diritto all'assistenza, alla salute, all'istruzione e al lavoro. Non esiste che un modo per farlo: aumentare la spesa pubblica.

È quello che è avvenuto in Italia dove, dal 1980, la spesa pubblica oscilla attorno al 50% del Prodotto Interno Lordo: su 100 euro prodotti, circa 50 euro sono assorbiti dalla spesa pubblica, come mostra la tabella 1 (pagina seguente).

> Il *Welfare State* vuole garantire a tutti i cittadini il diritto all'assistenza, alla salute, all'istruzione e al lavoro

Due articoli a confronto

L'interventismo di Paul Samuelson

Come sappiamo, all'inizio degli anni Ottanta, il Presidente degli Stati Uniti Ronald Reagan impostò la sua politica economica (*Reaganomics*) sulle teorie liberiste di Milton Friedman.

Paul Samuelson (1915-2009), che guida la scuola neokeynesiana, è decisamente contrario a questa politica: per Samuelson (Premio Nobel per l'economia nel 1970) l'intervento dello Stato nell'economia è assolutamente necessario. L'articolo riprodotto (Gaetano Scardocchia, *la Repubblica*, 26 gennaio 1983) conferma il suo pensiero.

1 Paul Samuelson, il decano degli economisti keynesiani, comincia a intravedere barlumi di luce nella lunga notte della recessione. [...] Tutto il mondo industrializzato, secondo Samuelson, dovrebbe avere il coraggio di riconoscere che il nemico da battere non è più l'inflazione ma è la stagnazione. [*Samuelson*] sostiene con instancabile coerenza che spetta allo Stato stimolare l'economia.

2 [*Afferma Samuelson*] «Secondo Reagan lo Stato dovrebbe limitarsi agli investimenti militari e alla lotta contro il crimine. E per il resto dovrebbe essere il mercato a dirigere l'economia. Questa è la sua ideologia. C'è in tutto ciò un'illusione di efficienza, ma c'è anche una componente filosofica che risale all'influenza di Friedman».

3 [*Afferma Samuelson*] «Io sono un post-keynesiano: non mi preoccupa il deficit durante la recessione.»

4 [*Afferma Samuelson*] «Oggi certe ricette sono considerate tabù: si preferisce pensare che i problemi economici non possono essere risolti spendendo soldi. È invece la sola via d'uscita. Purché ovviamente vengano spesi in modo da incoraggiare la produzione e non per creare artificiosamente posti di lavoro. È uno stimolo che non può venire dai privati».

la Repubblica

Paul Samuelson, premio Nobel e decano degli economisti keynesiani intravede la fine della stagnazione

"Reaganomics", una favola disastrosa

Solo l'intervento dello Stato potrà battere la recessione

dal nostro inviato GAETANO SCARDOCCHIA

CAMBRIDGE (Boston), gennaio — Paul Samuelson, il decano degli economisti keynesiani, comincia a intravedere barlumi di luce nella lunga notte della recessione. Egli prevede che nell'ultimo trimestre del 1983 l'economia americana avrà un tasso di crescita [1] 5 per cento. Tutto il mondo industrializzato, secondo Samuelson, dovrebbe avere il coraggio di riconoscere che il nemico da battere non è più l'inflazione ma la stagnazione. Il filosofo dell'economia mista sostiene con instancabile coerenza che spetta allo Stato stimolare l'economia. Ora che la reaganomics è al tramonto, la parola «government» non deve fare più paura. Anche se passate di moda per qualche tempo, le vecchie ricette restano ancora le più razionali. Keynes può essere aggiornato e corretto ma non è vissuto invano. Abbiamo incontrato Samuelson nel suo ufficio presso il Massachusetts Institute of Technology, dove insegna dal 1940. Samuelson, che ha 68 anni, ha rifiutato tutte le cattedre che gli sono state offerte: anche Harvard — verso la quale serba remoti rancori di giovinezza — e anche Chicago, dove lo si voleva contrapporre al neo-liberista Milton Friedman. «Accanto a lui — dice Samuelson — sarei diventato anche io un estremista, ma in senso opposto. Io invece predico l'aurea via di mezzo».

Henry Kissinger, che non è un economista, dice che nessuna teoria del passato riesce a spiegare la crisi che stiamo attraversando: lei, come economista, ha una spiegazione?

«Non credo che questa recessione sia così misteriosa. A guardarla bene, si potrebbe scorgere un'etichetta su cui sta scritto: «Made in Washington». Quando Reagan è arrivato alla

un concetto che si esprime così: «il meno è più». Bene, la cosiddetta curva di Laffer ha introdotto questo concetto in economia: meno tasse fanno aumentare le entrate dello Stato. Nessun serio economista crede a queste favole. Neppure Reagan credeva alla teoria di Laffer, ma la considerava un buon espediente pubblicitario».

Se non ci credeva perché

nel Prodotto nazionale lordo è in Svezia del 60 per cento. Secondo Reagan lo Stato dovrebbe limitarsi agli investimenti militari e alla [2] contro il crimine. E per il resto dovrebbe essere il mercato a dirigere l'economia. Questa è la sua ideologia. C'è in tutto ciò un'illusione di efficienza, ma c'è anche una componente filosofica che risale all'influenza di Hayek e

Che consiglio darebbe oggi a Reagan?

«Dopo aver riconosciuto che i sacrifici compiuti hanno permesso di ridurre il tasso di inflazione dal 14 al 6 per cento, gli darei due consigli. Primo: indurre la Fed (che non è affatto così indipendente come si usa credere) ad abbassare ulteriormente i tassi di interesse. Secondo: varare un aumento delle tasse per i prossimi anni, dal 1985 in poi. Io sono un post-keynesiano: no [3] mi preoccupa il deficit durante la recessione. Il disavanzo va però fronteggiato con tasse che avranno effetto in anni nei quali la recessione sarà stata prevedibilmente superata. A quanto pare, anche Reagan sta arrivando a queste conclusioni».

Tutto il mondo aspetta il segnale della ripresa americana: avrà davvero un effetto

rale) venne applicata soltanto dagli Stati Uniti. Oggi direi però che abbiamo bisogno di nove locomotive, aggiungendoci anche i paesi dell'Ocse: non per fare un favore agli Stati Uniti, ma nel loro interesse. Chi è troppo ossessionato dall'inflazione, come lo sono i tedeschi, non può lottare contro l'economia stagnante. Quindici anni fa gli economisti come me sarebbero stati convocati per dare consigli su come stimolare la ripresa. Oggi certe ricette sono considerate tabù: si preferisce pensare che i problemi economici non possono essere risolti spendendo so [4] E' invece la sola via d'uscita. Purché ovviamente vengano spesi in modo da incoraggiare la produzione e non per creare artificiosamente posti di lavoro. E' uno stimolo che non può venire dai privati».

Tabella 1 La spesa pubblica dal 1980 al 2018

1980	39,7	1993	54,2	2006	47,8
1981	43,4	1994	51,5	2007	46,8
1982	45,4	1995	51,6	2008	47,8
1983	47,5	1996	51,5	2009	51,1
1984	47,7	1997	49,5	2010	49,9
1985	48,3	1998	48,2	2011	49,2
1986	48,8	1999	47,2	2012	50,6
1987	48,1	2000	46,5	2013	51,0
1988	48,7	2001	47,3	2014	50,9
1989	49,8	2002	46,7	2015	50,3
1990	51,0	2003	47,2	2016	49,0
1991	52,0	2004	46,9	2017	48,7
1992	53,3	2005	47,2	2018	48,4

Fonte: rielaborazione dati della Banca d'Italia.

Fra gli aspetti positivi dell'incremento della spesa pubblica bisogna sottolineare il potenziamento dei servizi pubblici, con la creazione di un sistema di sicurezza sociale e la ridistribuzione del reddito; fra gli effetti negativi ricordiamo l'eccessiva espansione del debito pubblico (di cui ci occupiamo nel prossimo paragrafo).

Il *Welfare State* aumenta la spesa pubblica e si ha

Il potenziamento dei servizi pubblici | La ridistribuzione del reddito

Il potenziamento dei servizi pubblici. Solo aumentando la spesa pubblica è possibile un'espansione dei servizi pubblici.

Il *Welfare State* aumenta la spesa pubblica per fornire più servizi

A partire dagli anni Cinquanta, in Italia si è avuto un aumento, sia quantitativo sia qualitativo, dei servizi forniti dallo Stato (sanità, istruzione, sicurezza sociale, trasporti). Non ci sono dubbi: è migliorata la qualità della vita dei cittadini, soprattutto di quelli più poveri. Pensiamo a Mario Rossi, un disoccupato colpito da una grave malattia: Rossi può guarire solo se può curarsi gratuitamente in un ospedale pubblico.

La sicurezza sociale. Lo Stato sociale cerca di assicurare un sistema di sicurezza sociale mediante la previdenza sociale e l'assistenza sociale.

La previdenza sociale. Per quanto riguarda la *previdenza sociale*, i lavoratori devono essere tutelati non solo sul posto di lavoro e non solo per il periodo in cui sono in grado di lavorare, ma anche «in caso di infortunio, malattia, invalidità o vecchiaia, disoccupazione involontaria» (**art. 38 Cost.**).

Con la previdenza sociale, lo Stato tutela i lavoratori di fronte a eventi futuri

Il compito di cautelarsi da questi eventi potrebbe essere lasciato ai singoli lavoratori, che dovrebbero premunirsi con risparmi o con assicurazioni private, ma lo Stato sociale deve farsi carico di queste delicate situazioni e realizzare un sistema di previdenza sociale.

La previdenza sociale si basa su assicurazioni sociali obbligatorie, finanziate con contributi versati in parte dai lavoratori e in parte dai datori di lavoro (a volte si ha anche l'intervento dello Stato). I due maggiori istituti previdenziali italiani sono l'Inps e l'Inail.

L'*Inps* (*Istituto nazionale della previdenza sociale*) è il più importante ente di previdenza sia per il vasto numero di assistiti, sia per le numerose prestazioni che deve garantire. L'Inps:

- assicura il lavoratore in caso di malattia o di invalidità;
- assicura al lavoratore, dopo un certo numero di anni di servizio e/o una certa età, la pensione di anzianità, che dipende dai contributi versati;

- assicura contro la disoccupazione i lavoratori che hanno involontariamente perso il posto di lavoro, concedendo loro un'indennità giornaliera;
- versa un indennizzo ai lavoratori temporaneamente sospesi dalle imprese in gravi difficoltà finanziarie.

L'*Inail* (*Istituto nazionale per le assicurazioni contro gli infortuni sul lavoro*) assicura le prestazioni mediche e di riabilitazione, nel caso di infortuni sul lavoro o di malattie professionali. L'Inail assegna a questi lavoratori un'indennità, temporanea o permanente, a seconda della gravità dell'infortunio (o della malattia professionale).

L'assistenza sociale. Il nostro Paese non tutela solo i lavoratori, ma cerca di assicurare anche l'*assistenza sociale* per tutti i cittadini. L'art. 38 Cost. stabilisce che «ogni cittadino inabile al lavoro e sprovvisto dei mezzi necessari per vivere ha diritto al mantenimento e all'assistenza sociale».

Lo Stato fornisce l'assistenza sociale a chi non può lavorare

Lo Stato italiano garantisce questa assistenza soprattutto quando versa la pensione sociale ai cittadini che hanno raggiunto una determinata età (fissata dalla legge), che non dispongono di mezzi sufficienti per vivere, anche se prima non hanno mai svolto alcuna attività lavorativa.

Il sistema di sicurezza sociale prevede

- La previdenza sociale
- L'assistenza sociale

Il *New Deal*. Il primo tentativo di realizzare uno Stato sociale è avvenuto negli Stati Uniti, durante la Grande Depressione, quando il Presidente Franklin Delano Roosevelt (1882-1945) diede vita al *New Deal* (la traduzione più efficace è «Nuovo patto»): il *New Deal* prevedeva una forte espansione della spesa pubblica in tutti i settori economici e sociali.

Il *Welfare State* venne per la prima volta attuato col *New Deal*, che prevedeva una forte espansione della spesa pubblica

Col *New Deal* si affermò la necessità dell'intervento diretto del Governo federale nell'economia, e si superò il principio che l'assistenza ai disoccupati fosse un compito delle autorità locali e del volontariato (Croce rossa, Esercito della salvezza).

Dopo aver rassicurato gli americani («L'unica cosa di cui dobbiamo avere paura è la paura stessa!»), Roosevelt fece approvare al Congresso una serie di leggi che prevedevano un ampio intervento dello Stato in ogni sfera della vita sociale ed economica. In particolare, col *New Deal*:

- venne riorganizzato l'intero sistema bancario, che si trovava in una situazione grave perché i cittadini, terrorizzati, stavano ritirando i loro risparmi dalle banche che fallivano una dopo l'altra;
- si approvò un vasto programma di lavori pubblici (furono investiti 5 milioni di dollari, per occupare quasi 4 milioni di americani);
- venne creato un Ente che coordinava opere a favore dell'ambiente (conservazione di parchi e foreste, tutela delle acque), che diede lavoro a 2 milioni di giovani disoccupati;
- venne aiutato il settore agricolo con sussidi e finanziamenti;
- venne approvata una «legge sulla ripresa industriale nazionale» che fissava i minimi salariali, gli orari di lavoro e riconosceva il ruolo del sindacato nella contrattazione aziendale.

La Corte Suprema dichiarò incostituzionali alcune importanti leggi del *New Deal*, ma gli americani erano col Presidente, che nel 1936 fu trionfalmente rieletto (Roosevelt si aggiudicò 48 Stati su 50). Roosevelt vinse anche nel 1940 e nel 1944, ed è l'unico Presidente a essere stato eletto per quattro volte di seguito (nel 1932, nel 1936, nel 1940 e nel 1944).

Dopo la Seconda guerra mondiale l'esperienza del *New Deal* si sarebbe poi estesa in gran parte dei Paesi occidentali.

Franklin Delano Roosevelt.

La ridistribuzione e il *Welfare*. Ci siamo già occupati della distribuzione del reddito nel Volume secondo.

Il *Welfare State*, aumentando la spesa pubblica, opera una ridistribuzione del reddito

Lo Stato sociale deve diminuire le disuguaglianze sociali, a favore dei ceti più poveri, e deve operare quindi una ridistribuzione del reddito. Tocca allo Stato intervenire, perché il mercato, lasciato libero di agire, non ripartisce il reddito in modo equo. In particolare, il *Welfare State*, quando aumenta la spesa pubblica, rende più equa la distribuzione della ricchezza nazionale. Come è possibile? Questo fenomeno si presenta sotto forme diverse.

La ridistribuzione personale. Anzitutto, come si è visto, l'aumento della spesa pubblica tende a incrementare sussidi e pensioni, e favorisce così gli strati più bisognosi della popolazione (disoccupati, invalidi, anziani); in questo modo «si dà da vivere» a chi non ne ha la possibilità.

Con la ridistribuzione personale si concedono sussidi agli strati più poveri

È un fatto positivo, ma si tratta di provvedimenti puramente assistenziali, che risolvono il problema solo momentaneamente, senza realizzare quelle modifiche strutturali, in grado di modificare la realtà economica. I disoccupati restano disoccupati anche se hanno un sussidio in tasca...

La costruzione della diga di Watts sul fiume Tennessee, nella prima metà degli anni Trenta: è una delle grandi opere pubbliche realizzate nell'ambito del *New Deal*.

La ridistribuzione territoriale. L'aumento della spesa pubblica permette una ridistribuzione territoriale del reddito.

È normale che lo sviluppo di un Paese non sia omogeneo: a zone ricche si affiancano aree più povere. Questo fatto riguarda anche l'Italia; basta pensare alla difficile situazione in cui si trovano alcune zone del Meridione.

Quali sono le cause? È impossibile dare una sola risposta, perché i motivi sono tanti: dall'insufficienza delle infrastrutture produttive alla cattiva gestione delle risorse, dalle caratteristiche del territorio a fattori psicologici e sociologici.

Il *Welfare State* deve destinare una parte dell'aumento della spesa pubblica alla creazione di infrastrutture nelle zone più povere, perché ridistribuire il reddito vuol dire anche superare gli squilibri territoriali fra le aree sviluppate e le aree depresse. Per ridurre queste differenze e garantire uno sviluppo più equilibrato, il *Welfare State* agisce in varie direzioni:

Con la ridistribuzione territoriale si investe nelle aree più povere

- o sotto forma di finanziamenti direttamente produttivi, con cui lo Stato eroga ai vari soggetti economici delle somme, destinate a incrementare il turismo, il settore agricolo o quello industriale;
- o costruendo quelle infrastrutture (strade, ferrovie, porti, centrali per produrre energia) che sono una condizione necessaria (ma non sufficiente) per qualsiasi tipo di sviluppo.

La ridistribuzione territoriale cerca di rimettere in moto il tessuto economico e produttivo delle aree depresse. Questo fatto può creare un circolo virtuoso: l'aumento degli investimenti fa aumentare la produzione, diminuisce la disoccupazione, aumentano i redditi personali, aumentano i consumi...

La ridistribuzione fiscale. Gli effetti ridistributivi dell'aumento della spesa pubblica sono amplificati dalla progressività del sistema tributario, di cui ci occuperemo nel capitolo E3.

La ridistribuzione fiscale è possibile solo se il sistema tributario è progressivo

Si ha la progressività quando le classi più ricche subiscono un maggiore prelievo fiscale; per esempio, Mario Rossi guadagna 100 000 euro all'anno e paga il 30% di imposte, mentre Marco Bianchi guadagna 30 000 euro all'anno e paga il 10% di imposte. Le risorse ottenute col prelievo fiscale, che grava maggiormente sui soggetti più ricchi, vengono poi utilizzate per finanziare i servizi pubblici, di cui fruiscono anche i soggetti più poveri: l'aumento della spesa pubblica fornisce alle persone più povere dei servizi, che sono finanziati soprattutto dalle classi più ricche. Nell'esempio, sia Rossi sia Bianchi utilizzano un ospedale pubblico, che è stato però pagato più da Rossi che da Bianchi.

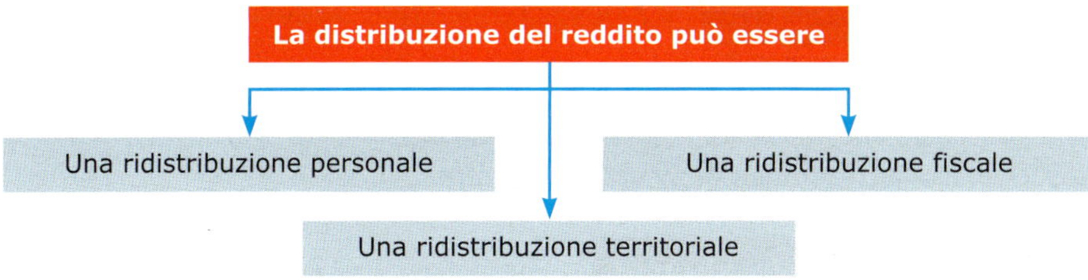

La crisi dello Stato sociale. Negli ultimi decenni del XX secolo si è avuta un'espansione incontrollata della spesa pubblica, che ha portato alla «crisi dello Stato sociale». Si hanno infatti sprechi e inefficienze se l'assistenza viene fornita a tutti, indiscriminatamente, senza «scegliere» i soggetti che ne hanno realmente bisogno; l'aumento di spesa pubblica che ne consegue porta a un inasprimento del prelievo fiscale, che ricade sull'intera collettività.

Questa gigantesca crescita della spesa pubblica ha reso inevitabile il ricorso al debito pubblico, che porta però enormi problemi (come vedremo nel prossimo paragrafo). Per questo motivo, oggi, è sempre più urgente il bisogno di un'assistenza statale che difenda i soggetti più deboli, senza fornire inutili agevolazioni alle classi più abbienti.

5 Il debito pubblico

NUCLEI ESSENZIALI

Un problema irrisolvibile? E veniamo alle dolenti note. Finora abbiamo sottolineato che il *Welfare State* prevede un aumento della spesa pubblica, che migliora la qualità della vita delle persone. Ma non ci sono solo luci. Una domanda su tutte: chi paga?

La spesa pubblica, se non è finanziata col prelievo fiscale, fa aumentare il debito pubblico

La spesa pubblica è finanziata col prelievo fiscale: lo Stato spende e i contribuenti pagano. È ovvio. Ma cosa succede quando la spesa pubblica si espande troppo? Non è possibile aumentare il prelievo tributario oltre certi livelli. Quando il prelievo fiscale è eccessivo si parla di «sistema confiscatorio», che è controproducente a livello politico (chi lo decide, difficilmente sarà rieletto). E allora?

Per finanziare la spesa si fa ricorso al debito pubblico, e si attua la politica di *deficit spending* (spendere in deficit).

Va detto che il problema del debito pubblico sarà ulteriormente approfondito nel capitolo G3.

Spesa pubblica > Prelievo fiscale → Debito pubblico

Il prelievo fiscale sostiene la spesa pubblica, ma deve farlo con regole e limiti per non ostacolare le attività economiche e i consumi.

Disavanzo annuale e debito pubblico. Il 31 dicembre 2014 il debito pubblico italiano ha superato 2134 miliardi di euro e il disavanzo annuale ha superato 49 miliardi di euro.

Che cosa fare? Anzitutto un po' di chiarezza, partendo proprio dalla distinzione fra il disavanzo annuale e il debito pubblico.

Il disavanzo annuale. Il disavanzo annuale è dato dalla differenza fra le entrate e le spese annuali.

Il disavanzo annuale è dato dalla differenza fra le entrate e le spese annuali

Semplificando, nel 2014 lo Stato italiano ha avuto entrate per 419 miliardi di euro (imposte, tasse), ma ha avuto spese per 468 miliardi di euro (per l'istruzione, per la sanità, per le opere pubbliche e così via): il 2014 si è chiuso con un disavanzo annuale pari a 49 miliardi di euro (419 miliardi di euro – 468 miliardi di euro = – 49 miliardi di euro).

ANNO 2014

Entrate	Spese
+ 419 miliardi di euro	– 468 miliardi di euro

Disavanzo annuale: 49 miliardi di euro

Il *disavanzo annuale* ci dà la misura di quello che, in un anno, lo Stato spende più di quanto incassa. E chi finanzia questo disavanzo annuale di 49 miliardi di euro?

Il disavanzo annuale è dato dalla differenza fra

- Le entrate annuali
- Le spese annuali

Il debito pubblico. Il debito pubblico è dato dalla somma fra i disavanzi annuali e il rimborso dei prestiti.

> Il debito pubblico è dato dalla somma fra i disavanzi annuali e il rimborso dei prestiti

Iniziamo a capire che cos'è il debito pubblico: è un immenso «pentolone» in cui, anzitutto, vanno a finire tutti i disavanzi annuali (il disavanzo del 2014, il disavanzo del 2013...).

Non abbiamo però ancora risposto alla domanda: chi finanzia il disavanzo annuale?

Per finanziare il disavanzo annuale (49 miliardi di euro nel 2014), lo Stato ricorre soprattutto all'emissione di titoli del debito pubblico: Buoni Ordinari del Tesoro (BOT), Certificati di Credito del Tesoro (CCT) e Buoni Pluriennali del Tesoro (BPT).

I titoli del debito pubblico devono poi essere rimborsati, e su di essi lo Stato paga un tasso di interesse. Per esempio, se il 1° gennaio 2010 sottoscrive titoli annuali per 100 000 euro a un tasso di interesse del 4%, Mario Rossi diventa creditore dello Stato italiano per 100 000 euro, e il 31 dicembre 2010 ha diritto sia alla la restituzione dei 100 000 euro sia a 4000 euro di interessi (il 4% di 100 000 euro): lo Stato italiano deve rimborsare 104 000 euro a Rossi.

Che cosa significa tutto questo? Significa che il *debito pubblico* comprende non solo i disavanzi annuali ma anche il rimborso dei prestiti degli anni precedenti; nell'esempio, i 2134 miliardi di euro del debito pubblico del 2014, oltre a disavanzi degli anni precedenti, comprendono anche i 104 000 euro da rimborsare a Rossi. E quanti creditori come Rossi ha lo Stato italiano? Troppi.

Il debito pubblico aumenta a ritmi vertiginosi non solo per la spesa pubblica, ma anche perché abbiamo «sulle spalle» i debiti accumulati negli anni precedenti. È vero che abbiamo speso troppo nel 2014, ma lo abbiamo fatto anche nel 2013, nel 2012, nel 2011... e i nodi vengono al pettine!

Il debito pubblico è dato dalla somma fra

- I disavanzi annuali
- Il rimborso dei prestiti

Va precisato che, per finanziare il debito pubblico, lo Stato, oltre all'emissione di titoli, può ricorrere all'indebitamento verso la Banca d'Italia, che è però limitato (nel 2015 non superava il 10% del debito); possiamo quindi affermare che, tramite il Ministero dell'economia e delle finanze, lo Stato finanzia il debito pubblico soprattutto emettendo titoli.

> Lo Stato finanzia il debito pubblico soprattutto con l'emissione di titoli

Abbiamo visto che il *deficit spending* ha anche effetti positivi perché fa aumentare la Domanda; approfondiamo però ora i gravissimi risultati del debito pubblico: l'inflazione, la rigidità della spesa pubblica e la disintermediazione bancaria.

Per saperne di più

Il ricorso al mercato

Il taglio della spesa pubblica è opportuno, ma non è in grado di diminuire sensibilmente il debito pubblico

Si definisce «ricorso al mercato» il risultato differenziale fra le entrate finali e le spese finali (comprensive del rimborso prestiti). In altre parole, il ricorso al mercato si ottiene sommando al disavanzo annuale il rimborso dei prestiti.

Col ricorso al mercato lo Stato riesce a chiudere in pareggio il bilancio, almeno sotto l'aspetto contabile. Il ricorso al mercato quantifica l'ammontare dei mezzi monetari che lo Stato deve prendere in prestito sia per coprire la differenza fra le spese e le entrate, sia per rimborsare i prestiti in scadenza. Sappiamo già dove lo Stato li trova: soprattutto con l'emissione di titoli del debito pubblico, che però vanno rimborsati, e innescano quella spirale viziosa a cui abbiamo fatto riferimento.

Basta pensare che nel 2011, con un disavanzo annuale di 89 miliardi, il ricorso al mercato ha raggiunto la spaventosa cifra di 311 miliardi (coperta da titoli del debito pubblico per l'84%).

Riprendiamo alcuni dati relativi al 2011:

- debito pubblico: 1897 miliardi di euro
- disavanzo annuale: 89 miliardi di euro
- ricorso al mercato: 311 miliardi di euro.

Il disavanzo annuale di 89 miliardi dimostra che siamo in presenza di un eccesso di spesa pubblica e che alcuni tagli sono necessari, per rimuovere inefficienze e sprechi.

La domanda che ci poniamo è però un'altra: il taglio della spesa pubblica è in grado di diminuire sensibilmente il debito pubblico? Evidentemente no.

Che fare? È necessario partire dal dato relativo al ricorso al mercato: bisognerebbe agire su quei 311 miliardi per ottenere risultati davvero significativi sul debito pubblico. La soluzione è ovvia: solo un abbassamento dei tassi di interesse sui titoli di stato può spezzare quel circolo vizioso che sta alla base del debito pubblico. Non è facile....

Il debito pubblico causa inflazione. Va ricordato che, dopo il Trattato di Maastricht del 1992, la Banca d'Italia non può più sottoscrivere i titoli di stato all'atto dell'emissione.

La Banca d'Italia continua però regolarmente ad acquistare titoli sul mercato secondario, e questo fatto fa aumentare l'Offerta di moneta, perché si ha un trasferimento di moneta dalla Banca Centrale ai privati. Come si è visto nel Volume secondo, in base alla teoria quantitativa, la creazione di nuova moneta porta all'inflazione.

La rigidità della spesa pubblica. Poiché i titoli di stato rappresentano circa il 90% del debito, vuol dire che gran parte della spesa pubblica futura viene «ipotecata» per pagare interessi e rimborsi. Supponiamo che Marco Bianchi abbia sottoscritto 200 000 euro di titoli con scadenza quinquennale. Bianchi, ogni anno (per 5 anni), ha diritto a percepire gli interessi sui 200 000 euro e, alla scadenza, lo Stato deve rimborsargli i 200 000 euro.

Il debito pubblico impegna la spesa pubblica futura

Per questo la spesa pubblica è *rigida*, ed è sempre più difficile adeguarla ai bisogni dei cittadini che si modificano continuamente.

La disintermediazione bancaria. Il debito pubblico causa anche il fenomeno della *disintermediazione bancaria*.

Il debito pubblico toglie liquidità al sistema economico

Si pensi che, dalla fine degli anni Ottanta, circa l'80% del risparmio privato viene assorbito dal debito pubblico. Gli italiani hanno diminuito i loro depositi bancari, a favore dei titoli di stato, allettati dai maggiori rendimenti che questi offrono: perché lasciare del denaro in un conto corrente bancario all'1%, quando i titoli di stato offrono il 4%?

Questo fatto ha effetti negativi sul sistema economico, perché danneggia gli investimenti. Riprendendo il nostro primo esempio, nell'acquistare titoli di stato, Rossi ha «immobilizzato» 100 000 euro, che la banca Alfa poteva concedere in prestito all'imprenditore Stefano Neri, che poteva acquistare un nuovo macchinario, che poteva dar lavoro ad altri operai...

Ce lo chiede l'Europa... Nel 1997 i Paesi dell'Unione europea hanno stipulato un *Patto di stabilità e di crescita*, che impone ai 27 Stati membri (dopo l'uscita della Gran Bretagna) di attuare una rigorosa politica di controllo della spesa pubblica.

> Il *Patto di stabilità e di crescita*, valido per tutti gli Stati dell'Unione europea, vuole evitare disavanzi eccessivi

In particolare, il Patto di stabilità prevede che nessun Paese debba superare due «valori di riferimento»:
- il 3% per il rapporto fra il disavanzo annuale e il PIL monetario;
- il 60% per il rapporto fra il debito pubblico e il PIL monetario.

In Italia nel 2018:
- il rapporto fra il disavanzo annuale e il PIL monetario era pari al 2,1%;
- il rapporto fra il debito pubblico e il PIL monetario era pari al 132,2%.

È evidente che il nostro Paese si mantiene a fatica dentro al parametro europeo del disavanzo annuale, ma supera abbondantemente il parametro europeo del debito pubblico (se può consolare: siamo in buona compagnia!).

Approfondiremo questo problema nel capitolo G3.

6 Bilancio in pareggio o *deficit spending*?

NUCLEI ESSENZIALI

Quale politica economica? La politica economica viene attuata dal Governo sotto il controllo del Parlamento, e si realizza con la manovra del bilancio statale, che deve essere coordinata con la politica monetaria (che abbiamo visto nel Volume secondo) e col controllo del tasso di cambio (che analizzeremo nel capitolo F1).

La politica anticongiunturale è possibile solo se si abbandona il principio del pareggio del bilancio statale, a favore di una politica di bilancio flessibile.

Supponiamo che, essendo in una fase depressiva, lo Stato decida di aumentare la spesa pubblica: sul sistema economico si hanno effetti diversi, a seconda che questo aumento venga finanziato col bilancio in pareggio o col bilancio in deficit.

La spesa pubblica finanziata col bilancio in pareggio. L'aumento di spesa pubblica è finanziato col bilancio in pareggio, quando viene compensato da un aumento del prelievo fiscale. Essendo:

> Un aumento di spesa pubblica finanziato col bilancio in pareggio prevede un aumento del prelievo fiscale

D = Domanda
C = consumo
I = investimenti
G = spesa pubblica

sappiamo che

$$D = C + I + G$$

Supponiamo che vengano spesi 100 milioni di euro per costruire un ospedale, e che questi 100 milioni vengano reperiti aumentando il prelievo fiscale. L'aumento della spesa pubblica è di 100 milioni, ma l'aumento del prelievo fiscale provoca una diminuzione dei redditi e, di conseguenza, una contrazione del consumo (ricordiamo che al diminuire dei redditi diminuisce il consumo); ne consegue che una componente di Domanda aumenta (la spesa pubblica), mentre un'altra componente di Domanda diminuisce (il consumo).

Effetti sul Reddito Nazionale di un aumento di spesa pubblica finanziato col bilancio in pareggio

↓

Aumento della spesa pubblica

↓

Aumento del prelievo fiscale

↓

Diminuzione dei redditi

↓

Diminuzione del consumo inferiore all'aumento della spesa pubblica

↓

Aumento della Domanda

↓

Aumento amplificato del Reddito Nazionale

Va però notato che la diminuzione del consumo è inferiore all'aumento della spesa pubblica ($\Delta G > \Delta C$). Infatti i cittadini, a causa del prelievo fiscale, subiscono una riduzione dei loro redditi di 100 milioni, ma tale diminuzione non si ripercuote interamente sul consumo, perché parte del reddito veniva risparmiato e non consumato. Nel nostro caso, ipotizzando una propensione marginale al consumo di 0,8, una diminuzione dei redditi di 100 milioni provoca una contrazione del consumo di 80 milioni: la diminuzione dei redditi fa diminuire il consumo, ma solo nella misura indicata dalla propensione marginale al consumo.

Un aumento di spesa pubblica finanziato col bilancio in pareggio ha effetti positivi, anche se limitati, sulla Domanda, perché l'aumento della spesa pubblica supera la diminuzione del consumo

Essendo:

ΔY = variazione del Reddito Nazionale
ΔD = variazione della Domanda
ΔG = variazione della spesa pubblica
ΔC = variazione del consumo
$1/(1-b)$ = moltiplicatore keynesiano

avevamo ricavato la relazione:

$$\Delta Y = \frac{1}{(1-b)} \cdot \Delta D$$

Poiché $\Delta D = \Delta G - \Delta C$ (dove $\Delta G > \Delta C$), risulta:

$$\Delta Y = \frac{1}{(1-b)} \cdot (\Delta G - \Delta C)$$

Effetti sul Reddito Nazionale di un aumento di spesa pubblica finanziato col bilancio in pareggio

Sintetizziamo ora il nostro esempio. Essendo:

ΔG = 100 milioni di euro
b = propensione marginale al consumo = 0,8
ΔC = 100 milioni · 0,8 = 80 milioni di euro
$1/(1-b) = 1/(1-0{,}8) = 1/0{,}2 = 5$

avremo:

$$\Delta Y = 5 \cdot (100 \text{ milioni} - 80 \text{ milioni}) = 5 \cdot 20 \text{ milioni} = 100 \text{ milioni di euro}$$

Il *deficit spending*. L'aumento di spesa pubblica è finanziato col bilancio in deficit quando, non essendo compensato dal prelievo fiscale, provoca un aumento del debito pubblico: è il *deficit spending* (visto nel Volume secondo).

Un aumento di spesa pubblica finanziato col *deficit spending* si ripercuote interamente sulla Domanda

Riprendendo il nostro esempio, se i 100 milioni di euro necessari per la costruzione dell'ospedale non sono finanziati col prelievo fiscale, avremo un aumento del debito pubblico di 100 milioni di euro. In questo caso, l'aumento della spesa pubblica non provoca alcuna diminuzione dei redditi e, di conseguenza, non si ha alcuna contrazione del consumo. Col *deficit spending*, l'effetto dell'aumento della spesa pubblica sul sistema economico è più accentuato, perché non viene attenuato dalla diminuzione del consumo.

In questo caso avremo:

$$\Delta Y = \frac{1}{(1-b)} \cdot \Delta G$$

Effetti sul Reddito Nazionale di un aumento di spesa pubblica finanziato col deficit spending

Riprendendo il nostro esempio numerico, avremo:

ΔG = 100 milioni di euro

$1/(1 - b) = 1/(1 - 0{,}8) = 1/0{,}2 = 5$

quindi risulta:

$$\Delta Y = 5 \cdot 100 \text{ milioni} = 500 \text{ milioni di euro}$$

mentre il Reddito Nazionale aumentava solo di 100 milioni di euro nel caso dell'aumento di spesa pubblica finanziato col bilancio in pareggio.

Il *deficit spending* provoca effetti positivi sul sistema economico, ma crea il solito problema: bisogna trovare quei 100 milioni di euro...

Non esistono ricette... A questo punto siamo in grado di sintetizzare i vantaggi e gli svantaggi delle due manovre economiche:

- una politica basata sul bilancio in pareggio rallenta l'inflazione, ma ha effetti limitati sulla Domanda (e di conseguenza sul Reddito Nazionale);
- il *deficit spending* aumenta sensibilmente la Domanda (e quindi il Reddito Nazionale), ma l'incremento del debito pubblico provoca inflazione.

Non esiste una manovra «migliore» in assoluto: dipende dalla situazione del sistema economico; per esempio, si può «rischiare» il *deficit spending* se abbiamo un alto tasso di disoccupazione mentre l'inflazione non crea problemi (e viceversa).

La scelta fra bilancio in pareggio e *deficit spending* dipende dalla situazione economica

Bilancio in pareggio	*Deficit spending*
› Non aumenta il debito pubblico	› Aumenta il debito pubblico
› Ha effetti limitati sulla Domanda	› Ha effetti notevoli sulla Domanda

Il dibattito fra monetaristi e neokeynesiani. Come sappiamo, nell'ambito della politica finanziaria, si fronteggiano la teoria monetarista e quella neokeynesiana.

La scuola monetarista, guidata da Milton Friedman, tende a rivalutare le teorie marginaliste, evidenziando gli aspetti negativi del *deficit spending*. Negli anni Ottanta le teorie monetariste sono state attuate negli Stati Uniti (durante le presidenze di Ronald Reagan) e in Gran Bretagna (durante il Governo di Margareth Thatcher), dove si sono avuti forti tagli alle spese sociali e assistenziali. Queste politiche hanno permesso una parziale riduzione del debito pubblico e una diminuzione dell'inflazione, ma hanno aumentato la disoccupazione, diminuito l'assistenza pubblica e causato una distribuzione del reddito meno equa.

La scuola neokeynesiana, guidata da Paul Samuelson, si richiama alla teoria di Keynes ed evidenzia gli aspetti positivi del *deficit spending*, soprattutto l'aumento dell'occupazione e il miglioramento dei servizi sociali.

La teoria neokeynesiana è stata parzialmente applicata anche in Italia ma, negli ultimi anni, l'aumento del debito pubblico ha costretto il Governo a un più rigido controllo della spesa pubblica.

Ronald Reagan.

CLIL ECONOMICS
Margaret Thatcher and the Dawn of Thatcherism

I monetaristi premono per una riduzione della spesa pubblica, mentre i neokeynesiani sono favorevoli al *deficit spending*

Hanno ragione i monetaristi o i neokeynesiani? Al solito: dipende dagli «occhiali» con cui leggiamo i fenomeni economici!

7 Le imprese pubbliche

Lo Stato imprenditore. Con le imprese pubbliche lo Stato diventa imprenditore, e produce beni e servizi per il mercato.

Le imprese pubbliche italiane si dividono in:

- aziende autonome;
- enti pubblici economici;
- imprese a partecipazione statale.

Le aziende autonome. Le *aziende autonome* non sono dotate di personalità giuridica e vengono gestite direttamente dallo Stato, tanto che i loro dipendenti sono a tutti gli effetti dipendenti statali.

Le aziende autonome sono gestite direttamente dallo Stato

Ogni azienda autonoma è collegata a un ministero; per esempio, l'*Amministrazione autonoma dei monopoli di Stato*, gestita dal Ministero dello sviluppo economico, esercita sia il tradizionale monopolio fiscale su sali e tabacchi sia il monopolio sul gioco pubblico (lotterie, concorsi, scommesse).

Gli enti pubblici economici. Gli *enti pubblici economici* possiedono personalità giuridica e hanno quindi un loro patrimonio e un loro bilancio.

Gli enti pubblici economici hanno un loro patrimonio e un loro bilancio

A differenza degli altri imprenditori commerciali, gli enti pubblici economici non possono fallire; le eventuali perdite vengono ripianate con denaro pubblico.

Un tipico esempio di ente pubblico economico era rappresentato dalle Ferrovie dello Stato, che nel 1996 sono state però trasformate in società per azioni (Trenitalia s.p.a.).

Le partecipazioni statali. Col sistema delle *partecipazioni statali* lo Stato, attraverso finanziarie pubbliche, detiene il pacchetto di maggioranza di società per azioni, che operano in concorrenza con le imprese private.

Con le partecipazioni statali lo Stato è il principale azionista di imprese in concorrenza con quelle private

Fino al 2000, nell'ambito delle partecipazioni statali, un ruolo predominante fu svolto dall'*Istituto per la ricostruzione industriale* (Iri), che arrivò a controllare oltre 200 società di grandi dimensioni.

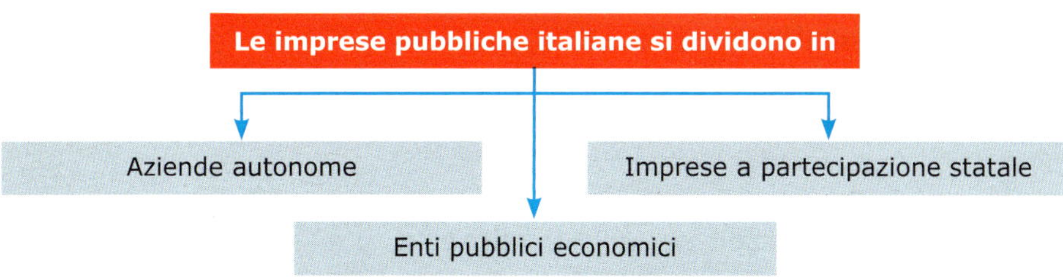

Le imprese pubbliche fra politica e mercato. Le imprese pubbliche devono sostenere la sfera produttiva, e riequilibrare il sistema economico. In realtà, a causa dell'inefficienza con cui sono state spesso gestite, queste imprese hanno svolto un ruolo soprattutto assistenziale, che ha gravemente danneggiato la finanza pubblica. A questo proposito, va sottolineato che spesso gli imprenditori pubblici sono stati scelti più per la loro appartenenza a determinate aree politiche che per le loro capacità professionali.

Le imprese pubbliche sono state spesso inefficienti

Un caso particolarmente significativo è rappresentato dalla *Cassa per il mezzogiorno*, creata nel 1950, che aveva il compito di gestire i fondi statali destinati alla realizzazione di infrastrutture (strade, ponti) nelle regioni meridionali. La *Cassa per il mezzogiorno* fu gestita con sprechi e superficialità, e non riuscì ad attenuare il grave problema occupazionale del Meridione, come dimostra il fenomeno migratorio che caratterizzò il nostro Paese a partire dagli anni Cinquanta.

Per saperne di più

L'Iri

Lo Stato italiano controllava importanti settori dell'economia attraverso l'Iri, che venne sciolto nel 2000

Fra il XIX e il XX secolo, nacque la «banca mista», che raccoglieva finanziamenti a medio e lungo termine, e deteneva consistenti quote azionarie di grandi imprese.

Durante la Grande Depressione, la grave crisi del settore industriale italiano travolse gli istituti di credito che ne erano i maggiori azionisti. Non solo. Le imprese non riuscivano a pagare i debiti che avevano contratto con le banche che, a loro volta, si trovavano esposte a un immobilizzo che coinvolgeva l'85% dei loro depositi.

Nel 1933 il Governo fascista attuò un piano di salvataggio, che si basava sulla creazione dell'*Istituto per la ricostruzione industriale* (*Iri*). L'Iri acquistò dalle banche le partecipazioni azionarie più rilevanti, e diventò proprietario sia di importanti imprese (Ansaldo, Sip, Terni), sia di grandi banche (Banca Commerciale Italiana, Credito italiano e Banco di Roma).

L'operazione di salvataggio doveva essere temporanea (dopo il risanamento le imprese dovevano essere rivendute ai privati), ma nel 1937 l'Iri fu trasformato in ente permanente, e cominciò a estendere il suo raggio d'azione.

L'intervento diretto dello Stato nell'attività produttiva si accentuò nel secondo dopoguerra tanto che, nel 1956, venne creato il Ministero delle partecipazioni statali, per coordinare l'azione delle imprese a partecipazione statale (soprattutto quelle del gruppo Iri).

A seguito del processo di privatizzazione, si ebbe dapprima l'abolizione del Ministero delle partecipazioni statali (con un referendum abrogativo del 1993) e, successivamente, l'Iri cominciò a perdere gran parte del suo potere, tanto che venne sciolto il 30 giugno 2000.

La privatizzazione delle imprese pubbliche. In base alla Costituzione, deve essere favorito l'accesso del risparmio popolare «al diretto e indiretto investimento azionario nei grandi complessi produttivi del Paese» (art. 47 Cost.).

Con la privatizzazione lo Stato trasferisce ai privati la proprietà di un bene o di un servizio pubblico

A partire dal 1993, seguendo le indicazioni del Parlamento, il Governo ha avviato un processo di privatizzazione, che si propone di trasferire la proprietà di alcune imprese pubbliche ai privati, trasformandole da «imprese pubbliche» a «imprese del pubblico». In particolare, il Governo ha cercato di indirizzare le famiglie italiane verso l'acquisto di azioni, distogliendole dalla ormai consolidata abitudine di acquistare soprattutto titoli del debito pubblico.

Va sottolineato che se il Governo considera strategica un'impresa da privatizzare, può riservarsi la *golden share* (azione d'oro); si tratta di un'azione speciale, che dà al Governo la maggioranza nelle decisioni, e la possibilità di esercitare il diritto di veto sui più importanti cambiamenti della proprietà e della gestione aziendale.

Il processo di privatizzazione, oltre a ridimensionare l'intervento dello Stato nell'economia, si propone di aumentare le entrate statali, per ridurre il debito pubblico.

Le privatizzazioni devono avvenire in modo tale da non pregiudicare i diritti dei cittadini; in questo senso particolari cautele sono adottate per i servizi di pubblica utilità. Per esempio, nel caso in cui l'Enel fosse completamente privatizzata, le nuove imprese private che gestiranno la produzione e la distribuzione dell'energia elettrica avranno l'obbligo di fornire energia, a condizioni eque, a chiunque ne faccia richiesta.

Dal 1993 sono state privatizzate sia prestigiose banche (il Credito italiano, la Banca Commerciale Italiana, l'Istituto Mobiliare Italiano, la Banca di Roma, la Banca Nazionale del Lavoro e l'Istituto San Paolo di Torino), sia importanti imprese pubbliche (la Pavesi, il Nuovo Pignone, l'Istituto nazionale per le assicurazioni, le Acciaierie Terni, la Stet, la Telecom e, in parte, l'Eni e l'Enel). Va precisato che Poste italiane e Trenitalia sono state trasformate in società per azioni, ma sono rimaste sotto il controllo pubblico.

Trenitalia s.p.a. è la principale società italiana per la gestione del trasporto ferroviario.

SINTESI

La finanza neutrale

- Alla fine del XIX secolo si ha il passaggio dallo **Stato liberale allo Stato sociale** (o ***Welfare State***) (par. **1**).
- Dalla legge di Say e dalle teorie liberiste nasce la **finanza neutrale** (par. **2**), in base alla quale lo Stato non deve intervenire nel sistema economico e il bilancio dello Stato deve essere in pareggio.

La finanza congiunturale

- Keynes teorizza invece la **finanza congiunturale** (par. **3**), in base alla quale lo Stato deve intervenire nel sistema economico per rimuovere gli squilibri della Domanda.

FINANZA CONGIUNTURALE

Domanda > Offerta
↓
Lo Stato diminuisce la spesa pubblica
↓
Diminuzione della Domanda
↓
Diminuzione amplificata del Reddito Nazionale

Domanda < Offerta
↓
Lo Stato aumenta la spesa pubblica
↓
Aumento della Domanda
↓
Aumento amplificato del Reddito Nazionale

- Secondo Keynes, per aumentare la spesa pubblica, lo Stato deve spingersi fino al punto di ricorrere al ***deficit spending*** (par. **6**), che provoca effetti positivi sul sistema economico, ma crea problemi per l'aumento del **debito pubblico** (par. **5**) che inevitabilmente ne consegue.

Spesa pubblica > Prelievo fiscale → → Debito pubblico

Il *Welfare State*

- Il ***Welfare State*** (par. **4**) vuole garantire a tutti i cittadini il diritto all'assistenza, alla salute, all'istruzione e al lavoro.
- Fra **gli effetti positivi del *Welfare State*** (par. **4**) ricordiamo il potenziamento dei servizi pubblici e la ridistribuzione del reddito (personale, territoriale e fiscale); fra gli **effetti negativi** (par. **4**) va ribadita l'eccessiva espansione del debito pubblico.

Il debito pubblico

- Il **disavanzo annuale** (par. **5**) è dato dalla differenza fra le entrate e le spese annuali.
- Il **debito pubblico** (par. **5**), è dato dalla somma fra i disavanzi annuali e il rimborso dei prestiti.
- Lo Stato finanzia il debito pubblico soprattutto con l'**emissione di titoli** (par. **5**).
- Sono gravi gli **effetti negativi del debito pubblico** (par. **5**), perché provoca l'inflazione, la rigidità della spesa pubblica e la disintermediazione bancaria.

Bilancio in pareggio e *deficit spending*

- L'**aumento di spesa pubblica finanziato col bilancio in pareggio** (par. **6**) ha effetti positivi, anche se limitati, sulla Domanda.
- L'**aumento di spesa pubblica finanziato col *deficit spending*** (par. **6**) si ripercuote interamente sulla Domanda (anche se aumenta il debito pubblico).
- Negli ultimi decenni del XX secolo si è avuta un'espansione incontrollata della spesa pubblica, che ha portato alla **crisi dello Stato sociale** (par. **4**), anche nel nostro Paese.
- In Italia le **imprese pubbliche** (par. **7**) si dividono in aziende autonome, enti pubblici economici e imprese a partecipazione statale.
- A partire dal 1993 il Governo ha avviato un processo di **privatizzazione** (par. **7**), per trasferire la proprietà di alcune imprese pubbliche ai privati.

Le spese. Anche la gestione delle spese avviene in due fasi: l'impegno e il pagamento.

La gestione delle spese avviene in due fasi: impegno e pagamento

L'impegno. Con l'*impegno* lo Stato, appunto, «si impegna» a fare una determinata spesa; per esempio, il Ministero dell'istruzione stipula un contratto per acquistare 1000 banchi dall'impresa Alfa per 100 000 euro.

Il pagamento. Con il *pagamento* lo Stato effettua il passaggio materiale della somma al soggetto creditore; nell'esempio, l'impresa Alfa riceve 100 000 euro dal Ministero dell'istruzione.

La gestione delle spese avviene in due fasi

- L'impegno
- Il pagamento

Residui attivi. I *residui attivi* sono le entrate accertate, che non sono state riscosse entro i termini dell'esercizio finanziario nel quale sono state accertate. Nell'esempio, supponiamo che il fatto che Rossi deve pagare 1200 euro di IRPEF sia stato accertato il 12 maggio 2020, però il 31 dicembre 2020 quei 1200 euro non sono stati ancora riscossi dallo Stato: abbiamo 1200 euro di residui attivi.

I residui attivi sono entrate accertate e non ancora riscosse

Residui passivi. I *residui passivi* sono le spese impegnate, che non sono ancora state pagate entro i termini dell'esercizio finanziario stesso. Nell'esempio, supponiamo che il contratto per l'acquisto dei banchi sia stato stipulato il 24 giugno 2020 ma, al 31 dicembre 2020, la Pubblica Amministrazione (d'ora in poi anche PA) non abbia ancora pagato i 100 000 euro all'impresa Alfa: abbiamo 100 000 euro di residui passivi.

I residui passivi sono spese impegnate e non ancora pagate

Con un'espressione tecnicamente imperfetta, ma sicuramente efficace, potremmo dire che i residui passivi sono «debiti» della PA, mentre i residui attivi sono «crediti» della PA.

Il bilancio di competenza. Possiamo adesso introdurre due concetti fondamentali: il bilancio di competenza e il bilancio di cassa.

Il *bilancio di competenza* fa riferimento alle fasi dell'accertamento e dell'impegno. In particolare, il bilancio di competenza comprende le entrate che la PA prevede di accertare e le spese che la PA prevede di impegnare in un dato esercizio finanziario.

Il bilancio di competenza ha una fondamentale valenza giuridica, ed è utilissimo come strumento di controllo politico e finanziario sull'attività del Governo.

Il bilancio di competenza comprende le entrate che la PA prevede di accertare e le spese che prevede di impegnare in un dato esercizio

Il bilancio di competenza considera le fasi

- Dell'accertamento per le entrate
- Dell'impegno per le spese

Il bilancio di cassa. Il *bilancio di cassa*, introdotto in Italia nel 1964, fa invece riferimento alle fasi della riscossione e del pagamento. Il bilancio di cassa comprende quindi tutte le entrate che la PA prevede siano riscosse e tutte le spese che la PA prevede siano pagate in un dato esercizio finanziario, anche se sono state accertate o impegnate in altri esercizi.

Il bilancio di cassa viene chiamato *bilancio materiale*, e rende immediatamente l'idea della liquidità che lo Stato prevede di avere a disposizione: se è poca, è meglio tener sotto controllo la spesa pubblica.

Il bilancio di cassa comprende le entrate che la PA prevede di riscuotere e le spese che prevede di pagare in un dato esercizio

Il bilancio di cassa considera le fasi

- Della riscossione per le entrate
- Del pagamento per le spese

La legge di bilancio deve essere approvata dai due rami del Parlamento entro il 31 dicembre. Nella foto, l'aula del Senato.

3 La legge di bilancio

NUCLEI ESSENZIALI

Il bilancio preventivo. Nel nostro Paese fino al 2016 esistevano due atti normativi in materia di bilancio: la *legge di stabilità* che veniva approvata prima e la *legge di bilancio* che si adeguava poi, recependo tutti i contenuti della legge di stabilità.

Con la legge 4 agosto 2016, n. 163, *Modifiche* [...] *in attuazione dell'articolo 15 della legge 24 dicembre 2012, n. 243* (d'ora in poi legge n. 163 del 2016) è stata introdotta una importante novità nel procedimento normativo relativo all'approvazione del bilancio dello Stato: la legge di bilancio è unica.

La legge n. 163 del 2016 stabilisce anche che la *legge di bilancio* (di competenza e di cassa), pur restando annuale, deve contenere le entrate e le spese previste nel triennio successivo per agevolare l'azione programmatica dell'esecutivo.

La legge di bilancio annuale (di competenza e di cassa) contiene anche le entrate e le spese previste nel triennio successivo

Il punto di riferimento dell'economia italiana. La legge di bilancio rappresenta uno dei momenti più importanti della vita economica del nostro Paese.

La legge di bilancio è diventata quindi l'unico provvedimento di natura finanziaria dello Stato, perché contiene sia le disposizioni normative relative alle entrate e alle uscite economiche (che erano presenti nella legge di stabilità), sia gli effetti di tali disposizioni nelle previsioni di entrata e di spesa del bilancio dello Stato.

La legge di bilancio stabilisce le misure necessarie per conseguire gli obiettivi programmatici di finanza pubblica indicati dal Governo nel DEF.

Con l'istituzione della nuova legge di bilancio viene completamente attuata la legge costituzionale n. 1 del 2012, che ha introdotto nell'ordinamento italiano il principio del pareggio di bilancio (come vedremo nel paragrafo 8).

L'iter di approvazione. In base alla riforma del 2016, il Ministro dell'economia e delle finanze deve presentare il disegno di legge di bilancio entro il 20 ottobre in Parlamento, che deve approvare la legge entro il 31 dicembre. Per esempio, la legge di bilancio per il triennio 2020/2021/2022 deve essere presentata dal Governo entro il 20 ottobre 2019, e il Parlamento la deve approvare entro il 31 dicembre 2019.

Va ribadito che la legge di bilancio resta annuale per cui, nell'esempio, abbiamo una legge di bilancio per il 2020, una legge di bilancio per il 2021 e una legge di bilancio per il 2022, queste tre leggi vengono presentate insieme per agevolare la programmazione economica del Governo nel corso dei successivi tre anni.

Il bilancio preventivo viene aggiornato per scorrimento; nell'esempio, nel 2020 verrà presentato il bilancio relativo all'anno 2021, all'anno 2022 e all'anno 2023 e così via.

L'esecuzione del bilancio. Se il Parlamento approva la legge di bilancio entro il 31 dicembre, il Governo deve renderlo esecutivo.

Dopo l'approvazione del Parlamento, la legge di bilancio autorizza il Governo a effettuare le spese e a riscuotere le entrate (nell'esempio per il triennio 2020/2021/2022).

Il bilancio diventa esecutivo dopo l'approvazione del Parlamento

Sono i singoli ministeri che, sulla base degli stanziamenti previsti in bilancio, decidono le rispettive entrate e spese. Per esempio, se la legge di bilancio prevede 120 miliardi di euro per la spesa sanitaria annuale, il Ministero della salute farà le sue scelte in materia: prima deve «mettere da parte» gli stipendi del personale sanitario, poi può ipotizzare di costruire nuovi ospedali, poi può organizzare un'operazione di prevenzione sulle malattie infettive e così via.

L'esercizio provvisorio. Abbiamo visto che la legge di bilancio deve essere approvata dal Parlamento entro il 31 dicembre. Che cosa succede se il 31 dicembre il Parlamento non ha ancora approvato il bilancio?

L'esercizio provvisorio si ha in caso di mancata approvazione del bilancio, ma non può superare i quattro mesi

Si ha l'*esercizio provvisorio del bilancio*, che deve essere concesso con una legge «e per periodi non superiori complessivamente a quattro mesi» (art. 81 Cost.). In pratica, il Parlamento approva una legge con cui autorizza l'esercizio provvisorio del bilancio fino al 30 aprile. Durante questi quattro mesi, il Governo può applicare il bilancio presentato, in attesa che venga approvato il suo progetto.

Durante l'esercizio provvisorio, il Governo può operare sulla previsione annuale (sia sulle entrate sia sulle spese) nei limiti di 1/12 per ciascuno dei mesi dell'esercizio provvisorio. Per esempio:

- se il progetto di bilancio prevede uno stanziamento di 120 miliardi di euro annuali di spesa sanitaria per il 2020;
- se il 31 dicembre 2019 il Parlamento non ha ancora approvato la legge di bilancio; viene approvata una legge che concede l'esercizio provvisorio fino al 30 aprile 2020, durante il quale il Governo può spendere, ogni mese, 10 miliardi di euro per la spesa sanitaria (120 miliardi / 12 mesi = 10 miliardi).

Nei primi decenni della Repubblica italiana si ricorreva spesso all'esercizio provvisorio (ben 33 volte dal 1948 al 1988), ma oggi il ricorso all'esercizio provvisorio è ormai scomparso (l'ultima volta fu appunto nel 1988).

Una domanda: che cosa succede se il Parlamento non approva la legge di bilancio entro i quattro mesi?

Un articolo

Una burocrazia più «umana»?

Non sempre i buoni propositi sull'efficienza della burocrazia si realizzano.

Nell'articolo riprodotto (Paolo Stefanato, *il Giornale*, 28 luglio 1993) si invoca una Pubblica Amministrazione «dal volto umano» e rispettosa della dignità dei cittadini.

il Giornale

Lo studio della presidenza del Consiglio mette in luce carenze e vessazioni: ma modificare la cultura burocratica è un'impresa ciclopica

Un'amministrazione dal volto inumano

Nei rapporti con gli enti pubblici il cittadino affronta difficoltà crescenti per mancanza di informazioni - In coda anche per un'ora, senza regolamentazione delle file e senza potersi sedere - Per ottenere un servizio molti devono compiere due tentativi - In campo fiscale il 60% delle aziende è costretto a ricorrere a consulenti esterni - L'inflazione di norme e regolamenti crea conflittualità e abnorme discrezionalità - Il decalogo del ministro della Funzione pubblica

di Paolo Stefanato

Milano

La coda più recente è quella fatta dagli italiani agli uffici postali per pagare l'Ici, l'imposta comunale sugli immobili. Pochi giorni prima gli stessi contribuenti si erano pazientemente messi in fila per spedire o consegnare il modello 740. Queste sono le occasioni di afflusso generale, che ha connotazioni – come le foto pubblicate sui giornali documentano – bibliche. [illegible]

sione... La vita di ciascuno è costellata di rapporti con la pubblica amministrazione e di attese. E durante ognuna di queste attese tutti scivolano sui più tristi luoghi comuni: che prendono di mira l'inefficienza degli uffici pubblici, l'assurd[illegible] certe pratiche, l'offens[illegible]rattamento (da «cittadin[illegible]etto») verso chi è costretto a passare da sportello a sportello, da ufficio a ufficio in cerca di qualcuno che gli dia una risposta. Questi sacrifici, queste vessazioni sono proprio necessari o sarebbe possibile «umanizzare» la pubblica amministrazione [illegible]

lo stesso studio emergono le difficoltà che il cittadino incontra per insufficienza di informazioni in particolar modo con riferimento alle Unità sanitarie locali (96% di risposte negative), agli uffici comunali e agli uffici tributari (ciascuno con il 92% di valutazioni negative).

La difficoltà di mettersi in rapporto con le amministrazioni induce i cittadini a ricorrere a i[illegible]ediari. La misura di tal[illegible]rso è variabile a seconda del tipo di pratica da espletare. Sulla scelta di rivolgersi a un familiare o a un'agenzia incidono diverse [illegible]

da compiere, che non appaiono comprensibili dal 18% al 40% degli intervistati. In generale, comunque, l'accesso agli uffici avviene, prevalentemente, in prima persona (fra il 36% per le conservatorie immobiliari e l'81% per i documenti di identità) mentre sono fra il 17% (rilascio di patente di guida) e il 36% (certificazioni catastali) le pratiche seguite da un familiare e fra il 2% (certificazioni anagrafiche) e il 32% (pratiche della motorizzazione e delle conservatorie immobiliari) quelle delegate a un'agenzia.

La dislocazione e l'organiz- [illegible]

casi rilevanti: il 20% degli intervistati dichiara un tempo di attesa per fila nullo, ma il 60% attende fino a 30 minuti e il 16% fra 30 minuti e un'ora.

La permanenza dei cittadini nei pubblici uffici non avviene nelle condizioni più favorevoli, se s[illegible]sidera che il 32% degli in[illegible]stati definisce non adeg[illegible] segnaletica e disposizione degli sportelli e il 63% lamenta la carenza di sistemi di regolazione delle file e di posti a sedere.

I tempi necessari per ottenere il servizio non sono brevi. Secondo il Formit, il 31% di coloro che hanno risposto [illegible]

1 La vita di ciascuno è costellata di rapporti con la Pubblica Amministrazione e di attese. E durante ognuna di queste attese tutti scivolano sui più tristi luoghi comuni che prendono di mira l'inefficienza degli uffici pubblici, l'assurdità di certe pratiche, il trattamento offensivo (da «cittadino-oggetto») verso chi è costretto a passare da sportello a sportello, da ufficio a ufficio in cerca di qualcuno che gli dia una risposta. Questi sacrifici, queste vessazioni sono proprio necessari o sarebbe possibile «umanizzare» la Pubblica Amministrazione?

2 La difficoltà di mettersi in rapporto con le amministrazioni induce i cittadini a ricorrere a intermediari [...]. Sulla scelta di rivolgersi a un familiare o a un'agenzia incidono diverse componenti [...].

3 La permanenza dei cittadini nei pubblici uffici non avviene nelle condizioni più favorevoli, se si considera che il 32% degli intervistati definisce non adeguati segnaletica e disposizione degli sportelli, e il 63% lamenta la carenza di sistemi di regolazione delle file e dei posti a sedere.

È un'ipotesi non prevista dalla Costituzione, e che non si è mai verificata. La maggioranza degli studiosi ritiene però che, in questo caso limite, il Presidente della Repubblica debba sciogliere le Camere e indire le elezioni anticipate.

Il *Rendiconto generale dello Stato*. Il bilancio consuntivo, chiamato *Rendiconto generale dello Stato*, si riferisce all'esercizio annuale appena concluso, e contiene l'indicazione delle entrate effettivamente realizzate e delle spese realmente sostenute nell'esercizio finanziario.

Il Parlamento approva il *Rendiconto generale dello Stato*, per controllare la gestione del bilancio da parte del Governo

Si tratta di un controllo a posteriori della gestione finanziaria del bilancio della PA, che deve essere approvato dal Parlamento entro il 30 giugno dell'anno successivo; nell'esempio, il *Rendiconto generale dello Stato* dell'anno 2020 deve essere approvato dalle Camere entro il 30 giugno 2021.

Con l'approvazione del *Rendiconto generale dello Stato*, il Parlamento effettua un controllo politico su come il Governo ha dato esecuzione al bilancio.

Una legge discussa. L'approvazione della legge di bilancio ha sempre provocato un acceso dibattito fra gli economisti, che spesso hanno accusato la classe politica di «largheggiare» nell'approvazione delle spese pubbliche.

Particolarmente severa fu la posizione di Guido Carli (1914-1993), già Governatore della Banca d'Italia e più volte ministro. Carli sostenne che autorevoli Costituenti, guidati da Luigi Einaudi, futuro Presidente della Repubblica, vollero l'art. 81 Cost. proprio per evitare che, in sede di approvazione del bilancio dello Stato, i parlamentari approvassero spese di scarsa utilità, al solo scopo di guadagnare consensi dai loro elettori: la costruzione di un'autostrada in una zona poco popolata, agevolazioni per particolari categorie di contribuenti e così via.

4 I controlli sul bilancio

I controlli sul bilancio. I controlli sul bilancio sono sia interni sia esterni alla PA.

La Corte dei conti ha il dovere di controllare la gestione del bilancio dello Stato. Nella foto, la sede centrale a Roma.

Il controllo interno. Il controllo interno alla PA è esercitato dalla Ragioneria generale dello Stato, che effettua un controllo sugli atti di entrata e di spesa, per verificare che non esistano irregolarità formali.

Il controllo politico. Un primo controllo esterno, di natura essenzialmente politica, si ha già nel momento in cui il Parlamento approva il *Rendiconto generale dello Stato* dell'esercizio appena concluso. Come si è visto, ogni fase decisionale in materia di bilancio avviene sotto lo stretto controllo del Parlamento, che in questo modo controlla la gestione della PA.

Il controllo contabile. Esiste anche un controllo contabile effettuato dalla Corte dei conti (di cui ci siamo occupati nel capitolo D1). La Corte dei conti esercita il controllo «successivo sulla gestione del bilancio dello Stato» (**art. 100 Cost.**). Entro il 31 maggio dell'anno successivo, il Ministro dell'economia e delle finanze presenta alla Corte dei conti il *Rendiconto generale dello Stato* e, se non trova irregolarità, la Corte dei conti procede al «giudizio di parificazione» relativo sia alla legittimità sia al merito.

Controlli sul bilancio

- Controllo interno esercitato dalla Ragioneria generale dello Stato
- Controllo politico esercitato dal Parlamento
- Controllo contabile esercitato dalla Corte dei conti

APPROVAZIONE DEL BILANCIO DELLO STATO
ANNO 2020
(dal 1° gennaio 2020 al 31 dicembre 2020)

↓

Entro il 10 aprile 2019: il Ministro dell'economia e delle finanze deve presentare in Parlamento il *Documento di economia e finanza* (DEF) relativo al triennio 2020/2021/2022

↓

Entro il 27 settembre 2019: il Ministro dell'economia e delle finanze deve presentare in Parlamento la *Nota di aggiornamento al DEF* relativa al triennio 2020/2021/2022

↓

Entro il 20 ottobre 2019: il Ministro dell'economia e delle finanze deve presentare in Parlamento la *legge di bilancio* relativa al triennio 2020/2021/2022

↓

Entro il 31 dicembre 2019: il Parlamento deve approvare la *legge di bilancio* relativa al triennio 2020/2021/2022, in caso contrario si avrà l'esercizio provvisorio (non oltre il 30 aprile 2020)

↓

Entro il 31 maggio 2021: il Ministro dell'economia e delle finanze presenta alla Corte dei conti il *Rendiconto generale dello Stato* relativo al 2020, e la Corte dei conti deve procedere al «giudizio di parificazione»

↓

Entro il 30 giugno 2021: il Parlamento deve approvare il *Rendiconto generale dello Stato* relativo al 2020

5 L'analisi costi-benefici della Pubblica Amministrazione

La PA deve produrre servizi pubblici efficienti

L'efficienza della spesa pubblica. Come si è visto nel capitolo D1, in base all'art. 97 Cost. gli uffici pubblici devono essere organizzati in modo tale da garantire il «buon andamento» dell'amministrazione.

Nello Stato sociale, la PA non può limitarsi a rispettare le leggi (legalità) e a trattare i cittadini nello stesso modo (imparzialità), ma deve anche fornire servizi pubblici efficienti, in grado di soddisfare i crescenti bisogni della collettività.

L'incremento esponenziale della spesa pubblica nel secondo dopoguerra, provocato dal *Welfare State* (capitolo E1), ha reso indispensabile la predisposizione di strumenti di controllo, in grado di controllare l'efficienza della spesa stessa.

La PA deve ormai agire in una logica imprenditoriale. Si devono trovare degli strumenti in grado di verificare se l'impiego delle risorse disponibili sia razionale rispetto agli obiettivi che si vogliono raggiungere.

Il problema è di difficile soluzione perché, a differenza di quanto avviene nel settore privato, i servizi offerti dalla PA non hanno un prezzo di mercato: qual è il prezzo di una lezione scolastica? Qual è il prezzo di una visita medica? Qual è il prezzo di una sentenza? Qual è il prezzo della costruzione di un chilometro di autostrada?

È la mancanza di indici oggettivi, in grado di quantificare l'efficienza della spesa pubblica, che ha spinto gli studiosi a elaborare una tecnica per valutare le scelte economiche della PA: l'analisi costi-benefici.

L'analisi costi-benefici valuta i costi e i ricavi di ogni progetto della PA

L'analisi costi-benefici. La *cost-benefit analysis* (analisi costi-benefici) viene utilizzata per scegliere fra i diversi progetti di spesa, e identifica sia tutti gli aspetti negativi (*costi*) sia tutti gli aspetti positivi (*benefici*).

L'analisi costi-benefici prevede modelli di controllo sui costi e sui risultati di ogni scelta gestionale della PA, che deve essere decisa ed eseguita con gli occhi dell'imprenditore, e non con quelli (a volte un po' miopi) del burocrate. La stima deve essere la più dettagliata possibile, e deve comprendere tutte le prevedibili conseguenze della scelta, non solo economiche, ma anche sociali.

L'analisi costi-benefici valuta i costi e i ricavi di ogni progetto della PA, in modo da scegliere quello che garantisce il risultato migliore.

Per essere confrontati, i costi e i ricavi dovrebbero essere misurati con un'identica unità di misura. Ma non sempre un progetto della PA si può quantificare in euro.

Per esempio, nel progetto di spesa per costruire 100 chilometri di autostrada (su un terreno agricolo) abbiamo:

- fra i costi: la perdita della produzione agricola nel terreno occupato, l'aumento dell'inquinamento, ambientale e acustico, dovuto al traffico e i danni al paesaggio;
- fra i benefici: la riduzione dei tempi di percorrenza (con conseguente riduzione dell'inquinamento in altre zone), la maggiore comodità, oltre allo sviluppo industriale della zona che gode adesso di un'efficiente rete autostradale.

Altro problema. Ogni progetto della PA comporta costi e benefici che si protraggono per un periodo talvolta lunghissimo; è necessario stimare vantaggi e svantaggi che si manifesteranno in futuro, e questo fatto aumenta l'incertezza. Nell'esempio: come è possibile quantificare l'aumento delle malattie nella zona, a causa dell'inquinamento? Quante saranno, fra vent'anni, le nuove imprese attratte dalla costruzione dell'autostrada?

La realizzabilità di un progetto autostradale va valutata con un'attenta analisi costi-benefici: i vantaggi e gli svantaggi da prendere in considerazione non devono limitarsi al breve periodo ma devono essere visti in un'ottica pluridecennale.

Il tasso sociale di sconto. Per confrontare costi e ricavi attraverso valori omogenei, è stato introdotto il *tasso sociale di sconto*, che deve calcolare il valore attuale dei flussi dei ricavi e delle spese che si verificheranno in futuro.

Calcolare con precisione il tasso sociale di sconto è molto difficile, perché il valore attuale di una somma futura è sempre legato a valutazioni soggettive. Comunque, una volta stabilito il tasso sociale di sconto, si determina la dimensione ottima dell'investimento pubblico, che si ha nel punto in cui è massima la differenza fra i ricavi totali e i costi totali.

Il tasso sociale di sconto determina la dimensione ottima dell'investimento pubblico

Il controllo sull'efficienza. Dagli anni Novanta, in Italia è stato istituito un controllo sull'efficienza economica, che viene effettuato dai Nuclei di valutazione, istituiti presso le varie amministrazioni.

Il controllo sull'efficienza si basa sulla valutazione comparativa dei costi e dei rendimenti, e vuole verificare la realizzazione degli obiettivi, la corretta gestione delle risorse e l'imparzialità dell'azione della PA.

Per saperne di più

Il *Planning Program Budgeting System* (PPBS)

Il PPBS controlla tutte le fasi della programmazione

Il *Planning Program Budgeting System* (PPBS) tenta di rispondere alle osservazioni riportate nel testo, perché non si limita a valutare la convenienza dei progetti di spesa, ma controlla tutte le fasi della programmazione.

Il PPBS è un sistema elaborato negli Stati Uniti; negli ultimi anni, alcuni elementi di PPBS sono stati inseriti nei bilanci pluriennali dello Stato italiano e delle Regioni.

Il PPBS si articola in tre fasi:

- il piano degli obiettivi e delle funzioni, che prende in considerazione tutte le soluzioni alternative per ciascun obiettivo da realizzare, le valuta attentamente, e seleziona poi le migliori;
- il programma applicativo, con cui si individuano i mezzi necessari (compreso il personale) e si determinano i relativi costi;
- il budget, cioè una precisa somma di denaro che è legata alla realizzazione di ciascun intervento, e che viene poi iscritta in bilancio.

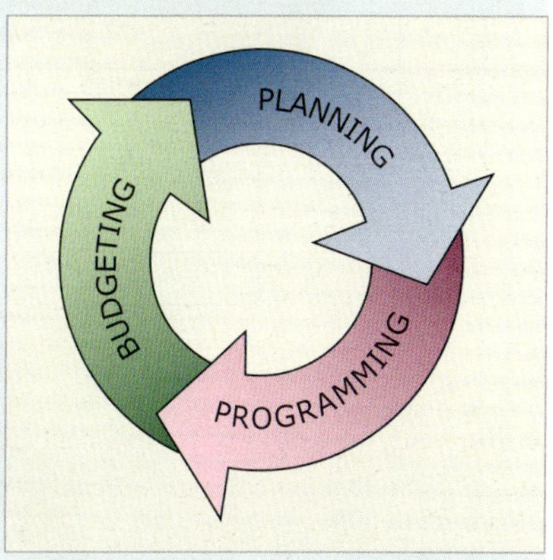

E2

I numeri del debito pubblico in Europa e nel mondo

Il debito pubblico è un fattore che accomuna quasi tutti i Paesi europei e mondiali. La spesa pubblica, come sappiamo, difficilmente può reggersi unicamente sul prelievo fiscale e, tra il cumulo dei disavanzi annuali e il rimborso dei prestiti da pagare ai tanti creditori dello Stato, l'esito finale è spesso, per molti, una politica di *deficit spending* e il relativo innalzamento del debito pubblico.

Chi sale sul podio?

L'**Organizzazione per la cooperazione e lo sviluppo economico** (**OCSE**) ha stilato un ipotetico podio dei tre Paesi che hanno i più pesanti debiti pubblici *pro capite*, con riferimento quindi alla popolazione.

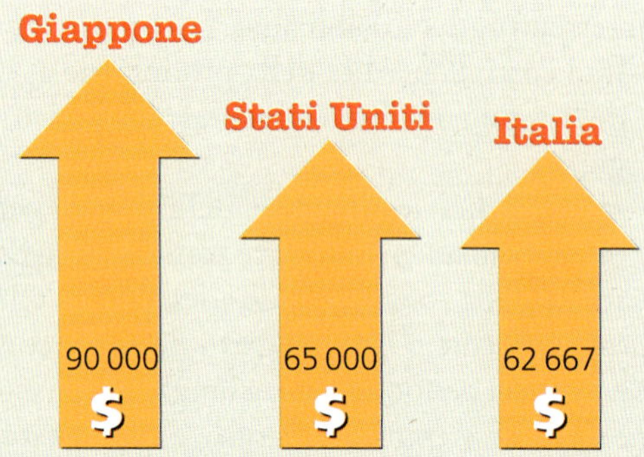

Media OCSE 53 600 dollari

La mappa del Fondo monetario internazionale

Il **Fondo monetario internazionale** ha stilato la classifica dei 20 Paesi con le percentuali più alte di debito pubblico lordo in relazione al PIL. Una precisazione è d'obbligo: questa classifica è da leggere con cautela visto che gli Stati rappresentati hanno dimensioni e, di conseguenza, spese sostenute diverse.

Debito pubblico lordo (percentuale sul PIL, 2019)

1	Giappone	237,7%	11	Mozambico	108,8%
2	Sudan	207,0%	12	Bhutan	108,6%
3	Grecia	176,6%	13	Stati Uniti	106,2%
4	Eritrea	165,1%	14	Bahrain	101,7%
5	Libano	155,1%	15	Belgio	101,0%
6	Italia	133,2%	16	Francia	99,3%
7	Capo Verde	123,5%	17	Spagna	96,4%
8	Portogallo	117,6%	18	Cipro	96,1%
9	Barbados	115,4%	19	Angola	95,0%
10	Singapore	114,1%	20	Giordania	94,6%

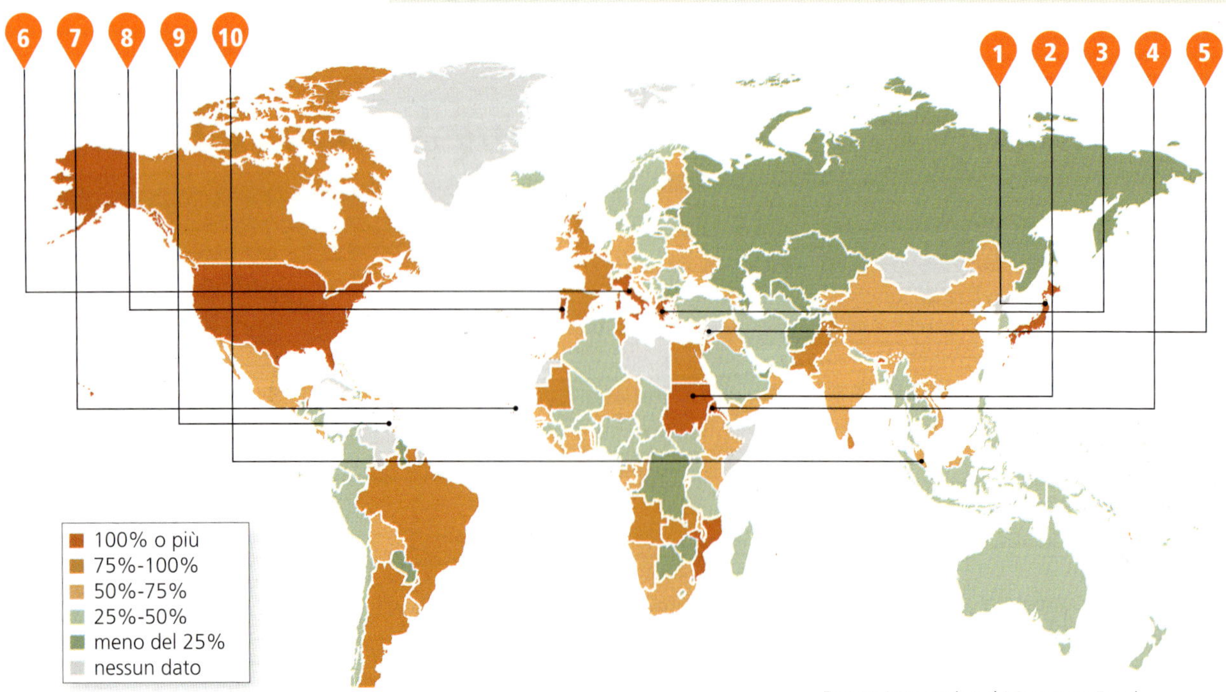

Fonte: *International Monetary Fund*

Il fattore umano. Esiste un ulteriore problema. Bisogna tener conto del *fattore umano*. Secondo l'economista Sergio Ricossa «i progetti migliori non sono necessariamente quelli scelti con i metodi migliori, ma sono quelli eseguiti dagli uomini migliori. Anche perché i progetti non sono, e non devono essere, entità immodificabili, determinati una volta e per sempre al di fuori di noi. I progetti migliori sono quelli che noi facciamo tali giorno per giorno, e a favore dei quali forniamo non solo la metodicità e la lungimiranza dei preventivi, ma anche la prontezza e la giustezza delle reazioni ai consuntivi».

Non basta scegliere il progetto migliore: bisogna anche eseguirlo nel modo migliore.

6 La dimensione aziendale della Pubblica Amministrazione

NUCLEI ESSENZIALI

L'azienda PA. Il criterio di classificazione delle entrate e delle spese, istituito nel 1997, accentua la dimensione aziendale della PA, e realizza un sistema di programmazione, gestione e controllo basato su budget assegnati ai singoli dirigenti. Vediamo come.

Il principio dell'integrità del bilancio. Va premesso che, in base al principio dell'*integrità del bilancio*, tutte le entrate e tutte le spese devono essere iscritte a bilancio per intero, in modo da valutarne l'economicità di gestione: non sono possibili compensazioni. Per esempio se, per riscuotere un'entrata di 900 milioni di euro, lo Stato ha dovuto pagare 50 milioni di euro (per il personale impiegato nell'accertamento e nella riscossione), non abbiamo fra le entrate 850 milioni di euro (900 milioni – 50 milioni = 850 milioni) ma abbiamo:

Tutte le entrate e tutte le spese devono essere iscritte a bilancio per intero

Entrate: 900 milioni di euro
Spese: 50 milioni di euro.

La situazione deve essere chiara per chiunque. Nell'esempio, il cittadino potrebbe valutare che quei 50 milioni di euro sono eccessivi, e che la macchina amministrativa è un po' arrugginita.

La classificazione economico-funzionale. Negli anni passati era prevalente la concezione patrimoniale, secondo cui la PA doveva decidere le spese in base alle entrate, come avviene in ogni famiglia. Dal bilancio emergeva quindi la situazione patrimoniale dello Stato, e l'attenzione si concentrava sulle variazioni del patrimonio pubblico.

Le spese della PA seguono una classificazione economico-funzionale

La riforma del 1964 prevede che le entrate seguano una classificazione amministrativa (sono distinte in base alla loro origine), mentre per le spese è stata introdotta la classificazione economico-funzionale. In particolare:

- la *classificazione economica* individua gli effetti dell'attività finanziaria della PA sul quadro economico del Paese;
- la *classificazione funzionale* valuta gli effetti dell'attività finanziaria della PA rispetto alle finalità dello Stato italiano.

Un ufficio della Pubblica Amministrazione.

Le unità previsionali di base. In base al principio della *specializzazione del bilancio*, le voci di entrata e di spesa non possono essere indicate in bilancio nel loro complesso; non è possibile, per esempio, che nel bilancio del 2020 si parli genericamente di entrate per 550 miliardi di euro e di spese per 600 miliardi di euro. Le voci devono essere ben distinte, in modo da ridurre la discrezionalità della PA, e permettere un controllo efficace.

A questo proposito, nel 1997 sono state istituite le *unità previsionali di base*, sia per le entrate sia per le spese, che sono determinate con riferimento ad aree omogenee di attività amministrativa. Ogni unità previsionale di base è formata dall'insieme di risorse, che sono veri e propri budget, gestiti da un unico centro di responsabi-

Le unità previsionali di base sono dei budget, gestiti da responsabili sempre individuabili

Per saperne di più

Le funzioni-obiettivo

Le funzioni-obiettivo individuano la destinazione funzionale della spesa pubblica

Strettamente connesse alle unità previsionali di base sono le funzioni-obiettivo, relative alle spese. Partendo dagli obiettivi prefissati in sede politica, le *funzioni-obiettivo* individuano, per grandi settori, la destinazione funzionale della spesa che la PA deve realizzare; va ribadito che l'attività amministrativa è subordinata a quella politica.

Con le funzioni-obiettivo si realizza un confronto. Da una parte sta la struttura con la sua disponibilità di risorse, dall'altra stanno gli obiettivi, cioè i servizi per la collettività. Da questo confronto è possibile evidenziare se le strutture sono ben organizzate, se le risorse sono sufficienti, se gli obiettivi sono stati raggiunti e così via.

Con le funzioni-obiettivo si deve garantire l'efficienza della gestione finanziaria della PA, in vista degli obiettivi posti dalla PA stessa ed evidenziati nel bilancio.

La riforma del 1997 ha reso il bilancio più snello e più comprensibile. A ogni voce del bilancio corrisponde un settore d'azione della PA e, di conseguenza, un responsabile che finalmente «ha un nome e un cognome». Si dovrebbe così superare quella storica frammentazione delle spese pubbliche che rendeva, di fatto, impossibile attribuire le colpe, e i meriti, dell'azione della PA.

lità amministrativa ben individuabile. Ogni centro di responsabilità amministrativa è formato dalla dirigenza dei singoli ministeri, ed è direttamente responsabile sia della realizzazione dei vari interventi, sia del conseguimento (o del fallimento) degli obiettivi che si era prefissato.

Le unità previsionali di base devono aumentare sia l'efficienza sia la trasparenza della PA.

Le unità previsionali devono aumentare l'efficienza e la trasparenza della PA

Adesso sono più chiare le responsabilità. Per esempio, per il Ministero dell'istruzione dell'università e della ricerca, sono previste 11 unità previsionali di base (Personale, Scuola dell'infanzia, Scuola primaria, Scambi culturali e così via), ognuna delle quali ha un responsabile, che è davvero «responsabile».

Le entrate della PA. Le entrate della PA si suddividono in titoli, categorie e capitoli.

Le entrate della PA si suddividono in titoli, categorie e capitoli

I titoli distinguono le entrate in quattro gruppi, a seconda della fonte da cui provengono:

- le *entrate tributarie* sono costituite dai tributi (imposte, tasse) pagati dai contribuenti (come vedremo nel capitolo E3);
- le *entrate extratributarie* sono, per esempio, le sanzioni pecuniarie pagate da chi ha commesso un illecito; si pensi a un costruttore, condannato per abusivismo edilizio, che deve anche risarcire 2 milioni di euro allo Stato;
- l'*alienazione e ammortamento di beni patrimoniali e riscossione dei crediti* comprende, per esempio, i proventi derivanti dal processo di privatizzazione che il nostro Paese ha iniziato negli anni Novanta del secolo scorso (come visto nel capitolo E1);
- l'*accensione di prestiti* è quella cifra, purtroppo notevole, che ogni anno lo Stato italiano deve trovare per coprire il disavanzo annuale. È una voce che viene contabilizzata fra le entrate, ma che rappresenta uno dei principali problemi dell'economia italiana.

La somma delle entrate dei primi tre titoli costituisce le *entrate finali*.

Le *categorie* delle entrate individuano la natura economica della fonte da cui proviene l'entrata (per esempio l'imposta sul reddito), mentre i *capitoli* distinguono le voci d'entrata secondo l'oggetto (per esempio l'IRPEF).

Sintetizzando: l'IRPEF (capitolo) è un'imposta sul reddito (categoria) che fa parte delle entrate tributarie (titolo).

Le spese della PA. Le spese della PA sono ripartite in titoli e in capitoli.

Le spese della PA sono ripartite in titoli e in capitoli

Le spese vengono distinte in tre titoli:

- le *spese correnti*, che esauriscono i loro effetti economici in un solo esercizio finanziario, e rappresentano oltre il 90% delle spese totali. Per esempio, sono spese correnti gli stipendi dei dipendenti della PA, le pensioni e la manutenzione delle strutture pubbliche;
- le *spese in conto capitale*, che hanno effetti economici in molti esercizi finanziari; basta pensare alla costruzione di un ospedale o di un istituto scolastico;
- il *rimborso prestiti*, che rappresenta la cifra, purtroppo sempre in crescita, che lo Stato spende per rimborsare sia i titoli del debito pubblico in scadenza in quell'anno, sia gli interessi sui titoli stessi da pagare in quell'anno (come visto nel capitolo E1).

La somma delle spese dei primi due titoli costituisce le *spese finali*.

I capitoli distinguono le spese secondo l'oggetto e il suo contenuto economico.

Siamo ora in grado di descrivere un quadro generale riassuntivo del bilancio dello Stato.

Quadro generale riassuntivo del bilancio dello Stato

Entrate	Spese
Titolo I. Entrate tributarie **Titolo II.** Entrate extratributarie **Titolo III.** Alienazione e ammortamento di beni patrimoniali e riscossione dei crediti **Titolo IV.** Accensione di prestiti	**Titolo I.** Spese correnti **Titolo II.** Spese in conto capitale **Titolo III.** Rimborso prestiti

7 I risultati differenziali

I risultati differenziali. La riforma del 1964 ha sostituito i concetti, ormai superati, di «pareggio/avanzo/disavanzo», e ha introdotto un nuovo termine: *risultato differenziale*, che è il saldo che risulta dalla somma algebrica fra le entrate e le spese del bilancio.

Il risultato differenziale è il saldo fra le entrate e le spese del bilancio

Una successiva legge del 1988 ha stabilito che il quadro generale riassuntivo del bilancio dello Stato deve evidenziare saldi parziali, che derivano dall'aggregazione delle entrate e delle spese secondo vari criteri, che permettono di valutare in modo più significativo la situazione finanziaria statale. In particolare, devono essere individuati quattro distinti risultati differenziali: il risparmio pubblico, l'indebitamento (o accreditamento) netto, il saldo netto da finanziare (o da impiegare) e il ricorso al mercato.

Risultati differenziali

- Il risparmio pubblico
- L'indebitamento (o accreditamento) netto
- Il saldo netto da finanziare (o da impiegare)
- Il ricorso al mercato

Il risparmio pubblico. Il *risparmio pubblico* è il risultato differenziale fra il totale delle entrate (tributarie ed extratributarie) e il totale delle spese correnti.

Risparmio pubblico = Entrate (tributarie ed extratributarie) – Spese correnti

Quando questa differenza è positiva il risparmio pubblico serve a finanziare le spese in conto capitale. Fino al 1971 questa voce era in attivo, ma dal 1972 si è avuta una brusca inversione di tendenza, a seguito della quale per fronteggiare le spese correnti è necessario andare a «intaccare» il patrimonio dello Stato.

L'indebitamento (o accreditamento) netto. L'*indebitamento (o accreditamento) netto* è il risultato differenziale fra le entrate finali (tributarie, extratributarie, alienazione e ammortamento di beni patrimoniali e riscossione dei crediti) e le spese finali (correnti e in conto capitale).

Indebitamento (o accreditamento) netto = Entrate (tributarie, extratributarie, alienazione e ammortamento...) – Spese (correnti e in conto capitale)

Va precisato che, oltre all'accensione di prestiti, fra le entrate non sono comprese le operazioni fatte dallo Stato a sostegno degli altri enti (partecipazioni azionarie, concessione e riscossione di crediti). Questo risultato differenziale esprime quindi il risultato della gestione statale in senso stretto. Si distingue fra:

- *indebitamento netto*, quando il risultato è negativo;
- *accreditamento netto*, quando il risultato è positivo.

Il saldo netto da finanziare (o da impiegare). Il *saldo netto da finanziare (o da impiegare)* è il risultato differenziale ottenuto dalle entrate finali (con l'esclusione dell'accensione di prestiti) e dalle spese finali (con l'esclusione del rimborso prestiti).

Saldo netto da finanziare (o da impiegare) = Entrate finali – Spese finali

Al solito, si distingue fra:

- *saldo netto da finanziare*, quando il risultato è negativo, che è chiamato anche *fabbisogno statale*;
- *saldo netto da impiegare*, quando il risultato è positivo.

Il saldo netto da finanziare (o da impiegare) è un dato di grande importanza, perché indica il risultato della gestione del bilancio, nell'ipotesi, purtroppo remota, che non vi sia debito pubblico. È interessante rilevare che, fino al 1992, avevamo un saldo netto da finanziare decisamente elevato, a causa dell'eccessiva spesa pubblica; dal 1993 il saldo netto da finanziare si è attenuato, grazie a una più rigorosa politica di controllo della spesa, forse tardiva ma comunque significativa, perché segnala quell'inversione di rotta da tanto tempo promessa a parole.

Il ricorso al mercato. Il *ricorso al mercato* è il risultato differenziale fra le entrate finali (con l'esclusione dell'accensione di prestiti) e tutti i titoli delle spese (compreso

Per saperne di più

La *spending review*

La revisione della spesa pubblica deve migliorare l'efficienza della macchina statale tagliando le uscite eccessive

La *spending review* (revisione della spesa pubblica) è quel processo diretto a migliorare l'efficienza e l'efficacia della macchina statale nella gestione della spesa pubblica, attraverso la sistematica analisi e valutazione delle strutture organizzative, delle procedure di decisione e di attuazione, dei singoli atti all'interno dei programmi e dei risultati.

La *spending review* deve analizzare più il «come» che il «quanto». Significa che i capitoli di spesa di uno o più ministeri vengono passati al vaglio per vedere cosa può essere tagliato, per scoprire se ci sono sprechi o casi di inefficienza. La revisione della spesa pubblica investe anche gli acquisti delle amministrazioni.

Principio base dell'operazione è quello di identificare alcune spese che non contribuiscono a raggiungere gli obiettivi che sono stati affidati alle diverse amministrazioni, o che li raggiungono solo in maniera inefficiente, a causa di spese molto più alte del necessario.

il rimborso prestiti). In pratica, il ricorso al mercato si ottiene sommando al saldo netto da finanziare il rimborso prestiti.

Ricorso al mercato = Saldo netto da finanziare + Rimborso prestiti

Col ricorso al mercato lo Stato riesce a chiudere in pareggio il bilancio, almeno sotto l'aspetto contabile. Il ricorso al mercato quantifica l'ammontare dei mezzi monetari che lo Stato deve prendere in prestito per coprire la differenza fra le spese e le entrate, e per rimborsare i prestiti in scadenza. Sappiamo già dove lo Stato li trova: soprattutto con l'emissione di titoli del debito pubblico, che però vanno rimborsati, e innescano quella spirale viziosa a cui abbiamo fatto riferimento nel capitolo E1.

Il ricorso al mercato coincide quindi con l'accensione di prestiti. È significativo che la legge di bilancio deve stabilire sia il saldo netto da finanziare sia il ricorso al mercato.

8 Il pareggio di bilancio in Costituzione

NUCLEI ESSENZIALI

Il pareggio di bilancio entra in Costituzione nel 2012

Una veloce riforma costituzionale. A partire dal 2011 l'Unione economica e monetaria è stata investita da turbolenze finanziarie, causate principalmente dai debiti sovrani di alcuni Stati membri. Questi problemi hanno toccato anche l'Italia, che ha deciso di introdurre nella Costituzione norme più severe per risanare la finanza pubblica.

Il principio del pareggio di bilancio entra in Costituzione con l'approvazione della legge costituzionale 20 aprile 2012, n. 1, *Introduzione del principio del pareggio di bilancio nella Carta costituzionale* (d'ora in poi legge cost. n. 1 del 2012). Va detto che questa legge costituzionale non poteva essere soggetta al referendum confermativo (previsto dall'art. 138 Cost.) perché è stata approvata, in seconda lettura, con la maggioranza qualificata dei due terzi dei componenti sia alla Camera dei deputati sia al Senato della Repubblica.

Va anche ricordato che le nuove disposizioni sono entrate in vigore a decorrere dall'esercizio finanziario relativo all'anno 2014.

La legge cost. n. 1 del 2012 attuava un impegno assunto dal Governo di Mario Monti. Il fine era quello di rassicurare i mercati sulla credibilità del nostro Paese; in particolare, si cercava di dimostrare come l'Italia fosse decisa a diminuire il debito pubblico che nel 2012 aveva superato la soglia dei 2000 miliardi di euro, mentre il rapporto fra debito pubblico e Prodotto Interno Lordo sfiorava il 130%.

Il provvedimento è stato accompagnato da un largo consenso, come dimostra il fatto che il procedimento di revisione costituzionale è stato brevissimo. Infatti la presentazione della proposta di legge alla Camera risale all'11 agosto 2011, mentre l'approvazione in seconda lettura del Senato è del 17 aprile 2012: solo otto mesi di iter parlamentare!

Mario Monti.

La revisione costituzionale del 2012. Il contenuto della legge cost. n. 1 del 2012 ha modificato sia la normativa sulla legge di bilancio (vista nel paragrafo 3) sia gli articoli 81, 97, 117 e 119 della Costituzione. Analizziamo le modifiche intervenute articolo per articolo.

L'art. 81 Cost. «Lo Stato assicura l'equilibrio tra le entrate e le spese del proprio bilancio, tenendo conto delle fasi avverse e delle fasi favorevoli del ciclo economico»: è il primo comma del nuovo art. 81 Cost.

La Costituzione esclude tassativamente la possibilità di un indebitamento? No. Proseguendo nella lettura dell'articolo scopriamo che «il ricorso all'indebitamento è consentito», ma «solo al fine di considerare gli effetti del ciclo economico» e «al verificarsi di eventi eccezionali», che possono consistere in gravi recessioni economiche, crisi finanziarie e calamità naturali.

Per limitare e rendere davvero straordinaria tale deroga, si dispone che il ricorso all'indebitamento possa avvenire solo a seguito dell'autorizzazione delle due Camere «adottata a maggioranza assoluta dei rispettivi componenti» (comma 2). Non dovrebbe quindi essere possibile un ricorso all'indebitamento «a colpi di maggioranza», perché anche una parte dell'opposizione dovrà votarlo in sede parlamentare per raggiungere la maggioranza assoluta.

Il nuovo art. 81 Cost. conferma poi:

- il principio della copertura finanziaria delle leggi, in base al quale «ogni legge che importi nuovi o maggiori oneri provvede ai mezzi per farvi fronte» (comma 3);
- la competenza del Parlamento ad approvare «ogni anno con legge il bilancio e il rendiconto consuntivo presentati dal Governo» (comma 4);
- l'autorizzazione con legge, «per periodi non superiori complessivamente a quattro mesi», all'esercizio provvisorio del bilancio, nel caso in cui questo non risulti approvato entro la fine dell'esercizio finanziario (comma 5).

L'art. 97 Cost. Con il nuovo art. 97 Cost. l'obbligo del rispetto del principio del pareggio di bilancio e «della sostenibilità del debito pubblico» viene esteso a tutte le pubbliche amministrazioni, il cui agire deve essere «in coerenza con l'ordinamento dell'Unione europea».

L'art. 117 Cost. Va ricordato che nel 2001 è stato modificato l'intero Titolo V della Costituzione (*Le Regioni, le Province, i Comuni*). In particolare l'art. 117 Cost. afferma che «la potestà legislativa è esercitata dallo Stato e dalle Regioni nel rispetto della Costituzione, nonché dei vincoli derivanti dall'ordinamento comunitario e dagli obblighi internazionali».

Come si è visto nel capitolo D2, dopo la revisione del 2001 si distingue fra:

- la legislazione esclusiva affidata allo Stato;
- la legislazione concorrente affidata alle Regioni, che devono attenersi a principi determinati dallo Stato;
- la legislazione sussidiaria di competenza delle Regioni.

Con la riforma del 2012 l'«armonizzazione dei bilanci pubblici» diventa di competenza della legislazione esclusiva statale e viene sottratta alla legislazione concorrente delle Regioni. Si tratta di un aspetto di grande importanza, che è stato forse sottovalutato da molti studiosi.

L'art. 119 Cost. Per quanto riguarda la disciplina di bilancio degli enti territoriali, il nuovo art. 119 Cost. stabilisce che l'autonomia finanziaria di Comuni, Province, Città metropolitane e Regioni, è assicurata «nel rispetto dell'equilibrio dei relativi bilanci». Nel nuovo testo viene anche inserito il principio del concorso di tali enti «ad assicurare l'osservanza dei vincoli economici e finanziari derivanti dall'ordinamento dell'Unione europea».

L'art. 119 Cost. precisa che il ricorso all'indebitamento, previsto solo «per finanziare spese di investimento», è subordinato alla «contestuale definizione di piani di ammortamento e a condizione che per il complesso degli enti di ciascuna Regione sia rispettato l'equilibrio di bilancio».

Il pareggio di bilancio: obbligo giuridico o obiettivo politico? Una domanda: il pareggio di bilancio deve essere un obbligo giuridico o un obiettivo politico?

Il prof. Valerio Onida, Presidente emerito della Corte costituzionale, già nel 1969 scriveva che il pareggio del bilancio deve essere un obiettivo politico e non un obbligo giuridico. Con un'analisi di grande attualità, Onida sosteneva già allora come «il pedissequo perseguimento del principio del pareggio» non solo non poteva assicurare il contenimento della spesa pubblica, anzi «a fronte di circostanze cicliche o congiunturali avrebbe potuto ostacolare il ricorso agli strumenti finanziari ritenuti più opportuni». Sono ormai in molti a condividere questa critica di Onida.

SINTESI

Il bilancio come strumento di programmazione

- Il **bilancio dello Stato** (par. **1**) è il documento contabile in cui vengono elencate le entrate e le spese dello Stato in un determinato periodo. Permette di capire quali scelte ha operato il Governo in materia di programmazione economica e finanziaria.
- Il ***Documento di economia e finanza*, DEF** (par. **1**) non è vincolante, ma delinea le scelte economiche del Governo nel futuro triennio.

Il DEF si divide in
- Programma di stabilità per l'Italia
- Analisi e tendenze della finanza pubblica
- Programma nazionale di riforma

Bilancio di competenza e bilancio di cassa

- Il **bilancio di competenza** (par. **2**) comprende le entrate che la PA prevede di accertare e le spese che prevede di impegnare in un dato esercizio.
- Il **bilancio di cassa** (par. **2**) comprende le entrate che la PA prevede di riscuotere e le spese che prevede di pagare in un dato esercizio.

La legge di bilancio dello Stato

- La **legge di bilancio annuale** (par. **3**), di competenza e di cassa, contiene anche le entrate e le spese previste nel triennio successivo. Dal 2016 la legge di bilancio è diventata l'unico provvedimento di natura finanziaria dello Stato.
- L'**esercizio provvisorio** (par. **3**) si ha in caso di mancata approvazione del bilancio entro il 31 dicembre, ma non può superare i quattro mesi.
- Il Parlamento approva il ***Rendiconto generale dello Stato*** (par. **3**), per controllare la gestione del bilancio da parte del Governo.
- I **controlli sul bilancio** (par. **4**) sono esercitati dalla Ragioneria generale dello Stato, dal Parlamento e dalla Corte dei conti.

La dimensione aziendale della PA

- L'**analisi costi-benefici** (par. **5**) valuta i costi e i ricavi di ogni progetto della PA.
- Le **unità previsionali di base** (par. **6**) sono dei budget, gestiti da responsabili sempre individuabili, che devono aumentare l'efficienza e la trasparenza della PA.
- Le **entrate della PA** (par. **6**) si suddividono in titoli (tributarie, extratributarie, alienazione e ammortamento, accensione di prestiti), categorie e capitoli.
- Le **spese della PA** (par. **6**) sono ripartite in titoli (correnti, in conto capitale, rimborso prestiti) e in capitoli.
- Il **risultato differenziale** (par. **7**) è il saldo fra le entrate e le spese del bilancio. Esistono quattro distinti risultati differenziali: il risparmio pubblico, l'indebitamento (o accreditamento) netto, il saldo netto da finanziare (o da impiegare) e il ricorso al mercato.

Il pareggio di bilancio in Costituzione

- Il **pareggio di bilancio** (par. **8**) entra in Costituzione con l'approvazione di una legge costituzionale del 2012, che ha modificato sia la normativa sulla legge di bilancio sia gli articoli 81, 97, 117 e 119 della Costituzione.

1 Verifica le tue conoscenze

Risolvi le seguenti **scelte multiple** indicando la risposta esatta fra quelle possibili.

A

La legge di bilancio del 2021 deve essere approvata

1 entro il 31 dicembre 2020

2 entro il 31 dicembre 2021

3 entro il 31 dicembre 2022

B

Col pareggio di bilancio in Costituzione

1 si esclude l'indebitamento

2 si permette l'indebitamento

3 si permette l'indebitamento in caso di eventi eccezionali

1 Il DEF ha

A durata annuale ed è vincolante

B durata annuale ma non è vincolante

C durata triennale ed è vincolante

D durata triennale ma non è vincolante

2 Il bilancio di cassa comprende

A le entrate accertate e le spese impegnate

B le entrate riscosse e le spese impegnate

C le entrate accertate e le spese pagate

D le entrate riscosse e le spese pagate

3 È il risultato differenziale fra il totale delle entrate (tributarie ed extratributarie) e il totale delle spese correnti

A il risparmio pubblico

B l'indebitamento (o accreditamento) netto

C il saldo netto da finanziare (o da impiegare)

D il ricorso al mercato

4 L'esercizio provvisorio del 2019 non può superare il

A 30 aprile 2018

B 30 giugno 2018

C 30 aprile 2019

D 30 giugno 2019

5 È il complesso delle operazioni contabili effettuate in un anno

A l'anno finanziario

B l'esercizio finanziario

C il bilancio di cassa

D il bilancio di competenza

6 Procede al giudizio di parificazione

A il Governo

B la Corte dei conti

C la Corte costituzionale

D il Parlamento

2 Misura le tue abilità

Rispondi e motiva la tua risposta in ogni caso proposto.

1 Il ricorso al mercato coincide con l'accensione di prestiti V F

2 L'analisi costi-benefici valuta i costi e i ricavi di ogni progetto della PA V F

3 Il DEF deve essere approvato entro il 31 dicembre V F

4 Il bilancio di competenza comprende le entrate accertate e le spese impegnate V F

5 I residui attivi sono spese impegnate e non ancora pagate V F

6 Il bilancio diventa esecutivo dopo l'approvazione del Parlamento V F

3 Valuta le tue competenze

Risolvi i casi concreti, mettendo in pratica ciò che hai imparato.

1 Riconoscere i caratteri della legge di bilancio, ascoltando l'errore di un politico.

Un politico in televisione dichiara: «La legge di bilancio è triennale. Dobbiamo stare molto attenti al momento dell'approvazione, perché poi non possiamo modificarla per i prossimi tre anni!». L'affermazione è sbagliata.

- **Come modifichi la frase per renderla giuridicamente corretta?**

2 Valutare il principio del pareggio di bilancio in Costituzione, ascoltando il racconto di un conoscente.

Un tuo vicino è un grande appassionato di politica: «Il pareggio di bilancio è stato finalmente inserito nella Costituzione. Con la legge di bilancio non è più possibile prevedere un indebitamento da parte della Pubblica Amministrazione!».

- **Che cosa stabilisce esattamente il principio del pareggio di bilancio?**

Idee a confronto

A casa 1 ora | In aula 20 minuti

4 Partendo dal caso proposto, approfondisci l'argomento per partecipare al dibattito in classe

Ogni anno il Governo predispone il DEF (Documento di economia e finanza), nel quale si delineano gli obiettivi che il bilancio dello Stato intende perseguire nel triennio successivo. Per esempio, il DEF presentato il 10 aprile 2019 prevedeva per l'anno 2019 una crescita economica dello 0,1%, con un aumento allo 0,8% nel triennio successivo, e un rapporto debito pubblico/Prodotto Interno Lordo al 2,4% nel 2019 con una tendenza a calare nel triennio successivo. Le principali azioni previste nel documento erano la riforma fiscale, il salario minimo orario, la riduzione del cuneo fiscale sul lavoro, un piano di investimenti pubblici.

→ ***Secondo te, quali sono i più importanti obiettivi che un Governo deve porsi nella predisposizione del DEF? Quali sono i principali parametri economici e finanziari che devono essere considerati?***

CAPITOLO

E3 Il sistema tributario italiano

NUCLEI ESSENZIALI

- La teoria della capacità contributiva
- Le tasse e le imposte
- Le imposte dirette e indirette
- L'elusione fiscale e l'evasione fiscale

A te la parola! 15 minuti

L'Italia è al terzo posto tra i Paesi dell'Unione europea per il livello della pressione fiscale. Il nostro Paese segue Danimarca e Svezia ma, rispetto a questi due Stati scandinavi, è purtroppo inferiore la restituzione, in termini di servizi sociali, dei tributi pagati dai cittadini.

→ *Approfondisci l'argomento online: quali e quanti servizi pubblici forniscono Danimarca e Svezia in modo da compensare il carico fiscale imposto ai loro cittadini? Perché l'Italia è così in ritardo?*

Con l'aiuto dell'insegnante e in piccoli gruppi prova a esporre il tuo punto di vista.

1 La teoria della capacità contributiva

NUCLEI ESSENZIALI

Il prelievo tributario. Per fornire ai cittadini dei servizi (istruzione, sanità, difesa), la Pubblica Amministrazione (d'ora in poi anche PA) effettua la spesa pubblica, che viene finanziata soprattutto col prelievo fiscale.

I tributi servono per finanziare la spesa pubblica

Si chiama *tributo* quel denaro che lo Stato impone di pagare ai singoli per finanziare la spesa pubblica.

Il carico tributario viene ripartito fra i cittadini in modo diverso, a seconda del momento storico:

- nello Stato assoluto i tributi sono pagati soprattutto dalla borghesia e dai ceti popolari, mentre clero e nobiltà godono di agevolazioni ed esenzioni fiscali;
- con lo Stato liberale vengono aboliti i privilegi fiscali delle classi più elevate, in base al principio che senza equità fiscale non può esserci uguaglianza;
- con il *Welfare State* si afferma il principio che il sistema tributario, per essere veramente equo, deve ridurre le disuguaglianze sociali ed economiche, ed elevare il livello di vita dei cittadini più bisognosi. Vedremo se, e in che misura, questo si realizza.

La riserva di legge in materia fiscale. In base all'art. 23 Cost. «nessuna prestazione personale o patrimoniale può essere imposta se non in base alla legge». È il principio della riserva di legge in materia fiscale: per tutelare il contribuente, i tributi possono essere imposti solo in base a una legge o a un atto avente forza di legge.

La capacità contributiva. L'art. 53 Cost. stabilisce che «tutti sono tenuti a concorrere alle spese pubbliche in ragione della loro capacità contributiva». Al crescere della capacità contributiva, deve aumentare il prelievo fiscale.

La capacità contributiva è la capacità di concorrere alle spese pubbliche, che si ricava dal reddito e dalla situazione personale di ognuno

Per determinare la *capacità contributiva* di una persona bisogna ovviamente partire dal suo reddito, ma è necessario anche tener conto del suo patrimonio, della sua situazione familiare, delle sue condizioni di salute e così via.

Prendiamo in esame due casi:

- Mario Rossi ha un reddito annuo di 30 000 euro e deve mantenere sia la moglie sia due figli minori;
- Marco Bianchi ha un reddito annuo di 30 000 euro e deve mantenere solo la moglie;

nell'esempio Rossi e Bianchi hanno lo stesso reddito (30 000 euro), ma la capacità contributiva di Bianchi è superiore a quella di Rossi, che deve mantenere due figli.

Altri esempi: la capacità contributiva aumenta se Rossi è proprietario di un appartamento, diminuisce se Rossi è malato (deve affrontare delle spese per le cure) e così via.

L'obbligo tributario non ricade solo sui cittadini italiani, perché la Costituzione, col termine «tutti», si riferisce anche agli stranieri che, pur non essendo residenti, percepiscono un reddito (o possiedono un patrimonio) in Italia. Per esempio il calciatore inglese George Wilson, che nel 2019 ha giocato in una squadra italiana e ha guadagnato 900 000 euro, è soggetto al fisco italiano (per quei 900 000 euro) come il suo compagno di squadra Stefano Neri.

Pagina miniata di un registro delle gabelle (imposte) fiorentine del XVI secolo. Particolare importanza ebbe la gabella sul sale, che di fatto aveva le caratteristiche di un'imposta personale che colpiva tutti allo stesso modo, poveri e ricchi.

2 I tributi: tasse e imposte

NUCLEI ESSENZIALI

I tributi. I tributi più importanti sono le «tasse» e le «imposte. Qual è la differenza fra tassa e imposta?

Va premesso che:

- un *servizio pubblico* è *specifico* quando è possibile identificare con precisione il cittadino che si avvantaggia di una prestazione della PA; per esempio, se si iscrive all'Università, Mario Rossi può frequentare le lezioni, sostenere gli esami, laurearsi;
- un *servizio pubblico* è *generale* quando non è possibile stabilire in quale misura i contribuenti ne usufruiscano; per esempio non è possibile determinare «quanto» Mario Rossi tragga vantaggio dalla tutela dell'ordine pubblico, dalla manutenzione di una strada, dalla costruzione di un ospedale.

La tassa. La *tassa* finanzia un servizio pubblico specifico. La tassa è una controprestazione, perché è il prezzo di un servizio pubblico, reso dalla PA al cittadino che ne ha fatto richiesta. La tassa è *volontaria*, perché nessuno è obbligato a richiedere quella determinata prestazione; nell'esempio, Rossi paga le tasse universitarie solo se decide di frequentare i corsi universitari: Rossi è libero di non pagare le tasse, basta che non si iscriva all'Università.

La tassa è il corrispettivo di un servizio pubblico specifico, pagato solo da chi vuole usufruirne

La tassa è sempre inferiore al costo del servizio erogato; nell'esempio, se paga una tassa d'iscrizione annua di 1000 euro, lo studente Rossi costa alla collettività molto di più (per esempio 5000 euro). Chi paga quei 4000 euro di differenza? La differenza fra il costo del servizio (5000 euro) e la tassa (1000 euro) è pagata da tutti i cittadini con le imposte, perché il servizio avvantaggia l'intera collettività e non solo chi lo richiede. Nell'esempio, l'istruzione universitaria rappresenta un beneficio sia per il singolo studente sia per la società, che potrà contare su lavoratori più qualificati.

SONO COATTIVE E NON VOLONTARIE

L'imposta. L'*imposta* finanzia un servizio pubblico generale. A differenza della tassa, l'imposta non è legata al beneficio che il singolo trae dal godimento del servizio, ma dipende dalla sua capacità contributiva: l'imposta è *obbligatoria* per tutti i cittadini in possesso di una determinata capacità contributiva. Per esempio, Marco Bianchi deve pagare un'imposta annua di X euro perché ha una certa capacità contributiva.

L'imposta è pagata dai soggetti in base alla capacità contributiva, per finanziare i servizi pubblici generali

Per semplificare, noi ci occupiamo solo delle imposte.

Tassa	Imposta
› Finanzia un servizio pubblico specifico	› Finanzia un servizio pubblico generale
› È dovuta solo da chi usufruisce del servizio	› È dovuta solo da chi possiede una certa capacità produttiva
› È volontaria	› È obbligatoria
› È una controprestazione	› Non è in relazione diretta col servizio

L'imposta può essere... Prendendo come esempio un'imposta sul reddito, analizziamo la differenza fra imposta regressiva, proporzionale e progressiva, dopo aver premesso che:

- l'*imponibile* è il reddito su cui si paga l'imposta;
- l'*aliquota* è la percentuale che si applica al reddito per determinare l'imposta; per esempio, se l'aliquota è del 20%, una persona con un reddito annuo di 10 000 euro deve pagare un'imposta annua di 2000 euro.

L'imposta può essere
- Regressiva
- Proporzionale
- Progressiva

L'imposta regressiva. Un'imposta è *regressiva* quando l'aliquota *diminuisce* all'aumentare dell'imponibile.

Per esempio se:

- Rossi ha un reddito di 10 000 euro e paga un'imposta di 1000 euro;
- Bianchi ha un reddito di 100 000 euro e paga un'imposta di 5000 euro;

in termini assoluti l'imposta pagata da Bianchi è maggiore (5000 euro rispetto a 1000 euro), ma la sua aliquota è inferiore (5% di Bianchi rispetto al 10% di Rossi).

Rossi (che guadagna di meno) deve pagare un'aliquota superiore rispetto a Bianchi (che guadagna di più): Rossi sopporta un sacrificio maggiore, e questo non è giusto.

In un sistema tributario equo non devono esistere imposte regressive, che favoriscono i contribuenti più ricchi rispetto a quelli più poveri.

Un'imposta è regressiva quando l'aliquota diminuisce all'aumentare dell'imponibile

L'imposta proporzionale. Un'imposta è *proporzionale* quando l'aliquota resta *costante* all'aumentare dell'imponibile.

+ Per saperne di più

Il tributo a Cesare dalla Sacra Bibbia

«Rendete dunque a Cesare quello che è di Cesare, e a Dio quello che è di Dio»

Il problema della giustizia dei tributi è presente anche nella Bibbia. In particolare nel Nuovo Testamento si trova *Il tributo a Cesare* riportato nel Vangelo secondo San Matteo (15, 22).

«Il tributo a Cesare. [15]Allora i Farisei, ritiratisi, tennero consiglio sul modo di cogliere in fallo Gesù nelle sue stesse parole.

[16]E gli mandarono i propri discepoli con gli Erodiani a dirgli: "Maestro, sappiamo che sei veritiero e insegni la via di Dio secondo la verità, senza preoccuparti di nessuno, perché tu non guardi all'apparenza degli uomini. [17]Dì dunque a noi: Che te ne pare? È lecito o no pagare il tributo a Cesare?". [18]Gesù, conosciuta la loro malizia, disse: "Perché mi tentate, ipocriti? [19]Mostratemi la moneta del tributo". Essi gli presentarono un denaro. [20]Egli domandò: "Di chi è quest'immagine e l'iscrizione?". [21]Gli dicono: "Di Cesare". Allora rispose loro: "Rendete dunque a Cesare quello che è di Cesare, e a Dio quello che è di Dio". [22]Udito ciò, ne rimasero stupiti e, lasciatolo, se n'andarono.»

[*La Sacra Bibbia*, Edizioni Paoline, Roma, 1968, pp. 1109-1110.]

Particolare di una pagina miniata della Bibbia di Borso d'Este (XV secolo).

Per esempio se:

- Rossi ha un reddito di 10 000 euro e paga un'imposta di 1000 euro;
- Bianchi ha un reddito di 100 000 euro e paga un'imposta di 10 000 euro;

in termini assoluti l'imposta pagata da Bianchi è maggiore (10 000 euro rispetto a 1000 euro), ma l'aliquota è identica (10% sia per Bianchi sia per Rossi).

Un'imposta è proporzionale quando l'aliquota resta costante all'aumentare dell'imponibile

Neppure l'imposta proporzionale è equa, perché Rossi (che guadagna di meno) deve pagare la stessa aliquota di Bianchi (che guadagna di più).

L'imposta progressiva. Un'imposta è *progressiva* quando l'aliquota *aumenta* all'aumentare dell'imponibile.

Un'imposta è progressiva quando l'aliquota aumenta all'aumentare dell'imponibile

Per esempio se:

- Rossi ha un reddito di 10 000 euro e paga un'imposta di 1000 euro;
- Bianchi ha un reddito di 100 000 euro e paga un'imposta di 30 000 euro;

in termini assoluti l'imposta pagata da Bianchi è maggiore (30 000 euro rispetto a 1000 euro), e anche la sua aliquota è superiore (30% di Bianchi rispetto al 10% di Rossi).

L'imposta progressiva è equa, perché Bianchi (che guadagna di più) paga un'aliquota maggiore di Rossi (che guadagna di meno).

3 Imposte dirette e indirette

NUCLEI ESSENZIALI

Le imposte dirette: l'IRPEF. Le imposte si dividono in imposte dirette e imposte indirette.

Le *imposte dirette* gravano sul reddito o sul patrimonio del singolo, che può essere una persona fisica o una persona giuridica. In Italia, come in tutti i moderni sistemi tributari, le imposte dirette sul reddito garantiscono il gettito maggiore.

Le imposte dirette colpiscono le manifestazioni dirette della capacità contributiva

Le imposte dirette, di cui ci occupiamo parlando dell'*Imposta sul reddito delle persone fisiche* (IRPEF), colpiscono le manifestazioni dirette della capacità contributiva, e sono solitamente progressive.

Le imposte indirette: l'IVA. Le *imposte indirette* colpiscono le manifestazioni indirette della capacità contributiva, e sono solitamente proporzionali.

Le imposte indirette colpiscono le manifestazioni indirette della capacità contributiva

Il tipico esempio di imposta indiretta è rappresentato dall'*Imposta sul valore aggiunto* (IVA), che colpisce lo scambio fra beni e servizi.

L'obbligo di pagare l'IVA sorge nel momento in cui il reddito viene speso per acquistare un certo bene; l'acquisto di quel bene è considerato una manifestazione indiretta della capacità contributiva: è solo perché ha una certa capacità contributiva che il consumatore Rossi può permettersi quel bene. Per esempio, se il prezzo di un bene X è 100 euro e l'aliquota IVA è il 22%, Rossi paga quel bene 122 euro (100 euro + 22 euro di IVA = 122 euro).

L'IVA ha il vantaggio di essere elastica, ed è quindi facilmente modificabile a seconda della congiuntura economica. Riprendendo quanto detto nel capitolo E1, per esempio in caso di eccesso di Domanda, le aliquote IVA possono essere aumentate per far diminuire i consumi, e viceversa.

Fra gli effetti negativi dell'IVA vanno ricordati l'inflazione e gli effetti regressivi (di cui ci occupiamo nel prossimo paragrafo).

Poiché l'IVA è inclusa nel prezzo del prodotto, un aumento delle aliquote provoca inevitabilmente inflazione; riprendendo il nostro esempio, se l'aliquota IVA sale dal 22% al 25% il prezzo del bene aumenta a 125 euro (100 euro + 25 euro di IVA = 125 euro), senza che siano intervenuti altri fattori.

L'IVA provoca inflazione

La pressione tributaria. L'obbligo di pagare i tributi comporta un sacrificio per i contribuenti, che viene quantificato dalla *pressione tributaria*, che è data dal rapporto fra il totale dei tributi e il Reddito Nazionale. Essendo:

La pressione tributaria è il rapporto fra i tributi e il Reddito Nazionale

T = tributi
Y = Reddito Nazionale
PT = pressione tributaria

avremo:

$$PT = \frac{T}{Y}$$

Per esempio, abbiamo una pressione tributaria del 40% se, su 100 euro di Reddito Nazionale, 40 euro vengono assorbiti dal prelievo tributario (tasse, imposte).

La pressione tributaria è un dato essenziale per valutare la politica economica statale; nello Stato sociale si ha una pressione tributaria elevata (per finanziare il notevole ammontare della spesa pubblica), mentre nello Stato liberale la pressione tributaria è minore (la spesa pubblica è ridotta).

La pressione tributaria da un lato deve essere sufficiente a finanziare la spesa pubblica (per contenere il debito pubblico), ma dall'altro non deve incidere negativamente sulla Domanda (l'aumento della pressione tributaria provoca una diminuzione dei redditi e, di conseguenza, una contrazione dei consumi).

La pressione tributaria deve essere sufficiente a finanziare la spesa pubblica, ma senza pesare troppo su redditi e consumi.

Ricordando che

ΔY = variazione del Reddito Nazionale
ΔD = variazione della Domanda
$1/(1-b)$ = moltiplicatore

risulta

$$\Delta Y = \frac{1}{1-b} \cdot \Delta D$$

Poiché il consumo è una componente di Domanda, l'aumento della pressione tributaria provoca una contrazione del Reddito Nazionale amplificata dal moltiplicatore $1/(1-b)$.

La pressione tributaria è più tollerata dai contribuenti quando la spesa pubblica assicura servizi pubblici efficienti; per esempio, il contribuente Rossi paga l'IRPEF «con minor dispiacere» se vede degli ospedali pubblici efficienti e delle scuole attrezzate.

La pressione tributaria è solo un indice medio, che non misura l'effettivo onere gravante su ogni contribuente; sarebbe più interessante calcolare questo dato sulle varie categorie professionali: pressione tributaria dei commercianti, degli imprenditori, dei lavoratori dipendenti e così via.

Dinamica della pressione tributaria

Aumento della pressione tributaria
↓
Diminuzione dei redditi
↓
Diminuzione dei consumi
↓
Diminuzione della Domanda
↓
Diminuzione amplificata del Reddito Nazionale

La progressività del sistema tributario. Come si è visto nel capitolo E1, nel *Welfare State*, la PA opera una ridistribuzione del reddito quando aumenta la spesa pubblica; questo fenomeno si accentua quando esiste un sistema tributario progressivo.

In Italia «il sistema tributario è informato a criteri di progressività» (art. 53 Cost.). Va precisato che, secondo la Costituzione, deve essere progressivo il sistema tributario nella sua interezza, ed è quindi possibile che qualche imposta sia proporzionale, mentre non sono ammesse imposte regressive.

Secondo la Costituzione il sistema tributario deve essere progressivo

La progressività per scaglioni. La progressività dell'imposta può essere realizzata con vari metodi, ma noi prendiamo in esame solo la progressività per scaglioni, che si applica nel caso dell'IRPEF.

Nella *progressività per scaglioni* il reddito è suddiviso in classi ad aliquote crescenti e l'aliquota della classe superiore si applica solo a quella parte di imponibile che supera il limite della classe inferiore.

Chiariamo con un esempio relativo al contribuente Mario Rossi che, nel 2015, ha un reddito di 58 000 euro su cui deve pagare l'IRPEF (l'esempio è semplificato, perché non abbiamo preso in esame le deduzioni e le detrazioni).

Le aliquote dell'IRPEF per i redditi del 2015 erano quelle della tabella A.

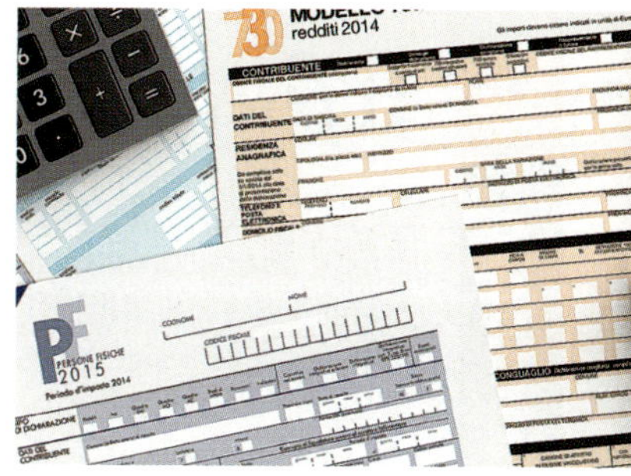

La progressività per scaglioni suddivide il reddito in classi ad aliquote crescenti.

TABELLA A

Reddito	*Aliquota*
Da 0 a 15 000 euro	23%
Da 15 001 a 28 000 euro	27%
Da 28 001 a 55 000 euro	38%
Da 55 001 a 75 000 euro	41%
Oltre 75 000 euro	43%

A un primo sguardo superficiale potrebbe sembrare che Mario Rossi, che ha un reddito di 58 000 euro, debba pagare il 41% di 58 000 euro: non è così. Rossi, avendo un reddito lordo di 58 000 euro, deve pagare 18 460 euro di IRPEF. Infatti si calcola (tabella B):

TABELLA B

Il 23% da 0 a 15 000 euro	3450 +
Il 27% da 15 001 a 28 000 euro	3510 +
Il 38% da 28 001 a 55 000 euro	10 270 +
Il 41% da 55 001 a 58 000 euro	1230 =
IRPEF pagata da Rossi nel 2015	18 460

Il reddito netto di Rossi è di 39 540 euro. Infatti:

	Reddito lordo	*IRPEF*	*Reddito netto*
Rossi	58 000 euro	18 460 euro	39 540 euro

L'aliquota effettiva. Per analizzare le caratteristiche di un sistema tributario, un dato di fondamentale importanza è l'*aliquota effettiva* che misura la reale incidenza dell'imposta sul reddito, e che si ottiene risolvendo la seguente equazione:

L'aliquota effettiva misura la reale incidenza dell'imposta sul reddito

Reddito lordo : *Imposta pagata* = 100 : *Aliquota effettiva*

Nell'esempio, se Rossi ha percepito un reddito di 58 000 euro su cui ha pagato 18 460 euro di IRPEF, l'aliquota effettiva pagata da Rossi è del 31,82%. Occorre risolvere l'equazione

$$58\,000 : 18\,460 = 100 : x$$

Rossi paga 31,82 euro di IRPEF per ogni 100 euro di reddito.

4 Un sistema tributario davvero equo?

Finora abbiamo sottolineato come la PA cerchi di favorire una «giustizia sociale» anche attraverso il sistema tributario.

Esistono però alcuni aspetti che mettono in crisi l'equità tributaria: il *fiscal drag* e la regressività dell'IVA, oltre all'elusione fiscale e all'evasione fiscale (di cui ci occupiamo nel prossimo paragrafo).

Il fiscal drag. L'imposta progressiva consente di realizzare una più equa ripartizione del carico tributario e una più giusta distribuzione del reddito, ma causa il grave fenomeno del *fiscal drag*.

Si ha il *fiscal drag* (drenaggio fiscale) quando l'inflazione fa aumentare i redditi monetari (e li spinge verso scaglioni ad aliquote più elevate), senza che siano aumentati i redditi reali dei contribuenti. A causa del drenaggio fiscale, il contribuente

Si ha il *fiscal drag* quando l'inflazione spinge i redditi monetari verso scaglioni ad aliquote più elevate, senza che siano aumentati i redditi reali

Un articolo

Il *fiscal drag*

La progressività dell'imposta causa il *fiscal drag* (drenaggio fiscale). Per esempio, nel caso dell'IRPEF, i redditi monetari vengono spinti verso scaglioni ad aliquote più elevate anche se il loro aumento è dovuto solo all'inflazione; ne consegue che l'incidenza effettiva dell'imposta cresce senza che siano aumentati i redditi reali dei contribuenti.

L'articolo che riproduciamo (Maurizio Ricci, *la Repubblica*, 15 gennaio 1988) è relativo al 1988 quando, per attenuare l'iniquità del drenaggio fiscale, le organizzazioni sindacali formularono una proposta sulla «restituzione del fiscal drag», che venne poi recepita da un decreto legge del 1989 (regolarmente convertito).

la Repubblica

In 5 anni, grazie all'inflazione, più che azzerati gli aumenti delle retribuzioni

L'Irpef divora le buste paga cresce del doppio dei salari

Sindacati in campo contro il fiscal drag

di MAURIZIO RICCI

ROMA — La busta paga taglieggiata dall'Irpef è il nuovo terreno di battaglia del sindacato. Cgil, Cisl e Uil respingono il progetto del governo c 1 vi fiscali per 1.500 miliard inflazione resterà entro il per cento. Chiedono molto di più: una legge che, fin da quest'anno, recuperi il drenaggio fiscale determinato dall'inflazione, quando questa supera il 2 per cento; una riforma all'americana dell'Irpef, con sole quattro aliquote progressive e un forte innalzamento della quota di reddito esente. Il massiccio sgravio fiscale che ne deriverebbe per il grosso dei contribuenti sarebbe compensato, in termini di gettito, dalla lotta all'evasione e all 2 picua erosione (cioè ai pri tributari che alleggerisco prelievo su alcune forme di reddito).

Stipendi + 70 tasse + 130

	1981	1986	aumenti 81-86
Retribuzione lorda pro-capite	10.822	18.797	+ 73,7%
Prelievo fiscale e parafiscale sulla retribuzione	2.001 (18,5%)	4.632 (24,6%)	+ 131,4% —
Retribuzione netta pro-capite	8.821	14.165	+ 60,6%
Inflazione 81-86	—	—	+ 70,6%

FONTE CGIL-CISL-UIL

Tutti si dichiarano convinti che, prima del 6 febbraio, quando a Milano si svolgerà una manifestazione nazionale sul fisco, sarà stata concordata in materia di patrimoniale una posizione u-

gittimi, ma particolari); siamo invece alla rappresentanza attentissima, operosa e scrupolosa di interessi particolari e illegittimi, perché fondati sulla illegalità».

prelievo fiscale più i contributi è aumentato del 131 per cento, al netto di tasse e contributi lo stipendio medio è salito solo del 60 per cento, me 3 l'inflazione, perdendo du in potere d'acquisto.

Colpa anzitutto del drenaggio fiscale, cioè del meccanismo per cui redditi rimasti uguali in termini di potere d'acquisto vengono gonfiati dall'inflazione e sottoposti, quindi, ad aliquote di prelievo maggiori: in media, calcolano i sindacati, il *fiscal drag* ha sottratto alle buste paga 927 mila lire l'anno negli ultimi sette anni. Per questo la prima riforma, da varare entro il 1988, è una legge la quale precisi che, quando l'inflazione supera il 2 per cento, le aliquote vengono automaticamente adeguate, in modo da azzerare il drenaggio

1 La busta paga taglieggiata dall'IRPEF è il nuovo terreno di battaglia del sindacato. Cgil, Cisl e Uil respingono il progetto del governo di sgravi fiscali per 1500 miliardi [di lire] se l'inflazione resterà entro il 4,5%. Chiedono molto di più: una legge che, fin da quest'anno [*1988*], recuperi il drenaggio fiscale determinato dall'inflazione [...].

2 Il massiccio sgravio fiscale che ne deriverebbe per il grosso dei contribuenti sarebbe compensato, in termini di gettito, dalla lotta all'evasione e alla cospicua erosione (cioè ai privilegi tributari che alleggeriscono il prelievo su alcune forme di reddito).

3 I sindacati sintetizzano l'impoverimento relativo delle buste paga: fra il 1981 e il 1986 sono cresciute, al lordo delle tasse, in media del 73 per cento, più dunque dell'inflazione, che è stata pari al 70 per cento. Ma poiché il prelievo fiscale più i contributi è aumentato del 131 per cento, al netto di tasse e contributi lo stipendio medio è salito solo del 60 per cento, meno dell'inflazione, perdendo dunque in potere d'acquisto.

Colpa anzitutto del drenaggio fiscale, cioè del meccanismo per cui redditi rimasti uguali in termini di potere d'acquisto vengono gonfiati dall'inflazione e sottoposti, quindi, ad aliquote di prelievo maggiori: in media, calcolano i sindacati, il fiscal drag ha sottratto alle buste paga 927 mila lire l'anno negli ultimi sette anni. Per questo la prima riforma, da varare entro il 1988, è una legge la quale precisi che quando l'inflazione supera il 2 per cento, le aliquote vengono automaticamente adeguate, in modo da azzerare il drenaggio fiscale.

deve sopportare un sacrificio maggiore, nonostante il suo potere d'acquisto sia rimasto invariato; per questo il *fiscal drag* è considerato dagli economisti «un'imposta occulta affidata all'inflazione».

Riprendiamo il nostro esempio in cui il contribuente Rossi, nell'anno 2015, avendo un reddito lordo di 58 000 euro, deve pagare 18 460 euro di IRPEF con un'aliquota effettiva del 31,82%.

Supponiamo ora che nel 2016 ci sia un tasso di inflazione del 10% e che il reddito di Rossi aumenti nella stessa misura: Rossi, nel 2016, percepisce un reddito lordo di 63 800 euro (58 000 euro + 5800 euro pari al 10% di 58 000 = 63 800 euro). A seguito dell'adeguamento del reddito monetario all'inflazione, il reddito reale di Rossi è rimasto invariato, perché l'aumento del reddito monetario è stato interamente assorbito dall'aumento dei prezzi.

Qualche numero. Nel 2016 Rossi, avendo un reddito lordo di 63 800 euro, deve pagare 20 838 euro di IRPEF con un'aliquota effettiva del 32,66%: Rossi paga 32,66 euro di IRPEF per ogni 100 euro di reddito. Infatti risulta (tabella C):

TABELLA C

Il 23% da 0 a 15 000 euro	3450 +
Il 27% da 15 001 a 28 000 euro	3510 +
Il 38% da 28 001 a 55 000 euro	10 270 +
Il 41% da 55 001 a 63 800 euro	3608 =
IRPEF pagata da Rossi nel 2016	20 838

mentre per calcolare l'aliquota effettiva occorre risolvere l'equazione

$$63\,800 : 20\,838 = 100 : x$$

L'aliquota effettiva sostenuta da Rossi è aumentata (dal 31,82% al 32,66%), nonostante il suo potere d'acquisto sia rimasto invariato. Sintetizzando:

	Reddito lordo	*Imposta*	*Reddito netto*	*Aliquota effettiva*
Rossi 2015	58 000 euro	18 460 euro	39 540 euro	31,82%
Rossi 2016	63 800 euro	20 838 euro	42 962 euro	32,66%

È evidente come il *fiscal drag* aumenti la pressione tributaria, senza che sia aumentato il potere d'acquisto dei contribuenti.

Il *fiscal drag* aumenta la pressione tributaria, senza che sia aumentato il potere d'acquisto

Per anni si è cercato di attenuare il drenaggio fiscale, modificando periodicamente scaglioni e/o aliquote. In particolare, un decreto legge del 1989 prevedeva che gli scaglioni dell'IRPEF fossero aumentati ogni anno nella stessa misura del tasso di inflazione. Questa «restituzione del *fiscal drag*» è stata però effettuata in modo alterno, tanto che oggi il problema non può considerarsi risolto.

Gli effetti regressivi dell'IVA. Non devono esistere imposte regressive nel sistema tributario italiano, perché queste accentuerebbero le sperequazioni sociali (i poveri dovrebbero pagare più dei ricchi); tuttavia, pur essendo formalmente proporzionale, l'IVA ha effetti regressivi.

L'IVA, pur essendo formalmente proporzionale, è di fatto un'imposta regressiva

Come è possibile? Come si è visto nel Volume primo, all'aumentare del reddito, la spesa per il consumo aumenta a ritmi decrescenti: i soggetti più ricchi hanno una propensione media al consumo inferiore rispetto ai soggetti più poveri. Sintetizziamo questo concetto con un esempio.

	Reddito (mensile)	*Consumo*	*Consumo /reddito*
Famiglia Rossi	2000 euro	1800 euro	90%
Famiglia Bianchi	5000 euro	3000 euro	60%

La famiglia Rossi, che ha un reddito inferiore (2000 euro < 5000 euro) consuma di meno in termini assoluti (1800 euro < 3000 euro), ma consuma di più in termini percentuali (90% > 60%) rispetto alla famiglia Bianchi.

Poiché grava sui consumi l'IVA, in termini percentuali, colpisce maggiormente i soggetti più poveri (che consumano di più) ed è, di fatto, regressiva.

Per cercare di attenuare questi effetti regressivi, vengono diversificate le aliquote dell'IVA, che sono più alte per i «beni di lusso» (caviale, pellicce) e più basse per i beni di prima necessità (pane, olio). Questa differenziazione è insufficiente, perché sono considerati «di lusso» molti beni consumati anche da persone a basso reddito (vino, calzature, abbigliamento, elettrodomestici).

Riprendiamo il nostro esempio, e quantifichiamo il *sacrificio* sia della famiglia Rossi sia della famiglia Bianchi, ipotizzando che entrambe acquistino un televisore che ha un prezzo di 500 euro e un'aliquota IVA del 20%. Sia la famiglia Rossi sia la famiglia Bianchi spendono 500 euro e pagano 100 euro di IVA (è il 20% di 500 euro), però:

- la famiglia Rossi paga 100 euro di IVA che rappresentano il 5% del suo reddito (100 è il 5% di 2000 euro);
- la famiglia Bianchi paga 100 euro di IVA che rappresentano il 2% del suo reddito (100 è il 2% di 5000 euro);

a parità di prezzo (500 euro) e di aliquota IVA (20%), la famiglia Rossi sopporta un sacrificio maggiore (5% del reddito) rispetto alla famiglia Bianchi (2% del reddito), che pure ha un reddito superiore.

5 L'elusione fiscale e l'evasione fiscale

NUCLEI ESSENZIALI

Il solidarismo fiscale. L'art. 2 Cost. «richiede l'adempimento dei doveri inderogabili di solidarietà politica, economica e sociale»: il bene collettivo può essere raggiunto solo sacrificando in parte gli interessi individuali. In pratica, ognuno di noi deve pagare la sua parte di tributi, in modo che la collettività possa usufruire di scuole, strade, ospedali e così via. È questo il *solidarismo fiscale*, che non si è ancora pienamente realizzato. Basta pensare all'elusione fiscale e all'evasione fiscale.

> Ogni persona deve pagare la sua parte di tributi, in modo che la collettività possa usufruire dei servizi pubblici

L'elusione fiscale. Si ha *elusione fiscale* quando il contribuente evita di pagare l'imposta (parzialmente o completamente), perché approfitta di lacune e ambiguità presenti nella normativa fiscale. La legislazione tributaria italiana presenta molte norme di dubbia interpretazione; si pensi alle imprese che possono costituire «società di comodo» per ridurre gli utili o alla possibilità di certe categorie di diminuire l'imponibile con spese dubbie.

L'elusione fiscale, pur essendo moralmente criticabile, è legittima: l'elusore non viola alcuna norma giuridica.

Per eliminare l'elusione, lo Stato deve approvare norme tributarie più semplici e più chiare, in modo che queste non possano essere interpretate in modo discrezionale da certe categorie di contribuenti.

> Si ha elusione fiscale quando il contribuente non paga l'imposta approfittando dei limiti della normativa, ma senza violare la legge

L'evasione fiscale. Si ha *evasione fiscale* quando il contribuente si sottrae (parzialmente o completamente) al pagamento dell'imposta, pur essendovi tenuto per legge: l'evasione è un vero e proprio *reato*. L'evasore viola le norme dell'ordinamento giuridico: falsa dichiarazione dei redditi, contabilità irregolare e così via.

L'evasione può essere *colposa* (l'evasore non paga per ignoranza o per distrazione), ma solitamente ha natura *dolosa* (l'evasore non paga volontariamente e consapevolmente). L'evasione fiscale presenta vari aspetti negativi:

- riduce le entrate statali con grave danno alla spesa pubblica;
- aumenta lo scontento e la sfiducia nelle istituzioni da parte dei contribuenti onesti;
- rende la distribuzione del reddito più ingiusta (un contribuente ricco, se evade, diventa ancora più ricco).

A seconda della gravità del fatto, l'evasore può essere punito con sanzioni pecuniarie o con sanzioni penali. Le cause dell'evasione sono da ricercare nella scarsa severità di queste sanzioni e, soprattutto, negli insufficienti accertamenti da parte degli uffici tributari, che rendono molto difficile la scoperta (e la punizione) degli evasori.

> Si ha evasione fiscale quando il contribuente viola la legge non pagando le imposte dovute

CLIL ECONOMICS
Looking for a Tax Haven in Canada

Un articolo

La lotta all'evasione fiscale

L'evasione fiscale è ancora uno dei più gravi problemi del nostro Paese.

L'articolo riprodotto (Alessandro Pianetti, *Milano Finanza*, 5 luglio 2005) chiarisce come la «lotta all'evasione» non sia solo un problema di volontà, peraltro indispensabile, ma anche di risorse finanziarie.

MILANO FINANZA

E SINISCALCO PENSA DI USARE I SOLDI RECUPERATI PER COPRIRE PARTE DELLA PROSSIMA FINANZIARIA

Il fisco dichiara guerra all'evasione

Ma l'amministrazione finanziaria chiede più risorse per combattere un male che rappresenta una priorità assoluta per il risanamento dei conti pubblici Il ministro dice che non aumenterà l'Iva

fatto un passo avanti». Ma la lotta all'evasione vuole anche risorse. E funzionari e dirigenti dell'amministrazione finanziaria sembrano i[illegible]onati a chiedere un adegu[illegible]to dei fondi, che come tutti [illegible]li della pubblica amministrazione hanno sofferto di vistosi tagli negli ul-

sue risorse nell'attività di verifica, contro il 32% del 2004. Si tratta di controlli diversificati di massa o mirati. I primi sono quelli condotti [illegible] contribuenti di piccole dim[illegible]ni, facendo ricorso agli st[illegible]di settore. I controlli mirati riguardano invece «i soggetti di più grosso

mentata del 40% la capacità di verifica, adottando controlli diversificati a seconda della grandezza. Sarà infine potenziato il controllo sui crediti di imposta, il lavoro nero, le frodi Iva. Lo scorso anno oltre 100 mila controlli sulle agevolazioni fiscali (per esempio credito d'imposta

1 Non a caso, il fisco sembra intenzionato a scendere sul piede di guerra e dare nuovamente battaglia all'evasione fiscale. Il direttore generale dell'Agenzia delle entrate [...] ha spiegato che ci vuole «un nuovo slancio, un nuovo impulso alla lotta contro l'evasione fiscale, contro questo cancro che avvolge il nostro paese».

2 Ma la lotta all'evasione vuole anche risorse. E funzionari e dirigenti dell'amministrazione finanziaria sembrano intenzionati a chiedere un adeguamento dei fondi che, come tutti quelli della pubblica amministrazione, hanno sofferto di vistosi tagli negli ultimi anni.

SINTESI

La teoria della capacità contributiva

- I **tributi** (par. **1**) servono per finanziare la spesa pubblica. Il carico tributario viene ripartito fra i cittadini a seconda del periodo storico.
- La Costituzione prevede una **riserva di legge** (par. **1**) in materia fiscale.
- La **capacità contributiva** (par. **1**) è la capacità di concorrere alle spese pubbliche, che si ricava dal reddito e dalla situazione personale di ognuno.
- I principali **tributi** (par. **2**) sono le tasse e le imposte.

Le tasse e le imposte

- La **tassa** (par. **2**) è il corrispettivo di un servizio pubblico specifico, pagato solo da chi vuole usufruire del servizio stesso.
- L'**imposta** (par. **2**) è pagata dai soggetti in base alla capacità contributiva, per finanziare i servizi pubblici generali.
- L'imposta può essere:
  - **regressiva** (par. **2**) quando l'aliquota diminuisce all'aumentare dell'imponibile;
  - **proporzionale** (par. **2**) quando l'aliquota resta costante all'aumentare dell'imponibile;
  - **progressiva** (par. **2**) quando l'aliquota aumenta all'aumentare dell'imponibile.

Le imposte dirette e indirette

- Le **imposte dirette** (par. **3**) colpiscono le manifestazioni dirette della capacità contributiva, mentre le **imposte indirette** (par. **3**) colpiscono le manifestazioni indirette della capacità contributiva.

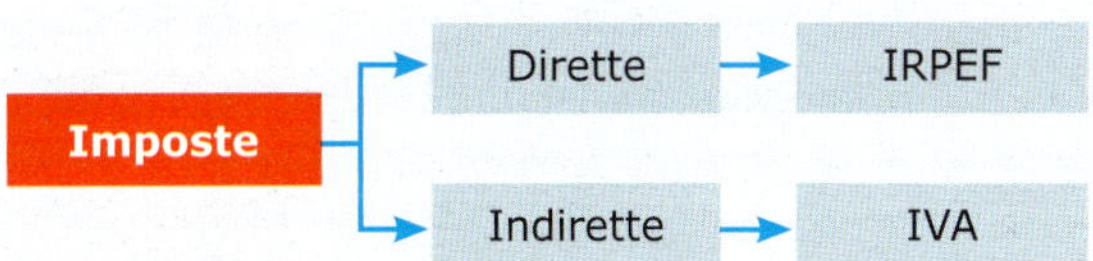

- La **pressione tributaria (*PT*)** (par. **3**) è il rapporto fra i tributi (***T***) e il Reddito Nazionale (***Y***).

$$PT = \frac{T}{Y}$$

- Poiché il consumo è una componente di Domanda, l'aumento della pressione tributaria provoca una **diminuzione amplificata del Reddito Nazionale** (par. **3**).

Aumento della pressione tributaria →
→ Diminuzione dei redditi →
→ Diminuzione dei consumi →
→ Diminuzione della Domanda →
→ Diminuzione amplificata del Reddito Nazionale

- Secondo la Costituzione il **sistema tributario deve essere progressivo** (par. **3**) nella sua interezza, ed è quindi possibile che qualche imposta sia proporzionale, mentre non sono ammesse imposte regressive.
- L'**aliquota effettiva** (par. **3**) misura la reale incidenza dell'imposta sul reddito.

Reddito lordo : Imposta pagata =
= 100 : Aliquota effettiva

- Si ha il ***fiscal drag***, o **drenaggio fiscale** (par. **4**), quando l'inflazione fa aumentare i redditi monetari (e li spinge verso scaglioni ad aliquote più elevate), senza che siano aumentati i redditi reali dei contribuenti.
- L'**IVA** (par. **4**), pur essendo formalmente proporzionale, è di fatto un'imposta regressiva perché, all'aumentare del reddito, la spesa per il consumo aumenta a ritmi decrescenti: i soggetti più poveri hanno una propensione media al consumo superiore rispetto ai soggetti più ricchi.

L'elusione fiscale e l'evasione fiscale

- Si ha l'**elusione fiscale** (par. **5**) quando il contribuente evita di pagare l'imposta approfittando dei limiti della normativa, ma senza violare la legge.
- Si ha l'**evasione fiscale** (par. **5**) quando il contribuente non paga le imposte e viola la legge.

1 Verifica le tue conoscenze

Risolvi le seguenti **scelte multiple** indicando la risposta esatta fra quelle possibili.

A

È volontaria

1 la tassa
2 l'imposta
3 l'imposta progressiva

B

Le imposte si pagano in base

1 al reddito
2 al patrimonio
3 alla capacità contributiva

1 In base alla Costituzione il sistema tributario deve essere

A regressivo
B proporzionale
C progressivo
D in parte progressivo e in parte proporzionale

2 Si pagano in base alla capacità contributiva

A le tasse
B le imposte
C sia le tasse sia le imposte
D né le tasse né le imposte

3 La pressione tributaria è data dal rapporto fra

A Reddito Nazionale e tributi
B tributi e Reddito Nazionale
C PIL e tributi
D tributi e PIL

4 Nell'imposta progressiva

A l'imposta aumenta all'aumentare dell'imponibile
B l'aliquota aumenta all'aumentare dell'imponibile
C l'imposta è uguale per tutti i contribuenti
D l'aliquota è uguale per tutti i contribuenti

5 Nell'imposta regressiva, all'aumentare dell'imponibile, l'aliquota

A aumenta
B resta costante
C diminuisce
D diminuisce velocemente

6 Il prelievo tributario gravava soprattutto sulla borghesia

A nello Stato assoluto
B nello Stato liberale
C nello Stato sociale
D nello Stato totalitario

2 Misura le tue abilità

Rispondi e motiva la tua risposta in ogni caso proposto.

1 Nel sistema tributario italiano tutte le imposte devono essere progressive V F

2 La tassa è sempre inferiore al costo del servizio erogato V F

3 La Domanda diminuisce quando aumenta la pressione tributaria V F

____

4 L'IVA è un'imposta formalmente regressiva V F

____

5 L'evasione fiscale è un reato V F

____

6 L'imposta non è in relazione diretta col servizio pubblico V F

____

3 Valuta le tue competenze

Risolvi i casi concreti, mettendo in pratica ciò che hai imparato.

1 Precisare il principio della capacità contributiva, ascoltando un'amica.

Hai un'amica simpatica ma un po' curiosa: «Mi sono informata... Tuo padre guadagna più di mio padre e quindi la capacità contributiva della vostra famiglia è superiore a quella della nostra!».

▸ **Perché la capacità contributiva della famiglia della tua amica potrebbe essere superiore?**

2 Individuare le caratteristiche della tassa nel discorso di un amico.

Un tuo amico è perplesso: «Oggi il prof. di Economia ha detto che la tassa è volontaria. Se fosse vero, le tasse non le pagherebbe nessuno!».

▸ **Perché i contribuenti pagano le tasse anche se sono volontarie?**

3 Valutare, sulla base di un dibattito familiare, l'iniquità dell'imposta proporzionale.

Piccolo dibattito davanti alla televisione:

- Tua madre: «Se tutti pagassero un'imposta del 20% sul reddito, il sistema tributario sarebbe davvero giusto!»;
- Tuo padre: «Non sono d'accordo. In questo modo i poveri pagherebbero come i ricchi!».

▸ **Chi ha ragione? Perché?**

4 Riconoscere gli effetti regressivi dell'IVA, ascoltando l'errore di un politico.

Un politico in televisione afferma: «Abbiamo aumentato l'IVA. Era l'unica soluzione per colpire maggiormente le classi più ricche che, si sa, consumano di più!». L'affermazione non è corretta.

▸ **Come modifichi la frase per renderla economicamente corretta?**

5 Distinguere fra elusione fiscale ed evasione fiscale, in base alle riflessioni di un conoscente.

Un tuo vicino è arrabbiato: «Se tutti pagassimo quanto dovuto, lo Stato potrebbe fornire più servizi. Nel nostro Paese l'elusione fiscale è un reato che resta quasi sempre impunito!».

▸ **L'elusione fiscale è un reato?**

Idee a confronto

A casa 1 ora | In aula 20 minuti

4 Partendo dal caso proposto, approfondisci l'argomento per partecipare al dibattito in classe

Esaminando la spesa pubblica rispetto al PIL e suddivisa per funzioni, emerge che l'Italia destina la quota più significativa di risorse alla spesa per pensioni, in particolare il 16,3% del PIL. Il 7,9% del PIL è invece dedicato ai servizi pubblici generali (per esempio il funzionamento di organi istituzionali), il 6,9% viene speso per il capitolo sanità, il 4,7% per altra spesa sociale (escludendo le pensioni), il 3,9% è impegnato sia per l'istruzione sia per gli affari economici, l'1,9% per l'ordine pubblico e la sicurezza e, infine, l'1,3% del PIL tocca alla difesa. Meno dell'1% del PIL è destinato invece a voci come la protezione dell'ambiente, le abitazioni e i servizi collettivi, gli eventi ricreativi, la cultura e la religione. (Fonte: https://impresalavoro.org, 21 novembre 2018.)

→ ***A tuo parere, quali percentuali della spesa pubblica dovrebbero essere diminuite e quali aumentate? Motiva sinteticamente le tue scelte.***

CLIL Economics

Looking for a Tax Haven in Canada

Some American companies are planning to move to Canada. They look for a tax system that might help them save money, even though Canada's overall tax burden is higher than U.S.

IN THIS MODULE YOU WILL

LEARN what a tax haven is

UNDERSTAND why Burger King and other companies are relocating to Canada

PRACTICE your English through oral and written exercises

Warm up

Pair work
Answer the following questions.

- What do you know about Canada?
- Have you ever had a meal at Burger King?

Keywords

Associate the following keywords with their definitions.

doughnut • jurisdiction • inversion • subsidiary • whopper

a .... A dessert food extremely popular in North America.
b .... A company that is owned by another company.
c .... Burger King's signature hamburger sandwich.
d .... Relocations of company's headquarters to a lower-tax country.
e .... The territory over which fiscal authority is exercised.

Reading

1
In the following text you will learn what a tax haven is and understand why many companies are relocating to Canada. Complete the text with the keywords.

American restaurant chain Burger King plans to move its headquarters from Miami, FL, to Canada. The driving force behind this decision might be the Canadian tax system, as it is more «friendly» to companies, and that is why several companies have already moved to Canada and several are willing to. Should Canada be considered a «tax haven», that is one of those countries that do not fully comply with internationally agreed tax standards? The journalist doesn't answer the question. Anyway, «tax haven» is not exactly synonymous with «offshore financial center». Offshore financial centers are small countries luring companies with low-tax .... and particular corporate and commercial services. Companies that register in such countries do not undertake any financial or commercial activities there. Canada is not a low-tax nation: it is just more friendly to companies in total transparency.

«Is Canada a tax haven? You could be forgiven for asking the question after hearing that Burger King, founded in Miami in 1954, plans to move its headquarters north of the border as part of its purchase of Tim Hortons, the Ontario-based coffee and .... chain. Burger King insists its deal isn't tax-motivated. Still, it is treading a path that others have used to lower their tax bills [...]. Tim Hortons, a Canadian icon, did its own .... in 2009: it repatriated to Canada after the end of its decade-long marriage with Wendy's, which had left it with a U.S. corporate address. Canada is hardly a low-tax nation. Its overall tax burden is about 30 percent of gross domestic product, higher than the U.S.'s 24 percent rate. But that figure includes personal income taxes and other levies that don't apply to corporations. For the .... maker, Canada's big attraction may be that corporations there don't have to pay tax on the earnings of many of their foreign ...., as they do in the U.S. [...]. That would be a plus for a company such as Burger King that's looking to expand internationally. With a Canadian address, it could collect some foreign profits without subjecting them to an additional layer of taxation at home.

[«Canada, the Accidental Tax Haven»; Zachary R. Mider, Bloomberg Businessweek, August 26, 2014.]

2
Mark the following sentences as true or false.

- **a** A tax-haven is a business that doesn't want to pay taxes.
- **b** Corporate taxation is higher in Canada than in the US.
- **c** Tim Hortons did an inversion from the US to Canada.
- **d** Burger King is planning to open new subsidiaries abroad.

Listening

Track 7
In the following audio file, you will learn something more about the companies mentioned in the article. Listen to the file and then complete the following sentences.

- **a** Burger King is a .... of hamburger and fast-food restaurants.
- **b** Burger King went .... in 2002, and its majority .... is now owned by 3G Capital investment.
- **c** Tim Horton was a famous ....
- **d** Wendy's .... is still based in Ohio, where it was born in ....

Speaking

Pair work
Answer the following questions.

- **a** What do we mean by «tax inversion»?
- **b** Is «tax haven» synonymous with «offshore financial center»?
- **c** Is tax inversion suitable only for a fast food restaurant chain?
- **d** Is Canada a low-tax nation?
- **e** Why are some American companies planning to move to Canada?

INTERESTING FACT

Under a contract signed in 1980, Burger King has a long-standing presence in American military bases and installations all over the world. Basically every U.S. Army and Air force installation has a Burger King restaurant, including one at Baghdad International Airport, which is under American Jurisdiction. On the contrary, the Marine Corps have an agreement with BK's rival McDonald's.

Verso l'esame di Stato

I rischi dello *spread*

Uso e abuso dello *spread*

Usare lo *spread* come indicatore dell'andamento dei titoli di stato può essere fuorviante

Che cos'è lo *spread*?

Facciamo un po' di ordine su una parola di cui si è fatto largo uso (e abuso?) negli ultimi tempi: lo *spread*, un termine inglese che significa, fra l'altro, «differenza». Differenza fra che cosa? Lo *spread* è la differenza tra i rendimenti di due titoli che vengono presi come parametri di riferimento. Questi titoli (dopo l'emissione) sono quotati sul mercato: il loro prezzo varia in tempo reale seguendo la legge della Domanda e dell'Offerta: all'aumentare della Domanda aumenta il prezzo del titolo e, di conseguenza, il rendimento effettivo diminuisce (e viceversa).

Per esempio, ipotizzando un'emissione di Btp (Buoni poliennali del tesoro) decennali al 5% con valore nominale 100:

- se aumenta la Domanda di quel titolo il prezzo aumenta (da 100 a 110) e, di conseguenza, diminuisce il rendimento effettivo al 4,5% (4,5% è il 5% di 110);
- se diminuisce la Domanda di quel titolo il prezzo diminuisce (da 100 a 90) e, di conseguenza, aumenta il rendimento effettivo al 5,5% (5,5% è il 5% di 90).

Oggi, quando si parla di *spread* si fa riferimento allo «*spread* Btp-Bund»; in altre parole si considera la differenza di rendimento tra i titoli di stato italiani con scadenza a 10 anni (i Btp) e i corrispondenti titoli tedeschi sempre con scadenza a 10 anni (i Bund).

Come si misura lo *spread*?

I mass media usano spesso frasi del tipo «Oggi lo *spread* è salito a 400».

Come si calcola lo *spread*? Come si arriva, nell'esempio, al numero 400?

Ipotizziamo che:

- un Btp decennale venga emesso con un rendimento del 5%;
- un Bund decennale venga emesso con un rendimento dell'1%;

nell'esempio lo *spread* sarà di 5 – 1 = 4 punti percentuali cioè 400 punti base: lo *spread* è 400.

Se, successivamente:

- un Btp decennale viene emesso con un rendimento del 6%;
- un Bund decennale viene emesso con un rendimento dell'1%;

lo *spread* aumenta a 500 (6 – 1 = 5 punti percentuali cioè 500 punti base) con effetti negativi per il nostro Paese.

Viceversa se, successivamente:

- un Btp decennale viene emesso con un rendimento del 4%;
- un Bund decennale viene emesso con un rendimento dell'1%;

lo *spread* diminuisce a 300 (4 – 1 = 3 punti percentuali cioè 300 punti base) con effetti positivi sull'economia italiana.

Non sempre è così semplice. Ecco un altro esempio.

Se il 1° ottobre 2018:

- un Btp decennale viene emesso con un rendimento del 5%;
- un Bund decennale viene emesso con un rendimento dell'1%;

abbiamo uno *spread* pari a 400 (5 – 1 = 4 punti percentuali cioè 400 punti base).

Se il 1° novembre 2018:

- un Btp decennale viene emesso con un rendimento del 5,5%;
- un Bund decennale viene emesso con un rendimento del 2%;

lo *spread* diminuisce da 400 a 350 (5,5 – 2 = 3,5 punti percentuali cioè 350 punti base) con prospettive apparentemente rosee per il nostro Paese. In realtà, è vero il contrario: il tasso di interesse che dobbiamo pagare sui nostri titoli è aumentato (dal 5% al 5,5%) e questo è un dato negativo per l'Italia.

Viceversa, se il 1° novembre 2018:

- un Btp decennale viene emesso con un rendimento del 4,5%;
- un Bund decennale viene emesso con un rendimento dello 0,2%;

lo *spread* aumenta da 400 a 430 (4,5 – 0,2 = 4,3 punti percentuali cioè 430 punti base), ma il dato è positivo per il nostro Paese perché il tasso di interesse che dobbiamo pagare sui titoli del debito pubblico è diminuito (dal 5% al 4,5%).

È evidente che mantenere lo *spread* come indicatore dell'andamento dei titoli di stato rischia di essere fuorviante: perché non sostituirlo con il tasso di interesse pagato sui nostri titoli? A questo punto non avremmo dubbi: un aumento del tasso di interesse è negativo, mentre una diminuzione del tasso di interesse è positiva.

[P. Ronchetti, *Il diritto e l'economia in tasca*, Zanichelli, Bologna, 2014, pp. 402-403.]

L'Italia è una Repubblica democratica fondata sullo *spread*!

Un'ironica riforma dei dodici Principi fondamentali della carta costituzionale, basata sul «dio-*spread*»

L'importanza dello *spread* è stata sempre enfatizzata dai mass media. Nell'articolo riportato (Paolo Papi, *panorama.it*, 2 novembre 2011) viene ipotizzata un'ironica riforma dei dodici Principi fondamentali della carta costituzionale, basata sul «dio-*spread*».

«**Art. 1.** L'Italia è una Repubblica democratica, fondata sullo *spread*. La sovranità appartiene alle agenzie di rating, che la esercitano nelle forme e nei limiti stabiliti dai grandi fondi di investimento internazionali.

Art. 2. La Repubblica riconosce e garantisce i diritti inviolabili del broker [...].

Art. 3. Tutti i cittadini hanno diseguale dignità sociale e sono diversamente eguali davanti alla legge [...].

Art. 4. La Repubblica riconosce a tutti gli istituti bancari il diritto di indebitarsi come meglio credono e promuove le condizioni che rendano effettivo questo diritto [...].

Art. 5. La Repubblica, una e indivisibile, riconosce e promuove le autonomie dei vari istituti di credito [...].

Art. 6. La Repubblica disincentiva con apposite norme le minoranze economiche che si ostinano a produrre beni e servizi.

Art. 7. Bankitalia e lo Ior sono, ciascuno nel proprio ordine, indipendenti e sovrani [...].

Art. 8. Tutte le confessioni religiose sono egualmente libere davanti alla legge ma non davanti alle agenzie di rating [...].

Art. 9. La Repubblica deprime lo sviluppo della cultura e favorisce con ogni mezzo la ricerca scientifica [...] che contribuisca al rientro dal debito pubblico secondo una progressione stabilita dalla Banca centrale europea.

Art. 10. L'ordinamento giuridico italiano si conforma alle norme del mercato internazionale generalmente riconosciute [...]. Non è ammessa l'estradizione dello straniero per reati finanziari.

Art. 11. L'Italia ripudia il *welfare* come strumento di offesa alla libertà degli altri popoli e come mezzo di risoluzione delle controversie sociali.

Art. 12. La bandiera della Repubblica è rosa, come il colore delle banconote da 500 euro [...].»

PER COMPRENDERE I TESTI

1 Che cosa è lo *spread*? Come si misura?

2 Che cosa sono i Btp? E i Bund? Perché il rendimento effettivo si muove in direzione opposta rispetto al prezzo del titolo?

3 Qual è stato l'andamento dello *spread* nel 2019? E nel 2020?

4 L'Unione europea ha spesso messo sotto accusa lo scarso rigore dei governi italiani in materia di bilancio. È giusto? È un'interferenza inaccettabile?

IMPARA AD ARGOMENTARE

Partendo dal testo di Ronchetti e dall'articolo di *panorama.it*, rispondi alle domande facendo emergere il tuo punto di vista.

Progetto multidisciplinare per la classe quinta

Una campagna informativa sul *Welfare State* in Europa

I contenuti

MATERIA	CONTENUTI
Economia politica	Il *Welfare State* (capitolo E1)
Educazione civica (*)	Agenda 2030, educazione alla sostenibilità economica e alla cittadinanza attiva
Sociologia	Stato, struttura sociale e potere politico

(*) I riferimenti si intendono fatti alla legge sull'Educazione civica n. 92 del 2019, che sostituisce l'insegnamento di Cittadinanza e Costituzione.

Competenze specifiche di progetto

COMPETENZE DI RIFERIMENTO	ABILITÀ	ASSI CULTURALI
1 Collocare l'esperienza personale in un sistema di regole fondato sul reciproco riconoscimento dei diritti garantiti dalla Costituzione, a tutela della persona, della collettività e dell'ambiente	Individuare le caratteristiche essenziali della norma giuridica e comprenderle a partire dalle proprie esperienze e dal contesto scolastico	**Asse storico-sociale**
2 Utilizzare e produrre testi multimediali	• Comprendere i prodotti della comunicazione audiovisiva • Elaborare prodotti multimediali (testi, immagini, suoni ecc.), anche con tecnologie digitali	**Asse dei linguaggi**
3 Produrre testi di vario tipo in relazione ai differenti scopi comunicativi	• Ricercare, acquisire e selezionare informazioni generali e specifiche in funzione della produzione di testi scritti di vario tipo • Rielaborare in forma chiara le informazioni	**Asse dei linguaggi**

Competenze chiave per l'apprendimento permanente sviluppate nel progetto

COMPETENZE CHIAVE	COMPETENZE SPECIFICHE
Competenza alfabetica funzionale	• Esprimere concetti, fatti e opinioni in forma sia orale sia scritta • Relazionarsi efficacemente con gli altri in modo opportuno e creativo
Competenza digitale	• Saper utilizzare le tecnologie digitali per apprendere
Competenza personale, sociale e capacità di imparare a imparare	• Gestire efficacemente le informazioni • Individuare gli obiettivi • Affrontare i problemi per risolverli
Competenza in materia di cittadinanza	• Impegnarsi efficacemente con gli altri per conseguire un interesse comune

Contesto di lavoro

La tua classe ha il compito di realizzare una campagna d'informazione che descriva la nascita e lo sviluppo dei sistemi di *Welfare State* in Europa. La campagna sarà strutturata come un ideale viaggio in Europa in quattro tappe, dall'estremo Nord (con Norvegia e Svezia in testa), all'Inghilterra, al centro Sud del continente, con le esperienze della Francia e dell'Italia in un'ottica di maggiore informazione condivisa di tematiche che hanno grande importanza in materia di cittadinanza.
La campagna ha due obiettivi correlati fra loro a cui corrispondono due gruppi di lavoro:

- per il gruppo A, l'ideazione di materiali (opuscoli e manifesti) da distribuire nelle altre classi della scuola;
- per il gruppo B, la creazione di una presentazione per alcuni eventi informativi che saranno organizzati in altre classi della scuola.

Scopi della presentazione sono la diffusione di conoscenze importanti per stimolare la partecipazione a una cittadinanza attiva e condivisa e l'approfondimento dei goal previsti dall'Agenda 2030 dell'ONU, in particolare: 1 (Sconfiggere la povertà), 10 (Ridurre le disuguaglianze) e 11 (Città e comunità sostenibili).

Che cosa fare

1. L'insegnante divide la classe in due gruppi (gruppo A e gruppo B) e ciascun gruppo, con riferimento al compito assegnato, approfondisce l'origine e le funzioni del *Welfare State*, leggendo le relative pagine del libro e svolgendo una ricerca su internet per individuare alcuni approfondimenti ed esempi utili per svolgere la campagna di divulgazione in chiave comparata.
2. Con l'aiuto dell'insegnante si definisce il titolo della campagna di informazione, e ciascun gruppo delinea le caratteristiche del prodotto finale che dovrà realizzare, ovvero degli strumenti comunicativi e della presentazione oggetto dell'evento di informazione.
3. Sotto la supervisione dell'insegnante i gruppi definiscono i punti principali dei materiali di comunicazione e delle slide della presentazione PPT.

A questo punto ogni gruppo deve portare avanti alcuni compiti specifici da svolgere a casa e, nel caso dei punti 4 e 5, a staffetta:

4. Il Gruppo A ricerca studi, articoli di informazione ed esempi in rete per realizzare l'opuscolo e i manifesti da distribuire all'interno della scuola e procede alla stesura dei due documenti.
5. Il Gruppo B sceglie i punti salienti dei documenti preparati dal gruppo A per la stesura delle slide che dovranno dare voce alle caratteristiche e alle differenze più importanti della campagna di informazione (i diversi modelli di *Welfare State*, il diverso grado di accentramento o decentramento da parte dello Stato, le diverse concezioni di assistenza sociale, le diverse fonti di finanziamento e l'incidenza del settore non profit) e che saranno presentate all'evento di informazione.
6. In aula, il gruppo A illustra brevemente il materiale informativo che ha predisposto e il gruppo B illustra al resto della classe la presentazione che sarà effettuata davanti a un'altra classe della scuola. In questa fase è importante il coordinamento dei due strumenti della campagna a livello di contenuti e di linguaggio sotto la supervisione del docente.
7. In aula, si organizza l'affissione del materiale informativo e l'organizzazione delle date degli eventi informativi in cui i gruppi presentano la campagna di fronte a un'altra classe della scuola.

Tempo a disposizione

6 ore

Complessivamente 6 ore, così suddivise:

- 1 ora a scuola per la fase preparatoria in aula (punti 1-3)
- 3 ore a casa per la ricerca delle informazione e la stesura dei documenti (punti 4 e 5)
- 1 ora a scuola per la stampa, il coordinamento delle fasi e 1 ora per la presentazione davanti a un'altra classe della scuola (punti 6 e 7)

Materiali e strumenti utilizzabili

- Approfondimento degli argomenti sul libro, online e appunti personali
- Pc o tablet, stampante e fotocopiatrice

UNITÀ F

Il mondo globale

F1 L'internaziona-lizzazione | F2 Una crescita sostenibile | F3 Ambiente e sviluppo sostenibile | F4 L'immigrazione in Italia

PROGETTO MULTIDISCIPLINARE Un progetto per una città *green*

CAPITOLO

F1 L'internazionalizzazione

NUCLEI ESSENZIALI

- La globalizzazione
- Il protezionismo e il libero scambio
- La Bilancia dei pagamenti
- Il sistema monetario internazionale
- Svalutazione e rivalutazione

A te la parola! 15 minuti

Attualmente si parla di una nuova forma di globalizzazione, definita «globalizzazione 2.0», in cui soprattutto nel mercato dei servizi la catena produttiva si è accorciata e le imprese possono tornare a svolgere le proprie attività nel Paese d'origine.

→ *Fai una ricerca e individua almeno tre esempi di questo fenomeno, specificando le imprese e i Paesi interessati.*

Con l'aiuto dell'insegnante e in piccoli gruppi prova a esporre il tuo punto di vista.

1 La globalizzazione

NUCLEI ESSENZIALI

La globalizzazione è... Il termine *globalizzazione* è stato usato per la prima volta a metà degli anni Ottanta del secolo scorso, ma negli ultimi tempi lo sentiamo continuamente (non sempre a proposito). Sono secoli che esistono legami di natura economica e finanziaria fra le diverse aree del globo, ma negli ultimi anni questi legami hanno assunto un'eccezionale intensità ed è per questo che, oggi, si parla tanto di globalizzazione.

A uno sguardo d'insieme, la globalizzazione comporta: la mondializzazione dell'economia, la concentrazione della ricchezza, la liberalizzazione dei mercati, il mercato finanziario globale e la competitività fra i Paesi poveri.

La globalizzazione comporta

- La mondializzazione dell'economia
- La concentrazione della ricchezza
- La liberalizzazione dei mercati
- Il mercato finanziario globale
- La competitività fra i Paesi poveri

La mondializzazione dell'economia. Si ha la *mondializzazione* dell'economia, perché ogni Paese deve interagire con il resto del mondo. In conseguenza di ciò, viviamo in un sistema dove domina l'internazionalizzazione dei capitali, dei mercati e delle imprese.

La concentrazione della ricchezza. La ricchezza mondiale (risorse, mezzi di produzione) è concentrata nelle mani di poche imprese, chiamate *multinazionali* perché operano in tutto il mondo (come vedremo nel prossimo paragrafo).

La liberalizzazione dei mercati. Poiché il mondo deve essere un unico mercato, è necessaria un'assoluta libertà nella circolazione di merci, servizi, persone e capitali.

Questa libertà è strettamente legata alla *deregulation* (deregolamentazione), perché tutto il potere è del mercato e i singoli Stati non devono intervenire nell'economia né fissarne le regole.

Il mercato finanziario globale. La globalizzazione porta alla formazione di un mercato finanziario globale. I dati sono impressionanti: questo mercato produce solo il 5% del valore degli scambi internazionali, e realizza il restante 95% grazie a operazioni finanziarie speculative (compravendita di azioni, obbligazioni, titoli di stato e altri strumenti finanziari).

La competitività fra i Paesi poveri. La globalizzazione accentua il divario fra i Paesi ricchi e i Paesi poveri. Non solo. Si è creata un'esasperata competitività fra i Paesi più poveri, che sono costretti ad abbassare continuamente i costi, per attirare gli investimenti delle multinazionali. I Paesi del Terzo Mondo aumentano la loro «competitività» con un tragico *dumping* sociale, e peggiorano le condizioni di vita della popolazione sia diminuendo i salari sia tagliando i già scarsi servizi sociali.

Boutros Boutros-Ghali.

La globalizzazione deve agire nell'ambito di princìpi democratici

I rischi della globalizzazione. L'8 gennaio 1996 a Roma il Segretario generale dell'ONU, Butros Butros Ghali, tiene un discorso sui rischi della globalizzazione, che è ancora di grande attualità.

Butros Butros Ghali sottolinea la necessità di inventare un progetto politico per la società globale, che deve fondarsi sul rispetto della persona umana e sui valori della democrazia. Butros Butros Ghali afferma che questo «è ancora più urgente nella misura in cui ognuno percepisce che il processo di globalizzazione può essere portatore di minacce e generatore di angosce». Questo perché l'economia globale comporta numerosi pericoli, tra i quali quello di «distruggere i legami tradizionali di solidarietà, di emarginare Paesi, se non intere regioni del pianeta, e quindi di aumentare ancora di più lo scarto fra ricchi e poveri». È dunque essenziale che le nuove relazioni internazionali e transnazionali della società globale possano essere governate da princìpi democratici. «In questa azione di democratizzazione, l'opinione pubblica internazionale, i parlamenti, le imprese private, i media e la società civile devono svolgere un ruolo decisivo».

Lo scambio internazionale. Finora abbiamo considerato un'economia chiusa, in cui gli unici protagonisti del sistema erano le famiglie, le imprese (profit e non profit) e lo Stato. È una situazione irreale e, in quanto tale, rischia di essere fuorviante: non possiamo pensare a un sistema economico in cui non esistono i dollari, la fame in Africa o più di un miliardo di cinesi.

Il commercio internazionale è il complesso degli scambi di beni e servizi che avviene fra i vari Stati

È il momento di chiudere il cerchio, e inseriamo l'*operatore resto del mondo* per considerare un'*economia aperta*, cioè la situazione in cui viviamo realmente (coi dollari, con la fame in Africa, con più di un miliardo di cinesi).

I rapporti fra l'Italia e il resto del mondo fanno parte del commercio internazionale, che è il complesso degli scambi di beni e servizi che avviene fra i vari Stati.

Riprendiamo le nozioni di importazioni ed esportazioni, facendo riferimento al nostro Paese:

- le *importazioni* sono il flusso di merci e servizi che l'Italia acquista dal resto del mondo. Fanno parte delle importazioni non solo le magliette che compriamo dalla Cina, ma anche i 2 milioni di euro all'anno che una squadra italiana paga a un calciatore argentino;
- le *esportazioni* sono il flusso di merci e servizi prodotto in Italia e venduto al resto del mondo; comprendono sia le scarpe che esportiamo negli Stati Uniti, sia lo stipendio che il ricercatore Mario Rossi guadagna a Londra.

Il commercio internazionale nasce da ragioni di

- Necessità
- Scarsità
- Convenienza

Le ragioni dello scambio internazionale. Perché l'Italia importa ed esporta? Un Paese è spinto allo scambio con l'estero da tre ragioni: necessità, scarsità e convenienza.

Lo scambio è necessario quando il Paese deve procurarsi dei beni che non possono essere prodotti nel suo territorio, e non esistono neppure beni succedanei di produzione nazionale; per esempio, nel nostro Paese non possiamo coltivare pompelmi.

Una lettura

La globalizzazione e i no global di Alessandro Baricco

«La globalizzazione è un modo per far respirare il denaro attraverso la pace»

Alessandro Baricco, nato a Torino nel 1958, è scrittore e musicofilo. Ha ottenuto grandi successi coi suoi romanzi, sempre raffinati, dove la cultura si respira naturalmente, senza bisogno di essere ostentata. Baricco è anche un acuto opinionista. Si è occupato, fra l'altro, anche della globalizzazione, su cui nel 2002 ha scritto un saggio: *Piccolo libro sulla globalizzazione e sul mondo che verrà*. Ne riportiamo qualche brano.

«[...] O meglio: cosa vogliamo dire quando usiamo la parola "globalizzazione"? Malauguratamente, un'unica risposta, fondata e unanime non c'è. Ce ne sono tante, ma, guarda caso, ognuna rende imprecisa l'altra, e nessuna sembra più vera delle altre. Così mi è tornata in mente quella vecchia battuta: non c'è una definizione della stupidità, però ce ne sono molti esempi. Metodo induttivo, si diceva a scuola. Non c'è una definizione della globalizzazione: però ce ne sono molti esempi. [...]

Comunque ve l'abbiano raccontata, la guerra è sempre stata fatta per rimettere in movimento i soldi, per conquistare altri mercati, per entrare in possesso di risorse altrui. Per far respirare il denaro. La globalizzazione ha questo, di rivoluzionario: è un modo per far respirare il denaro attraverso la pace. Non solo non serve la guerra: ha bisogno della pace. Non venderete mai stracchino in un Paese che è in guerra col vostro, in un posto che rischia di essere bombardato, neanche se vi regalano il latte. Anche solo come ipotesi, la globalizzazione non sarebbe mai potuta nascere se non in un mondo senza guerra. [...]

Globalizzazione è il nome che diamo a cose come internazionalismo, colonialismo, modernizzazione, quando decidiamo di sommarle ed elevarle ad avventura collettiva, epocale, epica. Chiedersi se esiste o no è una domanda senza risposta, perché è una domanda mal posta: dipende. [...]

[*Occupiamoci*] degli antiglobalizzatori, detti no global. [...]

Perché si fa un G8? Perché otto famosissimi Capi di Stato che potrebbero tranquillamente riunirsi in una videoconferenza, [...] si mettono in vetrina, costringendo una città a militarizzarsi? Forse perché sono scemi? No: perché sono uno spot. Non sono lì a decidere qualcosa (potrebbero farlo benissimo in altri modi), sono lì per farsi vedere. Sono lì a fare i testimonial. Di che? Della globalizzazione. [...]

E i ragazzi in tuta bianca [*i no global*] che ci facevano lì? Interrompevano lo spot. Pisciavano sul depliànt. Stracciavano il grande manifesto. Non interrompevano la globalizzazione: ne boicottavano la campagna pubblicitaria. Istintivamente miravano al cuore della faccenda. [...]»

[A. Baricco, *Next (Piccolo libro sulla globalizzazione e sul mondo che verrà)*, Feltrinelli, Milano, 2002, pp. 42-46.]

Seconda ragione: non ci accontentiamo mai... Lo scambio è dovuto a scarsità quando, in un Paese, la Domanda di determinati beni supera la produzione interna; per esempio, l'industria chimica italiana non è in grado di soddisfare le richieste del mercato interno.

Infine, può accadere che un Paese, pur essendo in grado di produrre certi beni sul suo territorio, preferisca importarli ed esportare in cambio beni di altra natura. Analizzeremo questo problema nel paragrafo 3.

2 Le imprese multinazionali

La multinazionale. La multinazionale è una grande impresa che organizza la sua produzione in Paesi diversi: la direzione si trova in uno Stato, mentre gli impianti di produzione e di distribuzione sono dislocati in altri Paesi, solitamente in Paesi in via di sviluppo.

La maggioranza delle multinazionali è concentrata nei Paesi industrializzati occidentali (Stati Uniti e Unione europea), ma negli ultimi anni le multinazionali stanno aumentando anche in Oriente (in particolare in Russia, Cina e Giappone).

Nella multinazionale
- La direzione è in uno Stato
- La produzione e la distribuzione sono in altri Stati

L'ascesa delle multinazionali negli anni Novanta va di pari passo con il processo di liberalizzazione globale del commercio. A causa della concorrenza internazionale, le imprese tendono a ridurre i costi di produzione; in particolare le attività delle multinazionali possono svolgersi solo se esistono bassi costi per la commercializzazione internazionale dei semilavorati e per la reimportazione in patria dei prodotti finiti.

La multinazionale è una grande impresa che organizza la sua produzione in Paesi diversi

La multinazionalità richiede due condizioni. Anzitutto è necessaria la dispersione geografica delle attività dell'impresa perché, come detto, le multinazionali svolgono in Paesi diversi le loro fasi produttive (lavorazione, assemblaggio, commercializzazione).

In secondo luogo, la proprietà deve essere concentrata. Un'impresa è multinazionale solo quando l'attività estera non è delegata a un'impresa locale, ma è svolta direttamente da una controllata dell'impresa stessa (è detta «controllata» l'impresa operante in un Paese estero di cui la multinazionale controlla più del 50% delle azioni).

Una pubblicità «umana» di McDonalds a Londra.

Le scelte di localizzazione. Come viene scelto il Paese di destinazione? Le scelte di localizzazione delle multinazionali dipendono da diversi fattori, fra questi:

- l'ordinamento giuridico del Paese di destinazione, che deve garantire una solida protezione dei diritti di proprietà degli investitori esteri;
- la facilità di accesso ai mercati esteri;
- una distanza geografica non eccessiva tra le diverse fasi produttive dell'impresa;
- la disponibilità di fattori di produzione a basso costo (materie prime e costo del lavoro).

Le attività delle multinazionali. Le attività economiche delle maggiori multinazionali sono la produzione di automobili, la raffinazione del petrolio, l'elettronica di consumo, l'industria chimica e farmaceutica, i prodotti alimentari, la produzione di energia elettrica, i servizi bancari, finanziari e assicurativi, il commercio all'ingrosso e al dettaglio, le telecomunicazioni e i media.

Per diversificare le attività e i rischi, le multinazionali ampliano la loro azione anche in settori che non hanno una diretta relazione con la produzione principale (il *core business*). Per esempio, la ex Philip Morris (ora Altria Group) era conosciuta principalmente per l'appartenenza al settore del tabacco, ma oggi opera, attraverso società controllate, anche nel settore agroalimentare e in altri comparti.

Le multinazionali operano in settori eterogenei

La struttura delle multinazionali. In base alle caratteristiche produttive, le multinazionali possono essere divise in orizzontali, verticali e diversificate. In particolare:

- le multinazionali *orizzontali* operano in diversi Paesi, con lo scopo di produrre beni e servizi simili (per esempio McDonalds);
- le multinazionali *verticali* producono in diversi Paesi delle merci, che servono come materie prime per altri stabilimenti in altri Paesi (per esempio Adidas);

Le multinazionali nel mondo: totale attivo tangibile in miliardi di euro (2017)

Industriali nel mondo			Telecomunicazioni			Utilities		
1 (1)	CNPC – China National Petroleum (CN)	508,2	**1** (1)	China Mobile (CN)	190,3	**1** (1)	Électricité de France (FR)	261,8
2 (3)	Toyota Motor (JP)	372,6	**2** (4)	AT&T (US)	187,1	**2** (2)	Engie (FR)	126,5
3 (4)	Volkswagen (DE)	358,8	**3** (8)	Softbank (JP)	148,8	**3** (3)	ENEL (IT)	123,4
4 (5)	Royal Dutch Shell (GB)	319,3	**4** (3)	Nippon Telegraph and Telephone (JP)	138,7	**4** (5)	Iberdrola (ES)	89,5
5 (14)	Apple (US)	306,3	**5** (2)	Verizon Communications (US)	107,8	**5** (10)	Enbridge (CA)	82,7
6 (6)	Exxon Mobil ((US)	282,6	**6** (5)	Vodafone Group (GB	91,4	**6** (7)	National Grid (GB)	59,1
7 (2)	Gazprom (RU)	261,3	**7** (10)	China Telecom (CN)	79,3	**7** (6)	RWE (DE)	56,7
8 (13)	Daimler (DE)	241,9	**8** (7)	Deutsche Telekom (DE)	78,5	**8** (4)	E.ON (DE)	50,4
9 (15)	Samsung Electronics (KR)	224,3	**9** (9)	China Unicom (Hong Kong) (CN)	70,6	**9** (9)	Hydro Quebec (CA)	49,8
10 (9)	Chevron (US)	207,9	**10** (6)	Telefonica (ES)	70,2	**10** (n.d.)	Uniper (DE)	40,5

Nota: fra parentesi la posizione occupata nel 2013. Fonte: Mediobanca.

Le multinazionali italiane

Fatturato 2018 in miliardi di euro					
ENI*	75,8	Saras*	10,3	API	6,7
ENEL*	73,1	Prysmian	10,1	Kuwait	6,7
FCA	27,2	Esso	9,5	A2A	6,3
Telecom Italia	18,7	Edison	9,2	Parmalat	6,2
Edizione	12,6	Luxottica	8,9		
Leonardo	12,2	Saipem	8,5		

* A controllo prevalentemente statale. Fonte: Mediobanca.

- le multinazionali *diversificate* gestiscono, in diversi Paesi, degli stabilimenti produttivi che non sono collegati tra loro (per esempio Microsoft).

Le multinazionali possono essere

- Orizzontali
- Verticali
- Diversificate

Le multinazionali e il Paese di destinazione. L'ingresso di una multinazionale nel Paese di destinazione ha effetti positivi e negativi.

> L'ingresso di una multinazionale nel Paese di destinazione ha effetti positivi e negativi

Fra gli effetti *positivi* ricordiamo:

- l'aumento della concorrenza sul mercato nazionale, perché le risorse locali sono impiegate in modo più efficiente con conseguente diminuzione dei prezzi a vantaggio dei consumatori;
- la ricaduta sulle imprese locali di tecnologie, conoscenze e metodi importati dalla multinazionale.

Fra gli effetti *negativi* ricordiamo:

- l'estromissione delle imprese nazionali, a cui le multinazionali tolgono importanti quote di mercato;
- il rischio che le multinazionali assumano una posizione di vero e proprio monopolio, perché dispongono di grandi capitali e possono praticare una politica commerciale aggressiva;
- il trasferimento all'estero dei profitti delle multinazionali.

Il basso costo del lavoro. Le multinazionali sono alla ricerca di un basso costo del lavoro nei Paesi di destinazione. È però inevitabile che, col tempo, l'aumento dei redditi faccia aumentare anche i salari, riducendo i margini di profitto delle multinazionali. In questo caso il Paese di destinazione rischia di perdere la sua capacità di attrazione, a favore di nuovi Stati in grado di offrire un minor costo del lavoro; basta pensare ad alcune multinazionali americane che, negli ultimi anni, si sono spostate dal Messico alla Cina.

> Le multinazionali necessitano di un basso costo del lavoro nei Paesi di destinazione

Va detto che se le multinazionali arrivano e poi, in tempi brevi, ripartono verso Paesi più redditizi, i benefici apportati possono essere illusori e di breve durata per i Paesi di destinazione. Per far sì che le multinazionali mantengano la loro attività a lungo termine, è quindi necessario che il Paese di destinazione sviluppi altri fattori di attrazione (per esempio, una forza lavoro più qualificata).

Le multinazionali e il Paese d'origine. Nel Paese d'origine la trasformazione delle imprese in multinazionali comporta un aumento della produzione e della produttività nazionale, con relativa crescita del livello di occupazione.

> Le multinazionali possono creare problemi al Paese d'origine

Esistono però altri aspetti problematici:

- le multinazionali possono aggirare le politiche nazionali di tassazione delle imprese, trasferendo le proprie attività in Paesi con un minor livello di imposizione fiscale;

Un articolo

La classifica delle multinazionali

L'articolo riprodotto (Antonella Olivieri, *Il Sole-24 Ore*, 17 luglio 2014) commenta le classifiche delle multinazionali nell'anno 2013, compilate da R&S-Mediobanca sulla base di vari indicatori economici e finanziari.

I risultati mostrano una notevole crescita delle multinazionali nei Paesi emergenti, mentre nessuna impresa italiana compare nell'elenco delle prime dieci multinazionali del mondo.

1 È ancora Gazprom la multinazionale più grande del mondo. Complici i cambi, la società energetica russa è rimasta davanti a Toyota, anche nella classifica 2013 compilata da R&S-Mediobanca per totale attivo tangibile. Dieci anni fa nella top 10 era l'unica a portare la bandiera dei Paesi emergenti, oggi è in buona compagnia con la cinese PetroChina che sale sul podio, in terza posizione, la brasiliana PetroBras che si conferma settima e la connazionale Rosneft che [...] entra in graduatoria al decimo posto.

2 Anche quest'anno nessuna italiana compare nell'elenco delle prime dieci multinazionali industriali al mondo. Anzi Eni, che era 12-esima nel 2012, è scivolata al 14-esimo posto.

3 In generale, l'Italia non è un Paese di grandi multinazionali. Quelle che R&S-Mediobanca classifica così – fatturato di almeno 3 miliardi, presenza produttiva rilevante in casa e altrove, e almeno il 10% di esportazioni – sono addirittura scese da un anno all'altro da 14 a 12 [...].

4 E, sempre nell'ultimo decennio, le multinazionali tricolori, a differenza delle cugine tedesche e francesi, hanno mediamente bruciato ricchezza a svantaggio dei loro azionisti. Minor solidità finanziaria e minor redditività completano il poco lusinghiero quadro.

Il Sole 24 ORE

I Paesi emergenti scalano la classifica dei big globali

Antonella Olivieri

È ancora Gazprom la multinazionale più grande del mondo. Complici i cambi, la società energetica russa è rimasta davanti a Toyota [1], anche nella classifica 2013, compilata da R&S-Mediobanca per totale attivo tangibile. Dieci anni fa nella top 10 era l'unica a portare la bandiera dei Paesi emergenti, oggi è in buona compagnia, con la cinese PetroChina che sale sul podio, in terza posizione, la brasiliana Petrobras che si conferma settima e la connazionale Rosneft che [...] La new entry è un nome già conosciuto in Italia per avere investito in Saras e, più recentemente, nell'azionariato di Pirelli. Anche quest'anno nessuna italiana compare [2] nell'elenco delle prime dieci multinazionali industriali al mondo. Anzi, Eni, che era 12-esima nel 2012, è scivolata al 14-esimo posto. In compenso Exor, che vuol dire soprattutto Fiat-Chrysler – sale dalla ventesima alla 18-esima posizione e Finmeccanica, molto più in giù, passa dalla postazione 110 a 108.

[...] cesimo posto, ma nel 2013 è davanti a Peugeot.

In generale, l'Italia non è un Paese da grandi multinazionali. Quelle che R&S-Mediobanca classifica così – fatturato di almeno 3 miliardi [3], presenza produttiva rilevante in casa e altrove, e almeno il 10% di esportazioni – sono addirittura scese da un anno all'altro da 14 a 12: escono Danieli (ricavi inferiori a 3 miliardi) e Riva (Ilva commissariata). L'incidenza del fatturato della categoria sul Pil nazionale è la minore in Olanda. La dimensione media delle multinazionali italiane è meno della metà di quelle tedesche. Fatto 100 il totale dell'attivo delle multinanzionali italiane, il 51,5% fa capo alle imprese pubbliche contro la media europea del 12%, il 46,7% è a controllo familiare rispetto al 26% della media continentale e solo una, Prysmian, è una public company, categoria che invece a livello europeo è per il 61% sinomimo di multinanzionale.

Nonostante il costo del lavoro sia il più basso a livello euro- [...]

E, sempre nell'ultimo decennio, le multinazionali tricolori, a differenza delle cugine tedesche e francesi, hanno mediamente bruciato ricchezza a svantaggio dei loro azionisti. Minor solidità finanziaria [4] e minor redditività completano il poco lusinghiero quadro.

Complessivamente le multinazionali individuate da R&S-Mediobanca sono 383 nel mondo (329 industriali, 29 nelle tlc e 25 tra le utilities), hanno un giro d'affari di 12.369 miliardi di euro e danno lavo- [...]

- le rendite delle politiche commerciali protezionistiche possono essere trasferite agli azionisti esteri delle multinazionali, invece che ai cittadini nazionali;
- le multinazionali hanno un forte potere contrattuale con le autorità tributarie (e non solo);
- le istituzioni nazionali spesso non sono in grado di sorvegliare le transazioni internazionali.

Il finanziamento. Per quanto riguarda il finanziamento, pur estendendosi in vari Stati, le multinazionali mantengono come «casa madre» il Paese d'origine, in cui risiede la *holding* del gruppo, cioè la società finanziaria capogruppo a cui fanno riferimento tutte le altre (come si è visto nel Volume secondo).

Le multinazionali si finanziano nel Paese d'origine attraverso la *holding* del gruppo

Oltre a far ricorso all'autofinanziamento, le multinazionali sfruttano finanziamenti erogati da istituti statali e internazionali come, per esempio, la *Banca Internazionale per la Ricostruzione e lo Sviluppo*.

Le pressioni politiche sui governi. Le multinazionali esercitano pressioni a livello politico, e sono in grado di condizionare i governi dei Paesi più poveri (e non solo). Si pensi che, a volte, le multinazionali hanno fatturati superiori al PIL degli Stati in cui operano; è, per esempio, il caso della società petrolifera *Exxon Mobil* che da qualche anno ha un fatturato superiore al PIL dell'Egitto.

È quindi inevitabile che le multinazionali giochino un ruolo fondamentale nel processo di globalizzazione e influenzino le relazioni internazionali dei Paesi coinvolti.

3 La teoria dei costi comparati

Nessuno regala niente! Va premesso che ogni Paese, per procurarsi dei beni, deve utilizzare sempre delle risorse proprie.

Dopo aver analizzato i costi, un Paese decide se importare un bene che può produrre

In alcuni casi il Paese produce direttamente le merci, in altri casi se le procura per via indiretta (producendo beni che scambia con gli altri Paesi, per ottenere le merci di cui ha bisogno): un Paese, quando importa, deve comunque produrre merci da scambiare con quelle importate.

La *teoria dei costi comparati* si deve a David Ricardo, di cui ci siamo occupati nel Volume primo. Per semplificare la nostra analisi:

- non prendiamo in considerazione la moneta;
- supponiamo che il lavoro sia l'unico costo che un Paese deve affrontare per produrre i propri beni, cioè identifichiamo i costi di produzione con le «ore-lavoro» (ore di lavoro necessarie per produrre un bene).

Perché un Paese decide di importare un bene quando è in grado di produrlo? La scelta fra la produzione diretta e l'importazione dipende dalla differenza nei costi di produzione (che si riflette poi nei prezzi).

Per stabilire quando convenga a un Paese produrre direttamente i beni oppure importarli, occorre considerare tre casi:

- costi di produzione uguali;
- costi assoluti diversi con costi comparati uguali;
- costi comparati diversi.

Costi di produzione uguali. I costi di produzione sono uguali quando tutti i Paesi producono tutti i beni con gli stessi costi; per esempio, per produrre 1 quintale di grano occorrono in tutti i Paesi 100 ore-lavoro.

Nel caso dei costi di produzione uguali non si ha commercio internazionale

È evidente che nessun Paese ha interesse a commerciare con gli altri: è inutile acquistare dall'estero prodotti che un Paese può produrre sul suo territorio con lo stesso dispendio di risorse. In questo caso non si ha commercio internazionale.

Costi assoluti diversi con costi comparati uguali. Va premesso che per *costi comparati* si intendono i rapporti fra i costi. Analizziamo ora il caso dei costi assoluti diversi con costi comparati uguali. Per semplificare, ipotizziamo che i costi di produzione siano uguali in tutti i Paesi con la sola eccezione di un Paese, il «Paese sfavorito», in cui i costi sono doppi per tutti i beni: per produrre qualsiasi bene, nel Paese sfavorito occorre il doppio di ore-lavoro rispetto al resto del mondo.

Sintetizziamo il problema con un esempio numerico.

COSTI ASSOLUTI

Bene	*Resto del mondo (ore-lavoro)*	*Paese sfavorito (ore-lavoro)*
1 quintale di grano	100	200
1 chilogrammo di carne	200	400
1 televisore	1000	2000
1 automobile	5000	10 000

I costi assoluti sono diversi, perché nel Paese sfavorito occorre un numero di ore-lavoro doppio rispetto al resto del mondo per produrre grano, carne, televisori e automobili. Passiamo ora ad analizzare i costi comparati.

COSTI COMPARATI

Beni	*Resto del mondo (ore-lavoro)*	*Paese sfavorito (ore-lavoro)*
Carne/grano	200/100 = 2	400/200 = 2
Televisore/grano	1000/100 = 10	2000/200 = 10
Automobile/televisore	5000/1000 = 5	10 000/2000 = 5

I costi comparati sono identici. Per esempio, 1 televisore ha un costo 10 volte superiore a 1 quintale di grano (occorrono 10 quintali di grano per avere 1 televisore) sia nel resto del mondo sia nel Paese sfavorito.

Supponiamo che il Paese sfavorito voglia importare televisori dal resto del mondo in cambio di grano; il resto del mondo richiede 10 quintali di grano in cambio di 1 televisore, per cui il Paese sfavorito deve produrre 10 quintali di grano (costo 200 · 10 = 2000 ore-lavoro) per importare 1 televisore (costo 2000 ore-lavoro): il Paese sfavorito non ha alcun interesse allo scambio, perché il televisore importato viene a costare come se fosse stato prodotto sul suo territorio (2000 ore-lavoro). Anche nel caso dei costi assoluti diversi con costi comparati uguali non c'è convenienza allo scambio internazionale.

Nel caso dei costi assoluti diversi con costi comparati uguali non c'è scambio internazionale, perché i beni importati costano al Paese sfavorito come se fossero prodotti all'interno

Costi comparati diversi. Analizziamo ora il caso dei costi comparati diversi. Supponiamo che nel Paese sfavorito:

- il costo dei beni agricoli sia doppio rispetto al resto del mondo;
- il costo dei beni industriali sia quadruplo rispetto al resto del mondo.

COSTI ASSOLUTI

Bene	*Resto del mondo (ore-lavoro)*	*Paese sfavorito (ore-lavoro)*
1 quintale di grano	100	200
1 chilogrammo di carne	200	400
1 televisore	1000	4000
1 automobile	5000	20 000

Lo svantaggio del Paese sfavorito è maggiore nei prodotti industriali (televisori e automobili) rispetto ai prodotti agricoli (grano e carne). Analizziamo ora i costi comparati.

COSTI COMPARATI

Beni	*Resto del mondo (ore-lavoro)*	*Paese sfavorito (ore-lavoro)*
Televisore/grano	1000/100 = 10	4000/200 = 20
Automobile/grano	5000/100 = 50	20 000/200 = 100

In questo caso sono diversi non solo i costi assoluti, ma anche i costi comparati. Per esempio, per produrre 1 televisore, nel resto del mondo occorrono 10 quintali di grano, mentre nel Paese sfavorito occorrono 20 quintali di grano.

Supponiamo che il Paese sfavorito voglia importare televisori in cambio di grano. Il resto del mondo richiede per 1 televisore 10 quintali di grano che costano al Paese sfavorito 2000 ore-lavoro (200 · 10), mentre per produrre direttamente il televisore il costo nel Paese sfavorito è di 4000 ore-lavoro: al Paese sfavorito conviene non produrre televisori, ma importarli dal resto del mondo in cambio di grano (1 televisore viene a costare 2000 ore-lavoro invece di 4000 ore-lavoro).

Il commercio internazionale dei beni agricoli è spinto dai costi comparati diversi.

- *Senza imprevisti*: le compagnie, gli investitori e i governi devono avere la certezza che le barriere al commercio non vengano stabilite *arbitrariamente*; la riduzione delle tariffe e gli sforzi per l'apertura dei mercati costituiscono elementi tipici dell'attività della WTO.
- *Più competitivo*: vengono disincentivate le pratiche commerciali scorrette come i sussidi alle esportazioni e il *dumping* (visto nel paragrafo 4).
- *Più flessibile per i Paesi in via di sviluppo*: bisogna concedere ai Paesi poveri più tempo per adattarsi alle nuove normative commerciali internazionali.

Il logo della WTO (*World Trade Organization*).

Le funzioni della WTO. Rispetto alle funzioni, il Trattato di Marrakech stabilisce che la WTO:

- è un *forum di discussione* sulla normativa del commercio internazionale (nuova ed esistente);
- è un *insieme di regole e norme* che disciplinano il commercio internazionale al fine di liberalizzare gli scambi in ambito globale;
- è una sede per la *risoluzione delle controversie internazionali* sul commercio.

La WTO è

- Un forum di discussione
- Un insieme di norme sul commercio internazionale
- Una sede per risolvere le controversie commerciali

La clausola della nazione più favorita.

Tutti i Paesi membri della WTO devono garantire agli altri membri lo status di *nazione più favorita* (*Most Favourite Nation*).

Ogni Paese membro della WTO deve garantire agli altri membri lo status di «nazione più favorita»

Si tratta di una procedura in base alla quale le condizioni praticate al Paese più favorito (che subisce le minori di restrizioni commerciali) devono essere estese a tutti gli altri Stati firmatari di quell'accordo. Per esempio, in un accordo relativo allo scambio di acciaio firmato da 12 Paesi, se il Paese X concede un vantaggio commerciale al Paese Y (per esempio la riduzione dei dazi sull'acciaio), il Paese X deve concedere la stessa agevolazione agli altri 11 Paesi firmatari dell'accordo.

Gli organi della WTO.

A differenza del GATT, la WTO possiede una vera e propria struttura organizzativa di tipo gerarchico, formata dalla Conferenza ministeriale, dal Consiglio generale e dal Segretariato.

La Conferenza ministeriale. Al vertice della WTO si trova la Conferenza ministeriale (formata dai ministri responsabili per il commercio estero di tutti gli Stati membri), che si riunisce almeno una volta ogni due anni. La Conferenza è l'organo decisionale ed è abilitata a prendere decisioni in tutte le materie di competenza dell'organizzazione.

La Conferenza ministeriale è l'organo decisionale della WTO

Il Consiglio generale. Il Consiglio generale (formato dai rappresentanti di tutti gli Stati membri) è l'organo esecutivo, e svolge la gran parte del lavoro della WTO. Il Consiglio, che si riunisce varie volte all'anno, favorisce i negoziati commerciali fra gli Stati membri, controlla la liberalizzazione degli scambi, stabilisce gli aiuti ai Paesi in via di sviluppo, tutela la salvaguardia delle risorse ambientali. Il Consiglio è coadiuvato da numerosi comitati specializzati nella risoluzione dei diversi problemi.

Il Consiglio generale è l'organo esecutivo della WTO

Come vedremo, il Consiglio è anche l'organo che deve risolvere le dispute commerciali fra gli Stati membri.

Il Segretariato. Il Segretariato è l'organo operativo della WTO. A capo del Segretariato si trova il *Direttore generale* (nominato dalla Conferenza ministeriale), che svolge un ruolo di primaria importanza nella WTO. Il Direttore generale è, infatti, responsabile della supervisione delle funzioni amministrative in seno all'organizzazione, necessarie per rendere operative le decisioni politiche prese dalla Conferenza ministeriale e dal Consiglio generale.

Il Segretariato è l'organo operativo della WTO

Gli organi della WTO sono

- La Conferenza ministeriale
- Il Consiglio generale
- Il Segretariato

Il principio del consenso. La maggior parte delle organizzazioni internazionali opera soltanto secondo il criterio «un Paese, un voto». Invece le decisioni più importanti della WTO sono prese secondo il *principio del consenso*: si considera raggiunto il consenso quando nessuno Stato membro si oppone alla decisione da prendere.

Le decisioni più importanti della WTO sono prese secondo il principio del consenso

Il principio del consenso ha vantaggi e svantaggi:

- i *vantaggi* risiedono nel fatto che in tal modo si incoraggiano gli sforzi tesi a proporre e adottare decisioni che siano largamente condivise;
- gli *svantaggi* nascono dall'allungamento dei tempi necessari a raggiungere il consenso per l'adozione delle decisioni.

Va precisato che, per tutte le altre decisioni, la WTO effettua regolari votazioni con diverse maggioranze.

La risoluzione delle controversie commerciali. È il Consiglio generale l'organo che deve risolvere le controversie commerciali fra i Paesi membri.

La WTO non ha un effettivo potere di risoluzione delle controversie commerciali

In realtà, la WTO non ha un effettivo potere di risoluzione delle controversie commerciali fra gli Stati membri. Per esempio, se uno Stato membro non si conforma a una sua decisione, il Consiglio generale ha soltanto la possibilità di autorizzare delle *misure ritorsive* da parte dello Stato ricorrente. In conseguenza di ciò, i Paesi più ricchi possono «ignorare» i reclami avanzati dai Paesi economicamente più deboli, dal momento che a questi ultimi mancano i mezzi per porre in atto delle misure ritorsive realmente efficaci nei confronti di economie più solide.

6 La Bilancia dei pagamenti

NUCLEI ESSENZIALI

La Bilancia dei pagamenti. La *Bilancia dei pagamenti*, nel corso di un anno, mostra l'andamento dei conti con l'estero di un Paese.

La Bilancia dei pagamenti evidenzia l'andamento dei conti con l'estero di un Paese nel corso di un anno

Nella Bilancia dei pagamenti italiana sono registrati gli scambi (di ogni tipo), che avvengono tra l'Italia e il resto del mondo. Nella tabella 1 è riportata la composizione (semplificata) della Bilancia dei pagamenti italiana.

Tabella 1 La Bilancia dei pagamenti italiana

	Attivo	Passivo
Bilancia delle partite correnti	BILANCIA COMMERCIALE	BILANCIA COMMERCIALE
	• Esportazioni di merci	• Importazioni di merci
	PARTITE INVISIBILI	PARTITE INVISIBILI
	• Movimenti attivi di servizi • Trasferimenti unilaterali verso l'Italia	• Movimenti passivi di servizi • Trasferimenti unilaterali dall'Italia
Movimenti di capitale	• Investimenti finanziari di stranieri in Italia • Investimenti diretti di stranieri in Italia	• Investimenti finanziari di italiani all'estero • Investimenti diretti di italiani all'estero
Saldo della Bilancia dei pagamenti		

Bilancia delle partite correnti. Analizziamo in dettaglio le voci che compongono la Bilancia dei pagamenti italiana, e partiamo dalla *Bilancia delle partite correnti*, che è composta dalla Bilancia commerciale e dalle Partite invisibili.

Bilancia commerciale. Nella *Bilancia commerciale* sono registrate le entrate e le uscite provocate dalle esportazioni e dalle importazioni di merci.

Disaggregando i dati della Bilancia commerciale relativi agli ultimi anni, si rileva una certa regolarità nell'andamento delle voci attive e delle voci passive.

In particolare, sulle importazioni influiscono soprattutto i prodotti energetici (petrolio, gas), il settore agroalimentare (soprattutto la carne) e l'industria chimica; mentre fra i comparti tradizionalmente in attivo vanno ricordati il metalmeccanico e il tessile/abbigliamento. La maggior parte degli scambi avviene all'interno dell'Unione europea.

La Bilancia commerciale è la voce più significativa della Bilancia dei pagamenti, e a essa faremo costante riferimento in questo capitolo F1.

La Bilancia commerciale registra le esportazioni e le importazioni di merci

Partite invisibili. Non tutti gli scambi «si vedono».

Le *Partite invisibili* sono transazioni che non possono essere rilevate alla frontiera, perché non sono dovute a movimenti di merci. Le Partite invisibili sono composte dai movimenti di servizi e dai trasferimenti unilaterali.

Le Partite invisibili sono transazioni che non comprendono i movimenti di merci

Fra i *movimenti di servizi* vanno ricordati i flussi turistici. Ipotizziamo che l'inglese George Wilson passi un mese di vacanza a Rimini, dove spende 5000 sterline; nelle Partite invisibili si ha un attivo di 5000 sterline, che «non si tocca con mano», ma esiste. Al contrario, l'italiano Mario Rossi che visita Londra, dove spende 3000 euro, porta a un passivo di 3000 euro nelle Partite invisibili. I flussi turistici sono una voce tradizionalmente attiva per l'Italia, soprattutto nei mesi estivi.

I *trasferimenti unilaterali* sono movimenti di valuta che non nascono da uno scambio, ma avvengono appunto «unilateralmente» da un Paese a un altro. Fino a pochi anni fa, i trasferimenti unilaterali erano in attivo per l'Italia, grazie alle *rimesse degli emigranti*. Si pensi al palermitano Marco Bianchi che, dal 1951 al 1958, emigra in Germania, dove lavora, guadagna e manda i suoi risparmi alla famiglia rimasta a Palermo; per 8 anni quei risparmi, duramente sudati da Bianchi, contribuiscono anche all'attivo delle Partite invisibili. Negli ultimi anni l'attivo delle rimesse si è trasformato in un passivo a causa dei mutamenti nei flussi migratori; prendiamo il caso dei lavoratori extracomunitari presenti in Italia: si ha un passivo nelle Partite invisibili se il tunisino Mohamed Kaleb, assunto da un'impresa di Torino, invia i propri risparmi alla famiglia in Tunisia.

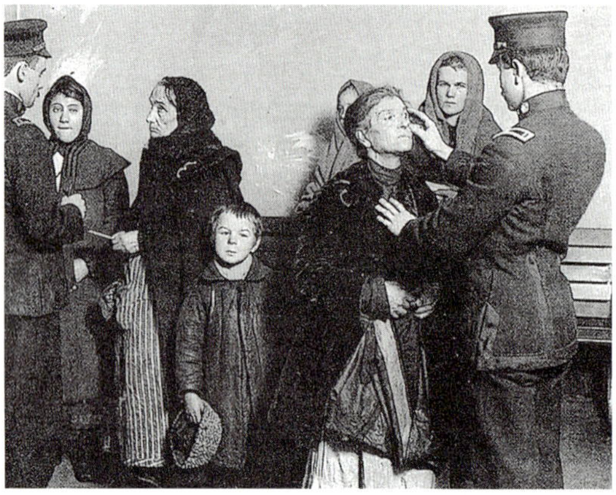

Emigranti italiani dei primi anni del Novecento al loro arrivo a Ellis Island, l'isola della baia di New York dove si svolgevano le operazioni di controllo degli immigrati negli Stati Uniti. Per decenni, nel secolo scorso, le rimesse degli emigranti italiani sono state consistenti e hanno mantenuto in attivo i trasferimenti unilaterali.

Movimenti di capitale. Il denaro circola da uno Stato all'altro, anche per gli investimenti che le persone fanno in Paesi esteri. I trasferimenti di valuta dovuti a investimenti formano i *Movimenti di capitale*.

I Movimenti di capitale sono trasferimenti di valuta dovuti a investimenti

Gli investimenti possono essere finanziari o diretti.

Gli *investimenti finanziari* sono costituiti soprattutto dall'acquisto di titoli (azioni, obbligazioni, titoli di stato). Se è l'italiano Mario Rossi ad acquistare titoli di stato francesi abbiamo un passivo; invece se è il francese Michel Fontaine ad acquistare titoli italiani abbiamo un attivo. Si tratta di una voce solitamente attiva per l'Italia, perché negli anni passati sono stati notevoli gli investimenti finanziari di stranieri, che hanno acquistato ingenti quantità di titoli di stato italiani, allettati dai vantaggiosi tassi di interesse. Come sappiamo, questo fatto ha però effetti negativi sul debito pubblico.

Gli *investimenti diretti* sono rappresentati dall'acquisto di beni strumentali. Se lo statunitense Frank Jordan costruisce uno stabilimento industriale a Verona si ha un attivo; invece se è un italiano a investire all'estero si ha un passivo; basta pensare agli investimenti della Fiat nei Paesi dell'Europa orientale, in Sudamerica e negli Stati Uniti.

Va sottolineato che i termini «attivo» e «passivo» devono essere intesi solo in senso contabile: è positivo, per l'economia italiana, che un'impresa investa all'estero!

Il saldo della Bilancia dei pagamenti. Sommando i dati della Bilancia delle partite correnti e dei Movimenti di capitale si ottiene il *saldo della Bilancia dei pagamenti*, che è un dato di fondamentale importanza per l'economia di un Paese.

Si hanno due ipotesi:

- si ha un *avanzo* (*surplus*) se il saldo della Bilancia dei pagamenti è in attivo;
- si ha un *disavanzo* (*deficit*) se il saldo della Bilancia dei pagamenti è in passivo.

Come si è visto, è possibile individuare un saldo per ciascuna delle voci che compongono la Bilancia dei Pagamenti; ma noi, da questo momento, analizziamo solo il *saldo della Bilancia commerciale*, che prende in considerazione le importazioni e le esportazioni di merci.

Se il saldo della Bilancia dei pagamenti è in attivo si ha un avanzo (surplus), mentre se è in passivo si ha un disavanzo (deficit)

7 Il mercato delle valute

Che cosa succede nel sistema economico se l'Italia esporta più di quanto importa? E nel caso opposto?

Il tasso di cambio. Quante volte abbiamo sentito in televisione frasi del tipo «Oggi l'euro si scambiava a 1,20 sul dollaro!». Cosa rappresenta quel numero «1,20»?

Si tratta del *tasso di cambio* fra euro e dollaro; in pratica è il prezzo dell'euro nei confronti del dollaro.

Nell'esempio, se fra euro e dollaro si ha un tasso di cambio pari a 1,20 significa che occorrono 1,20 dollari per acquistare 1 euro. Ne consegue che:

- se il tasso di cambio diminuisce (nell'esempio da 1,20 a 1,10), l'euro sta perdendo valore rispetto al dollaro: l'euro si sta deprezzando rispetto al dollaro;
- se il tasso di cambio aumenta (nell'esempio da 1,20 a 1,30), l'euro sta acquistando valore rispetto al dollaro: l'euro si sta apprezzando rispetto al dollaro.

Da cosa sono provocate queste oscillazioni del tasso di cambio? Per rispondere ritorniamo alla Bilancia dei pagamenti; in particolare, ritorniamo alla Bilancia commerciale.

Il tasso di cambio è il prezzo di una moneta nei confronti delle altre

Dal mercato reale al mercato delle valute. Essendo:

X = esportazioni
M = importazioni
B = saldo della Bilancia commerciale

avremo:

$$B = X - M$$

Supponiamo che in Italia si registri un passivo nella Bilancia commerciale in termini reali (la quantità di merci importate supera la quantità di merci esportate); come è possibile far fronte a questo deficit? Se l'Italia potesse pagare il disavanzo in euro non esisterebbero problemi, ma un Paese deve utilizzare altre valute per pagare le sue importazioni.

Il mercato reale è strettamente connesso al mercato delle valute

Per semplificare, supponiamo che esistano scambi di alimentari fra due soli Paesi (Italia e Stati Uniti) e che ogni Paese accetti solo la sua valuta (euro e dollaro) per il pagamento delle merci esportate. Per ora non consideriamo la moneta e ragioniamo in termini reali (nel nostro caso in quintali di alimentari), supponendo che:

Italia	USA
X (Italia) = 45 000	X (USA) = 30 000
M (Italia) = 30 000	M (USA) = 45 000
B (Italia) = +15 000	B (USA) = –15 000

Dall'esempio risulta evidente che le esportazioni italiane (45 000 quintali di alimentari) sono le importazioni degli USA e che le importazioni italiane (30 000 quintali di alimentari) sono le esportazioni degli USA; ne consegue che, in termini reali, avremo un avanzo per l'Italia (e un correlativo disavanzo per gli USA) di 15 000 quintali di alimentari.

A questo punto introduciamo la moneta, ricordando che ogni Paese esige che le sue esportazioni vengano pagate con la sua valuta. Supponiamo che:

- 1 euro = 1,20 dollari;
- per 1 quintale di alimentari l'Italia chiede 1 euro e gli USA la stessa cifra in dollari (1,20 dollari = 1 quintale di alimentari).

Avremo che l'Italia chiede 45 000 euro agli USA per le sue esportazioni (45 000 · 1 euro = 45 000 euro), mentre gli USA chiedono 36 000 dollari all'Italia per le loro esportazioni (30 000 · 1,20 = 36 000 dollari).

Va detto che il mercato delle valute è un mercato come gli altri dove, nel nostro caso, si contrattano due beni: il bene «euro» e il bene «dollaro». Nel mercato delle valute vale quindi la legge della Domanda e dell'Offerta, applicata sia al bene «euro» sia al bene «dollaro» (il prezzo del bene con Domanda eccedentaria aumenta e viceversa). Essendo:

Domanda di euro (fatta dagli USA)
Offerta di euro (fatta dall'Italia)
Domanda di dollari (fatta dall'Italia)
Offerta di dollari (fatta dagli USA)

avremo che:

- gli USA devono pagare all'Italia 45 000 euro (Domanda di euro = 45 000), che dovranno procurarsi in cambio di 54 000 dollari (Offerta di dollari = 54 000 perché 45 000 · 1,20 = 54 000);
- l'Italia deve pagare agli USA 36 000 dollari (Domanda di dollari = 36 000), che dovrà procurarsi in cambio di 30 000 euro (Offerta di euro = 30 000 perché 36 000/1,20 = 30 000).

Riassumiamo il problema in termini di valute:

Domanda di euro = 45 000
Offerta di euro = 30 000
Domanda di dollari = 36 000
Offerta di dollari = 54 000

per cui:

Domanda di euro (45 000) > Offerta di euro (30 000)
Domanda di dollari (36 000) < Offerta di dollari (54 000)

Partendo da uno squilibrio nel mercato delle merci (attivo per l'Italia e passivo per gli USA), siamo quindi arrivati a uno squilibrio nel mercato delle valute. In questo caso sul mercato delle valute ci sono pochi euro e troppi dollari.

In base all'equilibrio fra Domanda e Offerta, possiamo affermare che nel mercato delle valute si ha una Domanda eccedentaria di euro e, poiché il prezzo del bene con Domanda eccedentaria aumenta, avremo un apprezzamento dell'euro nei confronti del dollaro.

Stoccaggio di merci importate ed esportate.

Uno squilibrio della Bilancia commerciale provoca uno squilibrio nel mercato delle valute

Il mercato delle valute è dato dalle oscillazioni del tasso di cambio

↓

È influenzato dagli squilibri della Bilancia commerciale

↓ ↓

Un surplus fa apprezzare la moneta | Un deficit fa deprezzare la moneta

Possiamo così riassumere la situazione dal punto di vista dell'Italia nel caso di un surplus nella Bilancia commerciale:

Surplus (*X* Italia > *M* Italia) → Domanda di euro > Offerta di euro; Domanda di dollari < Offerta di dollari → Apprezzamento dell'euro sul dollaro

Un surplus nella Bilancia commerciale porta a un apprezzamento della moneta

Viceversa, se abbiamo un deficit nella Bilancia commerciale, ci troviamo nella situazione opposta: sul mercato delle valute ci sono troppi euro e pochi dollari, e questo fatto causa un deprezzamento dell'euro nei confronti del dollaro.

Anche nel caso del deficit possiamo riassumere la situazione dal punto di vista dell'Italia:

Deficit (*X* Italia < *M* Italia) → Domanda di euro < Offerta di euro; Domanda di dollari > Offerta di dollari → Deprezzamento dell'euro sul dollaro

Un deficit nella Bilancia commerciale porta a un deprezzamento della moneta

8 Il sistema monetario internazionale

NUCLEI ESSENZIALI

Come si scambiano le valute nel sistema monetario internazionale? Nel corso del Novecento si sono succeduti vari regimi.

Il *gold standard*. All'inizio del XX secolo era in vigore il *gold standard*: le valute si scambiavano in base a un cambio ancorato all'oro, che svolgeva il ruolo di moneta internazionale.

Col *gold standard* le valute erano scambiate in base al valore dell'oro

Come funzionava il *gold standard* nel mercato delle valute? Ipotizzando uno scambio fra Italia e Francia:

- se 1 lira valeva 4 grammi d'oro (perché così la scambiava la Banca d'Italia);
- se 1 franco valeva 2 grammi d'oro (perché così lo scambiava la *Banque de France*);

ne conseguiva che 1 lira valeva 2 franchi (rapporto lira/franco = 4/2 = 2).

Come si è visto nel capitolo E1, il *gold standard* restò in vigore fino al primo dopoguerra.

Il regime di cambi fissi. Alla fine della Seconda guerra mondiale fu creato un regime di cambi fissi, che restò in vigore fino agli anni Settanta. Di che si tratta?

Si ha un *regime di cambi fissi* quando il tasso di cambio non può fluttuare liberamente, ma viene fissato dalle autorità monetarie. Chiaro? Insomma... Procediamo con calma.

In un regime di cambi fissi il tasso di cambio è fissato dalle autorità monetarie

La Conferenza di Bretton Woods e il *dollar standard*. La Seconda guerra mondiale rivoluzionò tutti gli equilibri politici, sociali ed economici. Anche per il sistema monetario internazionale era necessaria una nuova regolamentazione. A tal fine, nel luglio 1944, i principali Paesi industrializzati parteciparono alla *Conferenza monetaria internazionale di Bretton Woods* (Stati Uniti), in cui si decise di adottare un sistema monetario basato su un regime di cambi fissi.

Il sistema adottato a Bretton Woods si reggeva su due punti cardine:

- il dollaro restava l'unica valuta convertibile in oro (al prezzo fisso di 35 dollari per oncia);
- tutti i Paesi potevano convertire le loro valute in dollari, sulla base di tassi di cambio fissi (era previsto un modesto margine di oscillazione dell'1%).

Formalmente, l'oro restava al centro del sistema, ma, nella realtà, era il dollaro il «sole» attorno a cui ruotava il nuovo assetto monetario internazionale. A Bretton Woods nacque il *dollar standard*: un sistema monetario a cambi fissi basato sul dollaro.

La Conferenza di Bretton Woods, svoltasi nel luglio 1944 con la partecipazione di 44 Stati, stabilì l'ordine monetario internazionale postbellico. Fu fissato un regime di cambi fissi basato sul dollaro (*dollar standard*) che è rimasto attivo fino al 1971.

La conversione delle valute in dollari era possibile solo per le Banche centrali, che cominciarono ad accumulare dollari, perché avevano la sicurezza di poterli poi convertire in oro presso la *Federal Reserve* (Banca centrale degli Stati Uniti).

Per analizzare il regime di cambi fissi creato a Bretton Woods, consideriamo per esempio il rapporto fra dollaro e lira (che era all'epoca la valuta italiana).

A Bretton Woods si stabilì che 1 dollaro = 625 lire; poiché era previsto un margine di oscillazione dell'1%, il tasso di cambio fra lira e dollaro era compreso fra 619 (625 – 1%) e 631 (625 + 1%).

Questo margine dell'1% era sufficiente a ricomporre variazioni modeste, ma cosa accadeva quando si avevano forti squilibri nella Bilancia commerciale?

L'intervento delle Banche centrali. Riprendiamo l'esempio del paragrafo precedente, in cui esistono scambi unicamente fra due Paesi (Italia e USA) che accettano solo le loro valute (lira e dollaro) a pagamento delle loro esportazioni. Consideriamo:

Nel regime di cambi fissi le Banche centrali devono tenere sotto controllo i tassi di cambio

X = esportazioni
M = importazioni
Domanda di lire (fatta dagli USA)
Offerta di lire (fatta dall'Italia)
Domanda di dollari (fatta dall'Italia)
Offerta di dollari (fatta dagli USA)

Ipotizzando un surplus nella Bilancia commerciale italiana, avevamo:

Surplus (X Italia > M Italia) → Domanda di lire > Offerta di lire; Domanda di dollari < Offerta di dollari → Apprezzamento della lira sul dollaro

In questo caso, sul mercato delle valute c'erano poche lire e troppi dollari; per cui, secondo gli accordi di Bretton Woods, la Banca d'Italia doveva intervenire sul mercato dei cambi, per acquistare dollari e vendere lire. Infatti:

- se la Banca d'Italia acquistava dollari → aumentava la Domanda di dollari e diminuiva l'Offerta di dollari → diminuiva la quantità di dollari sul mercato delle valute;
- se la Banca d'Italia vendeva lire → diminuiva la Domanda di lire e aumentava l'Offerta di lire → aumentava la quantità di lire sul mercato delle valute.

In questo modo la Banca d'Italia non solo ricomponeva gli squilibri sul mercato dei cambi ma, rastrellando dollari, incamerava anche valuta estera (nei forzieri della Banca d'Italia aumentavano i dollari).

Viceversa, in caso di deficit nella Bilancia commerciale italiana, avevamo:

Deficit (X Italia < M Italia) → Domanda di lire < Offerta di lire; Domanda di dollari > Offerta di dollari → Deprezzamento della lira sul dollaro

Sul mercato delle valute c'erano troppe lire e pochi dollari. Anche in questo caso la Banca d'Italia doveva intervenire sul mercato dei cambi, ma doveva effettuare l'operazione opposta: acquistare lire e vendere dollari. Infatti:

- se la Banca d'Italia acquistava lire → aumentava la Domanda di lire e diminuiva l'Offerta di lire → diminuiva la quantità di lire sul mercato delle valute;
- se la Banca d'Italia vendeva dollari → diminuiva la Domanda di dollari e aumentava l'Offerta di dollari → aumentava la quantità di dollari sul mercato delle valute.

In questo caso la Banca d'Italia ricomponeva lo squilibrio sul mercato dei cambi, ma diminuiva le sue riserve di valuta estera (diminuivano i dollari nei forzieri della Banca d'Italia).

Nel regime di cambi fissi le Banche centrali possono controllare i tassi di cambio solo nel caso di squilibri temporanei della Bilancia commerciale

L'intervento della Banca d'Italia funzionava solo se gli squilibri nella Bilancia commerciale erano temporanei, perché se gli squilibri duravano a lungo si ponevano gravi problemi:

- nel caso dell'avanzo: la Banca d'Italia avrebbe creato instabilità nel sistema economico, se avesse continuato all'infinito a incassare dollari e a vendere lire;
- nel caso del disavanzo: la Banca d'Italia non poteva continuare a vendere dollari all'infinito perché, una volta esaurite le riserve, non poteva certamente stamparli.

Come risolvere questi problemi?

Rivalutazione e svalutazione. Per rispondere, dobbiamo introdurre le nozioni di rivalutazione e svalutazione:

- si ha la *rivalutazione* quando la Banca centrale stabilisce ufficialmente l'aumento del valore della sua moneta nei confronti di un'altra;
- si ha la *svalutazione* quando la Banca centrale stabilisce ufficialmente la diminuzione del valore della sua moneta nei confronti di un'altra.

Con la rivalutazione (svalutazione) la Banca centrale sancisce ufficialmente l'aumento (diminuzione) del valore della sua moneta

Riprendendo il nostro esempio:

- in caso di surplus, superato un certo limite, l'apprezzamento della lira veniva ufficialmente sancito dalla Banca d'Italia con la rivalutazione della lira sul dollaro;
- in caso di deficit, superato un certo limite, il deprezzamento della lira veniva ufficialmente sancito dalla Banca d'Italia con la svalutazione della lira sul dollaro.

Sintetizzando: in un regime di cambi fissi, se lo squilibrio è duraturo, le Banche centrali devono o svalutare o rivalutare la loro moneta.

In un regime di cambi fissi, in caso di squilibrio duraturo, la Banca centrale deve o svalutare o rivalutare la moneta

Nel caso di un surplus nella Bilancia commerciale, possiamo riassumere la situazione dal punto di vista dell'Italia nel modo seguente:

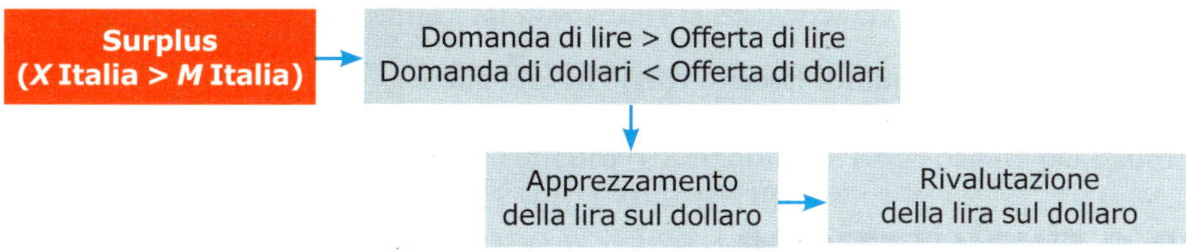

Viceversa, nel caso del deficit, la situazione dal punto di vista dell'Italia è riassumibile secondo lo schema seguente:

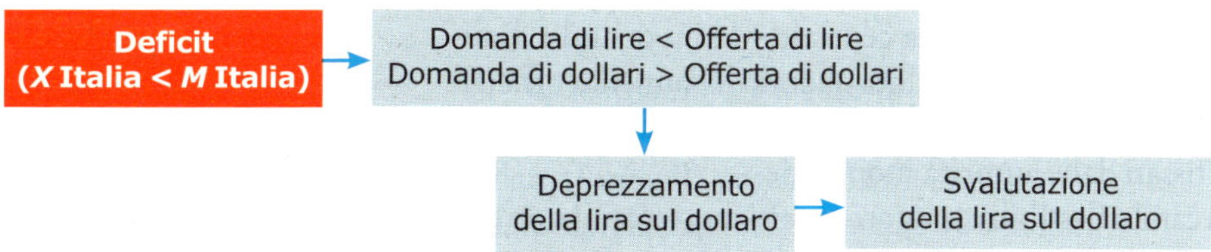

Va ribadito che rivalutazioni e svalutazioni portavano solo a modifiche dei tassi di cambio, mentre continuava a funzionare il regime di cambi fissi.

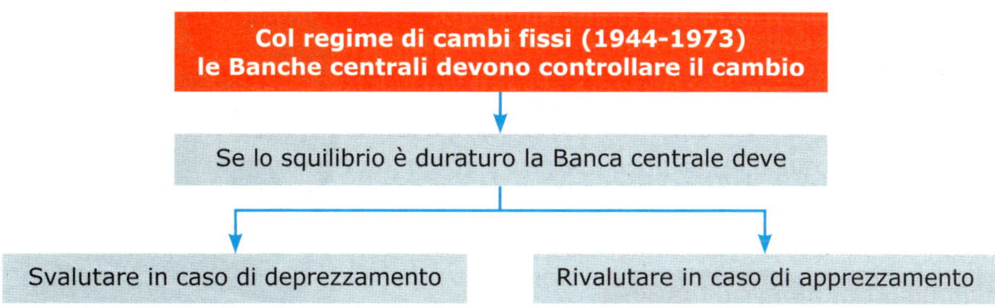

Sia la rivalutazione sia la svalutazione hanno effetti sul sistema economico, che approfondiremo nel prossimo paragrafo.

La fine del *dollar standard*. Il sistema di Bretton Woods poteva funzionare solo a una condizione: gli Stati Uniti dovevano mantenere una quantità di riserve auree sufficiente per garantire la convertibilità del dollaro in oro.

Nel 1971 gli Stati Uniti annunciarono la fine del *dollar standard*

Negli anni Sessanta si ebbe una forte speculazione sull'oro: gli operatori economici dei Paesi più ricchi (Giappone, Repubblica Federale Tedesca e Svizzera) comin-

1 Verifica le tue conoscenze

Risolvi le seguenti **scelte multiple** indicando la risposta esatta fra quelle possibili.

A

Se un tedesco visita Roma abbiamo

1 un attivo nelle Partite invisibili

2 un passivo nelle Partite invisibili

3 un attivo nei Movimenti di capitale

B

Rallenta l'inflazione

1 la rivalutazione

2 la svalutazione

3 la svalutazione a parità di altre condizioni

1 Gli effetti positivi del protezionismo derivano

A dall'aumento degli scambi internazionali

B dall'aumento dell'efficienza delle imprese

C da un miglior utilizzo delle risorse

D da ragioni strategiche

2 Nel caso delle multinazionali

A la direzione e la produzione sono in uno stesso Stato

B la direzione è in uno Stato e la produzione è in un altro Stato

C la direzione è in uno Stato e la produzione è dislocata in uno o più Stati

D la produzione è in uno Stato e la direzione è dislocata in uno o più Stati

3 La Bilancia commerciale misura

A i movimenti di servizi

B i movimenti di merci

C i flussi turistici

D i trasferimenti di valuta

4 In un regime di cambi fissi il tasso di cambio

A fluttua liberamente

B non può fluttuare liberamente

C deve restare inalterato

D deve essere periodicamente modificato

5 Al vertice della WTO si trova

A la Conferenza ministeriale

B il Consiglio generale

C il Consiglio di sicurezza

D il Segretariato

6 Un Paese importa un bene dall'estero per necessità quando

A non lo può produrre

B non lo può produrre e non esistono beni succedanei

C lo può produrre a costi più elevati

D la Domanda del bene supera l'Offerta

2 Misura le tue abilità

Rispondi e motiva la tua risposta in ogni caso proposto.

1 Col libero scambio restano sul mercato le imprese meno efficienti V F

____

2 Il tasso di cambio è il prezzo di una moneta nei confronti delle altre V F

____

3 Con la globalizzazione si ha un unico mercato mondiale V F

4 Nel regime di cambi flessibili «svalutazione» significa deprezzamento V F

5 Ogni membro del WTO deve garantire agli altri membri lo status di «nazione più favorita» V F

6 A volte le multinazionali hanno fatturati superiori al PIL del Paese di destinazione V F

3 Valuta le tue competenze

Risolvi i casi concreti, mettendo in pratica ciò che hai imparato.

1 Individuare i vantaggi della globalizzazione osservando alcuni beni presenti sulla tua scrivania.

Osserva i seguenti beni presenti sulla tua scrivania: un personal computer, un libro, una sveglia digitale, un temperamatite e un portafotografie.

- **Quali di questi beni hai potuto acquistare anche grazie alla globalizzazione?**

2 Spiegare perché in un «mondo perfetto» non dovrebbe esistere il protezionismo.

Se non esistesse il protezionismo ogni Paese potrebbe produrre i beni più adatti alle sue caratteristiche, e aumenterebbe la prosperità di noi tutti.

- **Pensi che sia solo un sogno? Per quale motivo?**

3 Precisare che il posto di lavoro di un tuo parente esiste anche grazie al protezionismo.

Tuo zio è un «dipendente Fiat» da 30 anni.

- **Perché il posto di lavoro di tuo zio esiste anche grazie al protezionismo?**

4 Valutare che un tuo soggiorno di istruzione all'estero peggiora la Bilancia dei pagamenti.

Lo scorso anno hai effettuato un soggiorno di istruzione a Londra di 15 giorni.

- **Perché questa tua esperienza ha peggiorato il saldo della Bilancia dei pagamenti? Su quale voce ha inciso negativamente?**

5 Riconoscere l'imprecisione dell'espressione «svalutazione dell'euro», usata spesso dai politici.

Un politico in televisione afferma: «La svalutazione dell'euro è una vera sciagura!». L'affermazione non è precisa.

- **Qual è il termine giusto? Parlare di «svalutazione» era sbagliato anche trent'anni fa?**

Idee a confronto

A casa 1 ora | In aula 20 minuti

4 Partendo dal caso proposto, approfondisci l'argomento per partecipare al dibattito in classe

«La virata protezionista americana, con l'imposizione di dazi del 25% sull'acciaio e 10% sull'alluminio e minacce di dazi per 150 miliardi sulle importazioni dalla Cina, ha colto molti di sorpresa. [...] Nonostante gli evidenti effetti negativi che una guerra commerciale comporterebbe, il protezionismo sta tornando in auge. [*Il Presidente*] Trump ha sicuramente incanalato un sentimento comune a certi strati della popolazione, preoccupati dai dislocamenti industriali causati da delocalizzazione e automatizzazione. Capire come coniugare i benefici derivanti dal libero scambio garantendo protezione per i lavoratori rimane una domanda cruciale che la politica deve iniziare ad affrontare.» (Fonte: www.ilsole24ore.com, 17 luglio 2018.)

→ ***A tuo parere, quali sono i benefici e gli svantaggi dei dazi?***

CLIL Economics

Richard Nixon and the End of the Dollar Standard

«I am determined that the American dollar must never again be a hostage in the hands of international speculators». 1971, the decline of the Bretton Woods agreements

IN THIS MODULE YOU WILL

LEARN	UNDERSTAND	PRACTICE
how the «dollar standard» worked	the reasons why President Nixon decided to end the Dollar Standard	your English through oral and written exercises

Warm up

Pair work
Answer the following questions.

- Have you ever heard about Richard Nixon? Do you know how his presidency ended?
- Who is the current President of the United States?

Keywords

Associate the following keywords with their definitions.

convertibility • exchange rate • Secretary of the Treasury • speculation

a .... Activity in which someone buys and sells things (such as stocks or pieces of property) in the hope of making a large profit but with the risk of a large loss.

b .... A number that is used to calculate the difference in value between money from one country and money from another country.

c .... A member of the U.S. President Cabinet, is the head of the Unites States Department of the Treasury; it's the leading economic advisor to the President of the United States.

d .... The possibility for a country's currency to be converted into another currency or into any store of value (e.g., gold).

Reading

1
In the following text you will learn how the «dollar standard» worked and understand why President Nixon decided to end it. Complete the text with the keywords.

One of the outcomes of the Bretton Woods agreements (1944) was the birth of a monetary system that goes by the name of «dollar standard». Many countries fixed their .... relative to the U.S. dollar, and they could exchange their dollar reserves against a fixed value in terms of gold. This meant that the USA had to mantain a gold stock high enough to back the amount of dollars circulating in the world. By 1971, the U.S. gold stock was crashing down, and the amount of dollars circulating in the world was far exceeding it, leaving the USA vulnerable to a run on their gold. American government was also facing rising unemployment and inflation rates. Thus, president Richard Nixon (Yorba Linda, 1913-New York, 1994) announced a series of economic measures which included unilaterally ceasing the fixed dollar/gold exchange rate.

«The time has come for a new economic policy for the United States. Its targets are unemployment, inflation, and international .... And this is how we are going to attack those targets. [...] We must protect the position of the American dollar as a pillar of monetary stability around the world. In the past 7 years, there has been an average of one international monetary crisis every year. Now who gains from these crises? Not the workingman; not the investor; not the real producers of wealth. The gainers are the international money speculators. Because they thrive on crises, they help to create them. In recent weeks, the speculators have been waging an all-out war on the American dollar. The strength of a nation's currency is based on the strength of that nation's economy, and the American economy is by far the strongest in the world. Accordingly, I have directed the .... to take the action necessary to defend the dollar against the speculators. I have directed Secretary Connally to suspend temporarily the .... of the dollar into gold or other reserve assets, except in amounts and conditions determined to be in the interest of monetary stability and in the best interests of the United States».

2
Mark the following sentences as true or false.

- **a** Under the «dollar standard» regime, countries could ask the U.S. to convert their dollar reserves into gold.
- **b** Nixon is suggesting that speculators were causing monetary crises on purpose.
- **c** In his announcement, Nixon stated that dollars would not be convertible in gold ever again.
- **d** Monetary stability was the only target of the new economic policy.

Listening

Track 8
In the following audio file, you will understand the consequences. Listen to the file and then complete the following sentences.

- **a** President Nixon admits that the end of the dollar-gold convertibility is a very .... action.
- **b** «If you want to buy a .... or take a ....», the dollar may be worth something less.
- **c** This action will not win the U.S. any friends among the international money ....
- **d** Nixon says that his primary .... is with the American workers and with .... competition around the world.

Speaking

Pair work
Answer the following questions.

- **a** When was the dollar standard system born? How long did it operate?
- **b** How did the dollar standard system work?
- **c** What was the trouble with the U.S. gold stock in 1971?
- **d** What were international speculators doing in the weeks before president Nixon's speech?
- **e** What did president Nixon direct secretary of the Treasury John Connally to do? What was Nixon's aim?

INTERESTING FACT

A large portion of the U.S. official gold reserves are stored in the U.S. Bullion Depository, widely known as Fort Knox, in Kentucky. Built in 1861, Fort Knox was designated as the U.S. Bullion Depository in 1937, by President Roosevelt. At the time of the Bretton Woods agreements, U.S. gold reserves made up the 80% of total world reserves. It is estimated to have roughly 2.3% of all the gold ever refined throughout human history.

[R. Nixon, *Tv Address to the Nation*, August 15, 1971.]

CAPITOLO

F2 Una crescita sostenibile

NUCLEI ESSENZIALI

- Lo sviluppo economico
- Le fluttuazioni cicliche
- Paesi ricchi e Paesi poveri
- Il sottosviluppo economico e sociale

A te la parola! 15 minuti

Secondo il *World Inequality Report 2018*, la disuguaglianza economica nel mondo è aumentata, anche se varia a seconda delle diverse regioni. Nel 2016, il 10% più ricco della popolazione ha goduto di una porzione di Reddito Nazionale pari al 37% in Europa, al 41% in Cina, al 47% in America del Nord e al 55% nell'Africa subsahariana, in Brasile e India. La punta massima di questo divario si colloca nei Paesi del Medio Oriente, dove la parte più ricca ha usufruito del 61% del Reddito Nazionale complessivo.

→ *Secondo te, quali sono le cause di questi trend? Quali sono le inevitabili implicazioni socio-politiche di questa disuguaglianza?*

Con l'aiuto dell'insegnante e in piccoli gruppi prova a esporre il tuo punto di vista.

1 La dinamica del sistema economico

NUCLEI ESSENZIALI

Il lungo periodo. Nel Volume secondo abbiamo fatto riferimento a quando, invece di rispondere alla domanda «Cosa succede nel lungo periodo?», Keynes si tolse dall'imbarazzo con la battuta «Nel lungo periodo saremo tutti morti!».

Proviamo a rispondere noi a quella domanda. Procediamo con calma. Non abbiamo fretta. Ci aspetta un lungo periodo...

Come si espande il sistema economico? L'analisi di lungo periodo è necessaria per rispondere a una domanda fondamentale: quando si ha lo sviluppo economico?

Si ha sviluppo economico quando, nel lungo periodo, aumenta il RN reale

Come sappiamo, il Reddito Nazionale (d'ora in poi anche RN) è il flusso di beni e servizi finali disponibili nel corso di un anno: si ha una crescita economica quando aumenta il Reddito Nazionale.

Va precisato che si ha *sviluppo economico* quando aumenta il *Reddito Nazionale reale* (misurato a prezzi costanti), perché un aumento del Reddito Nazionale monetario (misurato a prezzi correnti) potrebbe essere dovuto solo all'inflazione. In altre parole, possiamo dire che si ha sviluppo economico quando, nel lungo periodo, aumenta la quantità di beni e servizi prodotta da un sistema economico.

Il Reddito Nazionale nel lungo periodo. Ricordiamo che il Reddito Nazionale potenziale misura la quantità di beni e servizi di cui un Paese potrebbe disporre se utilizzasse pienamente la propria capacità produttiva, mentre il Reddito Nazionale effettivo misura la quantità di beni e servizi di cui un Paese dispone realmente. Partendo da questa distinzione, è possibile analizzare il Reddito Nazionale sia nel breve periodo sia nel lungo periodo.

Il RN reale aumenta se cresce la capacità produttiva del Paese

Finora abbiamo analizzato il Reddito Nazionale nel breve periodo, partendo dal presupposto che la capacità produttiva del sistema economico fosse data e immodificabile; il nostro studio si è quindi limitato ad approfondire i fattori che determinano il grado di utilizzazione di questa capacità produttiva.

Ora vogliamo guardare più lontano. Vogliamo occuparci della dinamica del sistema. Vogliamo analizzare come si modifica la capacità produttiva di un Paese. Per farlo, dobbiamo approfondire quei fattori che, nel lungo periodo, aumentano la *capacità produttiva* di un Paese: la popolazione, il progresso tecnologico e l'accumulazione di capitale.

La popolazione. Lo sviluppo economico richiede la presenza di una manodopera professionalmente preparata.

> Lo sviluppo economico richiede la presenza di una manodopera professionalmente preparata

Non è possibile quantificare l'«ammontare ottimo» di popolazione necessario per lo sviluppo di un Paese, perché non esistono riscontri uniformi nella realtà. Fra gli Stati economicamente più sviluppati troviamo infatti sia Paesi ad alta densità di popolazione (i Paesi Bassi), sia Paesi scarsamente popolati (la Svezia).

Inoltre, mentre un processo di sviluppo in atto viene facilitato da un aumento della popolazione, nei Paesi sottosviluppati gli incrementi demografici non si riflettono in aumenti della produzione.

Sia l'eccesso sia la scarsità di popolazione presentano aspetti positivi e negativi: un Paese sottopopolato deve creare le proprie infrastrutture sopportando un alto costo medio per abitante, mentre un Paese sovrappopolato deve affrontare il problema di un limitato ammontare di risorse disponibili (agricole, minerarie).

Il Reddito Nazionale *pro capite*. Per quantificare lo sviluppo di un Paese, è necessario utilizzare un nuovo indicatore: il Reddito Nazionale *pro capite*, che tiene conto dell'andamento demografico, perché misura il rapporto fra il Reddito Nazionale e la popolazione di un Paese.

> Il RN *pro capite* è il rapporto fra il RN e la popolazione di un Paese

$$\textit{Reddito Nazionale}\text{ pro capite} = \frac{\textit{Reddito Nazionale}}{\textit{Popolazione}}$$

Per esempio in Italia nel 2011, essendo stato registrato un Reddito Nazionale di 1 572 000 000 000 euro con una popolazione di 58 100 000 abitanti, il Reddito Nazionale *pro capite* era pari a 27 057 euro (1 572 000 000 000/58 100 000 = 27 057).

Se aumentano sia il Reddito Nazionale sia la popolazione, possono verificarsi due condizioni:

- se l'aumento del Reddito Nazionale è superiore a quello della popolazione, aumenta il Reddito Nazionale *pro capite* e si ha sviluppo;
- se l'aumento del Reddito Nazionale è inferiore a quello della popolazione, diminuisce il Reddito Nazionale *pro capite* e si ha sottosviluppo.

Il Reddito Nazionale *pro capite* è un dato parziale, perché indica una media fra i redditi dei singoli abitanti senza tenere conto delle disuguaglianze sociali; se Mario Rossi ha un reddito di 100 000 euro e Marco Bianchi di 20 000 euro, risulta che il reddito *pro capite* è di 60 000 euro.

È comunque indubbio che possiamo parlare di sviluppo solo in presenza di un aumento del Reddito Nazionale *pro capite*.

Il progresso tecnologico. Nel lungo periodo il progresso tecnologico fa aumentare la produttività.

Le innovazioni tecnologiche non devono restare processi astratti, ma si concretizzano nel momento in cui vengono applicate agli investimenti produttivi. Il progresso tecnico stimola le imprese a incrementare gli investimenti non solo per aumentare il numero degli impianti, ma anche per impedire che questi siano utilizzati fino all'estremo logorio fisico. Come sappiamo, la sostituzione degli impianti obsoleti aumenta la produttività, con conseguente riduzione dei costi.

Esiste un «circolo virtuoso» fra il progresso tecnologico e l'accumulazione di capitale: le innovazioni tecnologiche stimolano gli investimenti e, nello stesso tempo, sono gli investimenti nella ricerca scientifica a rendere possibile il progresso tecnico.

Innovazioni tecnologiche
↑ ↓
Investimenti

Il progresso tecnologico è di importanza strategica nello sviluppo economico di un Paese. Nella foto, una linea di produzione automatizzata di microdispositivi elettronici.

L'accumulazione di capitale. L'accumulazione di capitale rappresenta il fattore più importante per lo sviluppo economico di un Paese.

In primo luogo l'incremento degli investimenti produttivi, costituiti dai beni strumentali, aumenta la *produzione* complessiva.

In secondo luogo, poiché ogni aumento di produzione permette una riduzione dei costi unitari nel lungo periodo, gli investimenti provocano un incremento di *produttività*, che consente a un Paese di aumentare la produzione senza modificare le proprie risorse.

In altri termini, l'accumulazione di capitale fa aumentare il Reddito Nazionale, grazie all'incremento della produzione e della produttività.

Nel lungo periodo l'accumulazione di capitale fa aumentare il RN

Per approfondire la relazione fra l'accumulazione di capitale e lo sviluppo economico, bisogna definire i concetti di coefficiente di capitale, tasso di accumulazione e tasso di sviluppo.

Il coefficiente di capitale. Il *coefficiente di capitale* misura l'ammontare di capitale necessario per aumentare di una unità il Reddito Nazionale; per esempio, se il coefficiente di capitale è pari a 4 vuol dire che occorre un investimento di 4 euro per ottenere l'aumento di 1 euro del Reddito Nazionale.

Il coefficiente di capitale misura quanto capitale è necessario per aumentare di una unità il RN

Il coefficiente di capitale è elevato nelle industrie pesanti (siderurgia), e ridotto in quelle leggere (industria tessile). Nel sistema produttivo italiano il coefficiente di capitale è più alto nel Meridione (dove prevalgono siderurgia, chimica e raffinazione) rispetto al Settentrione (dove sono presenti industrie più leggere).

Se il coefficiente di capitale è alto, significa che per aumentare il Reddito Nazionale occorrono investimenti notevoli, e questo fatto penalizza lo sviluppo produttivo di un Paese (e viceversa).

Il tasso di accumulazione. Il *tasso di accumulazione* misura l'incidenza degli investimenti sul Reddito Nazionale. Essendo:

Il tasso di accumulazione misura l'incidenza degli investimenti sul RN

Y = Reddito Nazionale
I = investimenti
TA = tasso di accumulazione

avremo:

$$TA = \frac{I}{Y}$$

Se il tasso di accumulazione è elevato, significa che il Paese destina una parte notevole del Reddito Nazionale all'acquisto di beni strumentali, aumentando così la sua capacità produttiva (e viceversa).

Il tasso di sviluppo. Il *tasso di sviluppo* è dato dal rapporto fra il tasso di accumulazione e il coefficiente di capitale, e misura l'incremento proporzionale del Reddito Nazionale nel corso di un anno. Ne deriva che:

- il tasso di sviluppo aumenta all'aumentare del tasso di accumulazione, perché è direttamente connesso con la capacità produttiva;
- il tasso di sviluppo diminuisce all'aumentare del coefficiente di capitale, perché per aumentare il Reddito Nazionale occorrono maggiori investimenti.

Poiché il tasso di sviluppo è in relazione diretta col tasso di accumulazione e in relazione inversa col coefficiente di capitale, essendo:

TA = tasso di accumulazione
CC = coefficiente di capitale
TS = tasso di sviluppo

avremo:

$$TS = \frac{TA}{CC}$$

Per esempio, se $TA = 12$ e $CC = 4$, risulta:

$$TS = \frac{12}{4} = 3$$

Il tasso di sviluppo è il rapporto fra

- Il tasso di accumulazione, che misura l'incidenza degli investimenti sul Reddito Nazionale
- Il coefficiente di capitale, che è il capitale necessario ad aumentare di 1 unità il Reddito Nazionale

Il tasso di sviluppo misura l'incremento proporzionale del RN nel corso di un anno

Il tasso di sviluppo è dato dal rapporto tra il tasso di accumulazione e il coefficiente di capitale.

Lo sviluppo qualitativo. Prima di proseguire l'analisi, va ribadito che non è detto che un incremento del Reddito Nazionale comporti sempre un miglioramento del livello di vita, perché lo sviluppo deve essere inteso non solo sotto il profilo quantitativo, ma anche sotto l'aspetto qualitativo. Infatti, oltre al reddito, esistono altri fattori che influenzano la qualità della vita: dal tasso di mortalità a quello di alfabetizzazione, dal livello dei servizi sociali alla tutela dell'ambiente.

2 Le fluttuazioni cicliche

NUCLEI ESSENZIALI

Il tempo in economia. Non si possono trattare i fenomeni economici senza considerare il ruolo del tempo in economia.

Le fluttuazioni cicliche. Lo sviluppo economico di un Paese non è costante, ma è soggetto ad «alti e bassi». Si passa dalla depressione all'espansione: l'occupazione aumenta e poi diminuisce, l'inflazione si muove con sbalzi apparentemente inspiegabili, gli investimenti non rispondono alle previsioni.

Le fluttuazioni cicliche sono le oscillazioni del RN effettivo al di sotto del RN potenziale

Siamo in completa balìa delle onde dell'economia? No. Alcuni studiosi hanno rilevato che i fenomeni economici si presentano con una ricorrenza che non può essere considerata casuale o accidentale; al contrario, queste fluttuazioni hanno una certa regolarità, tanto da essere definite «cicliche» (dal greco *kiklos* = cerchio).

Basandoci sempre su un'analisi di lungo periodo, possiamo quindi definire le *fluttuazioni cicliche* come le oscillazioni del Reddito Nazionale effettivo al di sotto del Reddito Nazionale potenziale.

La durata del ciclo. In base alla durata si distinguono vari cicli, che prendono il nome dagli economisti che li hanno teorizzati. Fra gli altri vanno ricordati:
- il *ciclo Kitchin*, della durata di circa 3 anni;
- il *ciclo Kondratief*, della durata di oltre 50 anni;
- il *ciclo Juglar*, di una durata compresa fra 8 e 12 anni, che ora prendiamo in esame.

Le fasi del ciclo. Secondo Paul Samuelson «un ciclo economico, come l'anno, ha le sue stagioni»; in particolare, il ciclo Juglar può essere diviso in quattro fasi: la ripresa, l'espansione, la recessione e la depressione.

Il ciclo economico può essere diviso in quattro fasi
- Ripresa
- Espansione
- Recessione
- Depressione

La ripresa. Con la *ripresa* l'economia ricomincia a funzionare attivamente: si ha un aumento degli investimenti (dovuto, per esempio, a un'innovazione tecnologica), che si ripercuote positivamente su tutto il sistema economico e fa aumentare la produzione e l'occupazione.

L'espansione. La ripresa sfocia nell'*espansione*, che consiste in un aumento dei redditi e dei consumi, che autoalimentano l'attività del sistema e creano una spirale virtuosa: l'incremento dei redditi fa aumentare i consumi, che a loro volta provocano ulteriori incrementi di reddito.

La recessione. Sembra tutto perfetto, ma improvvisamente il giocattolo si rompe. L'espansione non è illimitata, perché il ciclo si inverte a causa di eventi inaspettati; per esempio, a causa di un aumento del costo delle materie prime.

Con la *recessione* si ha una brusca riduzione degli investimenti, che si ripercuote in modo amplificato sull'intero sistema: diminuisce la produzione e aumenta la disoccupazione.

La depressione. Al calo di attività del sistema segue inevitabilmente una *depressione*, caratterizzata da una contrazione dei redditi, che si riflette negativamente sui consumi, con effetti negativi sulla Domanda. In questo caso è ipotizzabile che le imprese meno efficienti escano dal mercato (provocando una contrazione dell'Offerta); invece quelle più sane, dopo un'energica «cura ricostituente», sono pronte a riprendere l'attività in un mercato dove la Domanda sta riprendendo fiato.

Dopo aver toccato il suo punto più basso, secondo Juglar, il ciclo ricomincia dall'inizio con la fase di ripresa, a cui segue l'espansione e così via.

Analizziamo il problema graficamente nella figura 1.

Dopo aver toccato il punto più basso (depressione), il ciclo economico ricomincia dall'inizio (ripresa).

Y = Reddito Nazionale effettivo
a = anni

Le fluttuazioni cicliche sono le oscillazioni del Reddito Nazionale effettivo al di sotto del Reddito Nazionale potenziale.
Secondo il ciclo Juglar, che ha una durata compresa fra gli 8 e i 12 anni, le fluttuazioni cicliche possono essere divise in quattro fasi:
- la ripresa;
- l'espansione;
- la recessione;
- la depressione.

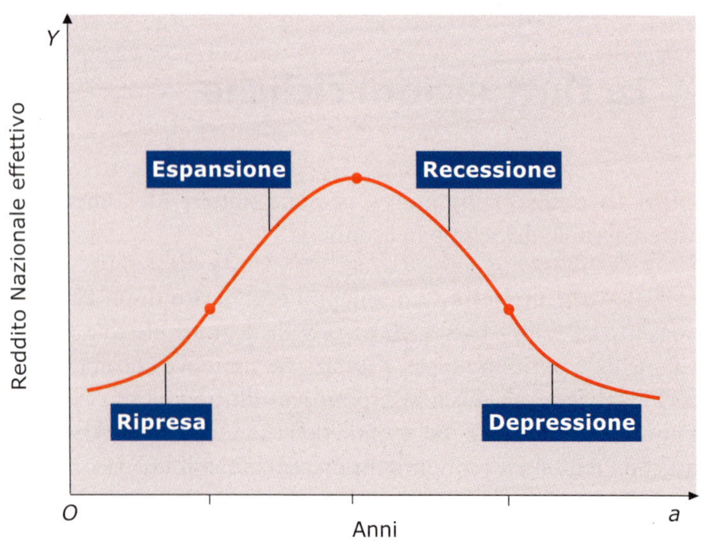

FIGURA 1 Le fasi del ciclo economico

La congiuntura. Una frase di un politico: «Non è colpa del Governo se si ha disoccupazione, è la congiuntura che è sfavorevole!».

Col termine *congiuntura* si fa riferimento a un certo momento del ciclo; in particolare, si ha una congiuntura favorevole nelle fasi di ripresa e di espansione, mentre si ha una congiuntura sfavorevole nelle fasi di recessione e di depressione. Quel politico potrebbe avere ragione. Chissà?

La congiuntura fa riferimento a un certo momento del ciclo

Globalizzazione e fluttuazioni. Il fenomeno della globalizzazione dei mercati rende ormai impossibile separare l'andamento economico di un Paese dalle vicende degli altri.

Essendo sempre più strette le interazioni fra i vari sistemi economici, le fasi recessive o espansive che si verificano in una certa area tendono ad avere ripercussioni in altre zone del pianeta, anche molto lontane. Per esempio, la «crisi asiatica» della fine degli anni Novanta fece sentire i suoi effetti negli Stati Uniti e nell'Unione europea.

Le cause esogene del ciclo. Le cause del ciclo Juglar possono essere ricercate sia all'esterno del sistema (cause esogene) sia all'interno del sistema (cause endogene).

Fra le cause esogene, oltre a quelle naturali (terremoti, siccità), va sottolineata l'alternanza «pace/guerra»: la guerra non è solo un drammatico problema morale e sociale, ma produce anche effetti economici. Nelle fasi belliche la forte richiesta di armamenti stimola la Domanda e fa aumentare la produzione; va però ricordato che la guerra esercita sull'economia notevoli effetti negativi: l'inflazione, la distruzione delle infrastrutture, una ridistribuzione del reddito ingiusta e così via.

Fra le cause esogene del ciclo vi è l'alternanza «pace/guerra»

Le cause endogene del ciclo. Le cause endogene possono essere divise in tre grandi categorie: psicologiche, politiche ed elettorali.

Il *ciclo psicologico* dipende dall'ottimismo (o dal pessimismo) delle imprese che, sulla base delle aspettative, decidono l'aumento (o la diminuzione) degli investimenti; come sappiamo, l'ammontare degli investimenti si riflette poi sul livello della produzione.

Il *ciclo politico* prevede che un limitato tasso di disoccupazione sia da ritenere non solo accettabile, ma addirittura auspicabile; infatti in caso di disoccupazione (che deve comunque essere contenuta) aumenta la pace sociale, perché i sindacati dei lavoratori tendono a ridurre le loro rivendicazioni. Secondo Keynes il sistema politico ha interesse ad adottare politiche economiche tali da garantire sempre la presenza di un limitato grado di disoccupazione.

Il *ciclo elettorale* è particolarmente evidente negli Stati Uniti, dove è sconsigliabile che un Presidente si presenti alle nuove elezioni con un elevato tasso di disoccupazione; ne consegue che, prima delle elezioni, è opportuno incrementare la Domanda per ridurre il numero dei disoccupati, anche a costo di pagare questa scelta con un po' di inflazione.

3 Paesi ricchi e Paesi poveri

NUCLEI ESSENZIALI

Lo squilibrio fra Nord e Sud. L'espressione «Nord e Sud del mondo» venne introdotta nel 1980 dalla *Commissione indipendente sui problemi dello sviluppo internazionale*, presieduta dal tedesco Willy Brandt (1913-1992), per indicare la contrapposizione fra Paesi ricchi (*Nord*) e Paesi poveri (*Sud*).

I Paesi sviluppati sono «il Nord», mentre i Paesi sottosviluppati sono «il Sud»

Da una parte stanno alcuni Paesi (Stati Uniti, Giappone, Europa occidentale) che hanno raggiunto un discreto livello di benessere economico, accompagnato da un'accettabile qualità della vita; dall'altra stanno vaste aree (in Asia, in Africa, in America Latina) in cui le popolazioni vivono in uno stato di vera e propria miseria, affiancata da un grave degrado sociale. Qualche cifra. Su una popolazione mondiale che supera i 6 miliardi, oltre 1 miliardo di persone si trova in condizioni di povertà e 500 milioni vivono in uno stato di malnutrizione.

Lo squilibrio fra Nord e Sud non è quindi dovuto all'insufficienza di risorse, ma al fatto che queste non sono ripartite in modo equo. Non è la torta a essere troppo piccola, ma a qualcuno toccano fette enormi, ad altri solo briciole.

La contraddizione è ancora più evidente se si considera che nei Paesi ricchi vive 1/3 degli abitanti della Terra che gode dei 4/5 del reddito mondiale; ne consegue che i 2/3 della popolazione possono disporre solo di 1/5 del reddito mondiale. Si pensi che la metà delle materie prime non riproducibili proviene dai Paesi poveri, ma l'intero continente africano consuma 1/10 dell'energia utilizzata negli Stati Uniti: ci vorrebbero tre «pianeti Terra» se tutta la popolazione mondiale adottasse il nostro stile di sviluppo e di consumo.

Una donna somala e i suoi figli attraversano a piedi la periferia del campo Dagahaley, parte del complesso di Dadaab, in Kenya. I campi di Dadaab ospitano più di 356 000 rifugiati, 2014.

Lo squilibrio fra Nord e Sud è la contrapposizione fra

- I Paesi sviluppati (Nord)
- I Paesi sottosviluppati (Sud)

Una classificazione discutibile... Per fare un po' di ordine, iniziamo a classificare i Paesi del mondo. Per farlo usiamo il reddito *pro capite* annuo.

Va premesso che il livello medio mondiale del reddito *pro capite* annuo si aggira sui 4000 dollari. In base al livello del reddito, i Paesi possono essere divisi in:

- *Paesi sviluppati*;
- *Paesi in via di sviluppo*;
- *Paesi sottosviluppati*, chiamati anche «Terzo Mondo».

Il reddito *pro capite* è una misura approssimativa della ricchezza, perché:

- le statistiche economiche dei Paesi sottosviluppati si riferiscono solo alla produzione che arriva sul mercato, e ignorano una consistente quota destinata all'autoconsumo delle famiglie contadine;
- bisogna tenere conto del diverso potere d'acquisto del dollaro nelle varie aree: con 1 dollaro si comprano più beni in Africa che negli Stati Uniti.

Nonostante i limiti, questa misurazione è la «migliore» possibile. Adottiamola.

I Paesi sviluppati. Nei Paesi sviluppati il reddito *pro capite* annuo supera i 5000 dollari. Il settore economico predominante è quello dei servizi, dove gli occupati rappresentano il 60% del totale, rispetto al 10% dell'agricoltura e al 30% dell'industria.

Nei Paesi sviluppati il reddito *pro capite* annuo supera i 5000 dollari e il settore economico predominante è quello dei servizi

Si considerano sviluppati gli Stati Uniti, il Giappone, il Canada, l'Australia, i Paesi dell'Europa occidentale e alcuni Paesi esportatori di petrolio (Arabia Saudita, Emirati Arabi Uniti).

Una parte consistente dei consumi di questi Paesi è orientata verso beni strumentali e di lusso.

Come sappiamo, anche i Paesi sviluppati soffrono di gravi problemi sia economici (debito pubblico, disoccupazione, inflazione), sia sociali (degrado ambientale, disuguaglianze, emarginazione).

I Paesi in via di sviluppo. Nei Paesi in via di sviluppo (PVS) il reddito *pro capite* annuo è compreso fra i 1000 dollari e i 5000 dollari. È l'industria il settore più importante (dal tessile al siderurgico), in cui opera il 55% degli occupati rispetto al 30% del settore agricolo e al 15% del terziario.

Nei Paesi in via di sviluppo il reddito *pro capite* annuo è compreso fra 1000 e 5000 dollari e il settore economico più importante è l'industria

Fanno parte di questo gruppo alcuni Paesi dell'America Latina (Argentina, Uruguay, Brasile, Venezuela), dell'Europa orientale (Ungheria, Polonia), dell'Africa (Algeria) e dell'Asia (Taiwan, Corea del Sud).

Pur non essendo in possesso di un'elevata tecnologia, i PVS sono competitivi sul mercato mondiale grazie al basso costo del lavoro, anche perché è quasi assente la sindacalizzazione della manodopera.

Il Terzo Mondo. La denominazione *Terzo Mondo* è stata introdotta nel 1955, alla vigilia della conferenza di Bandung (Indonesia), per distinguere i Paesi sottosviluppati dai Paesi a economia di mercato (Primo Mondo) e dai Paesi a economia pianificata (Secondo Mondo). Dopo la caduta del Muro di Berlino, nel 1989, parlare di Terzo Mondo ha perso significato, ma l'espressione è ormai entrata nel linguaggio quotidiano. Manteniamola.

I Paesi del Terzo Mondo hanno un reddito *pro capite* annuo inferiore a 1000 dollari e un'economia basata sull'agricoltura e sull'estrazione dei minerali

I Paesi sottosviluppati hanno un reddito *pro capite* annuo inferiore ai 1000 dollari, ricavato quasi unicamente dal settore primario (agricoltura ed estrazione dei minerali), in cui lavora il 75% degli occupati, rispetto al 15% dell'industria e al 10% dei servizi.

Nel Terzo Mondo il reddito *pro capite* è un dato poco attendibile, perché la distribuzione del reddito soffre di gravi disuguaglianze: la maggioranza della popolazione è poverissima, mentre pochi privilegiati vivono nel lusso.

La maggioranza delle risorse è impiegata nell'agricoltura, perché i consumi cercano di soddisfare i bisogni primari. Una quota elevata della popolazione agricola pratica l'*autoconsumo* (quanto prodotto viene consumato), e questo impedisce il commercio internazionale. Il settore agricolo è caratterizzato dalla presenza di vasti latifondi e dall'utilizzo di una tecnologia quasi rudimentale; ne consegue una bassa produttività del lavoro, che provoca la «disoccupazione nascosta» formata da quei contadini che, pur lavorando, non producono praticamente nulla.

I Paesi sottosviluppati hanno un'economia in stato reintegrativo, perché il loro Reddito Nazionale è appena sufficiente per soddisfare i limitati consumi degli abitanti, e per sostituire i pochi beni strumentali deteriorati. È impossibile parlare di sviluppo, se non si riesce ad aumentare la capacità produttiva!

Fanno parte del Terzo Mondo molti Paesi dell'Africa (Zambia, Kenya, Somalia) e dell'Asia (Pakistan, Indonesia, Thailandia) oltre ad alcuni Paesi dell'America Latina (Bolivia, Nicaragua).

Il Quarto Mondo. Negli anni Ottanta è stata «inventata» un'ulteriore classificazione. Si parla di *Quarto Mondo* per una quarantina di Paesi sottosviluppati, in maggioranza africani, che hanno un reddito *pro capite* inferiore ai 200 dollari annui. Alcuni studiosi definiscono i Paesi del Quarto Mondo come «Paesi in via di sottosviluppo»; è una definizione cruda e provocatoria, ma decisamente efficace. Nei Paesi del Quarto Mondo (Etiopia, Ciad, Zaire) la popolazione fatica a sopravvivere, e gli scambi avvengono soprattutto sotto forma di *baratto* all'interno dei villaggi.

Nei Paesi del Quarto Mondo (reddito *pro capite* annuo inferiore a 200 dollari) la condizione più diffusa è la lotta per la sopravvivenza

Per semplificare, non prendiamo in considerazione questa ulteriore distinzione e comprendiamo questo gruppo di Paesi nel Terzo Mondo.

Sintetizziamo le differenze fra gli occupati nei vari settori produttivi:

	Agricoltura	Industria	Servizi
Paesi sviluppati	10%	30%	60%
Paesi in via di sviluppo	30%	55%	15%
Terzo Mondo	75%	15%	10%

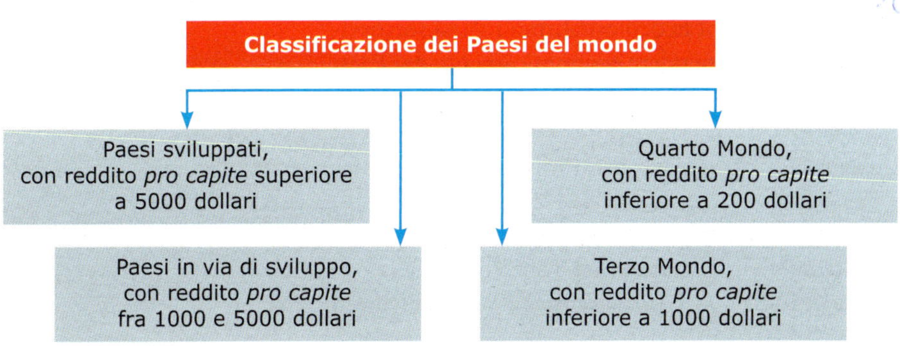

Una piccola dimenticanza. A dimostrazione dei limiti di questa classificazione, non abbiamo fatto cenno a due «staterelli»: la Cina e l'India, in cui vivono più di 2,5 miliardi di persone.

Dove collocare Cina e India?

È difficile inserire Cina e India in un gruppo, perché da un lato la loro crescita economica è esplosiva (sotto questo aspetto sono «Paesi sviluppatissimi»), dall'altro il loro reddito *pro capite* resta basso (da questo punto di vista fanno ancora parte del Terzo Mondo).

4 Da dove nasce il sottosviluppo?

NUCLEI ESSENZIALI

Le cause del sottosviluppo. La globalizzazione ha indubbiamente aggravato lo squilibrio fra Nord e Sud, perché nel mercato globale «i ricchi guadagnano sui poveri». È sicuramente vero, ma dobbiamo chiederci: da dove nasce il sottosviluppo?

Alcuni economisti hanno affermato che il sottosviluppo deriva principalmente da cause naturali: il clima torrido, la scarsa fertilità dei terreni, la povertà di materie prime. Si tratta di una tesi discutibile perché non spiega, per esempio, come il Giappone sia diventato uno dei Paesi più ricchi del mondo. In realtà, le cause del sottosviluppo vanno ricercate nelle vicende storiche di questi Paesi. Partiamo dal colonialismo.

Il colonialismo. La quasi totalità dei Paesi sottosviluppati è costituita da ex-colonie portoghesi, spagnole, olandesi, francesi, belghe, tedesche e inglesi.

Il colonialismo è la principale causa del sottosviluppo

Oltre alle sanguinose repressioni a danno delle popolazioni indigene, spesso degenerate in veri e propri genocidi, il *colonialismo* ebbe effetti devastanti sulle economie delle colonie. Invece di favorire un processo di sviluppo, i Paesi colonizzatori si appropriavano delle risorse naturali dei territori conquistati e reinvestivano nella madrepatria i profitti ricavati dallo sfruttamento delle colonie.

Le colonie erano obbligate a produrre solo i beni necessari ai Paesi europei (alimentari, materie prime); in alcuni casi, i colonialisti arrivarono al punto di imporre la *monocultura*, cioè obbligavano un Paese a coltivare un unico prodotto: il caffè in Brasile o la canna da zucchero a Cuba.

Il sistema della monocoltura ha portato a uno squilibrio economico tuttora presente in molti Paesi del Terzo Mondo; per esempio, un crollo della Domanda mondiale di canna da zucchero mette in crisi profonda l'economia cubana.

Il neocolonialismo. Negli anni Cinquanta (in Asia) e Sessanta (in Africa) si avviò il processo di *decolonizzazione*, che portò all'emancipazione delle colonie e alla nascita di numerosi Stati indipendenti. La decolonizzazione è uno dei più grandi eventi del XX secolo.

Col neocolonialismo gli Stati sottosviluppati, politicamente indipendenti, continuano a dipendere economicamente da quelli sviluppati

All'indipendenza politica non è però seguita l'indipendenza economica, perché i Paesi sottosviluppati continuano a ricorrere alla tecnologia e ai capitali dei Paesi sviluppati. La decolonizzazione ha segnato l'inizio di una nuova forma di dipendenza economica, chiamata *neocolonialismo*. Col neocolonialismo i Paesi sottosviluppati, diventati Stati sovrani, continuano a dipendere economicamente dai Paesi sviluppati.

La sovrappopolazione. Altro grave problema dei Paesi sottosviluppati: la *sovrappopolazione*.

La sovrappopolazione rappresenta una delle principali cause del sottosviluppo

La distribuzione della popolazione sul nostro pianeta non è omogenea, perché il peso demografico grava soprattutto sul Terzo Mondo: nel 2010 il 36% della popolazione mondiale era concentrato in India e in Cina, mentre gli Stati Uniti non superavano il 4%.

Per saperne di più

Per l'indipendenza e l'unità del continente africano di Patrice Lumumba

«Ciò che ci riguarda è il nostro avvenire: l'Africa libera!»

Il congolese Patrice Lumumba (1925-1961) è stato uno dei *leader* della lotta per l'indipendenza dell'Africa.

Nel 1958 fondò il Movimento nazionale congolese, che lottò per l'indipendenza del Paese. Come Primo Ministro, Lumumba negoziò l'indipendenza del Congo a Bruxelles il 30 giugno 1960. Pochi giorni dopo la dichiarazione d'indipendenza, Lumumba venne ucciso da un complotto organizzato dal colonnello Mobutu.

Proclamato eroe nazionale nel 1966, Lumumba resta uno dei simboli di un momento storico straordinario: la fine del colonialismo.

Riportiamo uno stralcio del discorso pronunciato da Lumumba pochi giorni dopo l'indipendenza del Congo.

Dopo aver subito un primo arresto nel 1956, Patrice Lumumba (a destra nella foto) fu nuovamente arrestato nel 1959 come oppositore del progetto belga per l'indipendenza graduale del Congo.

«[...] Proseguendo la lotta di cui il primordiale obiettivo è la difesa della dignità dell'uomo africano, il popolo congolese ha scelto l'indipendenza immediata e totale. Facendo ciò, egli sapeva che non si sbarazzava con un sol colpo della dominazione coloniale, sapeva che l'indipendenza giuridica è solo un primo passo e che lo sforzo richiesto sarebbe stato ancora lungo e forse più duro che nel passato. [...]

Le carte che il colonialismo classico gioca e che noi tutti abbiamo conosciuto, sono presenti qui nel Congo: una occupazione militare che continua, le divisioni tribali a lungo coltivate e incoraggiate, le opposizioni politiche disgregatrici pagate, orchestrate, preparate.

Voi sapete come è difficile per uno Stato che ha conquistato da poco l'indipendenza, liberarsi delle basi militari installate dalle vecchie potenze occupanti. Noi abbiamo le nostre armi, per difendere i nostri Paesi. Il nostro esercito, vittima di macchinazioni colonialiste, si sta sbarazzando delle strutture e della mentalità colonialista per ritrovare, al comando di capi congolesi, le caratteristiche di una vera armata nazionale. [...]

La risonanza del problema congolese nel mondo sta a significare il peso che ha l'Africa nella situazione internazionale. I nostri Paesi, ieri ancora ignoti, facendo saltare le bordature coloniali irritano il vecchio mondo. Le sue vecchie strutture, così diverse dalle nostre, sono rimesse in discussione? Certamente, qui da noi, in Africa. Nei loro Paesi le difendano pure coloro che le hanno create per tutelare i loro interessi. Non ci riguarda. Ciò che ci riguarda è il nostro avvenire, il nostro destino: l'Africa libera. [...]»

[*Discorso di Patrice Lumumba alla Conferenza di Léopoldville*, 25 agosto 1960.]

L'incremento demografico del Terzo Mondo deriva sia dall'aumento del tasso di natalità (numero dei nati vivi ogni 1000 abitanti) sia dalla riduzione del tasso di mortalità (numero dei morti ogni 1000 abitanti). Negli ultimi decenni, infatti, sono state parzialmente debellate alcune gravi malattie, con conseguente riduzione della mortalità, soprattutto infantile. È una bella notizia. Ma le dure leggi dell'economia la trasformano in un problema.

L'incremento demografico alimenta il sottosviluppo, perché:

- la popolazione cresce a ritmi più intensi rispetto al Reddito Nazionale; per questo aumentano sia la disoccupazione sia i flussi migratori dal Sud al Nord;
- la sovrappopolazione aumenta lo sfruttamento dell'uomo sull'ambiente, e la pressione sulle risorse naturali diventa eccessiva.

Per attenuare questo problema, alcuni Stati cercano di adottare politiche di controllo demografico, che si scontrano però con motivazioni morali e religiose; va ricordato che molte popolazioni del Terzo Mondo (e non solo) sono contrarie alla contraccezione. Non va dimenticato che, a volte, queste politiche sono state realizzate senza alcun rispetto per la dignità personale; basti pensare alla «sterilizzazione forzata» attuata, negli anni passati, sia in India sia in Cina.

Alcuni Stati hanno adottato discutibili politiche antidemografiche, fino ad arrivare alla sterilizzazione forzata

Uno dei principali ostacoli all'aumento della capacità produttiva e, quindi, allo sviluppo economico del Terzo Mondo è rappresentato dal circolo vizioso della povertà. Si tratta di una spirale perversa. Essendo basso, il reddito *pro capite* viene quasi interamente consumato, e nel sistema si ha pochissimo risparmio. La scarsità di risparmio ostacola l'aumento sia degli investimenti produttivi sia del progresso tecnologico; queste carenze, a loro volta, provocano una bassa produttività del lavoro, che si riflette negativamente sulla produzione totale.
La produzione ridotta dà origine a un basso reddito, e il circolo vizioso della povertà ricomincia dall'inizio.

FIGURA 2 **Il circolo vizioso della povertà**

Il circolo vizioso della povertà ostacola lo sviluppo economico del Terzo Mondo

Il circolo vizioso della povertà. Solo un aumento della capacità produttiva permette lo sviluppo economico. Cosa succede nel Terzo Mondo nel lungo periodo? Si ha il *circolo vizioso della povertà*.

Nei Paesi sottosviluppati il reddito, essendo basso, viene quasi interamente consumato (si ricordi che al diminuire del reddito aumenta l'incidenza del consumo), e si ha quindi una scarsità di risparmio che, a sua volta, ostacola l'espansione degli investimenti produttivi e del progresso tecnologico. L'assenza di investimenti e di nuova tecnologia provoca una bassa produttività del lavoro, soprattutto in campo agricolo, che si ripercuote negativamente sulla produzione totale. La produzione ridotta causa un basso reddito, e il circolo vizioso della povertà ricomincia dall'inizio.

È una catena micidiale. Per uscire da questa situazione, sarebbe indispensabile spezzare un anello di questa catena, ma i Paesi del Terzo Mondo non possono farlo da soli. Nella figura 2 è sintetizzato il circolo vizioso della povertà.

Lo scambio ineguale causa un trasferimento di ricchezza dai Paesi poveri a quelli ricchi

Lo scambio ineguale. I Paesi del Terzo Mondo esportano soprattutto prodotti agricoli e minerari (caffè, grano, rame) e importano manufatti industriali dai Paesi sviluppati. Però, negli ultimi decenni, il prezzo dei prodotti industriali importati è aumentato più rapidamente di quello delle materie prime esportate, e questo fatto ha penalizzato notevolmente il Terzo Mondo.

Lo *scambio ineguale* è dovuto a numerose ragioni:

- i Paesi sviluppati, essendo in condizione di determinare unilateralmente i prezzi, alzano quelli dei loro prodotti industriali e mantengono bassi quelli delle materie prime del Terzo Mondo;
- si hanno notevoli oscillazioni dei prezzi agricoli, perché la produzione agricola del Terzo Mondo, a causa del basso livello tecnologico, è troppo condizionata dai fattori climatici;
- i prodotti sintetici stanno sostituendo le materie prime naturali, e provocano una contrazione della Domanda di queste ultime, che fa diminuire i prezzi; basti pensare alla gomma naturale che è stata ormai sostituita dalle materie plastiche;
- i Paesi sviluppati parlano di globalizzazione, ma non esitano a utilizzare strumenti protezionistici, soprattutto i sussidi, per difendere la loro produzione agricola dalla concorrenza del Terzo Mondo.

Risultato: lo scambio ineguale trasferisce ricchezza dai Paesi sottosviluppati a quelli sviluppati.

Il sottosviluppo è caratterizzato

- Dalla sovrappopolazione dei Paesi poveri
- Dal circolo vizioso della povertà
- Dallo scambio ineguale a favore dei Paesi ricchi

Il problema del debito. Nel corso degli anni, i Paesi poveri si sono indebitati coi Paesi ricchi.

I debiti dei Paesi sottosviluppati hanno raggiunto proporzioni enormi

Il debito del Terzo Mondo ha raggiunto proporzioni vertiginose ed è difficile da quantificare (siamo nell'ordine di centinaia di miliardi di dollari). Il debito aumenta continuamente a causa degli interessi passivi, che autoalimentano la spirale del sottosviluppo. I Paesi poveri si indebitano (e si impegnano a pagare interessi); in seguito, devono indebitarsi ancora per pagare quegli interessi: il debito è «un gatto che si morde la coda». Come fare?

A volte leggiamo che i Paesi ricchi hanno deciso di cancellare una parte di questo debito. Per esempio, nel 2014, a 18 Stati africani sono stati «cancellati» quasi 10 miliardi di dollari di debito. Un fatto positivo? Sembrerebbe di sì. Non possiamo però ignorare qualche elemento che ridimensiona la generosità di questo gesto.

È solo teorica la cancellazione del debito, che non sarebbe mai stato pagato

Anzitutto, il debito cancellato è sempre *inesigibile*. È (o meglio, era) un debito che non sarebbe comunque mai stato pagato da questi Paesi, per la loro grave situazione economica.

Va anche sottolineato che i Paesi ricchi contabilizzano i debiti cancellati come «aiuti ai Paesi poveri»: il Nord «aiuta» (?) il Sud cancellando un debito, che co-

Una canzone

Cancella il debito

di Jovanotti

«Un miliardo di persone nel pianeta vive con meno di un dollaro al giorno»

Jovanotti, nome d'arte di Lorenzo Cherubini (nato a Roma nel 1966), è uno dei cantautori italiani più amati. Jovanotti diventa famoso negli anni Ottanta con brani commerciali, da cui però si discosta presto per avvicinarsi al modello della *world music*. All'evoluzione musicale si accompagnano testi sempre più impegnati. Pacifista convinto, Jovanotti è particolarmente sensibile alla grave situazione del Terzo Mondo.

Significativo e provocatorio è il suo intervento al Festival di Sanremo del 2000, dove interpreta *Cancella il debito*, una canzone che affronta uno dei maggiori problemi dei Paesi sottosviluppati.

Cancella il debito

Testo e musica: Lorenzo Cherubini
Soleluna, 2000

Un miliardo di persone nel pianeta vive con meno
di un dollaro al giorno [...]
non possono studiare [...]
l'economia dei paesi nei quali vivono è schiacciata
da un debito estero talmente grande che non
rimane neanche un soldo
da spendere per [...]
la salute
l'educazione
l'unica risorsa che resta alla popolazione
è l'emigrazione [...]

munque non avrebbe mai riscosso. Ipotizziamo di trovarci in Tanzania. Mentre la gente soffre la fame, il governo tanzaniano riceve questo aiuto: può cancellare una parte di passivo dal suo bilancio. Non è granché. Gli aiuti devono essere concreti. Il Terzo Mondo dovrebbe nutrirsi grazie ad aggiustamenti contabili nei bilanci statali?

Gli aiuti internazionali devono agevolare lo sviluppo economico del Terzo Mondo

Gli aiuti internazionali. Gli aiuti dei Paesi ricchi all'Africa, nel 2014, hanno superato i 20 miliardi di dollari, circa 34 dollari ad africano. Molti? Pochi? Le statistiche non dicono tutto.

Anzitutto, come si è visto, metà di questa cifra è la cancellazione di un debito inesigibile.

Altra riflessione. Spesso, gli aiuti sono vincolati all'utilizzo di beni, che sono prodotti da imprese dello Stato che «regala». Per esempio, l'Etiopia è un Paese giustamente beneficiato dagli aiuti internazionali. Alcuni Paesi, fra cui gli Stati Uniti, intervengono con donazioni di enormi quantità di cibo: è un «bel gesto», indubbiamente, che serve però anche ai produttori americani, che trovano una valvola di sfogo per la loro produzione.

Non è certamente questo il modo di far crescere un sistema economico. L'aiuto non può essere solo un trasferimento di risorse dal Nord al Sud. Per essere veramente tale, l'aiuto deve favorire lo sviluppo economico dei Paesi poveri.

Aiutare il Sud è nell'interesse del Nord. La globalizzazione non permette l'isolamento di una parte essenziale del pianeta, come l'Africa. Il Terzo Mondo è un enorme mercato vergine, che potrebbe risolvere il problema della Domanda mondiale.

Non si può negare che gli aiuti si accompagnino spesso alla corruzione (sia per chi li dà, sia per chi li riceve) e a una burocrazia allo sfascio, che ne riduce l'efficacia. È altrettanto vero che spesso gli aiuti sono utilizzati per finanziare la spesa militare. Alla luce di questo, in Occidente, molti pensano che trasferire risorse significhi solo «perdere qualcosa», che poi sarà risucchiato in un enorme buco nero. Non è così!

Nonostante tutto, negli ultimi anni, il Terzo Mondo ha fatto progressi: nell'alfabetizzazione, nella lotta all'Aids, nella disponibilità dell'acqua. Non sempre il denaro degli aiuti è sperperato: il PIL dell'Africa, nel 2014, è mediamente cresciuto del 5%, e questo dato interessa tutti.

La beneficienza ostacola lo sviluppo? Secondo alcuni studiosi, gli aiuti distruggono il mercato del Terzo Mondo. Perché?

Nei Paesi del Terzo Mondo gli aiuti in generi alimentari sono essenziali, ma devono essere opportunamente coordinati.

Ipotizziamo che all'Etiopia vengano donate tonnellate di generi alimentari. In Etiopia il mercato dei prodotti agricoli si paralizza. Nessuno acquista più generi alimentari, perché questi vengono distribuiti gratuitamente (anche se per poco tempo). Falliscono quindi le imprese locali, si crea una nuova carestia presso i contadini produttori (nessuno compra i loro prodotti che sono ora gratuiti), e si forma una crescente classe di poveri che non lavorano più: abbandonano i campi e vivono dell'economia di assistenza. Ma poi gli aiuti finiscono...

In alcuni Stati, questo fatto si è verificato nel settore tessile, portato al fallimento dall'aiuto, generoso ma confuso, di capi di abbigliamento: perché comprare una camicia, quando c'è qualcuno che te la regala?

È quindi vero che, a volte, la beneficienza ostacola lo sviluppo. Gli aiuti sono essenziali, ma devono essere mirati: devono creare sviluppo, invece di bloccarlo.

5 Il sottosviluppo civile e sociale

NUCLEI ESSENZIALI

Qualche numero. Ancora qualche dato:

- nel Sud la speranza di vita non supera i 47 anni rispetto ai 73 anni del Nord;
- nel Sud il tasso di mortalità infantile è del 13% rispetto allo 0,2% del Nord;
- nel Sud il tasso di alfabetizzazione degli adulti è del 3% rispetto al 95% del Nord;
- nel Sud ci sono 11 medici ogni 100 000 abitanti rispetto ai 204 del Nord;

- nel Sud solo il 34% della popolazione ha accesso all'acqua potabile, mentre al Nord siamo vicini al 100%.

Potremmo continuare: nel Sud l'alimentazione è scarsa e inadeguata, le strutture sanitarie sono inesistenti... Può bastare. Sono dati impressionanti.

Lo sfruttamento dei minori. I bambini sono le principali vittime del sottosviluppo. Secondo l'Unicef 120 milioni di bambini africani, soprattutto femmine, non sono mai entrati in una scuola.

Nei Paesi sottosviluppati lo sfruttamento dei minori è la norma

Nella tristissima graduatoria della mortalità infantile, troviamo ai primi 30 posti ben 28 Paesi africani, mentre gli altri due sono asiatici (Afghanistan e Cambogia).

Secondo l'Ufficio internazionale del lavoro sono 300 milioni i minori, fra i 5 e i 14 anni, che lavorano. Questo sfruttamento infantile è concentrato soprattutto in Asia, in Africa e in America Latina.

Nelle piantagioni dello Sri Lanka i bambini muoiono per intossicazioni da pesticidi, e per malattie come la malaria e il tetano. In Indonesia e nelle Filippine, i bambini sono impiegati nella pesca d'altura: è alto il numero dei decessi infantili per le immersioni in acque fredde.

I bambini sono anche oggetto di terribili traffici: sono comprati, venduti e scambiati, come una merce qualunque! Nel Sudan i bambini sono sequestrati dalle milizie governative e venduti sui mercati. Ogni anno quasi 10 000 bambine nepalesi vengono deportate nelle città indiane, dove si prostituiscono. In India i bambini sono la maggioranza della manodopera usata nella produzione di tappeti; in Perú e in Ghana lavorano nelle miniere d'oro, in Colombia in quelle di carbone, mentre in Thailandia sono costretti a prostituirsi nelle «case chiuse»... Meglio fermarci.

La spesa per le guerre. Le guerre fra Stati sono praticamente scomparse, ma nel Terzo Mondo resta il grave problema delle guerre locali. Nel 2014 c'erano 14 guerre in corso dal Sahara occidentale al Sudan e più di un milione di africani è morto in guerra.

Molti Paesi del Terzo Mondo destinano ingenti risorse all'industria bellica

I membri del Consiglio di sicurezza dell'ONU (Stati Uniti, Russia, Cina, Francia e Gran Bretagna) controllano più dell'80% delle esportazioni di materiale bellico verso i Paesi poveri. Si continua a investire sulla guerra, invece di spendere per la pace, per prevenire i conflitti, per tutelare i diritti umani.

L'industria bellica non si sottrae alla legge della Domanda e dell'Offerta: nel 2014 il commercio mondiale di armi ammontava a 200 miliardi di dollari. Si pensi che alcuni Stati africani (Congo, Repubblica Sudafricana, Etiopia) hanno importato armi (esplosivi, munizioni, armi da fuoco) per 50 milioni di dollari e alcuni Paesi asiatici (Pakistan, India, Singapore, Indonesia) per oltre 100 milioni.

Le conseguenze della spesa bellica nei Paesi sottosviluppati sono spaventose; basta pensare che, dal 1980 al 2014, le armi leggere e le mine hanno fatto circa 8 milioni di vittime.

In Africa la guerra è di casa. Molti Stati non hanno risorse per assicurare condizioni minime di vivibilità e di supporto sociale alle loro popolazioni, ma spendono milioni di dollari per comperare armi, naturalmente messe a loro disposizione dai Paesi sviluppati. Nella foto le armi requisite dalla missione dell'ONU alle Forze Democratiche per la Liberazione del Ruanda (FDLR) dopo la loro resa a Kateku, nella Repubblica Democratica del Congo, il 30 maggio 2014.

I bambini-soldato. Gli orrori dello sfruttamento infantile e della guerra si ritrovano in un'unica, enorme vergogna: l'impiego dei *bambini-soldato*. Negli ultimi 10 anni i conflitti armati hanno ucciso 2 milioni di bambini, ne hanno mutilato 6 milioni, mentre 20 milioni sono stati costretti a sfollare. I bambini sono doppiamente vittime della guerra, perché non solo la subiscono, ma la fanno.

Secondo dati dell'Unione europea, esistono attualmente 500 000 bambini-soldati nel Terzo Mondo. Questi bambini (e bambine) hanno meno di 18 anni e fanno parte o di un esercito regolare o di un gruppo armato. L'età media di reclutamento dei bambini-soldato non supera i 10 anni!

La Corte penale internazionale ha recentemente definito «crimine di guerra» sia la partecipazione attiva alle ostilità sia l'arruolamento dei bambini di età inferiore ai 15 anni: gli effetti di questa decisione della Corte sono finora nulli.

E la salute? Secondo l'*Organizzazione mondiale per la sanità* (Oms), nel 2014, 10 milioni di africani sono morti per «cause prevedibili». Si tratta di malattie perfettamente curabili nel Nord, ma incurabili nel Sud, anche perché la denutrizione contribuisce a debilitare i malati.

Una terribile epidemia sta falcidiando l'Africa: l'Aids. Ogni giorno 6000 giovani africani diventano sieropositivi, e sono più di 14 milioni gli orfani di Aids. Si pensi che nel solo Mozambico i malati di Aids superano gli 8 milioni.

Bisognerebbe impostare campagne di prevenzione, bisognerebbe incrementare le strutture sanitarie, bisognerebbe migliorare la qualità della vita, bisognerebbe avere più igiene. Già: bisognerebbe...

Bambini-soldato sudanesi. i bambini-soldato sono una presenza diffusa. Alcuni sono soldati a tutti gli effetti, altri sono usati come portatori di munizioni o di vettovaglie, ma non corrono meno pericoli dei primi.

Il dramma dell'acqua. Anche a causa dell'esplosione demografica, oggi, la Domanda d'acqua ha assunto proporzioni gigantesche. La situazione è molto grave. La mancanza d'acqua potabile, secondo l'Oms, è la causa principale delle pessime condizioni sanitarie nei Paesi sottosviluppati.

Alcuni studiosi ritengono che il XXI secolo sarà il secolo delle guerre per l'acqua. Già ora il controllo dell'acqua è al centro di numerosi conflitti regionali. Un esempio è dato dai Paesi interessati all'acqua del Nilo: Sudan-Egitto, Etiopia-Sudan.

Mentre nei Paesi industrializzati una persona dispone di 150 litri d'acqua al giorno, nel Terzo Mondo la disponibilità d'acqua per individuo è diminuita del 70% rispetto al 1970. In particolare:

- l'80% della popolazione rurale e il 23% di quella urbana non dispone di acqua potabile;
- l'acqua usata da oltre 3 miliardi di persone è malsana, tanto da infettare e uccidere 28 milioni di persone all'anno;
- considerata come una risorsa gratuita e inesauribile, l'acqua è sempre più rara, tanto che nelle metropoli del Sud del mondo (Il Cairo, Città del Messico, Calcutta, Kinshasa) è venduta da ambulanti in situazioni igieniche pessime.

Come superare il sottosviluppo? La grande arretratezza spinge masse sempre più consistenti del Terzo Mondo a emigrare verso i Paesi più ricchi. Questo fenomeno rischia di provocare nei Paesi industrializzati situazioni drammatiche sia sotto l'aspetto economico (l'aumento dell'Offerta di lavoro fa aumentare la disoccupazione), sia sotto quello sociale (la convivenza forzata di etnie così diverse provoca tensioni ed episodi di razzismo).

Per superare il sottosviluppo è necessario porre fine allo sfruttamento del Sud da parte del Nord

Il divario fra Nord e Sud rappresenta un problema di cui i Paesi sviluppati devono farsi carico in modo serio, abbandonando la retorica e la propaganda.

È vero che i Paesi ricchi aiutano i Paesi poveri per emergenze particolari (forniture di alimentari e medicinali in caso di carestie e catastrofi naturali), ma si tratta di iniziative occasionali, che non sono in grado di intervenire sui problemi strutturali. L'arretratezza dei Paesi poveri può essere superata, solo se i Paesi sviluppati riusciranno a promuovere efficaci politiche di sviluppo, in grado di aumentare la capacità produttiva del Terzo Mondo. In particolare:

- deve essere creata un'efficace rete di infrastrutture (strade, porti, ferrovie, bonifiche di terre);
- devono essere rimossi i sussidi all'agricoltura nei Paesi sviluppati, per agevolare le esportazioni del Terzo Mondo;
- devono essere intensificate le agevolazioni creditizie (tassi di interesse ridotti, dilazioni nei pagamenti), per ridurre l'indebitamento dei Paesi sottosviluppati;
- è necessario finanziare gli investimenti nel settore agricolo, per aumentarne la produttività.

La mancanza di riserve sicure di acqua è una delle cause principali di mortalità nel Terzo Mondo. Nella foto Aissata Abdoul Diop, membro della cooperativa delle donne della comunità di Diawoud, in Mauritania, mostra come le pannocchie di mais siano state prosciugate dalla siccità.

Sono invece discordi i pareri degli economisti sull'opportunità di impostare politiche di sviluppo industriale nel Terzo Mondo, perché l'arretratezza strutturale di questo settore rischia di annullare ogni tipo di intervento.

SINTESI

Lo sviluppo economico

- Si ha **sviluppo economico** (par. **1**) quando aumenta il Reddito Nazionale reale nel lungo periodo.
- I fattori che determinano la **capacità produttiva di un Paese** (par. **1**) sono la popolazione, il progresso tecnologico e l'accumulazione di capitale.
- Il **Reddito Nazionale *pro capite*** (par. **1**) è il rapporto fra il Reddito Nazionale e la popolazione di un Paese.

$$\textit{Reddito Nazionale}\ \text{pro capite} = \frac{\textit{Reddito Nazionale}}{\textit{Popolazione}}$$

- Il **tasso di sviluppo (*TS*)** (par. **1**) misura l'incremento proporzionale del Reddito Nazionale nel corso di un anno; è dato dal rapporto fra tasso di accumulazione (***TA***) e coefficiente di capitale (***CC***).

$$TS = \frac{TA}{TC}$$

Le fluttuazioni cicliche

- Le **fluttuazioni cicliche** (par. **2**) sono le oscillazioni del Reddito Nazionale effettivo al di sotto del Reddito Nazionale potenziale.

Paesi ricchi e Paesi poveri

- I Paesi sviluppati sono il **Nord** (par. **3**), mentre i Paesi sottosviluppati sono il **Sud** (par. **3**) del pianeta.
- Lo **squilibrio fra Nord e Sud** (par. **3**) è dovuto all'ineguale distribuzione delle risorse e non alla loro insufficienza.
- Nei **Paesi sviluppati** (par. **3**) il reddito *pro capite* annuo supera i 5000 dollari e il settore economico predominante è quello dei servizi.
- I **Paesi in via di sviluppo** (par. **3**) sono prevalentemente industriali e il reddito *pro capite* annuo è compreso fra i 1000 e i 5000 dollari.
- Nel **Terzo Mondo** (par. **3**) il reddito *pro capite* annuo è inferiore ai 1000 dollari e l'economia è basata sull'agricoltura e sull'estrazione dei minerali.
- Si parla di **Quarto Mondo** (par. **3**) per una quarantina di Paesi sottosviluppati, che hanno un reddito *pro capite* inferiore ai 200 dollari annui.

Il sottosviluppo economico e sociale

- Il **colonialismo** (par. **4**) è la principale causa del sottosviluppo. Il colonialismo ha spesso imposto condizioni di monocoltura che sono tuttora fonte di squilibrio economico.
- Col **neocolonialismo** (par. **4**) gli Stati sottosviluppati, politicamente indipendenti, continuano a dipendere economicamente da quelli sviluppati.
- Nel commercio internazionale si ha uno **scambio ineguale** (par. **4**), che causa un trasferimento di ricchezza dal Sud al Nord.

- I Paesi poveri sono molto indebitati coi Paesi ricchi che, a volte, decidono la **cancellazione del debito** (par. **4**); ma il debito cancellato è sempre inesigibile.
- Per **superare il sottosviluppo** (par. **5**) bisogna modificare l'assetto economico internazionale, e porre fine allo sfruttamento del Sud da parte del Nord.

1 Verifica le tue conoscenze

Risolvi le seguenti **scelte multiple** indicando la risposta esatta fra quelle possibili.

A

Si ha sviluppo economico quando

1 diminuisce il Reddito Nazionale reale

2 aumenta il Reddito Nazionale reale

3 aumenta il Reddito Nazionale monetario

B

Col neocolonialismo i Paesi sottosviluppati

1 dipendono politicamente da quelli sviluppati

2 dipendono economicamente da quelli sviluppati

3 sono Stati a sovranità limitata

1 Nel Sud il tasso di mortalità infantile è

A del 5%

B del 13%

C del 18%

D del 22%

2 Il Reddito Nazionale *pro capite* diminuisce quando l'aumento del Reddito Nazionale è

A inferiore a quello della popolazione

B superiore a quello della popolazione

C uguale a quello della popolazione

D accompagnato da un aumento della popolazione

3 Lo «scambio ineguale» nasce perché

A i Paesi sviluppati non pagano le materie prime del Terzo Mondo

B i Paesi sviluppati pagano in ritardo le materie prime del Terzo Mondo

C il prezzo delle materie prime aumenta più rapidamente di quello dei prodotti industriali

D il prezzo delle materie prime aumenta più lentamente di quello dei prodotti industriali

4 Nel Terzo Mondo gli occupati prevalgono

A nel settore primario

B nel settore secondario

C nel settore terziario

D nel settore secondario e in quello terziario

5 Per rimuovere il sottosviluppo è necessario

A aumentare la capacità produttiva del Terzo Mondo

B fornire cibo e medicinali al Terzo Mondo

C impedire l'emigrazione dal Terzo Mondo verso i Paesi sviluppati

D lasciare che il Terzo Mondo si sviluppi da solo

6 È una causa esogena del ciclo Juglar

A il ciclo psicologico

B il ciclo politico

C l'alternanza pace/guerra

D il ciclo elettorale

2 Misura le tue abilità

Rispondi e motiva la tua risposta in ogni caso proposto.

1 Il colonialismo ha spesso imposto la monocultura V F

____

2 Nei Paesi in via di sviluppo prevale il settore secondario V F

____

3 Il sottosviluppo economico provoca arretratezza sociale V F

4 Il neocolonialismo è stato superato negli anni Sessanta V F

5 Il progresso tecnologico fa aumentare la capacità produttiva V F

6 Lo sviluppo economico richiede una manodopera professionalmente preparata V F

3 Valuta le tue competenze

Risolvi i casi concreti, mettendo in pratica ciò che hai imparato.

1 Riconoscere i limiti dell'indicatore Reddito Nazionale *pro capite*, utilizzando situazioni di tua conoscenza.

Considerando che:

- tuo padre ha un reddito annuale di 45 000 euro;
- tuo zio ha un reddito annuale di 10 000 euro;
- una tua amica ha un reddito annuale di 35 000 euro;
- un tuo amico ha un reddito annuale di 30 000 euro;

individua il reddito *pro capite*.

▸ **Perché il reddito *pro capite* non tiene conto delle disuguaglianze sociali?**

2 Valutare la tua «bontà» quando cancelli un debito a un amico, che non te lo avrebbe mai pagato.

Hai vinto 500 euro al tuo amico Luca giocando a poker. Luca ha subito detto: «Vuoi davvero i soldi? Io non li ho.» E tu hai risposto: «No. Stavamo scherzando!».

▸ **Il tuo «nobile gesto» ricorda la cancellazione del debito ai Paesi del Terzo Mondo?**

3 Individuare nel tuo salotto almeno un bene che potrebbe essere stato prodotto nel Terzo Mondo.

Osserva i seguenti beni presenti nel tuo salotto: un televisore, un divano, un tavolino di bambù, un soprammobile e un tavolo.

▸ **Quale fra questi beni potrebbe essere stato prodotto nel Terzo Mondo?**

4 Verificare che una donazione, fatta dalla tua famiglia a un ente di beneficienza, raggiunga davvero i destinatari.

La tua famiglia ha donato 200 euro a un'associazione che si occupa di aiutare i bambini della Tanzania.

▸ **Come fai a verificare che i 200 euro abbiano raggiunto davvero i bambini tanzaniani?**

5 Approfondire le tue conoscenze sul Terzo Mondo parlando con un'amica africana.

Nella tua classe c'è una ragazza di origine africana, e tu vorresti «saperne di più» sul suo Paese d'origine.

▸ **Quali domande le fai? Quali domande eviti per non metterla a disagio?**

Idee a confronto

A casa 1 ora | In aula 20 minuti

4 Partendo dal caso proposto, approfondisci l'argomento per partecipare al dibattito in classe

Secondo l'Unicef negli ultimi 10 anni è rimasta quasi invariata la situazione dei bambini e ragazzi esclusi dalla scuola. Sono dati che lasciano attoniti. «[...] uno scenario nel quale l'11,5% dei bambini in età scolare – pari a 123 milioni – non frequenta la scuola; nel 2007 erano il 12,8%, cioè 135 milioni. Inutile sottolineare che il 40% di questi futuri adulti senza istruzione vive nelle immense aree del sottosviluppo del mondo o nelle zone di conflitto».

→ ***Secondo te, quali sono le cause che rendono impossibile la diffusione di sistemi scolastici nei Paesi più arretrati?***

F3

La deforestazione dell'Amazzonia

Uno degli aspetti più impressionanti del degrado ambientale dei Paesi sottosviluppati è il fenomeno della deforestazione. Molti Paesi del Sud del mondo ricorrono alla deforestazione per l'industria del legname e per agevolare l'allevamento bovino e lo sfruttamento del sottosuolo. Ma a quale prezzo?

Un caso eclatante è quello dell'**Amazzonia**. Larghe parti di foresta, negli ultimi tempi, sono state interessate da incendi che non sembrano essere spontanei, a differenza di altri casi di incendi recenti, come quelli che hanno interessato i Paesi artici.

Questi recenti roghi nella più grande foresta pluviale del mondo (5,5 milioni di km quadrati di cui il 60% situati nel territorio brasiliano) hanno portato lo Stato di Amazonas, nel Sud del Paese, a dichiarare lo stato di emergenza.

I dati ufficiali sulle porzioni di foresta perduta provengono da INPE, l'Istituto brasiliano per le ricerche spaziali, che pubblica i seguenti dati sulla deforestazione intervenuta negli ultimi anni:

- da agosto 2017 a luglio 2018 > 7500 km quadrati deforestati;
- da agosto 2018 a luglio 2019 > 6800 km quadrati deforestati.

Una conseguenza diretta degli incendi sempre più frequenti sono le emissioni di CO_2 nella regione amazzonica, che hanno registrato i picchi più alti dal 2010.

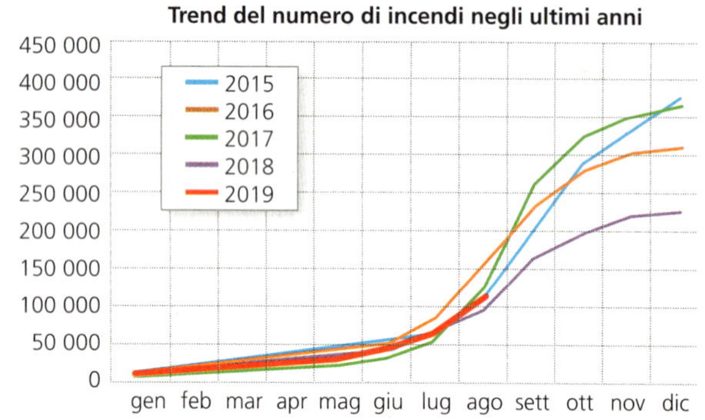

Fonte: *Earth innovate*

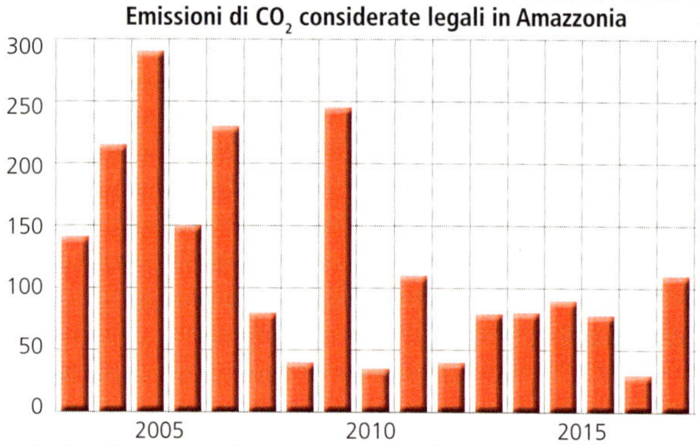

Fonte: *Copernicus Europe eyes on Earth*

I POLMONI VERDI A RISCHIO

Le aree segnalate sul planisfero contengono la più ricca concentrazione di fauna selvatica al mondo, comprese le specie in via di estinzione, come oranghi e tigri, e sono tutte aree fondamentali per l'esistenza di molte comunità indigene.

30 000 CHILOMETRI QUADRATI DI ALBERI

Sono bruciati nella grande foresta del Nord della Siberia durante l'estate 2019, un'area più vasta della Slovenia. Simili roghi non sono insoliti a queste latitudini (anche l'Alaska da giugno 2019 è stata colpita da numerosi incendi), ma quest'anno sono stati più precoci ed estesi che in passato.

1. Amazzonia
2. Foresta atlantica e Gran Chaco
3. Borneo
4. Cerrado
5. Choco-Darien
6. Africa orientale
7. Australia orientale
8. Greater Mekong
9. Nuova Guinea
10. Sumatra
11. Bacino del Congo

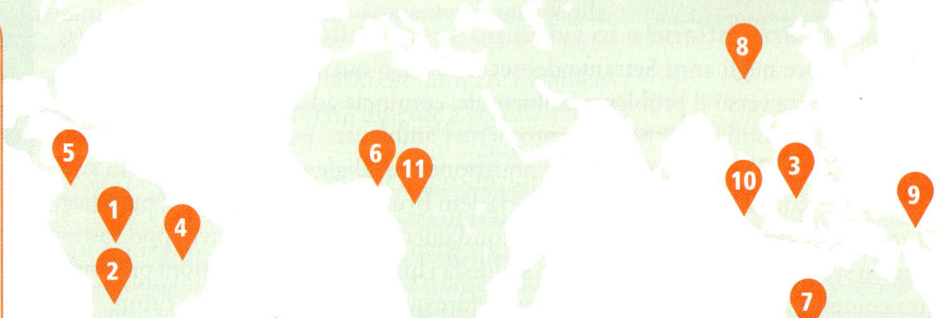

FINO A 170 MILIONI DI ETTARI DI FORESTE

È quanto perderemo tra il 2010 e il 2030 se il trend attuale di deforestazione non si ferma, secondo i risultati del più recente capitolo del Report sulle Foreste del WWF internazionale.

L'equità fra le generazioni presenti. Secondo il *Rapporto Brundtland* è necessario che ogni essere umano soddisfi i bisogni essenziali, e migliori la qualità della propria vita. La miseria di intere popolazioni, oltre a essere inaccettabile sotto l'aspetto morale, sta alla base del degrado ambientale. Come si è visto, è la povertà a costringere i Paesi del Terzo Mondo a disboscare il territorio, e a sfruttare oltre ogni limite il sottosuolo.

Lo sviluppo sostenibile richiede il superamento dell'arretratezza nel Terzo Mondo e l'aumento delle risorse naturali esistenti

Lo sviluppo sostenibile è possibile solo se, nelle aree più povere, vengono attuate delle efficaci politiche di sviluppo, sia quantitativo sia qualitativo.

La conservazione delle risorse naturali. Le risorse naturali sono limitate, mentre il loro fabbisogno continua ad aumentare. Lo sviluppo sostenibile si fonda sul principio che le generazioni future non possono ereditare una dotazione di risorse naturali inferiore a quella ereditata dalle generazioni presenti. Sarebbe anzi auspicabile che le ricchezze naturali fossero aumentate, e non solo mantenute. È necessaria una riconversione dei processi produttivi, tale da ridurre sia l'inquinamento sia l'utilizzo di risorse naturali non rinnovabili (combustibili fossili e minerali); per esempio, in campo energetico, sarebbe opportuno un massiccio ricorso all'energia solare.

In questa direzione dovrebbe muoversi anche la ricerca tecnico-scientifica, che finora ha solo cercato di promuovere lo sviluppo delle aree più ricche, e ha sottovalutato gli effetti dell'inquinamento.

L'energia solare può essere sfruttata in due modi: con i pannelli fotovoltaici, che trasformano direttamente l'energia solare in energia elettrica, oppure con sistemi che generano vapor d'acqua e azionano turbine in grado di produrre elettricità.

Il rapporto biunivoco fra economia e ambiente. La tutela ambientale è fondamentale per l'attività economica.

Il degrado ambientale impedisce lo sviluppo economico

Solitamente si considerano solo i danni procurati all'ambiente dall'attività produttiva; in realtà, il degrado ambientale provoca effetti devastanti sull'economia; basta riflettere sul fatto che una carenza di materie prime blocca il processo produttivo.

È necessario introdurre nuovi parametri, che facciano emergere i costi economici del degrado ambientale. Seguendo questa nuova direzione, è stato recentemente ridimensionato il progetto di costruire dighe in Amazzonia, perché comportava il sacrificio di migliaia di ettari di foresta.

Esiste un'interazione fra economia e ambiente, perché lo sviluppo non è possibile se le risorse ambientali si deteriorano o si esauriscono.

Secondo il *Rapporto Brundtland* del 1987 lo sviluppo sostenibile richiede

- Equità fra le generazioni presenti
- Conservazione delle risorse naturali
- Rapporto biunivoco fra economia e ambiente

Sviluppo sostenibile e consumi. Lo sviluppo sostenibile richiede non solo una modifica dei metodi di produzione, ma anche un radicale cambiamento nei consumi (soprattutto nei Paesi sviluppati), perché sono questi a determinare le scelte produttive (va ricordato che è la Domanda a determinare l'Offerta).

Lo sviluppo sostenibile richiede un radicale cambiamento della concezione della vita di gran parte dell'umanità

Si tratta di un problema di difficile soluzione, perché i consumi dipendono dal modello culturale dominante nella società, e sarebbe quindi necessaria un'azione comune da parte di numerose istituzioni: dalla scuola ai mass media, dai gruppi politici ai movimenti culturali.

Per assicurare uno sviluppo sostenibile non sono sufficienti nuove politiche economiche, ma devono anche radicalmente cambiare i valori su cui si basa la concezione della vita di gran parte dell'umanità.

C'è ancora molta strada da fare, perché si tratta di modificare comportamenti, orientamenti e convinzioni, sia nell'ambito delle scelte dei governi verso la sostenibilità, sia nella direzione di una nuova cultura dei cittadini verso scelte consapevoli ed etiche nei consumi, negli stili di vita, nella mobilità, nel risparmio energetico, nella riduzione e differenziazione dei rifiuti e, in genere, nel rispetto dell'ambiente.

Questa necessità è stata avvertita anche a livello globale, come vedremo nel paragrafo 3, dedicato all'Agenda 2030 dell'ONU.

Dallo sviluppo sostenibile alla «sostenibilità». Lo sviluppo sostenibile si richiama, quindi, alla necessità di conciliare due obiettivi fondamentali per la società contemporanea: tutelare gli ecosistemi e promuovere lo sviluppo socio-economico.

Dal concetto di sviluppo sostenibile deriva il concetto di *sostenibilità* che, oltre all'ambito strettamente ambientale, comprende anche gli aspetti sociali, culturali ed economici.

2 La sovranazionalità del problema ambientale

NUCLEI ESSENZIALI

Il problema ambientale è sovranazionale perché riguarda tutti gli Stati

Il problema ambientale è sovranazionale. Il problema ambientale è sovranazionale perché riguarda tutti gli Stati.

Non è possibile trattare il problema ambientale a livello nazionale, perché esso coinvolge l'intero pianeta; basta pensare ai disastri nucleari di Cernobyl (avvenuto nel 1986 in Ucraina) e di Fukushima (avvenuto nel 2011 in Giappone), che hanno avuto ripercussioni su aree vastissime. È indispensabile una contemporanea assunzione di responsabilità da parte di tutti gli Stati.

Alla *sovranazionalità* del problema ambientale non si accompagna però un coordinamento delle politiche ambientali dei singoli Stati, che solo da pochi anni si stanno rendendo conto della necessità di un'azione comune, per difendere la qualità della vita nel pianeta.

Negli ultimi anni l'intenso dibattito a livello mondiale sulle problematiche ambientali ha sottolineato l'importanza delle politiche per lo sviluppo sostenibile, al fine di responsabilizzare i cittadini ad assumere comportamenti e stili di vita all'insegna del rispetto dell'ambiente. La priorità ambientale, che è insieme locale e globale, viene assunta sempre più dalla comunità internazionale quale chiave di volta per la programmazione complessiva delle politiche pubbliche e per il governo dello sviluppo sostenibile dell'intero pianeta.

Il problema ambientale ha caratteristiche chiaramente sovranazionali, come dimostrano i disastri nucleari di Chernobyl, in Ucraina, e di Fukushima, in Giappone. A Chernobyl (foto a sinistra), il 26 aprile 1986, il reattore numero 4 esplose, provocando l'emissione di radiazioni nell'atmosfera centinaia di volte superiore a quella delle bombe sganciate su Hiroshima e Nagasaki. A Fukushima (foto a destra), l'11 marzo 2011, lo tsunami scatenato da un terremoto di magnitudo 9.0 ha messo fuori uso il sistema elettrico, con conseguente blocco del circuito di raffreddamento, provocando esplosioni a catena. Entrambi gli incidenti sono stati classificati di livello 7, il massimo secondo la scala INES degli incidenti nucleari, elaborata dall'AIEA (Agenzia internazionale per l'energia atomica).

La Conferenza di Rio del 1992. Dal 3 al 14 giugno 1992 si svolse a Rio de Janeiro la *Conferenza sull'ambiente e lo sviluppo delle Nazioni Unite*: fu la prima vera conferenza mondiale sull'ambiente. Chiamata anche il «Summit della Terra», fu un evento senza precedenti che mise attorno a uno stesso tavolo 172 Governi, 108 Capi di Stato o di Governo e 2400 rappresentanti di organizzazioni non governative.

Nel 1992 si svolge la prima conferenza mondiale sull'ambiente a Rio de Janeiro

La Conferenza di Rio trattò diversi argomenti in materia di ambiente e di sviluppo a livello planetario, fra i quali i rifiuti e gli scarti dei vari modelli di produzione, il cambiamento climatico provocato dall'abuso di combustibili fossili, lo smog, la scarsità di acqua, la congestione delle grandi città e le emissioni nocive dei sistemi di trasporto. Essa rappresentò la presa di coscienza definitiva della necessità di preservare l'ambiente naturale come «base della piramide dello sviluppo».

Tra i vari risultati raggiunti dalla Conferenza di Rio ricordiamo;

- l'accordo sui cambiamenti climatici che portò, pochi anni dopo, alla stesura del «Protocollo di Kyoto»;
- l'avvio del dibattito che avrebbe poi portato alla «Carta della Terra», una dichiarazione di principi etici fondamentali, approvata a livello internazionale, che si propone di costruire una società globale che sia giusta, sostenibile e pacifica.

La tutela ambientale nell'Unione europea. L'Unione europea non poteva ignorare il problema del degrado ambientale.

L'Unione europea cerca di raggiungere un'elevata tutela ambientale

In base all'articolo 191 del *Trattato sul funzionamento dell'Unione europea* (d'ora in poi art. 191 Trattato FUE), la politica dell'Unione in materia ambientale «mira

Una canzone

Where do the children play?

di Cat Stevens

«I know we've come a long way,
We're changing day to day,
But tell me, where do the children play?»

Yusuf Islam/Cat Stevens.

Il progresso è importante, ma «dove giocano i bambini»?

È la domanda che si pone Cat Stevens quando, nel 1972, scrive *Where do the children play?*, una delle sue canzoni più famose.

Cat Stevens, nato a Londra nel 1947, ottiene un grande successo come cantautore negli anni Settanta, ma la sua vita subisce una svolta radicale negli anni Ottanta, quando aderisce alla religione islamica, cambia il suo nome in Yusuf Islam e abbandona la musica.

Dal testo, poetico e suggestivo, di *Where do the children play?* emerge in tutta la sua gravità il problema di uno sviluppo che danneggia l'ambiente e peggiora la qualità della vita delle persone.

Where do the children play?

Testo e musica: Cat Stevens
Dischi Ricordi Spa, 1972

Well I think it's fine, building jumbo planes
Or taking a ride on a cosmic train
Switch on summer from a slot machine
Get what you want to if you want, 'cause you can get anything
I know we've come a long way
We're changing day to day
But tell me,
where do the children play? [...]

a un elevato livello di tutela, tenendo conto della diversità delle situazioni nelle varie regioni».

Per raggiungere questo traguardo, la politica ambientale dell'Unione vuole «perseguire i seguenti obiettivi:

- salvaguardia, tutela e miglioramento della qualità dell'ambiente;
- protezione della salute umana;
- utilizzazione accorta e razionale delle risorse naturali;
- promozione, sul piano internazionale, di misure destinate a risolvere i problemi dell'ambiente a livello regionale o mondiale».

Lo stesso articolo precisa poi che, nel predisporre la sua politica ambientale, l'Unione tiene conto:

- «dei dati scientifici e tecnici disponibili;
- delle condizioni dell'ambiente nelle varie regioni dell'Unione;
- dei vantaggi e degli oneri che possono derivare dall'azione o dall'assenza di azione;
- dello sviluppo socioeconomico dell'Unione nel suo insieme e dello sviluppo equilibrato delle singole regioni».

L'azione sovranazionale europea è indebolita dal fatto che, in materia di ambiente, l'Unione non è l'unica a legiferare, perché anche i singoli Stati possono adottare «atti giuridicamente vincolanti» (come vedremo nel capitolo G2).

3 L'Agenda 2030 dell'ONU per lo sviluppo sostenibile

NUCLEI ESSENZIALI

L'Agenda 2030 dell'ONU. Il 25 settembre 2015 l'Assemblea Generale dell'ONU ha adottato una risoluzione di grande importanza: *Trasformare il nostro mondo: l'Agenda 2030 per lo sviluppo sostenibile*, che si propone di «liberare la razza umana dalla tirannia della povertà» e di «curare e salvaguardare il nostro pianeta».

L'Agenda 2030 dell'ONU è formata da 17 goal (obiettivi) articolati in 169 traguardi. Essi mirano a realizzare pienamente i diritti umani di tutti e a raggiungere l'uguaglianza di genere attraverso l'emancipazione delle donne.

I goal sono interconnessi e indivisibili, e bilanciano le tre dimensioni dello sviluppo sostenibile: la dimensione economica, la dimensione sociale e la dimensione ambientale.

Assemblea Generale dell'ONU.

Secondo l'Agenda 2030 dell'ONU lo sviluppo sostenibile si articola

- Nella dimensione economica
- Nella dimensione sociale
- Nella dimensione ambientale

AGENDA 2030

L'Agenda 2030 in Italia. L'Istat ha il compito di elaborare le informazioni statistiche necessarie al monitoraggio dell'Agenda 2030 per il nostro Paese, che deve agire in modo da contribuire alla realizzazione del progetto globale.

A partire dal dicembre 2016, l'Istat ha iniziato a rendere disponibili con cadenza semestrale gli indicatori per l'Italia (consultabili su www.istat.it.). Nel 2019 l'Istat ha poi pubblicato il rapporto *Informazioni statistiche per l'Agenda 2030 in Italia*, relativo agli anni 2017 e 2018, a cui faremo costante riferimento.

Approfondiamo quindi il contenuto dei 17 goal dell'Agenda 2030 dell'ONU, che devono stimolare interventi in aree di importanza cruciale per l'umanità e per l'intero pianeta.

Alla fine di ogni goal dell'Agenda 2030, riportiamo i principali risultati rilevati su quell'obiettivo in Italia, per gli anni 2017 e 2018, in base al Rapporto Istat.

1. Porre fine a ogni forma di povertà nel mondo. Entro il 2030:

- sradicare la povertà estrema per tutte le persone in tutto il mondo, attualmente misurata sulla base di coloro che vivono con meno di 1,25 dollari al giorno;
- ridurre almeno della metà la quota di uomini, donne e bambini che vivono la povertà in tutte le sue forme;
- assicurare che tutti gli uomini e le donne abbiano uguali diritti alle risorse economiche;
- rinforzare la resilienza dei poveri e di coloro che si trovano in situazioni di vulnerabilità, e ridurre la loro esposizione e vulnerabilità a eventi climatici estremi, catastrofi e shock economici, sociali e ambientali.

In Italia nel 2017:

- la popolazione a rischio di povertà o esclusione sociale è pari al 28,9% con notevoli disparità territoriali, perché questo rischio riguarda il 44,4% delle persone residenti nel Mezzogiorno contro il 18,8% del Nord;
- gli individui in povertà assoluta si stima siano 5 milioni e 58 000 (8,4%);
- le condizioni dei minori rimangono critiche: tra di loro, i poveri assoluti sono infatti il 12,1%.

2. Porre fine alla fame, raggiungere la sicurezza alimentare, migliorare la nutrizione e promuovere un'agricoltura sostenibile. Entro il 2030:

- porre fine alla fame e garantire a tutte le persone un accesso sicuro a cibo nutriente e sufficiente per tutto l'anno;
- porre fine a tutte le forme di malnutrizione; raggiungere i traguardi concordati a livello internazionale contro l'arresto della crescita e il deperimento nei bambini sotto i 5 anni di età;
- soddisfare le esigenze nutrizionali di ragazze adolescenti, donne in gravidanza e allattamento e delle persone anziane;
- implementare pratiche agricole resilienti che aumentino la produttività e la produzione, che aiutino a proteggere gli ecosistemi, che rafforzino la capacità di adattamento ai cambiamenti climatici, a condizioni meteorologiche estreme, siccità, inondazioni e altri disastri e che migliorino progressivamente la qualità del suolo.

In Italia nel 2017:

- sono destinati all'agricoltura biologica quasi 2 milioni di ettari, per i 2/3 localizzati nel Mezzogiorno;
- in agricoltura diminuisce l'impiego di fitofarmaci, mentre resta stabile l'uso dei fertilizzanti;
- continua a diminuire l'indice di orientamento all'agricoltura della spesa pubblica, in direzione contraria a quella auspicata dall'Agenda 2030;
- circa 1 bambino su 3 è in sovrappeso, ma la tendenza è verso un miglioramento.

3. Assicurare la salute e il benessere per tutti e per tutte le età. Entro il 2030:

- ridurre il tasso di mortalità materna globale a meno di 70 per ogni 100 000 bambini nati vivi;
- porre fine alle morti prevenibili di neonati e bambini sotto i 5 anni di età. Tutti i Paesi dovranno cercare di ridurre la mortalità neonatale ad almeno 12 per ogni 1000 bambini nati vivi e la mortalità dei bambini sotto i 5 anni di età ad almeno 25 per 1000 bambini nati vivi;
- porre fine alle epidemie di AIDS, tubercolosi, malaria e malattie tropicali trascurate, combattere l'epatite, le malattie di origine idrica e le altre malattie trasmissibili;
- ridurre di un terzo la mortalità prematura da malattie non trasmissibili attraverso la prevenzione e il trattamento e promuovere benessere e salute mentale;
- rafforzare la prevenzione e il trattamento di abuso di sostanze, tra cui l'abuso di stupefacenti e il consumo nocivo di alcol;

8. Incentivare una crescita economica duratura, inclusiva e sostenibile, un'occupazione piena e produttiva e un lavoro dignitoso per tutti. Entro il 2030:

- sostenere la crescita economica pro capite in conformità alle condizioni nazionali, e in particolare una crescita annua almeno del 7% del prodotto interno lordo nei paesi in via di sviluppo;
- raggiungere standard più alti di produttività economica attraverso la diversificazione, il progresso tecnologico e l'innovazione;
- promuovere politiche orientate allo sviluppo, che supportino le attività produttive, la creazione di posti di lavoro dignitosi, l'imprenditoria, la creatività e l'innovazione, e che incoraggino la formalizzazione e la crescita delle piccole e medie imprese, anche attraverso l'accesso a servizi finanziari;
- garantire un'occupazione piena e produttiva e un lavoro dignitoso per donne e uomini, compresi i giovani e le persone con disabilità, e un'equa remunerazione per lavori di equo valore;
- ridurre la quota di giovani disoccupati e al di fuori di ogni ciclo di studio o formazione;
- prendere provvedimenti immediati ed effettivi per sradicare il lavoro forzato, porre fine alla schiavitù moderna e alla tratta di esseri umani e garantire la proibizione ed eliminazione delle peggiori forme di lavoro minorile, compreso il reclutamento e l'impiego dei bambini soldato, nonché porre fine entro il 2025 al lavoro minorile in ogni sua forma;
- proteggere il diritto al lavoro e promuovere un ambiente lavorativo sano e sicuro per tutti i lavoratori, inclusi gli immigrati, in particolare le donne e i precari;
- concepire e implementare politiche per favorire un turismo sostenibile che crei lavoro e promuova la cultura e i prodotti locali.

In Italia nel 2018:

- il tasso di disoccupazione è sceso al 10,6%, tuttavia il divario tra tasso di disoccupazione italiano ed europeo è pari a +3,6 punti percentuali;
- la quota di NEET (tra i 25 e i 29 anni) raggiunge il 30,9%, che è il valore più elevato nell'Unione europea.

9. Costruire infrastrutture resilienti e promuovere l'innovazione e una industrializzazione equa, responsabile e sostenibile. Entro il 2030:

- sviluppare infrastrutture di qualità, affidabili, sostenibili e resilienti, per supportare lo sviluppo economico e il benessere degli individui;
- promuovere un'industrializzazione inclusiva e sostenibile e aumentare significativamente le quote di occupazione nell'industria e il prodotto interno lordo;
- incrementare l'accesso delle piccole imprese industriali e non ai servizi finanziari, compresi i prestiti a prezzi convenienti;
- migliorare le infrastrutture e riconfigurare in modo sostenibile le industrie, aumentando l'efficienza nell'utilizzo delle risorse e adottando tecnologie e processi industriali più puliti e sani per l'ambiente, facendo sì che tutti gli Stati si mettano in azione nel rispetto delle loro rispettive capacità;
- aumentare la ricerca scientifica, migliorare le capacità tecnologiche del settore industriale in tutti gli Stati;
- facilitare la formazione di infrastrutture sostenibili e resilienti negli Stati in via di sviluppo tramite un supporto finanziario, tecnico e tecnologico rinforzato.

In Italia nel 2018:

- si ha un ridimensionamento del settore manifatturiero in termini sia di quota di occupazione sia di peso sul valore aggiunto totale;
- l'incidenza di ricercatori sulla popolazione è nettamente inferiore a quella di altri Paesi europei, come Francia e Germania. Va precisato che, al solito, nel Mezzogiorno il numero di ricercatori è pari a meno della metà rispetto al Centro e al Nord;

- si connettono a internet tramite banda larga 73,7 famiglie su cento e 94,2 imprese con più di 10 addetti su cento. Le imprese dotate di un sito web sono il 71,4%.

10. Ridurre l'ineguaglianza all'interno di e fra le nazioni. Entro il 2030:

- raggiungere progressivamente e sostenere la crescita del reddito del 40% della popolazione nello strato sociale più basso a un tasso superiore rispetto alla media nazionale;
- potenziare e promuovere l'inclusione sociale, economica e politica di tutti, a prescindere da età, sesso, disabilità, razza, etnia, origine, religione, stato economico o altro;
- assicurare le pari opportunità e ridurre le disuguaglianze nei risultati, anche eliminando leggi, politiche e pratiche discriminatorie e promuovendo legislazioni, politiche e azioni appropriate a tale proposito;
- adottare politiche, in particolare fiscali, salariali e di protezione sociale, per raggiungere progressivamente una maggiore uguaglianza;
- assicurare una migliore rappresentanza che dia voce ai Paesi in via di sviluppo nelle istituzioni responsabili delle decisioni in materia di economia e finanza globale e internazionale, per creare istituzioni più efficaci, credibili, responsabili e legittimate;
- rendere più disciplinate, sicure, regolari e responsabili la migrazione e la mobilità delle persone, anche con l'attuazione di politiche migratorie pianificate e ben gestite;
- incoraggiare l'aiuto pubblico allo sviluppo e i flussi finanziari, compresi gli investimenti diretti esteri, per gli Stati più bisognosi.

10 RIDURRE LE DISUGUAGLIANZE

In Italia nel 2017:

- è al 19,5% la quota di reddito disponibile per il 40% più povero della popolazione;
- continua la crescita del numero di migranti in possesso di un permesso di lungo periodo;
- si è registrata per la prima volta, dopo un decennio di costante crescita, una diminuzione del numero di acquisizioni di cittadinanza (–26,4%).

11. Rendere le città e gli insediamenti umani inclusivi, sicuri, duraturi e sostenibili. Entro il 2030:

- garantire a tutti l'accesso ad alloggi adeguati, sicuri e convenienti e ai servizi di base e riqualificare i quartieri poveri;
- garantire a tutti l'accesso a un sistema di trasporti sicuro, conveniente, accessibile e sostenibile, migliorando la sicurezza delle strade, in particolar modo potenziando i trasporti pubblici, con particolare attenzione ai bisogni di coloro che sono più vulnerabili, donne, bambini, persone con invalidità e anziani;
- potenziare un'urbanizzazione inclusiva e sostenibile e la capacità di pianificare e gestire in tutti i Paesi un insediamento umano che sia partecipativo, integrato e sostenibile;
- potenziare gli sforzi per proteggere e salvaguardare il patrimonio culturale e naturale del mondo;
- ridurre in modo significativo il numero di decessi e il numero di persone colpite e diminuire in modo sostanziale le perdite economiche dirette rispetto al prodotto interno lordo globale causate da calamità, comprese quelle legate all'acqua, con particolare riguardo alla protezione dei poveri e delle persone più vulnerabili;
- ridurre l'impatto ambientale negativo *pro capite* delle città, prestando particolare attenzione alla qualità dell'aria e alla gestione dei rifiuti urbani e di altri rifiuti;
- fornire l'accesso universale a spazi verdi e pubblici sicuri, inclusivi e accessibili, in particolare per donne, bambini, anziani e disabili;
- supportare i Paesi meno sviluppati, anche con assistenza tecnica e finanziaria, nel costruire edifici sostenibili e resilienti utilizzando materiali locali.

11 CITTÀ E COMUNITÀ SOSTENIBILI

In Italia nel 2018:

- il livello di inquinamento atmosferico registra un lieve incremento, anche a causa dei cambiamenti atmosferici. Valori superiori alla media europea si registrano soprattutto nella Pianura Padana;

- il 32,4% delle famiglie dichiara di avere molta difficoltà di collegamento con i servizi pubblici nella zona in cui risiede;
- la popolazione che vive in abitazioni sovraffollate è in leggero calo e pari al 27,1%.

12. Garantire modelli sostenibili di produzione e di consumo. Entro il 2030:

- raggiungere la gestione sostenibile e l'utilizzo efficiente delle risorse naturali;
- dimezzare lo spreco alimentare globale *pro capite* a livello di vendita al dettaglio e dei consumatori e ridurre le perdite di cibo durante le catene di produzione e di fornitura, comprese le perdite del post-raccolto;
- ridurre in modo sostanziale la produzione di rifiuti attraverso la prevenzione, la riduzione, il riciclo e il riutilizzo;
- incoraggiare le imprese, in particolare le grandi aziende multinazionali, ad adottare pratiche sostenibili e a integrare le informazioni sulla sostenibilità nei loro resoconti annuali;
- accertarsi che tutte le persone, in ogni parte del mondo, abbiano le informazioni rilevanti e la giusta consapevolezza dello sviluppo sostenibile e di uno stile di vita in armonia con la natura;
- supportare i Paesi in via di sviluppo nel potenziamento delle loro capacità scientifiche e tecnologiche, per raggiungere modelli di consumo e produzione più sostenibili;
- sviluppare e implementare strumenti per monitorare gli impatti dello sviluppo sostenibile per il turismo sostenibile, che crea posti di lavoro e promuove la cultura e i prodotti locali.

12 CONSUMO RESPONSABILE

In Italia nel 2017:

- il consumo di risorse naturali torna a crescere a seguito della ripresa delle attività produttive;
- con 6942 presenze ogni 1000 abitanti, l'Italia raggiunge il livello più elevato di flusso turistico degli ultimi venti anni.

13. Promuovere azioni, a tutti i livelli, per combattere il cambiamento climatico. Entro il 2030:

- rafforzare in tutti i Paesi la capacità di ripresa e di adattamento ai rischi legati al clima e ai disastri naturali;
- integrare le misure di cambiamento climatico nelle politiche, strategie e pianificazioni nazionali;
- migliorare l'istruzione, la sensibilizzazione e la capacità umana e istituzionale per quanto riguarda la mitigazione del cambiamento climatico, l'adattamento, la riduzione dell'impatto e l'allerta tempestiva;
- promuovere meccanismi per aumentare la capacità effettiva di pianificazione e gestione di interventi inerenti al cambiamento climatico nei Paesi in via di sviluppo, con particolare attenzione a donne e giovani e alle comunità locali e marginali.

13 LOTTA CONTRO IL CAMBIAMENTO CLIMATICO

In Italia nel 2017:

- le emissioni di anidride carbonica sono aumentate del 40% rispetto ai valori del 2000. I 3/4 delle emissioni sono generate dalle attività produttive e 1/4 dai consumi delle famiglie;
- il 10,4% della popolazione è esposto a rischio di alluvioni, ovvero al rischio di danni alla persona (morti, dispersi, feriti, evacuati);
- le anomalie di temperatura sulla terraferma a livello globale e nazionale si sono tradotte in un aumento pari, rispettivamente, a 1,20 e 1,30 °C rispetto ai valori climatologici normali;
- aumentano gli eventi di origine sismica e vulcanica, che provocano maggiori perdite e danni dove il territorio e le infrastrutture sono più fragili e vulnerabili.

14. Conservare e utilizzare in modo sostenibile gli oceani, i mari e le risorse marine per uno sviluppo sostenibile. Entro il 2030:

- prevenire e ridurre in modo significativo ogni forma di inquinamento marino, in particolar modo quello derivante da attività esercitate sulla terraferma, compreso l'inquinamento dei detriti marini e delle sostanze nutritive;

14 FLORA E FAUNA ACQUATICA

- ridurre al minimo e affrontare gli effetti dell'acidificazione degli oceani, anche attraverso una maggiore collaborazione scientifica a tutti i livelli;
- regolare in modo efficace la pesca e porre termine alla pesca eccessiva, illegale, non dichiarata e non regolamentata e ai metodi di pesca distruttivi;
- aumentare i benefici economici dei piccoli Stati insulari in via di sviluppo e dei Paesi meno sviluppati, facendo ricorso a un utilizzo più sostenibile delle risorse marine, compresa la gestione sostenibile della pesca, dell'acquacoltura e del turismo;
- fornire l'accesso ai piccoli pescatori artigianali alle risorse e ai mercati marini.

In Italia nel 2017:

- la percentuale di coste marine balneabili è pari al 66,9%;
- la quota di costa non balneabile comprende le zone che presentano rischi di natura igienico-sanitaria o di sicurezza, ma anche le aree militari, i porti, le foci di fiumi e le aree soggette a tutela naturale.

15. Proteggere, ripristinare e favorire un uso sostenibile dell'ecosistema terrestre, gestire sostenibilmente le foreste, contrastare la desertificazione, arrestare e far retrocedere il degrado del terreno e fermare la perdita di diversità biologica. Entro il 2030:

- garantire la conservazione, il ripristino e l'utilizzo sostenibile degli ecosistemi di acqua dolce terrestri e dell'entroterra nonché dei loro servizi, in modo particolare delle foreste, delle paludi, delle montagne e delle zone aride, in linea con gli obblighi derivanti dagli accordi internazionali;
- promuovere una gestione sostenibile di tutti i tipi di foreste, arrestare la deforestazione, ripristinare le foreste degradate e aumentare ovunque, in modo significativo, la riforestazione e il rimboschimento;
- combattere la desertificazione, ripristinare le terre degradate, comprese quelle colpite da desertificazione, siccità e inondazioni, e battersi per ottenere un mondo privo di degrado del suolo;
- garantire la conservazione degli ecosistemi montuosi, incluse le loro biodiversità, al fine di migliorarne la capacità di produrre benefici essenziali per uno sviluppo sostenibile;
- agire per porre fine al bracconaggio e al traffico delle specie protette di flora e fauna e combattere il commercio illegale di specie selvatiche;
- integrare i principi di ecosistema e biodiversità nei progetti nazionali e locali, nei processi di sviluppo e nelle strategie e nei resoconti per la riduzione della povertà.

In Italia nel 2017:

- la crescita e la densificazione delle aree forestali migliora l'assorbimento del carbonio, ma è un processo in gran parte incontrollato;
- il consumo di suolo continua ad avanzare (14 ettari al giorno);
- aumentano le violazioni contestate in applicazione delle norme internazionali contro i traffici illeciti di specie protette.

16. Promuovere società pacifiche e inclusive per uno sviluppo sostenibile, garantire a tutti l'accesso alla giustizia, e creare istituzioni efficaci, responsabili e inclusive a tutti i livelli. Entro il 2030:

- ridurre ovunque e in maniera significativa tutte le forme di violenza e il tasso di mortalità a esse correlato;
- porre fine all'abuso, allo sfruttamento, al traffico di bambini e a tutte le forme di violenza e tortura nei loro confronti;
- promuovere lo stato di diritto a livello nazionale e internazionale e garantire un pari accesso alla giustizia per tutti;
- ridurre in maniera significativa il finanziamento illecito e il traffico di armi, po-

tenziare il recupero e la restituzione dei beni rubati e combattere tutte le forme di crimine organizzato;
- ridurre sensibilmente la corruzione e gli abusi di potere in tutte le loro forme;
- sviluppare a tutti i livelli istituzioni efficaci, responsabili e trasparenti;
- garantire un processo decisionale responsabile, aperto a tutti, partecipativo e rappresentativo a tutti i livelli;
- fornire identità giuridica per tutti, inclusa la registrazione delle nascite.

In Italia nel 2018:
- sono stati commessi 0,6 omicidi ogni 100 000 abitanti;
- la quota di popolazione vittima di aggressioni o rapine consumate è pari all'1,4%;
- il 4,1% delle donne e lo 0,7% degli uomini tra i 18 e i 29 anni sono stati vittime di violenze di tipo sessuale prima dei 18 anni;
- il 7,9% delle famiglie è rimasto coinvolto in almeno un caso di corruzione nel corso della vita;
- la durata media per l'espletamento dei procedimenti civili nei tribunali ordinari rimane molto elevata: 429 giorni.

17. Rafforzare gli strumenti di attuazione e rinnovare il partenariato mondiale per lo sviluppo sostenibile. Entro il 2030:
- consolidare la mobilitazione delle risorse interne anche attraverso l'aiuto internazionale ai Paesi in via di sviluppo per aumentarne la capacità fiscale interna e la riscossione delle entrate;
- i Paesi industrializzati devono rispettare i loro impegni ufficiali di aiuto allo sviluppo;
- aiutare i Paesi in via di sviluppo a sostenere il debito a lungo termine attraverso politiche coordinate volte a stimolare il finanziamento, la riduzione e la ristrutturazione del debito, e affrontare il debito estero dei Paesi più poveri e più fortemente indebitati al fine di ridurne il peso;
- adottare e applicare regimi di promozione degli investimenti per i Paesi meno sviluppati;
- promuovere nei Paesi in via di sviluppo la crescita, lo scambio e la diffusione di tecnologie rispettose dell'ambiente a condizioni favorevoli;
- rendere operativo il meccanismo per il rafforzamento della tecnologia della banca e della scienza, della tecnologia e dell'innovazione per i Paesi meno industrializzati e rafforzare l'uso della tecnologia avanzata, in particolar modo nell'informazione e nelle comunicazioni;
- promuovere un sistema di scambio universale, regolamentato, aperto, senza discriminazioni e multilaterale sotto il controllo dell'Organizzazione Mondiale del Commercio;
- promuovere la stabilità macroeconomica globale attraverso il coordinamento e la coerenza politica;
- rispettare lo spazio politico e la leadership di ogni Paese per istituire e implementare politiche per la lotta alla povertà e per lo sviluppo sostenibile;
- intensificare la partnership globale per lo sviluppo sostenibile, coadiuvata da collaborazioni plurilaterali che sviluppano e condividono la conoscenza, le competenze, le risorse tecnologiche e finanziarie, per raggiungere gli obiettivi per lo sviluppo sostenibile in tutti i Paesi, specialmente in quelli emergenti.

17 PARTNERSHIP PER GLI OBIETTIVI

In Italia nel 2018:
- le entrate delle amministrazioni pubbliche rappresentano il 42,1% del prodotto interno lordo;
- la quota di prodotto interno lordo destinata all'Aiuto Pubblico allo Sviluppo (pari a 0,30) è ancora molto distante dai target dell'Agenda;
- tornano a crescere le rimesse verso l'estero degli immigrati in Italia.

4 La tutela ambientale e paesaggistica in Italia

NUCLEI ESSENZIALI

Costituzione e ambiente. Vediamo ora come la problematica ambientale viene affrontata nel nostro Paese sotto il profilo giuridico.

L'art. 9 Cost. stabilisce che la Repubblica «tutela il paesaggio [...] della Nazione»: i Costituenti non usarono mai la parola «ambiente». Sotto questo aspetto la Costituzione del 1948 era indubbiamente datata, perché quando fu approvata il problema ambientale era pressoché inesistente per l'opinione pubblica.

Il termine «ambiente» fu inserito nella carta costituzionale solo con la revisione del 2001, senza assumere peraltro grande importanza.

> Il termine «ambiente» è stato inserito nella Costituzione solo nel 2001

La legislazione a tutela dell'ambiente. La legislazione italiana ha cominciato a occuparsi di ambiente solo alla fine degli anni Sessanta. Le norme in materia sono state scarse, tardive e di difficile applicazione, tanto da consentire una speculazione ambientale che ha provocato danni a volte irreparabili. Si trattava inoltre di una legislazione disorganica e occasionale, comprendente norme di diritto civile, costituzionale, amministrativo e penale. Non solo. La maggioranza delle norme ambientali è stata emanata per attuare direttive dell'Unione europea.

> Il *Codice dell'ambiente* è entrato in vigore nel 2006

Con un decreto legislativo del 2006 (aggiornato nel 2019) è finalmente entrato in vigore il *Codice dell'ambiente* (d'ora in poi *Cod. ambiente*), che cerca di rendere organica questa normativa frammentata. La legislazione contro l'inquinamento, prevista dal *Cod. ambiente*, si orienta in tre direzioni: l'inquinamento delle acque, l'inquinamento atmosferico e l'inquinamento da rifiuti solidi urbani.

La legislazione contro l'inquinamento delle acque. L'inquinamento delle acque (fiumi, laghi e mare) è sia domestico (detersivi), sia da attività produttive (scorie delle imprese, fertilizzanti agricoli).

Il *Cod. ambiente* cerca di regolare gli scarichi industriali e domestici, fissando criteri rigidi sia nel controllare gli impianti esistenti sia nell'autorizzare quelli di nuova costruzione; in particolare, si impone alle imprese l'utilizzo di depuratori adeguati.

Depuratore di Merano.

La legislazione contro l'inquinamento dell'atmosfera. Le sostanze inquinanti immesse nell'atmosfera provocano gravi conseguenze sul clima terrestre. L'inquinamento atmosferico è sia domestico (riscaldamento di abitazioni, scarichi delle automobili, bombolette-spray), sia industriale (combustioni richieste dai processi produttivi, in particolare l'emissione di sostanze tossiche dagli impianti chimici).

Il *Cod. ambiente* obbliga le imprese a effettuare controlli periodici sulle loro emissioni, e a comunicare i relativi dati.

La legislazione contro l'inquinamento da rifiuti solidi urbani. L'inquinamento è anche provocato dal continuo aumento dei rifiuti solidi urbani, cioè da quei materiali derivanti dal consumo o dalla produzione che non possono essere immediatamente riutilizzati.

Si tratta di un problema difficile da risolvere, perché anche l'incenerimento dei rifiuti produce gas tossici e inquinanti. Un piccolo contributo può essere dato dai cittadini, che dovrebbero operare una selezione dei rifiuti separando quelli riciclabili (vetro, carta) da quelli inquinanti (pile, medicinali).

Il *Codice dell'ambiente* affronta l'inquinamento
- → Delle acque
- → Atmosferico
- → Da rifiuti solidi urbani

Il vincolo paesaggistico. Sono soggette al vincolo paesaggistico le località ritenute bellezze naturali, gli immobili di particolare valore estetico, i fiumi, i laghi, il mare, i parchi e le riserve naturali. I beni soggetti a vincolo paesaggistico devono essere conservati integri da eventuali proprietari privati, che possono apportarvi solo modifiche autorizzate dalla Regione (o dal Ministero dell'ambiente).

Si inserisce nel vincolo paesaggistico anche la tutela di determinate specie vegetali e animali.

> Le località ritenute bellezze naturali sono soggette al vincolo paesaggistico

Il *Codice dei beni culturali e del paesaggio*. Come si è visto nel capitolo B3, una svolta in questo senso è rappresentata da un decreto legislativo del 2004 che ha istituito un vero e proprio *Codice dei beni culturali e del paesaggio* con il compito di:

- tutelare e valorizzare il patrimonio culturale;
- vigilare e ispezionare su eventuali abusi;
- stabilire la lista dei beni inalienabili;
- definire le modalità per l'uso dei beni culturali;
- individuare i beni paesaggistici;
- stabilire quali aree sono tutelate per legge;
- prevedere sanzioni, amministrative e penali, in caso di mancato rispetto di queste norme.

Il Ministero dell'ambiente. Solo nel 1986 è stato istituito il Ministero dell'ambiente, perché fino ad allora si occupavano dell'ambiente vari ministeri con interventi occasionali e limitati. Il *Ministero dell'ambiente* ha il compito di:

- assicurare l'attuazione della legislazione a tutela dell'ambiente;
- controllare le condizioni delle acque, dell'atmosfera e del suolo;
- predisporre i piani di disinquinamento nelle aree a elevato rischio di crisi ambientale.

Il Ministero dell'ambiente deve attuare la legislazione ambientale

La valutazione di impatto ambientale. La valutazione di impatto ambientale è la previsione degli effetti che può avere sull'ambiente ogni opera dell'uomo.

La *valutazione di impatto ambientale* è stata istituita dalla già citata legge del 1986, per cercare di quantificare i danni ambientali. Tutti i soggetti che vogliono effettuare opere che modificano sensibilmente l'ambiente (strade, ponti, dighe, insediamenti industriali, centrali termiche) devono presentare una domanda alle amministrazioni interessate. Nella domanda devono essere specificati tutti gli elementi necessari per determinare l'impatto ambientale dell'opera (compatibilità con l'atmosfera, col suolo e sottosuolo, con l'ambiente idrico, con la vegetazione). Le autorità competenti (a seconda dei casi il Ministero dell'ambiente o la Regione) rilasceranno l'autorizzazione solo se il progetto supera l'esame di impatto ambientale.

John Constable (1776-1837), uno dei più celebri pittori inglesi, ci ha saputo trasmettere dipinti ricchi di informazioni sui suggestivi paesaggi inglesi,come lo *Studio per il castello di Hadleigh* (1829), Yale Center for British Art, Wallington, Connecticut (USA).

Il principio «chi inquina paga». La politica ambientale dell'Unione europea è fondata sul principio *chi inquina paga*.

Questo principio si è affermato, da qualche anno, anche in Italia, perché ogni danno all'ambiente è un danno alla collettività. La normativa italiana prevede che se un soggetto deteriora l'ambiente, o comunque lo compromette, ha l'obbligo di risarcire lo Stato per il danno procurato. Il giudice, nel quantificare il risarcimento, deve tenere conto sia della gravità del danno sia del costo che lo Stato deve affrontare per il ripristino ambientale (sempre che questo sia possibile).

Le associazioni ambientaliste. L'ordinamento italiano riconosce le associazioni ambientaliste, che possono denunciare all'autorità giudiziaria ogni fatto che rischia di danneggiare l'integrità ambientale; queste denunce agevolano l'azione per il risarcimento del danno ambientale da parte dello Stato.

Fra le associazioni ambientaliste a livello nazionale vanno ricordate *Italia nostra* e *Lega ambiente*, che agiscono in contatto col *World Wildlife Fund* (*WWF*) e con *Greenpeace*.

Greenpeace è un'associazione ambientalista attiva da oltre trent'anni. Nella foto, la motonave Greenpeace *Arctic Sunrise*.

L'educazione ambientale. Le leggi non bastano per risolvere il problema ambientale. Alla normativa, che deve essere comunque rigorosa, si deve accompagnare una presa di coscienza da parte di noi tutti. Ognuno può dare un piccolo contributo al miglioramento della qualità della vita, rispettando qualche semplice regola, come la già citata raccolta differenziata dei rifiuti. Siamo ancora lontani dal raggiungere questo obiettivo, ma è indubbio che il rapporto «persona-ambiente» sta diventando sempre più stretto.

SINTESI

Il degrado ambientale

- L'**ambiente** (par. **1**) è costituito da un insieme di elementi naturali (atmosfera, clima, acqua, territorio, fauna, flora) che interagiscono fra loro.
- L'**ecologia** (par. **1**), che significa «conoscenza dell'ambiente», indica anche la salvaguardia dai danni ambientali.
- Il **degrado ambientale** (par. **1**) è presente sia nei Paesi sviluppati sia nei Paesi sottosviluppati. Il deterioramento dell'ambiente è causato dai modelli «insostenibili» di produzione e consumo.
- Nel 1987 il *Rapporto Brundtland* introduce la teoria dello **sviluppo sostenibile** (par. **1**), che deve soddisfare i bisogni delle generazioni presenti, senza compromettere la possibilità di soddisfare quelli delle generazioni future. Lo sviluppo sostenibile richiede il superamento dell'arretratezza del Terzo Mondo e l'aumento delle risorse naturali esistenti.

La sovranazionalità del problema ambientale

- Il **problema ambientale è sovranazionale** (par. **2**) perché riguarda tutti gli Stati.
- Nel 1992 la **Conferenza di Rio de Janeiro** (par. **2**) definisce l'ambiente come la «base della piramide dello sviluppo».

L'Agenda 2030 dell'ONU

- Nel 2015 l'Assemblea Generale dell'ONU ha adottato un'importante risoluzione; l'**Agenda 2030 dell'ONU per lo sviluppo sostenibile** (par. **3**), che si propone di «liberare la razza umana dalla tirannia della povertà» e di «curare e salvaguardare il nostro pianeta».
L'Agenda 2030 dell'ONU è formata da 17 goal (obiettivi) articolati in 169 traguardi. Essi mirano a realizzare pienamente i diritti umani di tutti e a raggiungere l'uguaglianza di genere attraverso l'emancipazione delle donne.

Secondo l'Agenda 2030 dell'ONU lo sviluppo sostenibile si articola

- Nella dimensione economica
- Nella dimensione sociale
- Nella dimensione ambientale

- Nel 2019 l'Istat ha pubblicato un rapporto di informazioni statistiche, relativo all'**Agenda 2030 in Italia** (par. **3**), contenente i principali obiettivi raggiunti in materia ambientale dal nostro Paese.

La tutela ambientale e paesaggistica in Italia

- Il **termine ambiente in Costituzione** (par. **4**) è stato inserito solo dal 2001.
- La **legislazione italiana contro l'inquinamento** (par. **4**) è basata sul *Codice dell'ambiente* del 2006 e si orienta in tre direzioni: inquinamento delle acque, atmosferico e da rifiuti solidi urbani.
- Il **Ministero dell'ambiente** (par. **4**), istituito nel 1986, deve assicurare l'attuazione della legislazione a tutela dell'ambiente.
- La **valutazione di impatto ambientale** (par. **4**) consiste nell'esame preventivo dei danni all'ambiente che possono derivare dall'intervento dell'uomo.

1 Verifica le tue conoscenze

Risolvi le seguenti **scelte multiple** indicando la risposta esatta fra quelle possibili.

A

L'Agenda 2030 dell'ONU è una risoluzione adottata

1 dall'Assemblea Generale dell'ONU

2 dal Consiglio di sicurezza dell'ONU

3 dal Segretario generale dell'ONU

B

Il degrado ambientale è presente

1 solo nei Paesi sviluppati

2 solo nei Paesi sottosviluppati

3 nei Paesi sia sviluppati sia sottosviluppati

1 **Secondo il *Rapporto Brundtland* lo sviluppo è sostenibile solo se**

A soddisfa i bisogni delle generazioni presenti

B soddisfa i bisogni delle generazioni future

C soddisfa i bisogni delle generazioni presenti e future

D è sopportabile da tutti i settori economici

2 **Si stima che entro il 2030 l'aumento della temperatura mondiale sarà di**

A 1 grado

B 2 gradi

C 3 gradi

D 4 gradi

3 **È necessaria la valutazione di impatto ambientale per la costruzione di**

A un palazzo di 12 piani

B un ponte

C un istituto scolastico

D un ospedale

4 **L'Agenda 2030 dell'ONU vuole ridurre il tasso di mortalità materna globale a**

A meno di 50 per ogni 100 000 bambini nati vivi

B meno di 60 per ogni 100 000 bambini nati vivi

C meno di 70 per ogni 100 000 bambini nati vivi

D meno di 80 per ogni 100 000 bambini nati vivi

5 **L'Agenda 2030 dell'ONU vuole raggiungere una crescita annua**

A del 5% del PIL nei Paesi in via di sviluppo

B del 6% del PIL nei Paesi in via di sviluppo

C del 7% del PIL nei Paesi in via di sviluppo

D dell'8% del PIL nei Paesi in via di sviluppo

6 **In Italia la popolazione a rischio di povertà o esclusione sociale è pari a**

A oltre 3 milioni di persone

B oltre 4 milioni di persone

C oltre 5 milioni di persone

D oltre 6 milioni di persone

2 Misura le tue abilità

Rispondi e motiva la tua risposta in ogni caso proposto.

1 Il degrado ambientale impedisce lo sviluppo economico V F

____

2 La Costituzione in vigore non utilizza mai la parola «ambiente» V F

____

3 Il Terzo Mondo deve sacrificare risorse non rinnovabili per cercare di aumentare il reddito V F

____

4 L'Agenda 2030 dell'ONU è formata da 17 goal V F

____

5 L'Agenda 2030 dell'ONU vuole porre fine a ogni forma di povertà nel mondo V F

____

6 Il problema ambientale è sovranazionale V F

____

3 Valuta le tue competenze

Risolvi i casi concreti, mettendo in pratica ciò che hai imparato.

1 Sottolineare la sovranazionalità del problema ambientale, ascoltando l'opinione di un familiare.

Tuo zio è un ambientalista convinto: «Le centrali nucleari sono pericolose. Se superiamo il nucleare, almeno nel nostro Paese la sicurezza è garantita!».

- **Perché tuo zio è troppo ottimista?**

2 Precisare il concetto di valutazione di impatto ambientale, ascoltando una conoscente.

La tua vicina è appena tornata da un soggiorno sulla Costa Smeralda. È entusiasta: «È un panorama stupendo! In questo caso la valutazione di impatto ambientale è altissima!».

- **Perché dobbiamo sperare che nessuno faccia una valutazione di impatto ambientale sulla Costa Smeralda?**

3 Valutare gli effetti giuridici dell'Agenda 2030 dell'ONU, ascoltando l'errore di un politico.

Un politico in televisione dichiara: «L'Agenda 2030 nasce da una risoluzione dell'Assemblea Generale dell'ONU. Si tratta di un atto giuridicamente vincolante. I Paesi che non la rispettano incorrono in gravi sanzioni!». L'affermazione è sbagliata.

- **Come modifichi la frase per renderla giuridicamente corretta?**

Idee a confronto

A casa 1 ora | **In aula 20** minuti

4 Partendo dal caso proposto, approfondisci l'argomento per partecipare al dibattito in classe

Le aree naturali protette sono al centro delle politiche in tema di turismo sostenibile. Uno dei modi con cui si provvede alla protezione delle aree naturali sono le alleanze, anche a livello internazionale, con un determinato scopo. Uno dei protocolli attuati è quello sulla lotta ai rifiuti plastici marini, derivato dal progetto europeo Medsealitter, per cui i Paesi che si affacciano sul Mediterraneo (Italia, Spagna, Francia e Grecia) si impegnano ad avviare monitoraggi e controlli, grazie al coinvolgimento delle comunità locali nella tutela delle aree marine protette.

→ ***Cerca online notizie e approfondimenti sul tema della lotta alla plastica in mare (per esempio nei comunicati stampa delle associazioni ambientaliste o sui giornali), fai una lista dei possibili interventi che, secondo te, potrebbero aiutare a combattere il problema e confrontati con i tuoi compagni in classe.***

CAPITOLO

F4 L'immigrazione in Italia

NUCLEI ESSENZIALI

- Migranti, immigrati, stranieri
- L'immigrazione illegale
- Le politiche per l'immigrazione

A te la parola! 15 minuti

Il principio di cittadinanza globale si basa sul riconoscimento dei diritti umani, cioè su un nucleo di diritti appartenenti a tutti gli esseri umani, a prescindere dal fatto che siano cittadini di uno Stato o di un altro. Sono numerosi i documenti internazionali dedicati al sostegno e alla protezione dei diritti umani.

→ *Fai una ricerca online e trova almeno tre documenti a tutela dei diritti umani, approvati dal secondo dopoguerra a oggi. Crea poi una tabella contenente il titolo del documento, l'anno di riferimento, il suo valore giuridico e l'organo di approvazione.*

Con l'aiuto dell'insegnante e in piccoli gruppi prova a esporre il tuo punto di vista.

1 Migranti, immigrati e stranieri

NUCLEI ESSENZIALI

Chi sono i migranti? Chi sono gli immigrati? Chi sono gli stranieri?
Iniziamo con qualche precisazione terminologica.

I migranti. Il termine *migrante* indica la persona che decide di trasferirsi in un altro Paese, temporaneamente o definitivamente. È migrante sia l'italiano Mario Rossi che decide di andare a vivere un anno in Canada, sia lo spagnolo Manŭel Fernandéz che si stabilisce definitivamente in Italia.

È migrante chi decide di trasferirsi in un altro Paese

Gli immigrati e gli stranieri. Va ricordato che, in base a una legge del 1992, la *cittadinanza italiana* si acquista «per diritto di sangue» e non per «diritto di luogo», per cui:

- è italiano il figlio di padre italiano (o di madre italiana) ovunque sia nato;
- è straniero chi nasce in Italia da genitori stranieri, anche se questi risiedono regolarmente in Italia. Va precisato che la legge del 1992 afferma che chi nasce in Italia da genitori stranieri può acquistare la cittadinanza al compimento della maggiore età, in presenza di determinati requisiti.

Qual è la differenza fra l'immigrato e lo straniero?
Fra coloro che vivono in Italia:

- è *immigrato* chi risiede in Italia ed è nato all'estero con cittadinanza straniera;
- è *straniero* chi risiede in Italia ed è nato in Italia, ma ha la cittadinanza straniera.

Per esempio, Mohamed Kaleb (40 anni) e sua figlia Farida (14 anni) vivono in Italia; Kaleb è nato in Tunisia ed è *immigrato*, invece Farida è *straniera* perché è nata in Italia ma ha la cittadinanza tunisina (anche se spera di diventare presto «italiana»...).

Fra chi vive in Italia con cittadinanza straniera si distingue fra l'immigrato (nato all'estero) e lo straniero (nato in Italia)

Fra coloro che risiedono in Italia distinguiamo

- **Gli immigrati** → Sono nati all'estero con cittadinanza straniera
- **Gli stranieri** → Sono nati in Italia ma hanno la cittadinanza straniera

Chi nasce da genitori stranieri e vive in Italia può acquistare la cittadinanza raggiunti i 18 anni e in presenza di alcuni requisiti.

Per semplificare, d'ora in poi, utilizzeremo come sinonimi i termini «immigrato» e «straniero».

Saldo migratorio e saldo naturale. È opportuno premettere due concetti che utilizzeremo con frequenza: il saldo migratorio e il saldo naturale.

Il *saldo migratorio*, nel corso di un anno, misura la differenza fra il numero di immigrati e il numero di emigrati.

Saldo migratorio = Numero immigrati – Numero emigrati

Il *saldo naturale*, nel corso di un anno, misura la differenza fra il numero dei nati e il numero dei morti.

Saldo naturale = Numero nati – Numero morti

2 Da Paese di emigrazione a Paese di immigrazione

L'Italia è stato un Paese di emigrazione dopo l'Unità e fino agli anni Sessanta

L'Italia come Paese di emigrazione. Dopo l'Unità, l'Italia è stato un Paese di emigrazione tanto che, tra il 1876 e il 1976, partirono oltre 24 milioni di persone.

Le principali destinazioni della «grande emigrazione italiana» erano le Americhe (settentrionale e meridionale) e l'Europa centrale (Francia, Belgio e Germania).

Durante questo periodo l'immigrazione fu quasi inesistente, con la sola eccezione delle migrazioni dovute alla Seconda guerra mondiale, come il rientro degli italiani dalle ex colonie d'Africa.

CLIL LAWS AND RIGHTS
Ellis Island and the Immigration to the U.S.

Alla fine degli anni Cinquanta del secolo scorso, l'Italia era ancora un Paese dal saldo migratorio negativo: gli emigrati superavano gli immigrati.

L'emigrazione cominciò a calare decisamente solo a partire dagli anni Sessanta, dopo il boom economico e, nel 1973, l'Italia ebbe per la prima volta un leggero saldo migratorio positivo (101 immigrati ogni 100 emigrati), un fenomeno che si sarebbe amplificato negli anni seguenti.

L'Italia diventa un Paese di immigrazione a partire dagli anni Settanta

L'Italia come Paese di immigrazione. L'immigrazione in Italia ha cominciato a raggiungere dimensioni significative negli anni Settanta del secolo scorso, per poi «esplodere» nel terzo millennio.

Qualche dato: nel 1981 in Italia sono presenti 320 000 stranieri, che raddoppiano nell'arco di un decennio (nel 1991 gli stranieri sono 630 000).

Negli anni seguenti il saldo migratorio continua ad aumentare e diventa il solo elemento di crescita della popolazione italiana perché, dal 1993, il saldo naturale diventa negativo (i morti italiani superano i nati italiani).

Gli immigrati sono di solito mossi dalla ricerca di condizioni di vita migliori, spesso i Paesi d'origine sono molto poveri oppure non rispettano i diritti umani; in quest'ultimo caso gli immigrati possono ottenere lo status di rifugiati (come visto nel capitolo A3).

L'Italia è stato

- Un Paese di emigrazione fino agli anni Sessanta
- Un Paese di immigrazione dagli anni Settanta

3 Chi sono gli stranieri?

Quanti sono gli stranieri? Il 1° gennaio 2002 sono presenti in Italia 1 341 209 stranieri. Negli anni seguenti l'incremento della popolazione straniera è continuo tanto che, il 1° gennaio 2018, risultano regolarmente residenti 5 144 440 cittadini stranieri: 8,7 residenti su 100 sono stranieri.

La figura 1 mostra l'aumento dei cittadini stranieri in Italia dal 2002 al 2018.

Fra il 2002 e il 2018 l'incremento degli stranieri è dovuto sia a un saldo migratorio positivo sia a un saldo naturale positivo degli stranieri

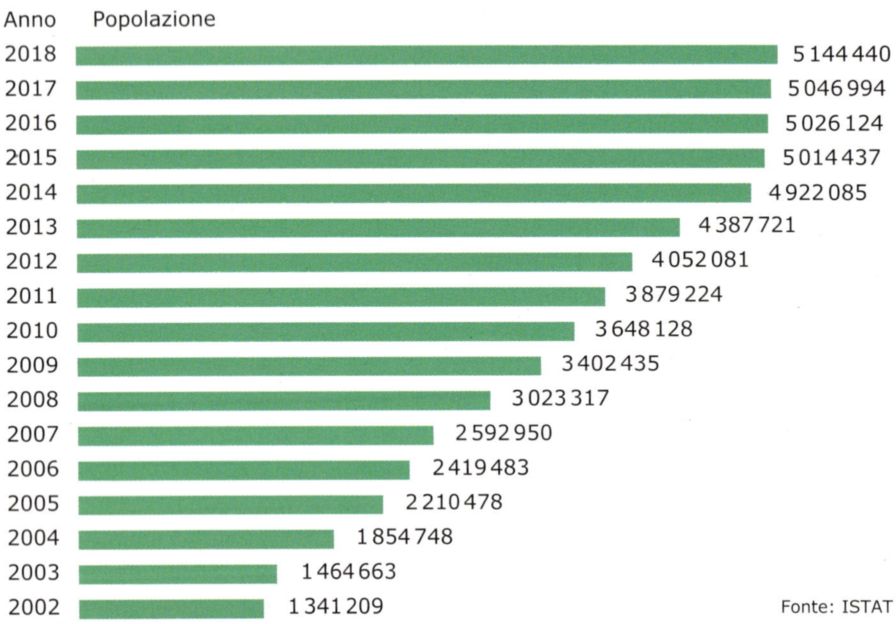

FIGURA 1 I cittadini stranieri residenti in Italia dal 2002 al 2018 (1° gennaio)

L'incremento della popolazione straniera è dovuto a due elementi:

- un saldo migratorio positivo: il numero degli arrivi di immigrati dall'estero supera nettamente il numero degli italiani emigrati;
- un saldo naturale positivo degli stranieri: questo dato deriva dalla grande natalità degli stranieri; si pensi che, nel 2018, i nati stranieri sono 75 000 mentre i morti stranieri sono 6000.

Da dove vengono gli stranieri? La figura 2 (pagina a fianco) riporta il numero dei cittadini stranieri residenti in Italia, suddivisi per cittadinanza, nel periodo compreso fra il 2008 e il 2018.

Come si può notare, le comunità che hanno registrato un maggiore aumento nel decennio provengono dall'Europa orientale (Romania, Bulgaria, Moldavia, Ucraina e Polonia) e dall'Asia meridionale (India, Bangladesh, Pakistan e Sri Lanka).

Più contenuto, invece, è stato l'aumento della popolazione straniera di origine albanese e marocchina; va però detto che queste due comunità hanno avuto il picco degli ingressi negli anni Novanta del secolo scorso.

Fra il 2008 e il 2018 aumentano soprattutto gli stranieri provenienti dall'Europa orientale e dall'Asia meridionale

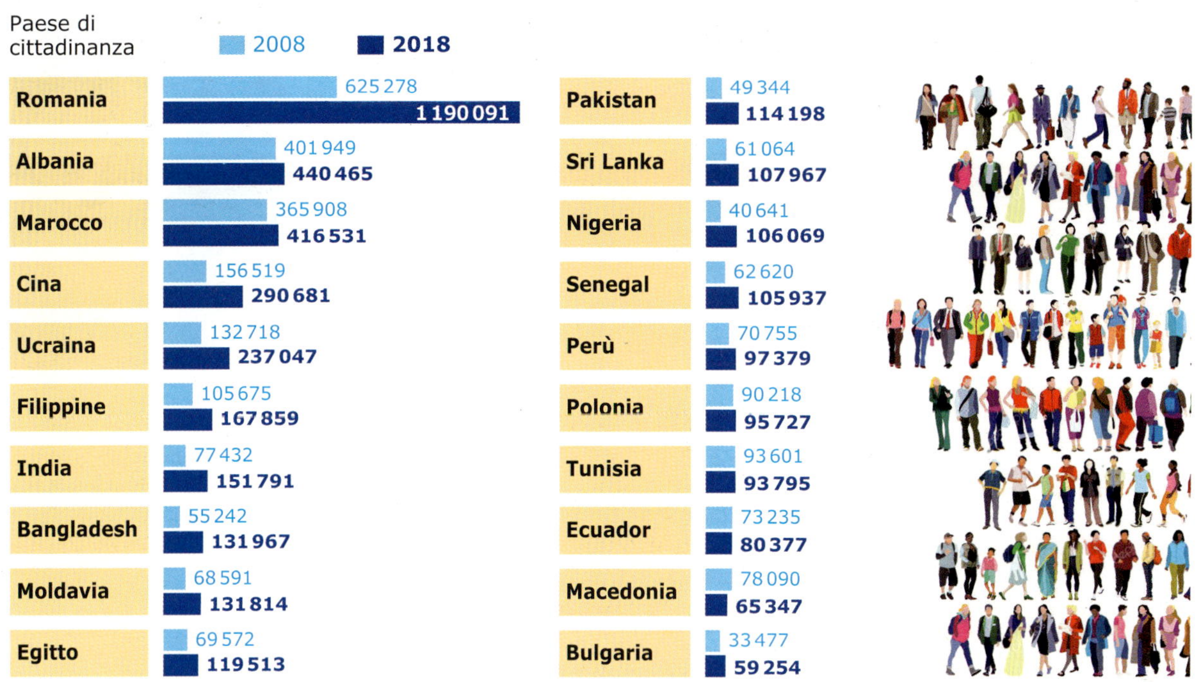

Le comunità indicate superano i 50 000 residenti al 1° gennaio 2018. Fonte: *Tuttitalia, statistiche cittadini-stranieri 2008/2018*.

FIGURA 2 La cittadinanza degli stranieri residenti in Italia dal 2008 al 2018 (1° gennaio)

Il caso Romania. Nel solo anno 2007 la comunità rumena è quasi raddoppiata. Come è possibile?

È un dato facilmente spiegabile, perché nel 2007 la Romania è entrata nell'Unione europea (capitolo G1), e questo fatto ha naturalmente facilitato il flusso migratorio dei rumeni verso l'Italia.

I rumeni rappresentano oggi la più importante comunità straniera del nostro Paese. Dalla figura 2 risulta che, al 1° gennaio 2018, risiedono in Italia 1 190 091 rumeni: è rumeno 1 straniero su 4 presente nel nostro Paese.

Dove vivono gli stranieri? La distribuzione dei cittadini stranieri sul territorio italiano è disomogenea: nel Nord-ovest risiede il 35% degli stranieri, nel Nord-est il 25%, nel Centro il 25% e nel Mezzogiorno e isole il 15%.

La provincia con la comunità straniera più vasta è Milano, seguita da Roma, Torino e Brescia.

La religione. Quali religioni professano gli immigrati?

Il cristianesimo è la prima religione degli stranieri in Italia, seguita dalla religione musulmana, come risulta dalla torta a fianco.

Va precisato che, fra i cristiani, vi è una prevalenza degli ortodossi, seguiti dai cattolici e dai protestanti.

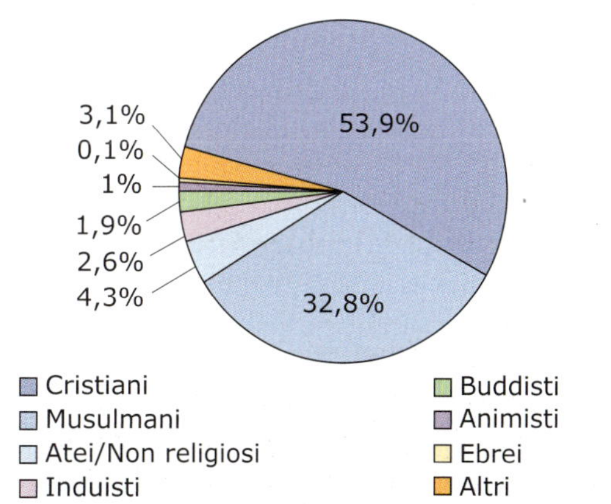

Le seconde generazioni. Gli stranieri residenti in Italia sono più giovani degli italiani, con un'età media di 32 anni contro 44 anni.

I minorenni rappresentano il 22% del totale degli immigrati; in particolare, gli stranieri nati in Italia, le cosiddette *seconde generazioni*, raggiungono il 14% degli immigrati totali.

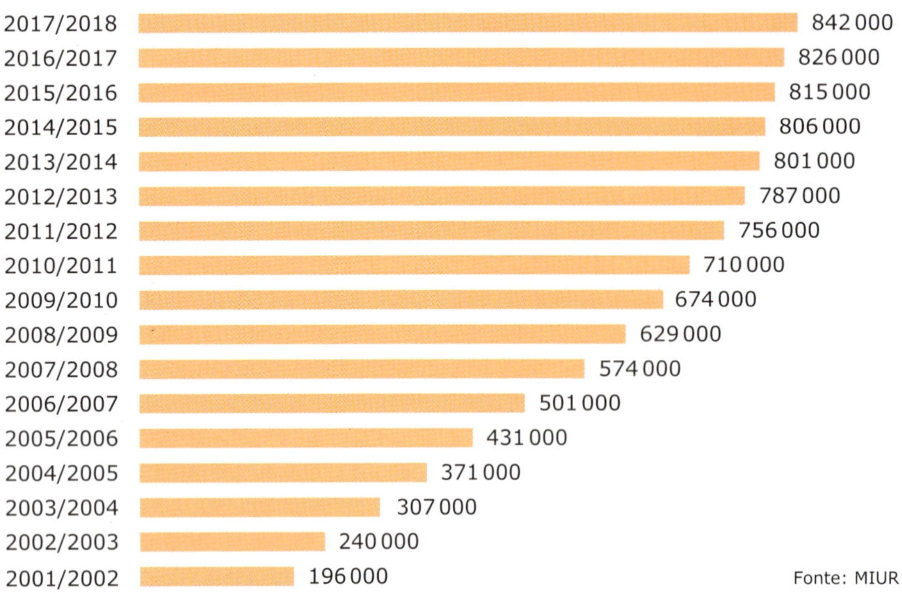

FIGURA 3 Gli studenti stranieri in Italia suddivisi per anno scolastico

La maggior parte degli studenti stranieri in Italia è nata e cresciuta in Italia, e parla perfettamente la lingua italiana.

La scuola. Come mostra la figura 3, la presenza di studenti stranieri è in costante aumento nel sistema scolastico italiano: 1 studente su 10 è straniero.

La metà di questi giovani proviene da tre Stati: Romania, Marocco e Albania.

Va ribadito che la maggioranza di questi ragazzi è nata e cresciuta in Italia, e parla perfettamente la lingua italiana.

4 L'immigrazione illegale

NUCLEI ESSENZIALI

L'immigrazione illegale consiste nell'ingresso e nel soggiorno di cittadini stranieri in violazione delle leggi sull'immigrazione

L'immigrazione illegale. Le statistiche sulla residenza non comprendono naturalmente i numerosi stranieri che dimorano illegalmente sul territorio nazionale.

L'*immigrazione illegale* (o *irregolare* o *clandestina*) consiste nell'ingresso e nel soggiorno di cittadini stranieri in violazione delle leggi sull'immigrazione. Al 1° gennaio 2018, gli stranieri irregolari presenti sul territorio italiano erano stimati in 300 000 unità (pari al 6% della popolazione straniera regolare).

Spesso gli immigrati sono illegali solo temporaneamente. Può accadere che persone entrate clandestinamente, senza presentare le proprie generalità ai controlli di frontiera, riescano successivamente a regolarizzare la loro posizione sul territorio (per esempio grazie a una sanatoria). Viceversa, persone entrate legalmente sul territorio possono restarvi per un tempo superiore al previsto e diventare quindi irregolari (*overstaying*, cioè «soggiornanti oltre il tempo consentito»).

Approfondiremo questo problema nel paragrafo 6.

I doveri degli stranieri. Come si è visto nel capitolo B2, i cittadini europei possono circolare e soggiornare liberamente negli Stati dell'Unione... e gli altri?

Che cosa deve fare uno straniero extracomunitario che vuole entrare e soggiornare regolarmente in Italia?

Il visto d'ingresso. L'ingresso nel nostro Paese è consentito solo allo straniero in possesso di visto d'ingresso (o di passaporto).

Se il *visto d'ingresso* è stato concesso per motivi di turismo, lo straniero può restare in Italia per 90 giorni senza problemi. Negli altri casi lo straniero deve richiedere il permesso di soggiorno.

Il permesso di soggiorno. Il permesso di soggiorno, rilasciato dalla Polizia di Stato, deve essere richiesto entro 8 giorni dall'ingresso in Italia.

La durata del *permesso di soggiorno* varia a seconda dei casi. Se viene rilasciato:

- per svolgere un lavoro dipendente, la durata è quella del relativo contratto di lavoro, fino a un massimo di 2 anni;
- per svolgere un lavoro autonomo ha la durata di un anno;
- per il ricongiungimento con un familiare non può superare i 2 anni;
- per finalità di studio ha la durata di un anno.

Facendo richiesta almeno 60 giorni prima della scadenza, il permesso di soggiorno può essere rinnovato se esistono determinate condizioni; per esempio, se il permesso è stato concesso per motivi di lavoro, lo straniero deve dimostrare di avere una casa in cui vivere e un lavoro per mantenersi.

Il permesso non può essere rilasciato se il richiedente ha precedenti penali per determinati reati (omicidio, traffico di droga).

Il permesso di soggiorno può essere concesso per diversi motivi e può essere rinnovato.

5 Le politiche per l'immigrazione

NUCLEI ESSENZIALI

Un dibattito sempre aperto. Da decenni le *politiche per l'immigrazione* sono al centro del dibattito nel nostro Paese.

Fino alla fine degli anni Ottanta non esisteva una specifica normativa in materia di flussi migratori, ma negli anni seguenti si rese evidente la necessità di una regolamentazione dell'immigrazione.

Le politiche per l'immigrazione

- Legge Martelli (1990)
- Legge Turco-Napolitano (1998)
- Legge Bossi-Fini (2002)

La legge Martelli. Nel 1990 entrò in vigore la *legge Martelli* che, per la prima volta, istituì una programmazione dei flussi d'ingresso. Venne anche approvata una *sanatoria* per gli immigrati che si trovavano nel territorio italiano, con cui vennero regolarizzati circa 200 000 stranieri, provenienti soprattutto dal Nord Africa.

Nel 1991 l'Italia subì la prima immigrazione di massa dall'Albania (originata dal crollo del blocco comunista), che fu risolta con accordi bilaterali. Negli anni seguenti ulteriori accordi vennero stipulati con altri Paesi dell'area mediterranea. Si calcola che nel 1996 fossero presenti in Italia 925 000 stranieri.

La legge Turco-Napolitano. È del 1998 la *legge Turco-Napolitano*, che cercò di limitare il fenomeno immigratorio, e cercò di scoraggiare l'immigrazione clandestina introducendo delle sanzioni penali.

La legge Turco-Napolitano istituì anche i *Centri di permanenza temporanea* per gli stranieri «sottoposti a provvedimenti di espulsione».

La legge Bossi-Fini. La materia fu regolamentata nuovamente nel 2002 con la *legge Bossi-Fini*, che limitò ulteriormente le possibilità di immigrazione clandestina, e appesantì le sanzioni penali con diversi strumenti:

- fu introdotto il *reato di immigrazione clandestina* a carico di ogni immigrato irregolare;
- era prevista la possibilità dell'espulsione immediata dei clandestini da parte della forza pubblica;
- furono aggravate le pene per chiunque favorisse gli ingressi irregolari. In particolare ai condannati venne aumentata la pena (da 5 a 15 anni di reclusione) e fu vietata la concessione di alcuni benefici riservati agli altri detenuti;
- fu considerato «scafista» chiunque contribuisse a organizzare ingressi apparentemente regolari; per esempio, furono duramente sanzionate le false richieste di assunzione dall'estero.

Le quote per l'immigrazione. La *legge Bossi-Fini* introdusse anche le quote per l'immigrazione, con cui il Governo stabilisce tuttora il numero massimo di stranieri da ammettere ogni anno nel territorio statale per motivi di lavoro (subordinato e autonomo).

L'introduzione delle *quote per l'immigrazione* vuole evitare un eccessivo afflusso di immigrati, che non potrebbero essere assorbiti dal mercato del lavoro; purtroppo però il sistema delle quote rischia di incentivare l'immigrazione clandestina.

Con le quote per l'immigrazione il Governo stabilisce il numero massimo di stranieri da ammettere ogni anno nel territorio italiano

Le sanatorie. Come si è visto, in Italia sono state spesso introdotte delle sanatorie, per regolarizzare la posizione di immigrati irregolari aventi determinati requisiti.

Le posizioni sono contrastanti:

- i *favorevoli* alle sanatorie affermano che mantenere nell'illegalità migliaia di immigrati ottiene l'effetto perverso di spingerli nelle mani della criminalità organizzata, come manovalanza a basso costo per attività illegali;
- i *contrari* alle sanatorie ribattono che facilitare la regolarizzazione dei clandestini incentiva l'immigrazione di altre migliaia di persone.

Gli accordi «alla fonte». Negli ultimi anni l'Italia ha tentato di eliminare l'immigrazione alla fonte, stipulando degli accordi con i Paesi di provenienza degli immigrati (per esempio la Libia). Questi accordi prevedono che, a spese dello Stato italiano, gli immigrati vengano rimpatriati nei loro Paesi d'origine, spesso nell'Africa subsahariana o centrale.

Purtroppo gli effetti di questi accordi sono per ora limitati.

6 La tratta degli esseri umani nel terzo millennio

La tratta degli esseri umani. L'art. 5 Carta UE afferma che «è proibita la tratta degli esseri umani». Sembra ovvio. L'ONU ha proclamato il 23 agosto *Giornata mondiale per ricordare la tratta degli schiavi e la sua abolizione*, ma la fine della schiavitù è ancora lontana.

Gustave Boulanger (1824-1888), *Il mercato degli schiavi* (1886), collezione privata.

Stime approssimative parlano di circa un milione di persone (bambini e adulti), che ogni anno, in molte parti del mondo, sono soggette a una nuova tratta, che coinvolge un numero di esseri umani che è dieci volte maggiore rispetto a quando la «tratta dei neri» dall'Africa all'America era al suo culmine. Il fenomeno è in crescita: secondo il Governo degli Stati Uniti, se la tendenza non sarà arrestata, saranno più le persone introdotte forzatamente in quel Paese nei prossimi 10 anni, che in 400 anni di «schiavismo legale».

È difficile bloccare questa vergogna, che tocca anche l'Italia, perché si calcola che i profitti per la tratta di esseri umani superino i 20 miliardi di dollari annui: per il crimine organizzato è una cifra analoga a quella proveniente dal narcotraffico o dal mercato illegale delle armi.

I trafficanti di esseri umani in Italia. Abbiamo già fatto riferimento all'immigrazione illegale.

I migranti clandestini devono mettere a rischio la loro vita, perché sono obbligati a viaggiare in condizioni disumane e possono essere oggetto di sfruttamento e di abusi.

Questi spostamenti irregolari dei migranti coinvolgono i trafficanti di esseri umani, che sono gestiti da vere e proprie organizzazioni criminali. Un tipico esempio di questi malavitosi è rappresentato dagli *scafisti*, che ammassano enormi quantità di persone su navi di pessima qualità e scarsa sicurezza (le «carrette del mare»). Non solo. Gli scafisti si fanno pagare per questi viaggi somme ingenti da persone disperate, che sono guidate solo dalla speranza di una nuova vita. Solitamente, le barche partono dalle coste settentrionali dell'Africa per arrivare nei Paesi mediterranei: l'Italia è una delle mete preferite, perché il tratto dall'Africa alla Sicilia (in particolare a Lampedusa) è molto breve rispetto agli altri percorsi. Per molti migranti il viaggio continuerà poi verso altri Paesi europei.

Un gruppo di migranti appena sbarcati a Lampedusa in attesa di essere trasferiti a Porto Empedocle.

Il diritto fa rientrare questa tratta nelle *condizioni analoghe alla schiavitù*. In base all'art. 601 del Codice penale, «chiunque commette tratta di persona» è «punito con la reclusione da 8 a 20 anni», e ribadisce che «la pena è aumentata da un terzo alla metà se i delitti di cui al presente articolo sono commessi in danno di minore degli anni diciotto».

Per limitare questo fenomeno occorre agire in varie direzioni: migliorare gli scambi di informazioni con le polizie dei Paesi fornitori di schiavi, aumentare il controllo alle frontiere (anche se vigilare sulle coste è molto difficile), individuare i canali di reclutamento degli scafisti e i loro percorsi, rendere più snelle le procedure di estradizione dei trafficanti grazie ad accordi bilaterali coi Paesi d'origine.

Le vittime dell'immigrazione clandestina. Secondo dati dell'ONU, fra il 2001 e il 2018 sarebbero decine di migliaia gli uomini, le donne e i bambini che hanno perso la vita tentando di raggiungere l'Europa clandestinamente. È impossibile quantificare con precisione il numero dei migranti morti durante questi «viaggi della speranza» clandestini e disperati.

Si muore dovunque e in qualsiasi modo: si può annegare nel mare su un barcone sovraffollato, si può soffocare nascosti nella stiva di una nave o in un container, si può morire di freddo percorrendo a piedi i valichi di frontiera...

SINTESI

Migranti, immigrati, stranieri

- Fra coloro che vivono in Italia con cittadinanza straniera si distingue fra l'**immigrato** (par. **1**) che è nato all'estero e lo **straniero** (par. **1**) che è nato in Italia.
- Il **saldo migratorio** (par. **1**) misura la differenza fra il numero di immigrati e il numero di emigrati.
- Il **saldo naturale** (par. **1**) misura la differenza fra il numero dei nati e il numero dei morti.

Saldo migratorio =
= Numero immigrati − Numero emigrati

Saldo naturale =
= Numero nati − Numero morti

- L'Italia è stato un **Paese di emigrazione** (par. **2**) dopo l'Unità e fino agli anni Sessanta, ed è diventato un **Paese di immigrazione** (par. **2**) a partire dagli anni Settanta.
- Fra il 2002 e il 2018 l'**incremento del numero degli stranieri** (par. **3**) è dovuto sia a un saldo migratorio positivo sia a un saldo naturale positivo degli stranieri. Aumentano gli stranieri provenienti dall'Europa orientale (soprattutto dalla Romania) e dall'Asia meridionale.
- Nel 2018 gli stranieri nati in Italia, cioè le **seconde generazioni** (par. **3**), raggiungono il 14% degli immigrati totali.

L'immigrazione illegale

- L'**immigrazione illegale** (par. **4**) consiste nell'ingresso e nel soggiorno di cittadini stranieri in violazione delle leggi sull'immigrazione. Al 1° gennaio 2018, gli stranieri irregolari presenti sul territorio italiano erano pari al 6% della popolazione straniera regolare.
- Il **permesso di soggiorno** (par. **4**), rilasciato dalla Polizia di Stato, deve essere richiesto entro 8 giorni dall'ingresso in Italia e può essere rinnovato.
- La **durata del permesso di soggiorno** (par. **4**) varia a seconda dei motivi per cui è stato concesso, ma non può superare i 2 anni.

Le politiche per l'immigrazione

- Le **politiche per l'immigrazione** (par. **5**) sono state attuate a partire dagli anni Novanta.
- La **legge Martelli del 1990** (par. **5**), per la prima volta, programmò i flussi d'ingresso.
- La **legge Turco-Napolitano del 1998** (par. **5**) cercò di scoraggiare l'immigrazione clandestina con sanzioni penali.
- La **legge Bossi-Fini del 2002** (par. **5**) introdusse sia il reato di immigrazione clandestina sia le quote per l'immigrazione.
- La **tratta degli esseri umani** (par. **6**) esiste tuttora; per esempio, in Italia gli scafisti trasportano in condizioni disumane i migranti irregolari. Sono migliaia le vittime dell'immigrazione clandestina.

1 Verifica le tue conoscenze

Risolvi le seguenti **scelte multiple** indicando la risposta esatta fra quelle possibili.

A

La più numerosa comunità straniera in Italia è

1 l'albanese

2 la rumena

3 la cinese

B

La maggioranza degli immigrati è di religione

1 cristiana

2 musulmana

3 buddista

1 È immigrato chi risiede in Italia ed è nato

A all'estero con cittadinanza straniera

B all'estero con cittadinanza italiana

C in Italia con cittadinanza straniera

D in Italia con cittadinanza italiana

2 Il permesso di soggiorno per lavoro dipendente non può superare

A 6 mesi

B 1 anno

C 2 anni

D 3 anni

3 Nel sistema scolastico italiano è straniero

A 1 studente su 5

B 1 studente su 10

C 1 studente su 15

D 1 studente su 20

4 L'Italia è diventata Paese di immigrazione

A dopo il 1860

B dopo il 1950

C dopo il 1970

D dopo il 1990

5 Il reato di immigrazione clandestina è stato introdotto

A dalla legge Martelli

B dalla legge Turco-Napolitano

C dalla legge Bossi-Fini

D da un decreto legislativo del 2005

6 Le quote per l'immigrazione sono stabilite dal

A Presidente della Repubblica

B Parlamento

C Governo

D Ministero degli esteri

2 Misura le tue abilità

Rispondi e motiva la tua risposta in ogni caso proposto.

1 Il saldo migratorio è dato dalla differenza fra gli immigrati e gli emigrati V F

2 La tratta degli esseri umani parte anche dall'Italia V F

3 Le seconde generazioni sono gli stranieri residenti in Italia V F

4 È migrante chi decide di trasferirsi in un altro Paese V F

5 Il visto d'ingresso ha una validità di 2 anni V F

6 È possibile ottenere un permesso di soggiorno per motivi di studio V F

3 Valuta le tue competenze

Risolvi i casi concreti, mettendo in pratica ciò che hai imparato.

1 Riconoscere, nel discorso di un'amica, le conseguenze della normativa sulla cittadinanza.

Nella tua classe c'è Fatima, una ragazza di 17 anni. Fatima è nata in Italia, i suoi genitori vivono in Italia da oltre vent'anni, ma sono cittadini algerini. Anche Fatima è algerina, ma è ottimista: «Il prossimo anno diventerò cittadina italiana!».

- **La tua amica può acquistare la cittadinanza italiana? Perché?**

2 Spiegare che cosa ha facilitato l'immigrazione in Italia di un amico di famiglia di origine rumena.

Tuo padre ha fatto amicizia col rumeno Alexandru, un suo collega di lavoro. Una sera lo invita a cena e, fra una risata e l'altra, Alexandru racconta: «Sono in Italia dal 2007. Tanti connazionali emigrarono come me in quell'anno!».

- **Perché la comunità rumena è quasi raddoppiata nell'anno 2007?**

Idee a confronto

A casa 1 ora | In aula 20 minuti

4 Partendo dal caso proposto, approfondisci l'argomento per partecipare al dibattito in classe

Riportiamo parte della riflessione di Angelo Molina, ricercatore della Fondazione Agnelli, sul tema del diritto di cittadinanza, dello *ius culturae* e dei figli preadolescenti: «Ogni tanto anche io uso l'espressione *un approdo sicuro alla cittadinanza sembra una precondizione per una buona integrazione*, in realtà sono su due piani diversi. Però, visto che parliamo di preadolescenti che devono decidere cosa fare da grandi [...] almeno dare loro la certezza che, se lo desiderano, possono diventare italiani, significherebbe dargli un elemento di certezza in una fase di grandi incertezze. Così si costruisce un'identità maggiormente ancorata all'Italia [...]. Però l'integrazione non si fa a colpi di decreto, ma quotidianamente nelle case, nelle scuole e nelle strade». (Fonte: https://ilbolive.unipd.it.)

→ ***A tuo parere, e alla luce di quanto hai studiato, lo*** **ius culturae** ***potrebbe favorire l'integrazione?***

CLIL Economics

Ellis Island and the Immigration to the U.S.

From 1892 to 1954, over twelve million immigrants entered the United States through the portal of Ellis Island, a small island in New York Harbor

IN THIS MODULE YOU WILL

LEARN the history of Ellis Island

UNDERSTAND the story of an Italian family immigrated to the U.S. in the early 20th century

PRACTICE your English through oral and written exercises

Warm up

Pair work
Answer the following questions.

- Look up on a map where Ellis Island is.
- What are the main issues currently debated about immigration in Italy?

Keywords

Associate the following keywords with their definitions.

cursory • customs • papers • public charge • steerage

a .... An individual who is likely to become dependent on the government for subsistence.

b .... Not thorough or detailed, hasty.

c .... Personal documents.

d .... The part of a ship providing the cheapest accommodation for passengers.

e .... The place at a frontier where officials check incoming goods and travellers.

Reading

1
In the following text, you learn the history of Ellis Island and how the entry procedures for immigrants to the U.S. worked. Complete the text with the keywords.

From 1892 to 1954, over twelve million immigrants entered the United States through the portal of Ellis Island, a small island in New York Harbor. Ellis Island is located in the upper bay just off the New Jersey coast, within the shadow of the Statue of Liberty. [...]

First and second-class passengers who arrived in New York Harbor were not required to undergo the inspection process at Ellis Island. Instead, these passengers underwent a .... inspection aboard ship, the theory being that if a person could afford to purchase a first or second-class ticket, they were less likely to become a .... in America due to medical or legal reasons. [...]

This scenario was far different for «......................» or third-class passengers. These immigrants travelled in crowded and often unsanitary conditions near the bottom of steamships with few amenities, often spending up to two weeks seasick in their bunks during rough Atlantic Ocean crossings. [...]

Upon arrival in New York City, ships would dock at the Hudson or East River piers. First and second-class passengers would disembark, pass through .... at the piers and were free to enter the United States. The steerage and third-class passengers were transported from the pier by ferry or barge to Ellis Island where everyone would undergo a medical and legal inspection. [...] If the immigrant's .... were in order and they were in reasonably good health, the Ellis Island inspection process would last approximately three to five hours. [...]

Despite the island's reputation as an "Island of Tears", the vast majority of immigrants were treated courteously and respectfully, and were free to begin their new lives in America after only a few short hours on Ellis Island. Only two percent of the arriving immigrants were excluded from entry. The two main reasons why an immigrant would be excluded were if a doctor diagnosed that the immigrant had a contagious disease that would endanger the public health or if a legal inspector thought the immigrant was likely to become a public charge or an illegal contract laborer.

[Ellis Island History, The Statue of Liberty-Ellis Island Foundation, www.libertyellisfoundation.org.]

2
Mark the following sentences as true or false.

- **a** All immigrants had to go through the legal and medical inspection upon arrival.
- **b** Normally the inspection process would last from 3 to 5 hours.
- **c** Ellis Island was known as the Island of Tears because most immigrants were rejected.
- **d** Immigrants were not rejected just because they didn't speak English well.

Listening

Track 9
In the following audio file, you will listen to the story of the Sicurella family, who immigrated to the U.S. in the early 20th century. Listen to the file and then complete the following sentences.

- **a** Giuseppe Sicurella immigrated to the U.S. in .... to study art.
- **b** The rest of the family joined after ....
- **c** Salvatore, Giuseppe Sicurella's brother, was employed as a ...., while Antonio was a ....
- **d** The Sicurella daughters also found work in ...., and later, in ....

Speaking

Pair work
Answer the following questions.

- **a** Explain why first and second-class travellers were exempted from the legal and medical inspection.
- **b** What were the main reasons for rejecting an immigrant who arrived at Ellis Island?
- **c** Why did the Sicurella family move from Sicily to the U.S.?
- **d** What jobs did the Sicurella brothers undertake in New York?
- **e** Compare the story of the Sicurella family with that of immigrants to Italy today: what are the similarities and differences?

INTERESTING FACT

It has been estimated that close to 40% of all current U.S. citizens can trace at least one of their ancestors to Ellis Island. The website https://www.libertyellisfoundation.org/passenger contains a vast database with over 51 million passenger records. You can check whether anyone from you family emigrated to the U.S. too!

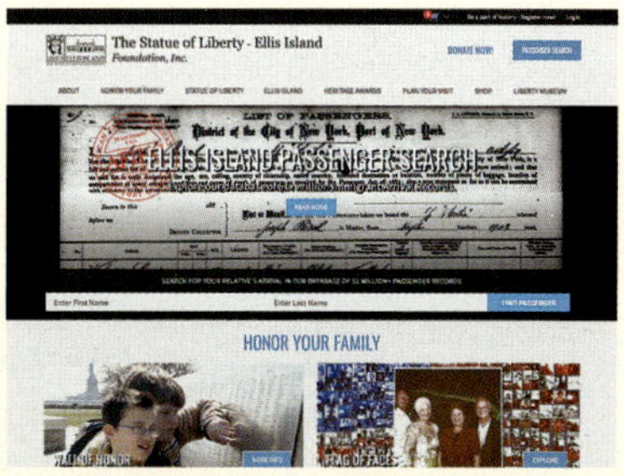

Verso l'esame di Stato

Lo sviluppo sostenibile e il turismo sostenibile

L'Agenda 2030 dell'ONU per lo sviluppo sostenibile

«La natura globale del cambiamento climatico richiede la più ampia cooperazione internazionale possibile»

Il 25 settembre 2015 l'Assemblea Generale dell'ONU ha adottato una risoluzione di grande importanza: *Trasformare il nostro mondo: l'Agenda 2030 per lo Sviluppo Sostenibile*.

L'Agenda 2030 dell'ONU mira a realizzare pienamente i diritti umani di tutti e a raggiungere l'uguaglianza di genere, attraverso l'emancipazione di tutte le donne e le ragazze. Nel brano che segue riportiamo parte dell'introduzione dell'Agenda 2030 dell'ONU.

«Ci stiamo incamminando verso lo sviluppo sostenibile, dedicandoci al perseguimento della crescita globale e a una cooperazione vantaggiosa che si tradurrebbe in maggiori profitti per tutti i Paesi e per tutto il mondo. Applicheremo l'Agenda affinché tutti possano trarne i benefici, per le generazioni di oggi e per quelle del futuro. [...]

Concretizzare la parità dei sessi e l'emancipazione delle donne e delle ragazze darebbe un contributo fondamentale al progresso di tutti gli obiettivi e dei traguardi. Ogni forma di discriminazione nei confronti delle donne e delle ragazze sarà eliminata [...].

Ci assumiamo l'impegno di porre fine alla povertà in ogni sua forma o dimensione e di eliminare la povertà estrema entro il 2030. Tutti devono godere di un tenore di vita dignitoso e di sistemi di protezione sociale. Siamo determinati anche a porre fine alla fame e a raggiungere la sicurezza alimentare come obiettivi prioritari, e a eliminare tutte le forme di malnutrizione. [...]

Ci impegniamo affinché vi sia un'educazione di qualità a tutti i livelli. Tutte le persone (a prescindere dal sesso, dall'età, dalla razza o dall'etnia) devono avere accesso a opportunità di apprendimento permanenti che permettano loro di acquisire gli strumenti e le conoscenze necessarie per partecipare pienamente alla vita sociale. [...]

Dobbiamo garantire una copertura sanitaria universale e l'accesso a un'assistenza sanitaria di qualità, senza escludere nessuno. Ci stiamo impegnando per assicurare l'accesso universale a un'assistenza sanitaria che comprenda servizi sanitari che si occupano di salute riproduttiva e sessuale, il controllo delle nascite, l'informazione e l'educazione. Velocizzeremo anche l'andamento dei progressi fatti nella lotta contro la malaria, l'HIV/AIDS, la tubercolosi, l'epatite, l'ebola e altre malattie trasmissibili ed epidemiche [...].

Siamo determinati ad affrontare in maniera decisiva la minaccia rappresentata dal cambiamento climatico e dal degrado ambientale. La natura globale del cambiamento climatico richiede la più ampia cooperazione internazionale possibile, volta ad accelerare la riduzione delle emissioni di gas effetto serra a livello mondiale [...].

Riconosciamo che lo sviluppo economico e sociale dipende dalla gestione sostenibile delle risorse naturali del nostro pianeta. Di conseguenza, siamo determinati a preservare e utilizzare in modo sostenibile mari e oceani, le risorse di acqua dolce così come le foreste, le montagne e la terraferma; e di proteggere la biodiversità, gli ecosistemi e la fauna selvatica. Inoltre, siamo determinati a promuovere il turismo sostenibile, a contrastare la scarsità d'acqua e l'inquinamento acquatico, a potenziare la cooperazione contro la desertificazione, le tempeste di sabbia, il degrado ambientale, la siccità e a promuovere la riduzione del rischio di disastri ambientali. [...]

Lo sviluppo sostenibile non può essere realizzato senza la pace e la sicurezza, e queste a loro volta saranno a rischio senza uno sviluppo sostenibile. La nuova Agenda riconosce il bisogno di costruire società pacifiche, giuste e inclusive, che forniscano un accesso equo alla giustizia e che si basino sul rispetto dei diritti umani, sullo stato di diritto, sul buon governo a tutti i livelli e su istituzioni responsabili, effettive e trasparenti. [...]»

[Assemblea Generale dell'ONU, *Trasformare il nostro mondo: l'Agenda 2030 per lo Sviluppo Sostenibile*, 25 settembre 2015.]

Il turismo sostenibile secondo Vandana Shiva

Il turismo deve essere rispettoso della natura e delle tradizioni locali

Vandana Shiva, nata nel 1952 a Dehra Dunh, è un'attivista e ambientalista indiana. In particolare, Vandana Shiva combatte da sempre per un turismo sostenibile e responsabile. Come risulta dall'articolo riportato (*Traveller*, aprile 2010), Vandana Shiva ha creato un gigantesco network di coltivatori, per favorire un turismo rispettoso della natura e delle tradizioni locali.

«[*Vandana Shiva*] È uno dei fisici quantistici più importanti dell'India, ma nel resto del mondo è conosciuta soprattutto come ecologista. Per il suo impegno nel 1993 ha vinto il *Right Livelihood Award*, cioè il Nobel alternativo per la pace. [...] Instancabile, ha scritto molti libri che rappresentano un'appassionata difesa della biodiversità.

[*Domanda*] "Per definizione, chi viaggia ha a cuore la salvaguardia dei posti. Qual è la sua opinione sul turismo?"
[*Vandana Shiva*] "Oggi il turismo è un fenomeno di massa e, come tale, può letteralmente divorare il pianeta. Ma può anche diventare una cura: purché inizi a essere responsabile, cioè attento alle persone. C'è solo questo modo. Oppure quello del pellegrinaggio. In India le sorgenti dei cinque fiumi che poi diventano il Gange sono la meta di milioni di persone. I pellegrini non distruggono. Dovremmo tutti imparare a viaggiare come pellegrini della Terra, rispettosi e attenti a ogni passo".

[*Domanda*] "Quali sono le zone del mondo più a rischio? E quelle integre?"
[*Vandana Shiva*] "Gli ultimi paradisi sono tutti quei luoghi dove ci sono ancora foreste, acqua, minerali, e per questo sono anche i più minacciati. L'India in cui sono nata e cresciuta era davvero verde: era un paese capace di concepire l'intero universo come se fosse una famiglia. Purtroppo non posso dire altrettanto dell'India di oggi".

[*Domanda*] "Parliamo di viaggi a basso impatto. In India, che posti consiglierebbe?"

[*Vandana Shiva*] "L'Himalaya è meraviglioso. Una delle eco-fattorie di Navdanya, il network di coltivatori che ho fondato (riunisce 54 comunità e ha formato 500 mila contadini), è ai piedi delle montagne, nella Doon Valley. Di solito si viene per dare una mano, ma i trekker sono i benvenuti: qui trovano una base perfetta"».

PER COMPRENDERE I TESTI

1. **Che cos'è lo sviluppo sostenibile? Che cos'è il turismo sostenibile?**
2. **Secondo l'Agenda 2030 dell'ONU, è necessario «porre fine alla povertà in ogni sua forma o dimensione ed eliminare la povertà estrema entro il 2030». Cosa ne pensi?**
3. **Lo sviluppo sostenibile richiede «un'educazione di qualità a tutti i livelli». Quali iniziative ha preso la tua scuola per sensibilizzare sul problema ambientale?**
4. **Secondo Vandana Shiva, perché il turismo può letteralmente «divorare il pianeta»?**

IMPARA AD ARGOMENTARE

Partendo dall'intervento sull'Agenda 2030 e dall'intervista a Vandana Shiva, rispondi alle domande facendo emergere il tuo punto di vista.

Progetto multidisciplinare per la classe quinta

Un progetto per una città *green*

I contenuti

MATERIA	CONTENUTI
Economia politica	Una crescita sostenibile (capitolo F2); ambiente e sviluppo sostenibile (capitolo F3)
Educazione civica (*)	Agenda 2030, educazione ambientale e sviluppo eco-sostenibile, educazione alla cittadinanza attiva
Sociologia e ambiente	Gruppi sociali, spazio e interazione, la protezione dell'ambiente

(*) I riferimenti si intendono fatti alla legge sull'Educazione civica n. 92 del 2019, che sostituisce l'insegnamento di Cittadinanza e Costituzione.

Competenze specifiche di progetto

COMPETENZE DI RIFERIMENTO	ABILITÀ	ASSI CULTURALI
1 Collocare l'esperienza personale in un sistema di regole fondato sul reciproco riconoscimento dei diritti garantiti dalla Costituzione, a tutela della persona, della collettività e dell'ambiente	Individuare le caratteristiche essenziali della norma giuridica e comprenderle a partire dalle proprie esperienze e dal contesto scolastico	**Asse storico-sociale**
2 Utilizzare e produrre testi multimediali	• Comprendere i prodotti della comunicazione audiovisiva • Elaborare prodotti multimediali (testi, immagini, suoni ecc.), anche con tecnologie digitali	**Asse dei linguaggi**
3 Produrre testi di vario tipo in relazione ai differenti scopi comunicativi	• Ricercare, acquisire e selezionare informazioni generali e specifiche in funzione della produzione di testi scritti di vario tipo • Rielaborare in forma chiara le informazioni	**Asse dei linguaggi**

Competenze chiave per l'apprendimento permanente sviluppate nel progetto

COMPETENZE CHIAVE	COMPETENZE SPECIFICHE
Competenza alfabetica funzionale	• Esprimere concetti, fatti e opinioni in forma sia orale sia scritta • Relazionarsi efficacemente con gli altri in modo opportuno e creativo
Competenza digitale	• Saper utilizzare le tecnologie digitali per apprendere
Competenza personale, sociale e capacità di imparare a imparare	• Gestire efficacemente le informazioni • Individuare gli obiettivi • Affrontare i problemi per risolverli
Competenza in materia di cittadinanza	• Impegnarsi efficacemente con gli altri per conseguire un interesse comune

AGENDA 2030

9 INNOVAZIONE E INFRASTRUTTURE

11 CITTÀ E COMUNITÀ SOSTENIBILI

12 CONSUMO RESPONSABILE

Contesto di lavoro

Alla classe è chiesto di preparare un progetto per ideare una città *green*, ovvero ecologica, sostenibile nel lungo periodo e a emissioni zero.
Il progetto sarà diviso in parti diverse che descriveranno le aree all'interno della città *green* e gli interventi che potrebbero essere attuati per la riqualificazione in termini di sostenibilità, di consumi e di infrastrutture.
Le proposte, che possono ispirarsi a casi reali, attuati o previsti nei prossimi anni, conterranno una breve descrizione, alcune foto e un'eventuale mappa essenziale.

Il progetto avrà come obiettivo la creazione di una presentazione che verrà mostrata a un'altra classe della stessa scuola.
Scopo della presentazione è l'approfondimento di temi attuali e importanti, comuni a più materie, e di alcuni goal previsti dall'Agenda 2030 dell'ONU, in particolare: 9 (Innovazione e infrastrutture), 11 (Città e comunità sostenibili) e 12 (Consumo responsabile), per stimolare la partecipazione a una cittadinanza attiva e condivisa.

Che cosa fare

1. L'insegnante divide la classe in alcuni gruppi.
2. L'insegnante affida a ciascun gruppo il compito di descrivere un settore della città *green* (per esempio, i quartieri residenziali ecologici, le aree comuni dedicate allo sport e alla cultura, il sistema dei trasporti e dei parcheggi, la gestione dei rifiuti).
3. Sotto la supervisione dell'insegnante i gruppi definiscono i punti principali dello studio e delle proposte che poi confluiranno nella presentazione finale.

A questo punto ogni gruppo deve portare avanti alcuni compiti specifici da svolgere a casa:

4. Ogni gruppo elabora in un documento Word la parte di progetto relativa al proprio settore, dopo aver approfondito l'argomento attraverso ricerche online e un confronto interno.
5. Ogni gruppo riassume i punti principali del proprio progetto e realizza alcune slide PowerPoint (non più di 4-5 slide) in cui saranno inserite le fotografie e che andranno unite a quelle degli altri gruppi.
6. I gruppi preparano l'esposizione orale del proprio intervento in aula.
7. In classe, l'insegnante coordina la successione dei diversi interventi.
8. I gruppi presentano il progetto di fronte a un'altra classe della scuola e rispondono alle domande.

Tempo a disposizione

6 ore

Complessivamente 6 ore, così suddivise:

- 1 ora a scuola per la fase preparatoria (punti 1-3)
- 4 ore a casa per la ricerca delle informazioni, la stesura dei documenti e la preparazione dell'esposizione orale (punti 4-6)
- 1 ora a scuola per la stampa, il coordinamento delle fasi e la presentazione in aula (punti 7 e 8)

Materiali e strumenti utilizzabili

- Lettura delle pagine del libro, approfondimento degli argomenti online (per esempio, le notizie sulle città *green*, i progetti sulle *Smart Forest City*, gli interventi ipotizzati al *Climate Action Summit* delle Nazioni Unite) e appunti personali
- Pc o tablet, stampante e fotocopiatrice

UNITÀ

G L'Unione europea

CAPITOLO

G 1 L'integrazione europea

NUCLEI ESSENZIALI

- La nascita dell'Unione europea
- La Brexit
- L'Unione europea e gli Stati membri

A te la parola! 15 minuti

L'Unione europea caratterizza ormai la nostra quotidianità, tanto da essere continuamente citata dai mass media. Individua una possibile definizione di Unione europea, che consideri completa e corretta per descriverne struttura e compiti.

→ *Approfondisci questo argomento online e poi confrontati in aula con i compagni.*

Con l'aiuto dell'insegnante e in piccoli gruppi prova a esporre il tuo punto di vista.

1 L'Europa divisa

Alla fine della Seconda guerra mondiale l'Europa era distrutta e divisa

La Guerra fredda. La Seconda guerra mondiale si concluse con un'Europa distrutta fisicamente e politicamente, che aveva perso la sua centralità politica ed economica.

Prima alla Conferenza di Yalta (Crimea), nel febbraio 1945, e poi a Potsdam (una cittadina vicino a Berlino), nel luglio-agosto 1945, i vincitori della guerra fecero un accordo, che prevedeva una netta divisione del mondo, sotto l'influenza delle due «superpotenze»: gli Stati Uniti e l'Unione Sovietica.

Successivamente, le tensioni fra gli Stati Uniti e l'Unione Sovietica portarono alla *Guerra fredda*: ogni superpotenza aveva paura dell'espansione dell'altra, mettendo in moto un meccanismo a catena, fatto di tensioni e riarmi che, fortunatamente, non sfociò mai in un vero e proprio conflitto.

La Guerra fredda si fece sentire anche in Europa. Il 5 febbraio 1946, il Primo Ministro britannico Winston Churchill (1874-1965) usò l'espressione *cortina di ferro*, passata poi alla storia, per indicare l'espansione dei sovietici sull'Europa: Churchill invitava gli Stati Uniti a difendere l'Europa dall'«invasione comunista».

I protagonisti della Conferenza di Yalta (febbraio 1945): da sinistra, Winston Churchill, Franklin Delano Roosevelt e Stalin.

La Nato e il Patto di Varsavia. Gli Stati Uniti si dimostrarono molto sensibili alle richieste europee e, nel 1947, il Presidente Harry Truman (1884-1972), affermò che per gli Stati Uniti era un imperativo assoluto difendere «tutti i popoli liberi» dalla minaccia del totalitarismo sovietico. La cosiddetta *Dottrina Truman* portò, nel 1949, alla firma del *Patto atlantico*, che prevedeva una difesa comune (*Alleanza atlantica*), per cui qualsiasi attacco a uno dei Paesi membri avrebbe portato a una risposta dell'Alleanza. Venne quindi creato un braccio militare per l'Alleanza atlantica: la Nato (*North atlantic treaty organisation*), che agiva (e agisce) sotto l'influenza dominante degli Stati Uniti. L'Italia aderisce alla Nato dal 1949.

Da parte sua, l'Unione Sovietica ampliò la sfera d'influenza sui Paesi dell'Europa orientale (Polonia, Ungheria, Cecoslovacchia, Romania), che furono completamente sottomessi. Allo scopo dichiarato di contrastare la Nato, nel 1955, i sovietici organizzarono il loro potentissimo «esercito» nel *Patto di Varsavia*, che sarebbe stato sciolto nel 1991.

Che cosa accadeva, nel frattempo, in Europa? Gli Stati europei si divisero fra blocco occidentale (sotto l'influenza degli Stati Uniti) e blocco orientale (controllato dall'Unione Sovietica).

Nel secondo dopoguerra gli Stati europei si divisero fra
- Blocco occidentale (controllato dagli Stati Uniti)
- Blocco orientale (controllato dall'Unione Sovietica)

CLIL LAWS AND RIGHTS
When Europe Was Divided by an Iron Curtain

Il Consiglio d'Europa. Alla fine degli anni Quaranta del secolo scorso, l'Europa occidentale avvertì il bisogno di riaffermare la propria esistenza come «Europa» sullo scenario mondiale. Per questo, il 5 maggio 1949, a Londra nacque il *Consiglio d'Europa*, a cui aderirono in origine 10 Stati dell'Europa occidentale (Belgio, Danimarca, Francia, Gran Bretagna, Irlanda, Italia, Lussemburgo, Norvegia, Olanda e Svezia), che aumentarono fino a raggiungere il numero di 47. Va ricordato che alcuni Paesi non europei (Stati Uniti e Giappone), che non possono far parte del Consiglio d'Europa, partecipano alle sue riunioni in veste di osservatori.

Il Consiglio d'Europa, che ha sede a Strasburgo, è un'organizzazione intergovernativa che ha l'obiettivo di tutelare i diritti umani, di promuovere la diversità culturale dell'Europa e di combattere il pregiudizio razziale e l'intolleranza.

Il Consiglio d'Europa ha come obiettivo primario la tutela dei diritti umani

Per ricordare meglio...	**L'Europa divisa**
1945	Conferenza di Yalta
1946	Discorso di Churchill sulla «cortina di ferro»
1947	Dottrina Trumann
1949	Alleanza Atlantica e Nato
1949	Consiglio d'Europa
1955	Patto di Varsavia

2 La nascita dell'Unione europea

NUCLEI ESSENZIALI

L'integrazione europea. Nel 1951 inizia il processo di integrazione europea, che parte con la firma del Trattato Ceca per arrivare al Trattato di Roma del 1957, quando nascono Euratom e Cee.

Va sottolineato come il processo di integrazione europea sia stato ostacolato dalla difficoltà dei singoli Stati di accettare limitazioni alla loro sovranità nazionale.

La Ceca. Il 9 maggio 1950, nella Sala dell'orologio di Parigi, il Ministro degli esteri francese Robert Schuman (1886-1963) gettò le basi per la nascita della *Comunità europea del carbone e dell'acciaio* (Ceca). Il «discorso dell'orologio» rappresenta una tappa storica dell'integrazione europea, tanto che il 9 maggio si celebra, ogni anno, la «festa dell'Europa».

Nel 1951 nasce la Ceca formata da Francia, Germania Federale, Belgio, Olanda, Lussemburgo e Italia (Europa dei Sei)

Un documento

Il «discorso dell'orologio» *di* Robert Schuman

«La solidarietà nella produzione servirà a dimostrare che una guerra tra Francia e Germania non soltanto appare impensabile, ma materialmente impossibile»

Il 9 maggio 1950 il Ministro degli esteri francese Robert Schuman, pronuncia uno storico discorso, con cui si gettano le basi per la nascita della Ceca.

«La pace mondiale non potrà mai essere salvaguardata, senza compiere sforzi proporzionali ai pericoli che la minacciano. Il contributo che un'Europa organizzata e vitale può recare alla civiltà appare indispensabile al mantenimento di relazioni pacifiche. Da oltre vent'anni fautrice di un'Europa unita, la Francia si è sempre posta l'obiettivo di servire la pace. L'Europa non è stata fatta, abbiamo invece avuto la guerra.

L'Europa non si farà in una volta sola, né con una costruzione d'insieme, ma sulla base di realizzazioni concrete che dovranno creare, anzitutto, una solidarietà di fatto. L'unione delle nazioni europee esige l'eliminazione della contrapposizione secolare tra Francia e Germania. A tal fine, il governo francese propone di porre la produzione globale franco-tedesca di carbone e acciaio sotto un'Alta Autorità comune, in un'organizzazione aperta alla partecipazione degli altri Paesi europei. La messa in comune della produzione di carbone e acciaio assicurerà l'immediata creazione di basi comuni per lo sviluppo economico, prima tappa della Federazione europea, e cambierà il destino di queste regioni da tempo dedite alla produzione di armi di cui sono state sempre le vittime. La solidarietà nella produzione, così realizzata, servirà a dimostrare che una guerra tra Francia e Germania non soltanto appare impensabile, ma materialmente impossibile. [...]

La circolazione del carbone e dell'acciaio tra i Paesi aderenti sarà con effetto immediato esentata da qualsiasi dazio doganale, e non potrà essere sottoposta a tariffe di trasporto differenziate. [...] I principi e gli impegni essenziali così definiti formeranno oggetto di un trattato, concluso tra gli Stati e sottoposto alla ratifica dei Parlamenti.»

Alla Ceca, istituita col Trattato di Parigi del 18 aprile 1951, aderirono inizialmente sei Stati (i «Sei»): la Francia, la Germania Federale, il Belgio, l'Olanda, il Lussemburgo e l'Italia.

L'obiettivo della Ceca era quello di regolamentare la produzione e lo scambio del carbone e dell'acciaio, settori che si trovavano in una situazione critica, a causa della difficile riconversione dell'industria bellica dopo la fine del conflitto, perché non c'era più mercato per quelle fabbriche che, durante la guerra, avevano prodotto armamenti, aerei e navi da guerra.

Nella seconda metà del XX secolo diminuì l'importanza del carbone e dell'acciaio, tanto che il Trattato Ceca venne dichiarato scaduto nel 2002.

Pochi anni dopo la nascita della Ceca, i Sei costituirono l'Euratom e la Cee.

L'Euratom. Istituita il 25 marzo 1957 col Trattato di Roma, la *Comunità europea dell'energia atomica* (Euratom) si propone di realizzare la cooperazione fra gli Stati aderenti, nel campo della ricerca scientifica e dell'utilizzazione dell'energia atomica a scopi pacifici.

Il Trattato Euratom fissa anche rigorosi criteri per garantire la sicurezza degli impianti nucleari.

> Nel 1957 nasce l'Euratom per favorire l'uso dell'energia atomica a scopi pacifici

La Cee. Col Trattato di Roma del 1957 nacque anche la *Comunità economica europea* (Cee) con un obiettivo molto importante: la progressiva unificazione delle politiche economiche degli Stati aderenti.

Nell'ambito della Cee sono state attuate, oltre all'unione doganale, politiche comuni nei settori dell'agricoltura, dei trasporti e della concorrenza. Al posto dei singoli mercati nazionali, la Cee ha realizzato un Mercato comune europeo (Mec) in cui le merci, i capitali e le persone hanno cominciato a circolare liberamente.

> Nel 1957 nasce la Cee per unificare le politiche economiche degli Stati membri

La Comunità europea. Ceca, Euratom e Cee erano organizzazioni formalmente separate, ma dal 1965 costituirono un'unica Comunità europea, perché avevano istituzioni comuni.

Nel 1965 nasce la Comunità europea in seguito

- Al Trattato Ceca (Parigi, 1951)
- Al Trattato Euratom (Roma, 1957)
- Al Trattato Cee (Roma, 1957)

L'Europa dei Sei. Con l'Europa dei Sei, la Comunità europea fece importanti passi verso l'unificazione:

- nel 1960 venne istituito il *Fondo sociale europeo*, per aiutare le imprese che si trovavano in difficoltà;
- nel 1961 si regolarizzò la libera circolazione dei lavoratori, che potevano essere assunti in ogni Stato della Comunità con gli stessi diritti dei residenti;
- nel 1962 nacque la *Politica agricola comune*, che si proponeva di riformare le strutture agricole e di creare mercati unici con prezzi concordati;
- nel 1968 si realizzò l'unione doganale, che abolì i dazi all'interno della Comunità.

Con l'Europa dei Sei la Comunità europea fece importanti passi verso l'unificazione

L'Europa dei Nove. Il primo allargamento della Comunità europea si ebbe il 1° gennaio 1973, con l'ingresso della Danimarca, dell'Irlanda e della Gran Bretagna che, nel 2020, è però uscita dall'«Europa». Con l'Europa dei Nove si ebbe una notevole crescita economica, e la popolazione passò da 189 milioni a 253 milioni. Fra gli eventi di questo periodo va ricordata la prima elezione a suffragio universale del Parlamento europeo (10 giugno 1979).

Nel 1973 nella Comunità europea entrano Danimarca, Irlanda e Gran Bretagna (Europa dei Nove)

L'Europa dei Dodici. Negli anni Ottanta si ebbe un nuovo allargamento, che portò all'Europa dei Dodici, con l'entrata della Grecia (1° gennaio 1981), della Spagna e del Portogallo (1° gennaio 1986). Va detto che, nell'ottobre 1990, si ebbe la *riunificazione della Germania*, che portò a un «allargamento di fatto» della Comunità europea (i tedeschi passarono da 63 a 82 milioni), con inevitabili conseguenze politiche ed economiche. In conseguenza di ciò, alla fine del 1994, i cittadini comunitari superavano i 320 milioni. Con l'Europa dei Dodici:

- nel 1987 entrò in vigore l'*Atto unico europeo* che prevedeva, entro la fine del 1992, l'abolizione delle frontiere interne, in modo da assicurare la libera circolazione di merci, persone, servizi e capitali;
- nel 1992 venne stipulato il Trattato di Maastricht.

Negli anni Ottanta la Comunità europea si allarga a Grecia, Spagna e Portogallo (Europa dei Dodici)

Dalla Comunità europea all'Unione europea. A Maastricht (Olanda), il 7 febbraio 1992, i Dodici firmarono il *Trattato sull'Unione europea*, che entrò in vigore il 1° novembre 1993.

Il Trattato di Maastricht rappresenta un momento cruciale, perché prevede la trasformazione della Comunità europea in *Unione europea*, per simboleggiare come gli Stati membri formino appunto un'*unione* e non una somma di Stati separati.

I punti fondamentali su cui si basa il Trattato di Maastricht sono:

- l'Unione economica e monetaria;
- l'Unione politica;
- la cittadinanza dell'Unione;
- la politica sociale.

Si sono succedute

- La Comunità europea (dal 1965 al 1992)
- L'Unione europea (dopo il 1992)

UE e UEM. A questo punto è opportuno ribadire la differenza fra:
- l'*Unione europea* (UE) è formata da 27 Stati (dopo l'uscita della Gran Bretagna);
- l'*Unione economica e monetaria* (UEM) è formata, dal 1° gennaio 2015, solo dai 19 Paesi in cui circola l'euro (di cui ci occuperemo nel capitolo G3).

I simboli dell'Unione. L'Unione ha i suoi simboli; in particolare:
- la bandiera dell'Unione rappresenta un cerchio di 12 stelle dorate su sfondo blu;
- l'inno dell'Unione è tratto dall'*Inno alla gioia* della Nona sinfonia di Ludwig van Beethoven (1770-1827);
- il motto dell'Unione è «Unita nella diversità»;
- la moneta dell'Unione è l'euro che è adottata solo in 19 Stati dell'Unione.

Il musicista tedesco Ludwig van Beethoven, in un ritratto del pittore Joseph Karl Stieler (1820).

L'Europa dei Quindici. Il 1° gennaio 1995 entrarono anche l'Austria, la Finlandia e la Svezia; in conseguenza di ciò, l'Unione superò i 370 milioni di abitanti, e comprendeva quasi tutti i Paesi dell'Europa occidentale (con le sole eccezioni di Norvegia, Svizzera, Islanda e Liechtenstein).

L'evento più importante realizzato dai Quindici è l'introduzione della moneta unica, l'*euro*. Va anche ricordato che, l'11 dicembre 2000, i Quindici hanno firmato la *Carta dei diritti fondamentali dell'Unione europea* (Carta UE).

Nel 1995 nell'Unione europea entrano Austria, Finlandia e Svezia (Europa dei Quindici)

3 L'allargamento verso Est

L'Europa dei Venticinque. Il 1° maggio 2004 rappresenta una data storica per l'Europa, che inizia l'allargamento verso Est. Sono 10 i nuovi Stati che entrano a far parte dell'Unione: l'Estonia, la Lettonia, la Lituania, la Polonia, la Repubblica Ceca, la Slovacchia, l'Ungheria, la Slovenia, Cipro e Malta.

L'Europa dei Ventisette. Il processo di allargamento verso Est prosegue il 1° gennaio 2007, quando entrano nell'Unione anche la Bulgaria e la Romania.

L'Europa dei Ventotto. Il 1° luglio 2013 la Croazia diventa un nuovo membro dell'Unione.

L'allargamento verso Est trasforma radicalmente l'Unione che passa da 15 a 28 Stati, da 380 a 510 milioni di abitanti, che parlano 24 lingue diverse, e diventa la terza «entità» del mondo, superata solo da Cina e India.

Lo sgretolamento di tutti i «muri». L'allargamento verso Est è stato un momento straordinario sotto il profilo storico: a 15 anni dalla caduta del Muro di Berlino, ha rappresentato il superamento dell'innaturale divisione fra l'Europa occidentale, capitalista, e l'Europa orientale, comunista.

Sono tornati a casa pezzi d'Europa, separati per decenni dai muri politici e ideologici cresciuti a Yalta; sotto questo aspetto di grande importanza è stato l'ingresso dei Paesi dell'ex-Unione Sovietica: Estonia, Lettonia e Lituania.

Un bambino saluta i soldati della Germania Orientale assiepati davanti alla Porta di Brandeburgo nei giorni della caduta del muro di Berlino.

Per ricordare meglio...	**L'allargamento dell'Unione europea**
18 aprile 1951	Europa dei Sei (Francia, Germania Federale, Belgio, Olanda, Lussemburgo, Italia)
1° gennaio 1973	Europa dei Nove (Danimarca, Irlanda, Gran Bretagna)
1° gennaio 1986	Europa dei Dodici (Grecia, dal 1° gennaio 1981, Spagna, Portogallo)
1° gennaio 1995	Europa dei Quindici (Austria, Finlandia, Svezia)
1° maggio 2004	Europa dei Venticinque (Estonia, Lettonia, Lituania, Polonia, Repubblica Ceca, Slovacchia, Ungheria, Slovenia, Cipro, Malta)
1° gennaio 2007	Europa dei Ventisette (Bulgaria, Romania)
1° luglio 2013	Europa dei Ventotto (Croazia)

Il Trattato europeo di Lisbona. Gli Stati dell'Unione europea hanno firmato il 13 dicembre 2007 a Lisbona un nuovo Trattato europeo (in sostituzione del Trattato di Maastricht), che è entrato in vigore il 1° dicembre 2009, dopo la ratifica da parte dei parlamenti nazionali.

Il Trattato di Lisbona ha creato il nuovo quadro istituzionale dell'Unione

Il Trattato di Lisbona contiene:

- il *Trattato sull'Unione europea* (d'ora in poi Trattato UE) che riforma in modo sostanziale quello di Maastricht;
- il *Trattato sul funzionamento dell'Unione europea* (d'ora in poi Trattato FUE).

Oltre a dare valore giuridico vincolante alla Carta UE, il Trattato di Lisbona ha radicalmente modificato il quadro istituzionale dell'Unione, come vedremo nel capitolo G2.

4 La Gran Bretagna esce dall'Unione europea

NUCLEI ESSENZIALI

Si può uscire dall'Unione? Uscire dall'Unione europea è un diritto di ogni Stato membro; stabilisce infatti l'art. 50 Trattato UE che «ogni Stato membro può decidere di recedere dall'Unione conformemente alle proprie norme costituzionali».

Ogni Stato membro è libero di uscire dall'Unione europea

In settant'anni di storia comunitaria nessun Paese era uscito dall'Unione finché, nel 2016, si è svolto un referendum che ha avuto un esito imprevedibile e clamoroso: l'uscita della Gran Bretagna dall'Unione europea.

Il referendum sulla Brexit. Il 23 giugno 2016 si è svolto un referendum sull'uscita della Gran Bretagna dall'Unione europea, noto come *referendum sulla Brexit* (unione dei termini *British* ed *Exit* che significa «uscita della Gran Bretagna»).

Hanno votato 33,6 milioni di cittadini britannici (72% degli aventi diritto), che hanno risposto al seguente quesito:

Should the United Kingdom remain a member of the European Union or leave the European Union? (Il Regno Unito dovrebbe restare un membro dell'Unione europea o dovrebbe lasciare l'Unione europea?)

Il 23 giugno 2016 con un referendum la maggioranza dei britannici ha votato a favore della Brexit.

Le due risposte possibili erano:

- *Remain a member of the European Union* (Restare un membro dell'Unione europea);
- *Leave the European Union* (Lasciare l'Unione europea).

Hanno vinto i Leave con 17,4 milioni di voti (51,9%) contro i 16,1 milioni di voti (48,1%) dei Remain: la Gran Bretagna deve lasciare l'Unione europea.

Un'uscita tormentata. La Gran Bretagna è uscita dall'Unione europea appena ufficializzato il risultato del referendum? No. Il referendum sulla Brexit aveva solo natura consultiva e non aveva alcun valore giuridico, nonostante il suo grande significato politico.

I negoziati per l'uscita della Gran Bretagna dall'Unione europea sono stati lunghi e complessi

Qual è la procedura prevista per uscire dall'Unione europea?

L'art. 50 Trattato UE stabilisce che:

- «lo Stato membro che decide di recedere notifica tale intenzione al Consiglio europeo»; in questo caso la decisione di recedere è stata notificata dalla Gran Bretagna al Consiglio europeo il 29 marzo 2017;
- «alla luce degli orientamenti formulati dal Consiglio europeo, l'Unione negozia e conclude con tale Stato un accordo volto a definire le modalità del recesso, tenendo conto del quadro delle future relazioni con l'Unione». La Gran Bretagna e l'Unione europea hanno quindi effettuato dei negoziati, per definire le complesse modalità di uscita.

L'Accordo di recesso. È stata una trattativa lunga e sofferta (l'Unione ha concesso ben tre proroghe alla Gran Bretagna), che si è conclusa con l'*Accordo di recesso*, che è entrato in vigore alle 24:00 del 31 gennaio 2020. Dopo l'approvazione del Parlamento europeo, il Consiglio dell'Unione (a maggioranza qualificata) ha deliberato il recesso della Gran Bretagna, che è uscita ufficialmente dall'Unione europea.

Il 31 gennaio 2020 la Gran Bretagna esce dall'Unione europea

Dal 1° febbraio 2020 l'Unione europea prosegue quindi la sua azione con 27 Stati membri.

Il periodo di transizione. Dal 1° febbraio al 31 dicembre 2020 è previsto un *periodo di transizione*, necessario per definire con maggiore precisione materie fondamentali come gli scambi commerciali e i diritti dei cittadini europei in Gran Bretagna. In particolare, le parti devono:

- predisporre un recesso ordinato;
- instaurare future relazioni diplomatiche e commerciali, che dovranno essere continue e basate su un equilibrio di diritti e obblighi in condizioni di parità fra Gran Bretagna e Unione europea;
- proteggere i cittadini che hanno costruito la loro vita sulla base dei diritti derivanti dall'appartenenza della Gran Bretagna all'Unione europea;
- garantire che l'Unione europea e la Gran Bretagna rispettino gli obblighi finanziari derivanti dall'appartenenza della Gran Bretagna all'Unione europea;
- continuare a sostenere e tutelare i risultati e gli impegni del processo di pace nell'isola di Irlanda.

Che cosa succederà dopo la Brexit? Quale sarà il futuro dell'Unione europea dopo il «trauma Brexit»? I rappresentanti dei restanti 27 Paesi e le istituzioni comunitarie sintetizzano il loro pensiero nelle *3 D*:

- *Dispiacere* per l'uscita della Gran Bretagna;
- *Dovere* di rispettare la volontà dei cittadini britannici;
- *Determinazione* a mantenere unita l'Unione europea a 27 Stati.

Come vedremo, la Gran Bretagna faceva parte solo dell'Unione europea, per cui la Brexit non avrà alcun effetto sull'Unione economica e monetaria e sull'euro.

L'Italia e la Brexit. Il Governo italiano ha attivamente seguito la Brexit con l'obiettivo di garantire:

- la tutela dei diritti dei cittadini italiani che vivono in Gran Bretagna e dei cittadini britannici che vivono in Italia;
- la tutela della stabilità finanziaria e operativa dei mercati e dei settori bancario, finanziario e assicurativo (localizzati sia in Italia sia in Gran Bretagna), anche al fine di evitare rischi di liquidità e di garantire la certezza delle transazioni.

LA GRAN BRETAGNA ESCE DALL'UNIONE EUROPEA

↓

23 giugno 2016

↓

Referendum sulla Brexit con vittoria dei *Leave*

↓

29 marzo 2017

↓

La Gran Bretagna notifica al Consiglio europeo la decisione di uscire dall'Unione europea

↓

Iniziano i negoziati fra la Gran Bretagna e l'Unione europea per concordare le modalità di uscita

↓

31 gennaio 2020

↓

La Gran Bretagna esce dall'Unione europea

Per saperne di più

Il Manifesto di Ventotene

«Gli spiriti sono già molto meglio disposti che in passato a una riorganizzazione federale dell'Europa»

Il *Manifesto per un'Europa libera e unita* è più noto come *Manifesto di Ventotene*, perché venne scritto nel 1941 da Altiero Spinelli ed Ernesto Rossi mentre si trovavano al confino nell'isola di Ventotene, nel Mar Tirreno. Si tratta del primo organico documento federalista redatto in Italia. Ne riportiamo alcuni stralci.

«[...] La sovranità assoluta degli Stati nazionali ha portato alla volontà di dominio di ciascuno di essi, perché ciascuno si sente minacciato dalla potenza degli altri e considera suo "spazio vitale" territori sempre più vasti, che gli permettano di muoversi liberamente e di assicurarsi i mezzi di esistenza, senza dipendere da alcuno. Questa volontà di dominio non potrebbe acquetarsi che nella egemonia dello Stato più forte su tutti gli altri asserviti. In conseguenza di ciò, lo Stato, da tutelatore delle libertà dei cittadini, si è trasformato in padrone di sudditi tenuti a servizio, con tutte le facoltà per renderne massima l'efficienza bellica. [...]

Il problema [...] è la definitiva abolizione della divisione dell'Europa in Stati nazionali sovrani. Il crollo della maggior parte degli Stati del continente sotto il rullo compressore tedesco ha già accomunato la sorte dei popoli europei, che, o tutti insieme soggiaceranno al dominio hitleriano, o tutti insieme entreranno, con la caduta di questo, in una crisi rivoluzionaria in cui non si troveranno irrigiditi e distinti in solide strutture statali. Gli spiriti sono già molto meglio disposti che in passato a una riorganizzazione federale dell'Europa. La dura esperienza degli ultimi decenni ha aperto gli occhi anche a chi non voleva vedere, e ha fatto maturare molte circostanze favorevoli al nostro ideale. [...]»

5 L'Unione europea e gli Stati membri

NUCLEI ESSENZIALI

Uno Stato federale europeo? È possibile ipotizzare la nascita degli *Stati Uniti d'Europa*? Si tratterebbe di uno Stato federale, composto da 27 Stati federati, che dovrebbe avere una sovranità sia interna sia esterna.

Gli Stati Uniti d'Europa sono un vecchio sogno, contenuto già nel *Manifesto di Ventotene*, testo base del federalismo europeo, redatto nel 1941 da Altiero Spinelli (1907-1986) ed Ernesto Rossi (1897-1967). Vediamo a che punto siamo.

La personalità giuridica dell'Unione. L'Unione «ha personalità giuridica» (art. 47 Trattato UE).

Il Trattato UE riconosce che l'Unione è persona giuridica nei rapporti internazionali. Si tratta di un riconoscimento solo formale, perché da molti anni l'Unione stipula accordi di natura commerciale con Stati terzi.

La personalità giuridica fa dell'Unione uno Stato? Certamente no. Basta pensare che, nel nostro Paese, anche le società per azioni sono persone giuridiche.

L'Unione è un ordinamento sovranazionale? Va ricordato che un ordinamento è sovranazionale quando emana provvedimenti che sono immediatamente efficaci nei singoli Stati.

L'Unione europea agisce come ordinamento sovranazionale in pochi casi

Nel caso dell'Unione questo avviene in poche occasioni. Come vedremo nel capitolo G2, per esempio, l'Unione può approvare i regolamenti, che entrano direttamente in vigore nei singoli Stati, senza essere recepiti dai vari ordinamenti nazionali: ogni Stato ha rinunciato volontariamente a una parte della propria sovranità in favore dell'Unione. Va però ribadito che si tratta di casi che si trovano raramente nei trattati comunitari.

Il rapporto fra l'Unione e gli Stati membri. Ogni Stato membro mantiene la propria sovranità nell'Unione europea.

Ogni Stato membro mantiene la propria sovranità nell'Unione europea

L'art. 4 Trattato UE afferma che l'Unione rispetta le funzioni essenziali di ogni singolo Stato, «comprese le funzioni di salvaguardia dell'integrità territoriale, di mantenimento dell'ordine pubblico e di tutela della sicurezza nazionale»: siamo ben lontani dal raggiungimento di una sovranità interna dell'Unione. A questo proposito, va ribadito che la *cittadinanza dell'Unione* si aggiunge alla cittadinanza nazionale ma non la sostituisce (come si è visto nel capitolo A1).

I trattati comunitari elencano i princìpi fondamentali nel rapporto fra l'Unione e gli Stati membri: l'attribuzione, la sussidiarietà e la proporzionalità.

Il principio di attribuzione. L'art. 5 Trattato UE sancisce che «in virtù del principio di attribuzione, l'Unione agisce nei limiti delle competenze che le sono attribuite dagli Stati membri», e cancella ogni dubbio quando precisa che «qualsiasi competenza non attribuita all'Unione appartiene agli Stati membri».

In base al *principio di attribuzione*, sono i singoli Stati che decidono quali poteri attribuire (e quali non attribuire) all'Unione: appare chiara la limitazione alla sovranità dell'Unione.

Il principio di sussidiarietà. Il *principio di sussidiarietà* rappresenta un'ulteriore limitazione ai poteri sovranazionali dell'Unione, che può agire solo se gli Stati membri non sono in grado di raggiungere gli obiettivi comunitari.

Stabilisce, infatti, l'art. 5 Trattato UE che nei settori che non sono di sua esclusiva competenza, l'Unione interviene soltanto se «gli obiettivi dell'azione prevista non possono essere sufficientemente realizzati dagli Stati membri».

Il principio di proporzionalità. In base al *principio di proporzionalità*, il contenuto e la forma dell'azione dell'Unione non possono andare «al di là» di quanto necessario per il raggiungimento degli obiettivi comunitari. Anche in questo caso, l'Unione si trova di fronte a un ostacolo quasi insormontabile, che ne limita fortemente l'autonomia decisionale.

Il rapporto fra l'Unione europea e gli Stati membri si basa su

- Il principio di attribuzione
- Il principio di sussidiarietà
- Il principio di proporzionalità

Il voto all'unanimità. Quando si parla di rapporto fra l'Unione e gli Stati membri, non si può dimenticare il problema dell'*unanimità*.

Il voto all'unanimità ostacola la sovranazionalità dell'Unione europea

Come vedremo nel capitolo G2, sono ancora troppe le materie in cui l'Unione deve deliberare all'unanimità. Quando si accordano per deliberare all'unanimità, i singoli Stati rifiutano qualsiasi limitazione alla loro sovranità nazionale, e allontanano la realizzazione dell'Unione come ordinamento sovranazionale; in pratica, continua a prevalere il principio che l'Unione non può deliberare se tutti gli Stati non sono d'accordo.

La politica estera dell'Unione. Finora abbiamo visto come non si possa parlare di sovranità dell'Unione nei rapporti interni. E nei rapporti esterni?

L'Unione europea non ha una politica estera autonoma

Chi decide la politica estera dell'Unione? Quando è necessario assumere una posizione comune o un'azione comune è il Consiglio dell'Unione che, «deliberando a maggioranza qualificata», adotta «le misure necessarie» (art. 215 Trattato FUE). Come vedremo, il Consiglio è formato, sempre e comunque, da ministri dei singoli Stati, che continuano a dominare nella loro individualità, anche nei rapporti esterni.

Gli Stati Uniti d'Europa sono lontani! L'Unione non possiede quindi una sovranità né interna né esterna.

A questo punto, siamo in grado di rispondere alla nostra domanda iniziale su un ipotetico Stato federale europeo. L'Unione resta un «insieme di Stati» che non hanno diminuito la loro sovranità: gli Stati Uniti d'Europa sono ancora lontani!

SINTESI

La nascita dell'Unione europea

- La **Guerra fredda** (par. **1**) divise l'Europa in due blocchi contrapposti: quello occidentale (controllato dagli Stati Uniti) e quello orientale (controllato dall'Unione Sovietica).
- Alla **Comunità europea del carbone e dell'acciaio, Ceca** (par. **2**), istituita nel 1951, aderirono inizialmente la Francia, la Germania Federale, il Belgio, l'Olanda, il Lussemburgo e l'Italia, **Europa dei Sei** (par. **2**).
- Col Trattato di Roma del 1957 i Sei costituirono l'**Euratom** (par. **2**) e la **Comunità economica europea, Cee** (par. **2**).
- Negli anni seguenti si passò dall'Europa dei Sei all'**Europa dei Ventotto** (par. **2**).
- L'**Unione europea** (par. **2**) nasce col Trattato di Maastricht del 1992, poi sostituito nel 2007 dal **Trattato europeo di Lisbona** (par. **2**).

Si sono succedute

- La Comunità europea (dal 1965 al 1992)
- L'Unione europea (dopo il 1992)

- Va ricordato che:
  - l'**Unione europea** è formata da 27 Stati (dopo l'uscita della Gran Bretagna);
  - l'**Unione economica e monetaria, UEM** (par. **5**) è formata, dal 1° gennaio 2015, solo dai 19 Paesi in cui circola l'euro.
- L'**allargamento verso Est** (par. **3**), iniziato nel 2004, segna il crollo della divisione ideologica fra Europa orientale ed Europa occidentale.

La Brexit

- Dopo la vittoria dei *Leave* al referendum del 2016, il 31 gennaio 2020 si è realizzata la **Brexit** (par. **4**), cioè l'uscita della Gran Bretagna dall'Unione europea.

LA GRAN BRETAGNA ESCE DALL'UNIONE EUROPEA

↓ 23 giugno 2016

↓ Referendum sulla Brexit con vittoria dei *Leave*

↓ 29 marzo 2017

↓ La Gran Bretagna notifica al Consiglio europeo la decisione di uscire dall'Unione europea

↓ Iniziano i negoziati fra la Gran Bretagna e l'Unione europea per concordare le modalità di uscita

↓ 31 gennaio 2020

↓ La Gran Bretagna esce dall'Unione europea

L'Unione europea e gli Stati membri

- L'Unione europea può agire come **ordinamento sovranazionale** (par. **6**) solo in pochi casi, per esempio quando emana regolamenti comunitari.
- Il rapporto fra l'**Unione europea e gli Stati membri** (par. **6**) si basa su tre principi fondamentali: l'attribuzione, la sussidiarietà e la proporzionalità.

1 Verifica le tue conoscenze

Risolvi le seguenti **scelte multiple** indicando la risposta esatta fra quelle possibili.

A

Cercò di unificare le politiche economiche degli Stati membri

1 la Ceca
2 l'Euratom
3 la Cee

B

Il Trattato sull'Unione è stato firmato a

1 Roma
2 Maastricht
3 Bruxelles

1 Il «discorso dell'orologio» fu pronunciato a Parigi da

- A Robert Schuman
- B Winston Churchill
- C Franklin Delano Roosevelt
- D Alcide De Gasperi

2 In base al principio di sussidiarietà l'Unione europea

- A può agire solo dove non arrivano gli Stati membri
- B può agire solo dopo l'approvazione degli Stati membri
- C può agire senza alcun limite
- D non ha la possibilità di agire

3 La Gran Bretagna è uscita dall'Unione europea

- A il 23 giugno 2016
- B il 29 marzo 2017
- C il 31 gennaio 2020
- D il 29 marzo 2020

4 L'Unione economica e monetaria è formata da

- A 15 Stati
- B 19 Stati
- C 27 Stati
- D 28 Stati

5 Nell'Unione europea ogni Stato membro

- A mantiene la propria sovranità
- B rinuncia alla propria sovranità interna
- C rinuncia alla propria sovranità esterna
- D rinuncia alla propria sovranità

6 La Conferenza di Yalta si svolse

- A nel 1943
- B nel 1944
- C nel 1945
- D nel 1946

2 Misura le tue abilità

Rispondi e motiva la tua risposta in ogni caso proposto.

1 Col Trattato di Maastricht nasce l'Unione europea V F

____

2 Il voto all'unanimità diminuisce la sovranità dell'Unione V F

____

3 La Guerra fredda fu provocata dalle tensioni fra gli Stati Uniti e l'Unione Sovietica V F

4 Il referendum sulla Brexit non era vincolante V F

5 L'Unione europea può agire come ordinamento sovranazionale V F

6 Nel 1992 La Comunità europea ha sostituito l'Unione europea V F

3 Valuta le tue competenze

Risolvi i casi concreti, mettendo in pratica ciò che hai imparato.

1 Valutare l'importanza della nascita della Ceca, attraverso l'errore di un politico.

Un politico in televisione dichiara: «Col Trattato di Roma del 1957 nacque la Ceca. Fu il primo passo verso l'unificazione europea!». L'affermazione è sbagliata.

- **Come modifichi la frase per renderla storicamente precisa?**

2 Riconoscere il passaggio dalla Comunità europea all'Unione europea, ascoltando un'amica.

Una tua amica sta leggendo il giornale: «Non capisco perché si parli sempre di Unione europea. E la Comunità europea che fine ha fatto?».

- **Quando è avvenuto il passaggio dalla Comunità europea all'Unione europea?**

3 Distinguere fra Unione europea e Unione economica e monetaria, risolvendo il dubbio di un amico.

Un tuo amico è confuso: «Se la Polonia non adotta l'euro, perché fa parte dell'Unione europea?».

- **Qual è la differenza fra Unione europea e Unione economica e monetaria?**

4 Valutare le difficoltà della nascita di uno Stato federale europeo, in base al discorso di un conoscente.

Un tuo vicino è ottimista: «L'Unione è ormai pronta a trasformarsi negli Stati Uniti d'Europa!».

- **Perché gli Stati Uniti d'Europa sono ancora lontani?**

Idee a confronto

A casa 1 ora | In aula 20 minuti

4 Partendo dal caso proposto, approfondisci l'argomento per partecipare al dibattito in classe

«Gli Stati Uniti d'Europa sono solo utopia? No, sono una estrema urgenza. E almeno per due ragioni: una istituzionale e una geopolitica e geoeconomica. [...] Il perimetro ideale sarebbe quello dei 19 Paesi dell'euro, visto che hanno già una moneta comune. La necessità e l'urgenza indicano però che la vera risposta coraggiosa è: "Chi ci sta, ci sta". [...] Chi ci sta, recupera sovranità e si salva. [...] Chi non ci sta, può aderire dopo oppure dissolversi sul piano politico, e forse economico e sociale, in questo mondo globale del XXI secolo» (fonte: www.ilsole24ore.com).

→ ***L'articolo in esame ha un'opinione ben precisa sulla necessità che l'Unione europea si avvii verso la realizzazione di un vero Stato federale europeo. Quale è la tua opinione in proposito? Cerca online notizie e approfondimenti sul tema e confrontati con i tuoi compagni in classe.***

CLIL Laws and Rights

When Europe Was Divided by an Iron Curtain

One of the most famous speeches by British leader Winston Churchill outlined what was to become the scenario of Cold War in Europe: the Western world against Russian expansionism

IN THIS MODULE YOU WILL

LEARN	UNDERSTAND	PRACTICE
something about Winston Churchill and one of his most famous public speeches	the meaning of his famous «iron curtain» metaphor	your English through oral and written exercises

Warm up

Pair work
Answer the following questions.

- How would you translate «Iron curtain» in Italian?
- Has a communist party ever existed in Italy?

Keywords

Associate the following keywords with their definitions.

Sinews • Stalin • to proselytize • totalitarian

a .... Controlling the people of a country in a very strict way with complete power that cannot be opposed.
b .... Leader of the Soviet Union from 1922 to 1953. Marshal of the Soviet Union was the highest military rank of the Soviet Union at the time.
c .... Strong tissues that connect the muscles to the bone; figuratively, the chief supporting force.
d .... To try to persuade people to join a religion, cause, or group.

Reading

1
In the following text you will learn how Winston Churchill envisioned the development of the European scenario after the end of the World War II. Complete the text with the keywords.

The .... of Peace, as it is called, is one of the most famous speeches by British politician Winston Churchill (1874-1965). It was delivered on March 5, 1946, at Westminster College in Fulton, Missouri. As Prime Minister, Churchill led Great Britain to victory in World War II. In this speech, Churchill outlined the development of the European scenario as Russian influence expanded over East-European countries. In his words, the continent was already divided into two parts by an «iron curtain».

«A shadow has fallen upon the scenes so lately lighted by the Allied victory. Nobody knows what Soviet Russia and its Communist international organisation intends to do in the immediate future, or what are the limits, if any, to their expansive and .... tendencies. I have a strong admiration and regard for the valiant Russian people and for my wartime comrade, Marshall .... [...] We understand the Russian need to be secure on her western frontiers by the removal of all possibility of German aggression. We welcome Russia to her rightful place among the leading nations of the world. [...] It is my duty however, for I am sure you would wish me to state the facts as I see them to you, to place before you certain facts about the present position in Europe.

From Stettin in the Baltic to Trieste in the Adriatic, an iron curtain has descended across the Continent. Behind that line lie all the capitals of the ancient states of Central and

Eastern Europe. Warsaw, Berlin, Prague, Vienna, Budapest, Belgrade, Bucharest and Sofia, all these famous cities and the populations around them lie in what I must call the Soviet sphere, and all are subject in one form or another, not only to Soviet influence but to a very high and, in many cases, increasing measure of control from Moscow. [...] The Communist parties, which were very small in all these Eastern States of Europe, have been raised to pre-eminence and power far beyond their numbers and are seeking everywhere to obtain .... control. Police governments are prevailing in nearly every case, and so far, except in Czechoslovakia, there is no true democracy.»

2
Mark the following sentences as true or false.

- **a** Winston Churchill and Marshall Stalin were on opposite sides in World War II.
- **b** At the time of the speech, Germany had immediate plans to attack Russia.
- **c** The iron curtain divided democracy from communism.
- **d** In Mr. Churchill's view, the rise of Communist parties reflected a growing popular consensus.

Listening

Track 10
In the following audio file, you will listen to the second part of Churchill's speech, where he advocates the necessity of a new unity in Europe. Listen to the file and then complete the following sentences.

The safety of the world requires a new unity in Europe, from which no nation should be permanently outcast. It is from the quarrels of the strong parent races in Europe that the world wars we have witnessed, or which occurred in former times, have sprung. Twice in our own lifetime we have seen the United States, against their wishes and their traditions, against arguments, the force of which it is impossible not to comprehend, drawn by irresistible forces, into these wars in time to secure the victory of the good cause, but only after frightful slaughter and devastation had occurred. Twice the United States has had to send several millions of its young men across the Atlantic to find the war; but now war can find any nation, wherever it may dwell between dusk and dawn. Surely we should work with conscious purpose for a grand pacification of Europe, within the structure of the United Nations and in accordance with its Charter. That I feel is an open cause of policy of very great importance.

- **a** No nation should be permanently .... from the new unity of Europe.
- **b** The world wars have sprung from the .... of the strong parent races in Europe.
- **c** The United States took part in the world wars against their .... and ....
- **d** The grand .... of Europe should take place in accordance with the .... of the United Stations.

Speaking

Pair work
Answer the following questions.

- **a** Who was Winston Churchill?
- **b** What was a former British Prime Minister doing in a small American college in 1946?
- **c** According to Winston Churchill, had Great Britain any sympathy and goodwill towards Russians?
- **d** Have you understood how the «iron curtain» cut Europe into two parts? On which side was Italy?
- **e** According to Winston Churchill, did the United States enter «European» wars happily and carefree?

INTERESTING FACT

Winston Churchill was generally regarded as a great orator. Some of his speeches, like «The sinews of peace», have been seen as turning points in history. In 1953 he was awarded the Nobel Prize in Literature, «for his mastery of historical and biographical description as well as for brilliant oratory in defending exalted human values».

[W. Churchill, *Speech delivered at the Westminster College*, Fulton, Missouri, 1946.]

CAPITOLO

G2 Le istituzioni e gli atti dell'Unione europea

NUCLEI ESSENZIALI

- Il Parlamento europeo
- Il Consiglio europeo e il Consiglio dell'Unione
- La Commissione europea
- La Corte di giustizia dell'Unione
- Gli atti dell'Unione

A te la parola! 15 minuti

Negli ultimi anni l'Unione europea si è avvicinata maggiormente alle nuove generazioni. Con quali strumenti e iniziative l'Unione europea ha contribuito alla formazione, alla possibilità di movimento e alle occasioni di lavoro dei giovani?

→ *Fai una ricerca online sull'argomento (utilizzando il sito dell'Unione europea oppure www.rapportogiovani.it) e discutine in aula con i compagni.*

Con l'aiuto dell'insegnante e in piccoli gruppi prova a esporre il tuo punto di vista.

1 Il Parlamento europeo

NUCLEI ESSENZIALI

Le istituzioni dell'Unione. Secondo il *Trattato di Lisbona*, firmato nel 2007 e in vigore dal 2009, le istituzioni dell'Unione europea sono:

- il Parlamento europeo;
- il Consiglio europeo e il suo Presidente;
- il Consiglio dell'Unione;
- la Commissione europea e il suo Presidente;
- l'Alto Rappresentante dell'Unione per gli affari esteri e la politica di sicurezza;
- la Corte di giustizia dell'Unione;
- la Corte dei conti europea;
- la Banca centrale europea (di cui ci occuperemo nel capitolo G3).

Iniziamo la nostra analisi dal Parlamento europeo.

Il Trattato di Lisbona stabilisce il funzionamento delle istituzioni comunitarie

Il Parlamento europeo. Il *Parlamento europeo*, che ha sede sia a Strasburgo sia a Bruxelles, è l'unica istituzione eletta direttamente dai cittadini europei.

I parlamentari europei hanno un mandato di cinque anni e, dal 1979, «sono eletti a suffragio universale diretto, libero e segreto» (art. 14 Trattato UE).

L'art. 39 Carta UE stabilisce che «ogni cittadino dell'Unione ha il diritto di voto e di eleggibilità alle elezioni del Parlamento europeo nello Stato membro in cui risiede, alle stesse condizioni dei cittadini di detto Stato».

Nell'eleggere i suoi rappresentanti, ogni Stato decide in modo autonomo il sistema elettorale; per esempio, in Italia è sempre stato utilizzato il sistema proporzionale.

Il Parlamento europeo è eletto a suffragio universale da tutti i cittadini dell'Unione

La ripartizione dei seggi. Come vengono ripartiti i seggi fra i Paesi dell'Unione europea?

I deputati europei sono 705 (compreso il Presidente), e ogni Stato membro ha un numero di seggi compreso fra 6 e 96, come risulta dalla tabella 1.

Tabella 1 La ripartizione dei seggi nel Parlamento europeo

Stati	Seggi	Stati	Seggi
Germania	96	Bulgaria	17
Francia	79	Danimarca	14
Italia	76	Slovacchia	14
Spagna	59	Finlandia	14
Polonia	52	Irlanda	13
Romania	33	Croazia	12
Olanda	29	Lituania	11
Belgio	21	Lettonia	8
Repubblica Ceca	21	Slovenia	8
Ungheria	21	Estonia	7
Portogallo	21	Cipro	6
Grecia	21	Lussemburgo	6
Svezia	21	Malta	6
Austria	19		
TOTALE SEGGI	705 (compreso il Presidente)		

L'organizzazione del Parlamento. Il Parlamento è la sola istituzione dell'Unione che si riunisce, e delibera, in seduta pubblica.

Il Parlamento europeo esercita la sua attività mediante commissioni permanenti

Il Parlamento elegge, tra i suoi membri, sia il Presidente sia l'Ufficio di presidenza.

Il Parlamento esercita la sua attività mediante *commissioni permanenti*, ognuna delle quali è competente in un settore specifico (agricoltura, energia, ambiente), e può anche creare commissioni d'inchiesta per approfondire problemi specifici (droga, eccedenze agricole).

I *gruppi parlamentari* non si formano in base alle nazionalità, ma a seconda dei gruppi politici; per esempio, nel Partito popolare europeo confluiscono i deputati popolari di tutti i Paesi, mentre non esiste un gruppo di deputati italiani o francesi.

La procedura legislativa ordinaria. Il Trattato di Lisbona introduce la *procedura legislativa ordinaria*, in base alla quale:

- la Commissione europea esercita l'iniziativa legislativa;
- il Consiglio dell'Unione può deliberare solo dopo che la sua posizione è stata approvata dal Parlamento.

Con la procedura legislativa ordinaria il Consiglio dell'Unione può deliberare solo col consenso del Parlamento

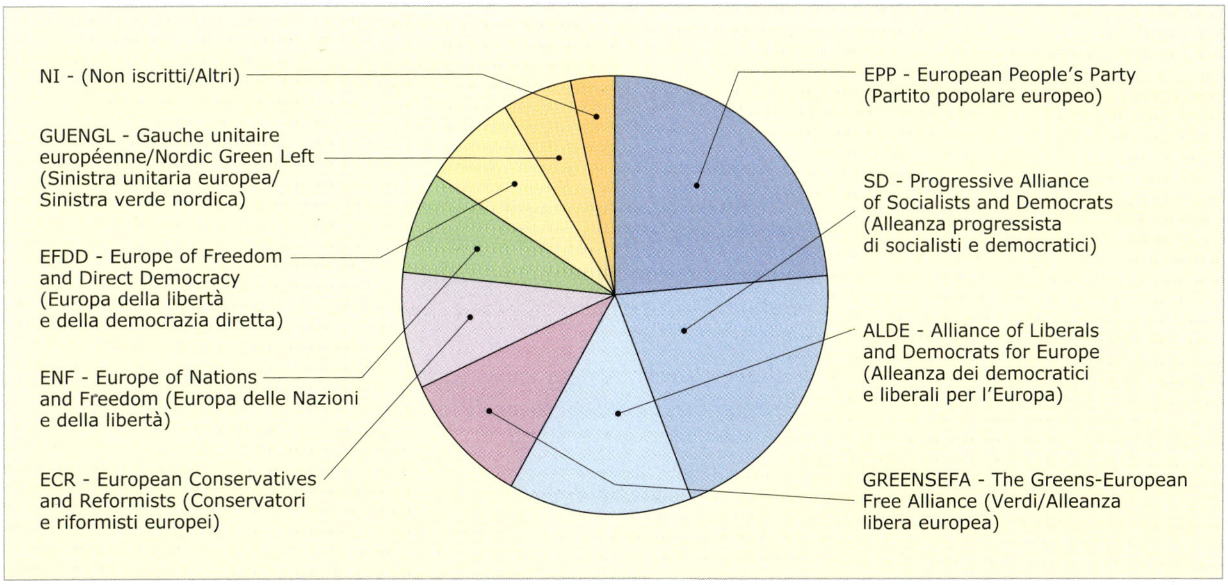

I gruppi parlamentari europei.
Proiezione rielaborata su dati della Commissione europea.

Il Parlamento europeo durante una sessione plenaria a Strasburgo.

La procedura legislativa ordinaria riguarda circa cinquanta materie; in questo modo il Parlamento contribuisce attivamente alla legislazione comunitaria, che resta comunque di competenza del Consiglio dell'Unione.

L'approvazione del bilancio. Il Parlamento, sempre insieme al Consiglio, approva il *bilancio annuale* dell'Unione, dopo che un'apposita commissione parlamentare ha verificato la correttezza delle entrate e delle spese comunitarie.

Il controllo sulla Commissione. Come vedremo, il Parlamento esercita un controllo sulla Commissione europea. In particolare:

- il Parlamento elegge il Presidente della Commissione;
- la Commissione entra in funzione solo dopo il voto di approvazione del Parlamento;
- il Parlamento può votare una mozione di censura che obbliga la Commissione alle dimissioni.

Il Parlamento esercita un controllo sulla Commissione

Un Parlamento a sovranità limitata? Nonostante l'aumento delle attribuzioni in campo legislativo e il potere di approvare il bilancio, il Parlamento resta escluso da settori fondamentali. Il Trattato di Lisbona, infatti, assegna al Parlamento solo un ruolo di *consultazione* in materie importanti come la politica estera, la difesa comune e la politica economica.

Si tratta di limitazioni gravi, perché va ribadito che solo il Parlamento è eletto direttamente dal corpo elettorale europeo.

2 Il Consiglio europeo e il suo Presidente

NUCLEI ESSENZIALI

Il Consiglio europeo. Nel 1975 è stato istituito il Consiglio europeo, che è formato dai Capi di Stato o di Governo (assistiti dai rispettivi ministri degli esteri), dal Presidente della Commissione e dall'Alto Rappresentante dell'Unione per gli affari esteri.

Il *Consiglio europeo* è al vertice della piramide istituzionale e stabilisce l'indirizzo generale della politica dell'Unione.

Il Consiglio europeo stabilisce l'indirizzo generale della politica dell'Unione

Dal Consiglio europeo, che si riunisce almeno due volte ogni semestre, sono nate le iniziative più importanti prese a livello comunitario; basta pensare all'introduzione dell'euro nel 1998.

Il Presidente del Consiglio europeo. La nascita del *Presidente del Consiglio europeo* è una delle novità introdotte a Lisbona.

Secondo l'art. 15 Trattato UE, il Consiglio europeo «elegge il Presidente a maggioranza qualificata per due anni e mezzo». È un periodo lungo, tanto che qualche Stato teme che il Presidente, di fatto *Presidente dell'Unione europea*, possa assumere

Il Presidente del Consiglio europeo rappresenta l'Unione a livello internazionale

Una riunione del Consiglio europeo.

un potere eccessivo. Non solo, ma il suo mandato è rinnovabile (anche se per una sola volta): il Presidente del Consiglio europeo può restare in carica cinque anni. Con quali poteri?

Il Presidente del Consiglio europeo:
- presiede e «anima» i lavori del Consiglio europeo;
- assicura la preparazione e la continuità del Consiglio europeo;
- facilita la coesione nel Consiglio europeo;
- rappresenta l'Unione a livello internazionale.

Il Presidente del Consiglio europeo assicura «la rappresentanza esterna dell'Unione per le materie relative alla politica estera e di sicurezza comune, fatte salve le attribuzioni dell'Alto rappresentante per gli affari esteri». Si tratta di una situazione ambigua, che avrebbe potuto causare conflitti di competenza fra i due organi, istituiti per la prima volta a Lisbona. Va però ricordato che l'Alto Rappresentante per gli affari esteri viene nominato dal Consiglio europeo, che lo può anche revocare: il Presidente del Consiglio europeo si trova in una posizione di netta superiorità.

Il Trattato di Lisbona stabilisce che il Presidente del Consiglio europeo non possa esercitare un mandato nazionale; per esempio, non si può essere contemporaneamente Presidente della Repubblica italiana e Presidente del Consiglio europeo.

3 Il Consiglio dell'Unione

NUCLEI ESSENZIALI

Il Consiglio. Il *Consiglio dell'Unione* (d'ora in poi anche solo *Consiglio*) ha sede a Bruxelles (salvo qualche sessione a Lussemburgo), ed «è composto da un rappresentante di ciascuno Stato membro a livello ministeriale» (art. 16 Trattato UE), che può esercitare il diritto di voto.

Il Consiglio dell'Unione, composto dai ministri degli Stati membri, si riunisce in diverse formazioni

Ogni Governo è rappresentato nel Consiglio da uno dei suoi ministri, che viene scelto in base alla materia da trattare; per esempio, se si deve deliberare in ambito agricolo il Consiglio sarà composto dai ministri dell'agricoltura dei singoli Paesi.

A seconda dell'ordine del giorno, il Consiglio si riunisce quindi in varie *formazioni*; fra queste, la più importante è l'Ecofin (*Consiglio dell'economia e della finanza*), che decide la politica economica e finanziaria dell'Unione.

La Presidenza del Consiglio deve essere esercitata a turno da ciascuno Stato membro, per una durata di sei mesi.

La funzione legislativa. Il Consiglio è l'*organo legislativo* dell'Unione e adotta delibere vincolanti per tutti gli Stati membri. Le deliberazioni del Consiglio vincolano anche gli Stati contrari; per esempio, se il Consiglio delibera una limitazione nella produzione del vino a cui si oppone il ministro dell'agricoltura francese, tale limitazione è efficace anche in Francia.

Il Consiglio è l'organo legislativo dell'Unione e adotta delibere vincolanti per tutti gli Stati membri

Poiché il Trattato di Lisbona ha aumentato i casi in cui bisogna utilizzare la procedura legislativa ordinaria, il Consiglio ha ridimensionato il suo potere legislativo a vantaggio del Parlamento.

Va ribadito che il Consiglio può deliberare esclusivamente sulla base di progetti presentati dalla Commissione.

Il voto nell'Unione. La nuova procedura di voto è identica per il Consiglio europeo e per il Consiglio che, di regola, votano a maggioranza qualificata; anche se restano alcuni casi in cui è richiesta l'unanimità.

Il voto a maggioranza qualificata. La maggioranza qualificata deve essere formata dal 55% dei membri del Consiglio (15 Paesi), che devono rappresentare almeno il 65% della popolazione dell'Unione. Occorre quindi una *doppia maggioranza*: non basta una maggioranza di Stati, ma occorre anche una maggioranza di popolazione.

Il Consiglio europeo e il Consiglio deliberano a maggioranza qualificata col voto a doppia maggioranza

È una clausola voluta dai cosiddetti «Grandi», per impedire che molti piccoli Stati (con pochi abitanti) impongano il loro volere.

Il problema dell'unanimità. Nel Trattato di Lisbona sono rimaste materie in cui il Consiglio europeo e il Consiglio devono deliberare all'*unanimità*. Fra queste ricordiamo:

- la politica estera e la sicurezza comune;
- le questioni fiscali;
- le politiche sociali;
- la revisione dei trattati.

A Lisbona sono diminuite le materie in cui si deve votare all'unanimità, ma il problema rimane: ogni Stato può continuare a esercitare il diritto di veto!

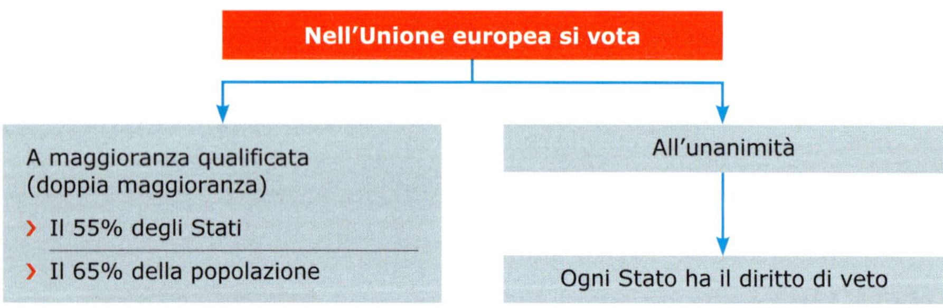

4 La Commissione europea e il suo Presidente

NUCLEI ESSENZIALI

La Commissione europea. La *Commissione europea*, che ha sede a Bruxelles, è il perno attorno cui ruota l'Unione.

La Commissione resta in carica cinque anni ed è «composta da un cittadino di ciascuno Stato membro» (art. 17 Trattato UE): i commissari europei sono 27 (dopo l'uscita della Gran Bretagna).

La Commissione europea è formata da un rappresentante per ogni Stato dell'Unione

La scelta dei commissari. I commissari europei sono nominati dal Consiglio europeo, dopo un procedimento abbastanza complesso.

La Commissione è nominata dal Consiglio europeo, dopo l'approvazione del Parlamento

Dapprima è il Consiglio europeo, di comune accordo con il Presidente della Commissione, che adotta l'elenco delle persone che intende nominare commissari, sulla base di proposte presentate da ciascuno Stato membro. In seguito, la Commissione deve avere il voto di approvazione da parte del Parlamento; solo a questo punto si ha la nomina ufficiale da parte del Consiglio europeo.

I membri della Commissione sono scelti in base alla loro competenza, e devono offrire garanzia di massima indipendenza.

Un articolo

Ursula von der Leyen è Presidente della Commissione europea

Il 16 luglio 2019, dopo essere stata designata dal Consiglio europeo, la tedesca Ursula von der Leyen viene votata dal Parlamento europeo e diventa Presidente della Commissione europea per il quinquennio 2019-2024.

L'articolo riprodotto (Marco Bresolin, *La Stampa*, 17 luglio 2019) sottolinea come la votazione del Parlamento europeo sia stata particolarmente difficoltosa, per la presenza di numerosi franchi tiratori. Con 383 voti (solo 9 in più della maggioranza assoluta) Ursula von der Leyen viene comunque eletta: è la prima donna a presiedere la Commissione europea.

LA STAMPA

Von der Leyen presidente ma il Parlamento si spacca Via libera per soli 9 voti

Spirava un forte vento di ottimismo nella giornata di ieri all'Europarlamento **1** di Strasburgo. Ma d'improvviso, alle 19.30, si è trasformato in una ventata gelida. Ursula von der Leyen ha superato il test dell'Aula. Diventerà la prima donna a presiedere la Commissione europea. A proclamazione avvenuta si è subito gettata tra le braccia di Federica Mogherini e ha promesso «un'Europa che lotti per il futuro». «Perdo un ministro, ma guadagno un'alleata» le ha detto da Berlino Angela Merkel. Eppure qualcosa è andato storto. E il clima di festa obbligata **2** nasconde in realtà una forte preoccupazione: all'Europarlamento non c'è una maggioranza solida. «In democrazia la maggioranza è maggioranza» prova a vedere il bicchiere mezzo pieno la diretta interessata. Ma il rischio è che una maggioranza non ci sia proprio.

Von der Leyen è stata eletta con un margine molto risicato: solo 9 voti in più del quorum. Si è fermata a quota 383 e se il primo novembre ci sarà cesi e gli olandesi). Ma i conti comunque non tornano. Il che significa che nel segreto dell'urna il partito **3** dei franchi tiratori si è rivelato molto più forte del previsto: almeno 40 voti in meno del previsto. E si tratta probabilmente di fuoco amico, proveniente principalmente dalle fila del Ppe. Anche perché Verdi e Sinistra avevano già annunciato la loro contrarietà.

Tra gli italiani, oltre ai Cinque Stelle hanno votato a favore Pd e Forza Italia. Contrari Fratelli d'Italia. Ma il vero una nota -, von der Leyen passa grazie all'asse Merkel, Macron, Renzi e Cinque Stelle».

Ieri mattina aveva fatto molto rumore l'annuncio di Marco Zanni, che un'intervista a La Stampa si era detto pronto a far convergere i voti dei 28 leghisti sulla Von der Leyen. Una mossa - sosteneva il capogruppo dei sovranisti - concordata con il Ppe per spostare a destra il baricentro della maggioranza. In cambio il governo avrebbe ricevuto un portafoglio di peso e la garanzia di un via libera

1 STRASBURGO – Spirava un forte vento di ottimismo nella giornata di ieri all'Europarlamento di Strasburgo. Ma d'improvviso, alle 19.30, si è trasformato in una ventata gelida. Ursula von der Leyen ha superato il test dell'Aula. Diventerà la prima donna a presiedere la Commissione europea.

2 Eppure qualcosa è andato storto. E il clima di festa obbligata nasconde in realtà una forte preoccupazione: all'Europarlamento non c'è una maggioranza solida. "In democrazia la maggioranza è maggioranza" prova a vedere il bicchiere mezzo pieno la diretta interessata. Ma il rischio è che una maggioranza non ci sia proprio. Ursula von der Leyen è stata eletta con un margine molto risicato: solo 9 voti in più del quorum.

3 Ma i conti comunque non tornano. Il che significa che nel segreto dell'urna il partito dei franchi tiratori si è rivelato molto più forte del previsto: almeno 40 voti in meno del previsto. E si tratta probabilmente di fuoco amico, proveniente principalmente dalle fila del Ppe [*Partito popolare europeo*].

Mentre i componenti del Consiglio rappresentano gli Stati membri, la Commissione è un'istituzione *indipendente* dagli esecutivi nazionali; gli Stati membri rispettano l'indipendenza dei commissari e «non cercano di influenzarli nell'adempimento dei loro compiti» (art. 245 Trattato FUE).

Il «governo» dell'Unione. La Commissione è l'*organo esecutivo* dell'Unione e, in quanto tale, rende esecutive le delibere del Consiglio.

La Commissione, organo esecutivo, può esercitare la funzione legislativa nell'Unione

Per attuare le decisioni del Consiglio e per realizzare gli obiettivi di politica comunitaria, la Commissione può esercitare direttamente la *funzione legislativa*.

Per garantire una maggiore efficienza, ogni commissario europeo è responsabile di un settore, paragonabile a un ministero (sanità, agricoltura, industria, ambiente).

La Commissione delibera a maggioranza dei suoi membri; è un meccanismo snello, che permette di evitare quelle «paralisi» che caratterizzano il Consiglio.

Per esercitare la funzione esecutiva, la Commissione:

- promuove l'interesse generale dell'Unione, e adotta iniziative appropriate a tal fine;

- garantisce il rispetto delle norme comunitarie, vigilando sull'applicazione dei trattati e citando gli Stati inadempienti davanti alla Corte di giustizia;
- gestisce i fondi per pianificare interventi in vari settori economici.

Come sappiamo gli atti dell'Unione possono essere adottati solo su proposta della Commissione, che è l'unica istituzione comunitaria a esercitare l'*iniziativa legislativa*.

La censura del Parlamento. Abbiamo già fatto riferimento ai rapporti fra Commissione e Parlamento. In particolare, va ribadito che il Parlamento può votare (con la maggioranza dei 2/3) una *mozione di censura* alla Commissione; in caso di censura, «i membri della Commissione si dimettono collettivamente dalle loro funzioni» (art. 234 Trattato FUE). Finora, solo nel 1999 il Parlamento ha votato una mozione di censura alla Commissione, costringendola alle dimissioni.

Il Presidente della Commissione europea. Il Presidente della Commissione europea è eletto dal Parlamento su proposta del Consiglio europeo.

Il Presidente della Commissione indica e revoca i commissari europei

Il *Presidente della Commissione* «indica» il nome dei futuri commissari (in accordo col Consiglio europeo), e ha il potere di farli decadere; stabilisce, infatti, l'art. 17 Trattato UE che «un membro della Commissione rassegna le dimissioni se il Presidente glielo chiede».

Il Presidente della Commissione definisce gli orientamenti generali e l'organizzazione interna della Commissione.

5 L'Alto Rappresentante dell'Unione per gli affari esteri

L'Alto Rappresentante per gli affari esteri. Il Trattato di Lisbona ha istituito anche l'*Alto Rappresentante dell'Unione per gli affari esteri e la politica di sicurezza*, che esercita una funzione che prima era svolta da un semplice commissario.

L'Alto Rappresentante per gli affari esteri contribuisce alla politica estera dell'Unione con poteri limitati

L'Alto Rappresentante per gli affari esteri resta in carica cinque anni ed è anche Vice-presidente della Commissione. In un primo momento avrebbe dovuto chiamarsi «Ministro degli esteri», ma il timore di un eccessivo potere ne ha modificato non solo le competenze ma anche la denominazione. È nominato dal Consiglio europeo, a maggioranza qualificata, in accordo col Presidente della Commissione, ed entra in carica solo dopo aver avuto l'approvazione da parte del Parlamento.

L'Alto Rappresentante per gli affari esteri «guida la politica estera e di sicurezza dell'Unione» e «presiede il Consiglio Affari esteri» (art. 18 Trattato UE).

Questa istituzione sembra, quindi, il pilastro su cui si regge la politica estera dell'Unione. È proprio così? L'Unione ha un «vero» Ministro degli esteri? Analizzando attentamente il Trattato di Lisbona nascono alcune perplessità.

Anzitutto, l'art. 27 Trattato UE precisa che «l'Alto Rappresentante per gli affari esteri contribuisce con proposte all'elaborazione della politica estera e di sicurezza comune»: un conto è «guidare», ben diverso è «contribuire con proposte».

Il potere di questa figura viene ulteriormente indebolito dal fatto che:

- ogni sua decisione deve essere approvata all'unanimità dai membri dell'Unione;
- in ogni momento «il Consiglio europeo può porre fine al suo mandato».

6 La Corte di giustizia dell'Unione

NUCLEI ESSENZIALI

La Corte di giustizia. La Corte di giustizia è l'*organo giudiziario* dell'Unione. La Corte ha sede a Lussemburgo ed è formata da un giudice per ogni Stato (assistiti da nove avvocati generali).

La Corte di giustizia è l'organo giudiziario dell'Unione

I giudici «sono nominati di comune accordo dai governi degli Stati membri per sei anni» (art. 19 Trattato UE), e possono essere rinominati.

I giudici e gli avvocati generali della Corte di giustizia sono scelti tra personalità che offrano garanzie di indipendenza e che possiedano le necessarie competenze giuridiche: fanno parte della Corte di giustizia alcuni fra i più prestigiosi giuristi europei.

I giudici designano tra loro, per tre anni, il Presidente della Corte di giustizia, che può essere riconfermato.

Il «giudice» dell'Unione. La Corte di giustizia deve assicurare «il rispetto del diritto nell'interpretazione e nell'applicazione dei trattati comunitari». A questo proposito va ricordato che spetta alla Corte anche il giudizio in caso di presunte violazioni della *Carta dei diritti fondamentali dell'Unione europea*.

In particolare, la Corte di giustizia deve:

- garantire che i trattati comunitari siano correttamente interpretati;
- arbitrare i conflitti insorti fra istituzioni dell'Unione e/o Stati membri; si può trattare di un contrasto fra Parlamento e Commissione, fra Commissione e Italia, fra Spagna e Germania e così via;
- verificare che le norme comunitarie vengano rispettate su tutto il territorio dell'Unione, per questo i giudici nazionali possono chiedere alla Corte dei consigli sull'interpretazione del diritto dell'Unione;
- esercitare un controllo di legittimità sugli atti dell'Unione, tali atti possono essere invalidati se giudicati in conflitto con la legislazione comunitaria o con i trattati;
- pronunciarsi sui ricorsi proposti dalla Banca centrale europea, nei settori che rientrano nella sua competenza, o proposti contro di essa.

La Corte di giustizia dell'Unione europea, con sede in Lussemburgo, deve assicurare il rispetto dei trattati comunitari.

Le sentenze della Corte di giustizia sono *vincolanti* e *inappellabili*; non esiste quindi il doppio grado di giurisdizione, a differenza di quanto avviene nel nostro ordinamento (capitolo C4).

Le sentenze della Corte di giustizia sono vincolanti e inappellabili

Come agisce la Corte di giustizia? Se uno Stato non rispetta una sentenza, la Corte di giustizia può obbligarlo a pagare una somma in denaro.

Il controllo della Corte può essere effettuato su richiesta di un'istituzione dell'Unione o di uno Stato membro; è però interessante che qualsiasi persona (fisica o giuridica) può ricorrere alla Corte, purché si tratti di atti che la riguardano direttamente.

Ogni persona (fisica o giuridica) può ricorrere alla Corte di giustizia

La Corte di giustizia agisce anche come *organo consultivo*. Infatti il Consiglio, la Commissione o uno Stato membro possono richiedere alla Corte un parere preventivo sulla legittimità di un accordo, da concludersi fra l'Unione e uno o più Stati terzi.

Nell'Unione europea

Il Consiglio dell'Unione (a volte col Parlamento) esercita il potere legislativo	La Commissione europea esercita il potere esecutivo	La Corte di giustizia esercita il potere giudiziario

7 La Corte dei conti europea

La Corte dei conti europea. Istituita nel 1975 con sede a Lussemburgo, la *Corte dei conti europea* «assicura il controllo dei conti dell'Unione» (art. 285 Trattato FUE): la Corte è il «ragioniere» dell'Unione.

La Corte dei conti controlla la gestione finanziaria dell'Unione

Dopo aver consultato il Parlamento, il Consiglio nomina la Corte, che è formata da un giudice per ogni Stato membro. I membri della Corte durano in carica sei anni, ed «esercitano le loro funzioni in piena indipendenza, nell'interesse generale dell'Unione».

La Corte deve accertare che la gestione finanziaria dell'Unione sia sana. In particolare, la Corte esamina «i conti di tutte le entrate e le spese di ogni organo o organismo creato dall'Unione».

Il discarico annuale. L'art. 287 Trattato FUE prevede che la Corte assista il Parlamento e il Consiglio «nell'esercizio della loro funzione di controllo dell'esecuzione del bilancio».

La Corte dei conti presenta il discarico annuale al Parlamento e al Consiglio

A questo proposito, la Corte deve presentare al Parlamento e al Consiglio il cosiddetto *discarico annuale*, cioè una relazione annuale sull'esercizio precedente. Si tratta di «una dichiarazione, in cui la Corte attesta l'affidabilità dei conti e la legittimità e la regolarità delle relative operazioni»; nella relazione, la Corte deve riferire su ogni caso di frode o irregolarità.

La Corte effettua un *controllo di legittimità* e non di merito; per esempio, può denunciare irregolarità formali in una procedura di spesa, ma non può decidere se questa sia opportuna o meno.

8 Gli atti dell'Unione

NUCLEI ESSENZIALI

Gli atti dell'Unione. In base all'art. 288 Trattato FUE, per assolvere i loro compiti, il Consiglio (a volte insieme al Parlamento) e la Commissione possono adottare i seguenti atti:

- i regolamenti;
- le direttive;
- le decisioni;
- le raccomandazioni;
- i pareri.

Il regolamento. «Il regolamento ha portata generale. Esso è obbligatorio in tutti i suoi elementi e direttamente applicabile in ciascuno degli Stati membri» (art. 288 Trattato FUE). Il regolamento consente all'Unione di agire come *ordinamento sovranazionale*, perché entra direttamente in vigore in tutti gli ordinamenti giuridici, senza bisogno di norme di adattamento da parte delle istituzioni nazionali.

Il regolamento è vincolante in ogni suo punto ed è direttamente applicabile in ogni Stato membro

Per esempio, se il 15 settembre 2019 entra in vigore un *regolamento* che stabilisce nuove regole per la tutela dell'ambiente, quel regolamento è immediatamente efficace in Italia in ogni suo punto, senza bisogno di alcun atto da parte dell'ordinamento italiano.

Ipotizziamo che un regolamento abbia un contenuto in contrasto con quello di una legge nazionale: il regolamento prevale anche se la legge nazionale è stata approvata successivamente. Riprendiamo il nostro esempio, relativo a un regolamento a tutela dell'ambiente (in vigore dal 15 settembre 2019); nel nostro Paese il regolamento resta in vigore anche se il Parlamento, dopo il 15 settembre 2019, approva una legge ambientale in contrasto con esso.

Per questo motivo, secondo alcuni giuristi, nella gerarchia delle fonti i regolamenti comunitari dovrebbero essere collocati a un livello più alto rispetto alle leggi ordinarie.

Per saperne di più

Diritto dell'Unione e diritto italiano

Il rapporto fra diritto dell'Unione e diritto italiano in base alle sentenze della Corte costituzionale

Approfondiamo il rapporto fra il diritto dell'Unione e il diritto italiano, alla luce delle sentenze della Corte costituzionale nella seconda metà del secolo scorso.

Utilizzando questo criterio, è possibile distinguere quattro fasi.

La prima fase, relativa agli anni Sessanta, prende spunto da una sentenza della Corte del 1964, secondo cui il rapporto fra legge ordinaria e regolamento comunitario è solo un problema di successione delle norme nel tempo: prevale la norma approvata successivamente. Non esiste quindi alcuna supremazia del diritto comunitario su quello interno.

Nella seconda fase, relativa agli anni Settanta, la Corte dichiara che la legge ordinaria in contrasto con un regolamento comunitario, approvato in precedenza, è costituzionalmente illegittima; la pronuncia della Corte si basa sull'art. 11 Cost., dove si afferma che l'Italia «consente, in condizione di parità con gli altri Stati, alle limitazioni di sovranità necessarie a un ordinamento che assicuri la pace e la giustizia fra le Nazioni; promuove e favorisce le organizzazioni internazionali rivolte a tale scopo». Si ha quindi la preminenza del diritto comunitario su quello interno in base al criterio del «vizio di incostituzionalità».

La terza fase, relativa agli anni Ottanta, si basa su una sentenza del 1984 in cui la Corte stabilisce che non può essere in alcun caso applicata una legge ordinaria in contrasto con un regolamento comunitario, sia precedente sia successivo. Secondo la Corte, il giudice deve controllare che l'ordinamento interno si adegui a quello comunitario; ne consegue che il giudice deve far prevalere, sempre e comunque, il regolamento comunitario sulla legge ordinaria, in base al criterio della «non applicabilità» di quest'ultima.

La quarta fase, relativa agli anni Ottanta e Novanta, si fonda su una pronuncia del 1987 in cui la Corte afferma che il diritto comunitario è efficace anche se entra in contrasto con la Costituzione: il regolamento comunitario prevale anche sulla Costituzione, perché è efficace anche se è in contrasto con questa (con la sola eccezione dell'art. 2 Cost., relativo ai diritti inviolabili). Seguendo questo orientamento, nel 1995 la Corte arriva a dichiarare inammissibile la questione di legittimità costituzionale su di un regolamento comunitario.

[Rielaborazione da M. Franzoni, *Commentario del Codice civile*, Volume I, Milano, Giuffrè, 1998.]

Nella procedura legislativa ordinaria i regolamenti sono approvati dal Consiglio, col consenso del Parlamento, su proposta della Commissione.

Per semplificare prendiamo in esame l'ipotesi più favorevole, quella in cui Consiglio e Parlamento raggiungono subito un accordo (si dice che il regolamento è approvato «in prima lettura»). In questo caso:
- la Commissione presenta una proposta al Consiglio;
- il Consiglio adotta la sua posizione in prima lettura e la trasmette al Parlamento;
- il regolamento è adottato se il Parlamento approva la posizione del Consiglio.

Se il Parlamento non approva la posizione del Consiglio, si apre un lungo e complesso iter legislativo.

La direttiva. La *direttiva* vincola gli Stati a cui è rivolta sul risultato da raggiungere, ma ogni Stato è libero di decidere come attuarla.

> La direttiva vincola gli Stati a cui è rivolta sul risultato da raggiungere, ma ogni Stato è libero di decidere come attuarla

Le direttive hanno la funzione di armonizzare gli ordinamenti giuridici nazionali all'interno dell'Unione.

Le direttive sono vincolanti per gli Stati, ma esistono due differenze rispetto ai regolamenti:
- la direttiva vincola solamente gli Stati a cui è rivolta; per esempio, una direttiva può essere destinata solo a Portogallo e Polonia;
- la direttiva non entra immediatamente in vigore, ma indica degli obiettivi che i singoli Stati devono poi raggiungere con un'apposita legislazione nazionale.

Riprendiamo il nostro esempio di una nuova normativa a tutela dell'ambiente: se è introdotta con un *regolamento* entra subito in vigore nel nostro Paese; invece, se è adottata con una *direttiva*, le sue disposizioni sono efficaci solo dopo che l'ordinamento giuridico italiano ne ha recepito i contenuti. Va precisato che la legislazione italiana recepisce le direttive europee emanando decreti legislativi (dopo l'approvazione delle relative leggi delega).

La legge di delegazione europea e la legge europea. Per agevolare l'applicazione della vasta e complessa normativa comunitaria, nel 2012 il nostro Paese ha introdotto due nuovi strumenti: la legge di delegazione europea e la legge europea.

La legge di delegazione europea e la legge europea applicano la normativa comunitaria in Italia

La *legge di delegazione europea* (da presentare al Parlamento entro il 28 febbraio di ogni anno) contiene le leggi delega, che daranno vita ai decreti legislativi necessari per attuare le direttive dell'Unione europea.

La *legge europea* contiene tutti gli altri atti necessari per adeguare la nostra normativa all'ordinamento dell'Unione (recepimento di sentenze della Corte di giustizia, applicazione di trattati comunitari e così via).

La decisione. La *decisione* è vincolante in tutti i suoi elementi, ma solo per i destinatari da essa indicati.

Mentre la direttiva si rivolge a uno o più Stati membri, la decisione è indirizzata a un limitato numero di soggetti; per esempio l'impresa italiana Pirelli, il cittadino francese Michel Fontaine.

La raccomandazione. Le raccomandazioni si limitano a consigliare certi comportamenti, e non impongono alcun obbligo ai destinatari: le raccomandazioni non sono vincolanti.

Le raccomandazioni e i pareri non sono vincolanti

Quando la *raccomandazione* non ottiene l'effetto voluto, possono essere adottati provvedimenti vincolanti; per esempio, il mancato rispetto di una raccomandazione può «costringere» la Commissione ad adottare una direttiva.

Il parere. Mentre le raccomandazioni provengono dalle istituzioni dell'Unione, i pareri vengono richiesti a tali organi dagli interessati. Anche il *parere* non è vincolante, e si riferisce a questioni di carattere particolare e di interesse limitato.

Gli atti dell'Unione europea sono

- I regolamenti (vincolanti per tutti gli Stati), che entrano in vigore direttamente negli ordinamenti nazionali
- Le direttive, che vincolano lo Stato a cui sono rivolte solo sul risultato da raggiungere
- Le decisioni, che vincolano solo un limitato numero di soggetti
- Le raccomandazioni e i pareri, che non sono vincolanti

Pubblicazione ed entrata in vigore. I regolamenti, le direttive e le decisioni «sono firmati dal Presidente del Parlamento europeo e dal Presidente del Consiglio» (art. 297 Trattato FUE).

Regolamenti e direttive sono pubblicati nella *Gazzetta Ufficiale dell'Unione europea*, ed entrano in vigore, di regola, «il ventesimo giorno successivo alla pubblicazione».

IL REGOLAMENTO: DALLA PROPOSTA ALL'ENTRATA IN VIGORE

Proposta della Commissione
→ Al Parlamento / Al Consiglio dell'Unione
→ Approvazione congiunta (nella procedura legislativa ordinaria)
→ Firma dei Presidenti del Parlamento e del Consiglio dell'Unione
→ Pubblicazione sulla Gazzetta Ufficiale dell'Unione
→ Entrata in vigore, di regola, il ventesimo giorno successivo

SINTESI

Il Parlamento europeo

- Il **Parlamento europeo** (par. **1**) è l'unica istituzione eletta direttamente dai cittadini europei per 5 anni.
- Con la **procedura legislativa ordinaria** (par. **1**) il Consiglio dell'Unione deve deliberare con il consenso del Parlamento in circa 50 materie.

Il Consiglio europeo e il Consiglio dell'Unione

- Il **Consiglio europeo** (par. **2**) stabilisce l'indirizzo generale della politica dell'Unione ed è formato dai Capi di Stato o di Governo (assieme ai rispettivi ministri degli esteri), dal Presidente della Commissione e dall'Alto Rappresentante per gli affari esteri.
- Il **Presidente del Consiglio europeo** (par. **2**), eletto per due anni e mezzo con mandato rinnovabile, stimola l'azione del Consiglio europeo e rappresenta l'Unione a livello internazionale.
- Il **Consiglio dell'Unione, o Consiglio** (par. **3**), composto dai ministri degli Stati membri, si riunisce in diverse formazioni a seconda della materia da trattare. È l'organo legislativo dell'Unione (a volte insieme al Parlamento) e adotta delibere vincolanti per tutti gli Stati membri.
- Il Consiglio europeo e il Consiglio di regola deliberano a **maggioranza qualificata** (par. **3**) col voto a doppia maggioranza. Restano alcuni casi in cui l'Unione deve deliberare all'**unanimità** (par. **3**).

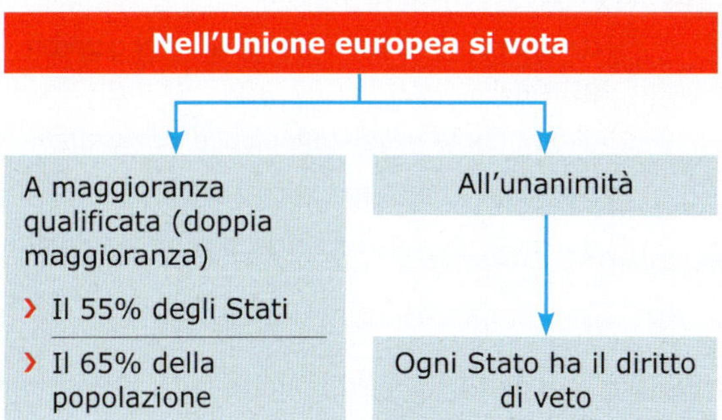

La Commissione europea

- La **Commissione europea** (par. **4**), formata da un membro per ogni Stato, è il «governo» dell'Unione e, in quanto tale, rende esecutive le delibere del Consiglio. Solo la Commissione esercita l'iniziativa legislativa nell'Unione.
- L'**Alto Rappresentante per gli affari esteri e la politica di sicurezza** (par. **5**), nominato dal Consiglio europeo per 5 anni, contribuisce alla politica estera dell'Unione con poteri limitati.

La Corte di giustizia dell'Unione

- La **Corte di giustizia** (par. **6**) è l'organo giudiziario dell'Unione. La Corte deve assicurare il rispetto dei trattati comunitari ed emette sentenze vincolanti e inappellabili.
- La **Corte dei conti europea** (par. **7**) controlla la regolarità della gestione finanziaria dell'Unione.

Gli atti dell'Unione

- Il Consiglio (a volte col Parlamento) e la Commissione possono adottare i seguenti **atti dell'Unione** (par. **8**):
  - il **regolamento** (par. **8**) che è destinato a tutti gli Stati membri, è vincolante in ogni suo punto ed è direttamente applicabile in tutti gli Stati membri;
  - la **direttiva** (par. **8**) che vincola gli Stati a cui è rivolta sul risultato da raggiungere, ma ogni Stato è libero di decidere come attuarla;
  - la **decisione** (par. **8**) che è vincolante solo per i destinatari da essa indicati;
  - le **raccomandazioni e i pareri** (par. **8**) che non sono vincolanti.

1 Verifica le tue conoscenze

Risolvi le seguenti **scelte multiple** indicando la risposta esatta fra quelle possibili.

A

Il Consiglio dell'Unione, dopo il parere favorevole del Parlamento, può deliberare solo su iniziativa

1 della Commissione

2 del Consiglio europeo

3 dell'Alto Rappresentante per gli Affari esteri

B

Se un regolamento dell'Unione è in contrasto con una legge nazionale prevale

1 la legge nazionale

2 il regolamento dell'Unione

3 la norma emanata prima

1 **Il funzionamento delle istituzioni dell'Unione è stato deciso nel**

- A Trattato di Parigi
- B Trattato di Roma
- C Trattato di Maastricht
- D Trattato di Lisbona

2 **Il Parlamento partecipa alla procedura legislativa ordinaria insieme**

- A al Consiglio dell'Unione
- B al Consiglio europeo
- C alla Commissione
- D al Presidente della Commissione

3 **Fa parte del Consiglio europeo**

- A il Presidente del Parlamento
- B il Presidente della Commissione
- C il Presidente della Corte di giustizia
- D il Presidente della Corte dei conti europea

4 **La Corte di giustizia è l'organo**

- A legislativo dell'Unione
- B di controllo dell'Unione
- C esecutivo dell'Unione
- D giudiziario dell'Unione

5 **La Commissione entra in funzione dopo il voto di approvazione**

- A del Parlamento
- B del Consiglio europeo
- C del Consiglio dell'Unione
- D della Corte di giustizia

6 **La direttiva entra in vigore**

- A direttamente in tutti gli ordinamenti giuridici nazionali
- B direttamente nello Stato a cui è indirizzata
- C negli Stati che l'hanno accettata
- D dopo essere stata recepita dagli ordinamenti nazionali

2 Misura le tue abilità

Rispondi e motiva la tua risposta in ogni caso proposto.

1 Il bilancio dell'Unione viene approvato dalla Corte dei conti europea V F

____

2 Una persona fisica può ricorrere alla Corte di giustizia V F

____

3 Il Parlamento è eletto da tutti i cittadini dell'Unione V F

____

4 L'Alto Rappresentante per gli Affari esteri è a capo della politica estera dell'Unione V F

____

5 Il Consiglio europeo decide l'indirizzo politico dell'Unione V F

____

6 Il Presidente della Commissione può revocare i commissari europei V F

____

3 Valuta le tue competenze

Risolvi i casi concreti, mettendo in pratica ciò che hai imparato.

1 Riconoscere la procedura legislativa ordinaria, ascoltando un amico.

Un tuo amico è un esperto (?) di politiche comunitarie: «La procedura legislativa ordinaria rallenta l'azione dell'Unione europea: si decide solo se tutti sono d'accordo!».

- **Che cosa prevede la procedura legislativa ordinaria?**

2 Precisare la composizione del Consiglio europeo, ascoltando un conoscente.

Il tuo vicino è appena tornato da una gita aziendale: «Siamo stati a Strasburgo. Abbiamo visto da vicino alcuni degli eletti al Consiglio europeo!».

- **Perché nessuno può essere eletto al Consiglio europeo?**

3 Individuare il ruolo dell'Alto Rappresentante per gli affari esteri, alla luce di un servizio televisivo.

In un servizio televisivo una giornalista dichiara: «A Bruxelles il Consiglio europeo sta scegliendo il nuovo Alto Rappresentante per gli affari esteri: è, di fatto, il Ministro degli esteri dell'Unione europea!».

- **Sei d'accordo con la giornalista?**

4 Valutare le sentenze della Corte di giustizia dell'Unione, in base a un'esperienza familiare.

Tua zia è molto preoccupata: «Lo zio ha speso tanti soldi per quella causa, tanto da arrivare alla Corte di giustizia, che gli ha dato torto. Se continua così, alla fine del processo d'appello siamo rovinati!».

- **Come tranquillizzi tua zia?**

5 Riconoscere i caratteri del regolamento comunitario, ascoltando l'errore di un politico.

Un politico in televisione afferma: «L'Unione europea ha approvato un regolamento a tutela dei consumatori. Ci vuole pazienza... Adesso deve essere recepito dal nostro Parlamento!». L'affermazione è sbagliata.

- **Come modifichi la frase per renderla giuridicamente corretta?**

Idee a confronto

A casa 1 ora | In aula 20 minuti

4 Partendo dal caso proposto, approfondisci l'argomento per partecipare al dibattito in classe

«Il Consiglio dell'Unione ha dato il via libera formale alla direttiva che vieta, dal 2021, oggetti in plastica monouso come piatti, posate e cannucce. Anche le aste per i palloncini e i bastoncini cotonati in plastica dovranno essere vietate. Gli Stati membri si sono inoltre impegnati a ridurre la raccolta delle bottiglie di plastica del 90% entro il 2029; le bottiglie di plastica dovranno avere un contenuto riciclato di almeno il 25% entro il 2025 e di almeno il 30% entro il 2030» (fonte: www.repubblica.it, 21 maggio 2019).

→ ***Le regole contenute nella direttiva segnano l'inizio di un nuovo percorso europeo di lotta all'inquinamento da plastica, di cui l'Italia è una capofila. Quali sono, a tuo parere, altre misure concrete che potrebbero essere adottate nella vita di ogni giorno? Approfondisci l'argomento e partecipa al dibattito in classe.***

CAPITOLO

G3 L'Unione economica e monetaria e l'euro

NUCLEI ESSENZIALI

- Il Sistema monetario europeo
- Dalla lira all'euro
- La Banca centrale europea
- Il *Patto di stabilità e di crescita*

A te la parola! 15 minuti

Fai una ricerca nel sito della Banca centrale europea e in una tabella riassumi le sue funzioni, la sua composizione e il suo funzionamento.

→ *Esistono organismi bancari simili, anche se non identici, nel resto del mondo?*

Con l'aiuto dell'insegnante e in piccoli gruppi prova a esporre il tuo punto di vista.

1 Il Sistema monetario europeo

NUCLEI ESSENZIALI

Alle radici dell'euro. Dal 1° marzo 2002 l'euro ha iniziato a circolare al posto delle valute nazionali; dal 2015, come sappiamo, l'euro circola solo in 19 Stati dell'Unione europea. Va ribadito infatti che:

- l'*Unione europea* è formata da 27 Stati (dopo l'uscita della Gran Bretagna);
- l'*Unione economica e monetaria* è formata, dal 1° gennaio 2015, dai 19 Paesi in cui circola l'euro.

La circolazione dell'euro è un evento storico, che conclude un lungo processo iniziato negli anni Settanta col Sistema monetario europeo.

La circolazione dell'euro rappresenta un evento storico per l'Unione europea

Il Sistema monetario europeo. Nell'ambito del processo di integrazione europea, il 13 marzo 1979 entrò in vigore il *Sistema monetario europeo* (Sme) a cui, fino al 1998, aderirono progressivamente 14 dei 15 Paesi che, all'epoca, facevano parte dell'Unione, con la sola eccezione della Svezia. Con lo Sme, i Paesi dell'Unione stabilirono un sistema di parità fra i tassi di cambio delle loro valute; queste parità non erano fissate rigidamente, perché i cambi potevano subire oscillazioni.

In particolare, fino al 3 agosto 1993, la banda di oscillazione poteva essere ristretta (2,25%) o allargata (6%), come mostra la tabella 1.

Tabella 1 Le bande di oscillazione nello Sme fino al 3 agosto 1993 (¹)

Valuta	Banda di oscillazione
Lira italiana (2) Marco tedesco Fiorino olandese Franco belga Franco lussemburghese Franco francese Sterlina irlandese Corona danese	2,25%
Peseta spagnola Sterlina inglese Scudo portoghese	6%

(¹) I dati sono riferiti solo ai 12 Stati che facevano parte dell'Unione europea nel 1993.

(²) La lira era entrata nella banda del 2,25% dal 6 gennaio 1990, prima era nella banda del 6%.

Il funzionamento dello Sme. Come funzionava lo Sme? Prendiamo come esempio il rapporto fra la lira italiana e il marco tedesco.

Prima del settembre 1992, la parità centrale fra lira e marco era fissata a 748,217: la lira, essendo compresa nella banda di oscillazione del 2,25%, poteva quindi fluttuare da un minimo di 731,57 (748,217 – 2,25%) a un massimo di 765,40 (748,217 + 2,25%).

Cosa succedeva, sul mercato delle valute, quando 1 marco tendeva a superare 765,40 lire? Come nel regime di cambi fissi, la Banca d'Italia e le Banche centrali dello Sme dovevano intervenire, per mantenere il tasso di cambio entro le bande di oscillazione stabilite. Riprendiamo il nostro esempio e, per semplificare, consideriamo solo la Banca d'Italia; se il tasso di cambio lira/marco tendeva a superare 765,40 la Banca d'Italia doveva intervenire sul mercato delle valute per:

- acquistare lire
- vendere marchi

facendo così rientrare la lira all'interno della parità stabilita (765,40).

> Il Sistema monetario europeo, in vigore dal 1979 al 1998, si basava su cambi fluttuanti entro limiti predeterminati

Perché questo intervento della Banca d'Italia riportava la lira nella parità stabilita? Come sappiamo:

- se la lira tendeva a deprezzarsi significava che, sul mercato delle valute, l'Offerta di lire superava la Domanda di lire;
- se il marco tendeva ad apprezzarsi significava che, sul mercato delle valute, la Domanda di marchi superava l'Offerta di marchi;

in pratica, sul mercato delle valute c'erano troppe lire e pochi marchi.

In conseguenza di ciò:

- se la Banca d'Italia acquistava lire → aumentava la Domanda di lire e diminuiva l'Offerta di lire → diminuiva la quantità di lire sul mercato delle valute;
- se la Banca d'Italia vendeva marchi → diminuiva la Domanda di marchi e aumentava l'Offerta di marchi → aumentava la quantità di marchi sul mercato delle valute.

La Banca d'Italia ricomponeva lo squilibrio sul mercato dei cambi, ma diminuiva le sue riserve di marchi.

Va ribadito che l'intervento della Banca d'Italia era efficace solo se lo squilibrio era temporaneo; in caso contrario la Banca d'Italia non poteva continuare a vendere marchi all'infinito. Come fare?

In base agli accordi Sme, superato un certo limite, il deprezzamento della lira sul marco veniva ufficialmente sancito con la *svalutazione* della lira sul marco, e, di conseguenza, con la *rivalutazione* del marco sulla lira.

Nell'esempio, possiamo riassumere la situazione dal punto di vista dell'Italia secondo lo schema seguente:

Domanda di lire < Offerta di lire
Domanda di marchi > Offerta di marchi → Deprezzamento della lira sul marco → Svalutazione della lira sul marco

Anche all'interno dello Sme, quindi, le Banche centrali intervenivano solo fino a un certo limite, perché in caso di squilibri duraturi venivano modificate tutte le parità, e si procedeva a un *riallineamento dei cambi*, che comportava la svalutazione di alcune monete e la rivalutazione di altre. Va ricordato che, dal 1979 al 1992, nello Sme si ebbero ben 12 riallineamenti.

> Nel Sistema monetario europeo, in caso di squilibri duraturi, alcune monete venivano svalutate e altre rivalutate

La crisi dello Sme. All'inizio del 1992, per coprire gli elevati costi del processo di riunificazione, la Germania aumentò i tassi di interesse per attirare capitali esteri; l'afflusso di capitali verso la Germania provocò un continuo apprezzamento del marco, e una conseguente difficoltà delle altre valute dello Sme a restare entro le bande prestabilite (nonostante i continui interventi delle Banche centrali).

Nel settembre 1992, dopo l'ennesimo riallineamento, questi problemi causarono l'uscita temporanea dallo Sme della sterlina inglese e della lira italiana (rientrate rispettivamente nel gennaio 1995 e nel novembre 1996).

I restanti Paesi continuarono per alcuni mesi a mantenere gli accordi dello Sme finché, il 3 agosto 1993, decisero l'allargamento al 15% della banda di oscillazione (al di sopra e al di sotto della parità centrale) per tutte le valute dello Sme: ogni moneta aveva un margine del 30% fra la valutazione massima e quella minima. Si trattava di un margine di fluttuazione troppo ampio: lo Sme era diventato, di fatto, un *sistema di cambi flessibili*.

> Dal 1993 al 1998 il Sistema monetario europeo divenne, di fatto, un sistema di cambi flessibili

Lo Sme rimase in vigore fino al 31 dicembre 1998, quando fu introdotto l'euro.

Il Sistema monetario europeo prevedeva bande di oscillazione per le valute

Fino al 3 agosto 1993 erano due: 2,25% e 6%	Dopo il 3 agosto 1993 restò l'unica banda del 15%

2 Dalla lira all'euro

NUCLEI ESSENZIALI

L'Unione economica e monetaria. Come detto, l'istituzione dell'Unione economica e monetaria costituisce l'asse portante del Trattato di Maastricht del 1992. L'*Unione economica e monetaria* (UEM) si basa sulla libera circolazione di capitali e merci, su un'unica politica monetaria e sull'introduzione dell'euro.

L'UEM prevede la libera circolazione di capitali e merci, una politica monetaria comune e, soprattutto, l'introduzione dell'euro

I parametri di Maastricht. A Maastricht sono stati fissati rigorosi parametri, entro i quali i Paesi dell'Unione europea (d'ora in poi Unione) dovevano rientrare per partecipare all'UEM e, di conseguenza, all'euro. In particolare, ogni Stato doveva:

- adattare la legislazione nazionale ai trattati comunitari;
- eliminare le restrizioni ai movimenti di capitali;
- assicurare stabilità alla propria valuta sul mercato dei cambi;
- mantenere basso il tasso di inflazione;
- tenere sotto controllo i tassi di interesse a lungo termine;
- contenere sia il disavanzo annuale sia il debito pubblico.

Il 2 maggio 1998 il Consiglio europeo di Bruxelles ha stabilito quali Stati potevano partecipare all'UEM, avendo rispettato i parametri di Maastricht. Solo 11 dei 15 Stati, che all'epoca formavano l'Unione, sono entrati nell'UEM dal 1° gennaio 1999, perché non sono rientrate nei parametri la Grecia (per l'elevato disavanzo) e la Svezia (per l'instabilità del cambio), mentre la Danimarca e la Gran Bretagna hanno deciso di non entrare nell'UEM.

In seguito sono entrate nell'UEM:

- la Grecia dal 1° gennaio 2001;
- la Slovenia dal 1° gennaio 2007;
- Cipro e Malta dal 1° gennaio 2008;
- la Slovacchia dal 1° gennaio 2009;
- l'Estonia dal 1° gennaio 2011;
- la Lettonia dal 1° gennaio 2014;
- la Lituania dal 1° gennaio 2015.

Per quanto riguarda i restanti Paesi dell'Unione, è ancora presto per ipotizzarne un ingresso nell'UEM che, dopo l'allargamento del 2015, è formata solamente da 19 dei 27 Stati dell'Unione.

Solo 19 dei 27 Paesi dell'Unione europea fanno parte dell'UEM

Stati dell'Unione partecipanti all'UEM		Stati dell'Unione non partecipanti all'UEM	
Austria Belgio Cipro Estonia Finlandia Francia Germania Grecia Irlanda Italia	Lettonia Lituania Lussemburgo Malta Olanda Portogallo Slovacchia Slovenia Spagna	Bulgaria Croazia Danimarca Polonia	Repubblica Ceca Romania Svezia Ungheria

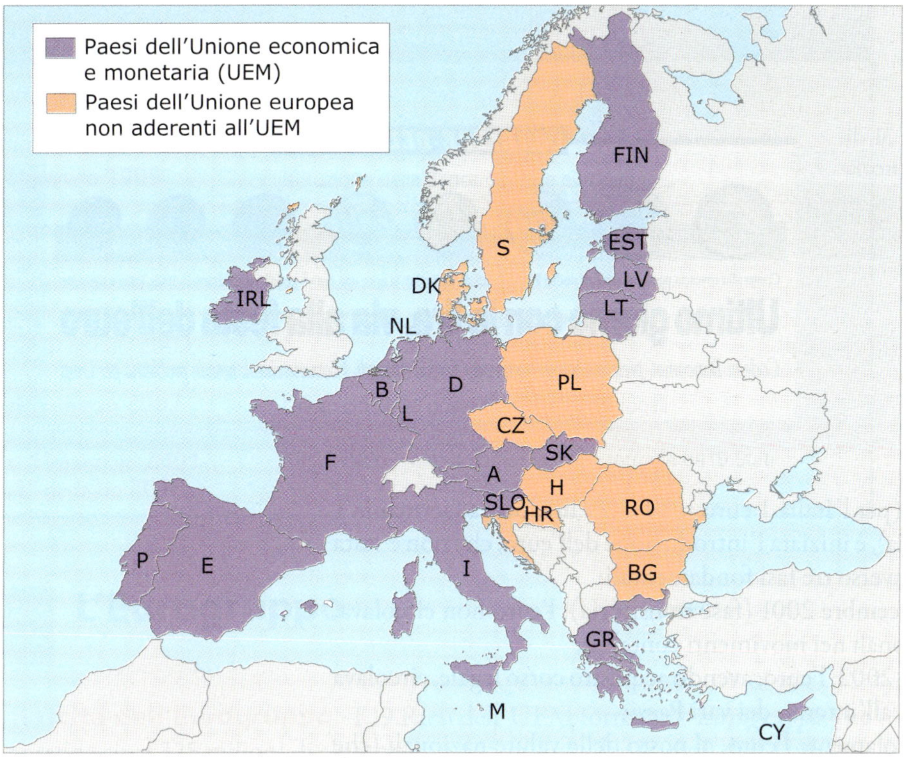

In violetto i 19 Paesi di Eurolandia (Unione economica e monetaria): Austria (A), Belgio (B), Cipro (CY), Estonia (EST), Finlandia (FIN), Francia (F), Germania (D), Grecia (GR), Irlanda (IRL), Italia (I), Lettonia (LV), Lituania (LT), Lussemburgo (L), Malta (M), Olanda (NL), Portogallo (P), Slovacchia (SK), Slovenia (SLO) e Spagna (E).
In arancio gli altri Paesi aderenti all'Unione europea: Bulgaria (BG), Croazia (HR), Danimarca (DK), Polonia (PL), Repubblica Ceca (CZ), Romania (RO), Svezia (S) e Ungheria (H).

La circolazione dell'euro. Dal 1° marzo 2002 l'euro è l'unica moneta che circola nei Paesi dell'UEM.

Esistono 7 tagli per le banconote in euro (5, 10, 20, 50, 100, 200 e 500 euro), mentre le monete sono da 1 e 2 euro; poiché l'euro è diviso in centesimi, abbiamo ripreso confidenza con le monete da 1, 2, 5, 10, 20 e 50 centesimi.

Essendo:

$$1 \text{ euro} = 1936{,}27 \text{ lire}$$

se 1 chilogrammo di pane aveva un prezzo di 3500 lire, per ottenere il prezzo in euro abbiamo effettuato la seguente operazione:

$$\frac{3500}{1936{,}27} = 1{,}807599$$

Va precisato che si arrotondava al centesimo per difetto se il terzo decimale era inferiore a 5, mentre si arrotondava per eccesso se il terzo decimale era uguale o superiore a 5: nell'esempio 1 chilogrammo di pane aveva un prezzo di 1,81 euro.

Banconote di euro.

L'introduzione dell'euro. Come sappiamo 1 euro vale 1936,27 lire, ma come si è arrivati a stabilire questa cifra?

Si è trattato di un percorso lungo e complesso che si è concluso il 31 dicembre 1998, a Bruxelles, dove sono stati fissati i *tassi irrevocabili di conversione* fra l'euro e le valute dei Paesi dell'UEM, che sono riportati nella tabella 2.

Dal 1° gennaio 1999 nell'UEM i cambi fra le valute nazionali e l'euro sono fissati in modo irrevocabile

Tabella 2 Tasso di cambio dell'euro con le valute UEM

Valuta UEM	Tasso di cambio in euro	Valuta UEM	Tasso di cambio in euro
Franco belga e lussemburghese	40,3399	Fiorino olandese	2,20371
Marco tedesco	1,95583	Scellino austriaco	13,7603
Peseta spagnola	166,386	Escudo portoghese	200,482
Franco francese	6,55957	Marco finlandese	5,94573
Sterlina irlandese	0,787564	Dracma greca (1)	340,750
		Lira italiana	1936,27

(1) La Grecia è entrata nell'UEM il 1° gennaio 2001.

Il principale obiettivo della BCE è quello di mantenere stabili i prezzi all'interno degli Stati dell'UEM; va ribadito che la BCE autorizza e controlla tutta la circolazione dell'euro.

La sede della Banca centrale europea, a Francoforte.

L'indipendenza della BCE. La BCE ha personalità giuridica ed è «indipendente nell'esercizio dei suoi poteri e nella gestione delle sue finanze» (art. 130 Trattato FUE).

La BCE ha preso il posto delle Banche centrali nazionali (Banca d'Italia, *Bundesbank*, *Banque de France* e così via) nella gestione della politica economica e monetaria dell'Unione.

L'emissione dell'euro. Come avviene l'emissione dell'euro? A questo proposito bisogna distinguere fra le banconote e le monete metalliche (come si è visto nel Volume secondo).

Le uniche banconote aventi corso legale nell'UEM sono quelle emesse dalla BCE e dalle Banche centrali nazionali, che possono agire solo su autorizzazione della stessa BCE. Per esempio, la BCE può emettere una banconota da 500 euro, mentre la Banca d'Italia può farlo solo se è autorizzata dalla BCE.

Le Banche centrali dell'UEM possono coniare monete metalliche in euro ma, anche in questo caso, occorre l'approvazione della BCE per quanto riguarda il volume del conio.

La Banca centrale europea emette le banconote in euro e controlla l'emissione (di banconote e monete) delle Banche centrali nazionali

Il Sistema europeo delle banche centrali. Il *Sistema europeo delle banche centrali* (SEBC), formato dalla BCE e dalle Banche centrali nazionali dell'UEM, partecipa alla gestione della politica monetaria e cambiaria. Le Banche centrali nazionali non sono scomparse, ma partecipano attivamente alle decisioni della BCE che, come si è visto, ha come obiettivo primario il controllo dei prezzi.

Il SEBC può essere immaginato come un sistema solare, in cui i pianeti (le Banche centrali nazionali) ruotano attorno al sole (BCE).

L'intervento della BCE sul mercato dei cambi. La BCE gestisce la politica cambiaria dell'UEM, perché deve tenere sotto controllo il cambio dell'euro (euro/dollaro, euro/yen, euro/sterlina e così via).

La Banca centrale europea controlla la quotazione dell'euro sul mercato dei cambi

Riprendendo quanto detto sul mercato delle valute (capitolo F1), ipotizziamo di avere una svalutazione dell'euro nei confronti del dollaro; per esempio, il valore di 1 euro diminuisce da 1,20 a 1,10 dollari.

In questo caso la BCE, per «difendere» la quotazione dell'euro, deve intervenire sul mercato dei cambi, acquistando euro e vendendo dollari. Infatti:

- se la BCE acquista euro → aumenta la Domanda di euro e diminuisce l'Offerta di dollari → diminuisce la quantità di euro sul mercato delle valute;
- se la BCE vende dollari → diminuisce la Domanda di dollari e aumenta l'Offerta di dollari → aumenta la quantità di dollari sul mercato delle valute.

In questo modo, la BCE contrasta la svalutazione dell'euro rispetto al dollaro; nell'esempio, se la manovra riesce, il valore di 1 euro ritorna a 1,20 dollari.

5 Il Patto di stabilità e di crescita

NUCLEI ESSENZIALI

Il *Patto di stabilità e di crescita*. Il Trattato di Lisbona ribadisce il *Patto di stabilità e di crescita*, relativo a tutti i Paesi dell'Unione (e non solo a quelli dell'UEM), con il quale gli Stati membri si propongono di attuare una rigorosa politica di controllo della spesa pubblica, per cercare di limitare i deficit di bilancio. Il *Patto di stabilità* stabilisce infatti che tutti «gli Stati membri devono evitare disavanzi pubblici eccessivi» (art. 104 Trattato FUE).

Il *Patto di stabilità e di crescita* vuole evitare disavanzi eccessivi nell'Unione europea

I «disavanzi eccessivi». Che cosa si intende per «disavanzi pubblici eccessivi»? Secondo il Trattato di Lisbona i «valori di riferimento» che non devono essere superati sono due:

- il 3% per il rapporto fra il disavanzo pubblico annuale e il Prodotto Interno Lordo monetario;
- il 60% per il rapporto fra il debito pubblico e il Prodotto Interno Lordo monetario.

Il controllo della Commissione europea. Spetta alla Commissione europea il compito di sorvegliare «l'evoluzione della situazione di bilancio e dell'entità del debito pubblico negli Stati membri, al fine di individuare errori rilevanti» (art. 126 Trattato FUE). La Commissione deve verificare che i Ventisette rispettino la disciplina di bilancio, sulla base dei due valori di riferimento.

La Commissione europea deve verificare che i Ventisette rispettino la disciplina di bilancio

A loro volta, «gli Stati membri assicurano che le procedure nazionali in materia di bilancio consentano loro di rispettare gli obblighi derivanti dal trattato» e, in caso di problemi, devono riferire alla Commissione «tempestivamente e regolarmente, in merito al loro disavanzo annuale, previsto ed effettivo, nonché al livello del loro debito pubblico».

Le sanzioni dell'*Ecofin*. Se uno Stato membro non rispetta i requisiti previsti, la Commissione prepara una relazione e la presenta al Consiglio dell'Unione, riunito nella formazione *Ecofin*.

Solo il Consiglio dell'Unione può imporre sanzioni sul mancato rispetto del *Patto di stabilità e di crescita*

L'*Ecofin*, a sua volta, decide se esiste un disavanzo eccessivo. In caso affermativo «formula raccomandazioni allo Stato membro in questione al fine di far cessare tale situazione entro un determinato periodo» (art. 126 Trattato FUE).

Fintantoché lo Stato membro non ottempera, l'*Ecofin* può infliggere ammende di entità adeguata.

Una riunione dell'*Ecofin*, 2013.

L'Italia e il *Patto di stabilità*. Come si è visto, l'Italia si mantiene a fatica dentro al parametro del disavanzo annuale, ma supera abbondantemente il parametro del debito pubblico.

Nella tabella 3 (pagina successiva) analizziamo l'andamento del disavanzo annuale e del debito pubblico (rispetto al PIL) dal 1981 al 2018 nel nostro Paese.

Qualche riflessione sulla tabella:

- si ha una riduzione del disavanzo annuale rispetto al PIL, che diminuisce dall'11,1% del 1981 al 2,1% del 2018. Particolarmente significativo è «il taglio» del 1997 (si passa dal 7,1% del 1996 al 2,7% del 1997), dovuto alla necessità di entrare a far parte dell'UEM;

Tabella 3 Disavanzo annuale e debito pubblico dal 1981 al 2018 (in percentuale sul PIL)

Anno	Disavanzo annuale/ PIL (¹)	Debito pubblico/ PIL (%)	Anno	Disavanzo annuale/ PIL (¹)	Debito pubblico/ PIL (%)
1981	11,1	60,9	2000	1,9	110,2
1982	10,2	66,4	2001	3,0	110,7
1983	10,3	72,0	2002	2,6	108,0
1984	11,7	77,2	2003	2,9	106,3
1985	12,7	84,2	2004	3,0	105,8
1986	12,2	88,2	2005	4,1	107,4
1987	11,8	92,4	2006	4,4	106,5
1988	11,3	94,6	2007	1,9	103,5
1989	11,7	97,9	2008	2,7	105,8
1990	11,8	100,4	2009	5,3	115,8
1991	11,7	103,9	2010	5,1	121,0
1992	10,7	112,6	2011	5,7	120,1
1993	10,3	120,9	2012	3,0	127,0
1994	9,3	124,9	2013	2,8	132,6
1995	7,6	124,2	2014	3,0	132,1
1996	7,1	124,0	2015	2,6	131,6
1997	2,7	121,6	2016	2,5	131,4
1998	2,8	119,0	2017	2,4	131,4
1999	1,7	114,5	2018	2,1	132,2

(¹) Il PIL è calcolato a prezzi correnti.

Fonte: rielaborazione dati Istat.

- si ha un inarrestabile aumento del debito pubblico (si passa dal 60,9% del 1981 al 124,9% del 1994) a causa della politica di *deficit spending*. Dal 1995 inizia una controtendenza (si passa dal 124,9% del 1994 al 105,8% del 2008), dovuta a un più rigoroso controllo della spesa pubblica. Questa svolta virtuosa si inverte di nuovo dal 2009, tanto che nel 2018 abbiamo toccato il 132,2%. Una precisazione: i dati negativi di questi «anni di crisi» sono alterati dal forte calo del PIL (la frazione «debito pubblico/PIL» aumenta anche a causa della diminuzione del denominatore PIL).

L'Italia fatica a rientrare nei valori del *Patto di stabilità e di crescita*

Le cooperazioni rafforzate. Il Trattato di Lisbona ha ribadito l'importanza delle *cooperazioni rafforzate*; si tratta di uno strumento che permette a un numero limitato di Paesi dell'Unione di avanzare più velocemente, senza che gli altri Stati possano impedirlo.

Con le cooperazioni rafforzate alcuni Stati dell'Unione possono progredire più rapidamente di altri

Con le cooperazioni rafforzate si realizza un'«Europa a due velocità», in cui un gruppo di Paesi procede più velocemente o, in altri termini, si evita che alcuni Paesi in ritardo impediscano agli altri di avanzare. È quanto è avvenuto per l'euro, introdotto nel 1998 solo da 11 Stati dell'Unione (che sarebbero poi diventati 19 dal 2015). Le cooperazioni rafforzate sono intese a promuovere la realizzazione degli obiettivi dell'Unione, a proteggere i suoi interessi e a rafforzare il suo processo di integrazione, e «sono aperte in qualsiasi momento a tutti gli Stati membri».

Secondo il Trattato FUE, è il Consiglio dell'Unione che autorizza ogni cooperazione rafforzata, «a condizione che vi partecipi almeno un terzo degli Stati membri», e «solo i membri del Consiglio che rappresentano gli Stati membri partecipanti a una cooperazione rafforzata prendono parte al voto».

Nell'ambito delle cooperazioni rafforzate, si vota all'unanimità, dove l'unanimità è costituita unicamente dai voti dei rappresentanti degli Stati membri partecipanti. È evidente che gli atti adottati nel quadro di una cooperazione rafforzata vincolano solo gli Stati partecipanti.

SINTESI

Il Sistema monetario europeo

- Il **Sistema monetario europeo, Sme** (par. **1**), in vigore dal 1979 al 1998, si basava su cambi fluttuanti entro limiti predeterminati. Dal 1993 al 1998 lo Sme divenne, di fatto, un sistema di cambi flessibili.

Dalla lira all'euro

- Dopo il fallimento dello Sme, il 1° marzo 2002 è iniziata la **circolazione dell'euro** (par. **2**) al posto delle valute nazionali.
- Va ribadito che:
  - l'Unione europea è formata da 27 Stati (dopo l'uscita della Gran Bretagna);
  - l'**Unione economica e monetaria, UEM** (par. **2**), è formata, dal 1° gennaio 2015, solo dai 19 Paesi in cui circola l'euro.
- L'**introduzione dell'euro** (par. **2**) è avvenuta attraverso tre fasi:
  - dal 1° gennaio 1999 al 31 dicembre 2001 (fase transitoria): l'euro non circolava, ma affiancava le valute nazionali nei movimenti contabili;
  - dal 1° gennaio al 28 febbraio 2002: avendo acquisito corso legale, l'euro circolava assieme alle valute nazionali all'interno dei vari Paesi;
  - dal 1° marzo 2002: circola solamente l'euro, al posto delle valute nazionali.
- I 19 Paesi dell'UEM formano l'**Eurogruppo** (par. **3**), che comprende circa 325 milioni di abitanti (sui 445 milioni dei 27 Stati dell'Unione europea).

La Banca centrale europea

- La **Banca centrale europea, BCE** (par. **4**) attua la politica monetaria e cambiaria dell'UEM, per controllare il livello dei prezzi.
- La BCE autorizza e controlla l'**emissione dell'euro** (par. **4**).

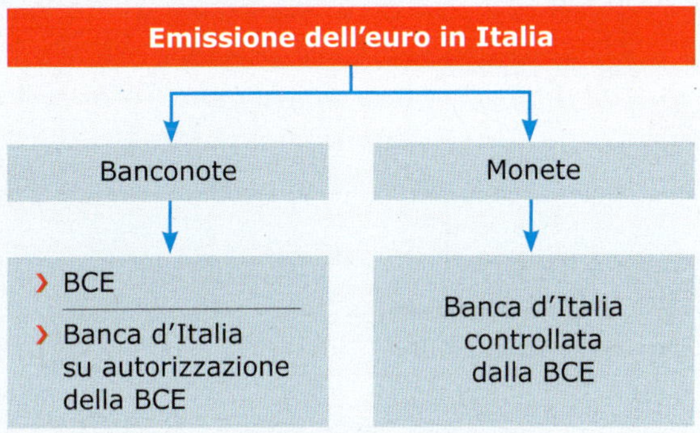

Il *Patto di stabilità e di crescita*

- Esiste un ***Patto di stabilità e di crescita*** (par. **5**) fra tutti gli Stati dell'Unione europea, per evitare disavanzi eccessivi. I valori di riferimento che non devono essere superati sono:
  - il 3% per il rapporto fra disavanzo annuale e PIL monetario;
  - il 60% per il rapporto fra debito pubblico e PIL monetario.

  L'Italia fatica a rientrare nei valori del *Patto di stabilità*.
- Un gruppo di Paesi può dare vita a una **cooperazione rafforzata** (par. **5**), cioè progredire più rapidamente di altri Stati dell'Unione europea.

1 Verifica le tue conoscenze

Risolvi le seguenti **scelte multiple** indicando la risposta esatta fra quelle possibili.

A

L'euro circola in

1 Polonia
2 Portogallo
3 Croazia

B

1 euro valeva

1 936,27 lire
2 1936,27 lire
3 2936,27 lire

1 In Italia fra il 1° gennaio e il 28 febbraio 2002

A circolava solo l'euro
B circolava solo la lira
C circolavano sia l'euro sia la lira
D non circolavano né l'euro né la lira

2 L'Unione economica e monetaria è stata istituita col

A Trattato di Roma
B Trattato di Amsterdam
C Trattato di Maastricht
D Trattato di Lisbona

3 Si ha una cooperazione rafforzata quando

A alcuni Stati dell'Unione vogliono progredire più rapidamente di altri
B alcuni Stati dell'Unione vogliono bloccare una decisione degli altri
C uno Stato dell'Unione vuole progredire più rapidamente di altri
D uno Stato dell'Unione vuole bloccare una decisione degli altri

4 I disavanzi eccessivi sono controllati

A dall'Ecofin
B dall'Eurogruppo
C dalla Banca centrale europea
D dal Parlamento europeo

5 Una banconota da 500 euro può essere emessa

A solo dalla Banca centrale europea
B solo dalla Banca d'Italia
C dalla Banca centrale europea su autorizzazione della Banca d'Italia
D dalla Banca d'Italia su autorizzazione della Banca centrale europea

6 Secondo il Trattato di Lisbona non può essere superato

A il 3% nel rapporto disavanzo annuale/PIL
B il 10% nel rapporto disavanzo annuale/PIL
C il 30% nel rapporto disavanzo annuale/PIL
D il 60% nel rapporto disavanzo annuale/PIL

2 Misura le tue abilità

Rispondi e motiva la tua risposta in ogni caso proposto.

1 Lo Sme è rimasto in vigore fino all'introduzione dell'euro V F

____

2 Nel 1998 l'euro esisteva solo come moneta scritturale V F

____

3 La Bulgaria non fa parte dell'Unione economica e monetaria V F

4 Il *Patto di stabilità e di crescita* vuole contenere i disavanzi nei Paesi dell'Eurogruppo V F

5 Il Sistema europeo delle banche centrali è formato dalle Banche nazionali dell'Unione europea V F

6 Una delle cause della crisi dello Sme è stata la riunificazione tedesca V F

3 Valuta le tue competenze

Risolvi i casi concreti, mettendo in pratica ciò che hai imparato.

1 Valutare il rapporto fra il nostro Paese e l'Unione economica e monetaria, ascoltando un servizio televisivo.

Hai appena sentito in sentito in televisione la frase: «Dobbiamo tagliare la spesa pubblica. Ce lo chiede l'Europa!».

- **Qual è la tua prima reazione?**

2 Analizzare il ruolo della Germania nell'Unione economica e monetaria.

Non ci sono dubbi: la Germania ha assunto il ruolo di *leader* nell'Unione economica e monetaria.

- **L'economia tedesca deve essere un punto di riferimento per tutti?**

3 Individuare un vantaggio per la tua famiglia derivante dell'introduzione dell'euro.

Tuo padre racconta: «Nel 1998 stipulai con la Banca Alfa un mutuo per l'acquisto di questo appartamento. Pagavo un tasso di interesse dell'8%. Due anni dopo, grazie all'euro, pagavo solo il 4%!».

- **Come è possibile visto che l'euro ha iniziato a circolare solo nel 2002?**

4 Ipotizzare un intervento della Banca centrale europea nel caso di un'eccessiva rivalutazione dell'euro sul dollaro.

Ipotizza che l'euro si stia rivalutando sul dollaro in modo eccessivo, creando problemi economici non solo negli Stati Uniti ma anche nell'Unione europea.

- **Che tipo di intervento deve effettuare la Banca centrale europea sul mercato dei cambi?**

5 L'Italia fatica a rispettare il *Patto di stabilità e di crescita*. Verifica in che misura questa difficoltà nasca dal debito pubblico e in che misura dal Prodotto Interno Lordo.

Un politico in televisione afferma: «La spesa pubblica va tagliata per rispettare il *Patto di stabilità e di crescita*. Il rapporto "debito pubblico/PIL" sta aumentando a ritmi vertiginosi!». È vero. Ma qualche riflessione è necessaria.

- **In che misura l'aumento del rapporto «debito pubblico/PIL» dipende dall'aumento del debito pubblico e in che misura dalla diminuzione del PIL?**

Idee a confronto

A casa 1 ora | In aula 20 minuti

4 Partendo dal caso proposto, approfondisci l'argomento per partecipare al dibattito in classe

«[...] Cosa è successo all'Italia con l'ingresso nell'euro? Qualcosa di molto positivo, innanzitutto: un forte calo della disoccupazione, scesa da persistenti livelli superiori all'11% fino a un minimo del 5,8% nell'aprile del 2007. [...] Non si può dire, però, che abbia sofferto la "competitività" dell'Italia (ammesso che questo concetto abbia senso per un'intera economia). Le esportazioni, in volumi, sono infatti aumentate, a un ritmo medio dello 0,9% mensile prima della crisi e dello 0,85% nel tormentato periodo successivo. [...] L'ingresso nell'euro, con la conseguente "cessione" alla Banca centrale europea del compito di gestire la politica monetaria, ha portato a una forte flessione dell'inflazione.» (Fonte: www.ilsole24ore.com, 23 maggio 2019.)

→ ***Secondo l'articolo sopra riportato, l'introduzione dell'euro ha quindi portato anche vantaggi. Sei d'accordo con i punti positivi messi in evidenza o la consideri una visione troppo ottimistica?***

Verso l'esame di Stato

Euro contro dollaro

La fine dell'Europa?

Il 1° maggio 2004 nasce l'Unione europea a 25 Stati, ma gli Stati Uniti vedono con pessimismo questo allargamento dell'Unione…

Il 1° maggio 2004 nasce l'Unione europea a 25 Stati (che diventeranno poi 28 nel 2013), con l'ingresso di dieci nuovi Paesi: Estonia, Lettonia, Lituania, Polonia, Repubblica ceca, Slovacchia, Ungheria, Slovenia, Cipro e Malta. L'allargamento verso Est è il più importante nella storia dell'Unione, perché segna, dopo sessant'anni, il crollo della divisione ideologica fra Europa orientale ed Europa occidentale.

Gli Stati Uniti vedono con pessimismo questo storico allargamento dell'Unione, come risulta dall'articolo riportato (Michael Meyer, *Newsweek*, 3 maggio 2004).

«Europe has never existed. It must be created. So said Jean Monnet, father of the original Common Market, at the outset of the grand experiment that over the past five decades grew to become the modern European Union. Were he alive today, would Monnet survey his creation with pride – or reservation?

On May 1, Europe braces for another of its periodic Big Bangs. Not war but its antithesis – a regime of stability and (one hopes) growing prosperity spanning a region of 370 million citizens from the Aran Islands to Carpathia. Ten new nations will join the existing 15 members of the European club: eight formerly communist countries of Eastern Europe and the Baltics, plus the divided island of Cyprus and tiny Malta. It is by far the most ambitious enlargement ever undertaken by the European community. Yet curiously, this epocal step inspires more angst than euphoria.

Ask a German diplomat about the EU of tomorrow, and he pauses. "The new Europe," he says thoughtfully, "is looking more and more like the old Europe." For half a century, he explains, Europe has dedicated itself to overcoming division and creating an "ever closer" political and economic union. The Europe of the future, he predicts, will retreat from this ideal. Instead of coming together, Europe's trajectory will be more toward the past – more toward discord and division than toward unity. Years from now, as *The Economist* magazine recently put it, Europeans may well look back at today's era as a lost "golden age" of harmony and good feeling. With only slight exaggeration, may I can be viewed as marking the beginning of the end of "Europe."

Too pessimistic? Consider recent headlines, challenging traditional assumptions that Europeans inhabit a common house. British Prime Minister Tony Blair last week changed direction and called for a national referendum on Europe's new draft Constitution, painstakingly cobbled together over the past two years and needing unanimous ratification by the Union's member governments. Blair could have simply approved the document; by turning it over to voters, likely to reject it, he in effect cast a veto over the rest of Europe […]».

Perché gli Stati Uniti sono contrari a questo storico allargamento dell'Unione europea? È difficile dare una risposta sicura, però azzardiamo un'ipotesi... Partiamo da un dato importante. Alla fine di quello stesso anno (29 dicembre 2004) l'euro raggiunge il suo massimo storico contro il dollaro: 1,3647 (occorrono 1,3647 dollari per acquistare 1 euro). Forse gli Stati Uniti temono un'eccessiva crescita dell'Unione europea?

Fare shopping a New York «Con l'euro forte è facile»

Grazie alla svalutazione del dollaro sull'euro, per gli europei lo shopping negli Stati Uniti è davvero conveniente!

Nel 2004 il dollaro è fortemente svalutato rispetto all'euro. Come mostra l'articolo riportato (Alessandra Farkas, *corrieredellasera.it*, 7 dicembre 2004), la forza dell'euro sul dollaro è tale da rendere estremamente convenienti gli acquisti negli Stati Uniti da parte degli europei.

«Il Wall Street Journal parla di "orde del Vecchio Mondo che attraversano l'Atlantico a frotte per accaparrarsi tutto ciò che la loro valuta forte può comprare oltreoceano". Con la caduta a picco del dollaro, che ha raggiunto i minimi storici rispetto all'euro e alla sterlina inglese, spiega in un lungo servizio la bibbia della finanza Usa, "gli europei vedono gli Stati Uniti come un enorme discount store dove tutto è a metà prezzo". Visto che molte compagnie oggi operano su scala globale, il paragone dei prezzi Usa-Italia è assai facile. Prendiamo ad esempio i jeans Levi's 501, che costano 35 dollari presso il grande magazzino Macy's di Manhattan, contro ben 74 euro in Italia. [...]

La corsa degli europei al risparmio riguarda tutti gli articoli venduti negli States. Dall'elettronica (convenienti soprattutto iPod, palmari e macchine fotografiche) ai sigari, dallo champagne ai Dvd, dal caviale alle scarpe griffate. Per non parlare poi dei ristoranti. [...]

Non a caso i più agguerriti nella caccia all'occasione sono gli abitanti della città più cara del mondo, Londra, che ormai effettuano la traversata transatlantica solo per andare a fare shopping sulla Madison Avenue o nel megacentro commerciale di Woodbury Common, a un'ora da New York. "Non riesco a capacitarmi di quanto a buon mercato sia oggi l'America – racconta Tom Scullion, taxista londinese reduce da una vacanza di tre settimane in Florida – non ho fatto altro che comperare, comperare, comperare".

Se un tempo erano gli yankee a far razzia nelle boutique più "in" di Milano, Londra e Parigi, i ruoli oggi si sono completamente capovolti. E mentre gli economisti preannunciano un'ulteriore scivolata del dollaro, gli esercenti americani s'aspettano un

Natale e un Capodanno da nababbi. "Le trasferte aeree dall'Europa sono aumentate del 25%", spiega G.V., manager del marketing internazionale della Travel Industry Association of America. La nuova "febbre europea" ha superato persino le previsioni del Dipartimento del commercio Usa, che aveva pronosticato un incremento d'afflusso aereo del 7%».

PER COMPRENDERE I TESTI

1. Secondo *Newsweek*, perché «for half a century Europe has dedicated itself to overcoming division»?
2. Secondo *Newsweek*, per quale motive l'allargamento del 2004 «inspires more angst than euphoria»?
3. Quali sono, per gli Stati Uniti, i vantaggi e gli svantaggi di un «euro forte»? E per l'Europa?
4. Un «euro forte» significa necessariamente un'«Europa forte»? Perché gli Stati Uniti temono un'«Europa forte»?

IMPARA AD ARGOMENTARE

Partendo dagli articoli di *Newsweek* e *corrieredellasera.it*, rispondi alle domande facendo emergere il tuo punto di vista.

Progetto multidisciplinare per la classe quinta

Una mappa delle istituzioni dell'Unione europea

I contenuti

MATERIA	CONTENUTI
Diritto	Le istituzioni e gli atti dell'Unione europea (capitolo G2)
Educazione civica (*)	Cittadinanza attiva, istituzioni dell'Unione europea e degli organismi internazionali
Italiano	Linguaggio usato nelle fonti che descrivono le istituzioni dell'Unione europea e le loro funzioni

(*) I riferimenti si intendono fatti alla legge sull'Educazione civica n. 92 del 2019, che sostituisce l'insegnamento di Cittadinanza e Costituzione.

Competenze specifiche di progetto

COMPETENZE DI RIFERIMENTO	ABILITÀ	ASSI CULTURALI
1 Comprendere il cambiamento e la diversità dei tempi storici in una dimensione diacronica attraverso il confronto fra epoche e in una dimensione sincronica attraverso il confronto fra aree geografiche e culturali	• Comprendere il cambiamento in relazione agli usi, alle abitudini, al vivere quotidiano nel confronto con la propria esperienza personale • Leggere – anche in modalità multimediale – le differenti fonti letterarie, iconografiche, documentarie, cartografiche, ricavandone informazioni su eventi storici di diverse epoche e differenti aree geografiche	**Asse storico-sociale**
2 Orientarsi nel tessuto produttivo del proprio territorio	Riconoscere le caratteristiche principali del mercato del lavoro e le opportunità lavorative offerte dal territorio	**Asse storico-sociale**
3 Produrre testi di vario tipo in relazione ai differenti scopi comunicativi	• Ricercare, acquisire e selezionare informazioni generali e specifiche in funzione della produzione di testi scritti di vario tipo • Rielaborare in forma chiara le informazioni	**Asse dei linguaggi**

Competenze chiave per l'apprendimento permanente sviluppate nel progetto

COMPETENZE CHIAVE	COMPETENZE SPECIFICHE
Competenza alfabetica funzionale	• Esprimere concetti, fatti e opinioni in forma sia orale sia scritta • Relazionarsi efficacemente con gli altri in modo opportuno e creativo
Competenza digitale	• Saper utilizzare le tecnologie digitali per apprendere
Competenza personale, sociale e capacità di imparare a imparare	• Gestire efficacemente le informazioni • Individuare gli obiettivi • Affrontare i problemi per risolverli
Competenza in materia di cittadinanza	• Impegnarsi efficacemente con gli altri per conseguire un interesse comune

Contesto di lavoro

La tua classe ha il compito di realizzare una mappa delle istituzioni dell'Unione europea, composta da alcuni cartelloni, sulla quale evidenziare le diverse funzioni, l'organizzazione e gli atti delle istituzioni dell'Unione.
I cartelloni aiuteranno così a visualizzare e comprendere le diverse funzioni e attività svolte dal Parlamento europeo, dal Consiglio europeo, dal Consiglio dell'Unione, dalla Commissione e dalla Corte di Giustizia.
Lo spazio della propria aula diventerà la sede di una mostra in cui esporre i cartelloni con informazioni e dati sulle istituzioni dell'Unione e l'ultima fase del progetto sarà un dibattito in classe sul rapporto fra l'Unione europea e gli Stati membri.
Il progetto si incentra sullo spirito di iniziativa e di capacità di lavorare in gruppo e sulla capacità di analizzare e confrontare funzioni e struttura delle istituzioni descritte. La cornice del progetto saranno alcuni degli obiettivi dell'Agenda 2030 dell'ONU, che potranno anche fornire spunti di ricerca e lettura per gli studenti: 4 (Istruzione di qualità) e 16 (Pace, giustizia e istituzioni solide).

Che cosa fare

1. L'insegnante divide la classe in alcuni gruppi a cui sarà affidata la descrizione delle istituzioni dell'Unione e la preparazione del relativo cartellone. Lo scopo sarà far emergere le peculiarità e le diverse caratteristiche delle istituzioni europee.
2. L'insegnante affida il compito di trovare le informazioni e, a integrazione dei cartelloni, le immagini giuste per descrivere le istituzioni dell'Unione in modo da comporre le schede e i collage fotografici che formeranno la «mappa istituzionale» dell'Unione europea.

A questo punto ogni gruppo deve portare avanti alcuni compiti specifici da svolgere a casa:

3. Ogni gruppo, dopo l'assegnazione da parte dell'insegnante dell'istituzione su cui creare il proprio cartellone, svolge una ricerca online, anche con l'aiuto del libro di testo, prepara, in un documento Word, una breve scheda per ogni istituzione e un breve reportage di 3-4 immagini.
4. Ogni gruppo stampa le proprie schede, le immagini e prepara una breve presentazione orale del cartellone che illustrerà al resto della classe.
5. In classe, la mostra viene allestita con l'aiuto dell'insegnante: a ogni zona della classe corrisponderà un cartellone su cui saranno attaccate le immagini e le schede con le informazioni e le immagini relative a Parlamento, Consiglio europeo, Consiglio dell'Unione, Commissioni europea e Corte di Giustizia.
6. In classe, con il coordinamento dell'insegnante, ogni gruppo presenta brevemente il proprio progetto e si confronta con i compagni con un breve dibattito conclusivo che verterà anche sugli spunti di attualità relativi al rapporto tra l'Unione europea e gli Stati membri.

Tempo a disposizione

6 ore

Complessivamente 6 ore, così suddivise:

- 1 ora a scuola per la fase preparatoria (punti 1 e 2)
- 4 ore a casa per la preparazione delle immagini, delle schede contenenti i dati e della breve presentazione orale (punti 3 e 4)
- 1 ora a scuola per l'allestimento della mostra in classe, la presentazione dei cartelloni e un breve dibattito fra i gruppi (punti 5 e 6)

Materiali e strumenti utilizzabili

- Libro di testo e consultazione online
- Pc o tablet, stampante e carta fotografica, cartoncino e fotocopiatrice

Costituzione della Repubblica italiana

PRINCIPI FONDAMENTALI

1 L'Italia è una Repubblica democratica, fondata sul lavoro.
La sovranità appartiene al popolo, che la esercita nelle forme e nei limiti della Costituzione.

2 La Repubblica riconosce e garantisce i diritti inviolabili dell'uomo, sia come singolo sia nelle formazioni sociali ove si svolge la sua personalità, e richiede l'adempimento dei doveri inderogabili di solidarietà politica, economica e sociale.

3 Tutti i cittadini hanno pari dignità sociale e sono eguali davanti alla legge, senza distinzione di sesso, di razza, di lingua, di religione, di opinioni politiche, di condizioni personali e sociali.
È compito della Repubblica rimuovere gli ostacoli di ordine economico e sociale, che, limitando di fatto la libertà e l'eguaglianza dei cittadini, impediscono il pieno sviluppo della persona umana e l'effettiva partecipazione di tutti i lavoratori all'organizzazione politica, economica e sociale del Paese.

4 La Repubblica riconosce a tutti i cittadini il diritto al lavoro e promuove le condizioni che rendano effettivo questo diritto.
Ogni cittadino ha il dovere di svolgere, secondo le proprie possibilità e la propria scelta, un'attività o una funzione che concorra al progresso materiale o spirituale della società.

5 La Repubblica, una e indivisibile, riconosce e promuove le autonomie locali; attua nei servizi che dipendono dallo Stato il più ampio decentramento amministrativo; adegua i princìpi ed i metodi della sua legislazione alle esigenze dell'autonomia e del decentramento.

6 La Repubblica tutela con apposite norme le minoranze linguistiche.

7 Lo Stato e la Chiesa cattolica sono, ciascuno nel proprio ordine, indipendenti e sovrani.
I loro rapporti sono regolati dai Patti Lateranensi. Le modificazioni dei Patti, accettate dalle due parti, non richiedono procedimento di revisione costituzionale.

8 Tutte le confessioni religiose sono egualmente libere davanti alla legge.
Le confessioni religiose diverse dalla cattolica hanno diritto di organizzarsi secondo i propri statuti, in quanto non contrastino con l'ordinamento giuridico italiano.
I loro rapporti con lo Stato sono regolati per legge sulla base di intese con le relative rappresentanze.

9 La Repubblica promuove lo sviluppo della cultura e la ricerca scientifica e tecnica.
Tutela il paesaggio e il patrimonio storico e artistico della Nazione.

10 L'ordinamento giuridico italiano si conforma alle norme del diritto internazionale generalmente riconosciute.
La condizione giuridica dello straniero è regolata dalla legge in conformità delle norme e dei trattati internazionali.
Lo straniero, al quale sia impedito nel suo paese l'effettivo esercizio delle libertà democratiche garantite dalla Costituzione italiana, ha diritto d'asilo nel territorio della Repubblica, secondo le condizioni stabilite dalla legge.
Non è ammessa l'estradizione dello straniero per reati politici.

11 L'Italia ripudia la guerra come strumento di offesa alla libertà degli altri popoli e come mezzo di risoluzione delle controversie internazionali; consente, in condizioni di parità con gli altri Stati, alle limitazioni di sovranità necessarie ad un ordinamento che assicuri la pace e la giustizia fra le Nazioni; promuove e favorisce le organizzazioni internazionali rivolte a tale scopo.

12 La bandiera della Repubblica è il tricolore italiano: verde, bianco e rosso, a tre bande verticali di eguali dimensioni.

PARTE PRIMA
DIRITTI E DOVERI DEI CITTADINI

TITOLO I
Rapporti civili

13 La libertà personale è inviolabile.
Non è ammessa forma alcuna di detenzione, di ispezione o perquisizione personale, né qualsiasi altra restrizione della libertà personale, se non per atto motivato dell'autorità giudiziaria e nei soli casi e modi previsti dalla legge.
In casi eccezionali di necessità ed urgenza, indicati tassativamente dalla legge, l'autorità di pubblica sicurezza può adottare provvedimenti provvisori, che devono essere comunicati entro quarantotto ore all'autorità giudiziaria e, se questa non li convalida nelle successive quarantotto ore, si intendono revocati e restano privi di ogni effetto.
È punita ogni violenza fisica e morale sulle persone comunque sottoposte a restrizioni di libertà.
La legge stabilisce i limiti massimi della carcerazione preventiva.

14 Il domicilio è inviolabile.
Non vi si possono eseguire ispezioni o perquisizioni o sequestri, se non nei casi e modi stabiliti dalla legge secondo le garanzie prescritte per la tutela della libertà personale.
Gli accertamenti e le ispezioni per motivi di sanità e di incolumità pubblica o a fini economici e fiscali sono regolati da leggi speciali.

15 La libertà e la segretezza della corrispondenza e di ogni altra forma di comunicazione sono inviolabili.

La loro limitazione può avvenire soltanto per atto motivato dell'autorità giudiziaria con le garanzie stabilite dalla legge.

16 Ogni cittadino può circolare e soggiornare liberamente in qualsiasi parte del territorio nazionale, salvo le limitazioni che la legge stabilisce in via generale per motivi di sanità o di sicurezza. Nessuna restrizione può essere determinata da ragioni politiche.

Ogni cittadino è libero di uscire dal territorio della Repubblica e di rientrarvi, salvo gli obblighi di legge.

17 I cittadini hanno diritto di riunirsi pacificamente e senz'armi.

Per le riunioni, anche in luogo aperto al pubblico, non è richiesto preavviso.

Delle riunioni in luogo pubblico deve essere dato preavviso alle autorità, che possono vietarle soltanto per comprovati motivi di sicurezza o di incolumità pubblica.

18 I cittadini hanno diritto di associarsi liberamente, senza autorizzazione, per fini che non sono vietati ai singoli dalla legge penale.

Sono proibite le associazioni segrete e quelle che perseguono, anche indirettamente, scopi politici mediante organizzazioni di carattere militare.

19 Tutti hanno diritto di professare liberamente la propria fede religiosa in qualsiasi forma, individuale o associata, di farne propaganda e di esercitarne in privato o in pubblico il culto, purché non si tratti di riti contrari al buon costume.

20 Il carattere ecclesiastico e il fine di religione o di culto d'una associazione od istituzione non possono essere causa di speciali limitazioni legislative, né di speciali gravami fiscali per la sua costituzione, capacità giuridica e ogni forma di attività.

21 Tutti hanno diritto di manifestare liberamente il proprio pensiero con la parola, lo scritto e ogni altro mezzo di diffusione.

La stampa non può essere soggetta ad autorizzazioni o censure.

Si può procedere a sequestro soltanto per atto motivato dell'autorità giudiziaria nel caso di delitti, per i quali la legge sulla stampa espressamente lo autorizzi, o nel caso di violazione delle norme che la legge stessa prescriva per l'indicazione dei responsabili.

In tali casi, quando vi sia assoluta urgenza e non sia possibile il tempestivo intervento della autorità giudiziaria, il sequestro della stampa periodica può essere eseguito da ufficiali di polizia giudiziaria, che devono immediatamente, e non mai oltre ventiquattro ore, fare denunzia all'autorità giudiziaria. Se questa non lo convalida nelle ventiquattro ore successive, il sequestro si intende revocato e privo d'ogni effetto.

La legge può stabilire, con norme di carattere generale, che siano resi noti i mezzi di finanziamento della stampa periodica.

Sono vietate le pubblicazioni a stampa, gli spettacoli e tutte le altre manifestazioni contrarie al buon costume. La legge stabilisce provvedimenti adeguati a prevenire e a reprimere le violazioni.

22 Nessuno può essere privato, per motivi politici, della capacità giuridica, della cittadinanza, del nome.

23 Nessuna prestazione personale o patrimoniale può essere imposta se non in base alla legge.

24 Tutti possono agire in giudizio per la tutela dei propri diritti e interessi legittimi.

La difesa è diritto inviolabile in ogni stato e grado del procedimento.

Sono assicurati ai non abbienti, con appositi istituti, i mezzi per agire e difendersi davanti ad ogni giurisdizione.

La legge determina le condizioni e i modi per la riparazione degli errori giudiziari.

25 Nessuno può essere distolto dal giudice naturale precostituito per legge.

Nessuno può essere punito se non in forza di una legge che sia entrata in vigore prima del fatto commesso.

Nessuno può essere sottoposto a misure di sicurezza se non nei casi previsti dalla legge.

26 L'estradizione del cittadino può essere consentita soltanto ove sia espressamente prevista dalle convenzioni internazionali.

Non può in alcun caso essere ammessa per reati politici.

27 La responsabilità penale è personale.

L'imputato non è considerato colpevole sino alla condanna definitiva.

Le pene non possono consistere in trattamenti contrari al senso di umanità e devono tendere alla rieducazione del condannato.

Non è ammessa la pena di morte.

28 I funzionari e i dipendenti dello Stato e degli enti pubblici sono direttamente responsabili, secondo le leggi penali, civili e amministrative, degli atti compiuti in violazione di diritti. In tali casi la responsabilità civile si estende allo Stato e agli enti pubblici.

TITOLO II

Rapporti etico-sociali

29 La Repubblica riconosce i diritti della famiglia come società naturale fondata sul matrimonio.

Il matrimonio è ordinato sulla eguaglianza morale e giuridica dei coniugi, con i limiti stabiliti dalla legge a garanzia dell'unità familiare.

30 È dovere e diritto dei genitori mantenere, istruire ed educare i figli, anche se nati fuori del matrimonio.

Nei casi di incapacità dei genitori, la legge provvede a che siano assolti i loro compiti.

La legge assicura ai figli nati fuori del matrimonio ogni tutela giuridica e sociale, compatibile con i diritti dei membri della famiglia legittima.

La legge detta le norme e i limiti per la ricerca della paternità.

31 La Repubblica agevola con misure economiche e altre provvidenze la formazione della famiglia e l'adempimento dei compiti relativi, con particolare riguardo alle famiglie numerose.

Protegge la maternità, l'infanzia e la gioventù, favorendo gli istituti necessari a tale scopo.

32 La Repubblica tutela la salute come fondamentale diritto dell'individuo e interesse della collettività, e garantisce cure gratuite agli indigenti.

Nessuno può essere obbligato a un determinato trattamento sanitario se non per disposizione di legge. La legge non può in nessun caso violare i limiti imposti dal rispetto della persona umana.

33 L'arte e la scienza sono libere e libero ne è l'insegnamento.

La Repubblica detta le norme generali sull'istruzione ed istituisce scuole statali per tutti gli ordini e gradi.

Enti e privati hanno il diritto di istituire scuole ed istituti di educazione, senza oneri per lo Stato.

La legge, nel fissare i diritti e gli obblighi delle scuole non statali che chiedono la parità, deve assicurare ad esse piena libertà e ai loro alunni un trattamento scolastico equipollente a quello degli alunni di scuole statali.

È prescritto un esame di Stato per l'ammissione ai vari ordini e gradi di scuole o per la conclusione di essi e per l'abilitazione all'esercizio professionale.

Le istituzioni di alta cultura, università ed accademie, hanno il diritto di darsi ordinamenti autonomi nei limiti stabiliti dalle leggi dello Stato.

34 La scuola è aperta a tutti.

L'istruzione inferiore, impartita per almeno otto anni, è obbligatoria e gratuita.

I capaci e meritevoli, anche se privi di mezzi, hanno diritto di raggiungere i gradi più alti degli studi.

La Repubblica rende effettivo questo diritto con borse di studio, assegni alle famiglie ed altre provvidenze, che devono essere attribuite per concorso.

TITOLO III

Rapporti economici

35 La Repubblica tutela il lavoro in tutte le sue forme ed applicazioni.

Cura la formazione e l'elevazione professionale dei lavoratori.

Promuove e favorisce gli accordi e le organizzazioni internazionali intesi ad affermare e regolare i diritti del lavoro.

Riconosce la libertà di emigrazione, salvo gli obblighi stabiliti dalla legge nell'interesse generale, e tutela il lavoro italiano all'estero.

36 Il lavoratore ha diritto ad una retribuzione proporzionata alla quantità e qualità del suo lavoro e in ogni caso sufficiente ad assicurare a sé e alla famiglia un'esistenza libera e dignitosa.

La durata massima della giornata lavorativa è stabilita dalla legge.

Il lavoratore ha diritto al riposo settimanale e a ferie annuali retribuite, e non può rinunziarvi.

37 La donna lavoratrice ha gli stessi diritti e, a parità di lavoro, le stesse retribuzioni che spettano al lavoratore.

Le condizioni di lavoro devono consentire l'adempimento della sua essenziale funzione familiare e assicurare alla madre e al bambino una speciale adeguata protezione.

La legge stabilisce il limite minimo di età per il lavoro salariato.

La Repubblica tutela il lavoro dei minori con speciali norme e garantisce ad essi, a parità di lavoro, il diritto alla parità di retribuzione.

38 Ogni cittadino inabile al lavoro e sprovvisto dei mezzi necessari per vivere ha diritto al mantenimento e all'assistenza sociale.

I lavoratori hanno diritto che siano preveduti ed assicurati mezzi adeguati alle loro esigenze di vita in caso di infortunio, malattia, invalidità e vecchiaia, disoccupazione involontaria.

Gli inabili ed i minorati hanno diritto all'educazione e all'avviamento professionale.

Ai compiti previsti in questo articolo provvedono organi ed istituti predisposti o integrati dallo Stato.

L'assistenza privata è libera.

39 L'organizzazione sindacale è libera.

Ai sindacati non può essere imposto altro obbligo se non la loro registrazione presso uffici locali o centrali, secondo le norme di legge.

È condizione per la registrazione che gli statuti dei sindacati sanciscano un ordinamento interno a base democratica.

I sindacati registrati hanno personalità giuridica. Possono, rappresentati unitariamente in proporzione dei loro iscritti, stipulare contratti collettivi di lavoro con efficacia obbligatoria per tutti gli appartenenti alle categorie alle quali il contratto si riferisce.

40 Il diritto di sciopero si esercita nell'ambito delle leggi che lo regolano.

41 L'iniziativa economica privata è libera.

Non può svolgersi in contrasto con l'utilità sociale o in modo da recare danno alla sicurezza, alla libertà, alla dignità umana.

La legge determina i programmi e i controlli opportuni perché l'attività economica pubblica e privata possa essere indirizzata e coordinata a fini sociali.

42 La proprietà è pubblica o privata. I beni economici appartengono allo Stato, ad enti o a privati.

La proprietà privata è riconosciuta e garantita dalla legge, che ne determina i modi di acquisto, di godimento e i limiti allo scopo di assicurarne la funzione sociale e di renderla accessibile a tutti.

La proprietà privata può essere, nei casi preveduti dalla legge, e salvo indennizzo, espropriata per motivi d'interesse generale.

La legge stabilisce le norme ed i limiti della successione legittima e testamentaria e i diritti dello Stato sulle eredità.

43 A fini di utilità generale la legge può riservare originariamente o trasferire, mediante espropriazione e salvo indennizzo, allo Stato, ad enti pubblici o a comunità di lavoratori o di utenti determinate imprese o categorie di imprese, che si riferiscano a servizi pubblici essenziali o a fonti di energia o a situazioni di monopolio ed abbiano carattere di preminente interesse generale.

44 Al fine di conseguire il razionale sfruttamento del suolo e di stabilire equi rapporti sociali, la legge impone obblighi e vincoli alla proprietà terriera privata, fissa limiti alla sua estensione secondo le regioni e le zone agrarie, promuove ed impone la bonifica delle terre, la trasformazione del latifondo e la ricostituzione delle unità produttive; aiuta la piccola e la media proprietà.

La legge dispone provvedimenti a favore delle zone montane.

45 La Repubblica riconosce la funzione sociale della cooperazione a carattere di mutualità e senza fini di speculazione privata. La legge ne promuove e favorisce l'incremento con i mezzi più idonei e ne assicura, con gli opportuni controlli, il carattere e le finalità.

La legge provvede alla tutela e allo sviluppo dell'artigianato.

46 Ai fini della elevazione economica e sociale del lavoro e in armonia con le esigenze della produzione, la Repubblica riconosce il diritto dei lavoratori a collaborare, nei modi e nei limiti stabiliti dalle leggi, alla gestione delle aziende.

47 La Repubblica incoraggia e tutela il risparmio in tutte le sue forme; disciplina, coordina e controlla l'esercizio del credito.

Favorisce l'accesso del risparmio popolare alla proprietà dell'abitazione, alla proprietà diretta coltivatrice e al diretto e indiretto investimento azionario nei grandi complessi produttivi del Paese.

TITOLO IV
Rapporti politici

48 Sono elettori tutti i cittadini, uomini e donne, che hanno raggiunto la maggiore età.

Il voto è personale ed eguale, libero e segreto. Il suo esercizio è dovere civico.

La legge stabilisce requisiti e modalità per l'esercizio del diritto di voto dei cittadini residenti all'estero e ne assicura l'effettività. A tale fine è istituita una circoscrizione Estero per l'elezione delle Camere, alla quale sono assegnati seggi nel numero stabilito da norma costituzionale e secondo criteri determinati dalla legge.

Il diritto di voto non può essere limitato se non per incapacità civile o per effetto di sentenza penale irrevocabile o nei casi di indegnità morale indicati dalla legge.

49 Tutti i cittadini hanno diritto di associarsi liberamente in partiti per concorrere con metodo democratico a determinare la politica nazionale.

50 Tutti i cittadini possono rivolgere petizioni alle Camere per chiedere provvedimenti legislativi o esporre comuni necessità.

51 Tutti i cittadini dell'uno o dell'altro sesso possono accedere agli uffici pubblici e alle cariche elettive in condizioni di eguaglianza, secondo i requisiti stabiliti dalla legge. A tale fine la Repubblica promuove con appositi provvedimenti le pari opportunità tra donne e uomini.

La legge può, per l'ammissione ai pubblici uffici e alle cariche elettive, parificare ai cittadini gli italiani non appartenenti alla Repubblica.

Chi è chiamato a funzioni pubbliche elettive ha diritto di disporre del tempo necessario al loro adempimento e di conservare il suo posto di lavoro.

52 La difesa della Patria è sacro dovere del cittadino.

Il servizio militare è obbligatorio nei limiti e modi stabiliti dalla legge. Il suo adempimento non pregiudica la posizione di lavoro del cittadino, né l'esercizio dei diritti politici.

L'ordinamento delle Forze armate si informa allo spirito democratico della Repubblica.

53 Tutti sono tenuti a concorrere alle spese pubbliche in ragione della loro capacità contributiva.

Il sistema tributario è informato a criteri di progressività.

54 Tutti i cittadini hanno il dovere di essere fedeli alla Repubblica e di osservarne la Costituzione e le leggi.

I cittadini cui sono affidate funzioni pubbliche hanno il dovere di adempierle con disciplina ed onore, prestando giuramento nei casi stabiliti dalla legge.

PARTE SECONDA
ORDINAMENTO DELLA REPUBBLICA

TITOLO I
Il Parlamento

Sezione I - *Le Camere*

55 Il Parlamento si compone della Camera dei deputati e del Senato della Repubblica.

Il Parlamento si riunisce in seduta comune dei membri delle due Camere nei soli casi stabiliti dalla Costituzione.

56 La Camera dei deputati è eletta a suffragio universale e diretto.

Il numero dei deputati è di seicentotrenta, dodici dei quali eletti nella circoscrizione Estero.

Sono eleggibili a deputati tutti gli elettori che nel giorno delle elezioni hanno compiuto i venticinque anni di età.

La ripartizione dei seggi tra le circoscrizioni, fatto salvo il numero dei seggi assegnati alla circoscrizione Estero, si effettua dividendo il numero degli abitanti della Repubblica, quale risulta dall'ultimo censimento generale della popolazione, per seicentodiciotto e distribuendo i seggi in proporzione alla popolazione di ogni circoscrizione, sulla base dei quozienti interi e dei più alti resti.

57 Il Senato della Repubblica è eletto a base regionale, salvi i seggi assegnati alla circoscrizione Estero.

Il numero dei senatori elettivi è di trecentoquindici, sei dei quali eletti nella circoscrizione Estero.

Nessuna Regione può avere un numero di senatori inferiore a sette; il Molise ne ha due, la Valle d'Aosta uno.

La ripartizione dei seggi tra le Regioni, fatto salvo il numero dei seggi assegnati alla circoscrizione Estero, previa applicazione delle disposizioni del precedente comma, si effettua in proporzione alla popolazione delle Regioni, quale risulta dall'ultimo censimento generale, sulla base dei quozienti interi e dei più alti resti.

58 I senatori sono eletti a suffragio universale e diretto dagli elettori che hanno superato il venticinquesimo anno di età.

Sono eleggibili a senatori gli elettori che hanno compiuto il quarantesimo anno.

59 È senatore di diritto e a vita, salvo rinunzia, chi è stato Presidente della Repubblica.

Il Presidente della Repubblica può nominare senatori a vita cinque cittadini che hanno illustrato la Patria per altissimi meriti nel campo sociale, scientifico, artistico e letterario.

60 La Camera dei deputati e il Senato della Repubblica sono eletti per cinque anni.

La durata di ciascuna Camera non può essere prorogata se non per legge e soltanto in caso di guerra.

61 Le elezioni delle nuove Camere hanno luogo entro settanta giorni dalla fine delle precedenti. La prima riunione ha luogo non oltre il ventesimo giorno dalle elezioni.

Finché non siano riunite le nuove Camere sono prorogati i poteri delle precedenti.

62 Le Camere si riuniscono di diritto il primo giorno non festivo di febbraio e di ottobre.

Ciascuna Camera può essere convocata in via straordinaria per iniziativa del suo Presidente o del Presidente della Repubblica o di un terzo dei suoi componenti.

Quando si riunisce in via straordinaria una Camera, è convocata di diritto anche l'altra.

63 Ciascuna Camera elegge tra i suoi componenti il Presidente e l'Ufficio di presidenza.

Quando il Parlamento si riunisce in seduta comune, il Presidente e l'Ufficio di presidenza sono quelli della Camera dei deputati.

64 Ciascuna Camera adotta il proprio regolamento a maggioranza assoluta dei suoi componenti.

Le sedute sono pubbliche; tuttavia ciascuna delle due Camere e il Parlamento a Camere riunite possono deliberare di adunarsi in seduta segreta.

Le deliberazioni di ciascuna Camera e del Parlamento non sono valide se non è presente la maggioranza dei loro componenti e se non sono adottate a maggioranza dei presenti, salvo che la Costituzione prescriva una maggioranza speciale.

I membri del Governo, anche se non fanno parte delle Camere, hanno diritto, e se richiesti obbligo, di assistere alle sedute. Devono essere sentiti ogni volta che lo richiedono.

65 La legge determina i casi di ineleggibilità e di incompatibilità con l'ufficio di deputato o di senatore.

Nessuno può appartenere contemporaneamente alle due Camere.

66 Ciascuna Camera giudica dei titoli di ammissione dei suoi componenti e delle cause sopraggiunte di ineleggibilità e di incompatibilità.

67 Ogni membro del Parlamento rappresenta la Nazione ed esercita le sue funzioni senza vincolo di mandato.

68 I membri del Parlamento non possono essere chiamati a rispondere delle opinioni espresse e dei voti dati nell'esercizio delle loro funzioni.

Senza autorizzazione della Camera alla quale appartiene, nessun membro del Parlamento può essere sottoposto a perquisizione personale o domiciliare, né può essere arrestato o altrimenti privato della libertà personale, o mantenuto in detenzione, salvo che in esecuzione di una sentenza irrevocabile di condanna, ovvero se sia colto nell'atto di commettere un delitto per il quale è previsto l'arresto obbligatorio in flagranza.

Analoga autorizzazione è richiesta per sottoporre i membri del Parlamento ad intercettazioni, in qualsiasi forma, di conversazioni o comunicazioni e a sequestro di corrispondenza.

69 I membri del Parlamento ricevono una indennità stabilita dalla legge.

Sezione II - *La formazione delle leggi*

70 La funzione legislativa è esercitata collettivamente dalle due Camere.

71 L'iniziativa delle leggi appartiene al Governo, a ciascun membro delle Camere ed agli organi ed enti ai quali sia conferita da legge costituzionale.

Il popolo esercita l'iniziativa delle leggi, mediante la proposta, da parte di almeno cinquantamila elettori, di un progetto redatto in articoli.

72 Ogni disegno di legge, presentato ad una Camera è, secondo le norme del suo regolamento, esaminato da una commissione e poi dalla Camera stessa, che l'approva articolo per articolo e con votazione finale.

Il regolamento stabilisce procedimenti abbreviati per i disegni di legge dei quali è dichiarata l'urgenza.

Può altresì stabilire in quali casi e forme l'esame e l'approvazione dei disegni di legge sono deferiti a commissioni, anche permanenti, composte in modo da rispecchiare la proporzione dei gruppi parlamentari. Anche in tali casi, fino al momento della sua approvazione definitiva, il disegno di legge è rimesso alla Camera, se il Governo o un decimo dei componenti della Camera o un quinto della commissione richiedono che sia discusso e votato dalla Camera stessa oppure che sia sottoposto alla sua approvazione finale con sole dichiarazioni di voto. Il regolamento determina le forme di pubblicità dei lavori delle commissioni.

La procedura normale di esame e di approvazione diretta da parte della Camera è sempre adottata per i disegni di legge in materia costituzionale ed elettorale e per quelli di delegazione legislativa, di autorizzazione a ratificare trattati internazionali, di approvazione di bilanci e consuntivi.

73 Le leggi sono promulgate dal Presidente della Repubblica entro un mese dall'approvazione.

Se le Camere, ciascuna a maggioranza assoluta dei propri componenti, ne dichiarano l'urgenza, la legge è promulgata nel termine da essa stabilito.

Le leggi sono pubblicate subito dopo la promulgazione ed entrano in vigore il quindicesimo giorno successivo alla loro pubblicazione, salvo che le leggi stesse stabiliscano un termine diverso.

74 Il Presidente della Repubblica, prima di promulgare la legge, può con messaggio motivato alle Camere chiedere una nuova deliberazione.

Se le Camere approvano nuovamente la legge, questa deve essere promulgata.

75 È indetto *referendum* popolare per deliberare l'abrogazione, totale o parziale, di una legge o di un atto avente valore di legge, quando lo richiedono cinquecentomila elettori o cinque Consigli regionali.

Non è ammesso il *referendum* per le leggi tributarie e di bilancio, di amnistia e di indulto, di autorizzazione a ratificare trattati internazionali.

Hanno diritto di partecipare al *referendum* tutti i cittadini chiamati ad eleggere la Camera dei deputati.

La proposta soggetta a *referendum* è approvata se ha partecipato alla votazione la maggioranza degli aventi diritto, e se è raggiunta la maggioranza dei voti validamente espressi.

La legge determina le modalità di attuazione del *referendum*.

76 L'esercizio della funzione legislativa non può essere delegato al Governo se non con determinazione di princìpi e criteri direttivi e soltanto per tempo limitato e per oggetti definiti.

77 Il Governo non può, senza delegazione delle Camere, emanare decreti che abbiano valore di legge ordinaria.

Quando, in casi straordinari di necessità e d'urgenza, il Governo adotta, sotto la sua responsabilità, provvedimenti provvisori con forza di legge, deve il giorno stesso presentarli per la conversione alle Camere che, anche se sciolte, sono appositamente convocate e si riuniscono entro cinque giorni.

I decreti perdono efficacia sin dall'inizio, se non sono convertiti in legge entro sessanta giorni dalla loro pubblicazione. Le Camere possono tuttavia regolare con legge i rapporti giuridici sorti sulla base dei decreti non convertiti.

78 Le Camere deliberano lo stato di guerra e conferiscono al Governo i poteri necessari.

79 L'amnistia e l'indulto sono concessi con legge deliberata a maggioranza dei due terzi dei componenti di ciascuna Camera, in ogni suo articolo e nella votazione finale.

La legge che concede l'amnistia o l'indulto stabilisce il termine per la loro applicazione.

In ogni caso l'amnistia e l'indulto non possono applicarsi ai reati commessi successivamente alla presentazione del disegno di legge.

80 Le Camere autorizzano con legge la ratifica dei trattati internazionali che sono di natura politica, o prevedono arbitrati o regolamenti giudiziari, o importano variazioni del territorio od oneri alle finanze o modificazioni di leggi.

81 Lo Stato assicura l'equilibrio tra le entrate e le spese del proprio bilancio, tenendo conto delle fasi avverse e delle fasi favorevoli del ciclo economico.

Il ricorso all'indebitamento è consentito solo al fine di considerare gli effetti del ciclo economico e, previa autorizzazione delle Camere adottata a maggioranza assoluta dei rispettivi componenti, al verificarsi di eventi eccezionali.

Ogni legge che importi nuovi o maggiori oneri provvede ai mezzi per farvi fronte.

Le Camere ogni anno approvano con legge il bilancio e il rendiconto consuntivo presentati dal Governo.

L'esercizio provvisorio del bilancio non può essere concesso se non per legge e per periodi non superiori complessivamente a quattro mesi.

Il contenuto della legge di bilancio, le norme fondamentali e i criteri volti ad assicurare l'equilibrio tra le entrate e le spese dei bilanci e la sostenibilità del debito del complesso delle pubbliche amministrazioni sono stabiliti con legge approvata a maggioranza assoluta dei componenti di ciascuna Camera, nel rispetto dei princìpi definiti con legge costituzionale.

82 Ciascuna Camera può disporre inchieste su materie di pubblico interesse.

A tale scopo nomina fra i propri componenti una commissione formata in modo da rispecchiare la proporzione dei vari gruppi. La commissione d'inchiesta procede alle indagini e agli esami con gli stessi poteri e le stesse limitazioni dell'autorità giudiziaria.

TITOLO II

Il Presidente della Repubblica

83 Il Presidente della Repubblica è eletto dal Parlamento in seduta comune dei suoi membri.

All'elezione partecipano tre delegati per ogni Regione eletti dal Consiglio regionale in modo che sia assicurata la rappresentanza delle minoranze. La Valle d'Aosta ha un solo delegato.

L'elezione del Presidente della Repubblica ha luogo per scrutinio segreto a maggioranza di due terzi dell'assemblea. Dopo il terzo scrutinio è sufficiente la maggioranza assoluta.

84 Può essere eletto Presidente della Repubblica ogni cittadino che abbia compiuto i cinquanta anni d'età e goda dei diritti civili e politici.

L'ufficio di Presidente della Repubblica è incompatibile con qualsiasi altra carica.

L'assegno e la dotazione del Presidente sono determinati per legge.

85 Il Presidente della Repubblica è eletto per sette anni.

Trenta giorni prima che scada il termine, il Presidente della Camera dei deputati convoca in seduta comune il Parlamento e i delegati regionali, per eleggere il nuovo Presidente della Repubblica.

Se le Camere sono sciolte, o manca meno di tre mesi alla loro cessazione, la elezione ha luogo entro quindici giorni dalla riunione delle Camere nuove. Nel frattempo sono prorogati i poteri del Presidente in carica.

86 Le funzioni del Presidente della Repubblica, in ogni caso che egli non possa adempierle, sono esercitate dal Presidente del Senato.

In caso di impedimento permanente o di morte o di dimissioni del Presidente della Repubblica, il Presidente della Camera dei deputati indice la elezione del nuovo Presidente della Repubblica entro quindici giorni, salvo il maggior termine previsto se le Camere sono sciolte o manca meno di tre mesi alla loro cessazione.

87 Il Presidente della Repubblica è il capo dello Stato e rappresenta l'unità nazionale.

Può inviare messaggi alle Camere.

Indice le elezioni delle nuove Camere e ne fissa la prima riunione.

Autorizza la presentazione alle Camere dei disegni di legge di iniziativa del Governo.

Promulga le leggi ed emana i decreti aventi valore di legge e i regolamenti.

Indice il *referendum* popolare nei casi previsti dalla Costituzione.

Nomina, nei casi indicati dalla legge, i funzionari dello Stato.

Accredita e riceve i rappresentanti diplomatici, ratifica i trattati internazionali, previa, quando occorra, l'autorizzazione delle Camere.

Ha il comando delle Forze armate, presiede il Consiglio supremo di difesa costituito secondo la legge, dichiara lo stato di guerra deliberato dalle Camere.

Presiede il Consiglio superiore della magistratura.

Può concedere grazia e commutare le pene.

Conferisce le onorificenze della Repubblica.

88 Il Presidente della Repubblica può, sentiti i loro Presidenti, sciogliere le Camere o anche una sola di esse.

Non può esercitare tale facoltà negli ultimi sei mesi del suo mandato, salvo che essi coincidano in tutto o in parte con gli ultimi sei mesi della legislatura.

89 Nessun atto del Presidente della Repubblica è valido se non è controfirmato dai ministri proponenti, che ne assumono la responsabilità.

Gli atti che hanno valore legislativo e gli altri indicati dalla legge sono controfirmati anche dal Presidente del Consiglio dei ministri.

90 Il Presidente della Repubblica non è responsabile degli atti compiuti nell'esercizio delle sue funzioni, tranne che per alto tradimento o per attentato alla Costituzione.

In tali casi è messo in stato di accusa dal Parlamento in seduta comune, a maggioranza assoluta dei suoi membri.

91 Il Presidente della Repubblica, prima di assumere le sue funzioni, presta giuramento di fedeltà alla Repubblica e di osservanza della Costituzione dinanzi al Parlamento in seduta comune.

TITOLO III

Il Governo

Sezione I - *Il Consiglio dei ministri*

92 Il Governo della Repubblica è composto del Presidente del Consiglio e dei ministri, che costituiscono insieme il Consiglio dei ministri.

Il Presidente della Repubblica nomina il Presidente del Consiglio dei ministri e, su proposta di questo, i ministri.

93 Il Presidente del Consiglio dei ministri e i ministri, prima di assumere le funzioni, prestano giuramento nelle mani del Presidente della Repubblica.

94 Il Governo deve avere la fiducia delle due Camere.

Ciascuna Camera accorda o revoca la fiducia mediante mozione motivata e votata per appello nominale.

Entro dieci giorni dalla sua formazione il Governo si presenta alle Camere per ottenerne la fiducia.

Il voto contrario di una o d'entrambe le Camere su una proposta del Governo non importa obbligo di dimissioni.

La mozione di sfiducia deve essere firmata da almeno un decimo dei componenti della Camera e non può essere messa in discussione prima di tre giorni dalla sua presentazione.

95 Il Presidente del Consiglio dei ministri dirige la politica generale del Governo e ne è responsabile. Mantiene l'unità di indirizzo politico ed amministrativo, promuovendo e coordinando l'attività dei ministri.

I ministri sono responsabili collegialmente degli atti del Consiglio dei ministri, e individualmente degli atti dei loro dicasteri.

La legge provvede all'ordinamento della Presidenza del Consiglio e determina il numero, le attribuzioni e l'organizzazione dei ministeri.

96 Il Presidente del Consiglio dei ministri ed i ministri, anche se cessati dalla carica, sono sottoposti, per i reati commessi nell'esercizio delle loro funzioni, alla giurisdizione ordinaria, previa autorizzazione del Senato della Repubblica o della Camera dei deputati, secondo le norme stabilite con legge costituzionale.

Sezione II - *La Pubblica Amministrazione*

97 Le pubbliche amministrazioni, in coerenza con l'ordinamento dell'Unione europea, assicurano l'equilibrio dei bilanci e la sostenibilità del debito pubblico.

I pubblici uffici sono organizzati secondo disposizioni di legge, in modo che siano assicurati il buon andamento e l'imparzialità dell'amministrazione.

Nell'ordinamento degli uffici sono determinate le sfere di competenza, le attribuzioni e le responsabilità proprie dei funzionari.

Agli impieghi nelle pubbliche amministrazioni si accede mediante concorso, salvo i casi stabiliti dalla legge.

98 I pubblici impiegati sono al servizio esclusivo della Nazione.

Se sono membri del Parlamento, non possono conseguire promozioni se non per anzianità.

Si possono con legge stabilire limitazioni al diritto d'iscriversi ai partiti politici per i magistrati, i militari di carriera in servizio attivo, i funzionari ed agenti di polizia, i rappresentanti diplomatici e consolari all'estero.

Sezione III - *Gli organi ausiliari*

99 Il Consiglio nazionale dell'economia e del lavoro è composto, nei modi stabiliti dalla legge, di esperti e di rappresentanti delle categorie produttive, in misura che tenga conto della loro importanza numerica e qualitativa.

È organo di consulenza delle Camere e del Governo per le materie e secondo le funzioni che gli sono attribuite dalla legge.

Ha l'iniziativa legislativa e può contribuire alla elaborazione della legislazione economica e sociale secondo i princìpi ed entro i limiti stabiliti dalla legge.

100 Il Consiglio di Stato è organo di consulenza giuridico-amministrativa e di tutela della giustizia nell'amministrazione.

La Corte dei conti esercita il controllo preventivo di legittimità sugli atti del Governo, e anche quello successivo sulla gestione del bilancio dello Stato. Partecipa, nei casi e nelle forme stabiliti dalla legge, al controllo sulla gestione finanziaria degli enti a cui lo Stato contribuisce in via ordinaria. Riferisce direttamente alle Camere sul risultato del riscontro eseguito.

La legge assicura l'indipendenza dei due istituti e dei loro componenti di fronte al Governo.

TITOLO IV

La Magistratura

Sezione I - *Ordinamento giurisdizionale*

101 La giustizia è amministrata in nome del popolo.

I giudici sono soggetti soltanto alla legge.

102 La funzione giurisdizionale è esercitata da magistrati ordinari istituiti e regolati dalle norme sull'ordinamento giudiziario.

Non possono essere istituiti giudici straordinari o giudici speciali. Possono soltanto istituirsi presso gli organi giudiziari ordinari sezioni specializzate per determinate materie, anche con la partecipazione di cittadini idonei estranei alla magistratura.

La legge regola i casi e le forme della partecipazione diretta del popolo all'amministrazione della giustizia.

103 Il Consiglio di Stato e gli altri organi di giustizia amministrativa hanno giurisdizione per la tutela nei confronti della pubblica amministrazione degli interessi legittimi e, in particolari materie indicate dalla legge, anche dei diritti soggettivi.

La Corte dei conti ha giurisdizione nelle materie di contabilità pubblica e nelle altre specificate dalla legge.

I tribunali militari in tempo di guerra hanno la giurisdizione stabilita dalla legge. In tempo di pace hanno giurisdizione soltanto per i reati militari commessi da appartenenti alle Forze armate.

104 La magistratura costituisce un ordine autonomo e indipendente da ogni altro potere.

Il Consiglio superiore della magistratura è presieduto dal Presidente della Repubblica.

Ne fanno parte di diritto il primo presidente e il procuratore generale della Corte di cassazione.

Gli altri componenti sono eletti per due terzi da tutti i magistrati ordinari tra gli appartenenti alle varie categorie, e per un terzo dal Parlamento in seduta comune tra professori ordinari di università in materie giuridiche ed avvocati dopo quindici anni di esercizio.

Il Consiglio elegge un vicepresidente fra i componenti designati dal Parlamento.

I membri elettivi del Consiglio durano in carica quattro anni e non sono immediatamente rieleggibili.

Non possono, finché sono in carica, essere iscritti negli albi professionali, né far parte del Parlamento o di un Consiglio regionale.

105 Spettano al Consiglio superiore della magistratura, secondo le norme dell'ordinamento giudiziario, le assunzioni, le assegnazioni ed i trasferimenti, le promozioni e i provvedimenti disciplinari nei riguardi dei magistrati.

106 Le nomine dei magistrati hanno luogo per concorso.

La legge sull'ordinamento giudiziario può ammettere la nomina, anche elettiva, di magistrati onorari per tutte le funzioni attribuite a giudici singoli.

Su designazione del Consiglio superiore della magistratura possono essere chiamati all'ufficio di consiglieri di cassazione, per meriti insigni, professori ordinari di università in materie giuridiche e avvocati che abbiano quindici anni d'esercizio e siano iscritti negli albi speciali per le giurisdizioni superiori.

107 I magistrati sono inamovibili. Non possono essere dispensati o sospesi dal servizio né destinati ad altre sedi o funzioni se non in seguito a decisione del Consiglio superiore della magistratura, adottata o per i motivi e con le garanzie di difesa stabilite dall'ordinamento giudiziario o con il loro consenso.

Il Ministro della giustizia ha facoltà di promuovere l'azione disciplinare.

I magistrati si distinguono fra loro soltanto per diversità di funzioni.

Il pubblico ministero gode delle garanzie stabilite nei suoi riguardi dalle norme sull'ordinamento giudiziario.

108 Le norme sull'ordinamento giudiziario e su ogni magistratura sono stabilite con legge.

La legge assicura l'indipendenza dei giudici delle giurisdizioni speciali, del pubblico ministero presso di esse, e degli estranei che partecipano all'amministrazione della giustizia.

109 L'autorità giudiziaria dispone direttamente della polizia giudiziaria.

110 Ferme le competenze del Consiglio superiore della magistratura, spettano al Ministro della giustizia l'organizzazione e il funzionamento dei servizi relativi alla giustizia.

Sezione II - *Norme sulla giurisdizione*

111 La giurisdizione si attua mediante il giusto processo regolato dalla legge.

Ogni processo si svolge nel contraddittorio tra le parti, in condizioni di parità, davanti a giudice terzo e imparziale. La legge ne assicura la ragionevole durata.

Nel processo penale, la legge assicura che la persona accusata di un reato sia, nel più breve tempo possibile, informata riservatamente della natura e dei motivi dell'accusa elevata a suo carico; disponga del tempo e delle condizioni necessari per preparare la sua difesa; abbia la facoltà, davanti al giudice, di interrogare o di far interrogare le persone che rendono dichiarazioni a suo carico, di ottenere la convocazione e l'interrogatorio di persone a sua difesa nelle stesse condizioni dell'accusa e l'acquisizione di ogni altro mezzo di prova a suo favore; sia assistita da un interprete se non comprende o non parla la lingua impiegata nel processo.

Il processo penale è regolato dal principio del contraddittorio nella formazione della prova. La colpevolezza dell'imputato non può essere provata sulla base di dichiarazioni rese da chi, per libera scelta, si è sempre volontariamente sottratto all'interrogatorio da parte dell'imputato o del suo difensore.

La legge regola i casi in cui la formazione della prova non ha luogo in contraddittorio per consenso dell'imputato o per accertata impossibilità di natura oggettiva o per effetto di provata condotta illecita.

Tutti i provvedimenti giurisdizionali devono essere motivati.

Contro le sentenze e contro i provvedimenti sulla libertà personale, pronunciati dagli organi giurisdizionali ordinari o speciali, è sempre ammesso ricorso in Cassazione per violazione di legge. Si può derogare a tale norma soltanto per le sentenze dei tribunali militari in tempo di guerra.

Contro le decisioni del Consiglio di Stato e della Corte dei conti il ricorso in Cassazione è ammesso per i soli motivi inerenti alla giurisdizione.

112 Il pubblico ministero ha l'obbligo di esercitare l'azione penale.

113 Contro gli atti della pubblica amministrazione è sempre ammessa la tutela giurisdizionale dei diritti e degli interessi legittimi dinanzi agli organi di giurisdizione ordinaria o amministrativa.

Tale tutela giurisdizionale non può essere esclusa o limitata a particolari mezzi di impugnazione o per determinate categorie di atti.

La legge determina quali organi di giurisdizione possono annullare gli atti della pubblica amministrazione nei casi e con gli effetti previsti dalla legge stessa.

TITOLO V

Le Regioni, le Province, i Comuni

114 La Repubblica è costituita dai Comuni, dalle Province, dalle Città metropolitane, dalle Regioni e dallo Stato.

I Comuni, le Province, le Città metropolitane e le Regioni sono enti autonomi con propri statuti, poteri e funzioni secondo i princìpi fissati dalla Costituzione.

Roma è la capitale della Repubblica. La legge dello Stato disciplina il suo ordinamento.

115 [articolo abrogato].

116 Il Friuli Venezia Giulia, la Sardegna, la Sicilia, il Trentino-Alto Adige/Südtirol e la Valle d'Aosta/Vallée d'Aoste dispongono di forme e condizioni particolari di autonomia, secondo i rispettivi statuti speciali adottati con legge costituzionale.

La Regione Trentino-Alto Adige/Südtirol è costituita dalle Province autonome di Trento e di Bolzano.

Ulteriori forme e condizioni particolari di autonomia, concernenti le materie di cui al terzo comma dell'articolo 117 e le materie indicate dal secondo comma del medesimo articolo alle lettere *l*), limitatamente all'organizzazione della giustizia di pace, *n*) e *s*), possono essere attribuite ad altre Regioni, con legge dello Stato, su iniziativa della Regione interessata, sentiti gli enti locali, nel rispetto dei princìpi di cui all'articolo 119. La legge è approvata dalle Camere a maggioranza assoluta dei componenti, sulla base di intesa fra lo Stato e la Regione interessata.

117 La potestà legislativa è esercitata dallo Stato e dalle Regioni nel rispetto della Costituzione, nonché dei vincoli derivanti dall'ordinamento comunitario e dagli obblighi internazionali.

Lo Stato ha legislazione esclusiva nelle seguenti materie:

a) politica estera e rapporti internazionali dello Stato; rapporti dello Stato con l'Unione europea; diritto di asilo e condizione giuridica dei cittadini di Stati non appartenenti all'Unione europea;

b) immigrazione;

c) rapporti tra la Repubblica e le confessioni religiose;

d) difesa e Forze armate; sicurezza dello Stato; armi, munizioni ed esplosivi;

e) moneta, tutela del risparmio e mercati finanziari; tutela della concorrenza; sistema valutario; sistema tributario e contabile dello Stato; armonizzazione dei bilanci pubblici; perequazione delle risorse finanziarie;

f) organi dello Stato e relative leggi elettorali; referendum statali; elezione del Parlamento europeo;

g) ordinamento e organizzazione amministrativa dello Stato e degli enti pubblici nazionali;

h) ordine pubblico e sicurezza, ad esclusione della polizia amministrativa locale;

i) cittadinanza, stato civile e anagrafi;

l) giurisdizione e norme processuali; ordinamento civile e penale; giustizia amministrativa;

m) determinazione dei livelli essenziali delle prestazioni concernenti i diritti civili e sociali che devono essere garantiti su tutto il territorio nazionale;

n) norme generali sull'istruzione;

o) previdenza sociale;

p) legislazione elettorale, organi di governo e funzioni fondamentali di Comuni, Province e Città metropolitane;

q) dogane, protezione dei confini nazionali e profilassi internazionale;

r) pesi, misure e determinazione del tempo; coordinamento informativo statistico e informatico dei dati dell'amministrazione statale, regionale e locale; opere dell'ingegno;

s) tutela dell'ambiente, dell'ecosistema e dei beni culturali.

Sono materie di legislazione concorrente quelle relative a: rapporti internazionali e con l'Unione europea delle Regioni; commercio con l'estero; tutela e sicurezza del lavoro; istruzione, salva l'autonomia delle istituzioni scolastiche e con esclusione della istruzione e della formazione professionale; professioni; ricerca scientifica e tecnologica e sostegno all'innovazione per i settori produttivi; tutela della salute; alimentazione; ordinamento sportivo; protezione civile; governo del territorio; porti e aeroporti civili; grandi reti di trasporto e di navigazione; ordinamento della comunicazione; produzione, trasporto e distribuzione nazionale dell'energia; previdenza complementare e integrativa; coordinamento della finanza pubblica e del sistema tributario; valorizzazione dei beni culturali e ambientali e promozione e organizzazione di attività culturali; casse di risparmio, casse rurali, aziende di credito a carattere regionale; enti di credito fondiario e agrario a carattere regionale. Nelle materie di legislazione concorrente spetta alle Regioni la potestà legislativa, salvo che per la determinazione dei princìpi fondamentali, riservata alla legislazione dello Stato.

Spetta alle Regioni la potestà legislativa in riferimento ad ogni materia non espressamente riservata alla legislazione dello Stato.

Le Regioni e le Province autonome di Trento e di Bolzano, nelle materie di loro competenza, partecipano alle decisioni dirette alla formazione degli atti normativi comunitari e provvedono all'attuazione e all'esecuzione degli accordi internazionali e degli atti dell'Unione europea, nel rispetto delle norme di procedura stabilite da legge dello Stato, che disciplina le modalità di esercizio del potere sostitutivo in caso di inadempienza.

La potestà regolamentare spetta allo Stato nelle materie di legislazione esclusiva, salva delega alle Regioni. La potestà regolamentare spetta alle Regioni in ogni altra materia. I Comuni, le Province e le Città metropolitane hanno potestà regolamentare in ordine alla disciplina dell'organizzazione e dello svolgimento delle funzioni loro attribuite.

Le leggi regionali rimuovono ogni ostacolo che impedisce la piena parità degli uomini e delle donne nella vita sociale, culturale ed economica e promuovono la parità di accesso tra donne e uomini alle cariche elettive.

La legge regionale ratifica le intese della Regione con altre Regioni per il migliore esercizio delle proprie funzioni, anche con individuazione di organi comuni.

Nelle materie di sua competenza la Regione può concludere accordi con Stati e intese con enti territoriali interni ad altro Stato, nei casi e con le forme disciplinati da leggi dello Stato.

118 Le funzioni amministrative sono attribuite ai Comuni salvo che, per assicurarne l'esercizio unitario, siano conferite a Province, Città metropolitane, Regioni e Stato, sulla base dei princìpi di sussidiarietà, differenziazione ed adeguatezza.

I Comuni, le Province e le Città metropolitane sono titolari di funzioni amministrative proprie e di quelle conferite con legge statale o regionale, secondo le rispettive competenze.

La legge statale disciplina forme di coordinamento fra Stato e Regioni nelle materie di cui alle lettere *b*) e *h*) del secondo comma dell'articolo 117, e disciplina inoltre forme di intesa e coordinamento nella materia della tutela dei beni culturali.

Stato, Regioni, Città metropolitane, Province e Comuni favoriscono l'autonoma iniziativa dei cittadini, singoli e associati, per lo svolgimento di attività di interesse generale, sulla base del principio di sussidiarietà.

119 I Comuni, le Province, le Città metropolitane e le Regioni hanno autonomia finanziaria di entrata e di spesa, nel rispetto dell'equilibrio dei relativi bilanci, e concorrono ad assicurare l'osservanza dei vincoli economici e finanziari derivanti dall'ordinamento dell'Unione europea.

I Comuni, le Province, le Città metropolitane e le Regioni hanno risorse autonome. Stabiliscono e applicano tributi ed entrate propri, in armonia con la Costituzione e secondo i princìpi di coordinamento della finanza pubblica e del sistema tributario. Dispongono di compartecipazioni al gettito di tributi erariali riferibile al loro territorio.

La legge dello Stato istituisce un fondo perequativo, senza vincoli di destinazione, per i territori con minore capacità fiscale per abitante.

Le risorse derivanti dalle fonti di cui ai commi precedenti consentono ai Comuni, alle Province, alle Città metropolitane e alle Regioni di finanziare integralmente le funzioni pubbliche loro attribuite.

Per promuovere lo sviluppo economico, la coesione e la solidarietà sociale, per rimuovere gli squilibri economici e sociali, per favorire l'effettivo esercizio dei diritti della persona, o per provvedere a scopi diversi dal normale esercizio delle loro funzioni, lo Stato destina risorse aggiuntive ed effettua interventi speciali in favore di determinati Comuni, Province, Città metropolitane e Regioni.

I Comuni, le Province, le Città metropolitane e le Regioni hanno un proprio patrimonio, attribuito secondo i princìpi generali determinati dalla legge dello Stato. Possono ricorrere all'indebitamento solo per finanziare spese di investimento, con la contestuale definizione di piani di ammortamento e a condizione che per il complesso degli enti di ciascuna Regione sia rispettato l'equilibrio di bilancio. È esclusa ogni garanzia dello Stato sui prestiti dagli stessi contratti.

120 La Regione non può istituire dazi di importazione o esportazione o transito tra le Regioni, né adottare provvedimenti che ostacolino in qualsiasi modo la libera circolazione delle persone e delle cose tra le Regioni, né limitare l'esercizio del diritto al lavoro in qualunque parte del territorio nazionale.

Il Governo può sostituirsi a organi delle Regioni, delle Città metropolitane, delle Province e dei Comuni nel caso di mancato rispetto di norme e trattati internazionali o della normativa comunitaria oppure di pericolo grave per l'incolumità e la sicurezza pubblica, ovvero quando lo richiedono la tutela dell'unità giuridica o dell'unità economica e in particolare la tutela dei livelli essenziali delle prestazioni concernenti i diritti civili e sociali, prescindendo dai confini territoriali dei governi locali. La legge definisce le procedure atte a garantire che i poteri sostitutivi siano esercitati nel rispetto del principio di sussidiarietà e del principio di leale collaborazione.

121 Sono organi della Regione: il Consiglio regionale, la Giunta e il suo presidente.

Il Consiglio regionale esercita le potestà legislative attribuite alla Regione e le altre funzioni conferitegli dalla Costituzione e dalle leggi. Può fare proposte di legge alle Camere.

La Giunta regionale è l'organo esecutivo delle Regioni.

Il Presidente della Giunta rappresenta la Regione; dirige la politica della Giunta e ne è responsabile; promulga le leggi ed emana i regolamenti regionali; dirige le funzioni amministrative delegate dallo Stato alla Regione, conformandosi alle istruzioni del Governo della Repubblica.

122 Il sistema di elezione e i casi di ineleggibilità e di incompatibilità del Presidente e degli altri componenti della Giunta regionale nonché dei consiglieri regionali sono disciplinati con legge della Regione nei limiti dei princìpi fondamentali stabiliti con legge della Repubblica, che stabilisce anche la durata degli organi elettivi.

Nessuno può appartenere contemporaneamente a un Consiglio o a una Giunta regionale e ad una delle Camere del Parlamento, ad un altro Consiglio o ad altra Giunta regionale, ovvero al Parlamento europeo.

Il Consiglio elegge tra i suoi componenti un Presidente e un ufficio di presidenza.

I consiglieri regionali non possono essere chiamati a rispondere delle opinioni espresse e dei voti dati nell'esercizio delle loro funzioni.

Il Presidente della Giunta regionale, salvo che lo statuto regionale disponga diversamente, è eletto a suffragio universale e diretto. Il Presidente eletto nomina e revoca i componenti della Giunta.

123 Ciascuna Regione ha uno statuto che, in armonia con la Costituzione, ne determina la forma di governo e i princìpi fondamentali di organizzazione e funzionamento. Lo statuto regola l'esercizio del diritto di iniziativa e del *referendum* su leggi e provvedimenti amministrativi della Regione e la pubblicazione delle leggi e dei regolamenti regionali.

Lo statuto è approvato e modificato dal Consiglio regionale con legge approvata a maggioranza assoluta dei suoi componenti, con due deliberazioni successive adottate ad intervallo non minore di due mesi. Per tale legge non è richiesta l'apposizione del visto da parte del Commissario del Governo. Il Governo della Repubblica può promuovere la questione di legittimità costituzionale sugli statuti regionali dinanzi alla Corte costituzionale entro trenta giorni dalla loro pubblicazione.

Lo statuto è sottoposto a *referendum* popolare qualora entro tre mesi dalla sua pubblicazione ne faccia richiesta un cinquantesimo degli elettori della Regione o un quinto dei componenti il Consiglio regionale. Lo statuto sottoposto a *referendum* non è promulgato se non è approvato dalla maggioranza dei voti validi.

In ogni Regione, lo statuto disciplina il Consiglio delle autonomie locali, quale organo di consultazione fra la Regione e gli enti locali.

124 [articolo abrogato].

125 [comma abrogato].

Nella Regione sono istituiti organi di giustizia amministrativa di primo grado, secondo l'ordinamento stabilito da legge della Repubblica. Possono istituirsi sezioni con sede diversa dal capoluogo della Regione.

126 Con decreto motivato del Presidente della Repubblica sono disposti lo scioglimento del Consiglio regionale e la rimozione del Presidente della Giunta che abbiano compiuto atti contrari alla Costituzione o gravi violazioni di legge. Lo scioglimento e la rimozione possono altresì essere disposti per ragioni di sicurezza nazionale. Il decreto è adottato sentita una Commissione di deputati e senatori costituita, per le questioni regionali, nei modi stabiliti con legge della Repubblica.

Il Consiglio regionale può esprimere la sfiducia nei confronti del Presidente della Giunta mediante mozione motivata, sottoscritta da almeno un quinto dei suoi componenti e approvata per appello nominale a maggioranza assoluta dei componenti. La mozione non può essere messa in discussione prima di tre giorni dalla presentazione.

L'approvazione della mozione di sfiducia nei confronti del Presidente della Giunta eletto a suffragio universale e diretto, nonché la rimozione, l'impedimento permanente, la morte o le dimissioni volontarie dello stesso comportano le dimissioni della Giunta e lo scioglimento del Consiglio. In ogni caso i medesimi effetti conseguono alle dimissioni contestuali della maggioranza dei componenti il Consiglio.

127 Il Governo, quando ritenga che una legge regionale ecceda la competenza della Regione, può promuovere la questione di legittimità costituzionale dinanzi alla Corte costituzionale entro sessanta giorni dalla sua pubblicazione.

La Regione, quando ritenga che una legge o un atto avente valore di legge dello Stato o di un'altra Regione leda la sua sfera di competenza, può promuovere la questione di legittimità costituzionale dinanzi alla Corte costituzionale entro sessanta giorni dalla pubblicazione della legge o dell'atto avente valore di legge.

128-130 [articoli abrogati].

131 Sono costituite le seguenti Regioni: Piemonte; Valle d'Aosta; Lombardia; Trentino-Alto Adige; Veneto; Friuli-Venezia Giulia; Liguria; Emilia-Romagna; Toscana; Umbria; Marche; Lazio; Abruzzi; Molise; Campania; Puglia; Basilicata; Calabria; Sicilia; Sardegna.

132 Si può con legge costituzionale, sentiti i Consigli regionali, disporre la fusione di Regioni esistenti o la creazione di nuove Regioni con un minimo di un milione di abitanti, quando ne facciano richiesta tanti Consigli comunali che rappresentino almeno un terzo delle popolazioni interessate, e la proposta sia approvata con *referendum* dalla maggioranza delle popolazioni stesse.

Si può, con l'approvazione della maggioranza delle popolazioni della Provincia o delle Province interessate e del Comune o dei Comuni interessati espressa mediante *referendum* e con legge della Repubblica, sentiti i Consigli regionali, consentire che Province e Comuni, che ne facciano richiesta, siano staccati da una Regione ed aggregati ad un'altra.

133 Il mutamento delle circoscrizioni provinciali e la istituzione di nuove Province nell'ambito d'una Regione sono stabiliti con legge della Repubblica, su iniziativa dei Comuni, sentita la stessa Regione.

La Regione, sentite le popolazioni interessate, può con sue leggi istituire nel proprio territorio nuovi Comuni e modificare le loro circoscrizioni e denominazioni.

TITOLO VI
Garanzie costituzionali

Sezione I - *La Corte costituzionale*

134 La Corte costituzionale giudica:

sulle controversie relative alla legittimità costituzionale delle leggi e degli atti, aventi forza di legge, dello Stato e delle Regioni;

sui conflitti di attribuzione tra i poteri dello Stato e su quelli tra lo Stato e le Regioni, e tra le Regioni;

sulle accuse promosse contro il Presidente della Repubblica, a norma della Costituzione.

135 La Corte costituzionale è composta di quindici giudici nominati per un terzo dal Presidente della Repubblica, per un terzo dal Parlamento in seduta comune e per un terzo dalle supreme magistrature ordinaria ed amministrative.

I giudici della Corte costituzionale sono scelti tra i magistrati anche a riposo delle giurisdizioni superiori ordinaria ed amministrative, i professori ordinari di università in materie giuridiche e gli avvocati dopo venti anni d'esercizio.

I giudici della Corte costituzionale sono nominati per nove anni, decorrenti per ciascuno di essi dal giorno del giuramento, e non possono essere nuovamente nominati.

Alla scadenza del termine il giudice costituzionale cessa dalla carica e dall'esercizio delle funzioni.

La Corte elegge fra i suoi componenti, secondo le norme stabilite dalla legge, il Presidente, che rimane in carica per un triennio, ed è rieleggibile, fermi in ogni caso i termini di scadenza dall'ufficio di giudice.

L'ufficio di giudice della Corte è incompatibile con quello di membro del Parlamento, di un Consiglio regionale, con l'esercizio della professione di avvocato e con ogni carica ed ufficio indicati dalla legge.

Nei giudizi di accusa contro il Presidente della Repubblica intervengono, oltre i giudici ordinari della Corte, sedici membri tratti a sorte da un elenco di cittadini aventi i requisiti per l'eleggibilità a senatore, che il Parlamento compila ogni nove anni mediante elezione con le stesse modalità stabilite per la nomina dei giudici ordinari.

136 Quando la Corte dichiara la illegittimità costituzionale di una norma di legge o di atto avente forza di legge, la norma cessa di avere efficacia dal giorno successivo alla pubblicazione della decisione.

La decisione della Corte è pubblicata e comunicata alle Camere ed ai Consigli regionali interessati, affinché, ove lo ritengano necessario, provvedano nelle forme costituzionali.

137 Una legge costituzionale stabilisce le condizioni, le forme, i termini di proponibilità dei giudizi di legittimità costituzionale, e le garanzie d'indipendenza dei giudici della Corte.

Con legge ordinaria sono stabilite le altre norme necessarie per la costituzione e il funzionamento della Corte.

Contro le decisioni della Corte costituzionale non è ammessa alcuna impugnazione.

Sezione II - *Revisione della Costituzione. Leggi costituzionali*

138 Le leggi di revisione della Costituzione e le altre leggi costituzionali sono adottate da ciascuna Camera con due successive deliberazioni ad intervallo non minore di tre mesi, e sono approvate a maggioranza assoluta dei componenti di ciascuna Camera nella seconda votazione.

Le leggi stesse sono sottoposte a *referendum* popolare quando, entro tre mesi dalla loro pubblicazione, ne facciano domanda un quinto dei membri di una Camera o cinquecentomila elettori o cinque Consigli regionali. La legge sottoposta a *referendum* non è promulgata, se non è approvata dalla maggioranza dei voti validi.

Non si fa luogo a *referendum* se la legge è stata approvata nella seconda votazione da ciascuna delle Camere a maggioranza di due terzi dei suoi componenti.

139 La forma repubblicana non può essere oggetto di revisione costituzionale.

DISPOSIZIONI TRANSITORIE E FINALI

I

Con l'entrata in vigore della Costituzione il Capo provvisorio dello Stato esercita le attribuzioni di Presidente della Repubblica e ne assume il titolo.

II

Se alla data della elezione del Presidente della Repubblica non sono costituiti tutti i Consigli regionali, partecipano alla elezione soltanto i componenti delle due Camere.

III

Per la prima composizione del Senato della Repubblica sono nominati senatori, con decreto del Presidente della Repubblica, i deputati dell'Assemblea Costituente che posseggono i requisiti di legge per essere senatori e che:

sono stati Presidenti del Consiglio dei ministri o di Assemblee legislative;

hanno fatto parte del disciolto Senato;

hanno avuto almeno tre elezioni, compresa quella all'Assemblea Costituente;

sono stati dichiarati decaduti nella seduta della Camera dei deputati del 9 novembre 1926;

hanno scontato la pena della reclusione non inferiore a cinque anni in seguito a condanna del tribunale speciale fascista per la difesa dello Stato.

Sono nominati altresì senatori, con decreto del Presidente della Repubblica, i membri del disciolto Senato che hanno fatto parte della Consulta Nazionale.

Al diritto di essere nominati senatori si può rinunciare prima della firma del decreto di nomina. L'accettazione della candidatura alle elezioni politiche implica rinuncia al diritto di nomina a senatore.

IV

Per la prima elezione del Senato il Molise è considerato come Regione a sé stante, con il numero dei senatori che gli compete in base alla sua popolazione.

V

La disposizione dell'art. 80 della Costituzione, per quanto concerne i trattati internazionali che importano oneri alle finanze o modificazioni di legge, ha effetto dalla data di convocazione delle Camere.

VI

Entro cinque anni dall'entrata in vigore della Costituzione si procede alla revisione degli organi speciali di giurisdizione attualmente esistenti, salvo le giurisdizioni del Consiglio di Stato, della Corte dei conti e dei tribunali militari.

Entro un anno dalla stessa data si provvede con legge al riordinamento del Tribunale supremo militare in relazione all'articolo 111.

VII

Fino a quando non sia emanata la nuova legge sull'ordinamento giudiziario in conformità con la Costituzione, continuano ad osservarsi le norme dell'ordinamento vigente.

Fino a quando non entri in funzione la Corte costituzionale, la decisione delle controversie indicate nell'articolo 134 ha luogo nelle forme e nei limiti delle norme preesistenti all'entrata in vigore della Costituzione.

[comma abrogato].

VIII

Le elezioni dei Consigli regionali e degli organi elettivi delle amministrazioni provinciali sono indette entro un anno dall'entrata in vigore della Costituzione.

Leggi della Repubblica regolano per ogni ramo della pubblica amministrazione il passaggio delle funzioni statali attribuite alle Regioni. Fino a quando non sia provveduto al riordinamento e alla distribuzione delle funzioni amministrative fra gli enti locali restano alle Province ed ai Comuni le funzioni che esercitano attualmente e le altre di cui le Regioni deleghino loro l'esercizio.

Leggi della Repubblica regolano il passaggio alle Regioni di funzionari e dipendenti dello Stato, anche delle amministrazioni centrali, che sia reso necessario dal nuovo ordinamento. Per la formazione dei loro uffici le Regioni devono, tranne che in casi di necessità, trarre il proprio personale da quello dello Stato e degli enti locali.

IX

La Repubblica, entro tre anni dall'entrata in vigore della Costituzione, adegua le sue leggi alle esigenze delle autonomie locali e alla competenza legislativa attribuita alle Regioni.

X

Alla Regione del Friuli-Venezia Giulia, di cui all'articolo 116, si applicano provvisoriamente le norme generali del Titolo V della parte seconda, ferma restando la tutela delle minoranze linguistiche in conformità con l'articolo 6.

XI

Fino a cinque anni dall'entrata in vigore della Costituzione si possono, con leggi costituzionali, formare altre Regioni, a modificazione dell'elenco di cui all'articolo 131, anche senza il concorso delle condizioni richieste dal primo comma dell'articolo 132, fermo rimanendo tuttavia l'obbligo di sentire le popolazioni interessate.

XII

È vietata la riorganizzazione, sotto qualsiasi forma, del disciolto partito fascista.

In deroga all'articolo 48, sono stabilite con legge, per non oltre un quinquennio dalla entrata in vigore della Costituzione, limitazioni temporanee al diritto di voto e alla eleggibilità per i capi responsabili del regime fascista.

XIII

[I membri e i discendenti di Casa Savoia non sono elettori e non possono ricoprire uffici pubblici né cariche elettive][1].

[Agli ex re di Casa Savoia, alle loro consorti e ai loro discendenti maschi sono vietati l'ingresso e il soggiorno nel territorio nazionale][2].

I beni, esistenti nel territorio nazionale, degli ex re di Casa Savoia, delle loro consorti e dei loro discendenti maschi, sono avocati allo Stato. I trasferimenti e le costituzioni di diritti reali sui beni stessi, che siano avvenuti dopo il 2 giugno 1946, sono nulli.

XIV

I titoli nobiliari non sono riconosciuti.

I predicati di quelli esistenti prima del 28 ottobre 1922 valgono come parte del nome.

---

[1] L'art. 1, legge cost. 23 ottobre 2002, n. 1 così dispone: «I commi primo e secondo della XIII disposizione transitoria e finale della Costituzione esauriscono i loro effetti a decorrere dalla data di entrata in vigore della presente legge costituzionale».

[2] L'art. 1, legge cost. 23 ottobre 2002, n. 1 così dispone: «I commi primo e secondo della XIII disposizione transitoria e finale della Costituzione esauriscono i loro effetti a decorrere dalla data di entrata in vigore della presente legge costituzionale».

L'Ordine mauriziano è conservato come ente ospedaliero e funziona nei modi stabiliti dalla legge.

La legge regola la soppressione della Consulta araldica.

XV

Con l'entrata in vigore della Costituzione si ha per convertito in legge il decreto legislativo luogotenenziale 25 giugno 1944, n. 151, sull'ordinamento provvisorio dello Stato.

XVI

Entro un anno dall'entrata in vigore della Costituzione si procede alla revisione e al coordinamento con essa delle precedenti leggi costituzionali che non siano state finora esplicitamente o implicitamente abrogate.

XVII

L'Assemblea Costituente sarà convocata dal suo Presidente per deliberare, entro il 31 gennaio 1948, sulla legge per la elezione del Senato della Repubblica, sugli statuti regionali speciali e sulla legge per la stampa.

Fino al giorno delle elezioni delle nuove Camere, l'Assemblea Costituente può essere convocata, quando vi sia necessità di deliberare nelle materie attribuite alla sua competenza dagli articoli 2, primo e secondo comma, e 3, comma primo e secondo, del decreto legislativo 16 marzo 1946, n. 98.

In tale periodo le Commissioni permanenti restano in funzione. Quelle legislative rinviano al Governo i disegni di legge, ad esse trasmessi, con eventuali osservazioni e proposte di emendamenti.

I deputati possono presentare al Governo interrogazioni con richiesta di risposta scritta.

L'Assemblea Costituente, agli effetti di cui al secondo comma del presente articolo, è convocata dal suo Presidente su richiesta motivata del Governo o di almeno duecento deputati.

XVIII

La presente Costituzione è promulgata dal Capo provvisorio dello Stato entro cinque giorni dalla sua approvazione da parte della Assemblea Costituente, ed entra in vigore il 1° gennaio 1948.

Il testo della Costituzione è depositato nella sala comunale di ciascun Comune della Repubblica per rimanervi esposto, durante tutto l'anno 1948, affinché ogni cittadino possa prenderne cognizione.

La Costituzione, munita del sigillo dello Stato, sarà inserita nella Raccolta ufficiale delle leggi e dei decreti della Repubblica.

La Costituzione dovrà essere fedelmente osservata come Legge fondamentale della Repubblica da tutti i cittadini e dagli organi dello Stato.

Data a Roma, addì 27 dicembre 1947

ENRICO DE NICOLA

Controfirmano:

Il Presidente dell'Assemblea Costituente
UMBERTO TERRACINI

Il Presidente del Consiglio dei Ministri
ALCIDE DE GASPERI

Visto: *Il guardasigilli*
GIUSEPPE GRASSI

FONTI DELLE ILLUSTRAZIONI

3 Odd Andersen/AFP/Getty Images. 5 Monkey Business Images/Shutterstock. 6 Caterina Ronchetti. 7 Evgeny Kovalev/Shutterstock. 10a Wikipedia. 10b Wiki Art. 11 historyfiles.altervista.org. 12 Musée du Louvre, Parigi. 13 Wikimedia Commons. 14 Musée de l'Histoire Vivante, Montreuil/DeA/Scala. 17 francocenerelli.com. 18a britannica.com. 18b Qué Leer. 18c The Red Phoenix. 19 The Hulton Getty Picture Collection. 21 Sookie Tex/Flickr. 22 ilsecoloxix.it. 28 gened.temple.edu. 32a SIAE. 32b Wikipedia. 33 corriere.it. 36 The Hulton Getty Picture Collection. 40 Partito democratico. 45a Sean Pavone/Shutterstock. 45b lastampa.it. 46a Brendan McDermid/Reuters. 46b Marco Dormino/AP. 47 Unicef. 48 berliner-zeitung.de. 49 Reuters. 51a you-ng.it. 51b Wiki Art. 51c Wikimedia Commons. 52 Adnkronos. 56 Leonard Zhukovsky/Shutterstock. 58 luzappy.eu. 59 namespedia.com. 63 ideebn.wordpress.com. 66 A. Cristofori/Cotrasto. 69 biografieonline.it. 70 Wikipedia. 71a Bsip/Marko. 71b Wiki Art. 72 Amnesty International. 74 Stephanie Sinclair. 76a Anupam Nath/AP Photo. 81 Museo Puskin, Mosca. 82a Ollyy/Shutterstock. 82b kriss-madden.com. 85 jocic, Here, carballo, Gurza/Shutterstock. 86 Corbis. 87 Wikimedia Commons. 88 Donatella Giagnori/EIDON. 89 Alinari, Firenze. 91 giornalettismo.com. 96 kollewin.com. 99 Reuters. 101 Wiki Art. 102 FPG/Getty Images. 104 imgflip.com. 106 Caterina Ronchetti. 107 Wiki Art. 108 Siren-Com/Wikimedia Commons. 109 Marco Tulli/Sintesi. 110 Gianni Berengo Gardin. 113a intoscana.it. 113b tvzap.kataweb.it. 113c artspecialday.com. 114a Caterina Belova/Shutterstock. 114b Wikimedia Commons. 118 ilgiornale.it. 119 milanofree.it. 123a Grazia Neri. 123b Grazia Neri. 127 europaveneta.org. 128 camera.it. 129 Alberto Pizzoli/AFP/Getty Images. 130 nottecriminale.it. 134 grafvision, irin-k, picsfive/Shutterstock. 141 Adnkronos. 147 Ansa. 148 huffingtonpost.it. 149 forumgsnnesa.it. 151 quirinale.it. 152 Grazia Neri. 155 Reuters. 160 Sara Davis/Getty Images. 162a Ansa. 162b El Pais. 162c La Nuova Bussola Quotidiana. 162d corriere.it. 163 Wikipedia. 164 Ansa. 165 Tiziana Fabi/AFP/Getty Images. 168 Wikipedia. 170 Munchmuseet, Oslo. 174 US Department. 177 Ben Stansall/AFP/Getty Images. 178 settemuse.it. 182 multimedia.quotidiano.net. 183 Viacheslav Lopatin/Shutterstock. 185 Freedompic/Shutterstock. 186 radioluce.it. 187a mikakaakinen.fl. 187b msnbc.com. 192 tempi.it. 193a Wikipedia. 193b ilgiornale.it. 197 businessonline.com. 202 mymovies.it. 206 Wikipedia. 209 Wikipedia. 210 Inna Felker/Shutterstock. 211 mondoinformatico.info. 213 Garsya/Shutterstock. 214 Shutterstock. 220 blogsicilia.it. 222 Iguana Press. 225a Museo Nazionale di San Marco, Firenze. 225b lucacaporale.wordpress.com. 228 Alexandre Rotenberg/Shutterstock. 230a roma.repubblica.it. 230b tw.knowledge.yahoo.com. 234 Flickr. 235 Oran Cam/Shutterstock. 236 il.manifesto.it. 239 confabitare.it. 242 paolomaggiblog.blogspot.com. 255 Wikipedia. 271 AP Photo. 272 TVA Web Team. 273 hin255/Shutterstock. 275 Dasha Petrenko/Shutterstock. 278 WVXU. 280 news24.it. 284 Wikimedia Commons. 285 trendonline.com. 289 senato.it. 291 Wikipedia 293 D.J. Heaton/Marka. 295 Losevsky Pavel/Shutterstock. 296 ca.investing.com. 298 huffingtonpost.it. 299 Wikipedia. 305 Biblioteca Riccardiana, Firenze. 306 Biblioteca Estense, Modena. 308 Joackim Vendler/Shutterstock. 309 lucadp/123rf. 323 United Nations. 324 fondzionemarinasinigaglia.com. 325 Caterina Ronchetti. 329 Naphtalina/iStock. 331 nibiru2012.it. 333 ilcolibrionline.com. 338a Rodho/Shutterstock. 338b Stuart Miles/Shutterstock. 339 worldbank.org. 342 Jorisvo/iStock. 350 wordpress.com. 351 Dim Dimich/Shutterstock. 354 06photo/Shutterstock. 355 Phonlamal/Photo. 356 Fotolia. 358 Barbara Davidson/Los Angeles Times. 361 rifondazione.it. 363 le.citazioni.it. 364 Network Communication. 365 Reuters. 366a Reuters. 366b Oxfam. 371a repubblica.it. 371b it.insideover.com. 371c Wikipedia. 373 Zsolnai Gergely/Shutterstock. 374a Corbis. 374b espansione-online.it. 375 Simon Fernandez/Wikipedia. 376 tpi.it. 385 Eco System. 386a Wiki Paintings. 386b Wikimedia Commons. 391 centroimmigrati.it. 394 ilgiornale.it. 395 cgilbo.it. 396a Wiki Art. 396b Francesco Malavolta/AP. 400 historicalnyc.wordpress.com. 401 libertyellisfoundation.org. 403 Wikipedia. 406 bolomag.com. 408 leurope-laune.eu. 410a Wikipedia. 410b John Tlumacki/Boston Globe/Getty Images. 411 Amesy/iStock. 413 Olympia. 418 cellcode.us. 422 Wikipedia. 423 Retrò Online. 425 agensir.it. 427 Peter Fuchs/Shutterstock. 437 Areporter/Shutterstock. 440 Petronilo G. Dangoy/Shutterstock. 441 Ecofin. 446 Newsweek. 447 miladytrip.com.